让 我 们 一 起 追 寻

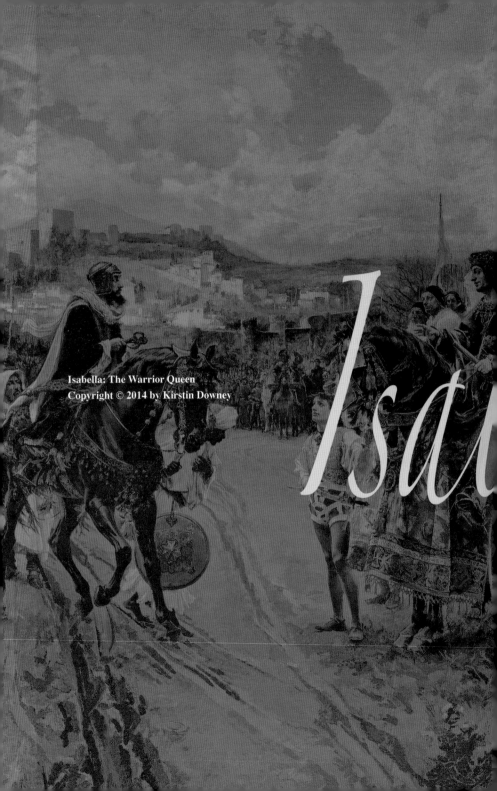

THE WARRIOR
QUEEN

伊莎贝拉：武士女王

〔美〕克斯汀·唐尼（Kirstin Downey）/ 著

陆大鹏 / 译

社会科学文献出版社
SOCIAL SCIENCES ACADEMIC PRESS (CHINA)

这是卡斯蒂利亚女王伊莎贝拉的一部扣人心弦的革命性传记。这位颇有争议的西班牙女王赞助了克里斯托弗·哥伦布向新大陆的远航,建立了异端裁判所,成为历史上最具影响力的女性统治者之一。

伊莎贝拉出生的时候,基督教渐显颓势,奥斯曼帝国咄咄逼人地迅猛扩张。少女时代的伊莎贝拉受到了圣女贞德的激励。虔诚的贞德将她的人民团结起来,领导他们抗击外国侵略者,赢得胜利。1474 年,在绝大部分女性几乎没有任何权利的时代,二十三岁的伊莎贝拉挑战自己充满敌意的兄长和反复无常的丈夫,夺得了卡斯蒂利亚与莱昂的统治权。她此后的功勋业已成为传奇。她结束了延续二十四代人时间的穆斯林与基督徒的斗争,迫使北非入侵者退过地中海。她为统一的西班牙奠定了基础。她赞助哥伦布去往西印度群岛的远航,并在罗德里戈·博吉亚(臭名昭著的亚历山大六世教皇)帮助下,通过谈判,为西班牙争取到新大陆很大一部分的控制权。她还建立了嗜血的异端裁判所,消灭所有反对她的人。此后数百年中,异端裁判所将严重损害西班牙的名誉。不管她是圣人还是魔鬼,没有一位女性统治者比她更有力地塑造了我们的现代世界。在今天的世界,东、西两个半球有数亿人说西班牙语,信奉天主教。但由于几个世纪的错误报道,她的成就常常被归功于她的丈夫斐迪南(他勇敢无畏,花天酒地,但伊莎贝拉非常爱他),所以如今历史几乎遗忘了伊莎贝拉的影响。唐尼运用新的学术成果,创作了这部明晰晓畅的传记,讲述了这位聪明绝顶、热忱如火但被遗忘的女性的故事;描摹了驱动她一辈子的那种信仰,以及她主宰的那片充满古老矛盾与阴谋的土地。

本书获誉

克斯汀·唐尼成功地恢复了伊莎贝拉在历史中应有的地位。伊莎贝拉是史上最令人着迷也最有争议的女性之一，这是一部令人手不释卷的新传记。

——阿曼达·福尔曼，《纽约时报》畅销书《乔治亚娜：德文郡公爵夫人》作者

伊莎贝拉女王是欧洲历史上最重要的女性之一。她为现代欧洲与美洲奠定了基础，在这方面的功绩超过当时的任何人。克斯汀·唐尼运用穆斯林、犹太和基督教史料，写下这部精彩纷呈的传记，揭示了伊莎贝拉如何变得如此重要，并娓娓道来地讲述了她令人难以置信的充满戏剧性的故事。

——杰克·韦瑟福德，《纽约时报》畅销书《成吉思汗与现代世界的构成》作者

克斯汀·唐尼笔下的中世纪历史如同现代悬疑小说一般引人入胜。伊莎贝拉女王的时代是人类历史的一个关键时刻，旧大陆因为新大陆的发现而震惊。这部文笔优雅而充满洞察力的传记揭示了她在此过程中的关键作用。

——迪尔德丽·贝尔，美国全国图书奖获奖作品《塞缪尔·贝克特》作者

在这部令人惊艳的传记中，克斯汀·唐尼将历史上最强大

的女王的故事讲述得栩栩如生。伊莎贝拉对世界的重大影响（有积极的也有消极的方面）一直延续到今日。唐尼特别擅长揭示伊莎贝拉人性的一面，她的人生是一场无止境的斗争，始终在努力捍卫自己的地位，战胜企图推翻她的男人们（包括她自己的不忠实而妒火中烧的丈夫）的阴谋诡计。这个故事在今天仍然很有意义。

——琳内·奥尔森，畅销书《那些愤怒的日子：罗斯福、林白与美国在第二次世界大战中的斗争》作者献给 Laura Gregg Roa，她曾和我一起坐在巴拿马可可索罗的防波堤上，梦想着航船与远方的土地，以及那位派遣探险家到我们海岸的女王。

目 录

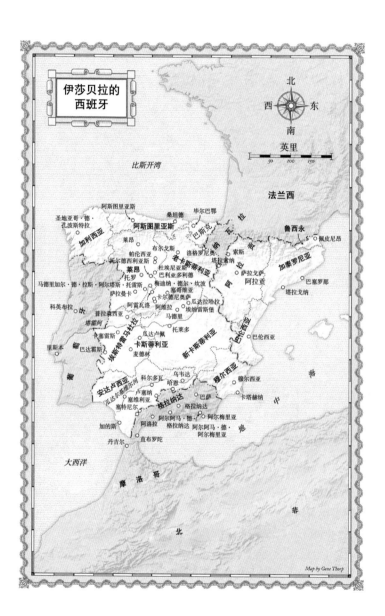

伊莎贝拉的
西班牙

北
西 东
南

英里
50 100 150

比斯开湾

法兰西

鲁西永

阿斯图里亚斯
圣地亚哥·德·
孔波斯特拉
加利西亚

桑坦德 毕尔巴鄂
阿斯图里亚斯
莱昂 布尔戈斯 巴斯克
帕伦西亚 洛格罗尼奥
托尔德西利亚斯 老卡斯蒂利亚
杜埃尼亚斯
莱昂 巴利亚多利德
托罗 梅迪纳·德尔·坎波
马德里加尔·德·拉斯·阿尔塔斯·托雷斯 塞哥维亚
萨拉曼卡 卡尔德尼奥萨
阿雷瓦洛 阿维拉 瓜达拉哈拉
科英布拉 普拉森西亚 埃尔雷斯堡
塔霍河 马德里
卡塞雷斯 巴达霍斯 瓜达卢佩 托莱多
里斯本 埃斯特雷马杜拉
卡斯蒂利亚
麦德林 新卡斯蒂利亚
安达卢西亚 科尔多瓦 乌韦达
瓜达尔基维尔河 卢塞纳 哈恩
塞维尼亚 巴萨 格拉纳达
加的斯 阿洛拉 阿尔阿马·德·
丹吉尔 直布罗陀 格拉纳达 阿尔梅里亚
阿尔阿马·德·
阿尔梅里亚

纳瓦拉
索斯 佩皮尼昂
萨拉戈萨 加泰罗尼亚
阿拉贡 巴塞罗那
塔拉戈纳
巴伦西亚
穆尔西亚
卡塔赫纳
科尔多瓦

地 中 海

大西洋

摩 洛 哥

北 非

Map by Gene Thorp

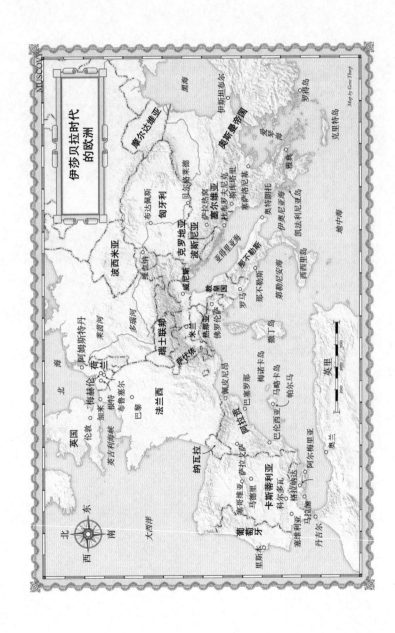

MUSCOVY

伊莎贝拉时代
的欧洲

Map by Gene Thorp

北
东
南
大西洋
西

英国
伦敦
加来
英吉利海峡

梅赫伦
根特
布鲁塞尔
巴黎

北

阿姆斯特丹

海

来茵河

摩尔达维亚

黑海

莫斯科

多瑙河

波西米亚

布达佩斯

匈牙利

维也纳

热那亚

法兰西

荷兰
米兰

佛罗伦萨

克罗地亚

威尼斯

教皇国

罗马

那不勒斯

萨丁岛

克里特岛

罗得岛

奥斯曼帝国

伊斯坦布尔

贝尔格莱德

塞尔维亚

萨拉热窝

托尔罗夫尼克

斯库塔里

塞萨洛尼基

奥特朗托

伊奥尼亚海

亚得里亚海

凯法利尼亚岛

雅典

爱琴海

波斯尼亚

纳瓦拉

阿拉贡

佩皮尼昂

巴塞罗那

梅诺卡岛

马略卡岛

帕尔马

西西里海

那不勒斯

地中海

葡萄牙

里斯本

塞维利亚
萨拉戈萨

科尔多瓦
格拉纳达

马德里

卡斯蒂利亚

阿尔梅里亚

马拉加

塞维利亚

丹吉尔

奥兰

英里

0   100   200   300

基督教世界，600年

基督教
主要中心

Map by Gene Thorp

里海

黑海

君士坦丁堡

拜占庭帝国

萨尔
安条克
大马士革
耶路撒冷
亚历山大港
开罗
红海

科林斯
雅典
叙拉古
地中海
昔兰尼

多瑙河

罗马
那不勒斯
米兰
里昂
马赛
迦太基
的黎波里

北海

7世纪初版
依基督教

科隆
亚琛
巴黎
图尔
法兰克王国
科尔多瓦
托莱多
里斯本
丹吉尔

惠特比
坎特伯雷

阿斯图里亚斯

大西洋

北

东

南

西

英里
200 400 600

伊斯兰世界，750年

Map by Gene Thorp

里海

黑海

摩苏尔

安泰克

大马士革

君士坦丁堡

拜占庭帝国

耶路撒冷

开罗

红海

多瑙河

雅典

叙拉古

科林斯

亚历山大港

地中海

罗马

那不勒斯

昔兰尼

米兰

马赛

的黎波里

北海

7世纪初版
依基督教

科隆
亚琛

巴黎

图尔

法兰克王国

里昂

迦太基

惠特比

坎特伯雷

大西洋

阿斯图里亚斯

里斯本

托莱多

科尔多瓦

丹吉尔

英里

200 400 600

北

东

南

西

扩张的奥斯曼土耳其帝国，1451~1574年

里海

北海

巴黎

大西洋

塞哥维亚

里斯本

丹吉尔

多瑙河

维也纳

布达佩斯

匈牙利

贝尔格莱德

萨瓦河

塞尔维亚

黑海

克里米亚

摩尔达维亚

巴格达

摩苏尔

特拉布宗

叙利亚

大马士革

耶路撒冷

特尔密亚

基辅

尼亚

罗马尼亚

奥特朗托

克罗地

雅典

罗得岛

塞浦路斯

开罗

埃及

亚历山大港

地中海

马耳他

的黎波里

突尼斯

阿尔及尔

格拉纳达

特莱姆森

马德里

伊斯坦布尔

塞萨洛尼基

勒班陀

凯法利尼亚岛

克里特岛

那不勒斯

罗马

威尼斯

X 战场

Map by Gene Thorp

北

东 ───── 西

南

英里
200 400 600

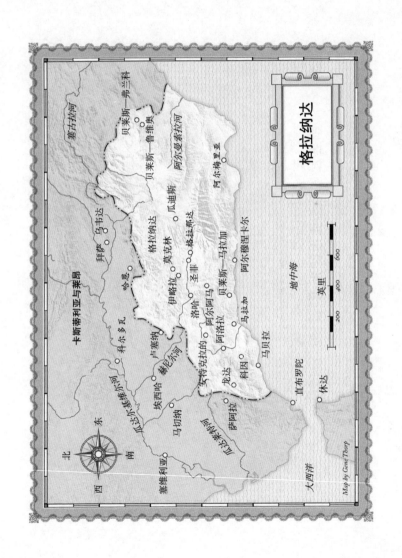

格拉纳达

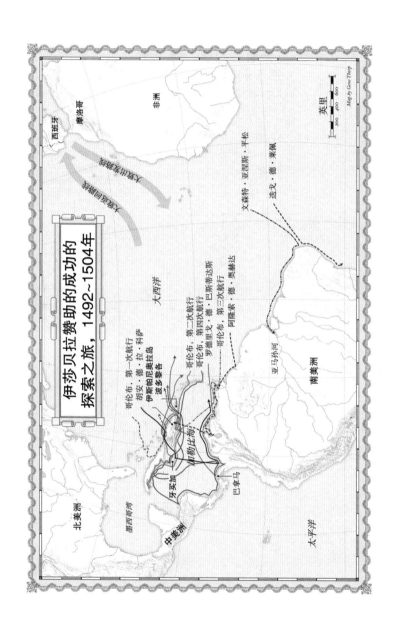

伊莎贝拉赞助的成功的探索之旅，1492~1504年

卡斯蒂利亚、阿拉贡、西西里与那不勒斯王室，特拉斯塔马拉王族

C=卡斯蒂利亚，A=阿拉贡，N=那不勒斯，S=西西里，年份为生卒

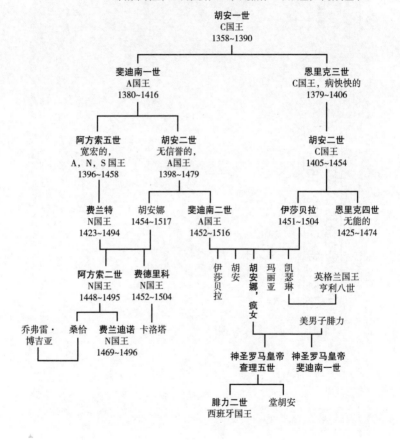

胡安一世
C国王
1358~1390

斐迪南一世
A国王
1380~1416

恩里克三世
C国王，病快快的
1379~1406

阿方索五世
宽宏的，
A，N，S国王
1396~1458

胡安二世
无信誉的，
A国王
1398~1479

胡安二世
C国王
1405~1454

费兰特
N国王
1423~1494

胡安娜
1454~1517

斐迪南二世
A国王
1452~1516

伊莎贝拉
1451~1504

恩里克四世
无能的
1425~1474

阿方索二世
N国王
1448~1495

费德里科
N国王
1452~1504

伊莎贝拉

胡安

胡安娜，
疯女

玛丽亚

凯瑟琳

英格兰国王
亨利八世

乔弗雷·
博吉亚

桑恰

费兰迪诺
N国王
1469~1496

卡洛塔

美男子腓力

神圣罗马皇帝
查理五世

神圣罗马皇帝
斐迪南一世

腓力二世
西班牙国王

堂胡安

葡萄牙王室

年份为生卒

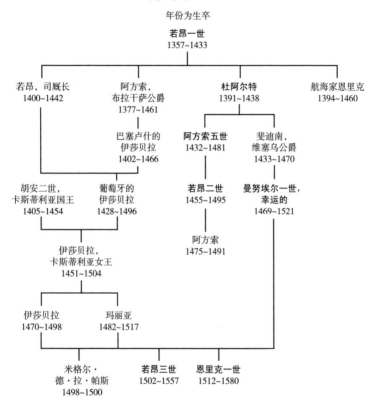

若昂一世
1357~1433

若昂，司厩长
1400~1442

阿方索，
布拉干萨公爵
1377~1461

杜阿尔特
1391~1438

航海家恩里克
1394~1460

巴塞卢什的
伊莎贝拉
1402~1466

阿方索五世
1432~1481

斐迪南，
维塞乌公爵
1433~1470

胡安二世，
卡斯蒂利亚国王
1405~1454

葡萄牙的
伊莎贝拉
1428~1496

若昂二世
1455~1495

曼努埃尔一世，
幸运的
1469~1521

伊莎贝拉，
卡斯蒂利亚女王
1451~1504

阿方索
1475~1491

伊莎贝拉
1470~1498

玛丽亚
1482~1517

米格尔·
德·拉·帕斯
1498~1500

若昂三世
1502~1557

恩里克一世
1512~1580

序　章

在西班牙中北部，一座高耸险峻的悬崖俯瞰着饱经风雨的平原。在悬崖之上的城堡内，一位身材苗条的红发公主正在最后敲定一场典礼的计划。她的国家已经摇摇欲坠，即将陷入无政府状态，而这场典礼有可能引发一场全面内战。

她的名字是伊莎贝拉。她刚刚得到消息，她的兄长，恩里克四世国王（人称"无能的恩里克"，既指他在政治上的昏庸无能，也指性无能）驾崩了。

恩里克四世国王淫荡的年轻妻子忙着和宫廷的其他绅士寻欢作乐，后来生了个孩子。很多人怀疑这孩子不是国王的血脉。伊莎贝拉决定自立为女王，结束王位继承的争议。这位二十三岁的女子实际上是在谋划一场政变。

卡斯蒂利亚与莱昂联合王国是伊比利亚半岛最大的国家。两百多年来，没有一个女人曾统治这个国家。欧洲的很多国家不允许女性单独执政。少数能够执政的女人一般也是以摄政者的身份，辅佐年幼而不能理政的儿子。伊莎贝拉的丈夫斐迪南是邻国阿拉贡的王储，但恩里克四世死讯传来时，他不在伊莎贝拉身边。于是她决定抢占先机，为自己夺取王冠。

在 1474 年 12 月这个寒冷的清晨，伊莎贝拉为自己的仪容作了最后的修饰。她希望用自己的雍容华贵和君临天下的辉煌排场震撼人们。她穿上一件缀着宝石的雅致长袍，脖子上戴着一颗熠熠生辉的深红色红宝石。

原本就对这盛大排场肃然起敬的观察者如今又惊呼起来，

因为他们看到了一个出乎意料的景象。根据伊莎贝拉的命令，一位宫廷官员走在她的坐骑前方，高高举起一支出鞘的宝剑，直指天顶，这宝剑是代表君王主持正义之权力的古老象征。这是一个充满戏剧性的警示姿态，象征伊莎贝拉决心要夺得权力，并强有力地行使权力。

伊莎贝拉镇静自若地在广场上临时搭建的高台落座。一顶银冠被戴在她头上。在群众的欢呼声中，伊莎贝拉被宣布为女王。随后她前往塞哥维亚城的大教堂。她拜倒在祭坛前祷告，向上帝表示感谢，并恳求上帝帮助她睿智地统治，保佑国泰民安。她面临的使命是非常艰巨的。她相信基督教正面临致命的危险。

奥斯曼土耳其人在东欧和南欧咄咄逼人，不断开疆拓土。穆斯林在安达卢西亚的格拉纳达王国仍然势力稳固。伊莎贝拉和其他人担心，格拉纳达将是穆斯林向西班牙其他地区进攻的桥头堡。连续多位教皇希望有一位具有钢铁意志的统帅、一位坚忍不拔的武士能够挺身而出，抵挡穆斯林的威胁。然而接过战旗的却是一位年轻女子，一个小女孩的母亲。

她运用的手段高效但残酷。在未来的几个世纪里，历史学家将争论她一生的意义。她是一位圣人？还是魔鬼？

但在那个冬日的下午，她站在塞哥维亚的阳光下时，没有流露出任何畏惧或犹豫。在圣女贞德榜样的激励下（圣女贞德死于伊莎贝拉出生的仅仅二十年前，伊莎贝拉在童年经常听到圣女贞德的故事），伊莎贝拉开始将自己塑造为宗教偶像。她的内心强烈地感受到自己的命运，洋溢着"热烈、神秘和强有力"[1]的信念。她坚信上帝站在她这边，上帝希望她统治国家。很多年后，她才对此产生了怀疑。

一 平平淡淡的出生

在西班牙历史的绝大部分时期，尤其在中世纪，血统决定了谁是统治者，所以卡斯蒂利亚王子或公主的诞生是普天同庆的喜事。人们屏住呼吸，等待婴儿降生。国内最高贵的家族往往有机会在近处期待，他们互相竞争，争夺观看王室婴儿出生的机会。人们在大街小巷组织庆祝活动，互相交换礼物；孩子的洗礼是特别庄重虔敬的庆祝仪式。

但在 1451 年 4 月底，胡安二世国王的女儿伊莎贝拉来到这个世界的时候，却没有这样欢乐的节日气氛。卡斯蒂利亚已经有一个男性继承人了，即伊莎贝拉的异母兄恩里克（他的母亲是胡安二世的第一任妻子），所以大统的继承似乎已经确定无疑了。恩里克王子二十六岁，已婚，已经有自己的宫廷。他的孩子将会继承他。

伊莎贝拉的母亲时年二十三岁，是胡安二世的第二任妻子。她分娩的时候，国王并不在她身边。伊莎贝拉于星期四下午出生在一座其貌不扬的砖石宫殿（它环绕着一座罗马风格的庭院）的"一个空气不通畅的二楼卧室的小凹室内"[1]。卧室内连壁炉都没有，唯一的取暖设备是一个冒烟的火盆。宫殿位于伊比利亚半岛中北部的一座偏僻的农业城镇——马德里加尔·德·拉斯·阿尔塔斯·托雷斯①，王族的男性成员常将他们嫌弃的女性亲属藏匿在此地。小镇只有几千居民，躲在保护

---

① 以下简称马德里加尔（本书脚注皆为译者所加）。

他们免遭攻击的城墙后。婴儿的母亲，胡安二世的妻子，是葡萄牙的伊莎贝拉，而她的母亲则是巴塞卢什的伊莎贝拉，也是葡萄牙人。女婴也被取名为伊莎贝拉。她有一半葡萄牙血统。伊比利亚的各个王族，无论是葡萄牙的、卡斯蒂利亚的，还是阿拉贡的，都有一个历史悠久的习惯，即用祖辈的名字给孩子取名。所以伊莎贝拉得名自她的葡萄牙外祖母。

妻子分娩几天后，胡安二世国王派遣信使到几座大城市，向官员通知公主诞生的消息。但他有些漫不经心，所以我们很难确定伊莎贝拉出生的准确日期。有可能是 4 月 22 日。在一封日期为 4 月 23 日、从马德里发出的信中，胡安二世告诉塞哥维亚的官员，"感谢我主的恩典"[2]，他的妻子在星期四生了一个小公主。

档案保管人同样说不准，伊莎贝拉是在何地接受洗礼的。王室的洗礼通常蕴含政治和宗教意义。王储的洗礼一般在国内最宏伟的大教堂之一，以隆重的典礼进行。但编年史没有提到国王参加了伊莎贝拉的洗礼。洗礼的地点可能是马德里加尔本地的圣尼古拉教堂。竟然无人知道伊莎贝拉是在何处接受洗礼的，说明大家对她的出生是多么缺乏兴趣。

在很多方面，小伊莎贝拉的出生简直可以说是分散了她父母的注意力，因为他们正忙于应对围绕他们的政治阴谋。她的父亲即将与最亲密的朋友和谋臣阿尔瓦罗·德·卢纳爆发冲突、分道扬镳。阿尔瓦罗才华横溢，但冷酷无情。小伊莎贝拉的母亲正在怂恿丈夫与阿尔瓦罗决裂。这很可能引发意义重大的结果。正是阿尔瓦罗撮合了伊莎贝拉父母的婚姻，并且可能毒死了胡安二世的第一任妻子——阿拉贡的玛丽亚。她曾命令阿尔瓦罗·德·卢纳离开宫廷，随后她突然全身长出肿胀的粉红色斑块，就这样丧命了。她的妹妹①是她的盟友，生活在一座遥远的城市，却在同一个星期死于同一种怪病。[3]阿尔瓦罗牢牢把持着国王和朝政。伊莎贝拉王后感到，如果阿尔瓦罗觉得她威胁了他的控制力，她自己恐怕也会朝不保夕。但她仍然执意与阿尔瓦罗作对。

她或许是相信自己别无选择。胡安二世的年轻王后从一开始就如履薄冰。想赢得国王的好感，实在太难。胡安二世本来更愿意娶一位甜美的法兰西公主，但阿尔瓦罗"秘密地瞒着国王"，认定与葡萄牙联姻对国家更有利。[4]他在胡安二世不知情的情况下为国王商谈联姻条件。国王得知自己在此事中没有决定权，不禁勃然大怒。宫内人人皆知国王的不悦。

不受丈夫欢迎的新娘伊莎贝拉于1447年在一群葡萄牙侍从的护卫下抵达卡斯蒂利亚，马上开始竭尽全力地取悦丈夫。胡安二世时年四十二岁，是一个非常有文化和精明世故的人，喜欢读哲学和文学，并且酷爱正在勃艮第发源的文艺复兴早期绘画技法。他身材魁梧，双眼碧蓝，皮肤红润，同时也非常精于世故和沉溺于享乐，非常好色。十九岁的新娘很快发现，有其他女人和她竞争国王的恩宠。她努力讨好国王，对他百依百顺。但她没有很快怀孕，这让她有些担忧。[5]如果她不能生育，丈夫就可能与她离婚，或者把她送走、过上与世隔绝和耻辱的弃妇生活。当时绝大多数女性的主要价值就是生儿育女的能力，在王族尤其如此。如果她生不出一个孩子，她就会被认为是简直一钱不值。

---

① 阿拉贡的玛丽亚的妹妹埃莉诺（1402～1445）是葡萄牙国王杜阿尔特的妻子。

不足为奇的是，王后感到宫中的年轻佳丽对她构成了威胁。就连她自己的侍女之一比阿特丽斯·德·席尔瓦也吸引了国王的眼球。伊莎贝拉王后一定是愤怒到了极点，命人将这名侍女抓起来，锁进地下室一个壁橱内，一连三天不给她吃喝。比阿特丽斯·德·席尔瓦被释放后声称自己被囚禁期间得到了宗教的启示，此后终身遮住自己的脸，以掩盖美丽的面容，后来还创建了自己的女修会。伊莎贝拉王后如此大动肝火地对待被她认为是竞争对手的女人，说明她的婚姻摇摇欲坠。但随着时间流逝，胡安二世渐渐对妻子产生了好感。小伊莎贝拉出生后，伊莎贝拉王后又在两年后为国王添了第二个孩子阿方索王子。王子吸引到了比小伊莎贝拉多得多的关注。胡安二世国王现在有一个男性继承人，还新得了一个"备胎"。

伊莎贝拉王后与阿尔瓦罗·德·卢纳的关系高度紧张，这让她巩固自己婚姻的过程更加复杂。阿尔瓦罗和胡安二世国王常常一起外出寻欢作乐。一座由女修院改成的妓院是他们最喜欢的去处之一。阿尔瓦罗对胡安二世的来去行踪保持着紧密控制，甚至国王和王后何时可以享受床笫之欢也要听他的。他对国王的影响力极大，操纵国王将大量财产和荣誉交给他，于是他成了国内首富。阿尔瓦罗被任命为卡斯蒂利亚的司厩长①，这是国内最高的军职；同时他被任命为圣地亚哥骑士团的大团长，这是卡斯蒂利亚最富裕的军事修会。仅仅以圣地亚哥骑士团大团长的身份，阿尔瓦罗就控制着超过六十座城镇和城堡，统治着十万臣民。[6]

---

① 司厩长的官职起源于罗马帝国，最初是管理马匹的官员，后来在中世纪欧洲演变成负责保管维护国王的军械的官员，再后来变为军队的重要指挥官。

　　胡安二世国王几乎把整个王国都拱手交给了阿尔瓦罗。卡斯蒂利亚的才子们开玩笑说，由于阿尔瓦罗·德·卢纳的存在，胡安二世"除了吃没有别的事情"[7]。

　　不足为奇，伊莎贝拉对这种局面很不满意。有一次她突然来到卡斯蒂利亚的重镇巴利亚多利德，去拜访丈夫，当晚和他一起过夜。阿尔瓦罗得知她到了那里，大为光火，匆匆赶到宫殿，猛敲国王卧室的门。"我不是告诉你不要来吗？"他当着一群宫廷成员的面，怒斥王后。大家都被他的愤怒惊呆了。[8]此后伊莎贝拉对阿尔瓦罗更加憎恶。还有一次，他明目张胆地威胁王后："是我让你当上王后，我也能让你当不了。"[9]

　　敌视阿尔瓦罗·德·卢纳的绝非伊莎贝拉一个人。他享受各种特权的崇高地位令其他许多贵族满腹嫉妒，尤其是王亲国戚，他们觉得享受胡安二世国王恩典的应当是他们，而不是阿尔瓦罗·德·卢纳。几乎所有人都批评阿尔瓦罗的傲慢和贪婪。胡安二世国王的第二段婚姻已经到了第六个年头，他终于鼓起勇气，直面阿尔瓦罗，下令将他处决。1453年，在巴利亚多利德的主广场，阿尔瓦罗遭到公开羞辱，并被斩首。国王大胆地展示自己的权威，令全国为之震惊。但胡安二世几乎马上就后悔了，因为没了阿尔瓦罗，他就不得不自己承担治国重担，他从来就不想这么做。他陷入抑郁，不到一年就驾崩了，享年四十九岁。

　　丧夫对不幸的年轻王后来说是又一个打击。她陷入了编年史家所说的"深切的悲伤"，很少说话，常常木然地凝视虚空，起初可能是因为产后抑郁症，后来是因为孤独和悲恸。[10]她相信阿尔瓦罗·德·卢纳的鬼魂在纠缠她。有时在凄苦的夜风中，她幻想自己听到了他的哀号。小伊莎贝拉几乎成了孤儿，这让她与弟弟的关系更加亲近，他俩共同承受着不幸的童年。两个孩子紧紧拥抱，互相安慰。

对卡斯蒂利亚来说，国王和阿尔瓦罗·德·卢纳一辈子政治联盟的崩溃发生在一个不幸的时刻，此时国家正处于其历史上的一个低潮。由于贵族之间的政治斗争，国家分崩离析。更危险的是，国王和在邻国阿拉贡的亲戚之间的竞争非常激烈，后者一直企图控制卡斯蒂利亚。乡村犯罪猖獗，但统治者因为几乎持续不断的内战而无暇顾及乡村治安。

胡安二世驾崩后，伊莎贝拉的异母兄恩里克登基为王，史称恩里克四世，此时她只有三岁。恩里克四世统治的最初几年还比较成功，但曾经困扰他父王的相同问题再次浮现出来。

个人生活和政治的动荡深刻影响了伊莎贝拉的生活。恩里克四世有很多优点，但也有一些人格缺陷。由于王室内部的紧张关系，恩里克四世的缺陷越来越突出。作为卡斯蒂利亚的统治者，恩里克四世国王如今完全控制着他的继母伊莎贝拉太后。国王理应像尊重母亲一样尊重太后，但她其实比自己的继子还年轻三岁。兄弟姐妹之间的关系更是一锅沸水，爱恨交织。恩里克四世国王很少下功夫去抚育自己的妹妹和弟弟，他们与他之间的关系造成了许多紧张和恐惧。

童年生活这样风波迭起，伊莎贝拉很自然地从唯一给她的日常生活提供一些安全感的机构那里获得慰藉——天主教会。在中世纪，天主教会的仪式主宰着欧洲基督徒的生活。在中世纪世界，教会和教会日历就是人们的生活遵循的节律。每天的宗教仪式都伴随着教堂钟声：晨祷、晚祷、午夜的守夜仪式；一年中的每一天都属于某位特定的圣徒，人们应当向这位圣徒表达虔敬，举行特定形式的尊崇礼拜。相对于当时的绝大多数人，在伊莎贝拉的生活中，宗教发挥了更大的作用，因为卡斯蒂利亚宫廷实质上是流动的，在国内从一座宫殿转移到另一座。每一座宫殿也是僧院或女修院，王族不在那里的时候，由僧侣和修女照管宫殿。而王族到达某一座宫殿的时候，僧侣和修女一定会在那里。伊莎贝拉从小到大，身边围绕着神职人员。

这个很早就失去父母的孩子很自然地转向教会，寻求它的教诲作为道德的指导。伊莎贝拉变得特别容易受到教会官员的影响，尤其是那些被证明是过着节制克己生活的教士。清扫和建造教堂、涤荡教会的腐败、促进教会发展，并洗净教会的污点和异端思想，成了她一生执着的事业。伊莎贝拉不断思考着罪与罚的主题，她相信所有人都是挪亚的幸存儿子们的后裔。上帝被人类的恶行激怒，用大洪水消灭了其他人类，只有挪亚及其儿子们乘船到了安全地带。她热爱《新约》，但她的生活遵守的是《旧约》的严苛道德观。她总是更愿意以眼还眼，而不是伸过另外一面脸给人打。

她的世界观和宗教观受到了她出生的数百年前、发生在地中海另一端的事件的影响。尤其是四个人（其中三人来自黎凡特①，第四个人是穆罕默德，他出生在阿拉伯半岛）宣称自己听到了神与他们对话，他们的言行将对此后许多世纪产生深远影响。前三个人是亚伯拉罕、摩西（他们都是犹太人）和耶稣（生为犹太人，长为犹太人，但后来创立了一门新宗

---

① 黎凡特是历史上的地理名称，指代并不精确，一般指的是中东、地中海东岸、阿拉伯沙漠以北的一大片地区。历史上，黎凡特在西欧与奥斯曼帝国之间的贸易中担当重要的经济角色。

教）。在伊莎贝拉周围，在她度过白天与黑夜的教堂和宫殿，到处是描绘这三位生平故事与言行的绘画、挂毯、雕塑、书籍和插图手稿。

亚伯拉罕是一位先知，摈弃了偶像崇拜，接受了全能的唯一真神的概念，并且相信人必须无条件地服从神。他被认为是犹太人的祖先。摩西也是一位先知，为犹太人带来了十诫，这是道德生活的基本准则。他宣称十诫是由神直接传给他的。耶稣是犹太人，他提倡的宗教以犹太教为基础，但也有一些差异。他呼吁他的追随者向天下人传教，让更多人接受他们这种改革信仰（后来被称为基督教）。

在上古时代发生的冲突，一直到伊莎贝拉时代的西班牙还触手可及。基督徒对犹太人很愤怒，因为犹太人不接受耶稣的教诲，也不信耶稣复活的说法。更重要的是，基督徒相信，耶稣被钉死在十字架上，部分罪责在于犹太人的统治者，并且犹太人的统治者后来迫害了耶稣的追随者。而犹太人相信，耶稣是被罗马人处死的，基督徒指责犹太人害死了耶稣是没有道理的。犹太人也不愿意改变自己的信仰。很多人对这些不同的观点非常沉迷和执着，所以即便在遥远的西班牙，即便过了这么多年，仍然有许多清白无辜的人因为这些事情而遭到残害。

《新约》多次提及西班牙。圣保罗有一次说他打算拜访西班牙。圣哲罗姆①后来描述了保罗去西班牙的路线。耶稣的另一位使徒圣雅各据说也去过西班牙，尽管证据很少，但西欧的虔诚基督徒坚信他到过西班牙北部。于是，圣地亚哥·德·孔

---

① 圣哲罗姆（约347~420）是天主教神父、神学家与历史学家，出生于意大利东北部。他将《圣经》的大部分译为拉丁文，即著名的"武加大译本"。

波斯特拉①这座城镇成了基督教世界最重要的朝圣地之一。[11]
这意味着，欧洲的很多基督徒长途跋涉来到西班牙北部，穿过
被称为加利西亚的地区。所以，在中世纪，西班牙内部的问题
对其他地区也有政治和宗教上的影响。

西班牙也仍然浸润在古典希腊和罗马文明的氛围中。伊莎
贝拉和她的家人相信他们是传说中的武士与半神英雄赫拉克勒
斯的后代。他们相信赫拉克勒斯建立了阿雷瓦洛、塞哥维亚，
阿维拉和萨拉曼卡等城市，这些都是伊莎贝拉耳熟能详的地
方。赫拉克勒斯尤其与一座古老的灯塔有密切联系。它坐落于
西班牙北部加利西亚沿海一个因为常发生海难而臭名远扬的地
方，高 180 英尺，是腓尼基时代建造的。即便在伊莎贝拉的时
代，这座灯塔也会被视为了不起的建筑伟业。这个历史遗迹表
现了希腊神话和《圣经》故事如何在西班牙人的脑海中水乳
交融。伊莎贝拉命令编纂并帮助编辑整理的一部史书——1493
年出版的迭戈·德·巴莱拉的《西班牙编年史》，就突出表现
了卡斯蒂利亚王国与希腊的联系。该书的献词甚至刻意提及伊
莎贝拉的雅典公爵夫人头衔（因为她的丈夫斐迪南享有雅典
公爵的头衔）。

对当时的西班牙人来说，赫拉克勒斯这样的神话人物在西
班牙的历史中发挥作用，并非一个特别牵强附会的理论，因为
西班牙随处可见令人肃然起敬的罗马遗迹。塞哥维亚这座宝石
般的美丽小镇对伊莎贝拉的成长施加了深远影响。在这座城
镇，古罗马的高架渠从 20 多英里之外的地方送来清澈的山泉
水，高架渠在接近城镇的最后一段路程要越过一座 94 英尺深

---

① “圣地亚哥”就是西班牙语的圣雅各。

的山谷。西班牙的其他许多城市也曾是繁荣的罗马重镇，包括塞维利亚、萨拉曼卡和萨拉戈萨。一些最著名的罗马作家就来自伊比利亚，包括马提亚尔①、卢坎努斯②和老塞内卡③；哈德良和图拉真这两位罗马皇帝出生在塞维利亚附近。[12]

奥古斯都皇帝于前38年宣布西班牙成为罗马帝国的一个行省。在随后将近六个世纪里，伊比利亚半岛的历史就和伟大的罗马帝国的历史交织在一起。"罗马人不仅建造公路、剧场、竞技场、桥梁、高架渠和神庙，还引入了他们的政治和司法体制，以及他们的社会和家庭生活理念。"法兰西史学家让·德科拉写道。[13]

伊莎贝拉的出生地，即马德里加尔的那座宫殿，中间有一座庭院，这是典型的罗马设计风格。但罗马风格的建筑不只这么一座。很多住宅也是以类似风格建造的，所有房间的门都面向一条拱廊，围绕着一个天井。伊比利亚半岛的居民采纳了希腊—罗马的风俗习惯。渐渐地，西班牙人有时会自称希腊人。遵循历史悠久的惯例，宗教跟随着政治权力而来。希腊和罗马诸神主宰着罗马帝国的精神生活，直到312年罗马皇帝君士坦丁宣布基督教合法，开始了基督教会与国家合作的新时代。基督教战胜了希腊罗马的异教崇拜，罗马人对基督徒的迫害最终

---

① 马提亚尔（约38～约104），出身西班牙的古罗马诗人，以其十二卷本讽刺短诗闻名。

② 即马尔库斯·安奈乌斯·卢坎努斯（39～65），他的未完成史诗《法萨利亚》描述恺撒与庞培之间的内战，被誉为维吉尔的《埃涅阿斯》之后最伟大的拉丁文史诗。

③ 老塞内卡（前54～39），出身西班牙科尔多瓦的古罗马著名修辞学家和作家。他的儿子小塞内卡（约前4～65）是著名斯多噶派哲学家、政治家、戏剧家、幽默家，还是尼禄皇帝的教师和谋臣。

停止。罗马帝国官方对基督教的支持使得信徒数量发生爆炸式猛增。就连小村庄也建起了自己的教堂。教会的层级结构把罗马帝国全境的基督教会联系起来。五个主要的基督教中心发展起来：安条克、耶路撒冷、亚历山大港、罗马和君士坦丁堡。基督教成了欧洲、近东和北非的主要宗教。

许多个世纪流逝了，罗马的力量分崩离析。腐败和外族的不断入侵严重削弱了旧的罗马帝国的西部。5世纪，西哥特人（一个日耳曼蛮族）通过比利牛斯山脉蜂拥进入伊比利亚半岛，在新的权力真空中迅速占据了统治地位。他们是北方人，一般是金发，比地中海周边的各个黑发民族更魁梧一些。西哥特人会制作精美的首饰，并发展了自己独特的建筑风格。他们定都于半岛腹地的托莱多，后来宣布基督教为他们的国教。历史学家塞维利亚的伊西多尔①骄傲地说，西哥特人统治的王国是"世界的美丽装饰"[14]。伊莎贝拉拥有西哥特人的红金色头发和灰蓝色眼睛，自认为是西哥特人的后代。她热情地阅读伊西多尔记载西哥特时代的史书，并收藏了他的好几部作品。

罗马的传统和基督教互相交织，帝国的文化和文学遗产以多种形式在欧洲各地得以保存。此时罗马帝国已经一分为二。欧洲东部以大都市君士坦丁堡为首都，成了基督教的心脏和古典传统的文化中心，以及拜占庭帝国的家园。西欧则在蛮族入侵的打击下四分五裂，但宗教中心仍在罗马。最终，基督教的东、西两支逐渐疏远了，教义也出现了差异。君士坦丁堡的东

---

① 塞维利亚的伊西多尔（约560～636）担任塞维利亚大主教三十多年，被认为是"古典世界的最后一位学者"。他对促使西哥特人从阿里乌异端改信天主教做出了很大贡献。他被奉为圣徒，著作很多，包括《词源》和多部史书。

正教自认为是古代传统的守卫者。在西欧（包括西班牙），罗马天主教占据主宰地位。基督教的两支结下宿怨，各自都认为自己比另一方优越。怠慢演化成了侮辱。

西班牙也有大量犹太人居住，他们的祖先因为遭到罗马人的迫害，被分散到地中海的各个角落。他们渐渐繁荣昌盛起来。西哥特人开始嫉妒犹太人，产生了反犹主义情绪。7世纪，金蒂拉国王命令将所有犹太人驱逐出境，或强迫他们皈依基督教。702年，托莱多第十七次宗教会议召开，命令将犹太人奴役，并禁止他们结婚①。但西班牙人没有完全执行这些严酷的法律，很多犹太人在西班牙继续生活。有些犹太人为了生存，自称是基督徒。他们当然不是自愿的，而是非常怨恨虐待他们的西哥特人。

8世纪初，后罗马时代的西欧分成许多日耳曼王国，一盘散沙，日渐式微。新一代外来入侵者开始袭击西欧。在北方，来自冰岛、格陵兰和斯堪的纳维亚的维京探险家与海盗蜂拥冲进英格兰、法兰西和爱尔兰，烧杀抢掠，令当地人噤若寒蝉。[8]

对西班牙来说，威胁来自南方。一种新的宗教出现了，它以犹太教和基督教的一神论信仰为基础，但增添了一些突出特点。这种新宗教的创始人是先知穆罕默德，他曾是商人，相信神向他启示了宗教真理。他生于570年，在613～632年传播新的信仰。他尊重犹太人和基督徒，因为他们的教诲对他有启发，但他相信伊斯兰教才是真正的信仰，是神直接给他的最终

---

① 原文有误。托莱多第十七次宗教会议的时间是694年，宣布镇压犹太人的法令。第十八次会议大约在702年举行，但我们今天不知道其议程。

版本的启示。伊斯兰教（源自一个阿拉伯语的词，意思是"顺从"，或忠顺于神）开始吸引到数十位信徒。它越来越受欢迎，威胁到了阿拉伯半岛的既有社会秩序。

穆罕默德住在麦加，但随着他受到的压力越来越大，他迁往邻近的麦地那城。以麦地那为基地，他开始了一场征讨自己故乡的军事行动。他袭击贸易商队，掳掠贵重的战利品，扣押人质。一些基督徒和犹太人支持穆罕默德。反对他，或者与他的敌人合作的基督徒和犹太人则被剥夺土地、自由或被处决。到穆罕默德去世时，他已经是阿拉伯半岛西部的统治者。穆斯林奋力传播伊斯兰信仰，也派遣成群结队的武装信徒去攻击反抗的中心。7 世纪 30 年代，他们占领巴勒斯坦和叙利亚大部；642 年，他们占领了埃及。这是一场规模宏大的殖民扩张。穆斯林攻占了拜占庭帝国的南半部分，以阿拉伯人取代当地原先的领导人。"地产和财富……被大规模地重新分配。"[15] 历史学家约翰·埃斯波西托写道。

伊斯兰教对基督教发起了特殊的挑战。伊斯兰教是与基督教相竞争的一种宗教哲学，是一种新的致力于自我传播的信仰。它确立了固定的崇拜模式和行为准则，能够为信徒所接受，也有助于社会运转得更为顺畅。"诞生伊始，伊斯兰教便成为基督教的主要竞争对手，与它争夺人心；伊斯兰文明是欧洲基督教世界最近的邻居，也是最致命的敌手。"[16] 历史学家伯纳德·刘易斯写道。

领土扩张的绝佳蓝图，乃是效仿他们的武装先知穆罕默德的行为。穆罕默德确曾敦促追随者扩张领地，呼吁他们借助武力夺取地产和财富。他们在袭击作战中抓获了许多俘虏。俘虏被分配给各部落和家庭。被击败的敌方统治者的女眷被穆斯林当作妻妾。这种过程建立了一种行政和军事机器，使得伊斯兰教几乎同时迅速扩张到许多地区。很多人热切希望加入袭击敌境的穆斯林军队，传播他们的信仰，为自己敛财，或者寻求冒险。

时机对伊斯兰教的成功也是一大关键。拜占庭和波斯这两个帝国刚刚结束漫长的冲突，双方都已经精疲力竭。穆斯林发动进攻的时候，拜占庭和波斯都缺乏自卫的意志和资源。

711年，穆斯林迅速征服了西班牙，速度之快令人瞠目。就在十二年前，他们占领了北非。穆斯林征服西班牙的全部细节已经消失在史海中，因为西哥特文明被消灭了，穆斯林文化占据主宰地位。就像通常发生的那样，历史是由胜利者讲述的。一份罕见的保存至今的基督教文献，称为《754年编年史》，责怪西哥特的内乱导致了国家的迅速灭亡，因为西哥特王国无法动员力量以抵抗外来威胁。711年，一位新国王罗德里克登上王位，但他不得民心，且缺乏统治经验。他的竞争对手痛恨罗德里克，于是帮助和鼓励穆斯林入侵。基督教编年史家称此次入侵特别恐怖，许多城市被付之一炬，男人被钉死在十字架上，孩童遭屠杀，各地均遭洗劫。历史学家罗杰·科林斯将此次入侵与历史上的大灾祸相提并论，如"亚当的堕落、特洛伊的陷落、巴比伦人占领耶路撒冷、罗马遭洗劫，"他如此写道。[17]

穆斯林方面的记载与之类似，不过是从胜利者的角度来展现事件的。在他们看来，入侵西班牙在宗教上是正义的，因为穆罕默德说安拉的意志就是"各地区……都将被我的人民征服"[18]。

最全面地记载此次入侵的作者是阿拉伯历史学家艾哈迈德·伊本·穆罕默德·马喀里。据他记载，入侵的开端是，先遣部队（两船士兵）袭击了西班牙南部的安达卢西亚，"满载战利品"而归。这些士兵报告称，他们发现了"一个富饶国度，那里尽是美丽的山谷、肥沃的土地，丰产各式各样的农产品，得到许多大河的浇灌，遍布甜美的甘泉"[19]。此次行动的指挥官惊讶地发现，这片富饶土地离北非只有咫尺之遥。"两地相隔的不是大洋，而仅仅是一条狭窄海峡。"其中一人对另外一人说道。这解释了征服西班牙将会多么轻松。[20]

随后，一位名叫塔里夫·阿布·扎拉赫的柏柏尔武士发动了一次较大规模的袭击，投入了 500 ~ 1000 人，并带回来"丰厚的战利品和好几名俘虏，他们非常英俊，穆萨①和他的伙伴都从来没有见过这么俊美的人"。塔里夫·阿布·扎拉赫成功远征的消息不胫而走，"人人想去安达卢西亚"，马喀里写道。[21]

不久之后，穆斯林军队发动了第三次，也是破坏性更大的袭击，仍然由阿布·扎拉赫指挥。据马喀里记载，他大肆杀戮破坏，烧毁房屋，摧毁了一座当地人"非常尊崇"的教堂。"随后他处死了遇见的居民，抓了一些俘虏，然后安全返回非洲"[22]。

穆斯林开始制定大规模入侵并永久征服西班牙的计划。负责此事的人是一位名叫塔里克·伊本·齐亚德·伊本·阿卜杜

---

① 指的是穆萨·本·努赛尔（640 ~ 716），倭马亚王朝哈里发瓦利德一世时期的重臣和名将。他是穆斯林北非的总督，并指挥了在西班牙的征服战争。

拉的武士。他率领数千士兵进入西班牙南部，用四艘船在 8 英里宽的海峡来回摆渡，将军队运往对岸，直到他的所有部下都抵达欧洲。据说，在渡海过程中，塔里克梦见穆罕默德承诺他的入侵一定成功。这种神秘的体验让塔里克信心满怀，他抵达西班牙之后，立刻横冲直撞，"开始攻击和摧毁附近的国度"（马喀里的话）[23]。他们在西班牙最南端登陆的地点是一块巨岩，这个地方后来被称为"塔里克山"，再后来就成了"直布罗陀"。[24]

参加此次远征的可能有一万五千名阿拉伯和柏柏尔士兵。来自非洲的柏柏尔人似乎发挥了关键作用。阿拉伯历史学家伊本·赫里康说塔里克是柏柏尔人，他的士兵也大多是柏柏尔人。[25]一般来讲，西班牙男人被屠杀，妇孺被变卖为奴。穆斯林军队没有杀死当地女人，而是将她们俘虏，说明很少有阿拉伯人将妻子家眷一并带到西班牙。阿拉伯军队进展神速，也说明他们没有受到家眷的羁绊。[26]

这些意想不到的攻击令伊比利亚人呆若木鸡。他们努力做出反应，但他们的军队陷入混乱，一盘散沙。第一次大规模攻击发生时，罗德里克正在遥远的北方。他火速南下，从王国各地征集增援部队。塔里克也从北非调来增援部队。成千上万的穆斯林士兵蜂拥来到他麾下。这可能是第一次有穆斯林从非洲调来援兵，以对付基督徒。

据马喀里记载，塔里克敦促他的士兵以安拉的名义英勇拼杀。塔里克告诉士兵们："大家要知道，你们只要忍受一时的苦难，最终将收获丰厚的愉悦和快乐。你们必须知道……美丽的少女在等待你们，她们像天堂处女一样美丽，脖子戴着闪闪发光、不计其数的珍珠和珠宝，她们的身躯穿着贵重的点缀黄金的丝绸衣服，她们侧卧在君主和帝王奢华宫殿的柔软卧榻上，等待你们！"[27]

士兵们欢呼万岁，奔向战场。罗德里克丧命，西哥特军队土崩瓦解，基督徒抱头鼠窜。罗德里克的尸体始终没有找到；据说他淹死在一条溪流中。"基督徒不得不躲在自己的城堡和要塞内，逃离平坦的乡间，躲藏到山区。"[28]

塔里克身先士卒，发动了一次又一次进攻，征服了一座又一座城市。"安拉让崇拜偶像的人心惊胆战，"马喀里写道，因为基督徒原以为穆斯林只是来掳掠财物，然后会返回位于北非的家园。现在他们意识到，穆斯林是来夺取和占领整个王国的。[29]有些城市很快投降；其他的城市则赢弱地坚持抵抗。

据马喀里记载，塔里克努力用如下手段进一步威吓基督徒：

> 他命令士兵在营地内当着哥特俘虏的面，将死人的肉烧熟。在大铜锅里把人肉烧好之后，他命令将肉切成许多份，就像要分给士兵们吃一样；然后他故意把一些俘虏放走，让他们回去告诉同胞，他们目睹了多么可怕的事情。果然，这种策略收到了预想的效果，这些逃亡者的报告在很大程度上增加了异教徒的恐慌。[30]

穆斯林横扫乡村，骑着从基督徒手中夺来的马匹，而既存的罗马道路让他们得以轻松地快速行动。一位名叫穆格赫斯·鲁米的穆斯林将领奉命攻击西班牙南部重镇科尔多瓦，而其他部队则奔向马拉加和埃尔维利亚。塔里克开赴西哥特首都托莱多（位于半岛的中心附近）。在科尔多瓦，穆格赫斯的军队打得岗哨出其不意，战胜了那里的驻军。部分基督徒士兵和总督逃走了，躲在城市附近的一座教堂内。据阿拉伯历史学家记载，穆斯林军队攻打教堂三个月之久，最后厌倦了等待。他们命令难民要么改信伊斯兰教，要么称臣纳贡。难民拒绝了，于是穆斯林军队纵火焚烧教堂，将教堂内的人全部烧死。[31]

"攻克科尔多瓦之后，"马喀里写道，"穆格赫斯集合了城内所有犹太人，让他们掌管城市，更信任他们而不是基督徒，因为犹太人痛恨和敌视基督徒。"随后穆格赫斯将城内宫殿据为己有，让穆斯林在城市的其余部分安顿下来。[32]

在伊比利亚半岛的地中海沿岸城市埃尔维利亚，穆斯林运用了同样的策略："他们将这座城市的要塞交给犹太人管理，这种做法在后来的岁月里变得几乎很普遍；每当穆斯林占领一座城镇，便将其交给犹太人管理，只留下少量穆斯林，大军则继续新的征服。如果犹太人太少，就留下比较多的穆斯林来掌管城市。"[33]

据马喀里记载，塔里克将一群犹太人带在身边，去控制都城托莱多。在那里，他们掳掠了大量珍奇财宝，包括：

二十五顶金冠，每一顶都属于一位曾经统治安达卢西亚的哥特国王（哥特人的习俗是，每一位国王都要在这个神圣的地方存放一顶金冠，上面镌刻着他的名字、肖像、子女的数量、他的寿命和在位时间）；二十一部《摩西五经》《福音书》或《诗篇》抄本；亚伯拉罕的书，摩西的书，其他几部包含自然与艺术奥妙的书，或者关于用动植物和矿物造福人类的书；一部包含古希腊哲学家的护身符的书，还有一些食谱、草药与万灵药的集子；好几个装满珍珠、红宝石、翡翠、黄玉和五花八门宝石的金瓶；许多高大的房间，摆满黄金和精美袍服，各式各样的昂贵丝绸锦缎服装，更不要说镀金甲胄，精美的匕首和剑、弓、长矛和各种各样的进攻与防御性兵器。[34]

他们还发现了一张镶嵌珠宝的金银桌子，据说曾属于所罗门王。这些令人垂涎欲滴的战利品，被士兵们敲成碎片、瓜分一空。

马喀里记载道，基督徒向北逃跑，留下的人则被迫纳贡。被抛弃的房屋被入侵者占为己有。"阿拉伯人在基督徒抛弃的城镇居住下来；因为只要阿拉伯人或柏柏尔人奉命在某地定居，他就毫不犹豫地带着家眷住进来。通过这种方式，伊斯兰教深入这个国度，基督徒的偶像崇拜被消灭和摧毁。"更多北非人和阿拉伯人潮水般涌过海峡：

> 伟大征服的捷报传遍穆斯林居住的各国，叙利亚和其他遥远地区的许多人渴望去安达卢西亚，在那里安居乐业。于是，阿拉伯半岛的许多精英和显要人士离开了他们父亲的帐篷，定居到安达卢西亚。[35]

在这过程中，许多重要的文化和宗教场所遭到毁坏；神圣的遗物被抛弃。马喀里记载道，著名的科尔多瓦清真寺"用基督教大钟熔化铸成的青铜灯来照明……还让基督徒俘虏将许多被拆毁的教堂的材料搬运到科尔多瓦，以扩建清真寺"。[36]

这一系列事件令伊比利亚的许多居民刻骨铭心。伊莎贝拉命人撰写的《西班牙编年史》从被打败的伊比利亚人的视角记录了穆斯林征服的许多细节。编年史家迭戈·德·巴莱拉写道："国内十室九空，哀鸿遍野，尽是血泪。"女人"遭到强暴"，"孩童被屠杀"，而在有些城市，"大部分"平民惨遭屠戮。[37]

732 年，法兰克国王"铁锤"查理①在图尔击败阿拉伯军队。穆斯林向西欧的进军终于止步于比利牛斯山脉，即法兰西与西班牙之间重峦叠嶂的边境。

* * *

最终，只有一小股基督教势力还在西班牙活跃，主要在最北端的阿斯图里亚斯。马喀里写道："一个可鄙的野蛮人，叫佩拉约②，在加利西亚崛起。他斥责同胞可耻的奴隶状态和怯懦的逃跑，开始煽动他们为过去的伤害而复仇，将穆斯林从他们祖先的土地驱逐出去。"

从这个时期起，安达卢西亚的基督徒开始在他们仍然占据的地区抵抗穆斯林的进攻，并保卫自己的妻女。而在此之前，他们完全没有表现出任何御敌自卫的意愿。抵抗是这样发端的：加利西亚的所有大小城镇和村庄都在穆斯林手中，仅有的例外是一座险峻的山峰。佩拉约带着一小群人躲在那里。他的追随者在那里一个个饿死，最后只剩下大约三十个男人和十个女人，除了从石缝中收集的蜂蜜，没有任何食物。他们自己也像蜜蜂一样，居住在石缝之间。但佩拉约及其部下逐渐在山区

---

① 严格地说，"铁锤"查理是法兰克王国墨洛温王朝的宫相，并非国王。当然他是实际掌权者。后来他的儿子"矮子"丕平成为加洛林王朝的第一位国王。

② 佩拉约（约 685 ~ 737），西哥特贵族，在穆斯林占据伊比利亚半岛绝大部分的时期，他坚持抵抗，于 718 年在西班牙北方一隅建立了阿斯图里亚斯王国（穆斯林征服伊比利亚之后建立的第一个基督教政权），开始了伊比利亚半岛基督徒从穆斯林手中"收复失地"的历史进程。910 年，阿斯图里亚斯王国一分为三：莱昂、加利西亚、阿斯图里亚斯。924 年，莱昂统一了三国，从此改称莱昂王国。

各个隧道设防，直到穆斯林得知了他们的防御准备；但穆斯林觉得佩拉约的人太少，因此不以为意，放任佩拉约的力量逐渐增强。穆斯林说："三十个住在岩石上的野蛮人不足为虑。他们迟早一死。"【38】

这些残余的西哥特人在风雨飘零、寒风刺骨的加利西亚和阿斯图里亚斯顽强地生存下来，他们一度作为伊比利亚半岛主人而享有的舒适和繁华已经恍若隔世。马喀里的史书描写了他们艰苦的生存斗争。佩拉约的兄弟法维拉在打猎时被一头熊杀死，这说明他们不得不为了生存而拼命。西哥特人的后裔在此后二十四代的人的时间里一点一点、一英里一英里地收复半岛，大部分时间都是逐步蚕食，直到伊莎贝拉诞生的时期，穆斯林在西班牙的地盘只剩下了南方的格拉纳达王国。基督徒的生存和发展建立在教会与国家紧密合作的基础上，使得他们在收复失地的漫长反攻中能够维持凝聚力。于是，在伊比利亚半岛，教会与国家"紧密团结"起来。【39】

佩拉约的故事令伊莎贝拉魂牵梦萦。她相信自己就是这位坚强的西哥特英雄的直系后裔，是他的事业的继承者。她的童年大部分时光是在塞哥维亚的城堡宫殿度过的，这里的壁龛内到处是她祖先的雕像，佩拉约被刻画为她的第一位祖先。他的雕像屹立在御座厅，默默地参与政府管理的每一个事件。

但在西班牙的其余地区，对那些接受穆斯林（在西班牙，穆斯林也被称为摩尔人，因为他们最初来自摩洛哥①）

---

① 在中世纪，北非、伊比利亚半岛、西西里岛和马耳他岛等地的穆斯林被欧洲基督徒称为"摩尔人"，他们并不一定是来自摩洛哥的穆斯林。摩尔人并非单一民族，而是包括阿拉伯人、柏柏尔人和皈依伊斯兰教的欧洲人等。"摩尔人"也被用来泛指穆斯林。

统治的基督徒和犹太人来说，生活并不是特别严酷。其中很多人过得很舒适。他们被允许保留自己的宗教信仰，只要他们为了这项特权缴纳额外的税赋。在穆斯林征服之后的岁月，很多西班牙人皈依了伊斯兰教。其中有些皈依者（被称为穆拉迪人）是真诚的。也有人是假装皈依，目的是从统治阶级那里得到好处。同样，有些参与入侵的柏柏尔人也是不情愿的或者被强迫的穆斯林。有些改信伊斯兰教的犹太人也是这样。

若没有历来受歧视的少数民族——犹太人的帮助，穆斯林不可能如此彻底、如此迅速地打败西哥特人。有些犹太人欢迎新来者，帮助他们管理他们的新领地。对犹太人来说，穆斯林的统治极大地改善了他们的生存状态，与他们在西哥特人统治下遭受的虐待不可同日而语。犹太人逐渐发展出了一个文学、科学、医学和诗歌的黄金时代。

但对基督徒来说，犹太人帮助穆斯林打败西哥特人的事实，再加上基督徒对犹太人的宿怨（因为早期基督教殉道者在圣地遭到犹太人迫害），成了黑暗和痛苦的回忆。在随后七百年中，尽管三种信仰共存，并且赞颂对方的艺术、文学与美食成就，但愤怒的痛苦仍然潜伏在表面之下。

历史学家简·I. 史密斯写道："穆斯林、基督徒和犹太人在伊比利亚半岛为邻的时代，常被认为是跨宗教信仰的和谐共存的理想时期。"

在一定程度上，这种说法是有道理的。但这个时代很短。没过多久，就出现了紧张、偏见，以及穆斯林和基督徒对少数派的迫害，这些方面才是三大群体之间关系的典型特征。到10世纪，早期入侵的混乱已经平息，伊比利亚半岛出现了两大阵营对峙的清晰局面：北方是基督教王国莱昂①，南方是幅员更辽阔、穆斯林统治的安达卢西亚。二者之间存在一个薄弱的边疆地带。阿卜杜·拉赫曼三世统治科尔多瓦时期（912～961），西班牙的伊斯兰国家达到了力量和名望的巅峰。这是欣欣向荣和成果斐然的时期，穆斯林、犹太人和基督徒知识分子在阿卜杜·拉赫曼三世的赞助下，为艺术、文学、天文学、医学和其他文化与科学做出了极大贡献。穆斯林对所谓"有经者"②高度宽容，社会各群体间的交流也是轻松而稳定的。在这个时期，相当多的基督徒选择皈依伊斯兰教，尽管直到10世纪下半叶，安达卢西亚的基督徒人数一直多于穆斯林。[40]

在这些年里，很多基督徒和犹太人采纳了阿拉伯人的风俗和衣着打扮。

10世纪末，在阿布·阿米尔·曼苏尔③治下，宽容逐渐成为过去。"他开始对基督徒进行一系列残酷无情的迫害，包括抢劫教堂和其他基督教场所。"[41]社会各群体间的交流变得紧张。史密斯写道：

虔诚的穆斯林避免与异教徒说话，除非隔着一段距

---

① 前面的脚注已经讲了莱昂王国的由来，它的后续是：1065年，东部一地区分裂出去，建立卡斯蒂利亚王国；1139年，葡萄牙地区分裂出去，建立葡萄牙王国；1230年，卡斯蒂利亚与莱昂永久性联合。
② 伊斯兰教所说的"有经者"指的是受神启示者，具体常指犹太人和基督徒。有经者的特征：信仰唯一神；有共同的先知，如摩西（天主教称梅瑟，伊斯兰教称穆萨）；信世界末日、死后复活、审判、天堂、天使；相信创造说。
③ 阿布·阿米尔·曼苏尔（约938～1002），科尔多瓦哈里发国的权臣和实际统治者，对基督教势力发动57场战役，攻无不克，一度是伊比利亚半岛穆斯林势力范围的世纪主宰。

离。如果一位穆斯林和一位基督徒在公共道路上相遇，基督徒必须为穆斯林让路。基督徒的房屋高度不能超过穆斯林的房屋。作为"异教徒"的基督徒不能雇佣穆斯林……基督徒被安葬在他们自己的墓地，远离穆斯林墓地……皈依基督教的穆斯林会当即被判处死刑……于是，西班牙的穆斯林和基督徒和谐共处的时代结束了，取而代之的是不宽容、偏见和互相猜忌。[42]

学者达里奥·费尔南德斯—莫雷拉认为，西班牙是各宗教和平共处的天堂的说法是"不符合史实的，是一个神话"，[43]因为在西班牙有很多基督徒和犹太人被穆斯林杀死或迫害。例如，穆斯林统治者曼苏尔令其他宗教信仰的人噤若寒蝉。他洗劫了萨拉戈萨、奥斯马、萨莫拉、莱昂、阿斯托尔加、科英布拉和圣地亚哥·德·孔波斯特拉等城市。985年，他将巴塞罗那付之一炬，将侥幸活命的居民变卖为奴。1066年，格拉纳达的穆斯林掀起暴乱，摧毁了整个犹太人社区，屠杀了数千人。这比第一次十字军东征开始时基督徒在莱茵兰屠杀的犹太人还要多。12世纪，穆斯林将居住在马拉加和格拉纳达的全体基督徒驱逐出境，押送到摩洛哥。[44]

令基督徒人心大振的是，他们在莱昂王国的最西北方发现了所谓的圣雅各（西班牙语称圣地亚哥）墓，即据说曾造访西班牙的那位圣徒。他们建造了一座泥土墙壁的简陋教堂来安放圣雅各的遗骸。不久之后，这个地方，圣地亚哥·德·孔波斯特拉，就成了整个西欧基督徒朝圣的重要目的地，于是建起了一座更华美的教堂。997年，穆斯林攻占了圣地亚哥城。他们保留了圣雅各墓，但摧毁了所有公共建筑，拆毁了许多教堂。[45]这样的行动造成的结果是，基督徒收复失地的运动变成了一场十字军圣战。

即便是比较宽容的穆斯林统治者，对非穆斯林也是抱着鄙夷的态度。"禁止穆斯林为犹太人或基督徒按摩；禁止穆斯林为他们清理垃圾或厕所，"穆斯林法学家伊本·阿卜敦写道，

> 事实上，犹太人和基督徒更适合做这样的工作……若一件衣服曾经属于一名麻风病患者、犹太人或基督徒，在出售时必须告知买主，否则不得出售；如果这件衣服曾经属于一个道德堕落的人，也是如此……任何犹太人或基督徒不得穿戴贵族、法学家或富人的服饰……犹太人和基督徒必须佩戴特定的标志，以便大家识别他们，这对他们也是一种耻辱的标志……禁止向犹太人和基督徒出售科学书籍。[46]

伊莎贝拉特别关心与女性有关的事情，而性别关系也影响了居住在西班牙的人民的观念。三大宗教——犹太教、基督教和伊斯兰教都在某些方面尊重女性，但也都是父权主义的，在一些重要方面视女性为二等公民。在基督教的卡斯蒂利亚，女性的地位远远谈不上理想，但在穆斯林地区却更糟糕。在这些地区，女性的活动在法律上受到种种限制：她们被禁止与男人一起乘船旅行；不能在室外洗衣服；不能在夏季坐在河边，因为会有男人在那里。更重要的是，尽管西班牙南部气候炎热，她们被要求穿厚重肥大的衣服，如"希贾布"。她们被与男性隔开；她们一般不能迈出家门。[47]这样的禁足对伊莎贝拉来说会是不可想象的糟糕。她逐渐成长为一位性格坚强、精力充沛

而热衷于活动的女子，常骑马外出，有时身边只带少量侍从。

对伊莎贝拉这样有独立精神的女性来说，另一件令人不安的事情是，成千上万的女性在摩尔人统治下形同性奴。文学和艺术中很少描绘性奴，而男性历史学家很少提及她们，或只是一笔带过，所以我们很难判断这些女性的生活究竟是什么样的。埃斯科里亚尔修道院的一套插图版手稿中有一些罕见的描绘小妾的图画，其中有女人身穿轻薄透明的长袍，侍候正在下棋或玩其他桌面游戏的男人饮食。她们脸上露出悲哀的表情。[48]

一夫多妻是另一个引发争议的问题。在三大宗教的早期，都曾有过一夫多妻制，但在犹太教和基督教中逐渐消失了，而在伊斯兰教中始终没有完全隐退。穆斯林文化允许男人娶多达四位妻子，但不允许女人拥有多位丈夫。穆罕默德拥有十一位被公开认可的妻子，年龄不一。富裕的穆斯林可以效仿先知，维持庞大的后宫，而战争源源不断地为此提供新的女性。男人们向往这种生活。穆斯林统治者阿卜杜·拉赫曼三世，就是那位常被描述为格拉纳达黄金时代引领文明之光的贤君，拥有 200 个孩子，其中 150 个是男孩，其余是女孩。[49] 据说他的后宫有 6300 个女人。

伊莎贝拉若是想到穆斯林世界各地那许许多多被搁置的结发妻子们，一定会感到不安。这些女人在夜间听到丈夫与更年轻的女人（进入家门的新妻子）做爱，一定孤枕难眠。穆斯林统治者拥有这么多女人，肯定不是全靠追求得来的，于是绑架和拐卖基督徒及犹太女人的生意迅速火爆起来。她们被奴役后便会被改掉名字，怀孕后又会被改名，名字常带有"乌姆"的前缀，意思是"……之母"。不幸的西哥特国王罗德里克的

妻子埃吉罗娜就这样被嫁给了一名穆斯林军人，被更名为乌姆
—阿西姆，即"阿西姆的母亲"。

很多女人不会喜欢后宫生活，所以必须守卫和监视她们。
一大群宦官奴隶承担这个责任。来自东欧的白奴会被切除睾
丸，但来自非洲的黑奴一般会被切除睾丸和阴茎，以确保他们
无法与主人的女人们发生性关系。

伊莎贝拉童年时期发生的一个重大历史事件让 711 年的摩
尔人入侵显得仿佛就在昨天。1453 年，她还只有两岁的时候，
大约也是她父亲驾崩的时间，君士坦丁堡被穆斯林土耳其人攻
克。这座城市在几十年前就已经奄奄一息，但终于被征服的时
候，还是惊天动地。一千年间，这座充满异国情调的位于遥远
东方的城市，一直是基督教世界的伟大都市。查士丁尼建成圣
索菲亚大教堂的时候，它是世界上最大的教堂，九百多年后仍
然是世界上最大的教堂。这么多世纪以来，君士坦丁堡是古典
世界的一个活生生的遗迹。那里的居民仍然自称"罗马人"；
他们经常阅读希腊经典，包括《荷马史诗》；他们自认为是罗
马帝国东半部分的延续。在这一千多年的大部分时间里，君士
坦丁堡也是欧洲的军事堡垒。它守卫着博斯普鲁斯海峡的关键
渡口，将亚洲的游牧民族军队阻挡在欧洲之外。674 ~ 678 年，
这座城市抵挡住了阿拉伯军队的连续多年攻打；并在 717 ~
718 年打退了阿拉伯军队第二次更坚决的进攻。防御的胜利被
归功于君士坦丁堡坚固的城墙和"希腊火"的神奇武器，这
是一种类似凝固汽油的物质，其配方是一个严密保守的秘密。

但君士坦丁堡在 1204 年惨遭洗劫，受到了致命打击。由
于金钱纠纷，第四次十字军东征的基督徒军队蹂躏了这座城
市。此后，君士坦丁堡陷入了漫长的衰落。它的领土一年年锐

减，直到只剩下城市本身和城外的零星土地。君士坦丁堡向西欧求援，但西欧人忙于互相厮杀，不愿意去关注一座遥远城市的危境，而且西欧人还在为东西方基督教会大分裂而恼怒，所以对君士坦丁堡的东正教徒没有什么同情心。1453年，土耳其苏丹穆罕默德二世发动最后进攻时，君士坦丁堡只能召集七千守军，包括七百名热那亚人，去抵挡杀到城下的八万大军。在七周的鏖战之后，城市于5月29日陷落。拜占庭末代皇帝君士坦丁十一世的命运无人知晓。大多数史料都说他身先士卒，阵亡沙场。据说后来只能通过他脚上的紫色鞋子判断他的身份。在他身边死战到底的有一位来自西班牙的贵族，他是极少数前来帮助守城的西欧人之一。

君士坦丁堡遭到的最后猛攻和毁灭，是一场令人胆寒的壮观盛景。目击者，如米蒂利尼的热那亚人大主教"希俄斯岛的莱奥纳德"和威尼斯的尼科洛·巴尔巴罗，描述了城市遭到残酷洗劫的场面，谈及大屠杀、强奸和奴役。教堂被烧毁，珍贵的圣物被抛弃，约十二万本书籍和手稿（有的出自上古）丢失、被烧或损毁："在三天之内，土耳其人洗劫了城市，恣意毁坏书籍，因为书对四处掳掠的士兵来说没有什么价值。于是，在西方学者眼中，土耳其人成为欧洲曾经遇到的对高雅文化和学术的最大威胁。"[50]

西欧的观察家大为警醒，感到整个欧洲文明都受到了威胁。对伊莎贝拉来说，君士坦丁堡的陷落是一个凶险的预兆，说明有可能发生很多恶事。她的宫廷编年史家阿隆索·德·帕伦西亚（伊莎贝拉雇佣他，让他给她讲故事）记载当时的历史事件时，对伊莎贝拉的诞生只用了大约一页纸，而对君士坦丁堡陷落却用了三页。帕伦西亚说此事是"灾祸"和"大难"，可能意味着"基督教的毁灭"[51]。

在随后一些年里，君士坦丁堡的幸存者精神恍惚、满腹忧伤地离散到欧洲各地。很多人的个人生活被君士坦丁堡的陷落毁掉了。穆斯林处置君士坦丁堡的妇孺，就像他们于711年在西班牙做的那样。拜占庭皇帝君士坦丁十一世属下的外交官乔治·斯弗朗齐斯记载道，他的妻子和孩子在破城之后被抓走，后来成了苏丹的御马总管的奴隶，此人"通过出售其他许多美丽的贵妇，积攒了巨额财富"。[52]

西欧人，尤其是西班牙人，心惊胆战地揣测穆斯林的下一个攻击目标是哪里。穆罕默德二世发誓，要将罗马圣彼得大教堂的大祭坛变成喂马的食槽。而且，西班牙比罗马更接近穆斯林人口中心，距北非只有8英里①。"伊斯兰教两次对基督教构成了普遍的军事威胁，"历史学家约翰·麦克曼纳斯写道，"第一次是7世纪中叶到8世纪中叶的快速征服，一时间似乎整个基督教世界都摇摇欲坠。第二次是15～17世纪，奥斯曼人图谋主宰世界。"[53]

伊莎贝拉公主诞生的时期正是基督教世界第二次受到严重威胁的时代。虽然我们对她的童年生活知之甚少，既不知道她的出生日期，也不确定她的洗礼地点，但有一点非常重要，被记载下来。这是伊莎贝拉还是小姑娘的时候自己决定的第一个正式举措。她捐赠了大约200马拉维迪②，用来资助收复格拉纳达——穆斯林在伊比利亚半岛的最后堡垒——的军事行动。

---

① 直布罗陀海峡最窄处为8.9英里，合14.3公里。
② 马拉维迪是11～19世纪伊比利亚半岛多种货币和记账单位的名称，币值非常混乱。

二　阴影中的童年

伊莎贝拉的母亲始终没有真正恢复清醒的神智，于是，伊莎贝拉的异母兄，恩里克四世国王（有人称他为"可能是中世纪西班牙历史上争议最大的人"[1]）成为伊莎贝拉童年的主宰。国王的喜怒无常和心血来潮影响着她的生活的每一个方面。我们不确定伊莎贝拉最早是在何时、以何种方式接触恩里克四世的，因为她的童年的太多细节已经湮灭在历史中。

在她的幼年，兄妹俩很少见面。伊莎贝拉的父亲驾崩的时候，她只有三岁，而弟弟阿方索还是襁褓中的婴儿。1454 年，在国王驾崩后的某个时间，伊莎贝拉太后带着两个孩子退隐到一个偏僻的乡村小镇阿雷瓦洛，距离伊莎贝拉的出生地马德里加尔·德·拉斯·阿尔塔斯·托雷斯大约 15 英里，远离宫廷的浮华。阿雷瓦洛也是一座戒备森严的城镇，位于阿达哈河与阿雷瓦利略河交汇处，那里有一座强大的要塞，曾有一位王后被囚禁在那里。伊莎贝拉的新家是一座拥有厚重石墙的城堡，在高处有很小的窗户，城堡外环绕着护墙和干壕沟。这座城堡从来没有得到改建，缺乏舒适的生活条件、采光和通风。它的位置非常偏僻。与宫廷有联系的著名学者罗德里戈·桑切斯·德·阿雷瓦洛说它非常孤苦凄凉，"阿雷瓦洛是座荒凉的小镇"。[2]恩里克四世原本希望太后和她的孩子们留在宫廷，但她拒绝了。于是国王派遣两百人作为他们的卫兵，保护他们免遭强盗和绑架者的袭击，但也将他们严密隔离起来。[3]这个地方的环境也很严酷，冬季滴水成冻，夏季酷热难当。白雪皑皑

的瓜达拉马山就在远方，在几英里之外，与阿雷瓦洛之间隔着
平坦干旱的乡村。

伊莎贝拉家庭生活的不稳定，是整个王国的动荡的缩影。
恩里克四世国王的庸碌无能造成了权力真空，使得王国陷入混
乱。贵族们原本可以在各自领地维护国王的统治，却变成了残
暴而互相杀伐的军阀。他们恐吓农民，搜刮越来越贫困的土
地。强奸、盗窃和谋杀司空见惯。

社会发生这样的瓦解，是因为伊莎贝拉幼年的伊比利亚半
岛分裂为多个互相仇视的国家：伊莎贝拉的家园——卡斯蒂利
亚与莱昂王国，占据着今天的西班牙的北部和中部；葡萄牙人
占据着半岛西侧边缘的土地，直接面向大西洋。伊比利亚东部
的几个王国，巴伦西亚、阿拉贡和加泰罗尼亚结成了一个紧张
的、不稳定的联邦，并通过联姻与纳瓦拉（位于伊比利亚半
岛最北端边缘的一个王国）绑在一起，这些国家都面向东方，
朝向地中海。摩尔人的格拉纳达王国横跨西班牙南部，从直布
罗陀一直延伸到阿尔梅里亚港（这个地区被称为安达卢西
亚），控制着与非洲隔海相望的地中海沿岸。

半岛没有中央权威，一片混乱，西班牙的大多数居民都像
伊莎贝拉一样，住在戒备森严的建筑群或其附近。随处可见这
些石制或木制防御工事，其中很多耸立在陡峭的悬崖之上，以
至于半岛中部的这个王国被称为卡斯蒂利亚，即"城堡的土
地"。西班牙人住在室内，躲在厚厚的石墙之后，从可作箭眼
的小窗向外眺望，在天际线上寻找危险的迹象。他们始终生活
在戒备状态。伊莎贝拉长大成人的这片土地始终战乱不休。

虽然有这些困难，但伊莎贝拉也有一个突出的优势。在她
童年时期，一个由精明强干的成年人组成的小圈子填补了伊莎

贝拉和阿方索双亲的缺失，在他们蹒跚学步、牙牙学语的时期
抚育和教导他们。他们的祖辈只有一人还在世，即伊莎贝拉太
后的母亲——巴塞卢什的伊莎贝拉。这位五十多岁的葡萄牙寡
妇出身于富裕而强大的布拉干萨家族。小公主伊莎贝拉还在学
走路的时候，外祖母伊莎贝拉来到阿雷瓦洛，和女儿的两个孩
子一起生活。外祖母认真地监督着家庭。巴塞卢什的伊莎贝拉
是一个聪明能干的女人，阅历丰富，能够帮助塑造小伊莎贝拉
的世界观，为她将来的执政做准备。据编年史家迭戈·德·巴
莱拉说，她是"能够出谋划策的了不起的女人"，"对她女儿
是极大的帮助和安慰"。[4]

外祖母伊莎贝拉是葡萄牙人所说的"光辉一代"的成员，
即葡萄牙国王若昂一世（1358~1433）的儿女。若昂一世的
长子杜阿尔特是一位哲学家①；次子佩德罗是艺术赞助人；另
一个儿子恩里克就是著名的"航海家恩里克"；最小的儿子费
尔南多率军入侵摩洛哥，兵败战死，被封为圣徒。伊莎贝拉的
丈夫是若昂一世的儿子若昂，以睿智著称，曾担任要职——葡
萄牙的司厩长。伊莎贝拉也有王族血统，因为她是若昂一世国
王的孙女②。葡萄牙王室相信未来的关键在于航海和国际贸
易，于是非常积极进取地推动这两项事业。海外扩张给葡萄牙
带来许多财富，让它在国际事务中扮演了非常重要的角色。小
伊莎贝拉公主也受到了这方面的教育，并且将其牢记在心。

依附于卡斯蒂利亚王室的一对夫妇也将对小伊莎贝拉的生
活产生重要影响。妻子是伊莎贝拉的家庭教师克拉拉·阿尔瓦

① 后成为葡萄牙国王，1433~1438年在位。
② 巴塞卢什的伊莎贝拉的父亲是布拉干萨公爵阿方索，葡萄牙国王若昂一世的儿子。她嫁给了自己的叔叔。

尔那埃斯，她是和伊莎贝拉的母亲与外祖母一起从葡萄牙来到卡斯蒂利亚的。克拉拉的丈夫贡萨洛·查孔曾是伊莎贝拉的父亲胡安二世国王的廷臣，也是国王指派掌管孩子们教育的几个人之一。查孔是伊莎贝拉太后宫廷的管理者，也曾是阿尔瓦罗·德·卢纳的管家，所以查孔和伊莎贝拉的母亲与外祖母一样，都曾参与治国理政。他们现在都已经脱离了政治舞台的中心，但都曾经是权势炙手可热的人，处在政治、家族和统治相交织的核心。并且他们都雄心勃勃，渴望重返权力核心。

阿雷瓦洛城堡的总督名叫莫森·佩德罗·德·博瓦迪利亚，已婚，有三个孩子，他们成了伊莎贝拉的玩伴。[5] 两家人变得很亲近。博瓦迪利亚家族为王室效力的历史很悠久，有一位祖先曾是阿方索十一世的财政大臣，并曾作为大使去阿维尼翁觐见教皇。佩德罗的女儿比阿特丽斯差不多比伊莎贝拉年长十岁，扮演起了小公主的姐姐的角色。她秀气漂亮、能言善辩、聪明机敏，成了伊莎贝拉最忠实的伙伴和可以吐露心迹的密友。这两个女人从平平淡淡的开端，一直崛起到成为西班牙的主宰。比阿特丽斯不仅仅是一位朋友。她是一个非常高明的盟友和策略家，擅长缔结联盟和拉拢新朋友。

在这些年里，宫廷档案或编年史很少提到伊莎贝拉的存在。有只言片语表明，公主从一个地方搬到另一个地方，或者喜欢参观历史名胜。有一次她参观了历史上西哥特的都城托莱多。但没有人对她投去很多注意力。她渐渐长得相当漂亮、娴静和虔诚。她是第三顺序王位继承人①，但在国王的眼里，她的主要价值是将来用作联姻的潜在棋子。西班牙和外国的都城

---

① 排在她前面的是国王的女儿和伊莎贝拉的弟弟阿方索。

对她的诞生几乎完全没有注意到，而她的童年也是默默无闻的。话又说回来，她为什么会吸引很多注意呢？在当时，不仅在基督教文化，而且在希伯来和阿拉伯世界，女孩都是不值一提的。人们很难想象一个女人会行使真正的权力，更不要说改变世界了。

在阿雷瓦洛，公主上课学习，变得酷爱读书。她对世界兴趣盎然，喜欢关于遥远国度怪异动植物的故事。她喜欢关于亚瑟王宫廷的故事和描述人们面对困难做出高贵行为的英雄传说（不管是神话、《圣经》故事还是传奇）。一部西班牙化的圣女贞德传记《法兰西少女》被伊莎贝拉当作指导自己举止的指南，而圣女贞德积极的虔诚也被明确描述为"比任何其他女士"的生平事迹更值得伊莎贝拉去效仿。[6]伊莎贝拉还喜欢《伊索寓言》，这是用动物故事进行道德教谕的故事集。

她的正式教育很扎实，但比较肤浅。她学习了礼仪和家政技能，并初步学习了语法、哲学和历史。她懂多种语言，能阅读法语和意大利语书籍，不仅会说卡斯蒂利亚的西班牙语，还会说葡萄牙语，即她的母亲和外祖母的语言。她像母亲一样有音乐天赋，好几样乐器都演奏得很好，唱歌也很出色。她也擅长舞蹈。

但她没有得到男人，尤其是将来要执掌朝纲的男人会得到的那种教育。例如，她幼年没有学过拉丁语，那是国际外交的语言。她很快就敏锐地认识到，这在她的教育中是一个明显的、令人尴尬的缺陷。

她学习了女红和刺绣，这在当时是教育女孩的必备课程；还学习了一位统治者的妻子需要的其他技能。她还获得了必需的社交技能。她坚强而活跃，勇敢，精通骑术。她喜欢打猎、聚会、游戏、艺术和建筑。她的行为举止被认为符合她的年龄和地位，没有得到额外的关注。

对她的未来最重要的是，在这些年里，她掌握了钢铁意志的自制力，这让她能掩饰自己的真情实感，而借机思考如何应对遇到的情况。这后来成为她的性格的一个重要部分，因为她学会了保持城府、严守秘密。很快她就会意识到，这种技能是她生存的关键。

她变得非常虔诚。基督教是中世纪欧洲生活的基石，宗教是伊莎贝拉受到的教育的很大一部分。阿雷瓦洛有一座很活跃的圣方济各会修道院，所以那里总会有宗教学者。伊莎贝拉变得非常喜爱这个修会及其创始人圣方济各，他投身于清贫和简朴的生活。她认为自己的主保圣人是施洗约翰和福音书作者约翰，后者是十二使徒中唯一没有在基督教早期岁月殉难的，在以弗所照料了耶稣的年迈母亲。就是这第二位圣约翰写下了《约翰福音》，记述耶稣基督生平的四大经典之一。

她母亲的很多朋友也都笃信宗教。比阿特丽斯·德·席尔瓦，就是那个曾吸引国王注意、被锁在壁橱内、最后成为修女的葡萄牙贵族女子，也参与了伊莎贝拉的教育。伊莎贝拉母亲的一位侍女特雷莎·恩里克斯也是伊莎贝拉的教师之一。比阿特丽斯创立了一个新的女修会，圣母无染原罪会，赞颂耶稣母亲发挥的特殊的精神作用。恩里克斯特别热衷于领圣餐，因此得到了"酷爱圣餐的疯子"的绰号。在伊莎贝拉的少女时代，除了这些一对一的宗教课程之外，她还阅读了恰当的宗教书籍，如马丁·德·科尔多瓦修士的《贵妇的花园》，这是一部女性人格培养的指南，作者写书的时候特别考虑了伊莎贝拉的情况。该书强调绝对的虔诚，甚至列出了可以接受的活动的清

单，包括每天做弥撒、背诵祷文、聆听布道和与教会长老讨论
教义。马丁说，女性的贞洁也很重要："即便一个女人道德高
尚，若是没了贞洁，她只是风中的浮渣和灰尘；因为不贞洁的
女人即便美丽，也会让自己变脏。她越是美丽，就越是肮脏和
腐朽。"[7]

* * *

但伊莎贝拉的童年过得并非如此严苛。尽管阿雷瓦洛和马
德里加尔相对来讲是偏僻的小地方，附近有一座城镇成了公主
最喜欢拜访的地方。梅迪纳·德尔·坎波距阿雷瓦洛12英里，
骑马或骡子需要一整天，是欧洲最重要的购物场所之一。这是
一个集市城镇，吸引了来自已知世界各地的商人，他们在此处
买卖华贵的织物、珠宝、食品、皮具、工具、玩具、化妆品、
药品、罕见香料和充满异国情调的水果。这是一座美丽的城
镇，屹立着四十座教堂和修道院尖顶，街道两边是富商、金融
家和贵族的豪华宅邸。[8]它的国际化色彩很鲜明，使它成为卡
斯蒂利亚国际化程度最高的城镇之一。"在整个欧洲，哪怕是
意大利君主的宫廷，没有一座奢侈品市场可以和卡斯蒂利亚的
市场媲美。"历史学家海梅·比森斯·比韦斯写道。[9]

经济繁荣的来源是羊毛贸易。卡斯蒂利亚王国是养羊大
国，羊毛产量很高，是该国贵族的主要财富来源，也是梅迪
纳·德尔·坎波的核心商品。对伊莎贝拉和其他贵族来说，这
座城镇的富庶似乎表明羊毛是稳定的财源，所以他们没有去注
意欧洲大陆其他地区正在发展的工商业，以及那些正在改变欧
洲其他国家经济的新趋势。

伊莎贝拉看到梅迪纳·德尔·坎波出售的五彩斑斓的各色

商品，一定满怀渴望，因为她的家庭的财政常常很紧张。这种情况是本不应当出现的。胡安二世国王的遗嘱为孀居的太后及其儿女提供了舒适的生活条件。太后"只要保持贞洁"，就可以保留对孩子们的监护权。[10]阿雷瓦洛、马德里加尔、索里亚和马德里郊区的税收也属于她。伊莎贝拉将得到库埃利亚尔城的税收，在十二岁生日那天将从马德里加尔城得到 100 万马拉维迪。她母亲去世后，马德里加尔的税赋收入也将被留给伊莎贝拉，这足以保障她舒适的生活。阿方索是王位继承人，得到的收入更为可观。他将成为圣地亚哥骑士团的大团长（阿尔瓦罗·德·卢纳曾占据这个油水丰厚的位置），十四岁生日那天将获得卡斯蒂利亚司厩长的职位。四座城镇的税收归他所有，并且在她母亲去世后，她曾经享有的所有城镇（除了马德里加尔）也将由他继承。

但据编年史家记载，恩里克四世国王"不尊重父亲的遗愿"，将胡安二世为了供养自己第二位妻子和子女的土地和财产都挪作他用。[11]他把圣地亚哥骑士团大团长职位赏给了自己的一名亲信，并将另外一名宠臣任命为司厩长。后来他从伊莎贝拉手中夺走了库埃利亚尔的税收，将其赏给他人。学者玛丽亚·伊莎贝拉·德尔·巴尔·巴尔迪维索写道，恩里克四世"积极地活动"，剥夺伊莎贝拉理应享有的遗产，这给公主造成了"经济上的困难"。[12]

所以，伊莎贝拉的家庭在经济上相当拮据。宫廷编年史家埃尔南多·德尔·普尔加尔记载道，伊莎贝拉童年时"严重匮乏生活必需品"，这对渴望拥有美丽衣服和首饰的少女一定是非常痛苦的。她后来特别喜好华丽炫目的打扮，让外国外交官觉得她的仪表奢华得惊人。[13]

　　其他迹象也表明，恩里克四世国王并不关心伊莎贝拉及其家庭的利益。胡安二世驾崩不久之后，恩里克四世去阿雷瓦洛拜见他的继母，伊莎贝拉太后。一位廷臣佩德罗·希龙陪他一同前往。此人名义上是卡拉特拉瓦修会的大团长，这是一个要求成员单身守贞的宗教和军事修会，立誓捍卫基督教信仰。但希龙可不是什么圣人，而是一个腐化堕落的酒色之徒，把自己的身份当成笑话。他的职位非常无聊，不过能够带来丰厚的收入。佩德罗的社会地位显然比太后低，恩里克四世却允许他下流无耻地追求这位二十六岁的寡妇。据编年史家阿隆索·德·帕伦西亚说，太后非常生气。此事对伊莎贝拉太后是个侮辱，也表明这位曾经的王后如今的势力是多么薄弱。她感到自己受到了很大威胁。帕伦西亚记载道，此后，她"将自己关在一个黑暗的房间内，保持沉默，陷入抑郁，后来发展到了疯狂的程度"。[14]

　　国王和他的朋友是怎么想的？佩德罗·希龙或许仅仅是个粗鄙之徒，但也可能是真诚地向风韵犹存的太后求爱。恩里克四世国王在干什么？新国王可能觉得这样贬低自己年轻漂亮的继母，非常好玩。他可能觉得这种场面很滑稽。

　　或者他有一个更阴险的动机。如果年轻而寂寞的太后接受了希龙的求爱，恩里克四世就可以说太后违反了她丈夫的遗嘱，没有保持贞洁。那么她就会失去对孩子的监护权。

　　所以此事表明了一个令人不安的可能性，即恩里克四世及其盟友可能在某个时间曾企图控制两个孩子。也正是由于这个原因，太后和她的母亲将孩子们留在阿雷瓦洛，避开外界的目光，在那里一待就是至少七年。

　　上述的丑恶事件是一个很好的例证，表明了恩里克四世国王性格的内在矛盾。因为他有时候很敏感，有时却是个笨拙的傻瓜。就连他的外貌也具有奇怪的二元对立。他高大魁梧，金发碧眼，手掌和手指都很粗大，"外貌凶悍，几乎像雄狮"，令人畏惧。[15]但他的习性癖好却与粗犷的外表有很大矛盾，因为他爱好唱歌，嗓音"甜美，富于抑扬顿挫"，而且喜欢忧伤的歌曲。他的仪态粗暴生硬，却是软心肠，容易受到那些懂得如何操纵他的人的影响。他的肖像保存至今的不多，其中一幅描绘他戴着一顶装饰鲜花的帽子，侧身骑在马背上①，马的身上点缀着缎带和铃铛。

恩里克四世登基伊始在卡斯蒂利亚广受爱戴，享有"慷慨的恩里克"的美誉。他建造了许多房屋，是教堂和修道院的大赞助人。我们知道他常常深思熟虑，喜欢在美丽和宁静的环境里与教士进行富有教诲意义的交谈。[16]

他最喜爱的家是宏伟的塞哥维亚城，那里有高耸的罗马高架渠和许多美丽的教堂。自童年以来，他常在那里找到安宁与幸福。西班牙宫廷实际上是巡回的，所以他在国内不断走南闯北，但塞哥维亚始终是他最喜爱的地方。他亲热地称它为"我的塞哥维亚"，而从来不曾这样称呼卡斯蒂利亚的其他地方。在很多方面，他都格外恩宠塞哥维亚，资助公共工程和建筑项目，为当地人民提供很多就业机会，提高群众的生活水准。塞哥维亚的市民感到自己得到了特权，并因为与王室有这样紧密的联系和因此得到繁荣而骄傲。每次他抵达这里，都会受到热烈欢迎。

他还是孩子的时候，塞哥维亚就为他专门建造了一座宅

---

① 用横鞍侧身骑马（两腿都放在马匹一侧），通常是贵族女性骑马的方法。

邸。他始终喜爱这座宅子。它的名字是王家圣安东尼修道院，位于城郊，他从那里可以轻松地进城，或去往城堡和大自然环境，因为他会花许多时间在乡村骑马，享受自然。他可能打算自己将来就葬在塞哥维亚，因为修道院中殿旁有一个很大的房间，似乎是墓室或纪念堂的合适场地。他在塞哥维亚感到很安全。

恩里克四世也是个温和的动物爱好者，有自己的动物园，豢养着狮子、豹猫、鹿、熊崽、豹子，以及他的最爱，一头体型很大的山羊。他长期在塞哥维亚和马德里周边的森林狩猎。但他沉溺打猎，是为了逃避治国理政的麻烦。但拖延并不能解决问题，他的懒惰和对辛苦工作的厌恶使得原本很小的问题渐渐恶化。

简而言之，恩里克四世是个温和善良的人，不喜争斗，热衷于交友而不是树敌。若是生在另一个时代，他或许能成为一个备受爱戴的人。在恩里克四世青年时代的大部分时间，他都与父王针锋相对，但父王驾崩时，他守候在父王身边。他登基后最早一批决策包括允许他父亲任命的一百五十九人保留原职，而不是安插自己的亲信到这些职位上去。"先王——我的父亲已经上天堂了。我毫不怀疑，他的去世给你们造成了极大的痛苦和悲伤。"他对这些人说道。[17] 他还赦免了一些被流放、排挤或监禁的政敌，归还他们的财产和头衔，让他们得以又一次在国内活跃起来。

这是一个和善且宽容的人的举动，却产生了不幸的政治影响。很快，恩里克四世就被一群忘恩负义的小人包围了，他们对国王没有忠心，还觉得自己享有的闲职美差是理所当然。更糟糕的是，他的家族的敌人，尤其是阿拉贡亲戚们（他们嫉妒他的卡斯蒂利亚领地），得以自由地从事破坏他统治的叛乱行动。被国王宽恕的人不知报答，却不断想方设法地与他作对。这是一个冷酷无情的时代，恩里克四世犯了一个致命错误。

* * *

恩里克四世生活的另一个方面使得他面对攻击时特别脆弱。他喜欢和一些英俊潇洒的小伙子一起出游，这种享乐活动很频繁，时间也很长。他常在郊外的狩猎小屋与他们相会。我们几乎可以肯定他是同性恋。只要他能生出足够多的王位继承人以确保大统的顺利传承，同性恋也不是个政治问题。但他没有孩子，而且这个时期欧洲人对同性恋的态度在变得更强硬。在中世纪的大部分时间，人们对同性恋比较宽容，甚至将其浪漫化，但随着经济形势恶化、社会变得萧条，文化立场也开始发生变化。文艺复兴早期的享乐主义和文化繁荣也导致了保守派的反击。宗教狂热分子敦促信徒摈弃世俗的生活方式和肉体享乐，并积极地惩罚那些拒绝服从的人。例如，在伊莎贝拉出生前后一年内出生的，有两个佛罗伦萨人，画家和科学家列奥纳多·达·芬奇，他是个高调浮夸的同性恋者；另外一人是吉罗拉莫·萨伏那洛拉，他是一个热忱如火、清心寡欲的教士，坚决反对艺术，因为艺术促进了伤风败俗和精神腐朽。这个时代的文化价值观的冲击不仅限于西班牙。

恩里克四世国王在塞哥维亚明目张胆的同性恋行为受到了许多西班牙人的批评，甚至一些外国人也注意到了。捷克朝圣者沙塞克与一位贵族同行。恩里克四世国王在塞哥维亚的城堡款待了他们。沙塞克目睹了恩里克四世宫廷的活动，大为震惊。"他们过着这样邪恶的鸡奸生活，人们不愿意、羞于谈及他们的罪行。"沙塞克在他的旅行回忆录中写道。他回国后，这部回忆录流传甚广。[18]

并且，遗憾的是，就像他的父王一样，恩里克四世也对某些人过于依赖，导致这些人能够轻松地操纵他，往往会损害他自己的利益或伤害他的家人。他起初最喜爱的宠臣是胡安·帕切科，他是佩德罗·希龙（曾向伊莎贝拉太后求爱的那个人）的兄弟。

帕切科曾是恩里克四世父亲的朋友阿尔瓦罗·德·卢纳的门客，而且实际上就是阿尔瓦罗（当时阿尔瓦罗是年轻的恩里克的保护人）把他介绍到宫廷的，且得到了他父王的默许。恩里克四世登基不久后，便封帕切科为比列纳侯爵，这让帕切科得到了许多财富，并得以帮助他的兄弟（招人讨厌的佩德罗·希龙）晋身，包括帮助希龙得到卡拉特拉瓦修会大团长这个威望极高、油水极多的职位。

恩里克四世被胡安·帕切科玩弄得心醉神迷，受到他的极大影响，甚至完全被他主宰，往往造成了严重后果，因为帕切科不像阿尔瓦罗·德·卢纳对胡安二世国王那样，至少是忠心耿耿的。帕切科狡猾、奸诈、自私自利，哪怕仅仅为了一丁点好处也毫无顾忌地拼命害人。一般笔调比较温和的编年史家恩里克斯·德尔·卡斯蒂略称帕切科为"忘恩负义、暴政、难填欲壑的典型"。[19]

占恩里克四世便宜的不只帕切科一个人。国王的慷慨大方过了头，向他的男宠们一掷千金地赏赐礼物和特权，这些人只会变得更加贪得无厌，国王完全没有办法满足他们。就是由于这个原因，原本应属于伊莎贝拉家庭的税收和财产才被挪用，而不是因为恩里克四世故意与伊莎贝拉姐弟为敌。

恩里克四世的编年史家卡斯蒂略记载道，国王的总会计师和国库总管迭戈·阿里亚斯警示国王，说国库已经吃紧："陛下的开销实在太多了，却没有什么收益，因为很多人完全没有在为陛下效力，也不配得到赏赐，陛下却给了他们很多；陛下最好改变习惯，只赏赐那些为陛下效劳的人，而不是那些对陛下无益的人。"恩里克四世哀伤地答道，他没有选择，因为若要维持臣民的支持，国王就必须慷慨大方。[20]

1454 年和 1455 年，恩里克四世国王将宫廷临时迁往阿雷瓦洛，此时伊莎贝拉大约四岁。在这个年龄，大多数孩子开始对自己周围的世界有了认识。恩里克四世很快向格拉纳达的穆斯林宣战，一时间群情激昂。根据王室惯例，恩里克四世举起了他的祖先——西哥特领袖佩拉约的旗帜。"作为虔诚的基督徒……我们必须消灭迫害我们信仰的敌人"，他向国民如此宣讲，赢得了欢呼和掌声。[21] 很多人热切期待一场新的战争。有些人当然是出于宗教原因，但战利品的诱惑也很重要。仅仅是宣布即将开展军事行动，就为国王开拓了财源：朝廷向贵族、各城镇和教会征收额外的税赋以提供军费，而西班牙裔的教皇卡利克斯特三世（他是阿拉贡人）授权恩里克四世向士兵销售赎罪券，以此敛财。教皇后来还允许恩里克四世出售赎罪券以洗脱已经死去的人的罪孽，好让死者的亲属有机会确保他们的亲人升天堂，不管他们生前犯过什么罪行。[22]

另外，王室即将举行一场婚礼。婚礼通常是充满节日气氛的欢乐活动，所有人都会开心。恩里克四世正在进行谈判，希望迎娶一位美丽的葡萄牙公主，名叫胡安娜①，她凭借美丽的

_____

① 葡萄牙国王杜阿尔特的女儿。

舞姿受到世人仰慕。人们对即将举行的婚礼兴奋地大谈特谈，因为恩里克四世很可能从此次婚姻中得到一个继承人。随后，恩里克四世及其廷臣又一次离开阿雷瓦洛，动身出发了，这一次是前往科尔多瓦的婚礼地点。他年幼的兄弟和妹妹没有被允许参加婚礼。

胡安娜丰满健美而风骚轻浮。1455 年 5 月，她带着一群俊俏的葡萄牙侍女（她们穿的袍服"主要是为了露，而不是为了遮"），抵达科尔多瓦。[23]但恩里克四世对婚礼没有多少热情，始终闷闷不乐，似乎没有"庆祝"的兴致。[24]

廷臣们很快发现，最容易取悦年轻王后的东西，就是奢华的礼物和昂贵的娱乐活动。在科尔多瓦的一次奢侈盛宴上，一位希望讨得她欢心的主教将一只装满镶嵌宝石的戒指的碗传来传去，让胡安娜及其侍女各自挑选自己喜欢的。

恩里克四世国王能够以自由之身迎娶胡安娜，是因为他已经成功获得与前妻——他的表姐布兰卡①，一位来自阿拉贡的"有德而美丽"的公主——离婚的许可。[25]他和布兰卡的婚姻持续了十三年，从一开始就很不愉快，因为当时只有十五岁的恩里克非常害羞而笨拙，在新婚之夜未能圆房。这一晚的气氛非常紧张，布兰卡的父亲阿拉贡国王胡安二世②，与恩里克的父亲有仇，在新婚洞房外的走廊里踱来踱去，所以年轻的夫妻未能办成事，也不足为奇。但过了十三年之后，他们仍然没有一男半女。最后恩里克四世决定与布兰卡离婚，理由就是未能圆房，他"中了邪"，和布兰卡公主亲近的时候无法勃起，十

---

① 恩里克四世的母亲（阿拉贡的玛丽亚）与布兰卡的父亲（阿拉贡国王胡安二世）是姐弟，他们的父亲是阿拉贡国王斐迪南一世。

② 请读者注意，不要与恩里克四世的父亲卡斯蒂利亚国王胡安二世混淆。

之八九是因为中了巫术。[26]他把这一切都怪罪在不幸的公主身上，并让两名妓女来证明，他和她们睡觉的时候就毫无问题。三位教士组成的委员会批准了离婚，布兰卡被送回了阿拉贡。

但和恩里克四世的第一次新婚之夜一样，他与第二任妻子胡安娜的第一夜也未能成功。这一次，又有一群宫廷官员聚集起来，等待看沾上血迹的床单，但这一次他们又失望了。新婚之夜"让所有人都不满意"，一位宫廷人士说道。[27]

在公开婚礼不久之后，恩里克四世和新娘去了他在塞哥维亚的家。夫妻俩在那里受到了似乎无休止的舞会、狩猎和娱乐活动的热烈欢迎。他们的时间在塞哥维亚的两个地方度过——城堡和附近的一座称为圣马丁宫的宅邸。恩里克四世对圣马丁宫进行了改建。在国王亲自监督下，城堡被"彻底翻新"，增添了许多华丽装饰。历史学家堂爱德华多·德·奥利弗-果波恩斯写道，宫廷"辉煌奢华的名声与日俱增"。[28]

有些人对国王的建筑工程表示仰慕，但也有很多人认为，国王的这些消遣让他忽视了王国最紧迫的大事。对他的统治的批评之声越来越大。看到自己力量逐渐削弱的领袖，往往会发动战争来获取自负的爱国主义的支持，但恩里克四世国王最终启动收复格拉纳达的战争时，这种历史悠久、久经考验的政治工具也适得其反了。

此次战争的军费来自教会信众。世人皆知，军费的很大一部分被贝尔特兰·德·拉·奎瓦贪污了（此人是一位魅力十足、风流倜傥的廷臣，深得国王和新王后的宠爱），而士兵们却没有得到军饷。[29]恩里克四世率领宫廷人士出征后，把远征视为儿戏，而非真正的战争。轻浮的年轻王后及其侍从跟随着军队。有一次，贵妇们骑马到了战场上，胡安娜哈哈大笑地向空中射箭，表示自己参加了战争。国王似乎把战争当成一个大笑话。事实上，他收了一些北非领导人的礼物，同时却自称在攻击他们的盟友。非斯①国王给他送去了西瓜、莲子和特制的马具，给他的妻子送来了麝香、乳香和香草味的香膏。[30]久经沙场的军人和那些深谙西班牙南部伊斯兰国家意图的人感到"羞耻和愤怒"，将自己的担忧告诉了托莱多大主教阿方索·卡里略。大主教越发坚信，卡斯蒂利亚局势在日渐恶化。在君士坦丁堡陷落仅仅几年之后，恩里克四世对穆斯林的漫不经心或和善态度在卡斯蒂利亚遭到了许多批评。有人认为他背叛了卡斯蒂利亚的文化与宗教。

考虑到当时的局势，恩里克四世的作战方式也让他成了笑料。在那个时期，战争的很大一部分行动就是打击敌人的经济，比如纵火烧毁敌人的庄稼或杀死敌人的牲畜，迫使弱势一方向强者行贿，使其退兵。这种破坏行动的部分乐趣在于，人们可以有机会从事在和平时期绝对不会被允许的行为。尤其是年轻人热衷于大胆地袭击破坏，展示自己的英雄气概，与敌人直接发生接触。但恩里克四世不准部队烧毁敌人的橄榄林，因为橄榄树长成和结果需要很长时间。他教导士兵们，人和动植物的生命都是非常珍贵的，这让士兵们"瞠目结舌"。[31]

* * *

在这些年里，恩里克四世的同父异母妹妹伊莎贝拉和弟弟阿方索同他们的母亲、外祖母与家族朋友一起，待在阿雷瓦

---

① 非斯是今天摩洛哥的第二大城市，一度是首都，也指摩洛哥北部地区。在本书涉及的时代，非斯王国指的是统治摩洛哥的柏柏尔人的马林王朝，其首都就是非斯。

洛。阿方索是王位继承人，因此拥有特殊地位。但他所在的小群体仍然生活在远离朝廷喧嚣的小小世界里，只听到了前线传来的只言片语。照顾他们的那群成年人——外祖母伊莎贝拉、博瓦迪利亚一家、贡萨洛·查孔夫妇，保护着两个孩子，赋予他们一些安全感和稳定性。

伊莎贝拉渐渐长大，开始对关于其他女孩及其生活的故事感兴趣，她这个年纪的姑娘往往是这样的。伊莎贝拉五岁的时候，法兰西传来了激动人心的消息。欧洲正在大幅度地重新审视圣女贞德这个人物，她是一位法兰西姑娘，组织自己的同胞站在一面宗教大旗下，抵抗外国入侵者。贞德出生于一个小村庄，相信自己得到了圣徒的启示，要团结法兰西人民抵抗英格兰人，并保卫法兰西王储查理。贞德让她的同胞羞愧地看到，战争不应当是中饱私囊的经济活动，也不是为了展示个人英勇，而是一种精神的使命。她被英格兰人俘获，于1431年被以异端罪处以火刑，那是伊莎贝拉出生的二十年前。[32]贞德受到的具体指控是，在战争期间和在狱中，她穿着男人的衣服，这是被《申命记》禁止的。法兰西朝廷于1456年进行了第二次审判，重新审视了所有证据，洗脱了贞德的罪名，为她最终被封圣铺平了道路。在中世纪的最后岁月，贞德的经历和牺牲让很多虔诚的男女心向往之。各地的人们都在辩论，在贞德赢得辉煌胜利的过程中，上帝发挥了何种作用。

这种辩论对阿雷瓦洛的宫殿有特别的影响力。负责教育伊莎贝拉的一些人对贞德及其军事胜利特别着迷。卡斯蒂利亚宫廷的一位教士罗德里戈·桑切斯·德·阿雷瓦洛在贞德璀若流星的军事生涯期间居住在法兰西，对她非常景仰。伊莎贝拉的家庭总管贡萨洛·查孔（也是伊莎贝拉的家庭教师的丈夫）

回忆道，伊莎贝拉的父亲曾经非常尊重地迎接贞德的使者。查孔随身携带着一封据说是贞德亲笔写下的信，并将它像圣物一样展示。据说，查孔创作了一部匿名编年史，其中描写了一个类似贞德的人物，并说是上帝激励了她。[33]这部编年史的一些版本，即《法兰西少女》是特意献给伊莎贝拉公主的。在这个版本的故事中，法兰西少女没有死，而是欢乐地骑马走入夕阳。[34]

伊莎贝拉身边的一些人可能把圣女贞德描绘为值得伊莎贝拉学习的楷模，是"天降"奇女子，从外国入侵者手中"挽救了国家"。[35]贞德的事迹得到了重新审视和改编，成为女性在战争中可以效仿的角色。传播这些故事的人的目的可能是影响伊莎贝拉，让她自视为圣女贞德第二。无论如何，不管这种想法是别人灌输给她的，还是她自己想出来的，伊莎贝拉的想象力都受到了极大激发，因为她已经倾向于将自己看作某种事业牺牲的殉道者。而且她天性浪漫，喜爱和尊重那些为了天下人福祉而做出极大牺牲的英雄。更重要的是，她深切而热忱地相信奇迹和上帝的神迹。不久之后，她就会找到一些与她英雄所见略同的人，与他们合作。

但在生命的这个阶段，伊莎贝拉的主要价值仍然是王室婚姻市场上的政治棋子。1457年，她年仅六岁时，恩里克四世为伊莎贝拉和阿方索都安排了婚姻。伊莎贝拉将嫁给他们的阿拉贡亲戚胡安二世国王的幼子斐迪南。阿方索将要娶胡安二世国王最小的女儿胡安娜。[36]对伊莎贝拉来说，这门婚事不错，但只能说是次级的选择，因为斐迪南不是王位继承人。斐迪南有一个哥哥卡洛斯，他才是阿拉贡和纳瓦拉（这两个王国与卡斯蒂利亚毗邻）的王储。能与胡安娜结婚，对阿方索来说已经很好了，因为恩里克四世相信自己将来会有自己的儿子，他将成为国王，并迎娶一位地位高贵的女子。对伊莎贝拉来说，与斐迪南结婚是不错的前景。他与她年龄相仿，据说身体健壮、讨人喜欢且机智敏锐。他也是她的远房堂弟①。由于这种紧密的联系和家族内部激烈的竞争，关于这个男孩的消息经常传到伊莎贝拉耳边。她渐渐开始相信，斐迪南是她的真命天子，她将来很可能要到阿拉贡生活。

但是，伊莎贝拉大约十岁的时候，恩里克四世宣布与斐迪南的异母兄卡洛斯缔结盟约，并提议将伊莎贝拉改为许配给他。卡洛斯热切希望巩固与卡斯蒂利亚的关系，很快同意了。于是，伊莎贝拉不再是一个同龄人的未婚妻，却被许配给一个四十岁的中年人。这肯定让公主很沮丧，尤其是这么多年来大家一直告诉她，她会嫁给一个同龄的帅小伙。但她没有流露出自己的心迹。事实上，大家不觉得她有资格发表意见。这种事情是她控制不了的。她的王兄对她的人身有绝对控制权，有权按照自己的利益需求将她嫁出去。在随后一年里，伊莎贝拉调整自己的心态，去应对新形势。

* * *

大约在同一时间，伊莎贝拉的生活突然发生了更为直接的突然变化。大约在 1461 年或 1462 年年初，她十岁，弟弟八岁，恩里克四世国王命令两个孩子立刻到他身边。伊莎贝拉和阿方索被突然从与母亲一起居住的安全环境中拉走，在武装护

---

① 伊莎贝拉的祖父（卡斯蒂利亚国王恩里克三世）和斐迪南的祖父（阿拉贡国王斐迪南一世）是兄弟，都是卡斯蒂利亚国王胡安一世的儿子。

卫下被永久性地搬到了宫廷。他们从一个安定的乡村环境搬迁到一连串繁华而复杂的大都市，而这个时期正是国际形势日益紧张的阶段。婚姻谈判是瞬息万变的政治策略的一部分，而此种策略即将导致令人不快的结局。邻国阿拉贡的胡安二世国王，也就是卡洛斯、斐迪南和胡安娜的父亲，正在给恩里克四世国王及卡斯蒂利亚贵族制造麻烦。恩里克四世国王则在怂恿阿拉贡人反叛胡安二世国王。恩里克四世要确保自己控制着两个孩子，因为他们是婚约的主人公，也是当前的王位继承人。但其他事件也发挥了作用。卡斯蒂略是对恩里克四世最为同情的编年史家，但他也承认宫廷的某些人"图谋不轨"，想要控制两个孩子。[37] 只要恩里克四世还没有自己的骨肉，两个孩子就是潜在的王位竞争者。而且他们是国王的继妹和继弟，所以在他的心血来潮面前显得很脆弱。

两个几乎可算孤儿的孩子来到的宫廷正在变得越来越荒淫无耻和放纵不羁。显然国王几乎完全没有抚育他们的计划。胡安娜王后太年轻，自己还乳臭未干，在宫廷里很少有年长的男子能监督她。她和侍女们放纵地与男性廷臣打情骂俏。他们的淫荡享乐激怒了年纪较长、更保守和虔诚的宫廷观察者。有一位才子描述这些女人为"慷慨的少女"，这里的慷慨指的可不是对金钱的大方。[38]

恩里克四世也不是一个理想的家长式人物。主宰宫廷的是他的全部为男性的朋友们，包括"农夫、杂耍艺人、演员、骡夫、精明的小贩"。在非常注重阶级的社会，这样的人理应受到贵族家庭的鄙夷。恩里克四世却喜欢在私人场合与这些人结交。[39] 他喜欢摩尔人的生活方式，不坐王座，却喜欢坐在软垫和地毯上，常常头上戴头巾或斗篷兜帽。若不是卡斯蒂利亚与格拉纳达正处于战争状态，他这种矫揉造作原本会显得无害或甚至浪漫。富于魅力的年轻廷臣贝尔特兰·德·拉·奎瓦也吸引了很多注意力，尤其是在他得到国王和王后两人的恩宠之后。"他既能取悦国王，也能满足王后。"学者特奥菲洛·鲁伊斯辛辣地写道。[40]

大约十岁的伊莎贝拉开始担任胡安娜王后的侍女，并在王后扈从队伍中观察到了宫廷的一举一动。她几乎全天候待在胡安娜身边。伊莎贝拉在很小的年纪就观察到了宫廷中泛滥的风流韵事。但她自己没有卷入其中，而是保持一种超然和不同寻常的严肃与虔诚。对这么小的孩子来说，这样的姿态一定显得少年老成，肯定与周围的环境格格不入。在随后几年里，她仍然是王后宫廷的一员，主要居住在塞哥维亚的雄伟城堡内。[41] 阿方索的教育被交给宫廷的一位训练有素的绅士。伊莎贝拉则被交给不负责任的年轻王后来教导。

伊莎贝拉后来回忆道，这个阶段让她恐惧、孤立而凄苦。"我和弟弟阿方索小的时候，"她写道，"我们被强行地、刻意地从母亲怀抱中带走，在胡安娜王后监管下受教育……这对我们来说，是危险的监护……影响很坏。"[42] 多年后，她在给哥哥恩里克四世的一封信中写道，她当时为了保护自己，尽可能隔绝自己："为了避开你的不道德行为，我留在宫中，保护自己的荣誉，为自己的生命提心吊胆……在上帝恩典下才活下来。"[43]

她学会了从宗教中寻找慰藉。终其一生，宗教都是她的避风港。西班牙最著名的教士之一恰好住在塞哥维亚城堡山坡下的修道院内，他的显赫家世让他得到很大尊重。他是多明我会的修士，穿着简朴，克己复礼，常常隐居在一座洞穴内安静地冥思。他的叔叔是一位著名的红衣主教，住在罗马，但他没有和富有的叔叔一起生活，而是留在国内，在当地社区的精神生活中发挥关键作用。他的名字是托马斯·德·托尔克马达，后来在伊莎贝拉和阿方索的童年时期成为他们的忏悔神父（至少是间或地担当这个角色）。

伊莎贝拉信任这样一位理智而清醒的当地教士，不足为奇。两个孩子都需要尽可能地寻找强有力的盟友。

* * *

宫廷传来了更多消息。让大家都颇感意外的是，胡安娜王后终于怀孕了。1462 年 2 月，她生下了大家期待已久的继承人。胡安娜分娩的时候，伊莎贝拉作为她的侍女之一，也在场。根据宫廷礼仪的特殊规定，王后必须蹲着分娩，两侧站着一群观察者。王后在阵痛中挣扎的时候，一名贵族扶着她的身体。王后一侧站着国王的宠臣胡安·帕切科，观察分娩过程。另一侧是托莱多大主教阿方索·卡里略和另外两名显贵。这次分娩并不顺利，生了一个女儿，按照家族的习惯（用父母的名字给孩子命名），取名为胡安娜。不久之后，婴儿在卡里略手中接受洗礼。伊莎贝拉公主担任孩子的教母。[44]

恩里克四世国王之前的性生活不成功，所以有人窃窃私语，怀疑这孩子不是国王的血脉。恩里克四世在第一段婚姻的十三年里一直性无能，所以大家会产生这样的怀疑。不过他后来可能治愈了自己的不育症。在这些年里到访西班牙的德意志医生希罗尼穆斯·闵采尔说，他听说，恩里克四世的"阳具根部细而弱，但前端很大"，所以他很难维持勃起，但王后接受了人工授精，即将装满恩里克四世精液的金管插入她的阴道。[45]然而一些接受过咨询的犹太医生相信恩里克四世患有无法治愈的不育症。

恩里克四世自己的行为也更加招致人们议论纷纷。在胡安娜出生一周之内，他封贝尔特兰·德·拉·奎瓦为莱德斯马伯爵，这对一位出身比较寒微的贵族来说是很重大的新荣誉。这让宫中风言风语更加猖獗。

为了庆祝胡安娜的诞生，举行了很多庆祝活动，包括一场比武大会。5 月，恩里克四世将贵族们召集到马德里，令其向新生的公主宣誓效忠。7 月，王国议会在托莱多开会，重复了效忠誓言。

卡斯蒂利亚贵族们向新出世的公主效忠，视其为当然继承人。但因为恩里克四世在与布兰卡离婚时的证词中说自己性无能，他的政敌很快开始质疑胡安娜的合法性和继承权。他们把这孩子称为"贝尔特兰之女胡安娜"，贝尔特兰就是那个双性恋廷臣。恩里克四世的密友胡安·帕切科在向公主宣誓效忠的当天，写了一份文件，质疑这孩子的王位继承权，并在文件上签名。在这份声明中，帕切科说他是因为"畏惧"国王才宣誓的，但"不打算……也不愿意危害王国的大统传承"。[46]

怀疑女婴的血统，自然是有一些理由的。胡安娜王后的招蜂引蝶令人怀疑她的贞洁。人们开始回忆起一个特殊的事件，当时有外国外交官在场见证：德·拉·奎瓦参加了一场比武，刻意戴着字母"J"符号，即他为之奋战的女士的名字的首字母。很多人推测，他的爱情对象就是王后胡安娜（Juana）。[47]

在这种风流韵事、流言蜚语的环境中，伊莎贝拉几乎无声无息，不引起任何注意。但她的名字常常作为潜在外国联盟讨价还价的砝码，出现在对话中。她成了一个又一个政治阴谋的棋子，尤其是在 1461 年之后，阿拉贡的太子卡洛斯（也就是她的未婚夫）突然去世之后。卡洛斯的死亡为恩里克四世提供了新的机遇，因为胡安二世国王在阿拉贡王国不得人心。一群加泰罗尼亚①人提议，卡洛斯死了之后，恩里克四世应当成为阿拉贡的下一位国王。恩里克四世喜欢这提议。这种争议很容易造成流血谋杀，因为卡洛斯的父亲，阿拉贡国王胡安二世仍然健在，他可不喜欢这种设想。

胡安·帕切科按照他一贯的两面耍滑的手段，提议请法兰西国王路易十一（他因为精明狡猾而获得了一个新绰号"万能蜘蛛"）调停阿拉贡的继承纠纷。这就给了法兰西国王一个良机，而帕切科也会得到丰厚的报偿。在帕切科敦促下，恩里克四世愚蠢地同意了。随后路易十一国王也接受了阿拉贡的慷慨贿赂，转而支持卡洛斯的父亲，而不是恩里克四世，令后者恼羞成怒。这让帕切科和恩里克四世之间的关系紧张起来，也让卡斯蒂利亚与阿拉贡和法兰西都争吵起来。

如今恩里克四世需要新的盟友，一个能够为他提供军事援助的新的王国。1463 年，他开始与英格兰谈判。一时间，这个遥远国度的婚姻提议为年轻的伊莎贝拉公主带来了许多新的可能性。英格兰大使来到西班牙，希望她能与"欧洲条件最好的单身汉"——英俊潇洒的英格兰国王爱德华四世喜结良缘。[48]

似乎，卡斯蒂利亚的御妹伊莎贝拉不久之后就将成为英格兰王后。

---

① 此时加泰罗尼亚是阿拉贡王国的一部分，在今天西班牙的东北角。

三 令人胆寒的岁月

1464年，伊莎贝拉还不到十三岁的时候，她的哥哥恩里克四世接受了英格兰的提议，同意将她许配给爱德华四世国王，以缔结两国之间的政治联盟。[1]伊莎贝拉将成为王后。

这可能是恩里克四世的一个慷慨举动，为的是给自己的同父异母妹妹争得美好的未来。伊莎贝拉和恩里克四世互相之间不时流露出明显的亲情。他们都喜爱音乐，有时他会唱歌，让她伴着音乐跳舞。他们还有其他一些共同兴趣——骑马、打猎、深刻而高水平的谈话。他们还有相同的宗教信念。但是，与英格兰国王的婚约也许是因为恩里克四世企图将伊莎贝拉排挤出卡斯蒂利亚的王位继承体系，将她迁往遥远的外国，尤其是当时有传闻人们在质疑胡安娜的合法性。

不管恩里克四世的动机是什么，与英格兰国王结婚的前景会让大多数少女心花怒放。二十二岁的约克的爱德华刚刚登上英格兰王位。他魅力十足、金发碧眼、身强力壮，身高6英尺4英寸①，聪明机敏，擅长宫廷的狩猎和比武游戏，穿着雅致的毛皮大衣，佩戴富丽的首饰，并且热爱骑士罗曼司。这些特点结合起来，让女人们无法抗拒他的魅力，而好色的年轻国王也热情洋溢地在风月场纵横捭阖。

即便排除廷臣照例奉上的阿谀奉承，爱德华四世也吸引到了一些真诚的赞誉。"他外貌英俊……非常有君主气派……面

---

① 约合193厘米。

容俊秀，身材魁梧，健壮，清爽，"托马斯·莫尔爵士写道。德意志旅行家加布里埃尔·特策尔于 1466 年写道："他远远超过其他所有人。"就连他的批评者也承认，他非常俊美。法兰西廷臣菲利普·德·科米纳①则称："我不记得见过更英俊的君王。"[2]

嫁给爱德华四世的前景，对喜爱打猎和宫廷爱情故事的伊莎贝拉一定是特别诱人甚至是令她眼花缭乱的美事。她将得到一位了不起的丈夫，成为全天下的嫉妒的对象，并且她将成为英格兰王后。何况她与英格兰也有血统上的联系。伊莎贝拉相信西班牙和英格兰有与生俱来的王朝血脉亲缘。她的祖母是兰开斯特的凯瑟琳，而凯瑟琳的父亲是英格兰著名的大贵族冈特的约翰（爱德华三世的儿子），约翰娶了卡斯蒂利亚的康斯坦丝②，所以对卡斯蒂利亚王位也有权力主张。爱德华四世是冈特的约翰的后代③，所以他是伊莎贝拉的远房亲戚。如果这门亲事顺利结成，旧的亲戚关系又重新续上了。

这门婚事为英格兰也能带来一些战略机遇。爱德华四世是"残酷的"佩德罗国王的女儿④的后代，所以他对卡斯蒂利亚王位也有权力主张，如果他再娶了伊莎贝拉，他的继承权就更有力了。英格兰诗人们已经在写打油诗，颂扬爱德华四世不仅是英格兰国王，理应享有法兰西王位，还将成为西班牙王位的

---

① 菲利普·德·科米纳（1447～1511 年），勃艮第和法兰西政治家、外交官和作家。他的回忆录是 15 世纪欧洲历史的主要资料来源之一。

② 卡斯蒂利亚国王"残酷的"佩德罗的女儿。

③ 原文有误，爱德华四世应当是兰利的埃德蒙（冈特的约翰的弟弟）的后代。

④ 伊莎贝拉，即康斯坦丝的妹妹。冈特的约翰和兰利的埃德蒙分别娶了"残酷的"佩德罗的两个女儿康斯坦丝和伊莎贝拉。

继承者："英格兰和法兰西都是你的，你为何否认？西班牙那美丽国度也属于你。"[3]

婚姻的建议提出后，伊莎贝拉便在家中等待决定。当时交通困难，从一个朝廷送消息到另一个朝廷可能要花几个月，因为廷臣们必须从一个地方旅行到另一个地方。但最后让她大失所望的是，爱德华四世以极其不寻常的方式，选择了另一个女人。

英格兰的谋臣们在法兰西和西班牙为爱德华四世谋求婚姻，然而他们被蒙在鼓里，因为国王已经非常冲动地娶了一个美丽的寡妇伊丽莎白·伍德维尔。她是少数成功抵挡住国王求爱攻势的女人之一。既然搞不到手，在狂热之中，他选择了将她娶进门。1464 年 4 月 30 日，他们在她家族友人的家中秘密结婚，参加婚礼的人很少。[4]爱德华四世一定很快就对自己的私订终身后悔了，因为他在随后六个月里隐匿此事。就连他的朋友们也不知道此事。

这种局面让在国外为他谈判与外国公主结婚条件的大臣们更为尴尬。法兰西国王路易十一直到 1464 年 10 月 10 日才被正式通知爱德华四世的秘密婚姻。商讨让路易十一的妻妹博娜嫁给爱德华四世的谈判已经持续了六个月。爱德华四世的重要盟友沃里克伯爵之前代表他在法兰西谈判，这下子遭到了极大羞辱，十分愤怒，因为他在"积极促成"英法联姻的时候，国王竟欺瞒了他。[5]一位英格兰编年史家如此描述沃里克伯爵的反应："沃里克伯爵回国之后得知此事，大为不悦。"[6]

英格兰国王勇敢骄傲，但目光短浅而喜好寻欢作乐。如果伊莎贝拉能够嫁给他，赢得他的心，并辅佐他治国理政，那么欧洲历史会在很多方面改写，英格兰和卡斯蒂利亚两国都可能会向更好的方向发展。爱德华四世的婚姻给他造成了灾难性后果，因为他娶的那个女人"贪得无厌，野心勃勃地扩张她的家族的利益，暴躁易怒，心胸狭隘"。[7]她也是兰开斯特派①（约克王朝的敌人）的一员。为了取悦妻子，爱德华四世不得不为她在前一段婚姻中生的两个孩子、五个兄弟和七个未婚姐妹在宫廷安排职位。和恩里克四世国王一样，爱德华四世最后被奸佞小人团团包围。他派往法兰西的使臣和曾经的盟友沃里克伯爵因为受骗而大怒，转而反对他。爱德华四世的王朝幻梦粉碎了，尽管他和伊丽莎白生了十个孩子。他驾崩后，他的两个年纪最大的儿子，分别是十岁和十三岁，神秘地失踪，据说在伦敦塔被身份不明的人杀害。②

在遥远的卡斯蒂利亚，还是小姑娘的伊莎贝拉因为自己被抛弃而愤怒，多年后告诉外国使节，她竟然被"英格兰的一个寡妇"给比了下去。这清楚地说明她在随后的二十年中仍然为自己被抛弃而感到怨恨。和伊丽莎白·伍德维尔一样，她也不会容忍怠慢冷落，更不会宽恕侵害自己的人。[8]伊莎贝拉除了那些好的品质之外，也逐渐养成了一种强硬的作风。这帮助她在童年和少女时代的重重困难中生存下来，但也让她变得

① 伊丽莎白·伍德维尔的母亲是亨利五世的弟妹，因此是兰开斯特王朝的支持者。伊丽莎白的第一任丈夫在玫瑰战争中为兰开斯特王朝效忠并战死。
② 即"塔楼内的王子"的传说，指的是英格兰国王爱德华四世的两个儿子——爱德华（被加冕为爱德华五世）和理查（受封约克公爵）。爱德华四世去世时，这两位王子年仅十岁和十三岁，由爱德华四世的弟弟理查（格洛斯特公爵）摄政。但这位摄政王随后攫取王位，史称理查三世，并将自己的两个侄子囚禁在伦敦塔。后来这两位王子就销声匿迹了。人们普遍相信，他们是被谋杀的。幕后元凶有可能是理查三世，但没有过硬的证据。这个谜团至今没有解开。

严苛和冷酷。

恩里克四世在等待英格兰的消息时，开始猜到这门婚事不会成功，于是开始考虑将伊莎贝拉嫁给葡萄牙国王阿方索五世，他是一位战争英雄，若得到他的支持，卡斯蒂利亚的国防会更为巩固。这样的婚事同样能够有效地将伊莎贝拉迁出卡斯蒂利亚王国，免得她妨碍小胡安娜继承王位，同样还可以改善与葡萄牙的关系。而且葡萄牙已经有一位继承人，即阿方索五世的儿子若昂。所以，若昂的孩子将统治葡萄牙；胡安娜的孩子将统治卡斯蒂利亚。而伊莎贝拉的孩子不会继承任何一个王位。

1463 年 4 月，恩里克四世将刚刚十三岁的伊莎贝拉和胡安娜王后带到了埃尔蓬特—德尔阿索维斯波（卡斯蒂利亚中西部，靠近葡萄牙边境），去会见阿方索五世国王。三十一岁的葡萄牙国王大腹便便、人到中年且自命不凡，对自己的小亲戚"颇为钟爱"。而伊莎贝拉在王后和她自己母亲（是葡萄牙人）的压力下，无疑也是为了争取时间、等待英格兰联姻的消息，机巧地或者天真地让葡萄牙国王相信，她也喜欢他。[9]这是她犯的一个错误。

但恩里克四世国王在卡斯蒂利亚的支持率在猛跌，而他提议的与葡萄牙的联姻也不得民心。尤其是，有两个人感到自己受到了侮辱。有钱有势的托莱多大主教阿方索·卡里略已经厌倦了恩里克四世摇摆不定的领导。他还支持那些百般嫉妒恩里克四世的阿拉贡亲戚，早就希望引导卡斯蒂利亚的公共政策，去亲近阿拉贡而非葡萄牙。同时，胡安·帕切科因为自己的宠臣地位被其他人取代而恼羞成怒。卡里略和帕切科开始煽动针对恩里克四世的叛乱。首先，他们打算控制年轻的阿方索王子和伊莎贝拉公主，于是坚持要求得到两个孩子的监护权，表面理由是保证他们的安全。他们警示称，有"图谋不轨"的人企图杀害阿方索，并将伊莎贝拉嫁出去，"以便将我国的继承权交给一个没有资格的人"，他们指的是小胡安娜。[10]

他们向全国发表公开信，并广泛传播，宣布自己与国王决裂。这封公开信被称为《布尔戈斯声明》，流露出对国王的鄙夷和嘲讽，并提出了一系列要求。他们要求恩里克四世解散他的摩尔人卫队，指控这些卫兵强暴男人和女人；要求恩里克四世摈弃他的新宠臣贝尔特兰·德·拉·奎瓦；并不再假装胡安娜是自己的合法孩子。声明中写道："显而易见，她不是陛下的女儿。"[11]

恩里克四世总是急于抚慰自己的批评者，于是屈服于帕切科和卡里略，同意了他们的要求，甚至剥夺了自己女儿的王位继承权，将继承权交给了他的异母弟阿方索："诸位周知，为避免任何形式的丑闻……我宣布本王国的合法继承权属于我的弟弟阿方索王子，不属于其他任何人。"贝尔特兰被送走。在卡韦松举行的一次典礼上，贵族们宣誓效忠，支持阿方索为继承人。圣地亚哥骑士团大团长的职位也被转给阿方索。阿方索被交给比列纳侯爵胡安·帕切科监护，后者在恩里克四世自己的青少年时代也发挥了关键作用。[12]

* * *

这是阿方索人生的一个不幸阶段，因为有传闻说他在帕切科监护下遭到了虐待，甚至遭到性侵。编年史家帕伦西亚称，帕切科是恋童癖，企图引诱阿方索，以便更容易摆布他。很多人相信，恩里克四世自己小的时候就遭到过性侵。事实上，到此时，特拉斯塔马拉王朝①已经有三人据说遭到过性侵：胡安二世与他的两个儿子恩里克四世和如今的阿方索。

这有可能是真的。用性来操纵政治家和其他权贵的事情历史悠久，屡见不鲜。在特拉斯塔马拉王朝的故事里，一系列非同寻常的事实似乎能够说明，确实存在性侵儿童的丑事。恋童癖者常常在受害者年纪很小的时候下手，常常几乎在其父母或监护人的眼皮底下，用所谓"栽培"的模式勾引受害者，在与其发生性关系之后，在其他方面也主宰受害者。伊莎贝拉家族的男人们确实有被侵害的典型特征。在三个案例中，受害者的父母都不在场，或者被严重问题纠缠而不得脱身，使得男童的生活中出现一个空白。恋童癖者在这些条件下如鱼得水。

伊莎贝拉的父亲胡安二世国王受到十八岁的阿尔瓦罗·德·卢纳影响时，只有六岁。德·卢纳很快就开始在孩子的床上睡觉。胡安二世的父亲已经去世了，而他的母亲正忙于统治一个处于可怕内乱中的国家；阿尔瓦罗起初对男孩表示关怀的时候，她还很感激。当时的一位编年史家写道："国王不分昼

① 在本书涉及的时代，特拉斯塔马拉家族统治着卡斯蒂利亚和阿拉贡，两国王室是亲戚。特拉斯塔马拉家族的由来是这样的：1350年，卡斯蒂利亚国王阿方索十一世死后，他的两个儿子——私生子特拉斯塔马拉的恩里克和继位国王"残酷的"佩德罗一世（即恩里克的异母兄）为了争夺王位，发生了冲突。恩里克与阿拉贡和法兰西结盟，佩德罗一世与英格兰结盟（当时正是英法百年战争期间）。1369年，恩里克亲自刺死了佩德罗一世，篡位成功，在卡斯蒂利亚建立特拉斯塔马拉王朝，称恩里克二世，他就是卡斯蒂利亚国王胡安二世（伊莎贝拉女王的父亲）的曾祖父。另外，1410年，阿拉贡国王马丁二世驾崩无嗣，国民推举卡斯蒂利亚的斐迪南（卡斯蒂利亚国王胡安二世的叔叔，曾为其摄政）为国王，称斐迪南一世。于是，在阿拉贡也建立了特拉斯塔马拉王朝。最后，通过伊莎贝拉与斐迪南的婚姻，两国的特拉斯塔马拉王朝合并起来。

夜，都和堂阿尔瓦罗·德·卢纳待在一起。"[13] 但据历史学家特奥菲洛·鲁伊斯记载，后来太后发现胡安二世与德·卢纳的关系变得太"亲密"。她命令"将堂阿尔瓦罗送离宫廷，后来在儿子的恳求和坚持下才允许他回来"。[14]

阿尔瓦罗是一名贵族的私生子，父亲对他丝毫不关心。他被从母亲身边带走，在他的叔叔——天主教教皇①家中被抚养长大，身边环绕着一群因守贞誓言而不能结婚的教士。阿尔瓦罗·德·卢纳英俊潇洒，有魅力，温和可亲；他最终结了婚，生了孩子。但在他二十多岁的时候，虽然很多女人喜欢他，他却没有公开地与其中任何一个有过瓜葛。他鼓励其他人相信，这证明了他对宫廷贵妇超乎寻常的殷勤。但这也许说明他的性兴趣主要在别的方面。例如，在阿尔瓦罗家中，有一个颇不寻常的男孩胡安·帕切科担任侍从。帕切科重复了阿尔瓦罗·德·卢纳设定的模式。

胡安二世国王长大成人、结婚生子（恩里克）之后，阿尔瓦罗·德·卢纳将胡安·帕切科（年纪比恩里克大六岁）介绍给年轻的王子，将他安插在王子家中。很快，胡安·帕切科就牢牢控制了恩里克，就像当初阿尔瓦罗迷住恩里克的父亲一样。

阿尔瓦罗·德·卢纳和胡安·帕切科分别对胡安二世和恩里克四世施加了相当程度的个人影响。这非常引人注目，以至于有人说这是巫术。这种现象在恋童癖者与其受害者之间是常见的。这种性行为不是浪漫，而是一种侵害。侵害者常常通过羞辱受害者来获得愉悦，有时在公共场合羞辱受害者，目的是

———————

① 他的叔叔是对立教皇本笃十三世，不被罗马天主教会正式承认。

展示自己对受害者的主宰。受害者常既感到愤怒又觉得羞耻，因为有的时候性行为会给他们快感。年幼时被性侵过的人成年之后常常难以维持感情关系，要么太容易产生性兴奋，要么变成性无能。另外，受害者常因为负罪感而变得非常虔诚，为了他们眼中自己的错误造成的罪孽寻求救赎。

生活在胡安二世宫廷的一位编年史家写道："胡安二世……始终受到堂阿尔瓦罗·德·卢纳的影响，直到在贵族们的压力下，国王泪流满面地下令将他斩首。"[15]另一位编年史家补充道：胡安二世"性格软弱，易受暗示影响，到了可耻地屈服于"堂阿尔瓦罗·德·卢纳的地步。[16]当然，这种关系对伊莎贝拉的母亲来说是无法逾越的障碍，她拼命努力让丈夫摆脱阿尔瓦罗的魔咒，随后眼睁睁看着丈夫因为阿尔瓦罗的死而陷入黑暗的抑郁。

几十年后，恩里克四世和胡安·帕切科之间也发生了类似的事情。恩里克四世的一位编年史家是目击证人，他说，在胡安·帕切科影响下，"凌辱和享乐成了国王的习惯"。他成了"堂胡安·帕切科的被动的工具。帕切科是阿尔瓦罗·德·卢纳刻意安插在国王身边的……没有一件事情不需要堂胡安·帕切科的命令"。[17]当时的一位历史学家甚至说帕切科是"天生的怪物"。[18]历史学家费尔南多·德尔·普尔加尔①称，恩里克四世在十四岁时被人教会了"不得体的享乐"，因为他没有性经验，所以无法抵御这种快乐。[19]

对胡安二世和恩里克四世来说，国王与宠臣之间的关系都

---

① 就是前文说到的埃尔南多·德尔·普尔加尔。在古西班牙语中，埃尔南多和费尔南多其实是同一个名字。

引发了批评和讥讽，这损害了国王的权威，导致国内出现针对国王的公开敌意。即便为了一点点好处，胡安·帕切科也毫无顾忌地杀人，有时会有无辜的旁观者因为他的阴谋诡计而丧命。

* * *

但在这个阶段，长期蒙受胡安·帕切科羞辱的恩里克四世国王怒气冲冲，出乎意料地开始抵抗帕切科的控制。不幸的是，这导致了恩里克四世的末日。恩里克四世将他的新宠堂贝尔特兰召回宫中，进一步提升他的地位，让他不仅是一位伯爵，还成为阿尔布开克公爵。对卡斯蒂利亚的很多人来说，这是致命的最后一根稻草。一大群贵族愤怒地爆发了。布尔戈斯、塞维利亚、科尔多瓦，甚至古都托莱多，都揭竿而起，反对恩里克四世。国王撤退了，躲在塞哥维亚。他的头号死敌竟然是高级教士、好战的托莱多大主教阿方索·卡里略。恩里克四世写信给大主教，请求他的支持。卡里略简慢无礼地对信使说："回去告诉你的国王，我烦透了他和他的事情。我们现在要看看，谁才是真正的卡斯蒂利亚之王。"[20]

1465 年 6 月 5 日，在一场命运攸关的革命中，贵族们聚集在高墙环绕的阿维拉城，举行了一场不同寻常的典礼。他们制作了一个假人，代表恩里克四世，发动政变，将他废黜。代表国王的真人大小的假人被放在高台的椅子上。一名贵族走上前来，将王冠从假人头顶上打落。另一名贵族取走了权杖。这是一场展示给公众的仪式，就像阿尔瓦罗·德·卢纳被处决虽然是真的，但也是象征意义的事件一样。假人被踢倒在地。典礼的最后步骤是，十二岁的阿方索王子被带到广场，由官员抬在肩膀上，王冠被戴在他头上。反叛者现在控制了一个孩童，作为王位竞争者。恩里克四世身边的廷臣之所以坚持要求控制御弟的原因，一下子变得很清晰了。

恩里克四世国王大为恐慌，面对这攻击简直毫无还手之力。叛军的行动不仅仅是在戏仿卡斯蒂利亚的王位传承大统，简直就是亵渎神灵。他措手不及，急于获得盟友，因为王国的许多主要贵族参加了阿维拉的叛乱。这正中胡安·帕切科的下怀。他向恩里克四世承诺，他可以将阿方索还给他，并率军来保卫国王，条件是恩里克四世必须允许他的兄弟佩德罗·希龙（卡拉特拉瓦骑士团的大团长）迎娶伊莎贝拉公主。这个超乎寻常的提议如果落实，一旦阿方索死亡且胡安娜的合法性仍然受到质疑，帕切科家族就进入了王位继承体系，甚至能让他们统治卡斯蒂利亚。

这个建议成了高层次磋商的议题，显然说明伊莎贝拉已经不再处于被人遗忘的阴影中。恩里克四世国王的象征性被废，意味着她也成了最高统治权的竞争者之一。从这以后，伊莎贝拉的存在就成了宫廷编年史家感兴趣的话题，她的活动也得到了更详细的记载。国王在胡安娜合法性的问题上屈从于贵族之后，胡安娜的继承权就彻底消失了；现在恩里克四世自己的统治权也受到了挑战。

恩里克四世国王又一次屈服了。这位意志薄弱的国王始终可怜兮兮地热切寻求和平解决方案，他同意了胡安·帕切科的提议，将十五岁的妹妹许配给了一位修会领导人，后者虽然宣誓要守贞，其实过着荒淫无度的生活。恩里克四世派遣了一名使者去拜见教皇，请求允许希龙不再遵守所谓的守贞誓言。[21]

现在轮到伊莎贝拉惊恐了。仅仅在一两年前，她还相信自己将要嫁给欧洲最受人仰慕的年轻国王之一；现在她却被卖给了一个常常寻花问柳的堕落淫棍。何况他的出身比她低微得多，年龄却比她大得多。令人尴尬的是，佩德罗·希龙还曾向伊莎贝拉的母亲发起下流的求爱。

佩德罗·希龙骑马奔向伊莎贝拉所在的马德里，急于将她收入囊中。这是伊莎贝拉人生中被宫廷档案详细记载的第一件事情。编年史家写道，她恳求上帝的佑助和指引，哀求躲过这门婚事，跪着祈祷几乎两天之久。[22]绝望之下，她请求上帝用死亡来阻止这门婚事，要么是她死，要么是佩德罗·希龙死。

她家中的亲信和侍从同样被新的形势震惊和激怒了。据某些故事说，伊莎贝拉的忠实朋友比阿特丽斯·德·博瓦迪利亚抓起一把刀，发誓要杀掉佩德罗·希龙。但幸运的是，至少对伊莎贝拉的支持者和编年史家来说幸运的是，希龙暴毙了。他匆匆赶来娶伊莎贝拉，但在途中扁桃体严重感染，阻碍呼吸，就这么死掉了。希龙突然而出乎意料的死亡让伊莎贝拉及其朋友长舒了一口气。后来，在发生了很多事情之后，甚至有人开始说，这是一个奇迹。

* * *

伊莎贝拉公主被送到恩里克四世最巩固的基地，美丽的塞哥维亚城，那里的雄伟城墙、牢固要塞和高踞于崎岖悬崖之上的位置给了它固若金汤的形象。希龙的死亡解除了她的恐惧，但也对恩里克四世和卡斯蒂利亚贵族之间的和平谈判造成了致命打击。阿方索仍然在贵族手中，并继续宣称对王位的权力主张，而敌意又一次公开爆发。伊莎贝拉躲在塞哥维亚，由恩里克四世的妻子胡安娜王后陪伴。此时胡安娜更像是伊莎贝拉的狱卒，而不是伴侣。长期以来，年轻的王后对伊莎贝拉视若无物，但如今伊莎贝拉对她、她的丈夫和女儿构成了威胁。所以，伊莎贝拉处于如履薄冰的境地，有些廷臣担心王后会杀害她。

塞哥维亚的紧张气氛蔓延到整个王国。所有人都必须在恩里克四世和年轻的竞争者阿方索之间做出选择，零星的暴力活动演化成了内战。"整个王国都拿起武器，陷入流血冲突：没有一个贵族或一座城市保持中立。"编年史家迭戈·德·科梅纳雷斯写道。[23]

各地陷入混乱；犯罪分子利用这种局面兴风作浪。这一年，有一群来自中欧的贵族到西班牙朝圣，他们得到了一位嫁给神圣罗马皇帝的葡萄牙公主①发放的安全通行证，但这几乎一点用也没有。他们报告称，在西班牙极北部的卡达瓜河两岸遭到了一群由基督徒、犹太人和穆斯林组成的匪徒的袭击，后来用钱买命才逃脱；在毕尔巴鄂附近的巴尔马塞达，他们险些被谋杀，又一次不得不用钱买命；在奥尔梅多，武装匪徒三次企图冲进他们借住的房子，他们离开房子时，匪徒用石头击打他们，企图激怒他们，然后就有借口发动更公开的袭击。一名朝圣者失踪，据信被绑架到穆斯林的土地，被卖为奴隶；在巴塞罗那附近的莫林斯·德雷伊，他们险些被当地一群搜寻犯有谋杀罪的陌生人的义务警员处决。这群朝圣者离开伊比利亚半岛之后去了意大利，觉得那里的生活比在西班牙安全多了。

1467年8月，阿方索的军队和恩里克四世的军队在奥尔

---

① 葡萄牙的埃莉诺（1434~1467），葡萄牙国王杜阿尔特的女儿，嫁给了哈布斯堡家族的首位神圣罗马皇帝弗里德里希三世。

梅多附近发生冲突，但没有分出胜负。阿方索王子时年十三岁，自称阿方索国王，和托莱多大主教阿方索·卡里略并肩作战。大主教的教袍里穿着铠甲。恩里克四世国王临阵脱逃，出了大丑，躲在邻近一座村庄，直到战斗结束。但阿方索在战场上打得很英勇。随后几天内，恩里克四世的一些支持者叛变。最让他震惊的是，他的故乡塞哥维亚城，曾经享受过他慷慨馈赠和支持的塞哥维亚城，也公然为阿方索及其军队打开大门。就连塞哥维亚都放弃了恩里克四世。

　　阿方索在恶毒的胡安·帕切科（就是他煽动了叛乱）陪伴下入城。阿方索用一种特别令人不安的方式对自己的异母兄复仇。他原本是个天性和善的孩子，却命令将恩里克四世动物园内的动物全部杀死。只有一只动物被饶了性命，那就是恩里克四世心爱的山羊，胡安·帕切科特意请求阿方索饶了它。阿方索的暴行既怪异又令人不安，十分不寻常，或许也能说明他的确经受过某种羞耻的虐待。虐待动物是遭性侵的儿童的常见行为。社会学家发现，90%的家庭暴力活动和虐待动物行为之间有联系。

　　阿方索的到来让伊莎贝拉陷入了两难境地。被关在塞哥维亚、受到王后监视的年轻公主如今面临一个艰难抉择。她可以继续支持异母兄恩里克四世国王，但如今塞哥维亚城即将陷落，这将使她陷入危险；或者她可以冒险站到年轻的暴发户、亲弟弟阿方索那边。她做了决定。她选择了阿方索，改为对他效忠。她的少年弟弟胜利入城，伊莎贝拉冲上去迎接他。随后几个月里，她常常与他一同旅行，热情地支持他的王位继承权。他们一同骑马来到他们的第一个目的地：家，他们的母亲身边，位于阿雷瓦洛的安全避难所。

* * *

　　伊莎贝拉及其随行人员成为阿方索宫廷的一部分，而王子继续开展针对他们的异母兄的激烈内战。在这期间，伊莎贝拉生命中的另一个重要人物第一次露面了。围绕在年轻的姐弟俩身边的反叛者当然大多是成年人，其中有些已经很成熟，甚至老迈。但这个年轻人只有大约十四岁，比阿方索大一岁，比伊莎贝拉小一岁。他的名字是贡萨洛·费尔南德斯·德·科尔多瓦。反对恩里克四世的叛乱爆发时，贡萨洛的家族迅速加入了叛军。他的哥哥将会继承家族在安达卢西亚的繁荣地产，贡萨洛则接受训练，要进入军旅。1467 年，贡萨洛在一名教师的照料下被送往卡斯蒂利亚，成为阿方索的侍从，希望能够与宫廷建立联系，为他的未来生活提供保障。很快，他就和阿方索与伊莎贝拉亲近起来，姐弟俩同样也在努力，在成年人的世界里站稳脚跟。

　　贡萨洛和伊莎贝拉一同辗转旅行，应对着征途上的各种不确定性，逐渐成了挚友。他们的友谊应当是纯洁的，毕竟她将会成为一位王后，而他始终只是个贵族的次子。但在那个时代，宫廷爱情被浪漫化，品行无可挑剔的男性贵族可以向贵族女子表达至死不渝的爱。贡萨洛很早就发誓要捍卫伊莎贝拉的利益，她也很快投桃报李。

　　在很多方面，他们非常相像。贡萨洛虽然只是个十几岁的少年，但已经十分理智、能言善辩和沉着冷静。他拥有语言天赋，酷爱读书，喜欢钻研军事历史，将军事力量视为宗教虔诚的一种表现。他为自己选择的箴言是："为了荣誉，献出生命；为了上帝，献出荣誉和生命。"[24]

　　他每天要花好几个小时操练武艺，随时为作战做好准备。

"我曾经避开其他人，一个人躲在房间里，用细剑练习剑术，一练就是几个小时。"他后来回忆道，"因为剑术对我来说就像走路或跑步一样自然而然，而且我觉得它是非常适合人体自然运动的一项运动。"[25]

贡萨洛英俊而时髦。他的哥哥很爱他，给了他足够的金钱，让他在宫廷过得舒适而优雅。他的服饰非常华美，曾有人描述他在"并非重大节日的"一天穿着"一件红色天鹅绒斗篷，镶着紫貂皮边，价值 2000 杜卡特①"。[26]他小的时候身材不高，但后来长得非常魁梧健壮，擅长骑术，武艺娴熟。他特别擅长中世纪一种流行的游戏，名叫"杆子游戏②"："他……有时纵马疾驰，有时轻盈地掉头狂奔，保持最高速度，在马背上弯下腰来，从地面上抓起杆子……然后他突然调转方向，快速奔驰，举起盾牌，即便其他人向他投掷一千根杆子，也没有人伤得了他。"[27]

伊莎贝拉相当宠信贡萨洛，称他为骑士王子。[28]没过多久，他就凭借自己的赫赫战功被赞誉为"骁将"。他自信一定会有一个光辉的未来。

他的哥哥控制着家族财政，恳求他约束自己，不要太奢靡，免得他"一年之内就要破产"。但贡萨洛置之不理。他在给哥哥的信中写道："你肯定不会因为受到如此无聊的贫困的威胁，就放弃上帝给我的锦绣前程。但我坚信，你永远不会停止供养心爱的弟弟，因为一贯正确的上帝永远宠爱那些除了荣

---

① 杜卡特是欧洲历史上很多国家都使用过的一种金币，币值在不同时期、不同地区差别很大。

② "杆子游戏"（Juego de canâs）是 16～18 世纪西班牙流行的一种游戏，挡对方投掷的杆子。"杆子游戏"实际上模仿了旧时西班牙人与摩尔两队选手骑马，互相投掷杆子（就像投掷标枪一样），并用盾牌抵人战斗的场面。

誉没有别的目标的人，上帝不会让我缺少自信，一定会保佑我取得我的星相预言的辉煌成就。"[29]

* * *

在这个时期，阿方索国王的宫廷似乎形势一片大好。年轻的姐弟欢欣鼓舞地准备统治国家，幻想自己是一个更美好世界的主宰。伊莎贝拉坚信阿方索注定会赢得荣誉。她为他的十四岁生日组织了盛大的聚会，在庆祝活动上参加了假面剧的表演，用诗歌预言他的伟大成就：他会继续主持正义、屡战屡胜，对臣民慷慨大方，上帝会发现他值得赞美；"他的领地将会扩展到目力所及之处"。[30]她说，他的财富将会与米达斯①国王媲美，他的军事胜利将与亚历山大大帝比肩。她预言，他将赢得永恒的名望，他的行动将为他赢得"人间和天堂的光荣"。[31]

阿方索投桃报李地向伊莎贝拉表达挚爱和亲情，热情地回应她的预言。在阿雷瓦洛，他们在母亲家中时，他赠予她一件丰厚的礼物。他将梅迪纳·德尔·坎波（这是较早宣布支持他的城市之一）的主宰权和税收送给了她。这是对她的感谢，让她非常开心，因为她一直喜欢去那里的集市，在那里琳琅满目、五光十色的店铺和货摊度过了童年的许多愉快时光。

这是阿方索及其盟友的巅峰时刻，此后政治局势就转为对这个自封为国王的王子不利。伊莎贝拉家庭的多年好友贡萨洛·查孔担任伊莎贝拉的幕僚长，代表她去占领梅迪纳·德尔·坎波，遭到了当地人的抵抗。梅迪纳·德尔·坎波的居民

———————————

① 希腊神话中能够点石成金的弗里吉亚国王。

又改弦易张，重投恩里克四世国王的阵营。随后，托莱多传来了坏消息。托莱多是阿方索最强大的基地，他的盟友卡里略是那里的大主教。那里的一系列爆炸性事件在大街上激发了武装冲突，阿方索的善良天性在政治上却成了障碍。具体事实晦暗不明且错综复杂，但涉及正在将卡斯蒂利亚人向不同方向拉扯的宗教争端。托莱多很早就宣布支持阿方索，但随着内战延续下去，有效的中央政府的缺失引发了社会动乱。

以色列历史学家本齐恩·内塔尼亚胡对这些关键事件作了最详尽的记述。他将事件的起源追溯到 1467 年夏季，当时托莱多的教会官员雇用了一名犹太税吏去收缴外人欠教会的债款。一名改信基督教的犹太法官支持阿方索，反对任用此人，说自己没有批准。教会官员的回应是将这名法官绝罚。法官怒火中烧，集合了一群全副武装的改宗犹太人，攻击了正在做礼拜的教堂，杀死了两名卷入争吵的官员。一些基督徒害怕那些假装基督徒的人发动普遍的攻击，于是准备用武力对抗改宗犹太人。

改宗犹太人则害怕再次爆发 1391 年那样的反犹大屠杀，于是动员了 4000 人，以大教堂为基地，在教堂门口安放火炮，向过路人和他们怀疑在准备攻击他们的人开炮。他们占据这个阵地几乎一天之久，造成了许多伤亡。但基督徒已经做出了反应，人数比改宗犹太人多得多。成群结队游荡的基督徒和改宗犹太人之间发生了正面冲突。整个街区被付之一炬。在随后的战斗中，150 多名改宗犹太人被杀，更多人的房屋和财产被夺走。有些基督徒相信改宗犹太人受到了不公正待遇，保护了他们的改宗犹太人邻居。

局势高度紧张，很多人相信在托莱多不可能出现宗教和平了。在此次暴乱之后，许多改宗犹太人离开了托莱多，迁往别地。贪得无厌的基督徒官员利用这机会，颁布法令，撤销政府内所有改宗犹太人的职务，并允许抢劫改宗犹太人财产的人保留赃物。

托莱多的基督徒官员写信给阿方索，请求他确认新的法规，并赦免针对改宗犹太人的所有违法犯罪行为。这些官员推断，阿方索势单力薄，又这么年轻，一定会同意。不料，他告诉他们，基督徒在托莱多的行为是"不名誉和可耻的"，他宁愿冒丧失托莱多的风险，也不愿意宽恕他们的罪行。恩里克四世国王对此事也犹豫不决，但最终同意基督徒提出的要求，并允许他们保留从改宗犹太人家庭抢劫的财产。于是，托莱多在内战中回到了恩里克四世的阵营。这对阿方索是一个沉重打击，因为托莱多是战略要地，而且具有历史意义。

阿方索与伊莎贝拉在梅迪纳·德尔·坎波的集市玩乐的时候，得知了托莱多的近况，以及那里的官员背叛了他们。阿方索决定火速赶往托莱多，攻打和收复它。伊莎贝拉和他一起骑马南下，赶往高墙环绕的大城市阿维拉，这是通往托莱多道路上的一个必经之地。

随后，在卡尔德尼奥萨（毗邻阿维拉的一个小村庄），阿方索病倒了。一位编年史家记述了当时的情况：

　　阿方索国王身边有……他的姐姐，伊莎贝拉公主殿下。他们坐下来用膳，菜肴当中有一道鳟鱼馅饼，他主动去尝，虽然只吃了一点。饭后他陷入熟睡，这在他身上是很稀罕的事情。他没有和任何人说话，就上床睡觉了，一直到第二天第三课（上午九点）。他之前从来没有起这么晚过。

他的内侍赶来，触摸他的手，发现他身体没有了热量。他没有醒来，于是他们开始呼天抢地地喊叫，但他仍然没有反应。他们的喊声极大，托莱多大主教、圣雅各大团长（比列纳侯爵胡安·帕切科）和公主殿下都赶来了，但他仍然毫无反应。他们触摸了他的所有肢体，没有发现肿胀。

医生匆匆赶来，命令给国王放血，但没有血流出来；他的舌头肿了，口腔发黑，但没有疫病的迹象。那些深深爱他的人为国王的生命担忧，惊恐万状，开始高喊，哀求我主保佑他的生命。有的人宣誓要出家，有的人发誓要去远方朝圣。其他人许下了不同的诺言。但任何治疗都没有用，纯洁的国王于 1468 年 8 月 5 日将他的灵魂复归上帝……据信，他的死因是吃了有毒的草药，因为他虽然年轻，在大家眼里却很可能成为比他哥哥更精力充沛的君王。[32]

我们不清楚阿方索是患疫病而死（如果是疫病作祟，那么无人知道它下一次在何处发作），还是被毒死的。伊莎贝拉突然间孤身一人，处于非常脆弱的地位。而她之前以最戏剧性的方式挑战了恩里克四世。她的外祖母此时也已经去世；她母亲帮不了她的忙。伊莎贝拉目前在王位继承人的顺序中排在很靠前的位置，这很危险，因为在这个王国，王位继承人常常英年早逝。肯定有很多人希望她也很快离开人世。

四　伊莎贝拉孤身面对命运

在中世纪，人的生命随时都可能骤然熄灭，伊莎贝拉对此已经有过多次体验。她父亲在四十九岁时驾崩，让她几乎成了孤儿；她的未婚夫佩德罗·希龙感染了咽喉疾病，几个小时就死去了。

但年轻、强壮而健康的阿方索，在纵马疾驰的越野旅行的过程中突然暴死，让很多人产生了压抑的猜疑：这究竟是怎么回事？为什么会这样？前一天，他还春风得意；后一天，他的旅行伙伴就不得不决定如何运输他的遗体。阿方索的遗体被运往他的家乡阿雷瓦洛，准备安葬在圣方济各修道院，那里的教士在他和伊莎贝拉最年幼的时期对他们的生活发挥过稳定作用。

他临终最后时光的细节被镌刻在他身边每个人的记忆中：如果他感染了疫病，那么同行的其他人为何奇迹般地毫发未伤？他吃了什么不洁净的食物吗？最令人警醒的是：有没有可能，他是被毒死的？

这种猜测并非天方夜谭。数千年来，在艰险的时代，毒药常常在王位传承中发挥作用；一张埃及纸莎草纸上就记载了上古的一份毒药配方。西班牙人的祖先古希腊人①长期用毒药处决罪犯，或者自杀。据说赫拉克勒斯就是被涂在他衣服内侧的毒药杀死的。而用毒药自杀的最著名例子之一就是苏格拉底，

---

① 当然这是中世纪西班牙人自己的想法。不过古希腊人在西班牙沿海地区曾有殖民地，因此西班牙人或许有一些希腊血脉。

他于前 402 年用毒芹自杀①。在伊莎贝拉的时代，人们在谈到用毒药杀人时常常提及"草药"，例如毒芹，但也包括乌头、洋地黄或蒿。编年史家们很快就猜测，阿方索是被他们所说的"草药"毒死的。

安排毒杀一个人，是很容易的事情。毒药可以随身携带，也容易伪装，易于混入其他物质，造成怪异和神秘的症状。大多数毒药通过饮食来害人，轻松程度令人惊诧。有些毒药的毒性极强，即便是尝一小口，不到七滴的剂量，也能置人于死地。[1]其他很多毒药的致死剂量不到 1 盎司。砒霜可以碾成粉；毒蘑菇可以干燥起来，掺入鲜美的肉酱汁；有些毒药可以通过皮肤吸收，比如受害者戴着美观但被动过手脚的手套散步，就会中毒。

成功的毒杀可以模仿自然疾病，这样就较难发现真实死因。例如砒霜会导致严重的肠胃紊乱和低血压，而严重的食物中毒也可能造成这些症状。毒蘑菇若是切成片放入色拉或与肉一起油炸，可能让受害者皮肤出现紫红色斑点，毒蘑菇是当时很流行的一种谋杀手段，因为某些传染性的疫病会造成类似的变色。[2]卡斯蒂利亚国王胡安二世的第一任妻子玛丽亚王后和葡萄牙王后埃莉诺（玛丽亚的妹妹、胡安二世的小姨子）这对阿拉贡姐妹在相继几天内死去，据说身体上就布满了这样的斑点。如果姐妹当中只有一人死亡，那么看上去就像是疫病，然而姐妹俩在相距遥远的两座城市，在很短时间内突然相继死亡，而且症状惊人的相似，所以人们普遍相信她们是被谋

---

① 原文有误，苏格拉底死于前 399 年，而且他是被判死刑，被迫服毒的，很难说这是自杀。

杀的。

对投毒者来说，巧妙的下毒手段是成功的关键。波斯王后帕丽萨提斯在一把刀的一面刀刃涂了毒药，然后用这把刀切肉，将有毒的一面肉给她的儿媳，同时自己吃了无毒的一面。另一种毒药锑可溶于水，很容易用其他味道掩盖它的气味，所以常被当成谋杀工具。

中世纪晚期向文艺复兴时期过渡的阶段，大约也就是伊莎贝拉长大成人的时期，毒药的流行程度大大提升。威尼斯和罗马出现了传授毒药技术的学校。一家这样的谋杀学校竟大胆地发放了一张价目表，根据客户地位和目标身份的不同，杀人的价码也不同。在意大利半岛，下毒害人的现象司空见惯，以至于出现了一个新的词"被意大利"，意思是被毒死。一个来自巴伦西亚的西班牙名门望族——博吉亚家族，在搬到罗马之后成了著名的毒药专家。

但也有人观察到，阿方索的死状不完全符合任何一种已知的毒药。那么也许阿方索真的是病死的？疫病在当时的确是无处不在的威胁。不时有致命的传染病横扫欧洲。14世纪50年代的黑死病从中国通过丝绸之路来到欧洲①，据估计杀死了欧洲人口的四分之一。据称阿维拉城在阿方索去世的这一年夏季爆发了一种传染病。

不过阿方索被毒杀仍然是一种可能性。很快，就有流言蜚语传开，说阿方索是被谋杀的。恩里克四世国王有充足的理由憎恨自己的异母弟。阿方索占领了恩里克四世钟爱的塞哥维亚

---

① 据欧洲的传说，1347年蒙古军队攻打位于克里米亚半岛的热那亚人据点卡法，将黑死病死者尸体投入城中。乘船逃跑的热那亚人将黑死病带到了南欧，随后黑死病向西欧和北欧传播。

城，还屠杀了他心爱的动物，这就足够让恩里克四世成为阿方索的不共戴天之敌，何况阿方索还在努力夺走他的王位。如果阿方索真的是被谋杀的，那么具体执行的凶手会是谁呢？

当然，凶手可能是匿名的职业杀手，受命于恩里克四世。或者，下毒的可能是胡安·帕切科，恩里克四世的情人和对手。帕切科历来奸诈阴险，常常背信弃义，假装友好而从背后捅人一刀。或许他相信阿方索的前景不妙，于是决定重新回到恩里克四世身边。除掉阿方索，会让他更容易转换阵营。很快就有确凿迹象表明，帕切科不仅在与反对恩里克四世的叛军联络与合作，还和恩里克四世一直互通消息。

也许还有其他方面的动机。阿方索支持托莱多的改宗犹太人，这说明这位年轻王子不像他的支持者希望的那样容易操纵；也许他们决定及时止损。西班牙历史学家玛丽亚·多洛雷丝·卡门·莫拉莱斯·穆尼斯撰写了阿方索的传记。她花费多年时间检查证据，最后结论是，他是被谋杀的。[3]

如果阿方索是被杀害的，那么具体是如何发生的呢？我们几乎马上就会想到他在卡尔德尼奥萨吃的鳟鱼馅饼。所有人当中，只有阿方索吃了馅饼；其他人都没有生病。但剩饭被喂给了村里的狗，这些狗全都没有生病的明显迹象。不过，狗消化残羹剩饭的能力比人类强，或许它们也吃了有毒的馅饼，但并没有受到影响。

年轻的公主远离亲人和朋友，万分悲痛。面对这新的灾祸，她脑子里思索着这些问题，因为她必须打定主意，如何将此事告知天下。在考虑这问题的同时，她也必须对自己的未来做出决定。阿方索死了，伊莎贝拉现在是王位继承人。如果阿方索被某人视为致命威胁，因而被除掉，那么伊莎贝拉显然也处于危险中。如果她高声疾呼，说自己的弟弟是被谋杀的，那么她自己的处境就更危险了。如果她提出这样的指控，那么凶手几乎一定会再度出手。于是她宣布阿方索死于疫病。这至少能为她争取一点时间。她写信通知官员们，阿方索"于三点钟病逝"。[4]

*　*　*

与此同时，阿方索的支持者突然间变得对伊莎贝拉不是那么殷勤保护了。他们迅速把她送到阿维拉，在那里激烈争论，应当如何处置她。这是一个奇怪的决定。如果阿方索不是被毒死的，那么就是死于疫病。伊莎贝拉却被送到正在爆发新一轮瘟疫的阿维拉城。这些决定突出体现了，这些人对伊莎贝拉的福祉是多么冷漠。

有两个人希望伊莎贝拉自立为女王。胡安·帕切科希望将她从阿维拉迁走，送到他选的一个地方。年轻的公主对他的意图肯定大为警觉。卡里略希望伊莎贝拉留在阿维拉，那里虽然爆发了瘟疫，但卡里略控制着那里的驻军。帕切科说他希望伊莎贝拉嫁给葡萄牙国王阿方索五世。卡里略要把她嫁给阿拉贡的斐迪南。[5]所有人都打算让她成为傀儡，听自己调遣使唤。在权贵们争吵的时候，伊莎贝拉发现自己只是个旁观者。

她有很好的理由去争夺王位。她参加了叛乱，与相信必须废黜恩里克四世的人为伍，所以她现在可以顺理成章地自己攫取王位。这很可能也是最安全的选择。她已经冒犯了国王，不能指望他宽宏大量。她对王位的权力主张似乎也能得到政治支持：王国最大的商业中心之一塞维利亚城迅速推举她接替阿方索，成为女王。[6]她在等待其他城市的消息。例如，穆尔西亚的官员已经得知阿方索的死讯，承诺尽快给出答复。[7]

在这时刻，伊莎贝拉做出了她的许多改变人生命运的重大决定中的第一个，体现出了她钢铁般的自制力。在历史上，品尝过权力的滋味的人，比如阿方索与伊莎贝拉，通常非常不愿意放弃权力。争夺王位者会拼命努力，往往至死方休。贵族们敦促她自立为王，向她施加极大压力，要求把叛乱继续下去，因为那样能够延迟他们面对国王的日子，并且，当然她也有可能会胜利。

伊莎贝拉隐居到阿维拉的圣安娜修道院，居住在修女当中，与她们一起祈祷。她思考着下一步如何是好。事实证明，她加入阿方索的决定是大错特错。她掂量着自己对兄长恩里克四世的忠诚，以及她自己的政治雄心。这一次，她选择了比较安全的道路。她理智地认识到，自己的王位继承权比阿方索弱，因为她是女人；而且就连阿方索也没有得到全国人民的支持。于是她发表了宣言："把王国归还我的兄长堂恩里克，那样才能恢复卡斯蒂利亚的和平。"她在对全国的公开信中写道："但如果你们把我看作胡安二世国王——吾君吾父——的女儿，觉得我配得上他的姓氏，那么就让国王（我的兄长）、贵族和教士宣布，在他百年之后，我将继承王国……在我看来，这是你们能够做的最大贡献。"[8]

她告诉天下人，恩里克四世是真正的国王，她目前不是君主，但她应当成为他的继承人。她强调自己支持他的统治，但补充说，她希望他会统治得更贤明。"上帝取走了我的弟弟阿方索的生命，"她在给胡安·帕切科和大主教卡里略的信中写道，"只要恩里克四世国王在世，我就不会接管政府，也不会自称女王，而是尽我所能，辅佐恩里克四世国王，将国家治理

得比先前更好。"【9】

恩里克四世感激地做出了积极回应，他很高兴有这个机会把不愉快的事情抛于脑后。1468 年 8 月，在阿维拉和其他地方进行了一连串匆忙的谈判之后，伊莎贝拉和兄长在很多方面达成了协议。她被接纳为他的继承人，并得到了一些属于她自己的财产：阿维拉城；繁荣的梅迪纳·德尔·坎波，那里的集市吸引了欧洲各地的商贩和购物者；以及韦特、莫利纳、埃斯卡洛纳和乌韦达等城镇。于是她拥有了在全国星罗棋布的产业。国王还向她保证，再也不会强迫她接受不符合她意愿的婚事。作为交换条件，她承诺在结婚前首先征询恩里克四世的意见。恩里克四世答应与给自己制造了许多尴尬的妻子离婚，将她送回国。【10】

很快，双方就达成了初步协定。两周后，她写信给自己的老师贡萨洛·查孔，署名是"蒙上帝洪恩的伊莎贝拉公主，卡斯蒂利亚与莱昂王国的合法继承人"。【11】

后来有观察者说，伊莎贝拉一生奉行"超乎寻常的审慎"。这就是此种审慎的第一个例子。【12】没过多久，一些城市改弦易张，向国王宣誓效忠。穆尔西亚的官员始终没有回复伊莎贝拉的关于阿方索死亡的信。如果她上了胡搅蛮缠的贵族的当，就会丧失很多支持，并且直接与国王分庭抗礼。恩里克四世很快开始努力巩固自己的地位。

伊莎贝拉向恩里克四世效忠，给了国王一件无价之宝：保住脸面、顺利地下台阶。双方正式确定了和解的条件。国王以卡达尔索为基地，伊莎贝拉则搬到附近的塞夫雷罗斯。这两座城市都在西班牙中部，他们就在那里敲定协定的细节。两个阵营之间有使者穿梭往返。最后，1468 年 9 月 18 日，也就是阿方索去世大约两个月之后，兄妹俩在吉桑多公牛（距阿维拉约50英里）的田野（此地具有重大的历史意义）正式会面。此地一座山隘脚下树立着一些古老的公牛雕像，有真实的公牛尺寸，饱经风霜。这些雕像为何被安放于此，已经无人知晓。这是一个鬼气弥漫的地方，来自世界的另一个时代，令人想起希腊神话中对公牛的尊崇，以及与公牛的生死有关的游戏和节庆活动。

在这风声萧瑟的原野，伊莎贝拉与恩里克四世公开和解了。伊莎贝拉骑着一头骡子赶来，这是象征性地展示自己的王室贵胄地位和谦逊态度。卡里略大主教徒步陪伴她。在随后的典礼上，她被正式指定为王储。她也宣誓仅在得到恩里克四世批准的情况下才结婚。国王将自己承诺给她的城镇全都交给了她。更具有象征意义的是，他还把阿斯图里亚斯亲王领地也给了她，阿斯图里亚斯亲王是王储的世袭头衔。[13]教皇使节表示支持此项协定，赋予了典礼一种宗教气氛。

始终奸诈狡猾的胡安·帕切科也出现在此次会议上，这一次是在国王身边。他又一次改换阵营，几乎当即重新得到国王的恩宠，又一次成为国王的亲信谋臣和密友。恩里克四世国王似乎宽恕了帕切科的作奸犯科。在这个危险时刻站在伊莎贝拉身旁、全力支持她的，是托莱多大主教卡里略。反复无常的国王可能会将怒火发泄到卡里略身上。

在随后几周内，国王公开指认伊莎贝拉为自己的继承人，甚至丢人现眼地承认小女孩胡安娜不是他的骨肉。他在给全国各城镇官员的信中写道："我婚姻不幸，未能生育自己的合法继承人。"[14]

胡安娜王后进一步丧失了名誉，因为她在内战期间与恩里

克四世两地分居，却又生下了一个孩子。阿方索和恩里克四世
领军互相厮杀的时候，胡安娜被安顿在丰塞卡主教宅邸。令人
窘迫的是，她怀上了主教的侄子的孩子。即便如此，她得知国
王与伊莎贝拉之间的谈判后，仍然暴跳如雷。她还没有放弃让
自己的女儿成为女王的希望。虽然身怀六甲，她却企图在夜间
离开丰塞卡主教的宅邸。她安排仆人帮她从一扇敞开的窗户逃
走，坐在篮子里，降落到地面上。然而绳子断了，于是王后跌
落倒地，受了一些擦伤。有一个流传甚广的故事说，衣衫不整
的王后随后闯入自己曾经的追求者贝尔特兰·德·拉·奎瓦家
中，寻求庇护，却发现他正与一群男性朋友嬉戏作乐。据说他
粗鲁地让她走开，然后告诉那些正在窃笑的朋友们，他从来不
喜欢她"瘦骨嶙峋的腿"。胡安娜王后不得不继续跋涉，去寻
找朋友和盟友，最后抵达了势力强大的门多萨家族的地盘。门
多萨家族是传统派，支持王室特权，他们庇护了落难的王后。

　　与此同时，国王和伊莎贝拉离开了吉桑多公牛，一同前往
卡达尔索。恩里克四世近期住在那里。在卡达尔索，他们一同
用膳，弥合关系。据一位编年史家记载，伊莎贝拉全心全意地
与恩里克四世冰释前嫌，以"喜悦的面容"和"完全的顺从"
应对他。不久之后，恩里克四世去往奥卡尼亚城，伊莎贝拉也
随他一同前往。[15]

　　随后的九个月，伊莎贝拉待在奥卡尼亚，这座城市处于帕
切科的控制之下，距离她最熟悉的城市——塞哥维亚和马德里
加尔有一段距离，并且她对奥卡尼亚完全陌生。但这个新环境
也有好处：她居住在古铁雷·德·卡德纳斯家中，此人是她在
阿雷瓦洛的童年老师贡萨洛·查孔的外甥。所以她可以说是来
到了友人当中。卡德纳斯和查孔都曾支持阿方索，而恩里克四

世允许她住在卡德纳斯家，说明国王又一次信任她，允许她选择自己的追随者。伊莎贝拉的财政状况也有所改善，恩里克四世终于将梅迪纳·德尔·坎波的管辖权和税收交给了她。伊莎贝拉开始为自己将来执政做准备，给贵族们写信，并主持一些典礼仪庆。她现在是阿斯图里亚斯亲王。[16]

但几周之后，叛军被解散之后，恩里克四世的诺言就显得转瞬即逝和不可靠了。很显然，他不打算兑现自己的所有承诺。他没有把承诺给伊莎贝拉的其他地产交付，并在胡安·帕切科的敦促下，开始以各种各样的方式打击她的地位。卡里略大主教非常担忧，住进了距离奥卡尼亚7英里的一座要塞，在那里监视伊莎贝拉宫廷的动向，并贿赂那里的仆人，让他们向他报告事态发展。[17]

很快，值得担忧的事情就越来越多了。随着时间流逝，胡安娜坚定不移地宣称小胡安娜是国王的亲生女儿，说服了更多人，而国王也因为自己剥夺了这孩子的继承权而感到羞耻，因为他真心爱这个孩子；他也为关于他性无能和"软心肠"的传闻而羞耻。很快，他就把自己和王国受到的一切伤害都怪罪到伊莎贝拉头上。"于是国王……不仅失去了对公主的爱，还开始恨她。"一位见证人后来回忆道。[18]

恩里克四世食言了，又一次开始想办法把伊莎贝拉嫁到国外。她新近获得的战略价值和地位使得很多人前来追求她。她的美貌和在社交场合的优雅更是增添了她作为结婚对象的魅力。此时她的身体已经完全成熟，很多人觉得她非常可爱。一位编年史家描绘她"身材中等，婀娜多姿，肢体匀称，非常白皙；眼睛颜色介于灰色和蓝色之间，目光优雅娴静，面容姣好，非常美丽和快活"。[19]

在随后一年里，恩里克四世至少认真考虑了四名求婚者。

首先是又一位来自英格兰的上佳人选：与伊莎贝拉年龄相仿的理查，爱德华四世的弟弟，不久之后变得闻名遐迩。[20]据说他身材中等；他的金雀花王朝血统的兄弟都是金发碧眼、身材魁梧，而他的发色和肤色都比较深，身材矮一些。不幸的是，他天生一只肩膀比另一只高。但他有很多优点。他曾率军保卫爱德华四世，屡立战功，威名赫赫，成了英格兰仅次于国王的二号人物。此时他被认为是伊莎贝拉的合适丈夫人选。但理查是第一个被恩里克四世否决的人选，因为卡斯蒂利亚没过多久就与英格兰断绝了外交关系（具体时间是 1469 年 7 月），有政治、经济和军事等方面的原因，这些原因的组合是转瞬即逝的。[21]

这对伊莎贝拉来说可谓大幸，因为虽然理查最终成为英格兰国王，史称理查三世，但后来在残酷的内战中兵败身死，导致篡位的都铎家族攫取了权力，亨利七世当上了国王。作家 V. B. 兰姆如此评价理查三世："他自己忠心耿耿，却不能看透他人的奸诈；在奸佞小人的阴谋昭然若揭的时候，他又不能以足够无情的手段消灭他们。他对叛徒的宽宏仁慈令人瞩目，又是致命的，让他丢掉了王冠、生命和名誉。"[22]

理查三世的名誉后来遭到了威廉·莎士比亚的诋毁。莎士比亚为了取悦都铎王朝，将理查三世描绘成阴森恐怖的驼背恶棍，谋杀了自己年幼的两个侄子。"亨利七世篡位之后，文人的立场几乎一夜之间发生变化，真是有意思。"一位历史学家尖刻地评论道。[23]伊莎贝拉避免了与历史上这黑暗一页扯上关系。

第二位候选的单身汉是贝里公爵①瓦卢瓦的查理，即法兰西国王路易十一的弟弟。西班牙和法兰西之间在历史上长期互相敌视，因此这门婚事不大可能成真。但伊莎贝拉还是谨慎地打听了他的情况。她派了一位教士秘密地去法兰西，一窥这位公爵的究竟。教士回来之后报告称，查理"软弱而女人气，两腿瘦长，眼睛半盲，总是泪汪汪的"。[24]这样的评价不大可能赢得一位少女的心。

但路易十一还是希望促成此事，派了使者去马德里加尔·德·拉斯·阿尔塔斯·托雷斯见伊莎贝拉，此时她待在母亲身边。伊莎贝拉小心地没有表明自己的态度。"她仅仅表示，她会遵守王国的法律，以卡斯蒂利亚和卡斯蒂利亚王室的荣誉、声望和荣耀为重。"这含糊的回答让她能够保持沉稳，而同时仍然表现出顺从于男人们为她的未来所做的谈判。[25]不久之后，查理也被排除了。

这样伊莎贝拉的人生伴侣就只剩下两个选择，而且都来自伊比利亚半岛，都是她的亲戚。首先是葡萄牙国王阿方索五世，三十七岁，她母亲的亲戚②。强大的门多萨氏族、胡安·帕切科和恩里克四世都支持他，不过他对十七岁少女来说不是特别有吸引力的选择。

就连阿方索五世在公共场合的仪态也不讨少女的喜欢。葡萄牙国王命人制作的壁毯将他描绘为穿着过于雕琢、老套的盔甲，而不是较年轻的武士和贵妇们喜爱的新风格。

---

① 贝里公爵的头衔常被封给法兰西王室幼支。
② 葡萄牙国王阿方索五世的父亲是杜阿尔特一世。伊莎贝拉的外祖父是葡萄牙司厩长若昂。杜阿尔特一世是若昂的哥哥，他们都是葡萄牙国王若昂一世的儿子。

出于个人原因，恩里克四世也更愿意选择阿方索五世。恩里克四世对小胡安娜的感情非常复杂，因此饱受折磨。她的血统是可疑的，但他坚信她是自己的女儿，他必须想办法保护她的前程。根据他的计划，伊莎贝拉将嫁给阿方索五世，胡安娜会嫁给阿方索五世的儿子，即葡萄牙王储若昂。那么，胡安娜的孩子将极有可能统治两个国家（卡斯蒂利亚和葡萄牙），而伊莎贝拉会被排挤出去，嫁给一个她觉得"可憎"的男人，没有出头之日。[26]

局势对阿方索五世有利，因为恩里克四世国王寻求向自己的妹妹复仇，把她嫁给一个她讨厌的人。阿方索五世则对年轻貌美的公主印象极佳，相信她也喜欢自己。在他脑子里，爱情和王朝野心是一体的。他开始觉得，这门婚事已经板上钉钉了。1469年4月30日，恩里克四世和阿方索五世就婚姻条件达成了最终协议。婚礼将在阿方索五世抵达卡斯蒂利亚的两个月后举行，如果伊莎贝拉不同意，她和她的支持者将被宣布为不法之徒。这等于是说，如果婚礼未能举行，阿方索五世有权向卡斯蒂利亚发动战争。协议的条件允许阿方索五世开始自称为阿斯图里亚斯亲王，这是卡斯蒂利亚王位继承人的传统头衔。还有一个后备方案：如果婚礼未能举行，阿方索五世有权迎娶小胡安娜，并与恩里克四世结盟，一同向伊莎贝拉及其盟友开战。[27]

但伊莎贝拉还有一个选择，也是她最喜爱的人，即她童年时代就相信会成为自己真命天子的那个青年。他就是斐迪南，时年十六岁，英俊潇洒，她的远房堂弟，将来注定要统治邻国阿拉贡和加泰罗尼亚。斐迪南的哥哥卡洛斯已经去世，所以他比之前更有吸引力了。并且，他已经是拥有自己王冠的国家元首：他父亲在前不久立他为西西里国王。所以如果伊莎贝拉嫁给她，马上就会成为王后。斐迪南也是托莱多大主教阿方索·卡里略偏向的人选。多年来，卡里略一直在秘密地与斐迪南的父亲——阿拉贡国王胡安二世合作，不断促进斐迪南的利益。

恩里克四世国王直截了当地禁止伊莎贝拉与斐迪南结婚。

虽然兄长坚决反对，但即将十八岁的公主相信斐迪南会成为她的理想夫君。她瞒着兄长，已经开始秘密与斐迪南谈婚论嫁。

"只能是他，不能是别人。"伊莎贝拉私下里告诉她的盟友。[28]

五　结婚

伊莎贝拉私下里判定，年轻健美的阿拉贡的斐迪南是她的最佳选择。斐迪南也是这么想的。但和任何动人的浪漫史一样，他们之间也存在难以逾越的障碍。一段精彩的故事就这样开始了，始终非常浪漫的西班牙人会把他们的故事谱写成传奇。

伊莎贝拉和斐迪南之间的婚姻协商必须秘密进行，借助于密信和地下通信。恩里克四世已经打破了自己对伊莎贝拉的许多诺言，但她仍然奉行自己的承诺，即在结婚前必须得到他的许可。于是年轻的恋人起初是鸿雁传书。早期的一封信已经流露出伊莎贝拉那种谨慎的调情技巧和聪明地操纵男性心理的本领，这将是她的标志。她在给斐迪南的一封回信中写道："你必须告诉我，你希望我怎么做。你要我怎么做，我就一定办到……恭顺地服从你的命令的公主。"任何一个十七岁男孩读到这样的话，感受到女性的温柔如水和将来必然得到的性愉悦，都肯定心花怒放。[1]

他们的婚约于1469年3月5日正式敲定。斐迪南承诺尊重卡斯蒂利亚各城市的权力，承认伊莎贝拉是卡斯蒂利亚的真正君主。他还承诺要永久定居于卡斯蒂利亚。[2]

这对恋人还必须排除宗教的障碍。506年，罗马帝国灭亡不久之后，在阿格德①举行的天主教会议禁止堂表兄妹或远房

---

①　法国南部港口城市。

堂表兄妹结婚，除非得到教会的特别许可。斐迪南和伊莎贝拉是远房堂姐弟，他们的曾祖父是卡斯蒂利亚国王胡安一世，所以他们需要得到教皇的许可才能合法地结婚。这样的许可很难获得，代价很大，因为他们必须说服教皇批准他们结婚。阿拉贡国王胡安二世解决了这个问题，从塞哥维亚大主教胡安·阿里亚斯那里获得了许可。阿里亚斯做出此决定的理由是，胡安二世国王告诉他，自己在过去从教皇那里得到了婚姻许可。

伊莎贝拉的盟友，包括卡里略大主教和贡萨洛·查孔，为她和斐迪南操办的一场相对安全的代理婚礼仪式，很快就举行了。据说她得到的礼金高达 4 万金弗罗林①。[3] 承诺的礼金没有全部到位，但到了一部分，还送来了一些珠宝。伊莎贝拉很快就开始炫耀这些珠宝。

随后，这对少年夫妻决定举办一场两人都亲自到场的婚礼。这很难安排，因为障碍很多。强大的葡萄牙国王正在踌躇满志地为自己继承的航海国家打造一个全球帝国，他相信伊莎贝拉注定是他的新娘。恩里克四世国王察觉有些不对劲，威胁伊莎贝拉，她若是企图离开马德里，就把她囚禁在那里。胡安二世国王担心自己的儿子若是在卡斯蒂利亚被捕，可能丢掉性命。因此，十七岁的斐迪南和十八岁的伊莎贝拉的首次相会笼罩在机密气氛和极强的戏剧性当中。少年夫妻和他们的盟友炮制了一场复杂的欺骗把戏，静候机会降临。

首先，他们等待恩里克四世国王离开奥卡尼亚（位于卡斯蒂利亚中部），去处置安达卢西亚的一些紧迫的行政问题。

---

① 金币名，1252 年首先在佛罗伦萨铸造，后来欧洲许多国家均有仿造，币值不等。

国王临走之前特地要求公主承诺不会趁着他不在家结婚。但他刚刚出城，伊莎贝拉公主就宣布打算去阿雷瓦洛为弟弟扫墓，阿雷瓦洛也是她母亲的住地和她自己童年的居所。这是一个说得过去的借口，因为她心爱的弟弟仅仅去世了一年，而且他的追思仪式还没有举行。夜间，她在两名侍从陪伴下，骑马离开奥卡尼亚。

旅途的开端不顺利。恩里克四世国王把阿雷瓦洛给了他的盟友普拉森西亚伯爵，而伯爵害怕伊莎贝拉将这座城市收回、转交给她的母亲，于是在城门前拦截她，不准她入城。伊莎贝拉不得不在安葬阿方索的圣方济各会修道院缅怀他。随后她去拜访自己的母亲，后者已经搬到了马德里加尔·德·拉斯·阿尔塔斯·托雷斯。

在这几周里，伊莎贝拉比之前的任何时段都更茕茕孑立。她直接地、公开地与王兄和葡萄牙国王分庭抗礼。葡萄牙国王为了阻止她嫁给其他人，威胁发动战争。她的母亲帮不了她，因为母亲的精神有问题，完全依赖伊莎贝拉，而不能为女儿提供帮助。伊莎贝拉敬爱的外祖母已经去世，而胆怯的朋友也离她而去。就连伊莎贝拉的一些最亲密的朋友也转而反对她。胡安·帕切科说服了伊莎贝拉的侍女比阿特丽斯·德·博瓦迪利亚和门西亚·德·拉·托雷，让她们相信伊莎贝拉与斐迪南结婚是件坏事，于是企图阻止。这两个女人参加了跟踪和监视伊莎贝拉的计划。

在马德里加尔，伊莎贝拉得知自己受到了严密监视。恩里克四世国王知道她住在何处。在他提示下，法兰西使者来到马德里加尔，代表法兰西国王的弟弟贝里公爵向伊莎贝拉求婚。使者抵达后，她冷静地与他们周旋，尽管她此时已经通过代理秘密地与斐迪南结婚了。她把法兰西外交官操纵得团团转，让这些傲慢的外交官离开时误以为已经成功地说服了公主，她很快就会成为贝里公爵的新娘。他们带着喜讯返回法兰西了。

但恩里克四世国王知道伊莎贝拉违抗御旨、离开了奥卡尼亚，于是生了疑心，警示马德里加尔的官员，若她成功地与斐迪南结婚，就严惩他们。公主带着一些随从逃到了一座邻近城镇，躲进一家修道院，随后去了阿维拉。在那里，中世纪风格的高耸城墙上的狂躁的卫兵挥手让她们离去，因为城内又一次爆发了瘟疫。在几乎延续一整天的旅途之后，疲惫的公主终于来到巴利亚多利德城，那里的官员答应保护她。托莱多大主教的侄女玛丽亚（她的丈夫是一位名叫胡安·德·比韦罗的贵族）欢迎公主投宿她家（在城市中央广场附近）。伊莎贝拉于1469 年 8 月 30 日夜间抵达那里。

与此同时，斐迪南也在艰险地奔波跋涉。伊莎贝拉派了两名使者——贡萨洛·查孔的外甥古铁雷·德·卡德纳斯和廷臣阿隆索·德·帕伦西亚，去阿拉贡护送斐迪南到卡斯蒂利亚。他们在返回卡斯蒂利亚的途中得知，沿途将会有层层堵截，边境上的城堡都在高度戒备地监视年轻的夫妻。卡德纳斯觉得斐迪南不会去了。帕伦西亚认为斐迪南一定会去，因为帕伦西亚之前去斐迪南那里取赠给伊莎贝拉的珠宝时，斐迪南非常急切地希望奔去营救伊莎贝拉，帮助她摆脱蛮不讲理的哥哥。[4]

帕伦西亚和卡德纳斯抵达了萨拉戈萨，在一座圣方济各会修道院的地下室内秘密会见了年轻的王子。[5]斐迪南果然急于奔赴伊莎贝拉身边。

但斐迪南必须想办法偷偷溜过戒备森严的边境，悄无声息地从阿拉贡潜入卡斯蒂利亚。这趟旅程超过 225 英里，要翻越一座险峻山岭。斐迪南决定夜间行动，隐姓埋名，只带五名密友作为保镖。这是一个勇敢的决定，因为卡斯蒂利亚和阿拉贡的治安都很糟糕，大多数人为了保障安全，会成群结队地旅行。

年轻的王子英俊、瘦削和强健。他穿上了破衣烂衫，乔装打扮为赶骡子的人，在一处客栈时甚至扮作同行伙伴的仆人，以隐藏自己的真实身份。他们隐秘行动，十分顺利，通常在夜间行进，以避开恩里克四世的探子。有一次，他们躲藏在奥斯马镇附近的一座要塞内，此地大约是他们旅途的中点。他们到得比预期要早，惊扰了一名不知道他们即将前来的哨兵。哨兵发出警报，大呼小叫，向企图进入城堡大门的陌生人投掷一块大石头，险些击中王子。但斐迪南最终被城堡内的贵族认出，受到欢迎。这些贵族支持他的事业。于是他在两百名士兵的护卫下继续前进，抵达巴利亚多利德。伊莎贝拉已经在那里等候多时。

1469 年 10 月 12 日，伊莎贝拉公主写信给兄长，告诉她自己的打算，请求他接受她的决定。她将自己的婚姻告知了他，却未得到他的同意。如今骰子已经掷出去了[①]。

* * *

10 月 14 日午夜，伊莎贝拉与斐迪南终于在胡安·德·比韦罗（卡斯蒂利亚贵族，托莱多大主教的亲戚，而大主教帮助促成了这门婚事）家中相遇。斐迪南及其侍从骑马来到这

[①]　"骰子已掷出"（iacta alea est）是恺撒渡过卢比孔河向共和国元老院开战时的名言。意为这是一场赌博。

座设防宫殿（位于巴利亚多利德市中心），从后门进入。他走进房间时，古铁雷·德·卡德纳斯兴奋地喊道："是他！是他！"并兴高采烈地向伊莎贝拉指出斐迪南。

但他俩立刻发现了对方。他们第一次相遇，都带着爱慕凝视着对方。有些贵族坚持让伊莎贝拉要求斐迪南吻她的手，以示臣服。她说这没必要，他们的地位是平等的，而且他是已经在位的国王，地位说不定比她更高。

伊莎贝拉看到的是一位翩翩少年，比她略矮一点点，头发按照当时欧洲的时尚剪成很长和向下梳的发型。他已经脱去旅行的衣服，换上"精美华服"，因为斐迪南总是注重优雅的仪表。[6]他不算很帅，但强健有力，肤色比伊莎贝拉深一些，是那种放荡不羁的黝黑。在她眼中，他是一个优秀的男子汉。

年轻的斐迪南"身材中等，肢体匀称，面容俊秀，眼神欢快，头发漆黑且笔直，面色健康"。编年史家埃尔南多·德尔·普尔加尔如此描述道，"他擅长骑术；精于长枪比武……喜爱运动，骁勇善战……他拥有一种特殊的优雅，特别有亲和力，所有和他说话的人会立刻喜欢上他，心甘情愿为他效劳，因为他谈吐非常好"。[7]

这位少年激情澎湃，漂亮的年轻公主无疑很快就发现了这一点。帕伦西亚回忆道，他们一见钟情，情意绵绵；他们"爱的冲动"显而易见，若不是五十九岁的托莱多大主教在场主持会面（此次会见一共两小时），他们就要拥抱起来了。

他们交换了结婚的正式承诺，由一名公证人记录在案，成为法律事件。大主教高声朗读了婚约以及教皇的许可书（因为新娘和新郎是血亲关系）。法律程序结束后，卡里略大主教觉得他们最好尽快成婚，以防恩里克四世出人意料地从安达卢西亚返回。

五天后，1469 年 10 月 19 日，伊莎贝拉和斐迪南在比韦罗宅邸的大厅正式举行婚礼。礼毕后设宴。这对新人囊中羞涩，为了支付婚礼的开销，不得不借钱。[8]正式证婚人是斐迪南的外祖父（卡斯蒂利亚海军司令）和姨母玛丽亚。一大群当地显贵也参加了婚礼。

当晚新人圆房，十分顺利，令各方都颇为满意。见证人演奏着喇叭、长笛和鼓，走进新房，沾着血迹的床单被展示给候在室外的人群。[9]随后在巴利亚多利德举行了七天的盛大欢庆；市民们欢呼着围观新人走上街头向大家致意。

他们的首次相遇和婚礼已经成为传奇。伊莎贝拉深深爱上了勇敢的年轻王子；事实证明他是一位热情的追求者。她哥哥的反对值得忧虑，但他肯定会看到这是门当户对的婚事，一定会祝福他们的结合。

有一个潜在的麻烦：斐迪南聪明、魅力十足而激情洋溢，虽然年纪轻轻，但已经生了两个私生子。不过若认真考虑，这也不是坏事。这两个私生子需要供养，但考虑到伊莎贝拉家族的生育难题，斐迪南已经被证明的生育能力或许是件好事。

天空中只有一朵阴云。坠入爱河的年轻女子可能没有注意到此事，但参加婚礼的很多客人无疑想到了这一点。斐迪南是条件极佳的夫君，因为他是好几个富裕而重要的王国的继承人。他已经是西西里国王，将来还会继承阿拉贡、巴伦西亚和加泰罗尼亚（光辉的巴塞罗那城是其明珠）。但他之所以成为继承人，是因为他的哥哥和姐姐出人意料地突然死亡。卡洛斯和布兰卡究竟是怎么死的？

六 斐迪南和他的家人

在邻国阿拉贡，斐迪南的七十一岁老父亲胡安二世国王，正在热切关注巴利亚多利德的事态。这门成功的婚姻代表着他毕生努力（目标是控制邻国卡斯蒂利亚）的巅峰。甚至在孩提时代，他就已经对卡斯蒂利亚垂涎欲滴。

胡安二世国王把心爱的儿子斐迪南送去拿自己的生命冒险（他们家族的敌人若有机会一定会杀死这个年轻人），是为了他自己的父亲为之奋斗了几十年的目标，即主宰卡斯蒂利亚。所以胡安二世密切关注着巴利亚多利德的事态，利用一个通信和间谍网观察和了解那里的一举一动。

胡安二世国王能够看得见，足以证明他克服困难的钢铁意志。年过六旬之后，他的双眼都生了白内障，因为那个时代没有抗生素、麻醉剂和现代手术技术，他最终失明了。1466 年夏季，他六十八岁的时候，决定接受一名技艺高超的犹太医生的治疗，此人学习过古印度和罗马摘除白内障的技术，方法是将一根锋利、烧得红热的针插入眼球。胡安二世的家人努力劝他放弃这个念头，警示说这种手术太危险，尤其是对他这样年纪的人。就连医生也犹豫了。但胡安二世愿意为了重见光明而拿自己的健康冒险。手术取得了圆满成功。此事体现出了他毕生的顽强决心和为了自己的目标愿意豪赌的意志。

胡安二世国王所在的卡斯蒂利亚王族素来善于利用机遇。他的父亲是卡斯蒂利亚国王胡安二世（伊莎贝拉的父亲）的叔叔，通过政治交易成为阿拉贡、巴伦西亚和加泰罗尼亚诸王国的国王。阿拉贡的胡安二世本人在兄弟姊妹七人中排行第三，但也想当国王。1419年，他二十一岁的时候，娶了纳瓦拉王国的三十二岁寡妇女王（且没有孩子），就这样通过婚姻成了纳瓦拉国王。但他只是女王的夫君，自己不是真正的君主，而且他的大部分时间都待在阿拉贡。他们生了三个孩子，即纳瓦拉王储卡洛斯，以及两个女儿布兰卡与埃莉诺。但胡安二世不满足于自己已经有的东西——正在发展壮大的家庭和纳瓦拉的治理，而是渴望不属于自己的东西。

纳瓦拉女王于1441年去世，享年五十四岁。胡安二世保留了国王的头衔，尽管这个头衔实际上属于他的儿子，二十岁的卡洛斯。随后胡安二世国王续弦了，这一次娶了十九岁的卡斯蒂利亚贵族女子胡安娜·恩里克斯，生了两个孩子，斐迪南和胡安娜。他的后两个孩子比之前的子女小二十多岁。从一开始，胡安二世国王就在方方面面表现出更偏爱斐迪南和胡安娜。他对斐迪南（后来娶了伊莎贝拉公主）尤其疼爱，和他始终有一种特别的亲近。

阿拉贡国王胡安二世对卡斯蒂利亚的渴望从他幼年便生根发芽了，因为他的家族的两代人曾经梦想统治卡斯蒂利亚。胡安二世的父亲（也叫斐迪南）是卡斯蒂利亚王室的幼子，曾在卡斯蒂利亚国王胡安二世（伊莎贝拉的父亲，六岁时继承了卡斯蒂利亚与莱昂王位，但因年幼无法理政）幼年摄政，品尝到了卡斯蒂利亚权力的滋味。斐迪南仅仅是摄政，这让他非常不爽，渴望自己当国王。邻国阿拉贡的国王驾崩无嗣，其臣民推举斐迪南为国王，于是他愉快地接受了，将自己一家从卡斯蒂利亚迁往阿拉贡。他成了阿拉贡国王斐迪南一世。但阿拉贡绝不是他渴望的天堂。

它其实是三个相对独立的国家——阿拉贡、加泰罗尼亚和巴伦西亚拼凑而成的笨拙的联合体，并且有一系列令人失望的难题，难以治理和管束。

斐迪南一世在阿拉贡王位上没有坐多久就驾崩了，把王国留给了自己的儿子阿方索五世，即胡安二世的长兄。阿方索五世以阿拉贡为基地，征服了那不勒斯，那是意大利半岛沿海的一座繁荣的大城市。[①] 阿方索五世迷恋意大利的文化、知识、美食和温和气候，不肯回国，让妻子和弟弟们（包括胡安二世）以他的名义治理阿拉贡。他的弟弟们，就像他们的父亲斐迪南一世一样，不满足于仅仅担任摄政，毕竟治国理政是一项艰苦工作。

胡安二世和兄弟们开始在阿拉贡回忆自己曾经在卡斯蒂利亚的美好生活，于是开始密谋夺回那里的权力。他们对伊莎贝拉父亲（此时已经成年）的卡斯蒂利亚王国垂涎欲滴，幻想取而代之。卡斯蒂利亚国王胡安二世的荒政让阿拉贡的胡安二世等人觉得自己可以做得更好。

于是，伊莎贝拉的父亲终其一生都不得不对自己的堂兄弟的侵犯保持警惕。这就是他完全依赖阿尔瓦罗·德·卢纳的原因之一，因为阿尔瓦罗非常有效地保护了他的利益。1445年，也就是伊莎贝拉出生的六年前，爆发了一场激烈冲突，阿拉贡堂兄弟们入侵了卡斯蒂利亚，企图夺权。阿尔瓦罗·德·卢纳勇敢地保卫卡斯蒂利亚，击败了入侵者。阿拉贡的胡安二世的一个兄弟在战斗中负伤，后来死亡；一些重要的盟友被俘，于

---

① 他征服的不仅是那不勒斯这座城市，还有那不勒斯王国（今日意大利的南半部分）和西西里王国。

是胡安二世孤零零地撤回阿拉贡，回到作为摄政者的生活中，为了失败的耻辱而闷闷不乐。

随后二十年里，伊莎贝拉长大成人，而阿拉贡的胡安二世在谋划复仇。他打算用计谋来得到自己当年用武力未能得到的东西。现在他的计划是借助自己的后代夺回卡斯蒂利亚，手段则是让自己最宠爱的儿子迎娶伊莎贝拉。

* * *

胡安二世对王朝联姻的第一个尝试是把自己的女儿布兰卡嫁给恩里克四世，那是在 1440 年。但布兰卡没有生育，于是他的梦想破碎了。

更重要的是，恩里克四世国王与自己的岳父阿拉贡的胡安二世国王的不愉快经历使得前者对后者提高了警惕。恩里克四世与布兰卡的十三年婚姻始终没有圆房，并且他很可能持续遭到布兰卡父亲的鄙夷。三十年前，在恩里克四世的新婚之夜，正是阿拉贡的胡安二世国王在新房外踱来踱去，而恩里克四世在新房内无法完成作为丈夫的义务。

如今，斐迪南与伊莎贝拉的婚姻给了胡安二世国王达到自己目的的第二次机会。控制身为卡斯蒂利亚王储的公主，是控制卡斯蒂利亚的另一种手段，如今也近在咫尺了。这就是恩里克四世坚决反对伊莎贝拉嫁给胡安二世之子斐迪南的原因之一。就连伊莎贝拉的忠实朋友比阿特丽斯·德·博瓦迪利亚也企图阻止这门婚事，向恩里克四世通风报信。她的动机可能是担心伊莎贝拉出了油锅又入虎口。

换句话说，伊莎贝拉通过结婚扩张了自己的势力，确立了自己相对于兄长的独立性，但在这一过程中也承担了一些风

险。她的新公公是一个恶毒、睚眦必报和自私的人，为了控制
她的土地可以不择手段。他在阿拉贡的绰号是"无信誉的胡
安"。

胡安二世的不守信誉在他自己的家庭关系中也暴露无遗。
他与长子卡洛斯的关系很紧张。卡洛斯的性格与父亲迥然不
同。卡洛斯风度翩翩，有文化修养，聪慧渊博，是文艺复兴
式的文人，在社会品位发生变化的年代非常受欢迎。而他的
父亲胡安二世更像是中世纪的产物，是英勇无畏的武士，更
喜欢戎马倥偬，而不是阅读诗歌或观看戏剧。卡洛斯的喜好
使得他在阿拉贡和他伯父阿方索五世的意大利领地都颇得民
心。事实上，卡洛斯曾旅行到那不勒斯，与阿方索五世一起
生活。他们都是绅士，热爱艺术、文学、诗歌和音乐，这让
胡安二世非常恼火。历史学家艾伦·赖德写道："胡安二世
对任何形式的艺术都没有任何品位，也没有时间去欣赏。而
卡洛斯酷爱艺术，因此得到了文化修养很高的伯父的钟
爱。"[1]

胡安二世国王与他的第二任妻子胡安娜·恩里克斯比较投
机，他们是在 1447 年（他的第一任妻子去世三年后，恩里克
四世和布兰卡结婚七年后）结婚的。胡安娜·恩里克斯和他
一样，也有吞并卡斯蒂利亚的梦想。借用一位阿拉贡历史学家
的话，她的"顽强精神和毫无底线的野心"与胡安二世相
仿。[2] 他们的第一个孩子斐迪南生于 1452 年。他们的女儿胡安
娜在几年后呱呱坠地。

嫉妒是这个新家庭的标志。作为继母，胡安娜王后怨恨和
敌视卡洛斯，因为他获得了权势和地位的优势。她希望自己的
儿子，而不是胡安二世第一任妻子的儿子，得到纳瓦拉王位。

胡安二世国王也开始讨厌自己受到民众爱戴的长子，后者似乎能够无比轻松地赢得新朋友。于是胡安二世开始密谋提携自己的宠儿斐迪南。王室充满了高度紧张的气氛，受伤害的情感和侮辱在这里发酵，年长的孩子们意识到，他们在父亲心中的地位被父亲的新家庭排挤掉了。

胡安二世国王在第一段婚姻中生的女儿布兰卡悲伤地抱怨自己在被恩里克四世抛弃（理由是未能圆房）后，又遭到父亲的冷遇。布兰卡回家之后，胡安二世没有帮助这位不幸的公主疗伤，反而觉得她是个令人尴尬的失败者，尽管她并没有做什么错事。在布兰卡死前不久签署的一份语调凄凉的文件中，她写道，"国王堂胡安忘记了"对自己第一段婚姻所生的孩子们应有的"父爱与亲情"。[3]

1458 年，阿拉贡局势发生了巨变。在意大利享受生活的阿方索五世终于去世。他的弟弟胡安二世是他的继承人，于是成为阿方索五世在伊比利亚和西西里岛领地的统治者，而阿方索五世的孩子们保留了那不勒斯的控制权。胡安二世本应公开指定自己的长子卡洛斯为阿拉贡和纳瓦拉的继承人，但他拒绝这么做。

与此同时，阿拉贡臣民越来越骚动不安，因为经济萧条，国王却劳师远征，王族内部争吵不休。加泰罗尼亚亲王领地的核心巴塞罗那，也是它的最大城市和历史上最繁华的都市，遭遇了外贸的衰落。加泰罗尼亚人开始相信，朝廷的玩忽职守、目光短浅和远距离遥控统治损害了他们的利益。巴塞罗那城的两百豪门望族主要依靠投资的收入，在近百年来收入不断减少。他们热切期待卡洛斯继位。然而，他们逐渐意识到，胡安二世王没有要把加泰罗尼亚交给卡洛斯的意思。

* * *

公民们忧心忡忡。在 15 世纪初，特拉斯塔马拉家族迁往他们的新王国时，加泰罗尼亚欣欣向荣、繁荣昌盛，从事着高度活跃的布料、珊瑚、香料、丝绸和棉花贸易。但阿方索五世国王航向意大利，占据那不勒斯和西西里岛，将自己的注意力转移到意大利半岛。似乎没有人关注阿拉贡的利益了。

到 1452 年斐迪南出生时，阿拉贡人，尤其是加泰罗尼亚人，感到自己的国家正在分崩离析。"加泰罗尼亚曾经非常幸运和光荣，也是最虔诚的国度，无论在陆地还是海洋都受到人们敬畏。"绝望的埃尔恩①主教若昂·马加里特于 1454 年告诉巴塞罗那的立法者，"现在加泰罗尼亚被完全毁掉了，迷失了，因为它失去了自己的光荣君主。看哪，它丧失了全部力量、荣誉和宗教管辖；曾经有权有势的诸侯和骑士垮台破产；大小城镇土崩瓦解，腐蚀了全民的福祉；骑士没有骏马，只能骑骡子；寡妇、孤儿和儿童寻求慰藉，却是徒劳；海盗掳掠港口，恣意纵横四海。"[4]

阿拉贡受到一系列特别残酷的政策（称为"恶政"）的压迫，导致绝大多数人民的生活非常艰难。这是一种强制性的农奴制，主宰着阿拉贡、加泰罗尼亚和巴伦西亚的经济生活。这种制度在欧洲其他地方也很普遍，但卡斯蒂利亚却并非如此，那里的农民不是农奴，有行动和结婚自由，有权选择职业，不过事实上绝大多数农民的选择非常有限，因为贵族的人口极

---

① 今天西班牙与法国边境的一个城镇，属于法国，当地人多讲加泰罗尼亚语。

少，却拥有极大权力，占据着王国97%的财富。

而在加泰罗尼亚，农民的处境要黑暗得多，并且在大约连续五个世纪里不断恶化。在9世纪和10世纪，加泰罗尼亚的农民是自由民，拥有自己的小农场，分布在全国各地。那时女性享有与男性平等的财产继承权。已婚妇女有权控制自己带来的财产，并在丈夫去世后享有其财产的10%，这让大多数妇女在老年能有一些经济保障。[5]

但随着欧洲遭到入侵者的袭击，为了自卫，人们建造起了许多城堡。到11世纪末，加泰罗尼亚已经有超过八百座城堡，其中很多间隔只有三五英里。居民们在这些防御工事周围搭建自己的房屋，以求得保护，或者在教堂周围建房居住，因为他们相信，居住在教堂周围三十步距离内的人不会遭到暴力伤害，享有和教堂本身一样的神圣避难权。这种局面使得农民越来越依赖他们的保护者（要么是世俗领袖，要么是教会长老）。这些地区性领导人渐渐认为自己有权支配这些农民，因为农民成了他们的臣子。

贵族权力逐渐增长，女性地位随之下降。嫁妆，即新娘的家族向新郎家族支付的款项，变得越来越重要，结果是女孩的经济价值低于男孩。后来财产继承制度越来越倾向于将绝大部分或全部财产传给一个孩子，不给其他孩子任何财产。这有利于维持强势的家族产业，但年幼的孩子们就惨了。

于是，越来越少的人对越来越多的人拥有了越来越强的主宰权。农民被迫接受世俗或教会领主的统治，承认自己是服从他们权威的臣民。农民一般被要求居住在地主的土地上。财产交易不仅转移了地产本身的控制权，还包括居住在土地上的农民的人身权。要想搬走，农民必须花钱购买自由，即赎身。有些农民还被迫指定自己农奴地位的继承人，具体是指他们孩子中的哪一个。如果农民的妻子与人通奸或地主土地上的房屋被烧毁，农民会被罚款。

据阿拉贡历史学家记载，疾病对阿拉贡的打击比对欧洲其他地方更为严重，造成了灾难性后果。14 世纪初，黑死病横扫欧洲，杀死了欧洲人口的至少 25%，加泰罗尼亚作为跨地中海航运和世界贸易的中心，损失更为惨重，在黑死病首次爆发之后的几十年里损失了高达 50% 人口。[6] 虽然劳动力的减少让很多地方的劳动者获得了更大权利，但在阿拉贡产生的效果却恰恰相反，因为此时阿拉贡的经济也崩溃了。贵族应对收入减少的办法就是更残酷地压迫幸存的农民。

很多农场十室九空，因为居住在那里的农民要么死去，要么逃亡。贵族开始追捕逃离田地的农奴。想要离开的农民必须支付越来越高的赎身钱。一个女人若是想和自己地主的领地之外的人结婚，必须缴税。有些领主拒绝接受这些赎金和税金，因此等于是阻止农民离开。另外，新的法律禁止不肯接受这些压榨的农民起诉其领主。农民被要求服从领主的要求，不管这些要求是否公平。

换句话说，加泰罗尼亚的贵族应对疫病的对策就是，寻找新的办法来剥削人口已经大大减少的农奴。1402 年，阿拉贡王后玛丽亚写信给教皇本笃十三世，谈及农民的绝境，称此种局面"害处极大"，并说教会本身就是最大的地主。[7] 但局势却更加恶化下去。

体制变得越来越严苛，剥削越来越残酷，于是出现了"恶政"的说法。据 1462 年撰写的一份报告，阿拉贡的哺乳期妇女通常必须还要为地主的孩子喂奶，于是她们自己的孩子能吃到的奶就少了。农民还说，领主常要求新婚女子的初夜权。领主说这是子虚乌有的虚假指控，但同意禁止初夜权。[8]

特拉斯塔马拉家族的阿拉贡分支，即斐迪南一世、阿方索五世和胡安二世这三位国王，意识到了体制内在的问题，但不愿意采取措施来解决这些问题。恰恰相反，他们利用这种局面，既压榨贵族，也剥削农奴，以支持自己在国外的冒险。"阿方索五世经常承诺要从意大利南部返回，去处理他那越来越绝望的都城的问题。"历史学会艾伦·赖德写道，"但从 1435 年他远征西西里岛，到二十三年之后他驾崩，他始终没有返回，而是遥控加泰罗尼亚，对它的控制力越来越弱。"[9]

阿拉贡的特拉斯塔马拉王朝统治者在这个问题上摇摆不定。1455 年，他们禁止了农奴制，但一年后为了笼络贵族又恢复了农奴制。1458 年，朝廷的政策又一次发生变化。类似地，1461 年 12 月，胡安二世国王的第二任妻子胡安娜王后命令贵族停止对农民的压迫，但一个月后她又反悔了。她赞扬贵族遏制农民的努力，与此同时她却利用农民的支持，组建一支军队，抵抗那些越来越憎恶王室朝三暮四的贵族。[10] 没过多久，特拉斯塔马拉家族就不得不同时对付蠢蠢欲动的农民和兴风作浪的贵族。

* * *

胡安二世国王在努力应对这些问题的同时，他那颇得民心又温和可亲的儿子卡洛斯始终是他的眼中钉。1458 年 6 月，阿方索五世在意大利驾崩，胡安二世企图在都城萨拉戈萨将自己和妻子加冕为阿拉贡君主，但加泰罗尼亚人发出抗议，要求比亚纳亲王①卡洛斯必须在场，否则不为他们加冕。卡洛斯王子于 1460 年从意大利返回巴塞罗那。

就是在这个时期，卡洛斯王子决定，为了加强自己对阿拉贡王位的继承权，他需要迎娶卡斯蒂利亚的伊莎贝拉公主。他对这门亲事非常热情，称伊莎贝拉为"我最美丽的公主"。[11]卡斯蒂利亚的恩里克四世国王有一段时间曾积极推动伊莎贝拉和卡洛斯的婚姻，部分原因是为了向自己的前岳父胡安二世国王复仇，因为胡安二世希望伊莎贝拉嫁给自己最心爱的儿子斐迪南。

但胡安二世国王的妻子得知消息后，大发脾气，因为这阻碍了她为自己的儿子斐迪南做的安排。阿拉贡编年史家赫罗尼莫·苏里塔称，王后"大哭大闹，放声咒骂"。[12]胡安二世国王决定推动卡洛斯与葡萄牙公主卡塔利娜结婚。用一位历史学家的话说，卡洛斯被"言之凿凿的父爱的表示"诱骗到了父亲身边。[13]然而胡安二世逮捕了卡洛斯，将他投入监牢。此事令加泰罗尼亚人大为沮丧，因为他们视卡洛斯为合法继承人，相信胡安二世国王此举是违法的。"卡洛斯已经悔罪，却遭到睚眦必报的父亲虐待，人们普遍对卡洛斯非常同情。"[14]

1461 年 2 月 6 日，在加泰罗尼亚的列伊达，危机发展到了一个巅峰。加泰罗尼亚使者坚持要求胡安二世国王释放卡洛斯并认可他是自己的继承人。胡安二世干脆拒绝接见这些使者，说自己太忙。他企图离开列伊达，但发现城门紧闭。

———————

① 比亚纳亲王此时为纳瓦拉王储的称号，后成为西班牙王储的称号。

然后，胡安二世直面使者，冷冰冰地坚称，斐迪南才是他的继承人。"使者们，你们除了我的儿子堂斐迪南之外，没有别的王子。"他发表了这声明之后，鼓乐喧天，随后列数了斐迪南的所有头衔，包括阿拉贡王子。加泰罗尼亚人怒吼道："上帝保佑，我们要的是堂卡洛斯！"[15]

胡安二世国王最后被迫认可卡洛斯为王储，但很难掩饰自己的怒火。"在公开场合，胡安二世命令在萨拉戈萨举行庆祝活动和装点城郭，以示和解；私下里，他更加憎恨卡洛斯和迫使他可耻地屈服的加泰罗尼亚人。虽然已经上了年纪，他对那些挫败他的敌人，仍然是满腔怒火，丝毫未减。"[16]

加泰罗尼亚人几乎可以确信，疾病缠身且盲眼的六十三岁老国王胡安二世已经时日无多；他们只要坚持反抗，最终必然能战胜他。不料胡安二世让他们所有人都大吃一惊，仍然顽强地活着，而且做了手术，恢复了视力。

先走一步的却是卡洛斯，他在短暂患病后于 1461 年 9 月 23 日在巴塞罗那去世。很多人相信他是被毒死的，凶手可能就是他的继母胡安娜王后，她公开要求推举她的儿子斐迪南为王储。卡洛斯的死因不是很清楚。他曾经得过肺炎；历史学家艾伦·赖德认为他的死因是"肺部感染，由于压力而加重了病情"。

但卡洛斯的死亡时间实在太可疑。即便胡安二世没有命令杀死自己的儿子，卡洛斯的死亡肯定对他有利，铺平了他与妻子的宠儿——九岁的斐迪南成为王储的道路。

但斐迪南通往宝座的道路并不平坦。加泰罗尼亚公众因卡洛斯的死而悲痛万分，不太愿意接受新王储。在巴塞罗那，群众举行盛大集会，表达对卡洛斯的哀思，有些人开始将刚刚去世的卡洛斯奉为圣徒，尊崇他的遗迹。据说只要触摸他的棺材，就能治愈肿瘤、皮肤病，还能让盲人恢复视力。成千上万人聚集起来，见证这些奇迹的痊愈。民间流传的说法是，"长嗣大人"去世后，仍然通过体内蕴含的"神圣力量"做出伟大的业绩。[17]

胡安二世国王力图辟谣，说穷人收了贿赂，所以传播这些奇迹治愈的故事。但他很难维持道德权威，因为他与此同时还宣布，斐迪南的母亲胡安娜（人们相信是她谋害了卡洛斯）将担任王储斐迪南的摄政者，因为这孩子年纪还太小。从某些角度看，卡洛斯的死亡增加，而不是减少了阿拉贡的紧张气氛。

因此，小斐迪南在国内旅行时，必须带着大群侍从和保镖，以防他自己的臣民伤害他。他母亲前往巴塞罗那，但因为害怕遭到民众攻击，又突然离开。斐迪南和他母亲离开巴塞罗那之后，他们的政敌声称，王后参与了屠杀"敬拜有福的圣卡洛斯"的群众的阴谋。反叛者公开处决了好几名据说与王后共谋的官员。

群众对王室没有多少尊重。在乡村各地，贵族与成群结队的武装农民之间发生对抗，导致暴力流血。为了赢得支持去镇压反叛的臣民，胡安二世缔结了一系列错综复杂、阴险歹毒的条约，做了相应安排。这将造成持久而复杂的后果。

下一个成为阴谋诡计的牺牲品的，是他的长女布兰卡，她在与恩里克四世离婚后回到了娘家。她曾热爱和支持自己的哥哥卡洛斯。现在，卡洛斯去世后，她成了纳瓦拉王位的继承人，尽管在纳瓦拉王国，单身女性不能统治。不过这让她成了胡安二世国王的绊脚石。胡安二世将自己不幸的布兰卡交给她的妹妹富瓦伯爵夫人①监管。布兰卡被"强行带到法兰西，死在狱中"。人们普遍相信，她是被毒死的。[18]

　　布兰卡的死亡，对胡安二世国王和他的第二个家庭来说，又是"天助我也"的好事。但布兰卡在死前重新对纳瓦拉王位提出了权力主张，并将自己的继承权赠给自己的前夫，卡斯蒂利亚的恩里克四世国王。换句话说，她宁愿把继承权交给抛弃她、羞辱她的前夫，也不愿意交给阴险的父亲和异母弟。

　　把女儿送往法兰西，仅仅是胡安二世国王新计划的第一步。他与法兰西国王路易十一缔结了秘密协定，请他帮忙镇压阿拉贡的反叛者。根据密约，路易十一将出兵帮助胡安二世镇压加泰罗尼亚的叛乱。作为交换，胡安二世承诺允许法兰西军队占领阿拉贡的两座城堡——佩皮尼昂和科利乌尔。通过这种非同寻常的举动，胡安二世国王将国土割让给了阿拉贡的宿敌法兰西。"通过这鲁莽轻率、决断失当的协议，"赖德写道，"胡安二世彻底粉碎了和平解决加泰罗尼亚难题的任何残余希望。这协议将在他的余生始终困扰他。"[19]

　　胡安二世国王决心不惜一切代价迫使他的臣民屈服。他向列伊达发动袭击，摧毁了那里的庄稼收成，威胁要让那里的居民饿死。国王的残暴令加泰罗尼亚人震惊而恐惧，更加决心要颠覆胡安二世及其家族。加泰罗尼亚官员告诉胡安娜，他们要褫夺她的王后身份，要求她离开，如果愿意，可以将斐迪南带走。王后决定反抗。她盘踞在赫罗纳的要塞，在国王的鼓舞下

---

①　即阿拉贡的埃莉诺（1426~1479），阿拉贡国王胡安二世与纳瓦拉女王布兰卡一世的女儿，卡洛斯和布兰卡的妹妹。她嫁给了法兰西的富瓦伯爵。在兄长和姐姐死后，她是纳瓦拉王位的继承人，但将这个继承权转移给了父亲。胡安二世死后，埃莉诺短暂地成为纳瓦拉女王，两周后去世。

准备作战。1463 年 6 月 6 日，要塞开始遭到攻击。6 月 26 日，一大群士兵短暂地突破了城墙，令守军惊慌失措。据说胡安娜满大街乱跑，寻找她的儿子，最后发现十二岁的儿子正在大教堂外玩耍。她心力交瘁地晕倒了。7 月 22 日，士气低落且资金耗尽的攻击者最终撤退了，但对遭到围攻的母子来说，这是漫长的七周。胡安二世国王的强硬路线成功了。

但胡安二世国王的臣民越来越憎恨和鄙视他。胡安二世与法兰西签订密约的消息令加泰罗尼亚人愤恨，因为他们将法兰西视为不共戴天之敌。他们把为法兰西人打开阿拉贡王国大门的胡安二世看作卖国贼。一位历史学家写道："胜利的保王党如今被人看作外国压迫和暴行的走狗。"[20]

为了对抗胡安二世，加泰罗尼亚人需要强有力的盟友。正如胡安二世求助于法兰西，加泰罗尼亚贵族现在去找卡斯蒂利亚的恩里克四世国王（他曾是卡洛斯的朋友）。加泰罗尼亚贵族否认斐迪南的继承权，将其奉献给恩里克四世，而恩里克四世的第一个冲动不是抓住机遇，而是犹豫不决。他说，在接受这个提议之前，他必须寻求议事会的建议。这就造成了几周的耽搁。但与此同时，他占领了胡安二世国王的一些零星城镇。这当然让胡安二世国王十分恼火。胡安二世国王没有能够从一位虚弱的昏君手里夺走卡斯蒂利亚，这位昏君却占据了胡安二世的一些领土。胡安二世现在内外交困，不仅要镇压国内叛乱，还要面对卡斯蒂利亚人。

卡斯蒂利亚与阿拉贡之间出现了战争的风险，恰在这时，法兰西国王路易十一狡猾地自告奋勇为两国仲裁。他为了得到这个仲裁使命，接受了胡安二世国王的贿赂，同时又向胡安·帕切科行贿，以便确保能够进行仲裁。恩里克四世国王抵达了会面地点，以探讨仲裁事宜。他非常典型地既笨拙又缺乏安全感，冠冕堂皇地到场，身边环绕着三百名摩尔人保镖，但路易十一国王劝诱他渡过比达索阿河，去谈判地点。迫使恩里克四世衣着光鲜地渡河，使他陷入了守势，让他既狼狈又显得过于华丽。路易十一则刻意衣着朴素。他发出了致命打击。他宣布，恩里克四世应当放弃加泰罗尼亚，将其交给胡安二世；并归还卡斯蒂利亚人占领的位于纳瓦拉、巴伦西亚和阿拉贡的土地。路易十一要求加泰罗尼亚服从这裁决，尽管加泰罗尼亚人并没有被允许参与谈判。

卡斯蒂利亚人和加泰罗尼亚人目瞪口呆。恩里克四世国王又一次屈服，灰溜溜走了。他渐渐意识到，他被自己最好的朋友胡安·帕切科和前岳父阿拉贡国王胡安二世当猴耍了。这是恩里克四世国王反对伊莎贝拉与斐迪南结婚的另一个原因。

同时，加泰罗尼亚人找到了鄙视他们的君主胡安二世的另一个理由，因为他又一次背叛了他们的利益。1463 年 6 月，加泰罗尼亚议事会宣布，凡以美言赞誉胡安二世者，一律处死。

但胡安二世国王为自己和儿子的雄心壮志仍然强劲。1464 年 9 月 21 日，斐迪南被指定为阿拉贡和西西里国王。即便是斐迪南的政敌也认识到，他身心强健而精明强干，而且年轻人总是让人产生乐观情绪。所以，人们希望，斐迪南登基之后，阿拉贡的局面会改善。

到 1465 年 7 月，伊莎贝拉公主十四岁，斐迪南十三岁，胡安二世国王又故技重演，企图颠覆卡斯蒂利亚，尽管他自己在阿拉贡王位上也立足不稳。这一次，他支持了起兵反抗恩里克四世的卡里略领导的贵族，促使恩里克四世认可弟弟阿方索为自己的继承人。这是又一次给卡斯蒂利亚国王的伤口上撒盐。据历史学家亨利·约翰·蔡特说，胡安二世国王"更急于在卡斯蒂利亚搞阴谋诡计，以便干预其政治，从中渔利，而不是确保自己领地的和平与繁荣"。[21]

但阿方索王子的早逝意味着，卡斯蒂利亚的政治局势又一次发生了变化。胡安二世国王又开始努力促成伊莎贝拉和他的儿子斐迪南的婚姻。他求助于老友托莱多大主教阿方索·卡里略。卡里略和胡安二世国王操纵政局，让年轻的卡斯蒂利亚公主伊莎贝拉与年轻的阿拉贡王子斐迪南结婚。如今在婚礼上站在伊莎贝拉旁边的，就是这样的斐迪南，这样一个人的儿子。

伊莎贝拉嫁给了胡安二世国王最宠爱的孩子。年轻的斐迪南虽然眼睛里带着喜悦，常常喜笑颜开，但秉性却和父亲如出一辙。

七　新婚夫妇

　　这对新婚夫妇的家庭历史盘根错节、错综复杂，但他们早期生活有一个方面简单而显而易见：他们之间有强烈的性吸引。1469 年 10 月 14 日，他们第一次见面，在这一周内就结婚了。不到三个月，伊莎贝拉就有了身孕。恩里克四世国王的不育症对国民来说是耻辱和担忧的来源，而伊莎贝拉在相当短的时间内就证明了自己的生育能力。对促成这门婚事有功的人们满意地看到，夫妻关系暖意融融而充满激情。

　　两人都身体健康而强壮，精力充沛而果断有力。伊莎贝拉的文化修养更高，喜欢与学者和有浪漫情怀的人相伴；斐迪南是实干家，具有非凡的个人魅力。伊莎贝拉很想要个孩子，斐迪南也很乐意帮她实现这个梦想。

　　除了身体的互相吸引之外，这对年轻人在其他方面也有很多共同点。他们都是西班牙人，从小就被灌输了关于西班牙民族历史、命运和挑战的相同信念。斐迪南第一次走进塞哥维亚城堡的大厅，仰望长长的西班牙基督徒君主的雕像群时，他在注视自己的祖先，也在观察伊莎贝拉的祖先。

　　伊莎贝拉和斐迪南开始婚姻生活时，遵从了中世纪晚期常见的具有象征意义的习俗。例如，王室夫妻要用一种符号或图画来代表他们的结合，以便将他们的婚姻昭告天下，因为当时很多人是文盲。伊莎贝拉选择的符号是箭（flecha），因为字母 f 代表斐迪南；斐迪南的符号是轭（yugo），因为字母 y 代表 Ysabel，这是伊莎贝拉的名字在当时的卡斯蒂利亚的常见拼法。箭和轭的符号被以艺术形式互相交织起来，并用链条连接起来，用图像来代表他们的婚姻。这种图像最终出现在西班牙全境的政府建筑和教堂。

夫妻俩的宗教礼拜也反映了对仪式的尊崇，不过伊莎贝拉更虔诚。两人都是天主教徒，从小在教士的环绕下长大。两人现在都供养了忏悔师，并定期与神父交谈，以审视自己的灵魂。

斐迪南轻松地赢得了很多人的爱戴。他是个有天赋的骑手，精通长枪比武和鹰猎，并且擅长球类游戏，如回力球。他喜欢下棋、打牌和赌博。他读书不多。伊莎贝拉对刺绣和编织感兴趣，所以他们可以各自从事自己的兴趣爱好，同时互相聊天逗乐，身边常常围着急于讨好他们的廷臣。白天，宫里开展娱乐活动，人们进行轻松风趣的闲聊；晚间，他们欣赏音乐和舞蹈。

斐迪南和伊莎贝拉在心理和情感上也有共同点。他俩都是在即将继承王位的长兄的阴影下成长起来的。他俩的成长过程中，周围都环绕着权力真空造成的战争和骚乱，让孩提时代的他们感到自己暴露在危险中，十分脆弱。他俩都决心一扫前朝的颓唐，用此前缺乏的那种坚定决心来统治国家。

他俩都曾有不寻常的童年。伊莎贝拉从未见过自己的父亲。她按照自己想象的婚姻生活理所应当的样子，去经营自己的婚姻。她从修女那里学会了纺线、织布和刺绣，亲手给斐迪南制作所有衬衫。[1]他们几乎总是需要为金钱拮据而担忧，但至少他们这种共同承担牺牲、一同经历风雨的感觉给了他们一些兴奋。一位阿拉贡编年史家写道：斐迪南"去卡斯蒂利亚时身无分文，公主也没有钱"。[2]斐迪南常向父亲要钱，但因

为阿拉贡国王陷于内战不能自拔，没有多少钱分给儿子，所以
斐迪南时常空手而归。

对年轻的夫妻来说，这是个激动人心而充满乐观的时期。
如果他们生了个儿子，伊莎贝拉的王位继承权就会得到很大的
加强，因为她是下一位男性继承人的母亲。他们的孩子将同时
统治卡斯蒂利亚和阿拉贡，将两个王国融合成统一的西班牙。
自佩拉约离开山洞开始收复伊比利亚半岛以来，统一的西班牙
就始终是人们的夙愿。

最后，通过她的婚姻，伊莎贝拉为自己确立了无可争议的
王室地位。斐迪南是西西里国王，伊莎贝拉是他的王后。曾为
自己寻找一个合法身份而挣扎的那位公主如今成了一位国家元
首的夫人。她骄傲地采纳了他的诸多头衔，对他们共同的高贵
血统非常自豪。因此她不仅成了他的爱人，还是他最坚强的捍
卫者，热切地保卫他们的辉煌地位，甚至不惜与血亲（即斐
迪南的外祖父——卡斯蒂利亚海军司令的男性继承人们）为
敌。"有一天，海军司令在和斐迪南打牌时突然非常不客气地
说话，"一位观察者回忆道，"一位廷臣说，海军司令毕竟是
国王的亲戚。伊莎贝拉立刻驳斥说，斐迪南没有亲戚，只有臣
民。"[3]

* * *

但伊莎贝拉的婚姻使得她自己家族的问题越发严重。伊莎
贝拉为自己和兄长恩里克四世国王关系的裂痕而担忧，希望能
够尽快与他重归于好。婚礼之后，她和斐迪南派了三名使者去
见恩里克四世，请求他接受木已成舟的现实，并承诺尊重他、
向他效忠。他们恳求国王原谅他们，说他们自己是国王的

"顺从的儿女"，希望"辅佐他，给他的国度带来和谐与和平"[4]。

恩里克四世很久才给予答复，并且非常冷淡。他说，他要与谋臣商议后再作打算。但此后就没有书信送来。他对这门婚事肯定是怒气冲冲，也不肯原谅伊莎贝拉。他一定觉得，他的宿敌——阿拉贡国王胡安二世，也是他的前岳父——又一次打败了他，而胡安二世的儿子斐迪南最终会取代小胡安娜，统治卡斯蒂利亚。

1470 年 3 月，伊莎贝拉和斐迪南又给恩里克四世写了一封信。他们再次恳求国王宽恕他们，并询问，若请教会法庭裁决，是否有助于解决分歧。这一次，恩里克四世根本没有回信。

他身边的人煽动兄妹间的嫌隙越来越严重。每个人这么做都有自己的理由。卡斯蒂利亚的胡安娜王后希望保护她自己女儿的王位继承权。胡安·帕切科最自豪的，就是他的比列纳侯爵头衔，他如今对伊莎贝拉的婚姻忧心忡忡，因为比列纳侯爵头衔曾属于阿拉贡国王胡安二世，那还是在奥尔梅多战役之前，在那场战役中阿尔瓦罗·德·卢纳打败了胡安二世；胡安·帕切科担心胡安二世一家可能会把他们相信属于他们的东西收回。国王身边的其他人也肯定热切地指出，御妹嫁给斐迪南，就是公然向王兄挑战，在那个时代，绝大多数国王都不会对这种放肆行为善罢甘休。在那个时代，一个年轻女子居然为自己的婚姻大事当家做主，而不请求族长的批准，几乎是不可想象的。

为了争取民意支持，伊莎贝拉发表了公开声明，解释她为什么嫁给斐迪南。为了确立自己的公信力并强调自己目的的严肃性，他们在 10 月 22 日，也就是婚礼没几天之后，召开了第一次正式的国务会议。

伊莎贝拉求助于那些她觉得有可能帮助恢复王族和睦的人。恩里克四世国王将阿雷瓦洛城（伊莎贝拉母亲的产业）封给了普拉森西亚伯爵，这举动让伊莎贝拉十分恼火。但伊莎贝拉还是给伯爵夫人写了一封亲切友好的信，讨论了局势，并强调自己对国王的忠诚；她请求伯爵夫人帮她向恩里克四世说情。"亲爱的伯爵夫人，"她写道，"您一定已经看到了我给王兄的一封信的副本，我在此信中解释了我为何离开马德里加尔，前往高贵的巴利亚多利德城。"[5] 她告诉伯爵夫人，她正在恳求恩里克四世批准她的婚姻；她说自己选择这门婚事是"为了侍奉上帝，并为国王效劳，为了国家的安宁，用我的意志和坚强的心为他效力，并追随他"。在信的末尾，她提出了"一个饱含爱意的请求"，请求伯爵夫人将此信转给恩里克四世。

伊莎贝拉的这番努力没有结果。恩里克四世仍然不答复。他的沉默显得阴森可怖。年轻的夫妇现在认识到，他们已经和恩里克四世国王与胡安娜王后及其冷酷无情的盟友胡安·帕切科结成了死敌。伊莎贝拉和斐迪南越来越担心自己的人身安全，于是请求斐迪南的父亲出兵保护他们。但胡安二世手头拮据，受困于阿拉贡内战，无兵可派。他敦促儿子和儿媳征求斐迪南的卡斯蒂利亚外祖父和托莱多大主教阿方索·卡里略的建议。这位大主教仍然是他们最忠实的朋友。[6]

伊莎贝拉的政治盟友几乎立刻作鸟兽散。就连她与斐迪南的婚礼所在地——巴利亚多利德城，也放弃了她的事业，转而与恩里克四世结盟。恩里克四世切断了伊莎贝拉的经济来源，使夫妇俩的财政状况极为恶化。不久之后，伊莎贝拉和斐迪南的领地就只剩下梅迪纳·德尔·坎波（始终大力支持他们的贡萨洛·查孔帮助他们镇守此地）和阿维拉（由查孔的儿子胡安驻守）。[7]伊莎贝拉和斐迪南撤到了巴利亚多利德附近的杜埃尼亚斯镇（距巴利亚多利德约 20 英里），此地是卡里略大主教的势力范围，他们在此处寻找避风港。

恩里克四世国王对伊莎贝拉和斐迪南的敌意在卡斯蒂利亚人所共知，很快许多西班牙人便开始对他俩避之不及。一位阿拉贡大使在给胡安二世国王的信中写道："很少有权贵愿意让别人知道，他们支持两位年轻的君主。"[8]

雪上加霜的是，斐迪南与最重要的盟友卡里略大主教发生了冲突，此时夫妇俩的衣食住行其实都是卡里略大主教在供养。胡安二世国王特别指示儿子要听卡里略的话，遵照他的建议办事，然而斐迪南觉得大主教太飞扬跋扈。卡里略则认为斐迪南任性顽固。斐迪南告诉卡里略，"他不会像卡斯蒂利亚的许多君王一样任由他（卡里略）摆布"[9]。卡里略很快就向胡安二世国王发出潮水般的书信和消息，抱怨少年斐迪南不听他的管教。

这番争吵让伊莎贝拉陷入了尴尬境地。斐迪南是她丈夫，她应当对他忠心耿耿，但卡里略始终是她忠实的朋友，其他人抛弃她的时候，卡里略也一直站在她那边。胡安二世国王也觉得斐迪南太鲁莽，多次写信给他，要他服从卡里略的意见。

随后，一个新问题给年轻的夫妻带来了更多麻烦。允许斐迪南与伊莎贝拉结婚的教皇许可书被证明是匆匆伪造出来的，是卡里略大主教和胡安二世国王的使臣莫森·皮埃雷斯·德·佩拉尔塔安排伪造了这份教会文书。[10]这两人急于促成婚事，于是将另一时期发布的许可书伪装成教皇对斐迪南和伊莎贝拉结婚的许可。斐迪南与伊莎贝拉未能从教皇那里获得正式的文书许可，意味着他们的婚姻可以说是乱伦。斐迪南对自己的父亲施加了很大压力，要求他获得正式的许可，把事情办好。

这些事件让伊莎贝拉颇感不安。她必须获得恰当的许可，那样她即将出世的孩子才具有合法性。但如果教皇害怕得罪恩里克四世国王而拒绝批准，事情就难办了。果不其然，教皇保罗二世支持恩里克四世，拒绝为伊莎贝拉提供必需的文书。

他们等待了漫长的好几个月。五十三岁的教皇保罗二世不肯回心转意，最终大家认清了形势：只有一位新的教皇才有可能解决这个问题。这个等待的过程给伊莎贝拉造成了很大伤害。即便此事圆满解决过后，她也花费了很大气力，血亲若想结婚，必须提前很长时间从梵蒂冈获得许可，这样就能预先杜绝类似问题。欧洲各王室常常通婚，因此经常需要得到教皇的许可。后来，伊莎贝拉对教皇许可书的关注将造成长期而灾难性的后果。

但在目前，等待教皇批准的不确定性给第一次当母亲的伊莎贝拉造成了更多压力。毕竟从教会或政府的角度看，她的婚姻并不合法。她就这样煎熬着等待孩子的诞生。若这是个男孩，她的地位将得到大大巩固，因为那样她就是阿拉贡无可争议的王位继承人的母亲，而且男孩继承卡斯蒂利亚王位的优先权会比另外两个候选人——伊莎贝拉自己和胡安娜公主——强得多。

10 月 1 日，伊莎贝拉开始阵痛。漫长而艰难的分娩持续了一整夜："骑士们和斐迪南度过了许多个心急如焚的钟头，对伊莎贝拉的危险状况忧心忡忡。"[11]孩子于 1470 年 10 月 2

日上午晚些时候诞生。分娩过程中，伊莎贝拉自己的生命可能都受到了威胁。在当时，分娩一般都是有危险性的，许多产妇因为并发症、感染或失血而死亡。

五位见证人待在产房，以确保被展示给世人的孩子的确是产妇本人所生。没有人希望产生替换婴儿的谣言而使王位继承的问题更加复杂。根据 15 世纪的风俗，为伊莎贝拉接生的可能是一位产婆，而不是医生。她还要求在阵痛过程中给她的脸罩上一块丝绸面纱，不让见证人看到她脸上的痛苦表情。她生了个女孩。卡里略大主教为孩子取名为伊莎贝拉，与其母亲、外祖母和曾外祖母同名。

当天下午，新妈妈伊莎贝拉向国民宣告了令人失望的消息。"天主给了我们一位小公主，"她在一封信中宣布。[12]这是很糟糕的消息，在阿拉贡尤其不妙，因为女性不能继承阿拉贡王位。胡安二世国王得知消息时"公开表示沮丧"[13]，因为他精心谋划的计划——让他的后代统治卡斯蒂利亚——受到了威胁。

但对恩里克四世国王来说，这是喜讯。对小胡安娜来说，女孩的威胁要比男孩小得多。他得知女婴诞生的消息后，立刻采取行动，剥夺伊莎贝拉所剩无几的封地和头衔。他占据了她钟爱的梅迪纳·德尔·坎波城。他还宣布，九岁的胡安娜将与一位法兰西贵族结婚，即贝里公爵查理，也就是曾谈判要娶伊莎贝拉的那个两腿瘦长的家伙。恩里克四世这么做，只能理解为刻意火上浇油。查理不再是法兰西王储，因为他兄长的妻子生了个儿子，但胡安娜与一位法兰西贵族的婚姻可能导致法兰西对卡斯蒂利亚王位蠢蠢欲动。很快法兰西的野心就昭然若揭了：他们坚持要求，为了让小胡安娜配得上法兰西王位的第三顺序继承人，应当立小胡安娜为卡斯蒂利亚王储。恩里克四世同意了。他这个欠考虑的举动，表现出对异母妹的满腔怒火。他宁愿把王国交给不共戴天之敌法兰西，也不愿交给伊莎贝拉和斐迪南。

1470 年 10 月 26 日，在洛索亚山谷（阿拉贡边境附近）举行的一次公开典礼上，恩里克四世正式宣布，他剥夺了伊莎贝拉的王位继承权，要求卡斯蒂利亚人"不得将公主视为合法继承人，也不得服从她"。[14]这只是个空虚的姿态而已。恩里克四世为了强调剥夺伊莎贝拉和斐迪南继承权的意图，还宣布，胡安娜与法兰西的贝里公爵结婚后，贝里公爵将被加封为阿斯图里亚斯亲王，成为卡斯蒂利亚王位的继承人。[15]

＊　＊　＊

这对年轻的夫妇来说，真是一个糟糕的月份。伊莎贝拉还在休养。斐迪南骑马时摔成重伤，高烧不退，而在那个时代没有抗生素，所以这是非常危险的。这已经很倒霉了，卡斯蒂利亚与法兰西的新联姻更是令人警觉。胡安二世国王担心儿子、儿媳和小孙女的人身安全，告诉谋臣，他相信他们处于"莫大危险"中。[16]在此前的阿拉贡内战中，他将一些城镇割让给了法兰西。如今为了夺回这些城镇，他又与法兰西交战。他还相信，法兰西军人可能在恩里克四世国王的怂恿下扣押斐迪南，以防止他和伊莎贝拉争夺卡斯蒂利亚王位。这种担忧是有道理的。12 月 8 日，恩里克四世国王给贝里公爵查理（伊莎贝拉的前追求者）写了一封密信，敦促他派遣"最强悍的士兵"去抓捕伊莎贝拉和斐迪南。[17]

伊莎贝拉和斐迪南早有戒心，并认识到恩里克四世的间谍在监视自己的行动，于是不断搬迁，寻求庇护。他们躲进了恩里克斯家族（斐迪南母亲的亲戚）的一处庄园，后来又搬进卡里略家。和大主教一起生活是高度紧张的，因为他和斐迪南还在不断争吵。

随后三年（1470～1473），伊莎贝拉常常举步维艰。阿拉贡国王胡安二世仍然深陷与法兰西的战争，要求斐迪南前去助战。这是一场愚蠢的战争，原因是胡安二世对自己国度的管理不善，但风险仍然是很大的。胡安二世国王已经八十多岁了，需要斐迪南的青春活力和强悍精神，才有可能打败法兰西。1472 年 2 月，斐迪南动身前往阿拉贡。[18] 在随后两年的大部分时间里，他都在远方；伊莎贝拉和她的小女儿留在卡斯蒂利亚，囊中羞涩，几乎没有任何朋友。

雪上加霜的是，斐迪南回到阿拉贡之后，并不洁身自好，而是与其他女人寻欢作乐。从他们婚姻的早期，伊莎贝拉就不得不忍受斐迪南几乎持续不断的不忠。毕竟他在结婚前就有了两个私生子。起初，伊莎贝拉还能比较容易地、慷慨地接受他们结婚前发生的事情。

但他们新婚宴尔，没过多久，斐迪南就开始拈花惹草，而且有时他的私情维持很长时间，令人窘迫。斐迪南出征作战时，带着情妇阿尔东萨·罗伊格·德·伊瓦拉（后来被加封为埃沃尔子爵），她是个年轻漂亮的加泰罗尼亚女人，来自塞尔韦拉。阿尔东萨随同斐迪南征战时女扮男装，但这怎么可能遮人眼目呢？他俩已经生了两个孩子，阿隆索和胡安娜，而且斐迪南公开承认他们是他的骨肉。

很快，又有一个女人进入他的视野，他于 1472～1473 年冬季，在佩皮尼昂（法兰西—加泰罗尼亚边境附近）的战场附近，与她嬉戏取乐。她叫华纳·尼古劳，是个下级官员的女儿。他俩生了一个孩子，也叫胡安娜。几年后，斐迪南访问毕尔巴鄂时，发现了一个名叫托达·德·拉雷亚的年轻女子。他俩的热恋制造出又一个孩子，取名为玛丽亚。玛丽亚的母亲对自己和王子的私情非常自豪，公开展示自己的女儿。玛丽亚没有正式头衔，被民众称为"绝妙女"。斐迪南的情妇远不止这么多。宫廷编年史家普尔加尔叹息道："他深爱自己的妻子，却与其他女人行淫作乐。"【19】

斐迪南的不忠让伊莎贝拉非常吃醋，对她伤害很深，尽管她在世人面前表现得坦然而淡泊。有一次在塞哥维亚城堡的一个房间，夫妻俩因为这事争吵起来。廷臣们听见了呼喊和殴打的声音，然后是凄惨的闷声抽噎。

愿意观察的人都能发现伊莎贝拉的不幸处境。例如，卡斯蒂利亚贵族诗人戈麦斯·曼里克写了一首关于伊莎贝拉的诗，提到了她"悲哀的美丽的"面庞，并补充说，"这位女士就像无人居住的空城一样孤寂"。【20】

1473年4月，斐迪南再次准备前往佩皮尼昂，与法兰西交战。伊莎贝拉对此颇为不悦。她的女儿小伊莎贝拉出生已经三年多了，她担心自己不能再次怀孕。而且她正处于脆弱的时期，独自一人住在卡斯蒂利亚，而恩里克四世国王敌视她。她给公公写了一封信，巧妙地表达了自己的恼怒："我得知法兰西入侵陛下的王国，感到极其焦虑。若我这里的条件允许，我绝不会忍受与我的夫君分离，而一定会陪伴他去营救陛下，因为对我来说，留下来比与他一同出征更痛苦难熬。"【21】

不过这一次斐迪南抵达前线的时候，战役已经打赢了。但他还是在那里待了七个月，帮助父王重整防御，无疑还与旧情妇们再度欢聚。他直到 1473 年 12 月才回到伊莎贝拉身边。

　　这年 11 月，伊莎贝拉写信给斐迪南，恳求他回来。她告诉他，恩里克四世国王身患重病，随时可能驾崩，或者丧失行动能力，因此她需要丈夫的支持。斐迪南拒绝了，强调战事吃紧，但他显然在利用自己与伊莎贝拉的分离向她施压，要她劝说恩里克四世国王立他为卡斯蒂利亚王储，并向他，而非伊莎贝拉，发出传位誓言。斐迪南的信是他们夫妻间保存至今的少量信件之一，也是极其巧妙的杰作，用浪漫的渴望掩饰狡猾的欺骗、威胁和恫吓：

　　　　我不知道天主为何给了我最美好的东西，却不让我纵情享受，因为这三年里我和你在一起的时间还不到七个月。现在我必须告诉你，我必须去劝导这些人尽自己的义务。但这些事情在圣诞节之前还不能做。不过在这期间，如果你能安排国王（恩里克四世）传唤我去，宣誓向我传位，那么我立刻可以上路，到你身边。但如果不能，我就没有理由离开我的父王。虽然我尽自己所能，但这不幸的困境让我情绪很坏，不知何去何从。我恳求你努力，至少写信给大主教和红衣主教。我不是说这是你的任务，也不是否认我最高的职责是满足你的愿望……我求你，我的夫人，求你原谅我迟迟不能到你身边，给你造成的烦恼与麻烦。我恭候你的回信。从现在一直到永远，你的奴隶。【22】

　　事实上，斐迪南虽然甜言蜜语，但思绪常常在别处。在这些年里给父王的信中，斐迪南常常谈及自己的私生子，尤其是阿隆索，而很少提及他的合法孩子小伊莎贝拉。1474年夏季，他公开承认阿隆索为自己的儿子，开始为他寻找稳定的收入来源。虽然伊莎贝拉很悲伤，但还是热切地保障斐迪南的私生子得到良好的教育。她有一次谈及阿隆索时曾说："他是我高贵的夫君的儿子，理应得到与他的高贵血统相衬的教育。"[23]

婚姻中另一个令人不快的地方就是，斐迪南和其他女人生了很多孩子，和自己的妻子却只有一个女儿。伊莎贝拉需要更多王位继承人来巩固自己的地位，但斐迪南长期不在她身边，所以这就不可能办到了。刚结婚不久，她就怀了孕，此后过了许多漫长岁月，再也没有成功地怀孕。小伊莎贝拉成长过程中，一直是独生女。随着时间流逝，形势变得很明显了：斐迪南固然爱伊莎贝拉，但对她也有怨恨，所以尽可能远离她。他或许在盘算，假如伊莎贝拉生不出男孩，那么他自己或许能成为卡斯蒂利亚王储。他自己也有卡斯蒂利亚王族血统，因此对王位有不错的权力主张。他或许在静观其变，为多种结局做准备，给自己尽可能大的灵活机动空间。

但宫廷的另一个男人，与伊莎贝拉的花心丈夫形成了鲜明对比。那就是她的多年好友贡萨洛·费尔南德斯·德·科尔多瓦，此时只有二十出头。他曾是她的弟弟阿方索的扈从之一，阿方索死时，他就在伊莎贝拉身边。他非常喜爱伊莎贝拉，从十几岁时就对她赤胆忠心。阿方索去世不久之后，恩里克四世重新执政，贡萨洛和他的教师一起回到伊莎贝拉居住的那座城镇，在她家附近住下。有人问他为什么要来，他答道："我不是为了任何私利，而完全是为了能够以某种方式侍奉公主殿下。"[24]

贡萨洛加入了伊莎贝拉的宫廷，随后几年里常作为她的侍卫之一陪伴她旅行，始终与她保持一个尊重的距离。伊莎贝拉准备嫁给斐迪南的几个月里，贡萨洛随同她的卫队从恩里克四世的宫廷（位于奥卡尼亚）去了马德里加尔。后来恩里克四世的军队前来抓捕伊莎贝拉时，贡萨洛陪伴她从马德里加尔去了巴利亚多利德。[25]伊莎贝拉与斐迪南的婚礼上，贡萨洛担任她的侍从。

伊莎贝拉婚后的最初几个月，贡萨洛待在宫廷，但她的第一个孩子出生前后，贡萨洛离开了。他去了家乡科尔多瓦附近的一座修道院，希望加入修会。修道院长拒绝了他，说上帝对他有别的安排；[26]贡萨洛在科尔多瓦的时候，就待在卡拉特拉瓦骑士团（一个军事修会）的会堂。在那里，他遵守本笃会的规章制度，奉行贞洁，在宿舍内保持静默，每周只吃三次肉，并定期斋戒。即便如此，他夜间还是佩着剑，随时做好战斗准备，为了扶贫济弱而战斗。[27]

他对女性的骑士风度使他成了当地的一个传奇。有一个故事说，一位富有的单身汉是个"大胆的浪荡子"，爱上了一个贫穷的美丽孤女。她拒绝他的放肆行为，于是他打算绑架她，将她强行带回自己家。贡萨洛在大街上走路，突然听到年轻女子的呼喊声，看到三名武装人员将那女子拖走。贡萨洛冲上前去，抽出利剑，打伤了那贵族，杀死了他的一名走狗。然后贡萨洛护送女子安全回家，赢得了当地居民的爱戴和尊重。[28]

贡萨洛最终返回宫廷，侍奉伊莎贝拉公主，直到1473年底斐迪南终于从对法战争中返回。此时，贡萨洛又一次离开，走得非常突然，引发了一些议论。他结了婚，但妻子生产不久后去世了。贡萨洛没有着急续弦，当了十多年的单身汉。他对伊莎贝拉的殷勤侍奉让有些人怀疑，他爱公主，或者她爱他。

但没有任何记载表明两人之间有越轨行为，只是斐迪南"当伊莎贝拉指责他不忠的时候"曾有一句暧昧不明的评论，"……暗示她也有一个情夫，即贡萨洛·费尔南德斯·德·科尔多瓦"。为斐迪南作传的玛丽·珀塞尔写道："这个猜测没有任何根据……斐迪南可能是对贡萨洛吃醋，因为贡萨洛的勇敢和运动技能与他旗鼓相当，相貌和谈吐比他还好。所以斐迪南让贡萨洛离开了。更有可能的真相是，伊莎贝拉的道德观极其敏感，而且决心要在方方面面都做臣民的表率，于是刻意让贡萨洛离开宫廷，免得给人嚼舌根的口实，尽管他俩的关系再纯洁不过了。"[29]

伊莎贝拉的确极其小心地保护自己贞洁的声誉。她曾目睹胡安娜王后因为淫荡而毁了自己，于是非常小心谨慎地确保任何人都不能质疑她的孩子的血统。丈夫不在身边的时候，她格外小心，让所有侍女都睡在自己房间，互相见证。在阿尔卡拉的一次聚会上，国王不在，王后想跳舞，就刻意让一名侍女陪舞，而不是公开与不是自己丈夫的男人跳舞。

最重要的是，伊莎贝拉是一个高度虔诚的天主教徒，对她来说，婚姻是毕生的承诺，离婚是不可想象的。她已经与斐迪南结为连理。但在某个时间，伊莎贝拉认识到，斐迪南的政治利益与她的并不吻合，她需要自己打理自己的生活，开辟自己的道路。如果她想与恩里克四世国王修复关系、赢得卡斯蒂利亚贵族的支持并重新成为王储，她必须自己想办法。

八　博吉亚家族

这些年里，伊莎贝拉陷入孤立，被丈夫抛在一边，前途得不到保障。但从东方来了一位盟友和谋士，我们可以说此人是代表上帝来帮助她的。

红衣主教罗德里戈·德·博吉亚身体强健、耽于肉欲、风度翩翩而且对女性有磁石般的吸引力。他是西班牙人，是教皇卡利克斯特三世的外甥。这位教皇在位期间的作为更像是一个皇朝的初创，而非宗教使命。卡利克斯特三世将年仅二十五岁的罗德里戈提携为红衣主教，那时罗德里戈连神父都不是。不久之后，卡利克斯特三世又授予罗德里戈许多教会荣誉。舅舅去世后，罗德里戈巧妙地保住了自己的这些崇高地位，要做到这一点的确需要特别的狡黠。主宰梵蒂冈厅堂的意大利红衣主教一般憎恶和鄙视外国人，尤其是那些威胁到他们在基督教世界主宰权的外国人。他们会运用罗马黑帮匪徒去攻击那些对他们构成潜在威胁的外来者。这些匪徒会非常愿意把罗德里戈杀掉，让他去冥界陪伴舅父。

面对这可怕的障碍，罗德里戈成功地维持了自己的地位——罗马天主教会最高级的教士之一。1471年夏季，伊莎贝拉是个处境岌岌可危的二十岁新婚少妇，而罗德里戈已经拥有相当大的权力。这对伊莎贝拉很重要，因为保罗二世教皇拒绝给她颁发结婚许可书，而她必须得到这样一份许可书，才能将自己的孩子合法化。1471年7月，他们得知，保罗二世去世了，一位新的教皇，意大利人弗朗切斯科·德拉·罗韦雷已经继位，称号为西克斯图斯四世。罗德里戈在梵蒂冈的典礼上为新教皇加冕，因此有能力帮助伊莎贝拉获得正确的文书。

随后，1472年，伊莎贝拉的小女儿还在蹒跚学步的时候，罗德里戈宣布自己要回到西班牙故乡，作一次访问。西克斯图斯四世教皇决定组建一支军队打退穆斯林的进犯，于是派遣使者到欧洲各国宫廷游说，寻求支持。博吉亚奉命去安抚卡斯蒂利亚的紧张情绪，为新的军事行动赢得恩里克四世国王的支持。斐迪南和伊莎贝拉很快意识到，博吉亚的访问给了他们一个千载难逢的机会，去拉拢一位非常有价值、能够在许多深层次方面帮助自己的盟友。

到此时，罗德里戈已经在意大利生活了二十多年，但他对西班牙的忠诚和热爱，在他心中仍然是第一位的。他的第一语言仍然是加泰罗尼亚语。历史学家玛丽昂·约翰逊写道："对罗德里戈来说，重返西班牙也是一次感伤之旅，得到了一个机会在家乡重新获得力量，提醒自己，他的根在巴伦西亚省。"[1]

斐迪南和伊莎贝拉看到博吉亚对故乡的热爱，觉得这是与他交际的一个机会。他们认识到，博吉亚也需要自己的盟友。他是个野心勃勃的人，一定已经认识到，如果他妥善行事，并在需要帮助的时候得到支持，教皇的位置在他唾手可得范围内。博吉亚家族这样的外国人在罗马的地位如履薄冰，因为意大利人对外国人有很强的偏见。罗德里戈知道自己在西班牙故乡需要强大的靠山。

罗德里戈·德·博吉亚于1431年出生在哈蒂瓦，那是巴伦西亚附近一座位于崎岖山峰之上的小镇，制高点是一座中世纪城堡。博吉亚对阿拉贡王国有很强的认同感，相信自己是一个古老而高贵的家族的后裔，他的祖先曾在从穆斯林手中收复失地的事业中英勇奋战。博吉亚家族人丁兴旺，骄傲、无畏，而且寡廉鲜耻、毫无道德顾忌。年轻的罗德里戈很早就用了母亲的姓氏，以便与舅舅拉近关系。博吉亚家族并不富裕，而擅长最大限度地利用任何优势。

博吉亚家族最早参与到教会高层政治中，是借助他们与一位名叫佩德罗·德·卢纳的西班牙裔红衣主教的联系。佩德罗·德·卢纳就是阿尔瓦罗·德·卢纳的叔叔。在梵蒂冈的精英团体——红衣主教当中，西班牙人很少。1378 年格里高利十一世教皇去世时，佩德罗·德·卢纳是唯一一位西班牙裔红衣主教，其他人都是法兰西人或意大利人。为了在教会的会议中发挥影响力，佩德罗·德·卢纳需要在西班牙国内有自己的盟友，这种情况很快就非常明显了。格里高利十一世是法兰西人，他去世几天之后，梵蒂冈就爆发了种族主义的冲突。红衣主教们，包括佩德罗·德·卢纳，遵照习惯和传统，举行了盛大仪式，召开秘密会议，选举新教皇。但这一次，会议场所之外聚集了群情激昂的罗马暴民，他们要求必须选出一位来自罗马的意大利教皇。胆战心惊的红衣主教们害怕被暴民撕成碎片，在室内环视，发现了一位上了年纪的教士，他们相信他是在罗马城出生的。尽管这位老人极力抗议，他们还是给他披上了教皇的袍服，为他戴上冠冕，把他推搡到祭坛前，就这样推举出了下一位"基督在人间的代表"。然后他们快速逃离了会场。

这个出乎意料地当上教皇的人，即乌尔班六世，就职之后决定要严肃对待自己的职责。他开始改革教会，谴责奢靡之风和不道德的罪行。红衣主教们之前被大街上的暴民吓倒，现在被新教皇的改革吓坏了，又一次逃离罗马。不久之后，他们提名一个法兰西人为新教皇，称克雷芒七世。但乌尔班六世坚决不肯退位，于是基督教有了两位互相对立的教皇，一个在罗马，一个在阿维尼翁。意大利和北欧支持罗马教皇乌尔班六世；法兰西和西班牙力挺阿维尼翁教皇克雷芒七世。各地的各级教士都必须选择一个阵营，于是众多国王、主教、修道院、慈善机构和大学都必须支持两位教皇中的一位。乌尔班六世和克雷芒七世死后，又有新人接替他们各自的位置，于是教会的分裂一直持续到1418年。信众们目睹高级教士像小孩子一样互相争吵不休，教会的道德权威受到损害。佩德罗·德·卢纳这样的西班牙人发现自己处于比较孤立的位置，如履薄冰地应对这些前所未有的新情况。

与此同时，在阿拉贡，在这消磨意志的环境中，一个来自哈蒂瓦名叫阿隆索·德·博吉亚的虔诚青年正在成长。他虔诚、坚定而勤奋，很快吸引到教会长老们的注意。一位四处巡游的巴伦西亚布道者文森特·费雷尔也注意到了阿隆索·德·博吉亚。费雷尔的宣讲极具煽动性，吸引了南欧各地的大量群众。费雷尔成功地让大量犹太人改信基督教，要么是通过威吓，要么是借助他的雄辩。他的信徒很快占据了西班牙的很多政府高层职位。文森特·费雷尔一次讲道时看到了人群中的阿隆索·德·博吉亚，预言他有一天会成为教皇。这样的推荐对阿隆索很有用，对他也是很大的激励。他开始相信自己或许有特殊的使命，将要弥合教会的分裂。

阿隆索·德·博吉亚最终成为阿拉贡国王阿方索五世的宗教顾问。阿方索五世去了那不勒斯，再也没有回国，他兢兢业业的顾问阿隆索·德·博吉亚也去了那不勒斯。博吉亚就像自己希冀的那样，努力促进弥合教会分裂的鸿沟，表现出了极大勇气，并赢得了调解人的声誉。他开始在教会攀升。为了奖赏他对国王和教皇的忠实效劳，阿隆索于 1444 年被任命为红衣主教。而他依赖于另一位西班牙盟友——红衣主教胡安·德·托尔克马达的大力支持。很快，西班牙人就开始在梵蒂冈组成了他们自己的小集体。

1451 年，伊莎贝拉公主出生的时候，教皇尼古拉五世（意大利人）统治着梵蒂冈。文艺复兴即将拉开大幕，尼古拉五世是文艺的赞助人，收藏了大量书籍和手稿，他的收藏后来成为梵蒂冈图书馆的核心。他安排将许多古希腊著作翻译成拉丁文，收集整理古罗马作品，并重建了许多古典时期的纪念性建筑，以及宫殿、桥梁和道路。所有这些文化活动和公共工程意味着，他在梵蒂冈的朋友们有了很多发横财的途径。

到此时，红衣主教阿隆索·德·博吉亚已经身居高位，财政状况得到改善，有能力帮助自己的亲戚，包括他那精明强干而雄心勃勃的外甥罗德里戈。罗德里戈是在阿拉贡王国的领地内长大成人的。罗德里戈只有十四岁的时候，阿隆索为这个前程大好的外甥在巴伦西亚搞到了他的第一个教会职位。几年后，阿隆索带罗德里戈去了罗马。年轻的罗德里戈在梵蒂冈很快就帮上了舅舅的忙。

1455 年，尼古拉五世教皇去世，红衣主教团选举阿隆索为新教皇，名号为卡利克斯特三世。有些观察者说，红衣主教团之所以选这个西班牙人，是因为他身患痛风，看上去非常衰老。其他红衣主教觉得他很快就会去世，这样他们能有时间准备自己竞选。但卡利克斯特三世的身体比看上去强健得多。他成为教皇对西班牙人来说是激发民族自豪感的美事，西班牙人认为这是伊比利亚半岛作为基督教堡垒理应得到的认可。在伊莎贝拉早年岁月，这位西班牙教皇就是基督在人间的代表和基督教世界的领袖，一切宗教事务的最终裁决者。信徒们为他和他的持续健康祈祷。

为了加强自己的地位，卡利克斯特三世很快大力提携西班牙亲友。他继位后最早的正式举措之一是就是将已故的文森特·费雷尔封为圣徒。费雷尔非常幸运地成功预言了阿隆索·博吉亚出乎意料的伟大前程。

卡利克斯特三世继位三周之后，二十四岁的罗德里戈被任命为教廷秘书，并获得位于巴伦西亚的一些油水很足的圣职，这给了他丰厚的收入。二十五岁时，尽管他并不是神父，特别宠爱他的舅舅还是任命为他为红衣主教。次年，他获得了在梵蒂冈威望仅次于教皇的最高职务——教廷副秘书长，即"基督教世界的政府"[2]的行政管理者，这个职位给了他2万杜卡特的年收入。随后他被任命为巴伦西亚主教，年收入又多了2万杜卡特，他由此成为阿拉贡国内第二大领地的宗教首脑。

教皇卡利克斯特三世将其他亲戚也提拔到梵蒂冈的各个实权职位上。"这些亲戚和亲戚的亲戚不断涌现，他们每个人都在阳光下得到自己的一个角落，"教廷历史学家克莱门特·富塞罗写道，"每一个前来求助的人都会得到一个闲职或古怪的职位。几百年来，教廷变得越来越臃肿膨胀，设立了不计其数的此类闲职。"[3]意大利人将教皇的这些党羽轻蔑地称为"加泰罗尼亚人"。

作为西班牙人，教皇卡利克斯特三世胸中一直抱有伊比利亚人自古以来对穆斯林威胁的担忧。自711年以来，这种担忧就是伊比利亚半岛文化的一部分。1453年，也就是他当选教皇的两年前，君士坦丁堡陷落，他深感震动和不安，如饥似渴地倾听关于此后东欧局势的报告。富塞罗写道："他登上教皇圣座，心里带着一个伟大的、压倒一切的计划，即从土耳其人的弯刀下解放基督教欧洲。尤其是因为自君士坦丁堡陷落以来，土耳其人的弯刀威逼着基督教欧洲的咽喉。他的所有努力、所有思绪、所有政治活动，都聚焦于挽救基督教欧洲的目标。"[4]

欧洲的基督徒统治者很少像他一样对此忧心忡忡。欧洲各国沉溺于互相之间的领土争端，没有做多少努力去挽救君士坦丁堡。后来他们反对穆斯林的努力也是三心二意、缺乏效力。这种状况让欧洲的城市在土耳其人面前显得特别脆弱；似乎任何土耳其人，只要有勇气和决心，都能轻易掳走欧洲的财富和妇女。15世纪50年代，在征服君士坦丁堡的胜利之后，穆罕默德二世开始自称恺撒，以罗马皇帝自命，率领30万大军，再一次准备发动攻势。教皇卡利克斯特三世发布命令，号召欧洲各国提供资金和军队，去抵抗土耳其人，但收效甚微。尤其对北欧人和在意大利北部互相厮杀的各城邦而言，土耳其的威胁似乎太遥远，转瞬即逝。

教皇卡利克斯特三世决心凭借自己的力量保卫基督教。为了征集资金，他在梵蒂冈厉行节约，这与尼古拉五世的挥金如土相比，自然是截然相反。卡利克斯特三世命令将教廷宝库内的金银餐具熔化，以便为军备筹款。有人发掘出了一座大理石墓穴，内有两具身穿金线丝袍的干尸。卡利克斯特三世大喜过望，命令将这些宝物送到梵蒂冈，不是为了保管或研究，而是为了卖掉换钱。

卡利克斯特三世还鼓励公众去敬仰虔诚信教的武士，以鼓动民众。他敦促重新审视圣女贞德的生平，将她的形象重塑为敬畏上帝、抵抗侵略者的解放战士。圣女贞德身上的异端污点被洗净，她的传奇流传得越来越广。圣女贞德的平反发生在伊莎贝拉六岁时。圣女贞德被教会宣布为纯洁无辜，名誉得到恢复，并在被封圣的道路上迈了一大步。教皇卡利克斯特三世曾说："只有在战场上，光荣的棕榈才会生长。"[5]

从东欧传来的报告越来越急迫和严重，他对基督教自卫的关注也越来越密切。土耳其军队在进军匈牙利，并沿着多瑙河西进。1456 年，土耳其军队包围了雅典；当地居民意识到无人来援助他们，于是选择投降。雅典人未曾抵抗，因此得到饶恕，被允许继续信奉自己的宗教传统。但曾经发明了"民主"这个词的雅典人，如今被奥斯曼人视为奴隶。帕提农神庙被改为清真寺。带有女像柱的厄瑞克忒翁神庙被当作后宫。强壮的男孩被送去接受训练，成为奥斯曼士兵；漂亮女孩被送走，成为富裕穆斯林男人的小妾。历史学家 T.C.F. 霍普金斯说："1456 年，雅典被奥斯曼人占领，这对欧洲人和基督徒来说，是一记晴天霹雳，因为大家原以为雅典会作为西方思想与道德优越性的堡垒，抵挡住任何进攻……很多欧洲人担心，奥斯曼帝国即将征服他们，而他们无力反抗。"[6]

卡利克斯特三世在位期间，运用自己积攒的资金，开展了到当时为止基督教世界发动的最大规模的反击。他装配了一支舰队去对抗土耳其人，起初取得了一些成功。土耳其人在希腊诸岛的一场海战中被击败。而贝尔格莱德城遭到奥斯曼人攻打，成功地将其击退。

但卡利克斯特三世已经八十岁了，而且他之所以当选教皇，就是因为身体状况不好。1458 年夏季，伊莎贝拉七岁时，他病倒了，据说已经奄奄一息。基督教世界各地的教堂都得到了警示；人们举行守夜，热忱地为他恢复健康而祈祷。罗德里戈得知舅舅病重时正在蒂沃利休假。他匆匆赶回罗马，但他抵达时，消息已经传遍天下。意大利人的乌合之众聚集起来，攻击那些在阿拉贡教皇在位时期获利发迹的西班牙人。罗德里戈的仆人逃之夭夭，他的宅邸遭到洗劫。大多数西班牙人逃离罗马城。罗德里戈留下来照顾舅舅。卡利克斯特三世于 8 月 6 日去世。只有一位坚定的朋友，威尼斯红衣主教彼得罗·巴尔博在这惊心动魄的时刻留在博吉亚身边。他的忠诚赢得了博吉亚毕生的感激。

教皇卡利克斯特三世去世了。尽管意大利人对西班牙的敌对情绪高涨，年轻的博吉亚还是坚持下来。红衣主教们召开秘密会议以选举新教皇时，罗德里戈·博吉亚和彼得罗·巴尔博还在罗马。他们联合起来支持一位意大利人，即后来的庇护二世，赢得了他的感激。

* * *

罗德里戈在随后一些年里春风得意。他巧妙地操纵教皇传承的政治活动，保住了自己的所有产业，甚至保住了梵蒂冈副秘书长的职位。在随后的岁月里，他继续扩张自己的领地，有几次是继承了卡利克斯特三世在位期间赏赐给其他亲戚的财产。

罗德里戈利用这些资本，为自己攀登到教皇的高峰铺平道路。他一掷千金地奖赏朋友和盟友，并举办奢华的娱乐活动，让他的豪宅成为罗马市民注意力的焦点，而当时的罗马特别喜好世俗的繁华。罗德里戈是个不折不扣的文艺复兴式巨人，既纵情享受肉体愉悦，又有很高的文化素养。诗人、艺术家和音乐家得到他的赞助；他是印刷机的最早赞助者之一，当时人们已经开始用印刷机生产古代和现代作家的作品。造访他在罗马的宅邸的意大利客人无不感到惊艳，兴高采烈地谈及他家的"描绘故事的挂毯"、配有"深红色帷幕"的巨大床榻和"装满精致的金银器皿"的餐具柜。[7]

他是个性格复杂多面的人。他笃信宗教，饮食有节，饮酒有度，而且任何人都不能否认他的虔诚。不过他也英俊潇洒，他的神职人员身份对很多女人来说，更增添了禁果的诱惑力。罗德里戈发现自己很难抗拒诱惑。要让文艺复兴时期的罗马人震惊，是非常困难的，但即便按照当时的放荡不羁的风尚，罗德里戈的风流也很快引发了丑闻。1460年5月的一次新生儿洗礼庆祝活动不知怎的变成了长达两周的纵欲狂欢。此次聚会邀请了许多美女，她们的丈夫则被刻意排除在外。很快罗德里戈的拈花惹草就变得臭名远扬，以至于即便在这个特别淫荡放纵的年代，也有连续多位教皇敦促他克制自己，以维护教会的尊严。

此时教会还在摆脱分裂造成的耻辱，因此不能承受这样的臭名。当教会领导人，尤其是教皇卡利克斯特三世和庇护二世，在努力强调国外威胁（即奥斯曼土耳其人的威胁）的时候，他们无法对教会内部的威胁熟视无睹。罪恶和腐败在伤害基督教会，使得它无力行使道德权威，去动员信众以反抗步步紧逼的穆斯林力量。

教会人士越来越猖獗的不端行为吸引了教会批评者的注意。这些不端行为有宗教方面的，也有世俗方面的，包括买卖圣职、裙带关系（尤其是教皇卡利克斯特三世的行为）和普遍存在的教士不守贞洁的行为。另一种越来越严重的恶行是销售赎罪券，即富人不管犯下多大罪过，均可用金钱来赎罪，并收买教会领导人。与此同时，世俗统治者在干涉主教与修道院长的提名和任命，这种做法被称为"俗人授职"。这就使得统治者能够把自己的人选（往往是庸碌无能和没有资格的人，经常是他们的私生子）安插到教会职位上。

上述的很多弱点和罪过在罗德里戈身上都很突出，他代表着文艺复兴最好的一面，也代表最坏的一面。他文化素养极高，非常宽容，但也是个风流快活的浪荡子，玩世不恭，没有道德底线。对博吉亚和教会来说，他的虚伪都造成了严重问题。

但罗德里戈的财富和权力还在蒸蒸日上。他的朋友彼得罗·巴尔博成了下一位教皇，即保罗二世。彼得罗·巴尔博死后，罗德里戈处于极有利的位置，有能力帮助弗朗切斯科·德拉·罗韦雷夺得教皇圣座，头衔为西克斯图斯四世。西克斯图斯四世开始了一段了不起的文艺复兴风格的统治，建造了西斯廷教堂，建立了梵蒂冈档案馆，并重建罗马城。

由于博吉亚的干预，在西克斯图斯四世教皇在位期间，伊莎贝拉和斐迪南终于获得了他们渴望已久的教皇许可书，他们的婚姻得到了合法化。

如今，博吉亚、斐迪南和伊莎贝拉的命运紧密交织起来。西克斯图斯四世就职时，传来了土耳其人侵犯欧洲的更多消息。新教皇决定派遣使者到西欧各国，保证在他的精神统治下基督教世界内部保持安定，并筹集打退土耳其人所需的资金。于是他派遣博吉亚作为大使，访问西班牙。

罗德里戈于 1472 年年初开始了奢华的旅行，5 月抵达阿拉贡，以一位教会亲王的身份衣锦还乡。有三位主教陪同他，他还带来了两名意大利画家，安排他们美化巴伦西亚（罗德里戈自己原先的主教区）的大教堂。

在巴伦西亚，博吉亚会见了阿拉贡国王胡安二世和斐迪南。进入巴伦西亚城时，博吉亚前呼后拥，骑马在丝绸华盖下行进，鼓乐喧天，好不热闹。博吉亚举办了盛大宴会，款待众人，席间尽是山珍海味、琼浆玉液。在随后十五个月里，他与斐迪南及其父王多次会谈。这些会谈产生了深远影响。这三人发现，他们相当投机。

罗德里戈是他们的臣民，因为他虽然居住在罗马，仍然是阿拉贡人。廷臣们说，胡安二世和斐迪南对此非常敏感。意大利的动荡让罗德里戈深刻体会到，他在意大利的命运永远得不到保障，非意大利裔的教皇一定会招致群众的怨恨。虽然他野心勃勃，但也是个目光长远、小心谨慎的人，所以他需要一个后备方案，以防某一天他需要仓皇逃离罗马。因此他倾向于帮助他的国王。而他和斐迪南相遇之后，都觉得对方是一个可以合作的、非常有价值的人。

斐迪南小心地将这些情况都报告给父王。例如，在1472年8月，他写信给父王，汇报了自己与博吉亚会谈的进展。[8]1473年3月，在给父王的一封信中，他若无其事地将博吉亚称为自己的"伙伴"[9]。

另一次重要的会晤发生在1472年9月中旬，地点是巴伦西亚。这一次，与会者还有佩德罗·冈萨雷斯·德·门多萨，他是富裕而极具影响力的门多萨家族的后裔，还是西贡萨主教。博吉亚进入家乡城市时大摆排场，门多萨的排场更豪华。[10]博吉亚野心勃勃，门多萨也是如此。

2 月底，博吉亚前往埃纳雷斯堡，在托莱多大主教阿方索·卡里略（伊莎贝拉的最忠实支持者）家中见到了伊莎贝拉，并在那里待了三周。卡里略为了招待博吉亚挥金如土，大摆筵席，因为他希望梵蒂冈提携他为西班牙的红衣主教，他相信自己有资格得到这个位置。[11]博吉亚似乎对伊莎贝拉印象不错。伊莎贝拉对他的印象不是很好。但毕竟博吉亚此行得到了教皇的支持，因此他拜访伊莎贝拉，有利于她作为恩里克四世继承人的权力主张。

罗德里戈无疑也在寻求推进自己的地位，但他渐渐相信，这对年轻夫妻是西班牙充满希望的未来。他给了他们良好的祝愿和实际的支持。他是建立战略性同盟的大师，很快就发现，伊莎贝拉的团队还需要什么人。那就是西贡萨主教佩德罗·冈萨雷斯·德·门多萨，也是贵族当中最坚决地支持恩里克四世的人。恩里克四世国王无意中帮助了伊莎贝拉与门多萨结盟，因为他派遣门多萨去面见博吉亚，希望在自己与妹妹的斗争中能得到梵蒂冈的支持。然而门多萨转而效忠于伊莎贝拉。

很快，各方就做了一些交易。博吉亚得到承诺，将在阿拉贡获得更多土地和头衔。胡安二世国王通过谈判让门多萨成为红衣主教，并被任命为塞维利亚大主教。梵蒂冈给了门多萨这些高级头衔，而伊莎贝拉和斐迪南最终得到了强大的门多萨家族的支持。这个家族不仅包括西贡萨主教，还包括滕迪利亚伯爵迭戈·乌尔塔多·德·门多萨，以及他们庞大的封臣和盟友网络。[12]

这些帮助对伊莎贝拉和斐迪南来说是至关重要的。"在恩里克四世统治的末期，"恩里克四世的传记作者威廉·菲利普斯写道，"门多萨家族同意，他们虽然不会反对国王，但在他驾崩后也不会支持他的女儿胡安娜。"[13] 罗德里戈承诺给门多萨家族成员之一红衣主教的冠冕，于是将门多萨家族拉拢到伊莎贝拉一方，给了她至关重要的支持。恩里克四世国王在世期间，门多萨将对他保持效忠，但他获得红衣主教地位，象征着他作为新的红衣主教（梵蒂冈在卡斯蒂利亚的最高代表，即卡斯蒂利亚的精神领袖）与伊莎贝拉公主（希望成为卡斯蒂利亚的世俗领袖）之间的联盟。

在这些谈判之后，伊莎贝拉对罗德里戈的看法是什么呢？我们很难知道她的真实想法。她热忱地主张改革教会，洁净基督教，铲除腐败。她自己的宗教顾问都是非常虔诚的人，效仿耶稣和阿西西的圣方济各的简朴清贫。但伊莎贝拉愿意对某些高级教士的世俗罪孽视而不见。博吉亚不是教士当中唯一的浪荡子。门多萨也以贪恋女色而闻名，已经生了好几个孩子。伊莎贝拉曾将大主教的孩子称为他的"可爱的小小的罪过"。

在某些层面上，伊莎贝拉一定接受了人性的本来面目，尤其是当这样做对她有利时。她一定会喜欢罗德里戈个性的某些方面，尤其是他对文化和学术的浓厚兴趣。他的文化素养比她丈夫高，肯定对罗马文化与艺术的最新潮流了如指掌，她对这些话题非常着迷，从中受到很大启发。他在西班牙的时候，或许与伊莎贝拉探讨了新的艺术风格。在很短时间内，她就对这个主题有了很多了解。他起航返回罗马的时候，已经处于她的影响之下，她也受到他的影响。他同意将她的女儿——小伊莎贝拉公主合法化，甚至承诺要做这孩子的教父。

博吉亚的承诺或许体现了他的信念，即他相信伊莎贝拉有执政的能力。或者他相信，斐迪南很快将会以伊莎贝拉夫君的身份统治国家。但博吉亚做的交易肯定对他自己的未来利益有好处。罗德里戈四十二岁，虽然是个教士，也在考虑自己的后代。这位擅长阴谋诡计的教士正在向教皇的高峰攀登。虽然曾发过守贞的誓言，他却有了自己的家庭。他已经有了一个私生子佩德罗·路易斯。他返回罗马后，将与一位年轻的罗马妇人（名叫瓦诺莎·代·卡塔内）开始长期的同居关系，和她又生了四个私生子：切萨雷、乔万尼、卢克雷齐娅和焦弗雷①。他是个溺爱孩子的慈父，一定知道自己需要很多闲职、财产和头衔，以便安排孩子们的未来。他憧憬自己的孩子终有一日以贵族地主的身份重返西班牙。胡安二世国王承诺为他的家人提供土地和头衔。如果伊莎贝拉和斐迪南成为卡斯蒂利亚和阿拉贡的新统治者，将有能力保障他的孩子们的未来。

罗德里戈就是后来历史上臭名昭著、极其腐化的教皇亚历山大六世。他成了伊莎贝拉的一个新的价值无法估量的盟友。[14]伊莎贝拉与博吉亚的联盟将产生改变世界的深刻影响。但目前，卡斯蒂利亚在酝酿麻烦。

卡里略大主教意识到，自己被耍了，他坚信自己有资格得到红衣主教位置，却被门多萨捷足先登。他盛情款待博吉亚，却没有收到自己希望的效果。何况，伊莎贝拉和斐迪南与博吉亚和门多萨做了交易。而卡里略之前花了很大力气去帮助和支持这对年轻人；还远远不能确定伊莎贝拉有机会成为君主的时候，他就力挺伊莎贝拉，在动荡的年代支持和庇护她。结果公

---

① 焦弗雷（Gioffre）也叫乔弗雷（Jofré）。另外，罗德里戈·博吉亚一家虽然是西班牙人，但他的这几个孩子主要在意大利活动，他们的意大利名字更有名。为了逻辑上的一致性，本书中这四个孩子的名字全部用意大利语形式，不用西班牙语。例如，用"乔万尼"而不是"胡安"，用"切萨雷"而不是"塞萨尔"。"切萨雷"其实就是意大利语的"恺撒"。

主和她的丈夫却加入了一场阴谋，把红衣主教职位给了那个曾经是恩里克四世盟友的人。

怎么会这样？原因之一可能是，公主和王子并非总能知恩图报。卡里略在过去对伊莎贝拉和斐迪南鼎力相助，但门多萨对他俩的未来更关键，这方面的考虑可能更重要。也许，斐迪南对自己少年时与卡里略的摩擦记忆犹新，心怀怨恨。还有一种可能。门多萨广受尊重，人品比卡里略更好。不久之后，门多萨的睿智裁断就对年轻的夫妇产生了极大益处。

无论如何，木已成舟。佩德罗·门多萨于1472年春季获得红衣主教冠冕。塞哥维亚城举行了游行活动，庆祝此事。在游行队伍中，安德烈斯·德·卡布雷拉手捧红衣主教冠冕。他是恩里克四世的幕僚长，负责监督塞哥维亚要塞和王室宝库，同时也是塞哥维亚市长。他是塞哥维亚的改宗犹太人的领袖，是当时很多朝秦暮楚的人的典型。在阿维拉的闹剧（恩里克四世国王被按照仪式要求废黜）时，卡布雷拉在胡安·帕切科身边，后来脱离帕切科，重归恩里克四世阵营，并再次得宠。安德烈斯·德·卡布雷拉与伊莎贝拉的儿时朋友比阿特丽斯·德·博瓦迪利亚结了婚，现在又向伊莎贝拉阵营靠拢。

到1473年3月，权力平衡开始明显地偏向伊莎贝拉。斐迪南在给父亲的信中写道："确保最尊贵的公主，即我的夫人，顺利继承王位的一切工作，均已完成。"[15]现在所有的棋子——罗德里戈·博吉亚、安德烈斯·德·卡布雷拉、红衣主教门多萨均已就位。伊莎贝拉开始布棋子。她为自己的下一步棋做好了准备。

九　准备统治

　　为了恢复自己的王位继承权，伊莎贝拉开展了多方面攻势，与罗德里戈·博吉亚的联盟只是其中一部分。她的行动主要是独立完成的，利用了斐迪南及其父王提供的帮助，也运用了自己的资源。从 1471 年到 1474 年，斐迪南通常都远离伊莎贝拉，在法兰西—阿拉贡边境。在他外出期间，她寻求与一些贵族重结旧好，巩固各城市对自己的支持，并尽可能与兄长恩里克四世修复关系。她做了这些方面的工作，为当卡斯蒂利亚女王做准备，尽管国内局势迅速恶化，但她的任务越来越艰巨。

　　伊莎贝拉以阿方索·卡里略在埃纳雷斯堡的要塞为基地，同时在多条战线上活动。对某些人，她简单地以新头衔和土地作为诱饵，拉拢他们到自己这边。有些城市曾经支持恩里克四世国王，但后来被他胡乱分封城市的做法激怒。对这些城市，伊莎贝拉也以精明的手段去拉拢，表示自己会比恩里克四世更照顾它们的利益。一些城市秘密地改为效忠于她。

　　她还找到了一些外国盟友。例如，1472 年夏季，她设宴招待勃艮第外交官。没过多久，勃艮第人就开始敦促恩里克四世恢复伊莎贝拉的王位继承人地位。

　　她还独立自主地执行自己的外交政策，与法兰西（此时法兰西正与她丈夫的阿拉贡王国交战）建立联系，提议将自己的女儿嫁给路易十一的儿子查理。学者玛丽亚·伊莎贝拉·

德尔·巴尔·巴尔迪维索写道："她培植与法兰西的友谊，后来 1474 年 6 月法兰西入侵鲁西永①的时候，她不仅没有与路易十一对抗，还告诉他，她依然打算让她的女儿与法兰西的查理成亲。"[1]换句话说，她没有屈从于自己夫家的利益，而是在追寻自己的利益。

伊莎贝拉将自己建设为一支独立力量的努力很复杂，卡斯蒂利亚全境爆发的激烈内乱对她也有帮助。王国深陷危机，虽然这让她或者其他任何人都难以掌控局面，但也使得她能够自命为国家的救星，能够给国家的混乱局面带来解决方案。

恩里克四世国王优柔寡断、软弱无能，以至于国内的犯罪分子能够恣意偷窃、抢劫、谋杀和强奸，而不必过于担心法律的惩罚。假币四处通行，人们担忧钱币再也没有价值。通货膨胀十分嚣张，人民难以购买生活必需品。饥荒肆虐，开始有人饿死。在加利西亚，有五十多座城堡化为强盗巢穴。小军阀横行乡里，从朝圣者、农民和旅客手中掳掠食物和钱财。

动乱的一大原因是宗教纷争。在卡斯蒂利亚各地，基督徒和近一个世纪以来才改信基督教的犹太人之间爆发了冲突。许多犹太人家族在改宗之后繁荣昌盛起来，招致了基督徒的嫉妒。有人指责这些犹太人的改宗是不真诚的。事实上，有些犹太人是真诚地改信了基督教，也有的是假装改宗。每个人的具体情况是很难查明的。

1473 年 3 月，科尔多瓦城爆发了反对改宗犹太人的暴乱。一个宗教游行队伍经过一个改宗犹太人社区时，有个小孩从一座楼房的顶层窗户里倾倒了某种液体，可能是尿，洒到了圣母

---

① 鲁西永伯爵领地在当时是加泰罗尼亚的一部分，今天则属于法国。

玛丽亚塑像头上。一名铁匠因此大怒，说那小孩是故意的，呼喊着要求基督徒攻击改宗犹太人的家庭，报复他们的亵渎行为。人们涌上街头。一些基督徒，包括贵族阿隆索·德·阿吉拉尔（伊莎贝拉年轻的军人朋友贡萨洛·费尔南德斯·德·科尔多瓦的哥哥），力图阻止暴民伤害改宗犹太人，但人群同样凶残地攻击这些见义勇为的基督徒。全城爆发了公开对垒的武装冲突。这一天结束时，改宗犹太人惨遭屠杀，男人被杀死，女人被强暴，住房被掳掠和烧毁。

此次冲突的消息传遍了伊比利亚半岛南部。犯罪分子和歹徒恶棍利用政府权力真空，效仿科尔多瓦的暴乱，对改宗犹太人烧杀抢掠，不过这些都是无端的暴行了。据以色列历史学家本齐恩·内塔尼亚胡记载，一些城市发生了暴乱，包括蒙托罗、拉兰布拉和桑泰利亚。[2] 在阿尔莫多瓦尔、赫雷斯和埃西哈，当地官员采取了严厉措施，防止类似的暴力活动。

在塞维利亚，成千上万的改宗犹太人动员起来自卫，让基督徒胆战心惊，害怕他们会为其他地方的改宗犹太人遭受的迫害而复仇。随后一名改宗犹太人用刀刺了一名基督徒，暴民开始洗劫一个改宗犹太人社区。但这一次，由基督徒、武装的改宗犹太人和市政府组成的联盟遏制住了暴民，恢复了秩序。

国家原本就因为战争和内乱而风雨飘摇，宗教暴力更是进一步损害了稳定性。这些暴力活动发生的时机，正是国际形势迅速恶化的时候。土耳其穆斯林军队继续向欧洲进犯。穆斯林军队在君士坦丁堡和希腊取胜之后，又乘胜进军，入侵了塞尔维亚，即后来的阿尔巴尼亚和南斯拉夫地区。1474 年 2 月，布罗塔迪伯爵给西班牙朝廷的一封信发出警示，一支"极其强大的"军队正在开赴意大利，"企图毁灭欧洲……和基督教"[3]。

当年晚些时候，阿尔巴尼亚的要塞城市斯库塔里①（与意大利只隔着亚得里亚海，当时属于威尼斯帝国）遭到土耳其人攻打，9 月曾险些被占领。土耳其人最后撤军，但城内有三千军民死于饥饿或干渴。意大利人文学者乔治·梅卢拉是这些事件的目击者，他警示称，土耳其人只是暂时撤回君士坦丁堡，他们正在那里"建造一支强大的舰队"，以便再次发动进攻。梅卢拉写道，土耳其人的最终目标是西欧。[4]

1474 年 10 月，意大利传来消息，土耳其人果然在准备攻打巴尔干半岛的基督教城市。使者告诉西班牙官员，塞尔维亚人和意大利人非常担心土耳其人的下一次入侵迫在眉睫。[5]这些报告让居住在地中海周边尤其是西西里岛的人们噤若寒蝉。如果土耳其人决定攻击意大利半岛，斐迪南在西西里岛的领地极有可能首当其冲遭到打击。

伊莎贝拉越来越坚信，卡斯蒂利亚的未来受到了威胁，她的命运就是统治国家，而只有她能够以铁腕保护自己的王国。恩里克四世国王太消极，假如情势危急，他显然无法组织有效的防御。所以伊莎贝拉越来越需要赢得他的祝福，并劝服他再一次指定她为王位继承人。她向自己幼年的玩伴比阿特丽斯·德·博瓦迪利亚（如今是塞哥维亚一位颇具影响力的少妇）求助。

伊莎贝拉有能力帮忙的时候，给了比阿特丽斯很大帮助。在伊莎贝拉帮助下，比阿特丽斯嫁给了安德烈斯·德·卡布雷拉，即塞哥维亚城堡王室宝库的管理人和塞哥维亚市市长。这

---

① 今阿尔巴尼亚北部城市斯库台。

对夫妻感情很好，已经生了好几个孩子。比阿特丽斯长成了一位美丽聪慧的女性，受到宫廷其他男人的尊重，包括好色的红衣主教门多萨和恩里克四世国王。安德烈斯·德·卡布雷拉有一次病倒，比阿特丽斯代替丈夫管理城市和守卫城堡。现在比阿特丽斯有能力报恩，在伊莎贝拉最需要帮助的时候施以援手。

比阿特丽斯是一位非常值得仰慕的女性。一位同时代人描述她是"举止高贵，兼具审慎、美德与勇气"的典型。[6]一幅木刻画显示她身段苗条，鼻梁挺直，樱唇饱满；她也像伊莎贝拉一样，身体强健，虽然多次怀孕，最终一共生了九个孩子（七男两女），但身体一直很好。她给伊莎贝拉带来的，不仅是友谊，还有一个友好的大家族。

她的丈夫安德烈斯·德·卡布雷拉据说外貌英俊，品行高尚。他是一位魅力十足的廷臣，比平均身材高一些，眼睛碧蓝，相貌端正，满头栗色直发。他是恩里克四世最信任的官员之一，早先是恩里克四世的内廷管家，从恩里克四世继位开始就为他打理内廷。后来他负责管理国王在塞哥维亚的主要基地，打理他的金库。在这样一个因为腐化堕落而遭到普遍抨击的宫廷，作为改宗犹太人的卡布雷拉凭借品行端正、尽忠职守和办事高效而鹤立鸡群。

比阿特丽斯劝说丈夫，他俩需要着眼未来，与伊莎贝拉结盟是明智之举。而她的丈夫在此期间与胡安·帕切科发生了不愉快的争吵，准备改换阵营。1473 年 6 月 15 日，伊莎贝拉与安德烈斯·德·卡布雷拉签署了一项协定，承诺自己若成为女王，将加封他为莫亚侯爵。莫亚是昆卡附近的一座城镇，距离他的出生地不远。[7]

伊莎贝拉在此项协定中的主要谈判代表是她的主财务官阿

方索·德·金塔尼利亚，他在塞哥维亚的宫廷和埃纳雷斯堡（伊莎贝拉和卡里略大主教住在这里）之间来回穿梭，办成了此事。除了与比阿特丽斯和安德烈斯·德·卡布雷拉达成战略合作之外，伊莎贝拉还指示金塔尼利亚尽一切努力弥合她与王兄之间的裂痕。这意味着伊莎贝拉与宫廷之间有着长期的、紧密的联系。比阿特丽斯和卡布雷拉私下里劝诫国王，和御妹重归于好的时候到了。

最终比阿特丽斯决定一鼓作气，促成和解。据几十年后撰写史书的一位编年史家说，她将恩里克四世带到塞哥维亚城堡的一个僻静房间，开诚布公地，甚至是严厉地向他谈及国内局势。比阿特丽斯提醒他，他曾遭到胡安·帕切科背叛；并指出，伊莎贝拉一直忠于和热爱国王。她敦促他切断与胡安·帕切科的情感联系，与伊莎贝拉和好，立她为继承人，并重整朝纲。她告诉他，如果他与伊莎贝拉议和并允许她回到宫廷，王国会"枯木逢春"。[8]

忧伤的国王承认，她说的大部分是正确的，并说他觉得这一切都怪他自己。他的回答反映了他深深的抑郁和悲伤。那么多他爱的人背叛了他，如今他对生活中其他的人也不再信任。"我的国家和我的人民……遭到的严重伤害，"他对她说，"如你所言，是我的罪孽的结果；我的大错让我在上帝面前蒙羞。"[9]他说自己由于大失所望和受到的精神上的打击，备受困扰，垂头丧气，有时无视了"良言"，而坚持在自我毁灭的道路上走下去。

他说，局势已经令人绝望："即便我按照你说的，与王子和公主和解，国家也无药可救了，因为它已经败坏了。国内紊乱到了极点，在世的任何人都无力修补。虽然我知道，与妹妹和解是最好的办法，但没有办法弥补已经造成的损害了。"

恩里克四世最后同意会见伊莎贝拉，两人已经四年没有相见了。他们在圣诞节期间在塞哥维亚相见。比阿特丽斯·德·博瓦迪利亚和卡里略大主教一同骑马前往埃纳雷斯堡，向伊莎贝拉发出邀请。斐迪南刚刚从阿拉贡抵达，所以也在埃纳雷斯堡。公主得到的建议是，尽快前往塞哥维亚，但轻装简从，以免节外生枝。[10]她特地带上了贡萨洛·费尔南德斯·德·科尔多瓦，然后准备迅速出发。她告诉斐迪南在一小段路程之后跟随她，提高警惕，以防被俘。为了防止局势恶化，她决定把女儿留下。

伊莎贝拉及其伙伴趁夜色骑马行进，沿着一千年前古罗马人建造的、现已损坏的道路，快速穿过干旱的平原，于 1473 年 12 月 29 日拂晓抵达塞哥维亚。有贡萨洛在身边，伊莎贝拉无所畏惧。喜怒无常的恩里克四世国王完全有可能在伊莎贝拉抵达之前改变主意，而在胡安·帕切科的撺掇下，他完全可能伤害她。斐迪南紧随伊莎贝拉之后，在塞普尔韦达镇（距离塞哥维亚约 35 英里）投宿，等待进一步消息。大家都心急如焚地等着看下一步会发生什么事情。自兄妹上次见面，已经过去了四个漫长年头，有很多分歧没有得到解决，积累起来。

但恩里克四世与伊莎贝拉真正重逢的时候，一笑泯恩仇。虽然这些年里互相敌视，但兄妹再次相逢，的确非常高兴。恩里克四世刚刚打猎回来，情绪很好，而她在城堡等待他，并"以极大的谦卑"欢迎他。他欣喜地向她致意，"亲热地与她拥抱"。[11]他俩来到附近一个房间，一起落座。她向他宣誓效忠，为之前的冒犯赔礼道歉，并请他考虑，她与斐迪南的婚姻对卡斯蒂利亚"福祉"的好处。[12]

起初他的反应和蔼可亲，但没有做任何承诺。当晚他们在城堡用膳，他甚至允许她从宝库中挑选一件喜欢的饰品。然后他们按照多年前的习惯，一同欣赏音乐，恩里克四世唱歌，伊莎贝拉跳舞。随后几天，他们一同在城里漫步，并骑马出游。塞哥维亚人注意到他俩之间的和谐气氛。

一切顺利，恩里克四世和伊莎贝拉相处非常愉快，很快就邀请斐迪南也来。他于新年抵达宫廷。两个男人——伊莎贝拉的兄长和丈夫——第一次见面。气氛友好而热情。在随后一周内，他们一同欢度节日。

1月9日，三人和比阿特丽斯·德·博瓦迪利亚与安德烈斯·德·卡布雷拉夫妇一同用膳。[13]席间，恩里克四世突然弯下身去，胃病发作了。他被匆匆送回城堡，伊莎贝拉和斐迪南在他房间外焦急地等候消息。没过多久，胡安·帕切科出现了，提出了疑问：恩里克四世国王中毒了吗？此时大家心头一定都有了这个疑问。没人说得准。帕切科敦促国王逮捕伊莎贝拉，国王拒绝了，但伊莎贝拉和兄长之间的关系迅速冷淡下来。衰弱的国王很快离开塞哥维亚，去了他认为安全的马德里。伊莎贝拉和斐迪南留在塞哥维亚，决心这一次不再逃跑。不管发生什么事，伊莎贝拉都决定留在塞哥维亚。她甚至派人把女儿接到身边。她要昭告天下，自己是国王的继承人。

随后一年里，恩里克四世的健康日渐恶化，而伊莎贝拉的势力越来越强。但在这几个月里，国家动荡不安。权力易手的时候，往往是这样的。廷臣们不得不再一次选择阵营。站错队的人，就可能成为牺牲品。他们有理由相信年轻的夫妻能成功：伊莎贝拉和斐迪南拥有青春活力，有政治力量，是未来的希望。而恩里克四世国王毕竟只有四十八岁，还是有可能恢复健康的。他犯过错误，但不是个坏人，而且也在努力妥善治理国家。

就连安德烈斯·德·卡布雷拉和比阿特丽斯·德·博瓦迪利亚也缠身于宫廷错综复杂的结盟关系。国王的两位长期盟友贝纳文蒂伯爵和红衣主教门多萨请求他们劝伊莎贝拉将她的女儿的监护权交给他们（贝纳文蒂伯爵和门多萨），以担保假如伊莎贝拉成为女王，会善待他们。伊莎贝拉起初不同意，但最后不情愿地答应了。[14]

据宫廷编年史家阿隆索·德·帕伦西亚记载，虽然伊莎贝拉做了这个让步，但贝纳文蒂伯爵随后参与了一起绑架伊莎贝拉的阴谋。德·帕伦西亚说自己无意中听到一群密谋者，包括贝纳文蒂伯爵，在商讨计划。伊莎贝拉得知此事后，劝斐迪南逃跑，因为她觉得斐迪南处境危险，而她自己毕竟是御妹，相对安全。斐迪南假装出猎，离开了。年轻的伊莎贝拉果然被带走，不过被送到了塞普尔韦达的一个更安全的地方，由斐迪南的卡斯蒂利亚外祖父照料。[15] 8 月，斐迪南离开卡斯蒂利亚，前往阿拉贡，再一次去阿拉贡—法兰西边境帮助他的父王。随后几个月里，伊莎贝拉又是孤身涉险。

伊莎贝拉在塞哥维亚居住期间，与红衣主教门多萨越来越亲近，这让他的长期竞争对手——妒火中烧的托莱多大主教卡里略十分恼怒。伊莎贝拉和红衣主教做了很多工作去抚慰卡里略大主教，为他的一个侄女安排了非常有利的婚事，帮助他的一个侄子在潘普洛纳搞到一个主教职位。但大主教仍然因为被门多萨抢走了红衣主教职位而闷闷不乐。由于一件不起眼的小事，他对门多萨的怨恨一下子爆发成了公开的敌意。卡里略大主教对炼金术很感兴趣，雇用了一个江湖医生和所谓的巫师，此人告诉他，有办法制造黄金。伊莎贝拉的忏悔神父阿隆索·德·布尔戈斯修士与这个炼金术士争吵起来，最后竟然斗殴起来。伊莎贝拉认为炼金术是扯淡，将炼金术士逐出了塞哥维亚的宫殿。[16]卡里略感到这是对他的侮辱，气哼哼地出了城。

对卡里略大主教来说，这是压断骆驼脊背的最后一根稻草。他戏剧性地背弃了斐迪南和伊莎贝拉，奔到恩里克四世国王那边，敦促他立小胡安娜为继承人。兄妹间的裂痕再次扩大。很快就爆发了暴力冲突，恩里克四世和伊莎贝拉的支持者在国内一些城镇发生斗殴。[17]

随后，恩里克四世国王遭到了心理上和情感上的一次严重打击。1474 年 10 月 4 日，胡安·帕切科突然出人意料地去世了，死于喉疾，病情和死状非常像他的兄弟佩德罗·希龙，这非常奇怪。他的仆人们立刻偷走了他的财产，将他的尸体藏在一些酒罐之间。[18]这对恩里克四世来说是一个沉重打击，因为尽管胡安·帕切科奸诈阴险而贪得无厌，却是恩里克四世最重要的试探民意的工具、毕生盟友和卡斯蒂利亚仅次于国王本人的二号人物。恩里克四世一生中对爱知之甚少。他与父亲的关系充满矛盾；他母亲去世得非常突然，可能是被敌人毒死的；他与两任妻子的关系也是灾难性的，令他十分孤独。胡安·帕切科是他一生中最恒定的因素，他的死似乎让国王连生存的意志都没有了。我们似乎很难理解这一点，但恩里克四世似乎很爱帕切科。

恩里克四世国王凄楚地哀叹，帕切科对他就像父亲一样。为了表示对帕切科家族的恩宠，他立刻任命帕切科的儿子为圣地亚哥骑士团大团长，将这个令人垂涎欲滴的职位，连同一个强大的修会的控制权和大片土地，都给了他。伊莎贝拉原本希望将这个大团长职位收归王室，使之成为王族的财产，她父亲也曾这样设想。但恩里克四世这样一下子就在卡斯蒂利亚树立了一个新的重要竞争对手，即帕切科的儿子，新的比列纳侯爵。[19]

感情上受到的打击往往导致身体健康的恶化。恩里克四世愈发沮丧抑郁，身体越来越差。而伊莎贝拉的力量和势力日渐增长。国民的支持越来越转向她，她也改变了自己的语调，变得更加倾向于和解。她向恩里克四世的盟友保证，她不会因为他们的反对而报复他们。例如，她写信给阿罗伯爵，请求与他面谈。她下了很大功夫去强调，他无须畏惧她、斐迪南或托莱多大主教；她还"向上帝、向圣母玛丽亚宣誓，用我的右手画十字"。[20]

恩里克四世的健康持续走下坡路，现在开始咯血。他去了马德里，"希望在那里休养并恢复元气"，[21] 但他到了那里之后，在秋风中散步时很快头晕目眩。随后他在自己寝室内病倒了。到 12 月，他已经衰弱到不能骑马去城外的狩猎小屋。12月的第一周，恩里克四世国王的病情急剧恶化，他意识到自己时日无多了。在他的最后一天，一连十多个小时，他时而昏迷，时而清醒。一名修士被传来，听他告解。两人谈了漫长的一个钟头。国王告诉修士，他要把国家大事留给红衣主教门多萨、年轻的新任比列纳侯爵和其他一些官员。他要求用他的珠宝和财产来还债，并将他安葬在瓜达卢佩圣母教堂，长眠在他母亲身侧。这座教堂是一个著名的有神迹的场所，人们在埃斯特雷马杜拉山区找到了一尊圣母玛丽亚的雕像。

1474 年 12 月 11 日约凌晨 2 点，他与世长辞，享年四十九岁。他临终时，有红衣主教门多萨、贝纳文蒂伯爵、新任比列纳侯爵和其他几名议事会成员侍奉在卧榻前。[22]一名骑手火速将国王驾崩的消息送给伊莎贝拉。自一年前圣诞节时恩里克四世在塞哥维亚城堡病倒以来,伊莎贝拉就住在城堡。

关于恩里克四世去世时床前究竟发生了什么事,众说纷纭。[23]编年史家帕伦西亚说,恩里克四世宣布立自己的女儿为继承人。但他没有留下遗嘱,或者至少人们没有找到遗嘱。一些目击者和其他历史学家宣称,国王曾立过遗嘱,但它被偷走、隐藏或销毁了。的确,我们很难相信恩里克四世国王没有为小胡安娜留下具体的安排,因为他非常疼爱这孩子。小胡安娜此时只有十三岁,虽然没有和他一起生活,但他向朋友写信,殷勤细致地询问她的健康状况。[24]我们也很难相信,经历了这么多风风雨雨,国王居然没有为王位继承做过安排。

不过,在临终时刻,恩里克四世显然摈弃了自己一生中曾经爱过的很多东西。他曾赞助自己钟爱的城市塞哥维亚的多座美丽教堂,却要求将自己埋葬在母亲身边。他的母亲是阿拉贡的玛丽亚,即阿拉贡国王胡安二世的姐姐。也就是说,恩里克四世的残酷的岳父胡安二世也是他的舅舅。这些家庭关系是恩里克四世与伊莎贝拉矛盾的促成因素之一。恩里克四世选择长眠于母亲身旁,这又一次展现了特拉斯塔马拉王族内部的亲缘和权力关系是多么错综复杂、扭曲而可悲。

贵族们急于尽早奔到新女王身边,所以给恩里克四世做的宗教仪式匆匆结束了,他的遗体被迅速埋葬到瓜达卢佩圣母教堂。恩里克四世甚至把自己最喜爱的塞哥维亚城都输给了异母妹。他的朋友比阿特丽斯·德·博瓦迪利亚和安德烈斯·德·卡布雷拉已经在将宝库转交给伊莎贝拉女王。

十 伊莎贝拉登基

在塞哥维亚，伊莎贝拉得知恩里克四世死讯后，放声大哭，说自己感受到"极大的悲伤"[1]。她的心情一定很复杂，因为尽管恩里克四世对她做了很多残酷的事情，兄妹俩的确有过真挚的感情。他是她最后一位活跃的近亲。她的父亲和弟弟阿方索均已去世；她的母亲尽管还在世，却神志不清，在公共生活中不能发挥任何作用。斐迪南远在阿拉贡，伊莎贝拉必须独自面对恩里克四世的死亡。他的去世是她一生中的一个重大转折。

然而，不管伊莎贝拉多么悲恸，似乎都已经为这消息做好了准备。她迅速开始采取行动。她的朋友们——比阿特丽斯·德·博瓦迪利亚及其丈夫安德烈斯·德·卡布雷拉、她的幼时教师贡萨洛·查孔及其外甥古铁雷·德·卡德纳斯——很快聚集到她周围。除了他们，塞哥维亚还无人知道国王驾崩的消息。伊莎贝拉的团队希望利用出其不意的因素，决定性地确立她的统治权，并迅速造成既成事实，以排除小胡安娜的竞争。几个小时内，伊莎贝拉及其盟友就开始落实计划。准备工作完成后，伊莎贝拉换上丧服，向王国各地发出书信，告知卡斯蒂利亚人民恩里克四世国王已经驾崩，并在城内准备葬礼。

恩里克四世死后的那一天，从早到晚都是风云激荡。塞哥维亚市民几十年后还记得这一天。上午10点，圣米迦勒教堂（塞哥维亚的主要教堂，距城堡约1/4英里）敲响了大钟；很快城内其他教堂也开始鸣钟，这刺耳的钟声传遍大街小巷。从上午 11 点开始，神父们在圣米迦勒教堂举行哀思弥撒。一切按照既定仪式举行，包括吟唱赞美诗、诵读经文、进行特定的祷告，信众做出回应等。仪式是用拉丁文进行的，由钟声和歌声伴奏，为了让亡魂安息，点燃了蜡烛。

11 点半，仪式结束，官员和市民从教堂鱼贯而出，走上大街，聚集到中央广场。一位官员向群众呼喊，宣布恩里克四世国王驾崩，并且没有留下一个合法继承人，所以他的妹妹伊莎贝拉将继承王位。两名在恩里克四世病榻前见证他去世的人士公开确认，国王已死。

伊莎贝拉公主也参加了弥撒。仪式结束几个小时之后，她脱下黑色丧服，身穿光彩夺目的华服，佩戴黄金和珠宝首饰，再次出现。她走回同一座教堂，让大家宣布她为女王。她在短得让人惊讶的时间里，成功安排好了威风堂堂的象征性的权力交接。她显然为此已经准备了几个月。

很快，游行队伍走进广场。领头的是手捧伊莎贝拉和特拉斯塔马拉王族（伊莎贝拉和斐迪南都是该家族的成员）纹章的武士，然后跟着伊莎贝拉的忠实教师贡萨洛·查孔的外甥古铁雷·德·卡德纳斯。随后就是满身珠光宝气的公主，她骑着一匹乳白色的骏马，而不是像吉桑多公牛条约时那样骑着表示谦卑的骡子。她来到主广场，身边陪着乐师，鼓乐齐鸣。在圣米迦勒教堂门口，她登上阶梯，走到一处覆盖锦缎的平台上。[2]

紧随她身后和陪伴在她身侧的有安德烈斯·德·卡布雷拉（恩里克四世信任的宝库管理人和塞哥维亚市市长）及其夫人比阿特丽斯·德·博瓦迪利亚。塞哥维亚主教（改宗犹太人）胡安·阿里亚斯·达维拉和其他一些市政官员和教士全部步行跟随女王的队伍。犹太人社区的一些成员也在队伍中，包括拉比亚伯拉罕·塞尼奥尔及其追随者，他们以此公开表达对公主成为女王的支持。根据一位公证人的记载，人群中还有教皇使节、一些骑士和贵族、一群圣方济各会与多明我会修士、塞哥维亚的巨商富贾和一大群普通市民，其中大多数市民都是羊毛制造业（本城的支柱产业）的雇员。

伊莎贝拉以响亮和清晰的嗓音向人群讲话。二十三岁的公主站在高台上，宣誓要捍卫教会和卡斯蒂利亚与莱昂人民。她右手按着《圣经》，以上帝之名发誓，要服从教会的训诫。她宣誓要促进人民的福祉，改善他们的生活，伸张正义，并保护贵族的特权。人群用传统的言辞向她宣誓效忠，表示接受她为统治者。

随后，官员们在她面前跪下，向她宣誓效忠，认可她为女王，并向她的丈夫斐迪南宣誓。卡布雷拉将城堡和宝库的钥匙交给伊莎贝拉，因为现在城堡和宝库属于她了。她又将钥匙还给卡布雷拉，请他保管。他向她宣誓效忠，承诺要妥善管理该地区的"各城堡与要塞"。伊莎贝拉很快奖赏了她的最亲密朋友卡布雷拉和查孔。按照伊莎贝拉的承诺，卡布雷拉和比阿特丽斯很快成为莫亚侯爵和侯爵夫人。查孔则被晋升为女王的幕僚长。女王的意思是很清楚的：在过去曾经忠诚对待她的人，将会得到伊莎贝拉女王的恩宠奖掖。

伊莎贝拉的四岁女儿被抬起，作为下一位王位继承人，展示给群众。这强调了卡斯蒂利亚当下和未来对女性继承权的认可。自乌拉卡（1109～1126年在位）和1217年的贝伦加利亚女王以来，卡斯蒂利亚与莱昂还不曾有一位独立统治的女王。近两百多年来，王位都是传承给男性的。现在伊莎贝拉成为君主，她的女儿成了王储。

伊莎贝拉女王是自行发布"宣言"、自立为王的，而不是按照卡斯蒂利亚的传统由国民推举为王。事实上，她是自己给自己加冕的。[3]随后武士们呐喊道："卡斯蒂利亚，卡斯蒂利亚，卡斯蒂利亚，无比尊贵、无比强大的公主，我们的女王伊莎贝拉万岁！无比尊贵、无比强大的国王，她的合法丈夫，堂斐迪南万岁！"据市民回忆，当时人群掌声雷动，鼓乐喧天，所有人都欢呼雀跃。

随后女王及其队伍返回了教堂，走进有穹顶的大门，人群跟在后面。她在主祭坛前跪下，然后匍匐在上帝面前。随后她站起身来，将王室的挂饰捧在手中，放在祭坛上，仿佛在献上祭品。尽管她表现得仿佛她的君权来自神授，但实际上她发动了一场政变。恩里克四世国王曾犹豫不决，不知道立谁为自己的继承人，但在他最后的五年里曾明确表示，要小胡安娜接替他成为统治者。现在没有人提起胡安娜的名字了。

自那一天起，历史学家就大感困惑，不知道卡斯蒂利亚与莱昂的合法统治者究竟是伊莎贝拉，还是胡安娜。或许胡安娜的确是国王的亲骨肉，如果这是真的，那么伊莎贝拉就是个篡位者。但胡安娜或许并非国王的孩子。无论如何，在这个日子，在塞哥维亚（恩里克四世及其两位妻子的婚姻时光大部分是在这里度过的），当地人民倾向于相信伊莎贝拉是卡斯蒂利亚与莱昂的真正的合法统治者。

伊莎贝拉女王走出教堂后，游行队伍又在她周围聚集。这一次，古铁雷·德·卡德纳斯骑马打头阵，举起一支宝剑，剑尖指向天空，象征主持正义。据帕伦西亚记载，人群震惊之下喃喃低语，因为这是第一次有一位女性宣示自己主持正义、施加惩罚的权力。伊莎贝拉有意识地选用男性气概的象征，后来在一些典礼场合，她也是这么做的。她甚至命人制作了一幅挂毯，描绘女王握着剑的形象，标题为《名望》。[4]

这显然是一场精心策划的表演。用那种方式竖直地举起剑，这是一个"军事十字"的视觉符号。从登基的最初时刻起，伊莎贝拉女王就开始为自己打造一种形象：泰然自若、沉着冷静、光辉灿烂、神圣、血统高贵、得到上帝佑助。

她穿过城市，经过犹太人区的边缘，进入那座由摩尔人装饰的宫殿，即她的家。她骑马前进，周围簇拥着徒步的贵族，市政官员跟在后面。她威风凛凛地走过这座中世纪城市的蜿蜒街道，走向自己祖先的家园，即悬崖边上的要塞，以一位当世女性的身份在祖先雕像之间占据自己的位置。

她是独自登上王座的。她进入城堡，将它和城堡塔楼内储藏的金银财宝都据为己有，因为她是它们的合法主人。"当夜，她就住在这宫中"，一位塞哥维亚学者后来记载道。[5]

* * *

随后几天内，伊莎贝拉开始得到消息，国家其他地区的臣民对她的加冕做何反应。大主教阿方索·卡里略迅速宣布支持她，于是王国的主要教区托莱多的精神领袖就站到了她的阵营。卡里略还旅行到塞哥维亚，向她宣誓效忠。红衣主教佩德罗·冈萨雷斯·德·门多萨在将恩里克四世的遗体送到最后安息之所之后，也匆匆赶到伊莎贝拉女王身边。罗德里戈·博吉亚帮助门多萨当上红衣主教的努力在恩里克四世死后立刻结出了果实：门多萨当宣布支持伊莎贝拉，而非胡安娜。

全国各地传来了消息。伊莎贝拉的自我加冕在北方得到赞扬，尤其在老卡斯蒂利亚①，包括阿维拉、塞普尔韦达、巴利亚多利德、托尔德西利亚斯、托莱多和穆尔西亚。在安达卢西亚的基督徒控制区和埃斯特雷马杜拉，有人提出了一些质疑，因为那里的人们不是很了解伊莎贝拉。她显然需要尽快去那里，让大家感受到她的存在。加利西亚似乎处于叛乱边缘[6]，但那里的局面也比王国其他地区更糟糕。

但是，给新政权造成最初两次危机的，是比较私人的问题。第一次危机是夫妻间的争吵威胁到了王国的稳定性；第二次危机是一个被抛弃的求婚者造成的。这些问题是在卡斯蒂利亚普遍而持续的社会紊乱、经济崩坏的大环境下爆发的。因此伊莎贝拉不得不同时处置许多难题。

首先是婚姻的危机。恩里克四世死后，伊莎贝拉并没有着急通知斐迪南。当时他正在自己家中，即阿拉贡王国的首都萨拉戈萨，距离塞哥维亚约 175 英里。历史学家约翰·爱德华兹写道："她似乎并不着急希望丈夫到身边来。"[7]她派了一名行动迟缓的信使去见斐迪南，通知恩里克四世的死讯，并建议他考虑阿拉贡的当前局势，自行斟酌如何决策。她没有敦促这名信使快速行动。她故意没有及时通知斐迪南来参加加冕典礼，就是为了断绝他自己索取卡斯蒂利亚王位的希望。

所以斐迪南一直到加冕礼好几天之后才得知了这一系列重大事件：国王驾崩，伊莎贝拉登基。他父亲的老友卡里略大主教派了一名信使火速给斐迪南通风报信，强调他必须立刻到卡斯蒂利亚。恩里克四世奄奄一息的时候，红衣主教门多萨也给

---

① 老卡斯蒂利亚是相对于新卡斯蒂利亚而言，都是西班牙的地区名，老卡斯蒂利亚在北，新卡斯蒂利亚在南，是比老卡斯蒂利亚更晚从穆斯林手中收复的。

斐迪南送了信，同样建议他迅速赶到塞哥维亚。

伊莎贝拉女王身边还有其他一些人也急于将新进展告诉国王。例如，古铁雷·德·卡德纳斯写信给斐迪南，天真地描述了自己在加冕礼上扮演的独特角色，即捧着正义之剑。斐迪南于 12 月 21 日收到了信，也就是塞哥维亚加冕礼的一周之后。他得知妻子独立登上了王位，不禁暴跳如雷。[8] 他立刻跳上马背，奔向塞哥维亚。

他对陪他从阿拉贡出发的编年史家帕伦西亚说："我从未听说过，竟然有女人篡夺男性的特权。"[9] 帕伦西亚努力安慰国王，说她"毕竟只是个妇道人家"，等她认识到自己需要男性的保护之后，一定会重新考虑自己的行动。斐迪南身边的其他人更为不安；一位男性编年史家说，伊莎贝拉做的事情"有些阴险"。[10]

斐迪南压抑自己的怒气，自我安慰说，伊莎贝拉一定只是一时糊涂。他告诉自己，等他到了塞哥维亚之后，她就会意识到自己做得太过分了，一定会顺从于他的权威。他对自己的床上功夫无比自信，相信一定能够凭这个让她服服帖帖。一位编年史家记载道，斐迪南"相信自己只要耐心，一定能够满足妻子的爱欲需求，那样就能轻松地克服妻子的顽固，那顽固是奸臣在他妻子心里撺掇起来的"。[11]

斐迪南抵达时，伊莎贝拉已经独立执政两个多星期了，所以有时间细细考虑自己要对斐迪南采取什么样的立场。斐迪南也在争取时间。12 月 30 日，他接近了塞哥维亚，但没有直接进城，而是在附近的图雷加诺要塞等待。伊莎贝拉及满朝文武为欢迎他的典礼做了安排。准备工作进行的时候，双方不断传递消息。

1月2日，斐迪南从塞哥维亚的大门进入城市，身穿奢华的皮毛和金线华服。伊莎贝拉女王没有亲自去迎接他，而是让一大群官员和教士，包括门多萨和卡里略，去迎接他，并打着华盖，将他护送到圣米迦勒教堂（也就是两周前伊莎贝拉登基的地点）门廊上。人们正式询问他，是否愿意以女王的丈夫的身份统治，他表示同意。塞哥维亚的市议员然后宣誓支持他，称"他们将服从和接纳殿下，因为殿下是我们的女王陛下的合法夫君"。[12]

然后斐迪南在游行队伍的护送下来到城堡。伊莎贝拉在大门内等候。现在他俩的角色逆转了。掌控局面的人是她。现在他需要来拜见她，而不是她求见他。她遵循卡斯蒂利亚与莱昂历史上女王们立下的法律先例来行事，不过那些女王是几百年前统治的，她们的事迹主要是被记载在古老的编年史里。伊莎贝拉的登基被认为在理论上是可行的（人们相信女人有可能有能力独立统治），但在现实中仍然是惊世骇俗的，宫廷的男人们尤其感到震惊。男性主宰世界是自然而然的事情，就连伊莎贝拉的支持者对如何处置局面也有点困惑和糊涂。学者在史册中寻找女性君权的先例。伊莎贝拉的登基虽然不是史无前例的，但的确十分不寻常。

因此，伊莎贝拉的举动违反了西班牙的传统。对欧洲大陆其他地方的人来说，这更是令人瞠目结舌。学者努莉亚·西列拉斯-费尔南德斯写道："欧洲各地的情况是相似的，女王一般只有在如下情况才能以丈夫的名义统治：国王亲自指定女王，并且有能力将自己的抉择强加于他的臣民。"[13]

不过贝伦加利亚女王只统治了几个月，就将王权交给自己的儿子。只有乌拉卡（1109~1126年在位）统治的时间比较长。她结过婚，但婚姻后来破裂，于是她独立地统治国家。

学者特雷莎·艾伦菲特写道："乌拉卡推翻了这样的观念：娶了女王的男人将自动分享妻子的国度的统治权。"[14]

斐迪南的谋臣感到特别沮丧，努力去理解究竟发生了什么事。帕伦西亚说，这局面全怪那些"持续不断地怂恿"伊莎贝拉的人促使她产生"女人的……耍性子"。[15]但事实似乎并非如此。伊莎贝拉是出于自己的原因，自行决定独自统治的。她不愿意冒险让斐迪南分享王权，从而造成不愉快的后果。或许她再也不信任他了。他长期远离卡斯蒂利亚，在伊莎贝拉需要他的时候却不肯回来，他的风流成性，肯定都让伊莎贝拉觉得他不靠谱。而且他也可能会企图将她排挤到继承体系之外。

夫妇终于见面时，双方都大发脾气，发生了一场"不愉快的争执"。[16]正如她担心的那样，斐迪南及其亲戚认为他才应当是无可争议的统治者，因为他是伊莎贝拉父亲的血缘最近的仍然在世的男性亲属。他的一些支持者相信女人没有治国理政的能力。但伊莎贝拉及其支持者坚称，卡斯蒂利亚与莱昂由女王独自统治的历史很悠久，最突出的就是乌拉卡女王，她在12世纪初执掌王权。他们说，伊莎贝拉是卡斯蒂利亚国王胡安二世的直系后裔，斐迪南在卡斯蒂利亚王国的权力只能是源自他和伊莎贝拉的婚姻关系。换句话说，伊莎贝拉和斐迪南都觉得自己是合法统治者，对方只是统治者的配偶。

斐迪南大发雷霆，觉得自己受到了公开的羞辱，损害了他的男性气概。他宣布自己要回阿拉贡。伊莎贝拉恳求他留下，辩称，"她绝对不会有任何理由想要对她最亲爱的夫君造成哪怕是一丁点的羞辱。为了夫君的幸福和荣誉，她甘愿牺牲不仅

是王位，还有她自己的健康"。她说，她"不愿意，也不能够
与他分离"。

伊莎贝拉的婚姻真正陷入了危机，这种分歧有可能毁掉她
的婚姻和她的王国。此时，她完全可能在压力下退缩，仅仅为
了婚姻的和谐就将王国的控制权交给他。

她需要一个男人在自己身边，以克服她的性别造成的问
题。历史学家詹娜·比安基尼在写到贝伦加利亚女王时说：
"女性，即便那些很明显拥有王位继承权的女性，如果没有结
婚，也很少被接受为君主。"[17]

而且，为了确立伊莎贝拉的权威，她的婚姻必须要开花结
果，所以她需要斐迪南。学者米丽娅姆·沙迪斯写道："中世
纪的女王之所以能够成为女王，是因为她是一位国王的妻子或
女儿。但几乎不可避免的情况是，成功的女王必须是一位母
亲。"[18]

所以伊莎贝拉必须找到办法，保住自己与斐迪南的婚姻。
所以，虽然她继续坚守自己的立场，但非常温柔和气。她努力
抚慰斐迪南，最后他停止了反抗。她劝服了他，他俩的权力分
割主要是表面上的，不是实质的；作为她的丈夫，他将享有个
人权力和自治权。她指出，如果他反对她的统治权，那么他就
损害了他们的独生女的权益。他还必须承认与伊莎贝拉签的婚
前协议的有效性，他在协议中同意，他的身份将是女王的配
偶，而不是国王。[19]他当时在婚礼前的兴奋情绪中匆匆签署了
协议，或许没有注意到这个条款的重要性。

伊莎贝拉用一种分享权力的协议，想办法安抚了他。托
莱多大主教和塞维利亚大主教帮忙起草了一份新协定，称为
《塞哥维亚协定》，给了斐迪南很少实权，但很多象征性的重

要地位。伊莎贝拉仍然是卡斯蒂利亚的"主权女王",她的孩子,而不是斐迪南与其他女人所生的孩子,将继承王位。但他们提议,在公文、宣言、钱币铭文中,将同时签署伊莎贝拉与斐迪南的名字,并且斐迪南的名字在前面。但卡斯蒂利亚与莱昂的主权以及任命官员和财政决定权都仅属于伊莎贝拉。

为了向世人展示夫妻的团结,他们拟定了一句箴言:Monta tanto,tanto monta。意思是伊莎贝拉和斐迪南两人一样,完全平等。这为斐迪南挽回了颜面,让他能够宣称,伊莎贝拉在他们婚姻余下时光里做的大部分事情,都有他的部分功劳。但这种平等只是表面上的,因为事实上,按照伊莎贝拉的盟友的说法,假如她不认可斐迪南写的文件,就对其加以修改,或者撕掉;而斐迪南的拉丁文很差,所以看不懂卡斯蒂利亚宫廷与其他国家元首之间的书信。而伊莎贝拉很快开始下大力气学习拉丁文,以便更好地掌握国际外交的语言,并要求她的女儿和侍女都一同听课学习。

但当斐迪南和伊莎贝拉不在一起的时候,他将享有与女王相同的权力,并有权代理她行事。《塞哥维亚协定》的谈判是在圣诞节期间进行的,随后五个月他一直在卡斯蒂利亚。[20]这是自他们结婚第一年以来,他俩待在一起最久的时段。

伊莎贝拉坚持了自己的立场——卡斯蒂利亚的统治权将属于她,但她的做法损害了自己在史册中的形象。她在世的时候,地位比斐迪南优先,事实上她主宰着卡斯蒂利亚,而卡斯蒂利亚比阿拉贡幅员更辽阔也更重要。但名号的问题,即他的名字在她前面,产生了长期影响,因为他们后来被世人称为"斐迪南和伊莎贝拉",这似乎暗示他处于主宰地位。西班牙语的特点更加剧了这个问题:在英语中,这对夫妻君主被称为国王与女王,而在西班牙语里,斐迪南和伊莎贝拉的名号是"国王"的复数,所以他们是"双王"。英语国家的人很容易误会卡斯蒂利亚的统治者是国王,而实际上是女王。伊莎贝拉在卡斯蒂利亚的女王地位在世界历史上非常罕见,以至于观察者与评论者似乎无法理解,一个女人居然能成为君主,于是他们坚持认为斐迪南是统治者,尽管事实并非如此。于是,在公文、远离伊比利亚半岛的外交圈子(那里得到的关于西班牙的消息都是二手的)和最终的历史书里,斐迪南的名字都被置于伊莎贝拉之前。后来,她的一些成就也被归功于他。

为了让丈夫开心,伊莎贝拉愿意做这样的妥协。在某些方面,斐迪南的确开心了。他还年轻,只有二十二岁左右,但已经非常玩世不恭,他可能意识到,只要世人觉得他有权,那么和他真正有权也差不多。

伊莎贝拉和斐迪南关于婚姻的漫长谈判与和解最终导致命运发生了另一个奇怪的扭转。当地的一名教士,多明我会修士托马斯·德·托尔克马达(他的叔叔是罗马的一位势力强大的红衣主教),在促成夫妻和解、达成联合统治协议的工作中发挥了重要作用。伊莎贝拉童年时见过托尔克马达,不过我们很难说他们之间有多少交集。她肯定认识他,因为他是王家圣十字修道院(多明我会的一座古老的修道院)的院长,在塞哥维亚是一位相当有地位的教士。托尔克马达和斐迪南很快发现,他们非常投缘;托尔克马达成了斐迪南最喜爱的忏悔神父和私人密友。德·托尔克马达很快开始陪伴国王在卡斯蒂利亚各地巡游，始终在御前，以至于其他官员都注意到了这一点。例如，1475 年 6 月，斐迪南前往巴利亚多利德和布尔戈斯，将伊莎贝拉留在阿维拉。此行托尔克马达就陪在他身边。两个月后，托尔克马达和国王一起在巴利亚多利德；这年 11 月，他也和斐迪南一同旅行。1476 年 1 月和 2 月，他又在国王的随员队伍中。这一年余下的时间里，他至少陪国王进行了两次长途旅行。

当时的婚姻很脆弱，所以夫妻俩通过特别恩宠托尔克马达（是他帮助他们在精神上、婚姻上和政治上合为一体），来突显自己的团结一心。他们下令扩建他的修道院，最重要的工程是给修道院建造了一座新的大门，以赞颂他们的和睦。这座大门装饰着大量象征他俩的精美符号，还带有 Manto tanto, tanto monta 的铭文，这是一个被大量运用的建筑主题。这是夫妻俩共同开展的第一项主要的建筑工程。大门纪念了他们登上卡斯蒂利亚王位的大事。他们还对最亲密的朋友安德烈斯·德·卡布雷拉和比阿特丽斯·德·博瓦迪利亚表现出极大的恩宠，在雕塑中给了他们突出的地位。在雄伟大门的正上方有一座被钉在十字架上的耶稣像，他脚下则是巴伦西亚的走遍天下讲道的修士文森特·费雷尔（如今已被封为圣徒）。在基督像之下是一幅场景画，中央是亚利马太的约瑟、圣母玛丽亚、婴孩耶稣和抹大拉的玛丽亚。但伊莎贝拉女王和她的朋友比阿特丽斯的石像就在耶稣一家的右侧，安德烈斯·德·卡布雷拉在左侧。用这种方式，伊莎贝拉和斐迪南告诉后人，比阿特丽斯·德·博瓦迪利亚、安德烈斯·德·卡布雷拉和托马斯·德·托尔克马达在他们掌权的过程中起到了重大作用。

伊莎贝拉女王肯定需要托尔克马达帮助她维持婚姻的稳定，因为有的时候分享权力的安排更像是表面文章，而不是实际。伊莎贝拉努力让大家都觉得斐迪南的地位极高，因为这有利于减少他们婚姻的摩擦，因为如果让一个男人貌似掌握主宰权，她的地位就更稳固。她确立自己为王国的唯一掌权者之后，就开始假装她是与丈夫合作统治的。女王的忏悔神父埃尔南·德·塔拉韦拉回忆说，她口述了王室命令，让他起草，并让他签名，仿佛这是两人共同的决策。她对他说："签成'国王和女王'。"[21]

伊莎贝拉努力让世人相信，他们的婚姻非常幸福和谐，夫妻为了国家的福祉精诚合作。但许多证据表明，幸福的婚姻只是假象，也就是后人所说的"婚姻的虚构"[22]。他们分开居住的时候，他的权威比他们生活在一起时更大。他常常旅行，往往是去和她相反的方向。

伊莎贝拉和斐迪南联合为内廷和行政幕僚任命官员。伊莎贝拉的多年好友贡萨洛·查孔被任命为财政大臣，古铁雷·德·卡德纳斯是副财政大臣。阿拉贡的加夫列尔·桑切斯被指派管理内廷财务。很多高级职位被交给了受过良好教育、才干得到证明的改宗犹太人，这些人是通过自己的才华获得职位的，而不是通过世袭。例如，卡斯蒂利亚人阿隆索·德·布尔戈斯是布尔戈斯一位前拉比的孙子，他担任宫廷的政治与宗教顾问和伊莎贝拉的忏悔神父。与伊莎贝拉同样亲近的安德烈斯·德·卡布雷拉也是改宗犹太人，他就是她的朋友比阿特丽斯·德·博瓦迪利亚的丈夫。

然而，就在伊莎贝拉与家族的一名成员缓和关系的同时，另一名成员却制造了难题。

* * *

葡萄牙国王阿方索五世是伊莎贝拉的远房舅舅①，还是恩里克四世的第二任妻子胡安娜王后的哥哥。他仍然觉得，伊莎贝拉与斐迪南私订终身，让他失去了伊莎贝拉和卡斯蒂利亚王位。在斐迪南和伊莎贝拉结婚后的四年中，阿方索五世威望日增。1471 年，他赢得了一系列重大胜利，成功入侵北非的艾西拉和丹吉尔②，控制了那里储量丰富的金矿。阿方索五世变得很富有。他是个虚荣而骄傲的人，用羊毛和丝绸挂毯来记载和宣扬自己的胜利。挂毯上画着他的军队潮水般翻越城墙、占领城市，将妇女儿童从家中驱赶出去。

在这些挂毯里，阿方索五世把自己的形象描绘得非常伟岸英武。画中，他和儿子若昂骑马位于战场中央，身披精美铠甲，身旁是黑压压的步兵。他在战场的实际表现远远没有图画中那么光荣。艾西拉的穆斯林想投降，阿方索五世与其进行停战谈判的时候，他那些受到肾上腺素刺激的士兵却自作主张地攻打城墙，而不愿意接受谈判得来的胜利。阿方索五世很快不得不加入混战，与士兵们一起冲上城墙。穆斯林守军措手不及，阿方索五世及其士兵屠杀了约 2000 名穆斯林，俘虏 5000 人，对一些居民躲避进去的清真寺发动了特别残酷的攻击。[23]尽管基督教会禁止奴隶贸易，但阿方索五世有权将俘虏卖为奴隶，因为他从教皇尼古拉五世那里获得了特别许可，只要被卖

---

① 葡萄牙国王若昂一世的儿子杜阿尔特国王是阿方索五世的父亲。若昂一世的另一个儿子司厩长若昂是伊莎贝拉女王的外祖父。

② 丹吉尔在今天摩洛哥北部，位于直布罗陀海峡入口处的北非一侧，是一座历史文化名城。

的人是"撒拉森人、异教徒和其他不信基督的人"。

阿方索五世刚愎自用，鲁莽冲动，并且极其执拗。他曾设定某个日期为登陆日，但那一天黎明时乌云密布、狂风怒号，他仍然坚持要求部队冲上海滩。士兵们跟随他登上适航性很差的船只，一些船只被波涛吞没，或者在礁岩上撞得粉碎。这一天有约200名骑士和步兵溺死，他们的沉重装备把他们拖向海底。这个恐怖事件被记载到某张挂毯上，告诉大家，阿方索五世愿意付出昂贵的生命代价，来换取自己的光荣胜利。

因为阿方索五世惯于呼风唤雨，所以被伊莎贝拉"抛弃"（这是他的看法）后感到"特别恼火"。他可不是那种可以轻易忘记这种怠慢的人。[24] 现在伊莎贝拉的敌人找到办法，煽动他的旧恨，从中渔利。他们提议让他成为卡斯蒂利亚（葡萄牙的长期竞争对手）的国王。对他来说，卡斯蒂利亚是非常有价值的：它囊括了伊比利亚半岛的大约三分之二，而葡萄牙只相当于半岛的四分之一。[25] 阿方索五世因为近期在北非的胜利已经得意忘形，若再掌控卡斯蒂利亚与莱昂，那么他将成为欧洲最强大的君王之一。

伊莎贝拉的敌人甚至可以提出新的联姻，因为小胡安娜（已故的恩里克四世和他的葡萄牙裔王后的女儿）也对卡斯蒂利亚王位有权力主张，并且尚未婚嫁。胡安·帕切科（恩里克四世国王那位宠臣的儿子，与父亲同名）在父亲死后，控制了胡安娜公主。这位公主现年十三岁，被当作与葡萄牙国王阿方索五世联姻的棋子。伊莎贝拉和斐迪南也提出了自己的联姻建议，提议将斐迪南的妹妹（目前在阿拉贡）嫁给阿方索五世。

阿方索五世拒绝了这项提议，而要求伊莎贝拉和斐迪南退位，坚称他的外甥女小胡安娜才是真正的女王。伊莎贝拉回应说，现在那些鼓吹胡安娜有统治权的人，恰恰就是过去坚持说她是野种的人。

卡斯蒂利亚与葡萄牙的争端显然值得忧虑。但在统治的早期——此时她的加冕礼刚刚过了几个月，伊莎贝拉女王还有更优先的事务要处理。为了巩固对自己王国的权威，她用盛大排场来提高王室的地位，增强她的统治。她终于完全自由，并且拥有自己的资源，所以可以采纳奢华的穿着打扮了。斐迪南也是这样。他们的衣服里编织着金线，身上佩戴珠宝，身穿皮草。他们志得意满，衣锦还乡，重返自己之前去过的地方，接受群众的赞颂和崇拜。他们来到巴利亚多利德，他们曾在此地匆匆成婚，以逃避恩里克四世的卫兵和爪牙。但这一次，他们在这里受到了热烈欢迎，人们为他们举办了丰富多彩的聚会、比武大会、斗牛赛、盛大宴会和音乐演出，年轻人在这些场合表演了最时髦的舞蹈。

但两位君主得知阿方索五世的军队正在边境集结，打算入侵卡斯蒂利亚，于是庆祝活动戛然而止。小胡安娜指控伊莎贝拉毒死了她的父亲，非法窃取王位。葡萄牙国王阿方索五世决定帮助小胡安娜报仇，并夺取卡斯蒂利亚王位。

5月底，战争爆发了。阿方索五世率领超过 1 万步骑兵、200 车补给物资、重型火炮和其他辎重，杀入卡斯蒂利亚国境。他大肆炫耀自己的财富，运来了大量黄金十字架、金币和有雕刻图案的银盘，以展示自己的优势力量和资源。"他一掷千金"地笼络卡斯蒂利亚贵族，希望他们接受他与外甥女胡安娜结婚，并成为他们的国王。[26] 舅舅与外甥女结婚需要教皇的特别许可，但国王仍然大力推动自己的计划。阿方索五世在埃斯特雷马杜拉（靠近葡萄牙边境）举办奢靡的庆祝活动，欢庆他与胡安娜的订婚和婚礼，然后又开始备战。

伊莎贝拉和斐迪南也在备战。她负责后勤，他领兵作战。这很快成为他们固定的合作模式。她激烈地敦促他奋勇杀敌，他几乎立刻率军出征。

伊莎贝拉命令国民将战火燃到葡萄牙，攻击葡萄牙大小城镇，而不是坐等葡萄牙军队杀到眼前。她在给全国的一封公开信中写道："诸位知晓，葡萄牙国王堂阿方索及其军队入侵了卡斯蒂利亚，目标是挑起令人发指的暴行。"所以，她宣布，她已经命令堂阿方索·德·卡德纳斯"以血与火对付葡萄牙国王"，攻入他的王国，摧毁那里的城镇和村庄。她希望臣民拿起武器，保卫卡斯蒂利亚，以展现他们对王室的"古老而惯常的忠诚"。[27]

随后是长达九个月的越境袭掠，战线不断转移。伊莎贝拉和斐迪南的动员速度相当快，但还是占下风，因为阿方索五世享有盛誉，是一位久经沙场、老谋深算的老将。战局对伊莎贝拉和斐迪南非常不利。在这场所谓"1475～1479年战争"中，卡斯蒂利亚的权贵不得不再一次选择阵营。很多权贵仍然忠于伊莎贝拉，而其他一些人比较暧昧，还有一位重要的前盟友——反复无常的托莱多大主教阿方索·卡里略干脆叛变投敌了。这位势力强大的高级教士对斐迪南和伊莎贝拉渐渐怨恨起来。斐迪南对他不够尊重，让他恼火；而且斐迪南和伊莎贝拉越来越多地和他的竞争对手门多萨（他夺走了卡里略的红衣主教位置）合作，也让他不爽；而且为了炼金术士的事情，他还和伊莎贝拉发生了令人窘迫的公开冲突。如今，伊莎贝拉最需要卡里略帮助和支持的时候，他背叛了她。

伊莎贝拉骑马来到卡里略的要塞，希望他能帮忙防御外敌。然而大主教通过一名信使粗暴地通知她，他已经改换了阵营。他对自己的仆人说："如果女王从一扇门进来，我就从另一扇出去。"[28] 她被这骤然的形势逆转震惊了，因为卡里略大主教在将近十年里一直是她的盟友。有观察者说她跪了下来，向上帝祷告，感到自己孤立无援。自从她和卡里略大主教一起支持她的弟弟阿方索王子以来，大主教就一直在她身边，如今他的背叛对她伤害极深。

但她到人生的这个阶段已经体验了许多失望，所以她像往常一样，很快重整旗鼓，继续前进。她大力笼络叛变的贵族，表示只要他们放下武器，就宽恕和奖赏他们。在不到一年的时间里，她的努力收到了成效，大局开始向她的方向扭转。阿方索五世不得不将军队撤离卡斯蒂利亚，以保卫葡萄牙境内的遭到伊莎贝拉攻击的各城市。

1476 年 3 月 1 日，在规模很大的托罗战役中，双方终于发生了大决战。葡萄牙军队的指挥官是阿方索五世、他的二十一岁儿子若昂王子和反戈一击的托莱多大主教卡里略。另一方是伊莎贝拉的军队，指挥官是斐迪南、阿尔瓦公爵、红衣主教门多萨和其他的卡斯蒂利亚贵族。当天雾气弥漫、大雨瓢泼，战场血腥而混乱，爆发了激烈的肉搏战。这一天有数百人，可能多达一千人阵亡。死亡的葡萄牙人当中有些不是战死的，而是在黑暗与混乱中溺死在杜罗河。

我们很难准确地了解当时的战局，因为葡萄牙和卡斯蒂利亚的记载不同。若昂王子指挥的部队打赢了他们那部分的战斗；斐迪南国王指挥的部队打赢了另一部分的战斗。但最能说明问题的，是阿方索五世率领溃败的军队逃离了战场。卡斯蒂利亚人缴获了他的战旗，即葡萄牙王旗。一位名叫杜阿尔特·德·阿尔梅达的葡萄牙勇士努力夺回王旗，但失败了。德·阿尔梅达用右臂举着王旗，对方砍断了他的右臂，于是他将王旗转移到左臂，坚持战斗。然后他的左臂也被砍断，于是他用牙咬着王旗，直到最后牺牲。不过葡萄牙人后来收复了王旗。

此役的结局没有决定性。但伊莎贝拉运用天才的政治宣传手段，将此役描绘为卡斯蒂利亚的辉煌胜利。双方其实互有胜负，但在卡斯蒂利亚，斐迪南被追捧为胜利者，而阿方索五世被描绘为怯懦的败军之将和笑柄。按照中世纪的习惯，抢占敌人军旗也算是胜利。伊莎贝拉宣布这是上帝的意愿和对他们统治的佑护。在托尔德西利亚斯的圣保罗修道院，冬季寒风中，她赤足行走，向上帝感恩，并起誓在托莱多建造一座修道院和教堂，以永久纪念此次胜利。

操控国民对战役的观感，比战役实际的结果更能有力地影响民意，最终让他们相信政府宣传的版本。一群研究了此次战役及其后果的西班牙历史学家写道："托罗战役不是军事胜利，而是政治胜利，所以它是一个决定性事件，因为它结束了卡斯蒂利亚的内战，有利于天主教双王。"[29]

但和平并没有很快降临，而是在随后四年里渐渐促成的，双方还蒙受了一些生命损失。战争直到1479年才正式结束，伊莎贝拉直接与她的葡萄牙姨母比阿特丽斯（伊莎贝拉母亲的妹妹）谈判，缔结了和约。这些谈判的级别很高，因为他们代表着家族的关系。比阿特丽斯是阿方索五世的堂姐，也是若昂王子的岳母，所以与战争双方都既是血亲又是姻亲。她是个非常睿智的女人，就像她的母亲（即伊莎贝拉的外祖母）一样。最终大家都同意遵守她制定的和平条件，以解决争端。

战争的第一年之后，阿方索五世本人就不再参战。不过由于他原本享有极高的军事声誉和地位，所以打成平手的托罗战役对他仍然是一次可耻的失败。他有些沮丧，寻求法兰西的增援和支持，在那里待了一年，恳求法兰西出兵，但完全是白费工夫。他逐渐认识到，不讲信誉的路易十一国王在考虑将他转交给斐迪南。他开始计划乔装打扮，逃离法兰西，路易十一羞愧地命令安排船只送这位受辱的国王回国。[30]阿方索五世回到葡萄牙，与儿子若昂分享权力，后者使用了"若昂二世国王"的头衔。阿方索五世于1481年在一家修道院去世。他曾轻蔑地把斐迪南和伊莎贝拉视为不过是任性的黄口小儿，最后却被他们打得一败涂地。年轻的若昂二世国王接受了停战协定，但满腹怨恨，继续敌视伊莎贝拉女王。她则在卡斯蒂利亚警惕地观察他的动向。

小胡安娜的生活也垮掉了。她的父亲恩里克四世国王（如果真的是她父亲的话）没有为她的未来做有效的保障。她的母亲胡安娜王后，即恩里克四世的妻子，后来又生了两个私生子，于1475年在马德里去世，享年只有三十六岁，死因不明。她给自己曾经非常骄傲的兄长葡萄牙国王阿方索五世丢尽了脸，后者为了支持她女儿的事业和捍卫家族荣誉所做的努力酿成了凄惨的大祸。"有人说她是被兄长毒死的……也有人说她是因为企图堕胎而死的，"学者南希·F.马里诺写道，"她死的时候，无人为她哀哭。"[31]

母亲死了，丈夫阿方索五世又跑到法兰西，抛弃了她，小胡安娜孤苦伶仃。伊莎贝拉与比阿特丽斯商定的停战协定给了胡安娜进入女修院的选择，她同意了，要么是自愿当修女，要么是因为相信自己别无选择。战争爆发四年后，胡安娜进入了葡萄牙科英布拉的圣克拉拉女修院，后来搬到圣乔治城堡。她始终没有放弃自己的信念，即她才是合法的女王，毕生都用"我，女王"来给书信签名。但她深居简出，没有给任何人制造麻烦，似乎一直过着正常生活，直到1530年去世。

伊莎贝拉有没有篡夺胡安娜的王位，取代她成为女王？小胡安娜可能真的是恩里克四世的女儿，理应成为女王。但她母亲的放荡成性肯定让人怀疑小胡安娜的合法性。恩里克四世自己的性行为也招致更多质疑。

在三十四年的成年生涯中，恩里克四世度过了二十年的婚姻，先是娶了布兰卡，然后是胡安娜，却没有生出别的孩子来，不管是合法的还是私生子。与他同时代的其他君主，生的孩子比他多得多。英格兰国王爱德华四世有十个合法儿女，可能还有五个私生子；马克西米利安一世有两个合法孩子，十二个私生子；作为红衣主教，罗德里戈·博吉亚理应守贞，却有四到八个孩子。法兰西国王路易十一至少有八个孩子；阿方索五世至少有五个儿女。很多女人若能为国王生孩子，一定会感到万分荣幸。我们简直可以肯定，恩里克四世国王有某种生殖系统疾病，他的医生也认为他不育。如果他是同性恋，那么可能对女性也有很低程度的性欲。

伊莎贝拉对这些情况知晓多少？或许很多。她曾作为胡安娜王后的侍女，在宫廷生活，所以能够直接地、近距离地、全天候地与年轻的王后接触。她可能亲眼看到过一些事情，因此确信小胡安娜不是恩里克四世的骨肉。

或许，伊莎贝拉对胡安娜的合法性不能百分之百确定，但相信自己是上天注定要统治国家，国家也需要她的统治。她显然对王国的许多问题高度关注和尽心尽责，登基之后就立刻开始处置近几十年来持续恶化的许多亟待解决的问题。没有任何迹象表明胡安娜对广大公民有任何责任感。

＊　＊　＊

不管伊莎贝拉女王登基是否具有合法性或最终的正当性，葡萄牙的威胁开始消散之后，她就将全副精力转向卡斯蒂利亚面对的问题。1476 年 4 月，她召开了她的第一次行政议事会，即国会。她面临着令人生畏的巨大挑战。王国的货币贬值，财政一团糟，消费者遭到欺骗，犯罪分子猖獗而有恃无恐。她开始努力解决这些问题，没过多久就取得了一些了不起的成功。

她恢复了武装民兵的旧制度，即所谓"神圣兄弟会"。神圣兄弟会其实就是各城镇授权的执法武装力量，任务是抓捕罪犯。这些神圣兄弟会单位的开销由各城镇承担，很快被组织成一种独立的、向王室负责的民兵，得到训练，负责维持治安，听命于卡斯蒂利亚女王伊莎贝拉。伊莎贝拉亲自主持了很多审判。有些批评者或许会质疑，被指控的犯罪嫌疑人在遭到草草的判决（最高惩罚是死刑）之前，有没有受到正当程序的审判。但大多数人很感激，因为在几十年的无法无天之后，治安终于得到了恢复。

伊莎贝拉还调整了御前议事会的人员构成。在她兄长当政期间，御前议事会被贵族主宰。她的新议事会里有三名贵族和九名律师。议事会的领导人是一位教士；她早期的人选之一是改宗犹太人阿方索·德·布尔戈斯。通过这种手段，她提高了政府管理的专业化程度，培养了一个官僚系统，其成员为受过教育的精英人士，凭借功绩而非高贵的出身得到任命。她常选择改宗犹太人担任要职，这凸显了从中世纪的管理原则转变为近代化的原则。这种做法也鼓励更多犹太人看到皈依基督教的好处。

她还对教会进行了新的审查。她鼓励学术，重视教士的教育，并努力涤荡教会的腐败。在整个基督教世界，教会的腐败都越来越引人关注。

伊莎贝拉女王努力处置各式各样问题的时候，她的盟友们关切地观察着她。改宗犹太人廷臣埃尔南多·德尔·普尔加尔在给西班牙驻罗马大使的信中写道，她"太年轻"，就承担起了管理"这么桀骜不驯"的民族的重任，"每个钟头都在听取这么多建议、这么多信息，而且它们互相矛盾……包含那些让普通人的耳朵难以分辨的弄虚作假的言辞"[32]。他补充道，犯罪非常普遍和猖獗，所以她不得不肩负这些重担，因为"由于缺乏司法，国家面临遭到永久天罚的威胁"。

但伊莎贝拉一直在考虑她的日程表上最重要的一项任务：组建并维持一支大军，去攻击信奉伊斯兰教的格拉纳达埃米尔国，她相信格拉纳达可能成为穆斯林力量再度进攻伊比利亚半岛的桥头堡。放眼未来，她担心与征服者穆罕默德二世（不断扩张的奥斯曼帝国的统治者）必有一战。她还为保护自己的家庭而担忧。她的家庭终于又开始增添枝叶了。

十一　伊莎贝拉的部落

　　小伊莎贝拉（与母亲和外祖母同名）快到八岁的时候，终于有了个弟弟。

　　她的母亲伊莎贝拉女王在漫长七年中未曾生育，一直在等待和希冀，因为对王室来说，繁衍子嗣是最重要的责任。伊莎贝拉女王焦急地求医问药；她在圣所祷告，寻求那些被认为能帮助生儿育女的圣徒的佑助；她斋戒禁食，自我惩罚。在这些年里，她至少流产过一次，而且是个男孩，所以尤其令人失望。

　　1477 年秋季，斐迪南回家待了几个月，问题就自然解决了。伊莎贝拉又一次怀孕，这让大家长舒了一口气。她之前承受了极大的压力。1478 年 3 月，一位廷臣在给斐迪南的信中写道："这真是喜事，陛下，因为这是西班牙最重大的事情，没有比它更重要、更让人渴望的了。"[1] 等待孩子降生的时候，斐迪南热切地祈祷这是个儿子，并发誓，如果他的愿望实现，他会好好感谢上帝。而伊莎贝拉已经有了如何表达对上帝的感激的想法。

　　1478 年 6 月 30 日，孩子出生了。这一年伊莎贝拉二十七岁。分娩是按照王室的规矩办的：伊莎贝拉由产婆照料，室内挤满了贵族和市政官员，他们将见证这孩子的确是女王所生。伊莎贝拉终于产下婴儿时，整座城市欣喜若狂。疯狂而喧闹的庆祝活动持续了三天三夜。

　　这是个男孩，是大家期待已久的男性继承人，小伊莎贝拉

的出生造成的失望被迅速抛在脑后。他们给婴儿取名为胡安，
与他的祖父和外祖父同名。胡安也是伊莎贝拉的主保圣人
（福音书作者约翰）① 和斐迪南的主保圣人（施洗约翰）的名
字。但伊莎贝拉因为特别喜悦，在说到自己儿子时，常常称他
为她的"天使"。他长着淡金色头发，容貌精细，看上去还真
有点像小天使。全国的西班牙人都兴高采烈，这个男孩的诞生
被认为是上帝恩宠的明证。这孩子将同时统治卡斯蒂利亚和阿
拉贡，让两个目前仅仅由联姻而维系的王国得到永久性的政治
联合。

　　与伊莎贝拉女王及其女儿伊莎贝拉出生的冷清不同，这个
男孩的降生受到了无比热烈的隆重欢迎。胡安王子诞生大约一
周后的 7 月 9 日，塞维利亚街头举行了盛大游行，从王宫一直
走到大教堂，成群结队的观众和祝福者挤进狭窄街巷，为男性
继承人的诞生而欢呼雀跃。孩子的保姆骑着一匹骡子，怀抱裹
着锦缎的婴儿，在锦缎华盖下前进，两侧是八名身穿黑色天鹅
绒大氅的市政官员。后面跟着三名年轻的宫廷侍从，捧着黄金
和钱币的赠礼。衣着光鲜的廷臣争抢游行队伍中的位置；教士
高举白银十字架。塞维利亚大主教佩德罗·冈萨雷斯·德·门
多萨（他对王室的支持换来了红衣主教冠冕的奖赏）亲自主
持洗礼。

　　"城里所有教堂的所有十字架"都被搬到室外，以迎接游
行队伍。"数不胜数的乐师演奏着五花八门的乐器，包括喇
叭、鼓和笛子"，欢迎小王子。[2]

　　一个月后，举办了第二场典礼，比之前那一场更豪华。这

---

　　① 西班牙语里的"胡安"相当于英语的"约翰"。

一次，身体已经恢复的伊莎贝拉女王也在游行队伍中，身披镶嵌珠宝、带有闪闪发光珍珠的长袍，周围环绕着卡斯蒂利亚的最高级廷臣。她在教堂主祭坛前，参加了大弥撒。

编年史家安德烈斯·贝纳尔德斯记载道："女王去做弥撒，将王子展示给圣殿，并按照神圣教会的规矩，胜利地将孩子奉献给上帝。"这话显然是在类比《新约》中婴儿耶稣被展示给上帝的故事。[3] 根据《路加福音》，玛丽亚和约瑟在耶稣出生四十天之后，按照犹太人的风俗，将他带到耶路撒冷的圣殿。女王的这种仪式在中世纪很流行，目的是向上帝祈祷，为母亲的安然无恙和婴儿的健康而感恩上帝。

的确，在忠诚的西班牙人看来，胡安的诞生是个神圣的奇迹。伊莎贝拉和斐迪南越来越多地被比作神圣家族，尤其是伊莎贝拉被认为是丰饶的母亲的典型，在天主教的思维中是玛丽亚那样的人物，即生育了神圣的男孩的女人，不仅是世俗的女王，也是上天的女王。对宫廷的改宗犹太人（即犹太人血统的天主教徒），如迭戈·德·巴莱拉、埃尔南多·德尔·普尔加尔和伊莎贝拉的新任忏悔神父埃尔南·德·塔拉韦拉来说，这孩子的诞生简直就是《圣经》里预言的那种事件。普尔加尔在给一位同僚的信中写道："很显然，我们相信，这是上帝给我们的礼物，因为在漫长的等待之后，上帝把小王子赐给我们。"

女王有义务给王国生下男性继承人，这是她欠王国的债，如今还清了。至于我，我相信他一定会成为世界上最受欢迎的王子，因为所有受到热切期待而生的孩子都是上帝的朋友，正如以撒、撒母耳和圣约翰……并非没有理由。因为他们都是在许多祈祷和牺牲之后被怀上并出生的……因为上帝摈弃了恩里克四世的神庙，也没有选择阿方索的部落；而选择了他更喜爱的伊莎贝拉的部落。[4]

儿子出生的喜悦抵消了前些年的一些愤恨。伊莎贝拉那么长时间没有怀孕，一点都不奇怪，因为斐迪南在她成为女王之后的几年里几乎一直不在家。首先是针对葡萄牙人的战争，这是说得过去的理由，因为斐迪南常常需要领兵作战。但夫妻异地的时间往往很久。在她统治初期的几个月，伊莎贝拉和丈夫在一起，但 1475 年的余下时光他们是分开的。1476 年，夫妻俩在一起的时间只有大约十一周，有四十一周是分开的。1477年、1478 年和 1479 年，他们一起待的时间是每年只有一半。我们很难想象，互相深爱的人会甘愿如此长期分居。

1475 年 5 月斐迪南的一封信表明，如今夫妻分居是伊莎贝拉的主意，而不是他希望的，或许是因为她一直在马不停蹄地拼命工作，并奔波忙碌，以处理朝政：

> 我的夫人，现在很清楚了，我们俩当中谁更爱对方……我看到，我在辗转难眠的时候，你还可以快活，因为信使接踵而至，却没有你的信。你不写信给我，不是因为没有纸，也不是因为你不会写字，而是因为你不爱我，因为你骄傲……啊！有一天你会恢复旧时对我的爱。如果没有的话，我一定会死，那就是你的罪责了。[5]

伊莎贝拉是否真的有时对斐迪南不好？至少有一位观察者说，她对他漫不经心，对他发号施令。一位外国宾客写道：

"女王才是君主，国王不过是她的仆人。不管她做出什么决定，他马上照办。"[6]

他们肯定有过口角。1475 年 7 月，在托尔德西利亚斯，当着别人的面，他们发生了激烈争吵。斐迪南此前离开了托尔德西利亚斯去讨伐葡萄牙人。敌人来了，严阵以待，而斐迪南的补给不多了。他寡不敌众，决定撤回托尔德西利亚斯，收集补给和增援部队。伊莎贝拉认为这是他的怯战和失败，对他加以苛评，话里带着讥讽："虽然我们妇道人家没有智力去判断，没有勇气去实践，也没有舌头可以说话，但我发现，我们有眼睛去看。真相就是，我看到一支大军在托尔德西利亚斯离开了战场。虽然我是女人，也能看得出，有了这样一支大军，我一定能征服世界，因为它包括那么优秀的骑士、战马和士兵。"[7]她告诉他，他必须更勇敢："任何事情不开头，就不可能有成效。"

斐迪南则为自己辩护，说他的兵力只有敌人的十分之一，如果交战，必然造成大量人员死亡。他说，她似乎对他们没有取得胜利而活着回来感到失望，却没有给出更合适的"慰藉之词"。[8]"天下的男人没有一个能让你满意。"他愤恨地对妻子说。不久之后，就爆发了托罗战役，至少在实际的层面上，他们胜利了。

托尔德西利亚斯的那次争吵不是他们的唯一一次。他们还因为其他女人，以及斐迪南对女王不忠而争吵。我们知道的他的荒淫作乐都是在远离宫廷的地方，比如他回到家乡巴塞罗那，或者在他自己的王国其他地方旅行的时候，但有时他在离宫廷很近的地方也会偷腥。

有一个因为擅长勾引男人而臭名远扬的年轻女子通过与伊

莎贝拉的密友比阿特丽斯·德·博瓦迪利亚的关系，来到了宫廷。比阿特丽斯深得女王宠信，因此她的亲戚也能接近宫廷。这名女子是比阿特丽斯的侄女，也叫比阿特丽斯·德·博瓦迪利亚，十分美艳迷人。她很快吸引了斐迪南的眼球，没过多久就与他打得火热。这名年轻女子的父亲曾是王室狩猎官，这在宫廷引发了许多粗俗下流的笑话，人们讲到情人们跟踪和捕捉猎物，不禁窃笑。有人在年轻的比阿特丽斯的家门上用木炭作画，意大利廷臣巴尔达萨雷·卡斯蒂廖内说画的是"淫荡的动物"。女王恰好有一次经过，看到了这些画。宫廷的一位才子大胆地向女王指出这些画，说道："陛下，请看博瓦迪利亚小姐每天打猎时杀死的猎物的脑袋。"[9]这句笑话很聪明，但一定让女王感到羞耻和尴尬。

女王最后命令让年轻的比阿特丽斯嫁给访问宫廷的一名贵族，然后把新婚夫妇派到遥远的加那利群岛，去镇压造反的土著。以这种方式被嫁出去然后送走的年轻女人，不止比阿特丽斯一个。这种处理男女关系的手段变得单调乏味或笨拙，但没有记载表明斐迪南对此发表过抗议。或许他自己也对这些年轻女人腻烦了，并不介意妻子帮他解决掉潜在的不愉快结局。

在教会的管理上，国王和女王的意见也不一致。伊莎贝拉致力于改革教会，罢免那些把教会职位当作捞油水的闲职的人，代之以真正有心布道和领导信众的神父与修女。她一定感到非常恼火，因为斐迪南在为他的私生子谋求一个教会职位，而这种行为恰恰就是教会改革家们正在大力抨击的。

1475年年末，斐迪南的私生子哥哥阿拉贡的胡安去世了。他们的父亲曾安排让胡安成为萨拉戈萨大主教，这是阿拉贡王国最高的教会职位，负责督导许多信徒的灵魂，并且控制着大量财富、大片土地和许多臣民。现在，这个职位空缺出来了，斐迪南请求父王将这个职位交给他自己的私生子，阿拉贡的堂阿隆索，他此时六岁。[10]他的请求是有问题的：一个六岁的孩子如何为信众提供精神上的指导？而且这显然是腐败行为，因为它的目的很明显是控制教会资金，这些资金将由六岁的大主教或其父亲管理和使用。更糟糕的是，这个职位已经被许给了一位非常有资格的成熟的教士奥西亚斯·德·普吉奥，他已经在做接任大主教的准备工作了。

1476 年 3 月，斐迪南又一次提出了请求。梵蒂冈更认可的人选奥西亚斯拒绝让步。斐迪南和他的父亲警告奥西亚斯，若他坚持要求这个职位，他的家族在阿拉贡的地产将被没收。此时奥西亚斯明智地放弃了。教皇西克斯图斯四世很快妥协，任命斐迪南的儿子（此时已经七岁了）为萨拉戈萨大主教。

伊莎贝拉真诚地希望消灭买卖圣职，以及授予圣职过程中的贪腐恶行。对她来讲，上述谈判在多个层面是非常敏感的。她非常不赞同斐迪南为其私生子做的那种事情。与丈夫不同，她始终为教会职位寻找最坚强和最优秀的人选。梵蒂冈官员一般不喜欢被国王和女王们强迫任命他们选择的人到教会职位上，并称这种举动为俗人授职。但伊莎贝拉选择的人都非常符合教会的无私利他的理想。梵蒂冈历史学家路德维希·帕斯托尔写道："但我们必须说，伊莎贝拉运用自己的特权，去提携那些真正出类拔萃的人。"而在那个时代，大多数教会职位都被富人和人脉强的人纳入囊中，而不是那些真正有资格配得上的人。[11]

* * *

伊莎贝拉和斐迪南在某些方面有分歧，但在其他方面，他们的宗教信念、王朝雄心和神圣使命感将他们凝聚在一起。为了庆祝斐迪南在托罗战役"打败"葡萄牙人的所谓"胜利"，伊莎贝拉开始在托莱多建造一座新教堂。她将其命名为"王家圣约翰教堂"，以纪念她已故的父亲（卡斯蒂利亚国王胡安二世）和斐迪南仍然在世的父亲（阿拉贡国王胡安二世）。这个名字也能同时纪念他们夫妻的主保圣人：福音书作者约翰和施洗约翰。

　　伊莎贝拉对建筑越来越感兴趣，在这座教堂的工程里开始研发自己的风格和品味，将所谓的银匠式风格①发展和改造为后来所称的伊莎贝拉风格。这种风格包含传统的伊比利亚元素，有朴素但高耸且洞穴状的哥特式内部结构，外部有丰富的雕塑装饰，这些雕塑全都是用金色岩石制作的。很快，萨拉曼卡、塞哥维亚、巴利亚多利德、杜罗河畔阿兰达、布尔戈斯和塞维利亚就涌现了以这种风格建造的教堂、大学和医院，全都带有她的个人徽记，包括她的纹章和"轭与箭"图案，即象征她与斐迪南婚姻的铭刻符号。代表戈耳狄俄斯之结的绳索将这些元素连接起来。这是著名的传说中亚历山大大帝遇到的戈耳狄俄斯之结的典故，他解开这个难解的结的办法，就是用剑将它砍断。这本身就带有含义：为了达到目的，可以不择手段。

　　第一座伊莎贝拉风格建筑，也是最清晰地带有她个人徽记的，就是王家圣约翰教堂。1477 年开工，不到一年的时间，

①　银匠式风格（Plateresque）是 15 世纪末在哥特风格晚期与文艺复兴风格之间在西班牙出现的一种艺术（主要是建筑）风格，在随后两个世纪得到发展。它吸收了摩尔人风格、哥特式和伦巴底装饰元素等，在神圣罗马皇帝查理五世时期达到巅峰。

教堂和它附带的修道院已经有一些圣方济各会修士住下。但1479年女王和国王前来视察工程的时候，她发出了极其严苛的批评。据说，她问道："你们就给我造了这么个玩意儿？"[12]

在女王监督下，建筑师胡安·瓜斯迅速设计了更复杂和精美的方案。伊莎贝拉的品位也在发展，符合正在开始时髦的文艺复兴风格的最新潮流，后来她在罗马赞助了风格完全不同的建筑。但在卡斯蒂利亚，这种风格成为她的标志，融合了古典、伊比利亚和穆斯林主题。这些建筑成了她来，她见，她征服①的地点的永久性视觉记载。

斐迪南和伊莎贝拉在罗马联合建造的建筑，是为了纪念他们的儿子胡安的出生，后来成为世界建筑史上的一大杰作，称为小圣殿。它的位置在伊莎贝拉和斐迪南相信圣彼得于约公元64年被钉死在十字架上的地方。耶稣曾称圣彼得为"磐石"，要将自己的教会建造在这磐石上。②据说圣彼得死在尼禄皇帝发起的对基督徒的一次大镇压期间，尼禄怪罪罗马的基督徒纵火烧毁了城市。圣彼得受难的具体地点已经不可考，但斐迪南和伊莎贝拉选择的地点很有传奇意义，并且与一座更早期的纪念性建筑——古罗马的灶神庙有联系。灶神是炉灶、家和家庭的女神。

后来，这个地点建造起了一座古老的修道院，称为蒙托里奥圣彼得修道院，有几百年历史。到15世纪70年代，这座修道院年久失修，被人遗弃。1472年，教皇西克斯图斯四世决

---

① 典出恺撒的名言"我来，我见，我征服"（Veni, vidi, vici）。前47年，恺撒挥师小亚细亚，仅用几周就击败博斯普鲁斯国王法尔纳基斯二世（济莱战役），向元老院报告时用了这句话。

② 典出《新约·马太福音》，16：18。

定翻修它。他要求自己的私人忏悔神父阿马德奥·梅内斯·达·席尔瓦承担此项翻修工程。[13]这就与伊莎贝拉女王拉上了关系，因为僧人梅内斯·达·席尔瓦曾是一位葡萄牙贵族，巧合的是，就是比阿特丽斯·德·席尔瓦（前文提到的创立了圣母无染原罪会的圣徒般贵妇）的兄弟。

比阿特丽斯的兄弟阿马德奥对翻修神圣场所的新职责特别上心，声称自己在那里的一座洞穴曾目睹神秘的幻象。这为翻修工程吸引到了更多赞助。1480 年，小王子胡安两岁的时候，斐迪南国王宣布自己打算为工程付款，因为他曾起誓要为圣彼得建造一座教堂。[14]这就是斐迪南和伊莎贝拉为得到一个儿子的恩赐而感谢上帝的办法。

阿马德奥·梅内斯·达·席尔瓦于 1482 年去世。几年后，斐迪南和伊莎贝拉将工程交给他们派驻罗马的大使贝尔纳迪诺·洛佩斯·德·卡瓦哈尔。他则将建造这座特别有纪念意义的建筑的任务交给了一位默默无闻、来自米兰的中年建筑师。此人凭借融合古代与现代的建筑风格以及建造装饰性建筑，开始声名鹊起。他的名字是多纳托·布拉曼特，他为斐迪南和伊莎贝拉建造的建筑后来被誉为意大利文艺复兴极盛期建筑的第一个典型。许多代的艺术史学家将为之喜悦和惊艳。这座教堂有穹顶和多利亚式立柱，据《世界建筑地图集》的说法，"圆形的平面图象征神圣的完美"，"受到古代神庙的启发，小圣殿既是对古典世界的颂扬，也是基督教的纪念建筑"。[15]

* * *

胡安 1478 年出生时，似乎缓解了他父母间的紧张气氛，并让他们得以将自己宣扬为蒸蒸日上的基督教王室，拥有悠久历史和大好前程。1479 年之后，斐迪南和伊莎贝拉相伴的时间比分离的时间多。孩子们接踵而至。

1479 年 11 月，在托莱多，伊莎贝拉又一次分娩，这一次生了个女儿，取名为胡安娜。她的名字也是为了纪念所有名叫约翰/胡安的伟人。一位游吟歌手在歌颂孩子的出生时说："就这样，他们用光荣的约翰的名字给她命名，就是上帝在凡人当中选择的约翰。"[16]

但这一次，这个名字有特别意义，因为在这年 1 月，斐迪南的生性好战而坚忍不拔的父亲终于去世，享年八十一岁。斐迪南继承了他，终于成为阿拉贡、巴伦西亚、加泰罗尼亚和西西里岛的统治者。他新出生的女儿是对祖父胡安二世的坚定决心——他的亲骨肉将要统治整个伊比利亚——的纪念和佐证。这是个非常漂亮的孩子，比恭敬顺从的姐姐伊莎贝拉公主和可爱可亲的哥哥胡安更冲动和任性。

伊莎贝拉又怀孕了，与之前几次怀孕相比，身体笨重得多，也难受得多，所以难以旅行。1482 年 6 月，三十一岁的女王在科尔多瓦分娩，很快就发现，这次分娩有些不同寻常。她很快生了个孩子，但又阵痛了一天半，生了第二个孩子，即双胞胎的第二个，然而是个死胎。双胞胎中活下来的那个，是个金发的女孩，被取名为玛丽亚。但在这戏剧性的出生之后，玛丽亚的童年很少引起大家注意。她已经有三个哥哥姐姐，因此在人群中默默无闻，恭顺地服从父母。

三年后，伊莎贝拉女王又生了个小女孩，取名为卡塔利娜（即凯瑟琳），以纪念他们的祖先兰开斯特的凯瑟琳。1485 年12 月 16 日，这个孩子降生于一个越来越辉煌壮丽的世界，出生在埃纳雷斯堡一座宫殿的一个装饰着美丽挂毯的卧室，排场富丽堂皇。她强健、聪明而坚定，外貌很像姐姐们，皮肤白皙，草莓金色头发，长大一些后发色变深，成了浅红褐色。她后来获得了一个绰号，在未来人们的心目中与她父亲的世袭王国联系起来。她后来被称为阿拉贡的凯瑟琳，不久之后就被称为威尔士王妃，未来的英格兰王后。在伊莎贝拉的所有儿女当中，凯瑟琳最像母亲。

伊莎贝拉女王在分娩时总是带着她一贯的坚忍不拔和超乎寻常的刚毅。一位宫廷观察者说："我从侍奉她的侍女那里得知，不管是她患病还是生产而蒙受痛苦的时候……她们从未见过她抱怨，而是以令人惊叹的坚毅默默承受。"[17]

伊莎贝拉三十五岁的时候有了五个孩子，她的家庭圆满了。这位独立的女王曾经轻松地跳上马背，毫无困难地到处旅行。如今，她旅行时必须带着庞大的随行队伍。宫廷仍然是巡回式的，所以女王不仅需要到处搬运她自己的器物，还有一大群孩子在不同的成长阶段需要的各种东西。

他们经常旅行，因为治国理政的需求从来不会放松。例如，1481年年初，伊莎贝拉女王在梅迪纳·德尔·坎波，2月去往巴利亚多利德，在那里一直待到4月，然后去了阿拉贡的卡拉泰乌德。6月，她去了拉穆埃拉，然后是萨拉戈萨。从8月到11月，她在巴塞罗那。12月，她和斐迪南几乎每天都在旅途中，从莫林斯—德雷伊到塔拉戈纳、康布里拉、佩雷略、托尔托萨、圣马特奥、阿尔梅纳、莫维德罗、巴伦西亚，在这一年的最后几天回到了莫维德罗。

旅行可不是轻松的事情。1489年，伊莎贝拉女王雇用了约四百名廷臣、内廷幕僚和仆役，他们全都要随同她旅行。[18]她的薪水最高的侍女代表着国内地位最高的贵族女子，不仅包括比阿特丽斯·德·博瓦迪利亚（如今的头衔是莫亚侯爵夫人），还有特雷莎·恩里克斯、伊内斯·曼里克、玛丽亚·德·卢纳，埃莉诺·德·索托马约尔和安娜与比阿特丽斯德·门多萨。随行人员还有卫兵、侍从、侍酒、厨师、洗衣女工、乐师和御医。伊莎贝拉的职责包括为所有这些人提供衣食住行。

她的孩子们各有自己的内廷人员。1493 年，胡安王子十五岁，有八十二人侍候。凯瑟琳十三岁的时候，有十五人为她服务。[19]

长途旅行的时候，女王的队伍很长。大约在这个时期访问卡斯蒂利亚的朝圣者特策尔描述了他目睹一位贵族的巡回宫廷旅行的盛况。据他记载，贵族本人会骑骡子，仆人们步行跟在他旁边，有时沿途要搜寻饮食，然后迅速及时为主子准备餐饮并安排住宿地或露营地。他看到有些仆人累得"路都走不动"。他对他们的坚毅肃然起敬。特策尔说："西班牙人是能够忍耐饥饿和吃苦耐劳的民族。"[20]

骑马或骑骡子旅行，并带着满载物资的大车，不仅让人疲劳，而且对安排筹划工作也是个考验，因为伊莎贝拉和斐迪南在各地旅行时需要保持王家的气派和风度。例如，孩子们的服饰和外表不仅是值得骄傲的，也是统治国家的必需条件，表达了家族的社会地位和重要性。他们穿的是镶嵌珠宝的天鹅绒或锦缎袍子。这些衣服都需要清洗、缝补和运输。每到一处，都需要摆出王室的排场，这意味着画作、配插图的手稿、挂毯和地毯也需要跟随王室，运输到各地。宫廷文书、司法命令和书信被装在大型皮箱和金属箱里运输。

伊莎贝拉深刻认识到自己的教育有空白，所以特别重视孩

子们的成长和教育。她童年时没有学过拉丁文，不得不在成年
之后恶补。她为自己雇用了一名教师，即女学者比阿特丽斯·
加林多。伊莎贝拉和宫廷的所有女士，包括她的女儿们，都要
学拉丁文。

伊莎贝拉在用拉丁文时犯过错，感到羞耻，于是小心地避
免她的孩子们重蹈覆辙。她一定要让自己的孩子享有第一流的
教育，因为他们将来要在文化水平最高的圈子里活动。伊莎贝
拉对女童教育的高度重视促使欧洲各地的女性教育发生了一场
革命，因为她的宫廷为独立统治或与丈夫合作统治的女王/王
后设立了新的标准。在伊莎贝拉女王的督促和严格要求之下，
她的孩子们得到了水平极高的教育。

伊莎贝拉的孩子们不仅学习《圣经》，圣奥古斯丁、圣哲
罗姆和圣格里高利的著作，还学习古典作品，如塞内卡、普鲁
登提乌斯①和罗马历史学家们的作品。她和其他西班牙贵族自
认为是希腊人的后代，因此既熟悉《圣经》世界，也热爱古
典世界。

伊莎贝拉为男孩们聘请的教师是聪明绝顶的意大利人文主
义作家和学者安杰拉的彼得·马特，也叫佩德罗·马蒂尔·
德·安杰拉，他在宫廷的位置给了他一个独特窗口，得以了解
西班牙历史和国际事务。他把孩子们培养成令全欧洲惊叹的神
童。荷兰学者伊拉斯谟后来说凯瑟琳"作为一个女人，渊博
到了奇迹的程度"，并且比她最终的丈夫、博学的亨利八世国
王更精通学术。[21]胡安娜公主能够和外国廷臣轻松而随意地用

---

① 普鲁登提乌斯（348～?），古罗马的基督徒诗人，可能出生于西班牙北
部。

拉丁文交谈。她十几岁的时候，已经可以背诵拉丁文诗歌，并自己写诗。

宫廷教育是以学院的形式，著名学者引领孩子们进行亚里士多德式的研讨和辩论。艺术家和学者与贵族耳鬓厮磨，分享思想和观点，创作诗歌、谣曲、警句。很快，他们还开始创作早期的小说。一位研究文艺复兴艺术的学者说："伊莎贝拉宫廷的一大特点就是她大力赞助艺术家，以及她对文化的热爱。她是这种艺术政策背后的推动力量。一些画家完全靠王室的赞助为生，例如胡安·德·佛兰德、梅尔希奥·阿莱曼（米歇尔·西托）①……伊莎贝拉对艺术的慷慨赞助成为一时风尚，西班牙的豪门大族纷纷效仿。"[22]

除了创作文艺作品之外，这些艺术家还要教导王室的孩子及其侍从与仆人。胡安王子早年是由一名多明我会修士教导的，此人是萨拉曼卡大学的教授。孩子们长大之后，课程的范围也扩大了，包括教理问答②、拉丁文、卡斯蒂利亚语语法、教会史、世俗历史、哲学、纹章学、绘画、音乐和歌唱。一位德意志学者描写了彼得·马特上的一堂拉丁文课，孩子们围绕在他身旁："他的弟子包括比亚埃尔莫萨公爵、卡尔多纳公爵、堂胡安·卡里略、堂佩德罗·

---

① 米歇尔·西托（约 1469~1525）生于今天爱沙尼亚的塔林，可能是佛兰芒移民的后代。他是荷兰画派的早期艺术家，一生大部分时间担任卡斯蒂利亚、神圣罗马帝国和荷兰的宫廷画家。他有时被称为梅尔希奥·阿莱曼，"阿莱曼"在西班牙语中的意思是德意志人。

② 教理问答是宗教教育的常见手段，通常采用问答形式，以教育儿童、劝人信教和申明信仰。中世纪教理问答集中阐述信、望、爱的意义，后来的教理问答又增加了其他主题，在宗教改革运动和印刷术发明之后更受到重视。

德·门多萨，和其他许多贵族子弟。我看到他们在背诵尤维纳利斯①和贺拉斯的作品。"他写道："这些活动在西班牙唤醒了人们对文学的兴趣。"[23]

很快，有两个新来的孩子加入了这些学童。他们是热那亚探险家克里斯托瓦尔·科隆（英语称为克里斯托弗·哥伦布）的儿子。这两个男孩，十六岁的迭戈和六岁的斐迪南（以国王的名字命名）来到伊莎贝拉的宫廷，担任她的儿子胡安的侍从。他们成了宫廷的固定人员。据历史学家巴尔托洛梅·德·拉斯·卡萨斯记载，迭戈"像他父亲一样魁梧，彬彬有礼，身材匀称，长脸，天庭饱满"，很讨人喜欢，不过没有他父亲那样聪明绝顶。弟弟斐迪南·哥伦布可爱而受欢迎，"非常亲切友好，谈吐优美"，对激动人心的新环境充满热情。[24]他的父亲常常旅行，所以迭戈和斐迪南·哥伦布是在伊莎贝拉手下长大成人的，起初在她儿子的内廷担任侍从，后来成为女王本人的侍从。

两个男孩很好地利用了他们周围的机遇。当时书籍稀罕又昂贵，但年轻的斐迪南·哥伦布到十六岁时已经拥有 238 本书。[25]他是个非常聪慧的学生，成为彼得·马特的非正式助手和高徒，因此对文艺复兴时期意大利的发展有了直接的了解。斐迪南·哥伦布后来为了捍卫自己父亲的功业，写了一本异彩纷呈的传记《海军上将克里斯托弗·哥伦布传》。学者本杰明·基恩在为该书写的序言中写道："天主教双王是意大利文艺复兴文化的赞助者，在他们的宫廷……斐迪南·哥伦布形成

① 迪基姆斯·尤尼乌斯·尤维纳利斯（1 世纪末 2 世纪初）是古罗马诗人，著有《讽刺集》。

了对书籍和学术的兴趣，后来这兴趣演化成一种压倒一切的激情。"[26]

后来，斐迪南·哥伦布长大成人之后变得富有，并成为文艺复兴时期最重要的学者之一。他的私人藏书数量在欧洲是第一。他为西班牙双王效劳五十多年，在代表他们旅行的过程中收集了大约 15400 本书。他的私人图书馆有精心编写的目录，藏有珍贵的古代手稿、古典时期著作、数学和科学论著、宗教著作和最早的印刷机制作的书。他还收藏了 3200 幅印刷画作，包括画家阿尔布雷希特·丢勒的许多作品。

在这种环境中，知识的竞赛如火如荼，很快宫廷的很多孩子就吸引了欧洲其他地区学者的注意。彼得·马特对自己培养的学生非常自豪。后来他的弟子们的成就吸引了全欧洲的赞誉时，他说："我是西班牙几乎所有王子和全部公主们的文学上的养父。"[27]

被吸引到伊莎贝拉宫廷的许多学者和艺术家依赖她的赞助生活，他们之间往往缔结了维系几十年的深厚情谊，他们的纽带将欧洲的许多宫廷联系起来。这些联系还延伸到他们培养的年轻贵族，这些贵族很快自己也能成为文艺的赞助人。

在伊莎贝拉的宫廷，女孩接受的教育与男孩类似，但也学习家政，仿佛她们不仅仅被培养成为王后，还要学会尽职尽责的家庭主妇的务实本领。她们学习缝纫、编织、刺绣和烘焙。凯瑟琳结婚后为自己的丈夫制作衬衫的故事已经很有名，就像她母亲当年那样。

王室的女儿们被敦促以母亲为榜样（伊莎贝拉正在打造自己的光辉形象），同样也将自己视为基督教的战士。例如，一本歌谣集中的一首带有军事意味的歌曲教育胡安娜公主要

"学习光辉夺目的卡斯蒂利亚伟大女王，她是美德的源泉"，并在征服中"举起十字架"。[28]

王室的孩子们被教育要敏锐地知晓自己未来的地位和职责。除了接受在宫廷的孩子们都享有的普通教育之外，王子和公主们还要学习宫廷礼仪和自我展示的艺术。他们要表现得端庄得体、饱含尊严并且令人肃然起敬。关于他们的服饰有特别的规矩，以使服饰保持整洁笔挺的完美状态。

为了保持最佳仪表，胡安王子每个月要定做两双新鞋，每周定做两双新的拖鞋或摩尔式靴子。他的帽子和其他衣物都只能穿戴三次，就要换掉。他每天都要用一条新的腰带。他要遵照特别的时间表，将自己不再使用的衣物交给仆人，送给他们使用，或者转售。女王有一次得知胡安王子和胡安娜公主把自己最喜爱的衣物藏起来，而没有交给仆人，非常生气。她还要求孩子们将没有吃的或多余的食物送给仆人，以免浪费。有时剩余的食物非常多，因为宫廷的膳食有很多仪式。[29]这些作为礼物的食物也是为内廷工作的廷臣们获得的补偿的一部分，所以伊莎贝拉的怒气也表现了她强烈的"贵人理应行为高尚"的观念，即地位高的人必须做到慷慨和公正。

伊莎贝拉和斐迪南只有一个儿子，这让他们有点担心。如果有更多男孩，王室的未来就更有保障。胡安的身体不是特别强健，所以更加让人担忧。但生的女儿多也有优点，因为她们都可以与另一个王国联姻以构建外交联盟。每一个远嫁外国的女儿都是一份活生生的条约，也是在外国都城的大使。

胡安出生并确立了大统继承之后没多久，就有人预言了王室生女儿的好处。1478年，埃尔南多·德尔·普尔加尔在给伊莎贝拉的信中写道："若陛下再给我们两到三个女儿，二十年后，陛下就会欣喜地看到，您的儿孙坐在欧洲所有的王座上。"[30]果然，伊莎贝拉和斐迪南会努力利用女儿们的婚姻来巩固盟约，加强他们在西欧的防御。

他们对前不久与葡萄牙的战争还记忆犹新。他们虽然为长女伊莎贝拉考虑了好几桩潜在的婚姻，但最终与葡萄牙人谈判，决定将她嫁给葡萄牙王储。这门婚事是他们与葡萄牙签订停战协定时有人提议的。小伊莎贝拉公主很快就被称为葡萄牙的未来王后，并被当作"见习的"王后来对待。她将会嫁给阿方索五世国王的孙子，即若昂二世的儿子阿方索。葡萄牙王室和卡斯蒂利亚与阿拉贡王室一样，习惯用父亲、母亲和祖父母的名字给孩子命名，所以重名非常多。

伊莎贝拉和斐迪南决定与哈布斯堡家族缔结两门婚事，以便对他们的竞争对手法兰西形成包围。未来的神圣罗马皇帝——奥地利的马克西米利安统治着德意志，娶了勃艮第的玛丽，生了两个孩子，与伊莎贝拉的孩子胡安和胡安娜年龄相仿。胡安娜被许配给奥地利大公腓力（绰号"美男子腓力"），胡安则与腓力的妹妹——奥地利的玛格丽特订婚。这两桩婚事将卡斯蒂利亚与勃艮第宫廷和哈布斯堡家族紧密联系起来。

奥地利的玛格丽特虽然还只是个孩子，却已经有了一段惊世骇俗的婚史。三岁时，她被许配给法兰西太子，未来的国王查理八世，所以是在法兰西宫廷长大的，身份是查理的未婚妻和未来的法兰西王后。但查理八世抛弃了她，娶了布列塔尼的安妮（布列塔尼公国的继承人和欧洲最富有的女人）。不幸的玛格丽特在法兰西滞留两年，才被接回国。这段屈辱的经历让年轻的玛格丽特公主更愿意嫁给法兰西的竞争对手，所以她欢迎，并且热切期待着与卡斯蒂利亚的胡安王子的婚姻。

伊莎贝拉的两个年幼的女儿玛丽亚和凯瑟琳的未来婚姻大事也得到了考虑。最终，最年轻的凯瑟琳被许配给了英格兰王子亚瑟，即亨利七世国王的长子和可能的继承人。英格兰王国的实力比法兰西和卡斯蒂利亚弱很多，因此更适合"安排"一个幼女。亨利七世热切希望为自己的儿子和继承人获得一位西班牙新娘，在 1487 年就向卡斯蒂利亚提议迎娶凯瑟琳，当时她还只有两岁，而亚瑟还是个婴儿。[31]

孩子们逐渐长大，外国外交官们不吝溢美之词地描写伊莎贝拉和斐迪南的家庭，既讴歌他们的辉煌排场，也赞颂他们家人之间的亲热。法兰西使臣罗歇·马夏多看过一场斗牛赛，国王和女王带着孩子们也在观看。马夏多注意到，在比赛过程中，伊莎贝拉女王一直把婴儿凯瑟琳抱在怀里，疼爱地与她交流互动。[32]

但并不是所有人看到伊莎贝拉家庭的人丁兴旺都感到喜悦。据普尔加尔记载，1478 年，格拉纳达的埃米尔①阿布·哈桑·阿里派遣了使者，为胡安王子的出生道贺，但利用这个机会通知伊莎贝拉和斐迪南，他们将不再按照两国的停战协定纳贡，并将立即停止。阿布·哈桑·阿里甚至可能更进一步。据说他还说，曾向基督徒纳贡的格拉纳达君主都已经死了，如今他打算把造币厂改为打造长枪的工厂，准备攻击基督徒。

这些威胁传来的时候，卡斯蒂利亚人还得到消息，一支强

---

① 埃米尔是阿拉伯国家的贵族头衔。其最初本意有军事统帅的意思，最早用于哈里发派驻在外的军事统帅及各地总督，亦有作为最高级贵族称号。随着阿拉伯帝国的内乱，各地总督与哈里发之关系越发疏离，最后不少地方的埃米尔与哈里发之间的从属关系仅仅是象征性的，埃米尔遂在此权力交替中取得一地之军政大权，并成为当地的君主。今天以埃米尔头衔为国家元首的国家有科威特和卡塔尔。

大的奥斯曼军队正在集结，准备攻打地中海东部的罗得岛，或许甚至更凶险，要袭击南欧某地。年轻的女王刚成为母亲，像绝大多数女人一样对自己的脆弱的孩子有极强的保护天性，因此她对这些消息感到忧心忡忡，因为她的王国也受到了极严重的威胁。

她在从 15 世纪 70 年代到 80 年代初这些年里的心境，被描绘在一幅不寻常的画里。这幅画如今被保存在布尔戈斯的拉斯维尔加斯修道院，在她父母的陵墓和圣龛附近。在画中，伊莎贝拉和斐迪南并肩而立祈祷，三个孩子（可能是伊莎贝拉、胡安和胡安娜）聚拢在他们身后。这幅画可能是在玛丽亚和凯瑟琳出生以前创作的，那就是 15 世纪 80 年代初。伊莎贝拉的面部表情显得悲伤而焦虑。附近站着一群修女，同样面带愁色。

在画的中央，身形巨大的圣母玛丽亚耸立到空中，伸出手臂，保护王族和修女。他们躲在圣母的刺绣斗篷下。玛丽亚手里拿着一捆箭。在画作的顶端，两个头上长角、带有利爪的恶魔扑过天空，威胁下方的王族。其中一个魔鬼拿着箭，比玛丽亚手中的箭更长且更尖利。第二个魔鬼背负着沉重的书。我们不确定他是送来书，还是将书拿走。

伊莎贝拉想要的，或许仅仅是和睦幸福的家庭。但女王感到，在更广阔的世界，树欲静而风不止。

十二 整个世界在战栗

在伊莎贝拉女王统治期间，有一个人的阴影始终笼罩着她。她从未与此人相遇，但在她一生的大部分时间里，他都让东欧和南欧噤若寒蝉：富有而强大的苏丹穆罕默德二世，人称征服者穆罕默德。

他是个难以捉摸的人，受到穆斯林的热爱和尊崇，被奉为伟大而强健的武士；他得到许多犹太人的仰慕，因为他对犹太人友好和宽容，允许他们生活在他的国度；但基督徒认为他是个残酷无情的侵略者，对他非常恐惧，因为他决心要扩张奥斯曼帝国、吞噬欧洲。为了成功，他甘愿付出很高的代价。估计有87.3万人的死亡应当由他直接负责，也就是每年约2.9万人。[1]他登基不久之后的1453年，也就是伊莎贝拉两岁的时候，他便征服了君士坦丁堡。那是他的第一次重大胜利。

在伊莎贝拉的童年和成年早期，穆罕默德二世常说他打算消灭基督教。他二十一岁的时候，开始自称恺撒，并开始向罗马进军，以兑现他的誓言。他计划从东方，穿过希腊、东欧和奥地利来进攻罗马；或者从南方，也就是说可能以西西里岛为跳板；或从西方进攻，利用北非为入侵欧洲的基地，穿过西班牙。这最后一种设想对欧洲的威胁最大，因为这条进攻路线曾经被证明是有效的。而对西西里岛或西班牙的威胁，是对伊莎贝拉女王及其家族的直接侵略。

穆罕默德二世是苏丹穆拉德二世的幼子。穆拉德二世是一位勇猛的武士，为奥斯曼帝国开疆拓土。他主宰的是一个多民族和多语言的文化，大部分臣民是穆斯林，但也有基督徒和犹太人，还有真心实意改宗伊斯兰教的基督徒和犹太人，当然也有一些基督徒和犹太人为了得到更好的待遇和逃避异教徒被征收的赋税，而假装改信伊斯兰教。改信伊斯兰教其实有很多好处，因为奴隶和士兵往往是非穆斯林。奥斯曼帝国建造了一台极其高效的战争机器，通过不断侵略外国来维持。

穆罕默德二世的父亲穆拉德二世为计划中的向西欧的攻势打好了基础。他率军深入今天的罗马尼亚、阿尔巴尼亚和希腊。他攻击瓦拉几亚（多瑙河以北的一个亲王国）的统治者，将他的两个儿子扣为人质。这两个孩子被灌输了奥斯曼人的生活方式和思想，以便回国之后被安排为傀儡总督。

穆拉德二世还征服了阿尔巴尼亚的各个诸侯国，将一位阿尔巴尼亚王公约翰·卡斯特里奥蒂的儿子扣为人质。这孩子名义上改信了伊斯兰教。他后来的名字是斯坎德培，一度是穆拉德二世的忠实盟友，甚至成为苏丹的宠臣。

穆拉德二世的最辉煌胜利之一，是征服了萨洛尼卡（今天的塞萨洛尼基）。它曾是基督教拜占庭帝国的第二大城市，也是罗马和君士坦丁堡之间道路的重要中转站。1430年，他重创了防守萨洛尼卡的威尼斯守军，然后敦促自己的士兵屠城，许诺将被毁坏城市内的一切财富都赏给他们。据记载，他说道："城里的东西，我都给你们，包括男人、女人、儿童、金银。我只要这座城市。"士兵们欢呼雀跃，"像疯狂的野兽一样"翻越城墙。[2]

城防崩溃了，威尼斯守军且战且退到港口，登上等候在那里的桨帆船，逃之夭夭。土耳其人在城内横冲直撞，屠杀了许多人，将7000人运走，变卖为奴。据一位幸存者约翰·阿纳戈诺斯特斯说：

> 他们将男女老少、各个年龄段的人都聚拢起来，把他
> 们像牲口一样捆起来，然后把他们全都驱赶到城外的营
> 地。还有很多人死了，没有被押到要塞或者在大街上清
> 点，也没有得到埋葬。每一名士兵都带着自己抓捕的一大
> 群俘虏，匆匆将他们赶到城外，快速将他们交给战友，以
> 防更有权势的人将俘虏夺走。所以看到年老或患病因而跟
> 不上队伍的奴隶，士兵就当场将他们杀死。然后他们首次
> 将父母与孩子分开，妻子与丈夫分开，将亲戚朋友分
> 开……城内到处是哀号和绝望。[3]

穆拉德二世的成功迫使基督徒们质疑，上帝为什么会允许
这样的事情发生。曼努埃尔·马拉克索斯写道："在他有生之
年，他占领了西方的许多城市和地区；征服了塞尔维亚和保加
利亚的不计其数区域；因为上帝允许他这么做，为的是惩罚我
们的罪孽，因为没有人能够阻止他。"[4]

穆拉德二世的儿子穆罕默德非常聪明和渊博，但比父亲更
冷酷无情。他生于 1432 年，也就是萨洛尼卡被征服的两年后。
他是穆拉德二世苏丹的第三子，母亲是穆拉德二世的女奴妃嫔
之一。奴役穆斯林是违法的，所以她可能是基督徒或犹太人出
身。我们也不知道她的名字，因为后宫的很多女人是没有名字
的。穆罕默德在母亲身边，在埃迪尔内（位于君士坦丁堡西
南）的后宫长大。虽然他自幼热衷读书，但也有了"傲慢、
野蛮和凶暴"的名声。[5]

1437 年，穆罕默德的长兄去世。1443 年，他的二哥被一

位谋士杀害，凶手还杀死了王子的两个儿子。凶手被迅速处决，"没有招供他的杀人动机"[6]，所以有人怀疑，这起谋杀是为了给十一岁的穆罕默德将来继位扫清障碍。苏丹穆拉德二世开始准备让穆罕默德继位。穆拉德二世和穆罕默德一同在希腊西部开疆拓土。

1450 年，伊莎贝拉出生的前一年，土耳其苏丹和他的儿子不得不去处置阿尔巴尼亚人的一场顽强的反叛。阿尔巴尼亚人的领导人是苏丹的前盟友，阿尔巴尼亚人质斯坎德培。他恢复了自己的基督教信仰，摈弃伊斯兰教。随后他成功地打退了土耳其人的进攻，在西欧成为英雄。穆拉德二世和穆罕默德不得不撤退，返回位于埃迪尔内的宫殿。

西班牙人向斯坎德培提供了援助，因为他们认识到，斯坎德培的努力是东欧针对声势越来越浩大的土耳其人的第一次成功的抵抗。阿拉贡和那不勒斯国王阿方索五世（斐迪南的伯父，伊莎贝拉父亲的堂兄①）向斯坎德培提供了财政和军事两方面的援助。教皇卡利克斯特三世（罗德里戈·博吉亚的舅舅）也援助斯坎德培，让他得以守住战线，阻挡奥斯曼帝国的扩张十多年之久。

阿尔巴尼亚战局的逆转令苏丹穆拉德二世匆匆撤退。1451年 2 月，他突然因中风而去世。十八岁的穆罕默德成为苏丹，称穆罕默德二世。他立即去了父亲的后宫，女眷们安慰他，请他节哀。穆罕默德二世站着与他父亲的最高级别妻子哈利马·哈图恩谈话时，他的一名部下来到浴室，扼死了她的还是婴孩

---

① 阿拉贡国王阿方索五世的父亲是阿拉贡国王斐迪南一世，伊莎贝拉的祖父是卡斯蒂利亚国王恩里克三世。斐迪南一世和恩里克三世是兄弟俩。

的儿子，消灭了皇位的潜在竞争者。穆罕默德二世对此没有任何羞耻感。不久之后，他就在法律中规定，让将来的苏丹都杀死自己的兄弟。穆罕默德二世在一道皇家法令中宣布："为了世界秩序的利益考虑，苏丹应将他的兄弟处死。"[7]

对待敌人，他甚至更加残暴，做出了许多野蛮的暴行，令他恶名远扬。例如，热那亚商人雅各布·德·坎皮描绘了穆罕默德二世设计的残酷刑罚。执行死刑的手段之一是，将犯人按倒在地，将一根削尖的长木桩插入此人的肛门；然后用木槌猛地把木桩钉入人体。他命令将一些犯人的双手或鼻子或脚砍掉。他常命令将犯人的眼睛挖掉。雅各布写道："简言之，没有一位统治者比他更受人畏惧、更无情和更残忍。此人简直是尼禄第二，比尼禄糟糕得多。"[8]

穆罕默德二世肯定不是凡夫俗子。就连他的外貌也非同一般。他目光炯炯而犀利，有长长的鹰钩鼻。他胡须浓密，头上常戴着一顶巨大的头巾。据一位见过他的威尼斯使者说，他"身材匀称"，比平均身高略高一些。"他精通武艺。相貌令人恐惧而不引发尊崇。很少有笑意……他最热衷于学习的是世界地理和兵法；他渴望统治。"[9]

穆罕默德二世成为苏丹之后，立刻开始了一项雄心勃勃的计划——征服君士坦丁堡，它是拜占庭帝国的心脏、罗马帝国的继承者。近几十年来，奥斯曼帝国历代苏丹不断蚕食君士坦丁堡的外围乡村，所以到1452年，它已经是土耳其人主宰的海洋中的一个孤岛。但君士坦丁堡的防御工事固若金汤，作为一座抵御来自东方攻击的堡垒，已经坚持了上千年。它的地理位置非常易守难攻，在一个三角形半岛上，南面是马尔马拉海，北面是被称为金角湾的水域。三角形的第三边由三道城墙保护，将该城的七座山丘环绕在内。君士坦丁堡被认为几乎是坚不可摧的。

穆罕默德二世首先在君士坦丁堡以北 8 英里处建造一座要塞。起初他表现得很友好，当地居民甚至为他提供建材，以加快工程进度。但他很快开始攻击村民，将其卖为奴隶。随后他集结了一支超过 100 艘战船的舰队，并为攻势动员了超过 8 万大军。

君士坦丁堡承受极大的军事和经济压力，已经有几十年了。到 1452 年，它的人口仅有约 45000 人。该城的统治者君士坦丁十一世皇帝向西欧各国朝廷派遣使节，恳求援助，但大多数统治者都忙于自己的麻烦，不肯出手相救。一群热那亚人驰援君士坦丁堡，还有一群西班牙人，包括一些来自巴塞罗那的加泰罗尼亚人，还有一名叫堂弗朗西斯科·德·托莱多的卡斯蒂利亚贵族也去了君士坦丁堡。但最终，守卫城墙的还是只有约 7000 名身体健全的士兵，大多数是希腊人。他们在海上也是寡不敌众，战船数量只有土耳其人的大约五分之一。

穆罕默德二世告诉君士坦丁十一世和当地官员，如果他们和平地将城市拱手交出，就可以继续生活在那里。但他们相信威尼斯的援军就要到了，于是拒绝投降。1453 年 4 月 6 日，穆罕默德二世向君士坦丁堡发动了猛烈炮击。他向麾下将士许诺，破城之后，允许他们自由劫掠三天，这是穆斯林军队的标准做法。土耳其历史学家哈利勒·伊纳尔哲克写道："宗教法律要求他允许士兵劫掠三天。这座城市是被武力夺取的，因此……动产都是士兵们的合法战利品，市民也可以被合法地卖为奴隶。"[10]

但奥斯曼军队的一个问题是，他们当中很多人不是穆斯林，因此忠诚度是可疑的。土耳其军中有很多基督徒，他们常常背叛奥斯曼帝国的利益，向基督徒军队泄露穆罕默德二世的计划，所以守军能够巩固薄弱地点。佛罗伦萨商人贾科莫·特塔尔迪参加了君士坦丁堡保卫战，最后成功地游泳逃生。他写道："（奥斯曼军中的基督徒）向我们这边偷偷用大炮或弓射来书信。他们还非常巧妙地溜到我们这边来。"[11]

君士坦丁堡守军英勇奋战，但在随后六周内，城市的防御一点点地、不可避免地被损坏了。守军对外界援助已经绝望，举行了宗教游行，唱起圣歌，向基督和圣母祈祷，恳求他们保护自己，抵御土耳其人。

在最后的日子，一大群男女老少、修女僧人"躲进"圣索菲亚大教堂。他们"受到迷信的鼓舞，传说土耳其人前进到君士坦丁大帝石柱时，一位天使就会从天而降，将一支剑交给坐在石柱旁的一个穷人，告诉他：'拿着这支剑，为上帝的人民复仇吧'"。然而，土耳其人用斧子砍倒了大教堂的门，将信众拖出去卖为奴隶。圣徒雕像被打碎，教堂圣器被掳走。历史学家弗朗茨·巴宾格尔①写道："随后发生了无法想象的恐怖暴行。"[12]

穆斯林军队的最后总攻由近卫军（幼年就被俘虏的基督徒，改信伊斯兰教，接受军事训练）打头阵。君士坦丁十一世皇帝和托莱多的堂弗朗西斯科一起勇敢地殊死搏斗，这是人们最后一次看到活着的他们。不久之后，一只顶着近卫军帽子的十字架被"举起来游行示众，以此作乐"。[13]

---

① 弗朗茨·巴宾格尔（1891~1967）是德国著名的东方学家和历史学家，以对奥斯曼帝国的研究闻名，他的名著是奥斯曼苏丹穆罕默德二世的传记。

在攻城战中，土耳其军队杀死了 4000 人，将几乎所有居民变卖为奴。他们劫掠了教堂、皇宫和富人的住宅。他们对君士坦丁堡神话般的精美建筑造成了相当大的破坏。几天之后，雄伟的圣索菲亚大教堂被改为清真寺。它那享有盛誉的镶嵌画被用灰泥遮盖起来，因为伊斯兰教律法禁止描绘人像的图画。圣索菲亚大教堂的神圣遗物原本被虔诚的基督徒尊崇而视为圣物，如今被抛弃、糟践或嘲讽。珍贵而罕见的古典时代手稿被撕毁，以便取下封皮卖钱，手稿本身则被扔进垃圾堆。

穆罕默德二世于 1453 年 5 月胜利进入君士坦丁堡，据说看到建筑物受损时喊道："我们掳掠和摧毁的，是怎样一座城市啊！"[14]

他的自责如果是真诚的，那么也很短暂。这个星期五，在圣索菲亚大教堂举行的午间祈祷仪式上，穆罕默德二世戴上了一顶特别的头巾，还高高举起一支出鞘的利剑。他喊道："感谢真主、世界的主宰！"据一位编年史家记载，随后"胜利的穆斯林们举起双手，欢呼起来"。[15]

很快，关于君士坦丁堡妇女命运的故事就传遍了西欧。很多女人，包括小女孩和修女，毋庸置疑遭到了强暴，有时甚至是轮奸和性虐待。

其他一些故事可能是后人附会，但对欧洲的女王、王后和公主们有特别意义。据当时流传的一个故事说，拜占庭皇帝的女儿被苏丹穆罕默德二世掳走，供自己享用。在故事的某些版本里，她抵抗他的侵犯，遭到谋杀；根据其他版本，她在圣索菲亚大教堂的祭坛上遭到强奸。还有一个版本是，穆罕默德二世强迫她改信伊斯兰教，她拒绝了，被剥光衣服并斩首。①[16]西欧人普遍相信,假如他们的国家落入穆斯林手中,他们的公主们也会遭到类似命运。

穆罕默德二世的确从俘虏(不管是否皇室成员)当中选了一些供自己取乐。君士坦丁十一世的两个侄子为穆罕默德二世服务,其中至少一个据说成了苏丹的情人。君士坦丁十一世的幕僚长乔治·斯弗朗齐斯活了下来,被监禁十八个月,最终获释,但他的儿子已经死亡,女儿则被送进了穆罕默德二世的后宫。1455 年 9 月,斯弗朗齐斯写道:"我的美丽的女儿萨玛尔在苏丹后宫患传染病而死。"[17]一些邻国的统治者主动将自己的女儿送给穆罕默德二世作为妻妾,希望讨得他的欢心,避免他的怒火。他接受了不少,这些公主们就生活在他的后宫,受到宦官的监视,从此在史册中销声匿迹。

穆罕默德二世将君士坦丁堡更名为伊斯坦布尔②,于 1453 年 6 月 24 日夜间离开,带走了大群希腊女孩和妇女,作为他的战利品。为了充实街巷空荡荡的伊斯坦布尔的人口,被征服

---

① 拜占庭末代皇帝君士坦丁十一世没有子嗣,所以这些故事是虚构的。不过,他的弟弟托马斯的女儿索菲亚嫁给了莫斯科大公伊凡三世,后来俄国以此为由声称继承了拜占庭的遗产。

② 原文如此。实际上,土耳其语里早在 10 世纪就有了"伊斯坦布尔"的说法(拼写有差别),"伊斯坦布尔"或许是"君士坦丁堡"的简单讹误,或许是通过别的途径变化而来的。讲希腊语的人将君士坦丁堡亲昵地称为"波利斯",即"城市"。前往君士坦丁堡的人会说,他要"eis tin polin"(进城),土耳其人也许会把这个短语误听成"伊斯坦布尔"。在 1453 年之前,土耳其语已经很普遍地将这座城市称为"伊斯坦布尔",不过官方的说法仍然用"君士坦丁堡",并且一直用到 19 世纪。1930 年,土耳其共和国规定只使用"伊斯坦布尔"。不过,1453 年之后,有人开始称这座城市为"伊斯兰堡"(Islambol)——这在土耳其语中是一个双关语,意思是"遍布伊斯兰"。但这个名字没能打动土耳其人的耳朵。据说这个名字是穆罕默德二世取的。

城市萨洛尼卡的犹太人家庭被搬迁到这里。

此次胜利让穆罕默德二世对更多冒险充满了渴望。热那亚官员安杰洛·洛梅利诺在面见穆罕默德二世之后说，他"在占领君士坦丁堡之后变得非常傲慢，很快自视为整个世界的主人，并公开宣誓，两年之内，他就要打到罗马"。[18]

据土耳其历史学家哈利勒·伊纳尔哲克记载，果然穆罕默德二世开始自命为"两海之王"，指的是黑海和地中海。他的野心昭然若揭。[19]

* * *

君士坦丁堡的惨剧令西欧人心惊胆寒。教皇尼古拉五世称穆罕默德二世为"撒旦之子"，并努力组织一次协调有力的反攻，以夺回君士坦丁堡，但他出师未捷身先死。西班牙人阿方索·博吉亚接替他，于1455年成为教皇卡利克斯特三世。卡利克斯特三世是罗德里戈的舅舅，也对伊斯兰教的威胁高度重视，写信给波西米亚和匈牙利的年轻国王"遗腹子"拉斯洛①，表示愿意支持他，并呼吁将土耳其人不仅逐出君士坦丁堡，还要赶出整个欧洲。

————————

① "遗腹子"拉斯洛，即匈牙利国王、克罗地亚和波西米亚国王拉斯洛五世（1440~1457），同时还是奥地利公爵。他的父亲哈布斯堡的阿尔布雷希特统治奥地利、匈牙利、克罗地亚和波西米亚，去世后拉斯洛才出生，所以叫"遗腹子"。只有奥地利承认拉斯洛的统治权，匈牙利贵族选举波兰国王瓦迪斯瓦夫三世（后于1444年在黑海岸边的瓦尔纳被奥斯曼苏丹穆拉德二世击败身死）为匈牙利国王。拉斯洛的母亲为儿子争夺匈牙利王位，与瓦迪斯瓦夫三世发生战争。瓦迪斯瓦夫三世死后，匈牙利人选举贵族匈雅提·亚诺什（传奇的英雄）为摄政王。匈雅提死后，其长子被拉斯洛处死，匈牙利贵族反叛拉斯洛，拉斯洛在布拉格意外死去。匈雅提的次子成为匈牙利国王，称马加什一世。

在这些年里，穆罕默德二世纵情声色。他的犹太人和基督徒俘虏特别受到注意。他的后宫有四百女眷。穆斯塔法·阿里写道："穆罕默德二世常常彻夜纵情享乐，玩弄美眸的仙女一般的女奴；白天他则和天使般的男性侍从一起酗酒。"[20]

1454年和1455年，他向塞尔维亚和匈牙利发动进攻，这是钳形攻势，目标是扩张领土，攻入西欧。他攻克了新布尔多，下令将当地官员斩首。他与麾下将士分享该城的74名少女，并将320名男童掳走，作为近卫军新兵。但在大城市贝尔格莱德，由于教皇卡利克斯特三世的军事支持和援兵，土耳其人被打退了。穆罕默德二世受挫，但并未退缩。

次年，即1456年，伊莎贝拉五岁。穆罕默德二世的军队攻击了雅典和科林斯，斩获两城。他的这些征服令伊比利亚半岛居民大为悲痛，因为西班牙人相信自己是希腊文化的继承者。

教皇卡利克斯特三世，即来自巴伦西亚的博吉亚，于1458年去世。下一任教皇庇护二世企图阻挡穆罕默德二世的步步紧逼，但没有取得多少成绩。1459年年底，伊莎贝拉八岁，整个塞尔维亚被穆罕默德二世占领。约20万塞尔维亚人被土耳其人奴役。没过多久，穆罕默德二世又攻打色萨利的加尔季基翁城，杀死全城6000居民，包括妇孺。热那亚人在黑海之滨的殖民地阿玛斯拉未作抵抗便投降，三分之二居民被卖为奴隶。

1461年，大约在伊莎贝拉搬到兄长恩里克四世宫廷的时期，只有一位拜占庭领袖还在抵抗穆罕默德二世：黑海之滨特拉布宗①城的统治者大卫·科穆宁。穆罕默德二世警告他，若不投降，必然全灭。大卫接受了投降条件，流亡到色雷斯，在君士坦丁堡的西北方向。但两年后，穆罕默德二世命令将他、他的七个儿子中的六个以及一个侄子处死。他最小的儿子乔治只有三岁，得到饶恕。他的女儿安娜也被饶了性命。乔治被送给一个土耳其家庭，成长为穆斯林。他长大后逃走，改信基督教，销声匿迹。他的失踪标志着传奇的科穆宁皇朝的最后消亡。他的姐姐安娜在穆罕默德二世的后宫终老。[21]

如今，穆罕默德二世把安纳托利亚的整个黑海沿岸地区纳入自己的帝国。1462 年春季，他又一次入侵瓦拉几亚。他父亲曾经控制的人质弗拉德是在土耳其宫廷长大的，遭到过殴打和虐待，被派回去作为奥斯曼帝国的傀儡统治瓦拉几亚，但揭竿而起反对奥斯曼人，并与匈牙利的基督教统治者结盟。弗拉德凶猛地与穆罕默德二世厮杀，赢得了"穿刺公弗拉德"的绰号，他就是后来的"吸血鬼德古拉伯爵"的原型。据估计，他杀死了数万人，部分原因是为了打退土耳其人。最后他遇刺身亡。

1465 年，伊莎贝拉十四岁，穆罕默德二世在伊斯坦布尔稍事休息。但在 1466 年，他又一次出征，这一次是攻打阿尔巴尼亚。阿尔巴尼亚领导人斯坎德培（曾被强迫改信伊斯兰教后来又恢复基督教信仰并攻击土耳其人）年事已高，疲惫

① 特拉布宗是从拜占庭帝国分裂出的三个帝国之一，创立于 1204 年 4 月，持续了 257 年。特拉布宗帝国的第一代君主阿列克赛一世是拜占庭帝国科穆宁皇朝最后一位皇帝安德罗尼库斯一世的曾孙，他在第四次十字军东征时预见十字军将攻取君士坦丁堡，便占据特拉布宗独立建国。在地理上，特拉布宗的版图从未超过黑海南岸地区。1461 年，奥斯曼帝国苏丹穆罕默德二世消灭了特拉布宗。

不堪。他去往罗马，恳求抵抗土耳其人所需的财政和军械支援，但只有斐迪南的堂兄那不勒斯国王愿意帮助他。援助越来越少，因为西欧人对基督徒被土耳其人打败的消息已经麻木了。

1469 年 1 月，伊莎贝拉快十八岁了，正在准备与斐迪南结婚。此时从东方传来了一个可怕的消息：数万土耳其军队攻入奥地利的心脏，杀到维也纳附近，杀死超过 2 万人。苏丹穆罕默德二世当时还在准备一次海上的进攻，但无人知道他的攻击目标。据报告，他装配了 250 艘帆船，包括 120 艘桨帆船，还集结了至少 8 万大军。他按照攻打君士坦丁堡时的路数，故伎重演：极其细致的计划和集中令人惊恐的强大力量。据说他在筹划"攻打欧洲的战役"，并打算从海路进攻。这意味着地中海南岸的所有国家都可能是他的潜在目标。[22]

1470 年 6 月，他的庞大舰队起航了，开往内格罗蓬特（希腊的第二大岛，位于希腊半岛的东海岸）。内格罗蓬特在古典时期的名字是优卑亚或尤里普斯。穆罕默德二世击溃了哈尔基斯城的守军，随即占领全岛。次日，他命令将所有长了胡须的俘虏带到他面前。俘虏被命令跪下，形成一个圈，双手被捆起来。数百人就这样被斩首。妇女和女孩被分发给胜利者。随后土耳其人将该岛更名为埃格里博兹。随后四百年，该岛一直是土耳其人的领地。

7 月，奥斯曼军队西进，攻击希腊大陆，于 28 日经过底比斯，29 日经过雅典，随后途经其他许多城市。很多希腊人被奴役。哈夫萨全城人口被肃清。苏丹命令来自其他地方的人搬迁到那里。

1471 年，伊莎贝拉二十岁，穆罕默德二世休养生息了一年，准备来年再战。这年圣诞节，教皇西克斯图斯四世派遣五位红衣主教向各国发出警示，土耳其人即将进攻；并鼓舞西欧的防御力量。正是承担着这样的使命，罗德里戈·博吉亚才来到西班牙，以确保那里的居民知晓基督徒面临的威胁的严重程度。他发现，伊莎贝拉公主非常认真地倾听他的警示。

1474 年，伊莎贝拉二十三岁，准备登基。穆罕默德二世四十二岁，患上了痛风。他变得很肥胖，患有多种疾病。他继续在宫殿里筹划新的征服。此时斯坎德培已经死了，阿尔巴尼亚王公们明显削弱了许多。1474 年 5 月，超过 8 万奥斯曼军队包围了亚得里亚海之滨的斯库塔里城（也叫斯库台），隔海就是意大利半岛的"靴跟"。穆罕默德二世的军队猛攻该城的 6000 居民，其中只有约 2000 人是守军。目击者称，奥斯曼人攻打斯库塔里的城墙时，高呼："罗马！罗马！"这是在明确表示，他们的最终目标是罗马。[23]

在斯库塔里，阿尔巴尼亚人成功地又一次阻挡住奥斯曼人，在城堡高墙之后侥幸在干渴和饥荒中生存下来。但在 1479 年，他们的好运气用光了。土耳其人卷土重来，这一次斯库塔里的威尼斯统治者与奥斯曼人达成停战协定，撤走了，于是阿尔巴尼亚居民别无选择，只得投降。很多丧失家园的阿尔巴尼亚人逃跑了，流亡到意大利和西班牙。

这一切灾祸都是一个人造成的，那就是穆罕默德二世。斯库塔里围城战的目击者马林·巴莱蒂写道："他招来了所有的阴暗和毁灭；他摧残和毁掉了所有的一切，他是真正的瘟疫。谁能说得清，他征服了多少地区、城市、国家、王国和帝国！整个世界为了他而战栗。"[24]

法兰西人皮埃尔·德·奥比松（耶路撒冷圣约翰骑士团

的大团长）将穆罕默德二世比作撒旦和路西法。他说，穆罕默德二世是

> 　　不可言喻的暴君，他摧毁了如此之多孩童的灵魂，强迫他们背弃基督教信仰，让他们盲目地坠入地狱。他让处女和少女遭到蹂躏，屠戮年轻和年老的男子，亵渎了神圣遗物，污染了教堂和修道院，摧毁、压迫和攫取许多王国、亲王国和城市，包括君士坦丁堡。他将这些国度据为己有，化为令人难以置信的罪行的场所。[25]

　　1480 年，伊莎贝拉二十九岁，是三个孩子的母亲，其中两个是女儿。穆罕默德二世的又一次大规模攻势迫在眉睫。他在准备期待已久的向意大利的攻势。一支包括约 140 艘船只和 1.8 万远征军的舰队在意大利半岛的 "靴跟" 处登陆。[26] 他的原计划是攻击布林迪西，但转往奥特朗托。这是座小城镇，防御很弱，很快就被土耳其人占领。该城的 2.2 万居民中只有 1 万活了下来。和君士坦丁堡的情况一样，居民们蜂拥躲进当地的大教堂，这反而让敌人屠杀他们时更轻松。约 800 人被带到附近一座山上，奥斯曼人告诉他们，他们如果现场改信伊斯兰教，就可以活命。他们拒绝了，于是被斩首。他们的尸体被抛弃在荒野，被野兽吃掉。约 8000 人被装运上船，送往阿尔巴尼亚，卖为奴隶。[27]

　　伊莎贝拉对此事特别关注，并心急如焚地观察局势。她写信给那不勒斯人，告诉他们，卡斯蒂利亚将出兵援助他们。援兵和武器装备很快就送抵了。[28]

　　同时，穆罕默德二世在准备向西欧的最后入侵。很多人相

信，基督教国家的命运已经注定了。例如，1481 年，古典学者彼得·肖特（斯特拉斯堡的教士）从博洛尼亚前往罗马，以便再看最后一眼这座城市。他写道，他去罗马是为了在"永恒之城被土耳其人占领之前再看最后一眼"。[29]

1481 年年初，穆罕默德二世四十九岁，他开始了军事动员。他派遣一支强大的舰队西进。无人知晓他的目标，可能是斐迪南的西西里王国。对伊莎贝拉来说特别不祥的是，有传闻称穆罕默德二世在准备攻击埃及的马木留克苏丹国。这种可能性让西班牙人大为惊恐，因为 711 年（那时也是穆斯林军队积极扩张的时期）西班牙被占领时，敌人就是从北非来的。伊莎贝拉的宫廷编年史家埃尔南多·德尔·普尔加尔记载道："国王和女王每天都收到消息，土耳其人在海上集结了庞大舰队，要去征服西西里王国。无论他们在何处登陆，都抓捕基督徒并残忍地杀害他们。"[30]

伊莎贝拉和斐迪南预计随时都可能遭到攻击，于是开始厉兵秣马。他们命令国内所有教堂都组织每天的祷告，向人民解释正在发生什么事情，并鼓励他们准备迎敌。他们与那不勒斯国王（斐迪南的堂兄）达成了协议，帮助他保卫那不勒斯，条件是他要帮助他们保卫西西里岛。他们派遣了一位受到信赖的官员阿隆索·德·金塔尼利亚视察全国各地，清点武器、船只和要塞。他们派了其他官员去视察各港口，以判断它们若遭到海路进攻是否会很脆弱。他们向英格兰人和葡萄牙人求教，学习抵御海路攻击的策略。

伊莎贝拉肩负起加强防御、抵抗迫在眉睫的攻击的使命。她用宗教信仰来动员军队，保卫祖国。普尔加尔写道，所有人都被教导，"土耳其人制订了庞大的计划，要杀戮基督徒；土耳其人每天都在欺凌和屠戮基督徒；以及整个基督教世界联合抗敌的必要性。像所有的虔诚基督徒一样，他们应当感谢上帝，因为发生了这样宏大的事件，让他们知道，应当为了国王和家园的荣誉，表现出极大热情，并歌颂基督教"。[31]

伊莎贝拉的努力最后收到了成效。但她运用的手段将给她的名字带来无法磨灭的污点。

十三　女王的战争

解决了葡萄牙问题之后，伊莎贝拉女王立刻将注意力转向西班牙南部。该地区成为优先考虑的对象，原因有二。在短期内，她必须应对邻国——穆斯林的格拉纳达埃米尔国近期表现出的咄咄逼人的侵略性，因为此时卡斯蒂利亚的边防十分羸弱、四分五裂而不可靠。长远来看，她需要在地中海沿岸拥有一个强势的地位，以便保护卡斯蒂利亚和阿拉贡、抵御奥斯曼土耳其人日渐增长的威胁。

第一步是保障卡斯蒂利亚与伊斯兰世界的边界。伊莎贝拉女王必须想办法，让居住在安达卢西亚被基督徒控制的那部分的贵族停止内斗。由于恩里克四世国王从遥远的塞哥维亚对安达卢西亚的统治非常松懈不力，该地区已经深陷内乱多年。现在尤其要紧的是平定塞维利亚（南部最大的城市和最重要的内河港口）的骚乱，因为边境上又燃起了新的战火。

边境对面就是伊比利亚半岛上最后一个穆斯林国度——格拉纳达王国，如今由尚武的纳斯尔王朝统治。这个武装到牙齿的埃米尔国沿着地中海海岸延伸约 250 英里，深入内陆约 93 英里；其边境得到许多牢固城堡的保护。格拉纳达王国的最大城市和"王冠宝石"是格拉纳达城，位于多山的内陆，但纳斯尔王朝也控制着重要的地中海港口，如马拉加、马贝拉和阿尔梅里亚，所以能够轻松地从海外获得增援和持续的物资补给。

从这些巩固的基地，格拉纳达人能够向卡斯蒂利亚国土发动闪电般的快速袭击，掳掠人口，将其变卖为奴、索取赎金，或者将俘虏用做劳工或性奴。历史学家艾哈迈德·伊本·穆罕默德·马喀里写道："恩里克四世在位期间，一直到1474年，他们利用这一时期卡斯蒂利亚全境的动荡和叛乱，每年发动远征。"[1]

1474年，恩里克四世国王驾崩，格拉纳达也有了一位新的领导人。阿布·哈桑·阿里比他之前的统治者更好战。在与他同样意志坚强的正妻法蒂玛①（也是他的表妹）帮助和支持下，他扩充了穆斯林军队，加强其攻击力。苏丹②的好战让他自己的国民也感到担忧。一位阿拉伯编年史家称，阿布·哈桑"慷慨大方、英勇善战、热爱战争和战争带来的威胁与恐怖"。[2]这是伊斯兰世界大举扩张的光荣年代，他无疑也想效仿奥斯曼土耳其人在东方取得的成功，自信真主既然支持他们，也会支持他。

阿布·哈桑越来越大胆和坚决。据阿拉伯历史学家记载，"他让那些从来不曾受到穆斯林骚扰的基督徒也胆战心惊"。他没有占领基督徒的土地，而是集中力量于袭掠，带回"丰富的战利品和大量俘虏"。[3]1478年4月，他举行了一次大规模的阅兵，展示了他的军队和军械。此时奥斯曼帝国正在巴尔干半岛扩张，所以纳斯尔王朝新的侵略性让卡斯蒂利亚人忧心忡忡，害怕纳斯尔王朝与土耳其人结盟，允许土耳其人使用其地中海港口来入侵西班牙。这可能是711年、1086年

---

① 她又名阿伊莎，绰号"可敬的"，因为据说她是先知穆罕默德的后裔。
② 严谨地讲，阿布·哈桑·阿里的正式头衔是埃米尔，但有时也被称为苏丹。

和 1195 年事件①的重演，即安达卢西亚的穆斯林统治者从其他伊斯兰国家获得增援。

　　但基督徒并不是清白无辜的受害者。他们也会袭击穆斯林地区，并断断续续地发动攻势，征服一些穆斯林家族已经生活数百年的土地。基督徒认为他们的胜利是收复失地；穆斯林认为这是在抢劫他们的家园。伊莎贝拉像阿布·哈桑一样坚信不疑，她的世界观是正确的，西班牙的整个南部地区都理应属于她，所以她能够理直气壮地对敌人的任何挑衅加以军事应对。

　　现在，阿布·哈桑认为伊莎贝拉的崛起是一个值得欢迎的好消息，标志着卡斯蒂利亚的脆弱。公主成为女王不久之后，也就是葡萄牙侵略者涌入卡斯蒂利亚的时期，阿布·哈桑发出了令人不安的誓言，他不再向卡斯蒂利亚称臣纳贡，而就是这种贡金维持了两国之间脆弱的停战状态。阿拉伯史料称，他用特别具有威胁性的言辞送去了这消息。他说，格拉纳达向卡斯蒂利亚纳贡的日子一去不复返了："向基督徒纳贡的君主们都已经死了。在格拉纳达，我们铸造的唯一东西……是铁制兵器和长枪，用来杀伐我们的敌人。"[4]意大利学者彼得·马特生活在伊莎贝拉的宫廷，他得知，阿布·哈桑在发出这威胁的同时，还咄咄逼人地抚弄着一支锋利长枪的刃。

　　这一威胁的结果令格拉纳达很满意。基督徒没有做出任何直接回应，似乎接受了这种条件下的和平。但卡斯蒂利亚朝廷

---

①　1086 年事件是在卡斯蒂利亚国王阿方索六世的凌厉攻势下，伊比利亚半岛的穆斯林诸侯招架不住，邀请北非的穆拉比特王朝出兵相助。10 月 23 日，在萨拉卡战役中，卡斯蒂利亚军队大败，"收复失地"运动停滞了几十年。1195 年事件是 7 月 18 日的阿拉克斯战役中，穆斯林的穆瓦希德王朝（横跨北非与西班牙南部）军队大败卡斯蒂利亚国王阿方索八世，卡斯蒂利亚陷入动荡。

内部已经认清了对方的讯号。彼得·马特写道："国王和女王对这消息感到不安。"[5]但伊莎贝拉没有什么办法,因为她在自己的另外两条边境上正在打仗,还在努力恢复国内的安定。但她认识到,时间很紧迫,因为不仅好战的格拉纳达对她构成威胁,而且格拉纳达还可能得到北非、埃及或土耳其的穆斯林盟友的支持。事实上,正如伊莎贝拉所担心的,安达卢西亚的穆斯林很快就向北非穆斯林请求支援和帮助。然后他们还去求助于土耳其人。

1477 年中期,为了更好地评估局势,伊莎贝拉女王首次视察塞维利亚,在那里待了一年多。她发现这座城市状态很差。王宫(即城堡)半壁倾颓,急需修缮。街头犯罪十分猖獗,市民在夜间不敢上街。安达卢西亚的两个最顶尖的显赫家族,梅迪纳—西多尼亚公爵和加的斯侯爵的家族,互相争斗不休,乃至兵戎相见。五花八门的矛盾都在酝酿,武装冲突随时可能爆发。她用自己的惯用手法来给该地区伸张正义:主持持续几个小时的司法程序以解决争端;允许人民上诉喊冤;并努力让冲突各方维持一定程度的和谐。她惯常的严厉司法狠狠制裁了犯罪分子。她甚至在劝说梅迪纳—西多尼亚公爵和加的斯侯爵的家族和解的工作中取得了一些成功。她在安达卢西亚的第二大城市科尔多瓦待了三个月,然后动身返回卡斯蒂利亚,那里有一些事务在等待她的处理。为了争取时间,她于 1478 和阿布·哈桑签订了一项为期三年的停战协定,也没有索要贡金。[6]

1480 年,返回卡斯蒂利亚之后,伊莎贝拉与葡萄牙正式缔结和约,还没有喘息的时间,就收到了奥斯曼军队成功进攻奥特朗托的"可怕消息"(这是伊莎贝拉的西班牙编年史家帕伦西亚的说法）。西班牙人惊恐地得知，土耳其人向奥特朗托发动了一次成功的奇袭，尽管奥特朗托市民没有"一丝一毫的抵抗"，却有很多人遭到屠杀。人们已经畏惧了很久的进攻让土耳其人在意大利半岛得到了一个立足点，可以从那里蹂躏意大利内陆，准备夺取罗马。因此对奥特朗托的进攻的严重性不容小觑。帕伦西亚写道，土耳其人的目标是"消灭天主教"。[7]

奥特朗托的迅速陷落让基督徒痛苦地认识到，土耳其人能够非常轻松地袭击伊比利亚半岛，尤其是如果他们利用马拉加、阿尔梅里亚或马贝拉那样的城镇作为滩头阵地，并与安达卢西亚的穆斯林结盟。很显然，如果土耳其人这样来袭，西班牙人没有办法抵挡他们。既然战争不可避免，那么就必须首先铲除有可能为敌人所用的滩头阵地。从此，伊莎贝拉和斐迪南似乎就开始寻找开战的借口。很快他们就有了机会。这一次，是格拉纳达发动了一次偷袭。

1481 年圣诞节，在阿拉伯史料所称的一个"暴风骤雨的黑夜"[8]，格拉纳达的穆斯林军队侵犯并攻击了卡斯蒂利亚境内的山区城镇萨阿拉。在夜色和风雨掩护下，他们大胆地攀上这座兵力薄弱、战备很差的要塞的城墙。编年史家帕伦西亚写道："基督徒魂飞魄散，毫无得到救援的希望。"他们无力抵抗穆斯林的进攻，"很多人被剑砍杀，其他人则被俘虏，押往格拉纳达"。[9]阿布·哈桑占领了这座城镇，留下部队驻守。"他扬扬得意地返回格拉纳达，对此次冒险的良好结局十分满意。"阿拉伯历史学家写道。[10]

但格拉纳达的一些年纪较大、更为理智的人担心，这次行动太鲁莽。他们对阿布·哈桑的治国能力表达了担忧。明目张

胆地向基督徒挑衅，可能造成恶果。格拉纳达的一些人开始看
到凶险的预兆、令人不安的天象，足以让迷信的人惴惴不安。

伊莎贝拉和斐迪南得知萨阿拉陷落的消息时，正在梅迪
纳·德尔·坎波。他们得知此事，非常沮丧。此次遇袭不仅是
一长串边境冲突中新的一起，对西班牙的自尊也是一次打击。
萨阿拉是斐迪南的祖父安特克拉的斐迪南①于 1410 年在一次
令人悲痛的围城战之后，从格拉纳达手中征服的。现在，除了
不久前的损失之外，又有萨阿拉的约 150 人被俘虏，关押在防
守巩固的龙达镇。令伊莎贝拉和斐迪南大为不安的是，萨阿拉
被敌人永久性占领了。

从这个新基地出发，穆斯林军队继续向哈恩、科尔多瓦、
塞维利亚和穆尔西亚的方向袭击，如入无人之境。斐迪南和伊
莎贝拉离前线太远，无力干预。用耶韦斯伯爵夫人的话说，该
地区如今"几乎任凭异教徒处置"。[11]没有一个人是安全的。

在过去，格拉纳达的威胁对西班牙来说是若隐若现的痛
楚，如今突然加剧成难以忍受的剧痛。伊莎贝拉和斐迪南结婚
时就有粗略的想法，将来要把格拉纳达收回到基督教世界。如
今形势变得十万火急。

但他们应当怎么办呢？要想战胜格拉纳达的穆斯林军队，
就需要西班牙的所有王国齐心协力，做出极大努力，因为格拉
纳达得到许多山顶要塞的保护，每一座要塞都几乎是坚不可摧
的。何况纳斯尔王朝与北非的穆斯林很接近，所以极有可能在
短期内得到增援和支持。阿拉贡编年史家赫罗尼莫·苏里塔写

---

① 安特克拉的斐迪南，即阿拉贡国王斐迪南一世（1380～1416），绰号"公
正的斐迪南""诚实的斐迪南"。1410 年，在与格拉纳达的战争中，他征
服了安特克拉城，因此得到另一个绰号"安特克拉的斐迪南"。

道，纳斯尔王朝"很显然能够得到咫尺之外的穆斯林国度的援助"，所以伊莎贝拉和斐迪南认识到，要想"让西班牙的那个部分和全世界摆脱这些敌人的征服与奴役"，就需要他们能够获得的"所有力量、军队和干劲"。[12]

西班牙的两位君主暂时还没有准备好去做这样的全面努力。起初，他们依赖于防御策略以自卫，同时为他们眼中的最终的殊死搏斗做准备。伊莎贝拉和斐迪南命令格拉纳达王国周围的卡斯蒂利亚要塞城市都加强自身防御，准备作战。他们还进行了海上封锁，开始骚扰北非和格拉纳达的各港口城市之间的物资和人员运输。

但就在西班牙的两位君主完成战争准备之前，塞维利亚贵族、头发火红、脾气急躁的加的斯侯爵罗德里戈·庞塞·德·莱昂（他曾与梅迪纳—西多尼亚公爵互相争斗）自作主张起来。一名密探（曾被关押在阿尔阿马地牢的一名前奴隶）告诉庞塞·德·莱昂，城墙巩固的阿尔阿马（位于格拉纳达王国富饶的农业腹地）的防御很薄弱，或许是很好的攻击目标。加的斯侯爵自行决定占领该城。他和他的盟友选择的进攻日期是 1482 年 2 月 27 日，并于夜间发动了进攻，就像穆斯林夜袭萨阿拉那样。他们猛冲进城，将其占领，杀死 800 名穆斯林，俘虏 3000 人，并在一座高塔的城堞上树立了十字架。就这样，双方都等待了许久的战争，以混乱和出人意料的方式，拉开了大幕。

现在轮到穆斯林震惊和畏惧了，因为他们认为阿尔阿马是格拉纳达城周围的防御圈的关键一环。阿尔阿马被称为格拉纳达城的"眼睛"，因为它的瞭望塔能够向公民们发出警报，告诉他们卡斯蒂利亚人攻入了他们的土地。从穆斯林的角度看，这也是一次偷袭。另外，急于报复的卡斯蒂利亚人运用的手段让穆斯林怒火中烧。阿拉伯历史学家写道："城市的护墙、街巷和清真寺堆满了死尸，血流成河。"[13]卡斯蒂利亚人从城墙上将死尸抛了下去。

这是伊莎贝拉收复失地篇章中的第一次大胜。她很快意识到了此役的重大意义。但它的手段太残忍，全面战争已经不可避免。

* * *

穆斯林迅速集结了一支军队，去收复阿尔阿马。抵达城市外墙时，他们看到野狗在撕咬他们同胞的腐烂尸体。这景象令他们大怒。这对穆斯林的情感来说是双重的伤害，因为他们相信狗是不洁净的动物。格拉纳达的士兵们决心要将卡斯蒂利亚人逐出阿尔阿马要塞，围攻它数周之久。卡斯蒂利亚人被困在城内，饮水有限，开始缓缓地干渴而死。他们派出了使者，先宣布他们的胜利，然后报告他们的困境。

伊莎贝拉和斐迪南又一次在梅迪纳·德尔·坎波过冬，距离阿尔阿马400英里，而且伊莎贝拉又一次怀孕了。但他们还是迅速准备了一支军队，去援救被包围的西班牙人。国王几乎立刻出征了，女王准备几周后跟随他去科尔多瓦。同时，加的斯侯爵的夫人去找她丈夫的长期对头梅迪纳—西多尼亚公爵求救。公爵当即答应，搁置了他对加的斯侯爵的长期敌意。他是第一个赶到阿尔阿马援救落难基督徒的。他与加的斯侯爵在战场相遇，拥抱起来，建立了重要的新联盟，这对后来的局势有深远影响。

西班牙增援部队赶到了，围攻阿尔阿马的穆斯林军队认识到，他们很快就会在兵力上处于下风，于是决定撤退。但他们明确表示，他们还会卷土重来、收复城镇。与此同时，他们在卡斯蒂利亚南部各地发动了进攻，抓住一切机会杀戮卡斯蒂利亚人、占领土地和抓捕俘虏。

伊莎贝拉和斐迪南在科尔多瓦会合，以雄伟森严的阿尔卡萨瓦①要塞为军事大本营，并与安达卢西亚贵族商讨下一步如何行动。女王坚持不准任何撤退。据编年史家帕伦西亚记载，这时鼓舞人心的喜讯传来，基督徒军队收复了奥特朗托，最终驱逐了土耳其人。[14]西班牙派遣了70艘战船去支援那不勒斯人[15]，再加上葡萄牙和匈牙利军队的帮助，联合赶走了盘踞奥特朗托的土耳其人。奥斯曼帝国内部的混乱也有利于基督徒方面，因为穆罕默德二世出乎意料地去世了，引发了一场争夺皇位的斗争，于是奥斯曼军队撤离了意大利南部。尽管奥特朗托已经十室九空，但它的收复仍然是基督徒团结自卫能力的重要象征。伊莎贝拉女王敦促自己的部队奋勇拼杀时，刻意会提及奥特朗托的例子。

女王意志坚定，积极参与战事的运筹帷幄。她开始阵痛之前还在参加一次作战会议。她向与会者告辞，然后离开，生下了她的第四个孩子，即玛丽亚公主。小玛丽亚得名自基督的母亲，其实是双胞胎之一。上文已经讲到，另外一个孩子是死胎。卡斯蒂利亚人像穆斯林一样迷信，觉得这个孩子的死亡是一个预兆，是上天给出的凶兆。宫廷人员组成游行队伍，来到科尔多瓦的大教堂，举行了一个仪式，既庆祝玛丽亚公主的诞

---

① 阿尔卡萨瓦（Alcazaba）源自阿拉伯语，原指摩尔人在西班牙和葡萄牙建造的一种设防工事。

生，也哀悼另外一个孩子的死亡，并进行了悲恸的冥思。[16]

仪式的举行地点是光辉璀璨的前科尔多瓦清真寺，天花板高耸，室内有森林般的庄严石柱；1236 年科尔多瓦被基督徒占领（这是收复失地运动的一个早期阶段）后，这座清真寺被改为大教堂。穆斯林的清真寺是建在原先的西哥特的圣文森特教堂原址上的，而圣文森特教堂则取代了更古老的一座罗马神庙。清真寺的美丽石柱吸收了教堂和神庙的结构元素。

双胞胎之一的死亡的确是个凶兆，因为即将发生许多死亡与杀戮。奥特朗托的胜利被证明是基督徒方面的一次罕见的快速胜利。收复格拉纳达的战争将持续漫长的十年，双方都将蒙受惨重损失。卡斯蒂利亚人需要集中力量才能取胜，因为格拉纳达人是非常优秀的战士，并且敌对基督徒的意志非常顽强。对双方来讲，这都是一场痛苦的战争。编年史家苏里塔写道："战争非常野蛮和残酷，以至于国内没有一个地方不曾被胜利者和失败者的血染红。"[17]

敌人的战斗力很强，而且地形也非常复杂，是同样棘手的挑战。从半岛北部开赴南部的战场，就已经是了不得的冒险，因为卡斯蒂利亚人需要穿越极度干旱的平原，将人员、物资和火炮运过崇山峻岭。这场战争需要无比艰巨的动员和大量的财政牺牲，因为全国的所有资源都被集中于这项宏大事业。历史学家 L. P. 哈维写道，战局"在 15 世纪 80 年代晚期之前，都是悬而未决的"。[18]

一直到 1489 年，伊莎贝拉才有了必胜的自信。这一年，她雇人创作了一系列纪念收复失地战争每一次胜利的艺术品中的第一件。起初她选择了二十个事件作为艺术创作的主题，后来向木刻画家罗德里戈·阿莱曼订购了二十幅浮雕木刻画，打算用作托莱多大教堂（这是自西哥特时代以来，西班牙最重要的教堂）唱诗区的椅背装饰。几年后，她又订购了新的一批二十幅椅背木刻画，因为又发生了二十次重大胜利或受降。最后，被认为值得纪念的事件的数量达到五十四之多。浮雕木刻画是一种早期的军事照片新闻，记载了目击者亲眼所见的风云变幻的大事件，若没有这些记载，这些事件恐怕会消失在历史记忆中。按照西班牙历史学家胡安·德·马塔·卡利亚索·阿罗基亚的说法，这些画作具有"极大的历史和考古价值"。[19]在这套引人注目的系列画作中，我们能看到垂死的士兵、哀恸的穆斯林、被摧毁的城堡和敌我双方的英雄主义壮举。

随后十年里，两位君主的大部分时间都在安达卢西亚的两个主要基地——塞维利亚和科尔多瓦度过，运筹帷幄。伊莎贝拉专注于战争，斐迪南则经常被他自己的阿拉贡王国的事件，以及他与邻国法兰西关于北方一些省份的争端转移注意力。但每一次他松懈下来的时候，伊莎贝拉都会告诫他要振奋精神、继续努力。用历史学家佩吉·利斯的话说，这是一场"女王的战争"。[20]

但两位君主起初没有为如此漫长艰苦的战争做好准备，因此最初几年里连续失望。1482年夏季，斐迪南国王和加的斯侯爵草率地决定攻击洛哈，这是格拉纳达王国西部边缘山区的一座要塞。穆斯林派遣了一支大军去对付他们，双方都打得很勇猛，卡斯蒂利亚人被击退。另外，国王的核心副将之一，堂罗德里戈·特列斯·希龙（王国的三大骑士团之一——卡拉特拉瓦骑士团的大团长）中了一支毒箭，牺牲了。阿罗伯爵和滕迪利亚伯爵都身负重伤。哈维写道："卡斯蒂利亚人混乱地败退，将火炮和攻城武器丢弃在战场上。对斐迪南国王来说这是一场灾难，他不得不长途跋涉返回科尔多瓦，重新组建军队。"[21]伊莎贝拉女王在科尔多瓦等待他归来，对此役的失败和她的军队的惨重损失备感羞耻。对两位君主来说，这次失败突出表明了一点：他们需要更好的战略筹划。

第二次失败则教会他们，必须尊重敌人的力量、顽强和足智多谋。国王不得不去加利西亚处置那里的民变。他不在期间，为了给洛哈的失败报仇雪恨，安达卢西亚的卡斯蒂利亚人自行组织了针对格拉纳达人的大规模攻势。安达卢西亚贵族的精英云集于此，参加冒险，身穿光辉夺目的铠甲。商贩牵着驮马跟随军队，期待获得丰富的战利品。这支军队开赴海港马拉加，需要穿过一片被称为阿士阿尔奇亚的地区（这是崇山峻岭之间的一个富饶的农业谷地），踌躇满志，相信自己的兵力和精良且美观的装备一定能战胜敌人。他们梦想征服马拉加（格拉纳达最重要的海港），对穆斯林施加一次快速而决定性的打击。加的斯侯爵因为之前受过挫折，敦促大家谨慎，但没人愿意听他的话。

行军队伍拖得太长，首尾不能相顾的军队很容易遭到分割包围、各个击破。士兵们骑马穿过格拉纳达乡村，焚烧庄稼，四处掳掠，然后进入马拉加以北的山地隘道。马拉加人民看得见卡斯蒂利亚人纵火产生的烟柱。阿布·哈桑派遣了他最优秀的两名将领，他们协调了一次非常高效的伏击。卡斯蒂利亚军队的长长的、脆弱的纵队进入通往海岸的最后一座山谷时，穆斯林军队在山谷一个狭窄地带两侧的高地上严阵以待。他们居高临下地攻击基督徒的行军纵队。

卡斯蒂利亚人受到辎重的拖累，并且没有预想到穆斯林军队的攻击如此凶悍，因此落入陷阱，惨遭屠戮。死者多达数千人。一些士兵在黑暗中跌跌撞撞地逃进一座崎岖的山沟，被本领高强的神射手逐个消灭。曾反对此次远征的加的斯侯爵侥幸逃脱，但他的很多亲戚都阵亡了。他的兄弟迭戈和贝尔特兰被杀，两个侄子也战死了。有 800 多骑兵牺牲，1500 人被俘。西丰特斯伯爵被俘。卡斯蒂利亚士兵们头晕目眩地四处乱跑。据说有些士兵的斗志完全瓦解，竟然束手就擒，乖乖地被穆斯林女人抓走。

穆斯林大获全胜。阿拉伯史料喜悦地记载道，此次胜利"令基督徒魂飞魄散，让穆斯林士气大振"。[22] 对基督徒来说，这又是一次彻彻底底的、丢人现眼的溃败。女王在马德里得知了噩耗。洛哈的失败教会了她妥善谋划的重要性，而阿士阿尔奇亚的惨败告诉她，傲慢自负会有什么风险。事实证明，穆斯林是勇敢而机智的战士，他们熟悉当地的地形地貌，善于利用自己的优势，而且对他们来讲，这是一场保卫自己家园和生活方式的斗争。

从此之后，国王和女王开始更好地配合。斐迪南率军作战，而伊莎贝拉负责后勤补给，并确保战地医院随时准备接收和医治伤员，帮助他们重返战场。对两位君主来说，筹集资金常常是很大的挑战。斐迪南经常是亲自带兵取胜的人，而伊莎贝拉在战场附近等候和观战，一丝不苟地注意细节，看部队是否达成了她希望的所有目标，以及是否最大限度地把握了机遇。

所以，他们花了十多年才征服格拉纳达，"部分是通过武力，部分是招降纳叛，部分借助审慎，部分通过金银收买"。他们用金钱收买穆斯林的当地政府官员，让他们拿着钱移民到北非或奥斯曼帝国，把城堡居民留下来自生自灭。[23]卡斯蒂利亚人还切断了向穆斯林地区运送粮食的海上航运，并摧毁庄稼和收成，慢慢饿死敌人。

对穆斯林来讲，他们早期的两次重大胜利应当告诉他们，只要他们明智地运用自己的资源、等待时机、把握机会并团结一致，是能够打败卡斯蒂利亚人的。斐迪南和伊莎贝拉都有弱点，可以利用。斐迪南有时鲁莽地不顾危险，伊莎贝拉讨厌看到双方的人无谓地死亡，她的仁慈心与战争必需的残酷相抵触。另外，卡斯蒂利亚人的补给线很长，这是一个极大的弱点。他们每一次转移，都必须将粮食和弹药运来，这让他们很脆弱。

* * *

但穆斯林的胜利没有给他们带来原本应有的益处。格拉纳达人发生了窝里斗，因为他们国内有自己的问题。

凶悍的苏丹阿布·哈桑用威胁挑起了战争，现在他的私生活给他制造了很大麻烦。只要他集中注意力于手头的工作，他的政权就井井有条并能够取得军事胜利。他的正妻法蒂玛曾是他的爱人、朋友、支持者和谋士。但一夫多妻制造成了一些棘手的后勤上的和感情上的挑战。阿布·哈桑开始偏爱后宫一名年轻漂亮的女基督徒时，这些复杂问题对他造成了沉重打击。据阿拉伯史料记载，"他后宫里最得宠的两位美女"之间发生了至死方休的残酷竞争。两位争风吃醋的妻子中势力更强的是法蒂玛，她是阿布·哈桑的表妹，也是阿布·阿卜杜勒王子（西班牙人称其为巴布狄尔）的母亲。另外一位女子是伊莎贝拉·德·索利斯，马尔托斯（哈恩附近的一座城镇）市长的女儿，一些年前被袭掠当地的穆斯林军队掳走；她改信了伊斯兰教，名字也被改为索拉娅。国王对索拉娅非常痴情，和她生了两个孩子，并宠爱这两个孩子超过其他的子女。但巴布狄尔王子的母亲"不仅刻骨仇恨索拉娅，而且一心想把她和她的孩子都杀掉"。[24]

家庭内部的猛烈争吵很快扩散。法蒂玛是一位前任苏丹的女儿，有很多强有力的朋友，她敦促自己的儿子巴布狄尔尝试推翻父亲。阿布·哈桑的声望因此受损。据阿拉伯史料记载，他原本被视为捍卫伊斯兰教的伟大战士，如今却被认为"铁石心肠而残酷"，他的儿子巴布狄尔则很快被大家认为是风度翩翩、"和蔼可亲并且优雅得体"。[25]

所以，在战争早期的几年，阿布·哈桑未能趁敌人尚未准备好的时候彻底击溃西班牙军队，而是不得不返回格拉纳达，去镇压阿拉伯历史学家所说的"一场恐怖的叛乱，撕裂了格拉纳达人的灵魂"。[26]据阿拉伯编年史家努布达特·阿斯尔记载，就在穆斯林军队在洛哈取胜的那天，王室的纠纷公开化了。法蒂玛很快就带着自己的儿子们，包括巴布狄尔，去了瓜迪斯①，"被当地人欢呼为统治者，随后格拉纳达也推举他们为统治者"。[27]

宫廷纠纷升级为武装冲突。格拉纳达人民分成两个阵营，互相残杀。有些人支持阿布·哈桑，包括他精明强干的弟弟阿卜杜拉·撒加尔②，他是一位广受尊重的老将。其他人则支持阿布·哈桑的儿子巴布狄尔。年轻的巴布狄尔急于在战场上向

---

① 瓜迪斯为西班牙南部一城镇，在格拉纳达城东北方。

② "撒加尔"的意思是勇士。

父亲和叔叔证明自己的本领。这个糟糕的决定最终导致了他的灭亡。1483 年，斐迪南国王再次出征。此前战局对卡斯蒂利亚人不利。但命运改变了力量对比。巴布狄尔企图获得一场让世人仰慕他的大胜，于是决定率军攻击属于卡斯蒂利亚的卢塞纳。这很快演化成一场激烈的肉搏战。伊莎贝拉女王雇人制作了描绘此役的木刻画，图中有一大群人马在一座要塞之外的战场殊死搏斗，挥舞着中世纪的兵器——剑、弩和长枪。格拉纳达的好几位名将在此役中阵亡，包括巴布狄尔的岳父，曾领导洛哈防御战的勇敢的市长。在图中，他跌倒在地，但还带着高贵与尊严，姿态令人想起希腊艺术中著名的垂死高卢人①的形象。在此役中，巴布狄尔的坐骑精疲力竭，坠入一条河。巴布狄尔害怕丢掉性命，于是投降，被卡斯蒂利亚人俘获。

这是战局的一个大逆转。目瞪口呆的卡斯蒂利亚人幸运地抓住了巴布狄尔，这是最珍贵的一件战利品。但如何利用这非同一般的机遇呢，什么才是最佳策略？

斐迪南国王紧急与谋臣们会商，大家意见不一。有些人主张将年轻的王子监禁起来，有些人说释放他，让他回去在国内继续煽动叛乱。伊莎贝拉女王做了决定性的裁决。阿拉伯史料记载道，"她的意见最聪明，对穆斯林来说也最为致命"，得到了卡斯蒂利亚国王的认同。阿拉伯史官表达了震惊，因为斐迪南随后对巴布狄尔以礼相待，"带着极大的尊重与爱意和他会谈，不允许他亲吻自己的手，而是与他热情拥抱，并称他为自己的朋友"。[28]

---

① "垂死高卢人"是 17 世纪在罗马郊区发掘出的一座古罗马大理石像，被认为是希腊化时期一座青铜像的复制品，其原作可能源自前 230 ~ 前 220 年纪念安纳托利亚的希腊化统治者战胜高卢人（或凯尔特人）。

斐迪南国王和伊莎贝拉女王又一次表现出他们改变他人的意志和笼络人心的独特本领。巴布狄尔受到了父亲的虐待，而斐迪南对这位被母亲宠坏的年轻王子表现出极大的礼貌。为了确保巴布狄尔的获释，他的母亲法蒂玛给斐迪南送来"巨额"赎金，斐迪南接受了。巴布狄尔则宣誓臣服于伊莎贝拉和斐迪南，并承诺每年奉上大笔贡金。他还答应释放 300 名基督徒俘虏。[29]

王子被俘又被赎回的消息在格拉纳达引发了喜悦的欢呼，也让一些人担忧。魅力十足的年轻王子回家了，但他的人民现在开始怀疑他对他们以及祖国事业的忠诚。他的父亲则对他十分轻蔑，因为儿子为了挽救自己的生命，居然臣服于敌人。混乱的内战再次爆发。

但阿布·哈桑疾病缠身，很快就病倒，不得不退位，将王位交给了弟弟，备受尊重的撒加尔。阿布·哈桑离开了格拉纳达，退隐了，把年轻的妻子和他们的孩子一起带走，不久之后去世了。索拉娅很快恢复了自己童年的名字伊莎贝拉，重新皈依基督教，给自己的两个儿子改名为格拉纳达的斐迪南（以纪念斐迪南国王）和格拉纳达的胡安（以纪念胡安王子）。几年后，母子三人就生活在伊莎贝拉女王的宫廷，参加基督教的仪式。

但阿布·哈桑的死让撒加尔和他的侄子巴布狄尔之间发生了直接的竞争。继承危机削弱了埃米尔国的力量。领导层如此混乱，从此战局就转为对基督徒有利。伊莎贝拉稳步赢得了一连串胜利，尽管她的很多进展付出了昂贵代价，包括金钱和生命的代价。

1484 年 6 月，卡斯蒂利亚人征服了阿洛拉镇。阿莱曼的木刻画记载了这个事件，并且表现出西班牙人越来越善战。画中，要塞城墙被炮击严重损毁。猛烈炮火现在变成了他们的攻击战术的重要组成部分。城墙倾塌之后，守军只能投降。木刻画描绘了要塞司令跪在斐迪南面前、呈上城门钥匙的场面。穆斯林的表情很惊愕，西班牙人则很严肃。

斐迪南和伊莎贝拉在塞维利亚过冬，筹划下一步行动。次年夏季，他们攻打并占领了科因和卡尔塔马，然后转向格拉纳达最难对付的目标之一——龙达，它坐落在一座高高的台地之上，四面全是陡峭岩壁。一个聪明的计谋为西班牙人赢得了胜利。斐迪南佯攻港口城市马拉加，格拉纳达人匆匆将可以动用的兵力调往那个方向，以保卫他们与外界的重要联系纽带。同时，加的斯侯爵率军快速返回龙达，在守军得到增援之前猛烈攻城。卡斯蒂利亚人围攻和炮击龙达，切断了它的水源。

消耗战持续了两周。苏里塔写道，龙达"由国内许多最勇敢的穆斯林守卫，所有摩尔人都是英勇的战士"。战斗昼夜不息，最终穆斯林战士"被希望投降的妇孺的哀求和哭泣所感动"，开始询问和平条件。[30]卡斯蒂利亚人于1485年5月22日占领龙达。

这次胜利对伊莎贝拉来说特别重要，因为攻克了龙达之后，有约400名被关押在那里的基督徒奴隶得到解放。其中一些人还是从萨阿拉被掳来的。他们身体虚弱，饥肠辘辘，需要慢慢调养以恢复健康。伊莎贝拉女王命令将这些人曾佩戴的沉重枷锁用大车运往托莱多，悬挂在她的圣约翰王家修道院外墙上，以提醒信众，基督徒曾受到怎样的折磨。

龙达居民被允许留在家中。市政领导人被要求向卡斯蒂利亚宣誓效忠，向卡斯蒂利亚王室缴纳税金（数额与以前缴给纳斯尔王朝的相同），并且如果得到命令，要出兵为卡斯蒂利亚王室作战。斐迪南国王承诺不干预他们的伊斯兰教信仰，并允许他们根据伊斯兰教法解决自己的争端。

此后，卡斯蒂利亚人进军港口城市马贝拉，它迅速投降。事实上，在斐迪南国王驾到之前，该城的顶级官员就与他取得联系，请求允许他们成为西班牙两位君主的臣民，或者乘坐斐迪南提供的船只，去往"他们愿意去的任何地方"[31]。阿莱曼的木刻画表现了马贝拉的投降，画中有一名穆斯林士兵改换了阵营，向接近城门的卡斯蒂利亚人提供帮助和建议。

控制龙达和马贝拉之后，两位君主决定，他们终于可以回家一段时间了。伊莎贝拉和斐迪南在卡斯蒂利亚过冬，具体地点是马德里附近的埃纳雷斯堡。1485 年 12 月 16 日，凯瑟琳公主，也就是未来的"阿拉贡的凯瑟琳"，出生了。伊莎贝拉女王因为产后感染，有一段时间没有参与战事。但斐迪南于1486 年 5 月 13 日黎明动身，再次远征格拉纳达。他显然没有具体的进攻计划，而是尽快前进，打算捕捉有利机遇。伊莎贝拉有时不确定他的位置，有一次在信中写道"不知你在何处攻城略地"。[32]

斐迪南率军南下，奔向安达卢西亚。他渡过了科尔多瓦附近的耶瓜斯河，稍事停留以接收整个半岛给他送来的物资。加的斯侯爵也来了，带来了更多增援部队。斐迪南在此地得知，巴布狄尔尽管曾宣誓效忠于伊莎贝拉和斐迪南，还是与撒加尔达成了谅解，正在谋划攻击基督徒。撒加尔和巴布狄尔瓜分了格拉纳达的各城市，弥合了分歧。

夜间，斐迪南召集贵族开会，商议如何行动。按照加的斯侯爵的建议，他们决定再一次尝试攻打洛哈，也就是四年前他们失败的地方。此时防守洛哈的是巴布狄尔本人。作为先期准备工作，西班牙人先攻打并占领了洛哈附近的伊略拉、莫克林、蒙特夫里奥和科洛梅拉。参与这些军事行动的有西班牙贵族，也有一些来自英格兰和法兰西的新来者。一个叫斯凯尔斯勋爵的人带来了一队英格兰士兵，个个踌躇满志。

斐迪南与伊莎贝拉女王辞别的时候，女王写信给他，刻意照顾他的骄傲，夸张地对他表示礼貌和恭敬。她有一次提议，允许巴布狄尔占据巴萨和瓜迪斯这两座要塞（正被撒加尔控制），以换取他交出洛哈，但随后非常刻意地纠正自己并道歉："请原谅你的夫人，因为我并不懂这些事情。"[33]

5月28日，星期天，西班牙军队开始炮击洛哈。在场的彼得·马特写道，斐迪南的攻势非常凌厉。炮击很猛烈，但时间不长。编年史家埃尔南多·德尔·普尔加尔说，炮击只持续了一天两晚，巴布狄尔就献城投降。

在洛哈战役期间，伊莎贝拉的公众形象是非常刻意的宗教虔诚。她花了几天几夜时间祈祷和斋戒，请求上帝赐予胜利；同时她在为丈夫和其他军人的命运而担忧。卡斯蒂利亚人占领洛哈之后，她很快来到军中。

巴布狄尔又一次落入他们手中。他再次请求释放他，伊莎贝拉和斐迪南再次同意，尽管他曾宣誓臣服后来又食言了。到此时，已经很明显，对两位君主来说，让巴布狄尔回到格拉纳达制造内乱的价值比关押着他要大得多。为了换取自由，巴布狄尔与伊莎贝拉女王达成了一项秘密协定，与她之前向斐迪南国王提议的很类似。她承诺支持他发动政变，反对他的叔叔。

在洛哈，战局发生了非常显而易见的转变，伊莎贝拉开始沉思起来，她于5月30日写信给斐迪南，"圣母赐予我们胜利，给了我们这座城镇。愿天主将这胜利维持下去"，并说此次胜利"非常了不起"。但生命的损失让她不安。"摩尔人为了保卫洛哈而死，我们的人也有死亡，"她写道，"……这些死亡让我心情沉重。"[34]

但她不能优柔寡断。两位君主继续向伊略拉、莫克林和蒙特夫里奥推进，这些城镇都已投降。根据阿莱曼的木刻画，女王带着六岁的胡安娜公主进入莫克林，接受其投降。图中，伊莎贝拉和女儿周围有红衣主教门多萨和几名少年侍从陪伴。女王和孩子骑在马背上，走进一个混乱而令人恐惧的场景。图中描绘了一座因为被臼炮击中爆炸而燃烧的塔楼。据编年史家埃尔南多·德尔·普尔加尔说，白炮的炮弹点燃了穆斯林的火药桶。[35]

女王返回了科尔多瓦，为斐迪南国王准备了一场盛大的欢迎庆典。他于四天后抵达科尔多瓦。1486 年的战役就这样结束了。

＊　＊　＊

这年冬天，伊莎贝拉和斐迪南待在萨拉曼卡。冬去春来，新的作战季节开始，他们又回到了科尔多瓦的大本营。春季，巴布狄尔兑现承诺，发动了政变。1487 年 4 月 7 日，斐迪南攻打贝莱斯—马拉加（关键港口马拉加附近的一座城镇）。正面交锋之后，那里的穆斯林军队于 4 月 27 日投降。撒加尔率军从格拉纳达出发，去保卫贝莱斯—马拉加。但他前脚刚走，巴布狄尔就控制了都城。这对撒加尔来说是一记沉重打击。他看到保卫贝莱斯—马拉加和返回格拉纳达都没有意义，于是率军前往瓜迪斯。就这样，格拉纳达的军队被永久性地分割为两块，首尾不能相顾。

　　巴布狄尔之所以能够驱逐自己的叔叔，是因为他和伊莎贝拉女王的秘密协定。他曾写信给她，解释自己有机会颠覆撒加尔，但需要军队、武器和补给物资。伊莎贝拉派了自己的儿时好友贡萨洛·费尔南德斯·德·科尔多瓦去支援巴布狄尔。他们一同将撒加尔堵在格拉纳达之外，巴布狄尔被宣布为国王。4 月 29 日，巴布狄尔写信给伊莎贝拉女王，宣布自己战胜了叔叔，并确认自己在洛哈向她发下的效忠誓言。他还与她达成了一项新协议，按照她的建议，"在合适的时候，将格拉纳达交给她，以换取王国东部的一些地方，而那些地方目前是忠于撒加尔的"[36]。据历史学家 L. P. 哈维说，几乎可以肯定此时他是"伊莎贝拉和斐迪南"的秘密盟友。[37]

　　斐迪南和伊莎贝拉随后奔向下一个富饶的目标，即海港和要塞城市马拉加。他们知道，这将是本次战争最重要的战役，因为这个海港是格拉纳达的穆斯林与地中海其他地区的穆斯林之间的关键联系纽带。马拉加可能也是最难对付的单一目标，因为它包含三座要塞。如果他们能占领马拉加，那么内陆城市格拉纳达就是瓮中之鳖了。斐迪南于 5 月 6 日抵达马拉加，伊莎贝拉两周后抵达。当时有报告称，马拉加爆发了瘟疫。女王在此刻赶到，足以证明她夺取这座港口城市的坚定决心。两位君主在城门外建立了帐篷营地。

　　首先他们尝试劝降，之前有不少摩尔人城镇是这样投降的。他们发出警告，如果穆斯林不投降，就会被奴役。撒加尔已经离开了前线，所以斐迪南和伊莎贝拉告诉守军，他们不大可能得到格拉纳达其他穆斯林的支持。但守军坚决拒绝谈判。

于是斐迪南和伊莎贝拉对城市开始了严密的包围封锁，打算用饥饿迫使居民屈服。

炮击开始了。城市被围攻了漫长的三个月。粮食越来越少，居民开始饿死。卡斯蒂利亚军队的士气也低落下去，有士兵逃跑。马拉加的穆斯林指挥官威胁，如果卡斯蒂利亚人不撤军，他就杀死城内的 600 名基督徒俘虏。斐迪南的答复是，如果基督徒奴隶受到伤害，他就"把西班牙的穆斯林杀个精光"。[38]城市最后投降了，但残酷的战斗让两位君主变得铁石心肠，对居民施加了惩罚。

马拉加的所有幸存居民都成为国王和女王的财产。女奴被送给基督徒贵妇。教皇获赠 100 名奴隶。红衣主教门多萨得到 70 名。马拉加的犹太人被允许保留自己的财产，但必须缴纳约 1 万金卡斯特亚诺①的赎金，否则将被强制迁走。大法官和拉比亚伯拉罕·塞尼奥尔（伊莎贝拉儿时在塞哥维亚的朋友）筹集并支付了所有犹太人的赎金。没有人愿意帮穆斯林付赎金。被俘的大约 5000 人中，约 4000 人成为奴隶。[39]清真寺被改为教堂。600 名基督徒俘虏和龙达的奴隶一样憔悴干瘪，得到解放，获得食物，被悉心照料，恢复了健康。

马拉加失陷之后，格拉纳达西部完全属于卡斯蒂利亚人了，格拉纳达只有少数大城镇还在纳斯尔王朝统治下。瓜迪斯、巴萨和都城格拉纳达是王国内陆的重要城镇；阿尔梅里亚是格拉纳达的最后一个主要海港。

1488 年，在斐迪南的国度待了一段时间之后，伊莎贝拉

---

① 卡斯特亚诺是黄金重量单位，约合 0.46 克，亦为古金币名。

和斐迪南攻克了贝拉、贝莱斯—弗兰科和贝莱斯—鲁维奥。这一年，战事变得更紧迫，因为有消息传来，土耳其人又在大举出动，这一次有约 10 万陆军和 505 艘桨帆船的舰队。

下面一场大规模攻城战的目标是巴萨。1489 年 6 月，卡斯蒂利亚军队抵达该城。这是一场漫长而艰苦的鏖战。他们进展甚微，考虑撤军。斐迪南国王给正在哈恩的女王送去消息，征求她的意见。她坚持要求卡斯蒂利亚人坚持战斗，说她会想办法提供胜利所需的任何东西。她鼓励部队振作精神，想一想卡斯蒂利亚人越来越多的胜利，并坚信自己是在为上帝服务。"敌人还是原来的敌人，而且比以前弱了。"她告诉丈夫和部队。她还承诺，要不断祈祷，恳求上帝始终支持他们。这些话语振奋和鼓舞了部队。彼得·马特写道："于是我们站稳了脚跟。"他的意思是他们不会退缩，不会放弃攻城战。[40]

到 1489 年，驻扎在巴萨周围的卡斯蒂利亚军队已经变成了一支凝聚力极强的力量，部队内部的和谐团结与昂扬斗志显而易见。士兵来自西班牙的所有不同地区，包括阿斯图里亚斯、加利西亚、巴斯克地区、埃斯特雷马杜拉，还有卡斯蒂利亚人和阿拉贡人。他们的方言各不相同，但他们融洽得让人惊讶，由一种共同的公共使命感团结起来。他们在凝聚成一个民族，在一面宗教大旗下组织起来。马特对米兰红衣主教乔万尼·阿钦博尔多说："语言、风俗、习惯五花八门的 8 万步兵和 1.5 万骑兵，竟然如此团结融洽，真是难以置信。人们对王室的威严如此尊重，以至于一直到今天，没有发生任何骚乱；没有偷盗行为；没有拦路抢劫的匪徒；没有私人争吵。不过如果出现了这样的坏事，肇事者必然遭到严厉惩戒，以儆效

尤。"【41】

严明的军纪让这位人文主义学者想起了古希腊人。他写道:"所有这些不知姓名的军人,聚集在同一个营地里,英勇作战,服从长官和统领的命令,你会以为他们是在同一座房子里长大的,说同一种语言,服从同一种纪律。你会觉得我们的军营是以柏拉图的理想国为蓝本建立起来的。"【42】

1489年秋季,伊莎贝拉女王从哈恩去往附近的城镇乌韦达,那里距离巴萨很近,她能够监督前线战事。11月,她决定亲自去巴萨,就像她之前去马拉加一样,鼓舞士气。她的到来令摩尔人的抵抗开始瓦解。她以隆重的排场抵达,陪在她身边的是她年纪最大的孩子,十九岁的伊莎贝拉公主。伊莎贝拉女王到场后,巴萨的领导人和居民相信,投降条件一定会比较仁慈,也一定会得到很好的遵守。他们很快与她达成了一项协议,允许城内的精英阶层保留自己的财产并离去,而普通市民被允许按照自己的风俗继续生活。

根据协议,巴萨的穆斯林士兵得到金钱,帮助卡斯蒂利亚人攻打撒加尔的剩余要塞。巴萨的主要领导人西迪·叶海亚去了瓜迪斯,找到住在那里的撒加尔,劝服他,抵抗是毫无意义的。12月22日,撒加尔拱手交出了港口城市阿尔梅里亚,并于12月30日交出了瓜迪斯。他以2万卡斯特亚诺的价钱卖掉了自己在安达卢西亚的全部私产,然后去北非定居。阿拉伯史料说他这么做是为了激怒他的侄子巴布狄尔。据努布达特·阿斯尔说:

很多人说,撒加尔及其将领把他们曾统治的核心村庄和地区卖给了卡斯蒂利亚的统治者，并拿到了钱。他这么做是为了向侄子以及他的那些留在格拉纳达城的将领报复……那些人的统治区域只剩下了格拉纳达城，与敌人达成了停战协定。他这么做是为了将格拉纳达切断，像摧毁国家的其他地区一样，毁掉那座城市。[43]

阿尔梅里亚的投降有重大的战略意义：格拉纳达城与整个南海岸之间的联系都被切断了，纳斯尔王朝丧失了最后一个出海口，也就失去了从海上获得增援的途径。斐迪南国王、伊莎贝拉女王和伊莎贝拉公主都参加了阿尔梅里亚城的正式投降仪式。阿莱曼的木刻画上有一个戴头巾、蓄着大胡子的人，可能就是撒加尔，他在斐迪南国王面前，几乎跪下来，亲吻国王的脚。同时，在城门上方，一位穆斯林举起双手，要么是表示欢迎，要么是在哀哭。[44]

1489 年的系列事件，尤其是巴萨攻城战和伊莎贝拉在其投降的过程中发挥的作用，对我们今天玩的一种游戏也留下了长期性的影响。当时象棋在西班牙非常流行，巴萨战役不久之后，女王就成了棋盘上最强大的一个棋子，能够向所有方向远距离移动；她的任务是保护和捍卫棋盘上的关键棋子——国王。在伊莎贝拉出生以前，某些版本的象棋中就有女王的角色，但到这个时期，发明于印度的象棋经历了彻头彻尾的演化，女王变成了一个主宰性的棋子。象棋的变化被大约 1496 年于萨拉曼卡出版的一本关于象棋新规则的流行书籍记录下来。该书的作者是拉米雷斯·德·卢塞纳。将当时的象棋称为"女王的游戏"，而女王的新功能是可以"任意移动，只要她的路径是敞开的"。[45]伊莎贝拉女王成了战争游戏中一个强有力的角色，因而流芳千古。

伊莎贝拉和斐迪南最近的胜利对彻底完成"收复失地"是至关重要的。到 1492 年，纳斯尔王朝已经灭亡，但战争尚未结束。1490 年和 1491 年，两位君主开始围攻格拉纳达的都城。穆斯林希望，入冬之后，西班牙人会撤军以躲避严寒，但这些希望落空了，因为格拉纳达人看到西班牙人正在格拉纳达城外建造一个永久性驻军城镇，并将其命名为圣菲（意思是"神圣信仰"）。虽然希望渺茫，格拉纳达人还在坚守。城内开始有人饿死，形势越来越绝望。

战役的最后一年，1491 年，持续不断发生小规模交锋，穆斯林努力寻找办法来打击攻城者。巴布狄尔如今是格拉纳达的埃米尔，我们对他具体起到什么作用不太了解。他曾承诺要将格拉纳达交给伊莎贝拉和斐迪南，但现在他的末日快到了，他似乎处于麻木状态。一群最显赫的格拉纳达贵族、神职人员和权贵与他会面，指出埃米尔国的绝望处境、粮食匮乏和最强大武士的牺牲，已经无人能够继续战斗。海外也没有救援的希望。这个代表团说道："我们已经向居住在大海对面的马格里布①的穆斯林兄弟求救，但他们没有一个人来帮助我们，也没有起兵援救我们。"[46]

巴布狄尔命令他们自己讨论这个问题并提出建议。城市长老们决定派遣一位使者去见西班牙的两位君主，请求和谈。巴布狄尔同意了。今天的许多学者相信，巴布狄尔此时已经与卡斯蒂利亚人达成了秘密协定，但害怕如果被自己的臣民知道，

---

① 欧洲人称之为巴巴利，而阿拉伯人称之为马格里布的地区，也就是今天的摩洛哥、阿尔及利亚和突尼斯一带。

他会丧命。他将开启和谈的责任推到其他人身上，让他们分担这些责任。

到此时，巴布狄尔似乎主要是在考虑自己的私利。在与卡斯蒂利亚人（代表是贡萨洛·费尔南德斯·德·科尔多瓦，他的阿拉伯语很流利）的谈判中，巴布狄尔要求对他个人做出保障："告诉我，国王和女王能否确切保证，让我拥有阿普哈拉斯①？这是我们谈判的第一条。国王和女王能否保证兑现诺言，把我当作一位亲戚？"[47]

据说贡萨洛的回答是："殿下，只要您一直为两位陛下效力，他们就会信守诺言，保证给您的土地。"[48]换句话说，巴布狄尔必须永久性臣服于伊莎贝拉和斐迪南。

据哈维的说法，最终的和谈其实取决于巴布狄尔和西班牙的两位君主之间的"私人的秘密谅解"。于是，格拉纳达投降了。

广泛流传的公开协定允许安达卢西亚的穆斯林继续居住在自己的家园，保留自己的财产，遵照自己的伊斯兰教法行事；他们需在三年内离开西班牙去北非，路费由卡斯蒂利亚承担。穆斯林被允许保留自己的信仰，不会被强迫改信基督教。穆斯林在投降时必须释放他们的基督徒奴隶。基督徒被禁止进入清真寺。

有两个条款适用于居住在纳斯尔王国内的犹太人。他们被禁止征税或者对穆斯林行使任何权力。穆斯林获得的权益也适用于居住在格拉纳达的犹太人，为期三年。期满之后，若犹太人不改信基督教，就必须迁往北非。

①　阿普哈拉斯是安达卢西亚南部一地区。

　　根据此项协定，阿兰布拉宫①将于 1 月 6 日（基督教的主显节）被交给基督徒，以纪念东方三博士②给婴儿基督献上礼物的日子。但巴布狄尔建议加快领土交接，因为格拉纳达居民因为丧失家园而骚动不安。于是他们把交接日期提前，用哈维的话说，巴布狄尔得到了"恰当的书面收据"，确认这笔交易业已完成。[49]

　　于是，在 1492 年年初，伊莎贝拉和斐迪南终于占领了格拉纳达都城。1 月 2 日，在庆典上，巴布狄尔将城门钥匙交出。两位君主在十四岁的胡安王子陪同下，走进大门。苏里塔回忆说，这是一个"令人难以置信的欢庆和幸福的日子"。[50]考虑到当时的环境，他们入城时非常宁静安详，这有些令人惊讶。巴布狄尔已经将自己的儿子送给他们当人质，以确保城市被和平地交给卡斯蒂利亚人。城市顺利交接之后，巴布狄尔的儿子被送回家人身边。[51]十字架和卡斯蒂利亚旗帜被安插在要塞的制高点，神父们唱起赞美诗，举行弥撒。

　　巴布狄尔就这样拱手交出了自己从祖辈继承下来的产业。他离开时经过了一座后来被称为叹息桥的桥梁。据说他那曾经无比骄傲的母亲跟在他脚边，训斥他丢掉了祖先的土地，没能传给后人。撒加尔已经去了北非；巴布狄尔不久之后也去了。

---

　　①　"阿兰布拉"的意思是"红色城堡"或"红宫"，是摩尔王朝时期修建的古代清真寺、宫殿和城堡建筑群。宫殿为原格拉纳达摩尔人国王所建，现在则是一处穆斯林建筑与文化博物馆。该宫城是伊斯兰教世俗建筑与园林建造技艺完美结合的建筑名作，是阿拉伯式宫殿庭院建筑的优秀代表，1984 年入选联合国教科文组织世界文化遗产名录。

　　②　原文为 Magi，典出《新约·马太福音》第 2 章第 1～12 节的记载，在耶稣基督出生时，有来自东方的"博士"或"国王"或"术士"朝拜初生的耶稣。Magi 指的很可能是来自帕提亚帝国的琐罗亚斯德教占星家。

西班牙的两位君主显然希望他离开，尽管他们在受降时曾保证他在西班牙占有的土地。就这样，他凄凉地生活在西班牙主宰之下。据信他死于非斯。他们的后宫佳丽命运如何，无人知晓。

对斐迪南和伊莎贝拉及其儿女来说，占领这座城市是一个震撼人心的事件。格拉纳达的美丽的阿兰布拉宫，即纳斯尔王朝的摩尔人建造的宫殿，让两位君主颇为惊艳。他们心怀震撼，徘徊在宫殿的小径和花园内，欣赏旖旎风光，观看流水般的阿拉伯文字。宫殿的墙上铭刻着阿拉伯文的诗歌和神圣律法。伊莎贝拉注意到，其中一条铭文不断重现：唯有真主是胜利者（或：唯有真主全能）。[52]

宫殿规模极大，令游客肃然起敬。宫内到处是穆斯林主宰伊比利亚半岛时期留下的符号印迹。一位目击者说，在宫殿中央，他们发现了十七面卡斯蒂利亚旗帜，每一面都代表穆斯林战胜基督徒军队的一次胜利。其中一名旗帜已经有 150 多年的历史了。[53]他们还得知，这座童话般的宫殿，是由基督徒奴隶的血汗建成的。

还有一个发现让卡斯蒂利亚人毛骨悚然。附近的一群洞穴曾被用作监牢，很多犯人在围城战期间就被活活饿死。德意志旅行家希罗尼穆斯·闵采尔几年后参观了阿兰布拉宫。他说，他得知，伊莎贝拉和斐迪南抵达时，城内原先的 7000 名基督徒奴隶只剩下 1500 人。幸存的奴隶憔悴不堪、满身污秽地出现了。

其中约有 750 人已经濒临死亡。他们离开地牢的时候，唱歌赞颂救世主耶稣。他们拜倒在伊莎贝拉和斐迪南脚下，哭泣着、呼喊着表达感恩。足足用了两辆大车，才将他们原先佩戴的枷锁运走。

大多数奴隶虽然处境艰难，还是保留了自己的基督教信仰。伊莎贝拉询问一位被关押了四十四年的干瘪的俘虏，他能支撑下来，是不是靠信仰："在你囚徒生涯的最初几年，如果有人告诉你，耶稣基督没有出生并成为你的救赎者，你会怎么想？"这人答道："我会痛苦而死。"[54]

九名基督徒俘虏（两个伦巴底人和七个卡斯蒂利亚人）背弃了基督教，成为穆斯林。这种异端和叛教行为罪大恶极，不能饶恕，于是国王命令将他们处死。他们遭到殴打，然后被处以火刑。这是对异端罪的常见惩罚。

击败格拉纳达的胜利为伊莎贝拉和斐迪南在全欧洲赢得了赫赫威名，因为这是几百年来基督教针对伊斯兰教的第一次重大胜利。对很多欧洲人来说，这算是给君士坦丁堡的陷落报了一点仇。苏里塔写道："征服格拉纳达之后，永久和平降临了。基督教世界各国都颂扬和讴歌这次胜利。消息一直传播到土耳其人和苏丹的最遥远土地……面对这样野蛮和凶残的民族，这样的敌人和异教徒，持续不断而残酷无情的战争延续了数百年。如今，战争结束了。"[55]

斐迪南迅速采取行动，确保这次伟大胜利的功劳全是他的。就在占领格拉纳达的这一天，他兴高采烈地写信给威尼斯的统治者："我希望你们知道，在许多辛劳、代价、死亡和我们的臣民流了许多血之后，于1492年1月2日，上帝赐予我彻底的胜利，消灭了格拉纳达王国和我们天主教信仰的敌人。……从此之后你们拥有了一个天主教国度。"[56]

除了阿莱曼的54幅纪念战争的唱诗班木刻画之外，还有另外一套艺术作品纪念了这场胜利，即格拉纳达王家小教堂的祭坛装饰画。其中包括描绘穆斯林投降的木刻画，由同时代人记录了 1492 年 1 月的这个日子。有一幅木刻画表现的是伊莎贝拉和斐迪南骑马进入格拉纳达；她的衣服遮盖全身，只露出脸。她的习惯入乡随俗，所以此处她的服饰类似布卡①，不过戴着一顶宽檐帽。她甚至在帽子上戴了面纱，以遮蔽脖子。

在另一幅木刻画中，巴布狄尔走到国王和女王面前，献上格拉纳达的城门钥匙。长长的一队基督徒俘虏从他身后的要塞散乱地走出来。第三幅木刻画表现的是穆斯林在一座喷泉处接受洗礼。第四幅是浑身遮得严严实实的穆斯林妇女接受洗礼，隔着厚重的面纱还可以看得到她们悲伤的眼睛。

很显然，将这个新省份融入西班牙的过程不是一帆风顺的。但西班牙的两位君主已经建立了一个新的负责宗教监督与控制的机构。它已经严阵以待，去镇压穆斯林。

① 布卡是伊斯兰教传统中女性在公众场合用以掩盖面部和身体的罩袍。

十四 异端裁判所的建立者

这些岁月里，所有人心中都充满宗教仇恨，穆斯林和基督徒在西班牙与东欧兵戎相见。双方都自我辩护，称自己的行动是为了敬奉神。伊莎贝拉女王建立了一个教会与政府合作的机构，称为异端裁判所。

异端裁判所的镇压对象是那些正式自称为基督徒，但其行为让其他人怀疑他们的信仰不真诚的人。伊莎贝拉在世时，异端裁判所的主要迫害对象是改宗犹太人，即公开皈依基督教、自称为基督徒的犹太人。起初，穆斯林和犹太人并不是异端裁判所的目标。它的任务是揭露不诚心的伪基督徒，对其加以矫正；如果他们不思悔改，就会被处以火刑，这是对异端罪的传统刑罚。但伊莎贝拉和斐迪南后来觉得，他们国境内的犹太人会诱导改宗犹太人，于是决定强迫西班牙的所有犹太人改信基督教。不接受洗礼的犹太人被驱逐出境。后来，穆斯林也遭到迫害，尽管两位君主在接受格拉纳达投降时曾特别承诺，允许他们保留自己的信仰。上述的两项政策都让心不甘情不愿的基督徒越来越多，他们将受到异端裁判所的审判。

我们知道，女王于 1477 年在塞维利亚的时候，第一次考虑建立异端裁判所。她于 1480 年，也就是土耳其人占领奥特朗托、西班牙与格拉纳达的战争即将爆发的那年，正式建立了异端裁判所。她这么做其实并不非常情愿，而是受到塞维利亚和其他地方的教士的强烈敦促。教士们告诉她，安达卢西亚的改宗犹太人当中异端蔓延，危害人的灵魂，并且损害了国家安全。因此西班牙异端裁判所的起源部分是由于战时的紧张气氛，因为在这个时期，人们互相猜忌，不可靠的忠诚比平时更难以得到宽容。但事实证明异端裁判所是一种政府压迫与控制人民的极其有效的工具，所以它作为一个机构，存在了三百多年。历代君主因此得到了一种方便的手段，去镇压敌人，并惩罚主流社会不认可的种种"不和谐"行为。

它的最早一批牺牲品是犹太人出身的基督徒，他们仍然遵守一些犹太教的习俗，这被称为"犹太化"，所以很难判断他们是否真诚地皈依了基督教。但后来，同性恋者、穆斯林出身的人、新教徒、离婚的人，全都受到同样的审查。反政府人士或者被指控有各种不合常规思想的人，也都成为异端裁判所的猎物。

不过，西班牙异端裁判所（也称宗教法庭）受到了广大群众的欢迎，因为他们相信，这种机构是有必要存在的。在多年内乱和动荡之后，很多人看到出现了一个强有力的中央集权的专制政府，并且在消灭社会不和谐现象，感到很高兴。西班牙人渐渐变得非常珍视宗教正统。偏执的人，甚至心胸狭隘和书生气的普通人，是异端裁判所最热忱的拥护者。它的牺牲品或潜在牺牲品，对它既恨又怕。用历史学家亨利·卡门的话说，它成了"西班牙土地上一种标准的现象"。[1]

没有人能说得准，伊莎贝拉在建立异端裁判所的时候，究竟是怎么想的。也没有人能说得准，究竟有多少人受到了它的影响。研究异端裁判所的学者常常带入了自己的偏见。异端裁判所常常出现在文学作品中，以至于真相和大家的观感已经混为一谈，难以厘清。英格兰的宣传家以异端裁判所的存在为证据，称自己的王国在道德上比西班牙优越，尽管英格兰政府也在残酷地镇压国内的宗教少数派。据说奥斯曼苏丹巴耶济德二世曾严厉谴责异端裁判所，尽管不久前奥斯曼帝国屠杀了数万名自己国内的异端分子，即那些信奉伊斯兰教什叶派一种神秘主义的苏非派别而不信政府规定的逊尼派教义的人。换句话说，宗教压迫不是什么新鲜事，也绝不是西班牙独有的。

近几十年来，数百名学者仔细研读了异端裁判所留存至今的文献残篇。历史学家曾相信，被火刑处死的人数量极多，但近期的研究对此提出了质疑。学术界对实际死亡人数的估计大大缩小了。数十万人被异端裁判所处死的说法已经被证明是错误的。

但毋庸置疑的是，伊莎贝拉在位期间，有很多人被火刑处死，可能至少有 1000 人，或者多达 2000 人。例如，在宗教首都托莱多，伊莎贝拉在世期间，宗教法官处死了 168 人。[2] 该地区有约 85 人受审但最后被无罪释放。还有 120 人被缺席审判，因为他们已经逃亡或者死去。死亡数字之所以能够判断，是因为宗教法官常常运用异端裁判所的文献机制为证据，审判那些已经过世的人，然后焚烧死者的骨骸。逃跑的人会被缺席审判，然后会制作他们的肖像并烧毁，就像伊莎贝拉的两兄弟争夺王位期间，在阿维拉，恩里克四世国王的木偶般的肖像被象征性地废黜一样。在那个时代，用蜡、木料或布制作的人像被认为具有仪式上的意义。

西班牙异端裁判所不是斐迪南和伊莎贝拉原创的新主意。在有文字记载的历史的大部分阶段，在政教分离的概念被发明之前，政府和宗教是密不可分的。在大多数文化中，反对宗教教义，就等同于挑战政治权威。因此异端裁判所作为一种机构，有很深的根源和早就规定好的规则，只不过西班牙人为其引入了一些创新的特点。

异端裁判所的指导原则是，不遵守宗教与政治常规等于叛国。在伊莎贝拉的时代，教会和国家是一体的，宗教权威与世俗权力是融合起来的。对宗教正统的威胁，就是对政治统治集团的威胁。君主们相信，他们之所以登上王位，是因为上帝的意志。质疑上帝，就等于是质疑君主的政治合法性。另外，国王和女王也要负责监管臣民的生活和灵魂。国王和女王若不能铲除异端，他们自己的灵魂也有危险。

异端裁判所这个词（inquisition）源自拉丁语 inquisitio，字面意思是"调查"。西班牙异端裁判所遵循的是特定的罗马法。例如，罗马人允许刑讯逼供，因为他们相信大多数罪犯不会主动承认自己的罪行，因为那样他们就会受罚。但罗马人知道，刑讯得来的口供往往不可靠，因此他们要求官员在获得供词之后还要从嫌疑人那里得到说明，证实嫌疑人的供词是在刑讯之下得来的。罗马皇帝们发现刑讯逼供是达到他们自己目的的有效办法。历史学家卢·安·霍姆扎写道，在后来的岁月里，"刑讯逼供的做法也变得更普遍……尤其在叛国案中"。[3]刑讯逼供在西班牙也成了一种司空见惯的执法手段：受害者被处以水刑（口中被泼入大量的水，使其有被溺死的痛苦感觉），或者被吊在房梁上，使肩膀脱臼。

一些国王和教皇曾用异端裁判的手段来镇压各种各样的异端分子。火刑则是对异端分子的传统刑罚。例如圣女贞德因为女扮男装，被判违背了教会的规矩，于是被烧死。西班牙人收复格拉纳达时发现的九名改信伊斯兰教的前基督徒被认为是叛教者，于是被判死刑。

在伊莎贝拉时代之前规模最大的一次镇压异端的事件发生

在 12 世纪初到 14 世纪初，迫害对象是西欧流行的一种基督教分裂派别，称为清洁派。清洁派不遵守教会正统的表现是，他们允许女性成为教会领袖，批评梵蒂冈与教会统治集团的腐化堕落，并遵循一种特别的使得他们非常瘦的饮食规矩。他们说，他们的信仰让他们非常特别；他们自称"完美者"。1234年，教皇英诺森三世批准对清洁派进行镇压，并处死不肯放弃自己信念的人。仅在 1244 年 3 月的一天，法兰西就有约两百名清洁派成员被烧死。那些不愿意为了自己的非正统思想牺牲的人假装改过自新，转入地下。

那个时代没有"疑罪从无"的原则。嫌疑人被简单地推断有罪。在这次宗教镇压之下，那些被指控有非正统行为但认罪的人得到了原谅，但还是受到了一些惩罚：他们被强迫戴一顶尖顶帽或穿特殊的衬衫，或者被强迫光着脚或裸体行走，或者以其他方式表示悔罪。那些认罪之后又恢复原先异端思想的人，会被处以死刑。

异端裁判所的体制鼓励人们互相检举揭发。告密者可以匿名揭发思想可疑的人。被揭发者的一些貌似无辜的行为可能被人指控是对基督教信仰不真诚，比如避免吃猪肉、在犹太教的安息日穿干净衣服，或者在犹太教的节日点蜡烛。事实证明，很多人愿意秘密告发自己的朋友、雇主和熟人。恣意检举他人而无须承担个人风险，这让人性最丑恶的一面暴露了出来。

根据这些检举，很多人被投入监狱，有的遭到毒刑拷打，直到认罪。如果他们真心实意地认罪，那么可能逃过死刑，得到有限的惩罚。但如果他们故态复萌或者他们的异端思想被认为是冥顽不灵的，那么教会官员会将他们交给政府官员，由后者执行死刑。

这样惨无人道的不公，如何在西班牙猛烈地爆发出来？这个复杂而自相矛盾的问题的答案，要追溯到基督教的起源。耶稣的教导是基督教的基础，但他自己是个犹太人。他在犹太地区被罗马官员处死，犹太人的领袖默许了罗马人的行动，因为他们可能害怕他不合常规的传道会给他们惹上麻烦，得罪统治他们的罗马人；也可能他们认为耶稣的行为挑战了他们自己的权威。关于这些事件，世俗历史的记载极少，但它们对基督徒来说是一项核心信条。

1 世纪的犹太人有很好的理由对罗马人感到担忧，并努力用自己的办法来维持秩序，因为耶稣去世几十年后，犹太人因为另一次叛乱而被从犹太家园驱逐出去。一些犹太人迁往西班牙，这是罗马帝国的一个重要部分，此时已经有一些犹太人在那里安家落户了。到伊莎贝拉的时代，一些犹太人家族在伊比利亚半岛已经生活了 1500 多年。

希伯来历史学家和金融家以撒·阿布拉瓦内尔是异端裁判所时期伊比利亚半岛最有影响的犹太人之一。他写道，他的家族在以色列的第二圣殿①时期就生活在塞维利亚了。[4]第二圣殿于公元 70 年被摧毁之后，更多犹太人来到伊比利亚半岛。据一位学者记载，在“烈火将美丽的耶路撒冷化为灰烬”之后的时期，有的犹太人去了巴比伦，有的去了埃及，但“最显赫的家族去了西班牙，其中有便雅悯和犹大支派的残部，大

---

① 犹太教的第一圣殿是所罗门王建造的，于前 586 年被新巴比伦帝国摧毁，耶路撒冷被征服，犹太王国部分人口被掳走，即所谓“巴比伦之囚”。后波斯帝国的居鲁士大帝允许犹太人重建圣殿，于前 516 年建成，即第二圣殿。公元 66 年，犹太人反叛罗马帝国。70 年，罗马将领提图斯（后来的皇帝）占领耶路撒冷，摧毁第二圣殿。根据犹太教的信仰，未来将会有第三圣殿出现。

卫王家族的后裔"。[5]事实上，作为敬语的"堂"可能源自希伯来语的"adon"一词，意思是"君主或主人"，不过也有人说"堂"的词源是拉丁语 dominus（主人）。

背井离乡的犹太人在罗马帝国统治下的西班牙繁荣昌盛起来，有些犹太人成为多个文化领域（包括哲学、医学、文学、天文学和科学）的伟大学者。罗马帝国灭亡后，他们在西哥特人统治时期经历了一个受压迫的时代，但并没有被逐出自己几百年来的家园。他们与穆斯林结盟，得以维持舒适的生活，于约公元 1000 年前后，在高度文明的科尔多瓦达到了一个文化巅峰。很多犹太人说阿拉伯语，越来越习惯阿拉伯人的风俗。但是，犹太人与阿拉伯人的亲密关系使得基督徒非常猜疑他们，因为西班牙的天主教徒还保留着这样的文化记忆：犹太人曾帮助穆斯林征服伊比利亚半岛。

在伊斯兰教主宰伊比利亚半岛的几个世纪里，犹太人被迫向穆斯林缴纳特殊赋税，并服从一些专门针对他们的法规，以换取穆斯林的宽容。他们的生活并非完全安宁，因为伊斯兰宗教狂热不时掀起狂潮。例如，1068 年 12 月，格拉纳达的一群穆斯林暴民屠杀了约 1500 户犹太人。[6]基督徒逐渐从穆斯林手中收复半岛的土地，而犹太人也不时地遭到基督徒的迫害。犹太人常常被困在互相杀伐的基督徒和穆斯林之间，只得尽可能随机应变，努力生存下去。

在这些世纪里，西班牙王室一般认为自己有法律上和道德上的责任去保护犹太人。由于历史悠久的仇恨的存在，王室很难始终如一地贯彻这项政策。1391 年，伊莎贝拉出生的大约六十年前，声势越来越浩大的基督教狂热浪潮开始针对犹太人。反犹的传道者在王国各地漫游，发表气势汹汹的演说，大谈耶稣的受难，警示犹太教的威胁，并怂恿暴民攻击犹太人、摧毁犹太会堂。许多人因此丧命，数千名犹太人被迫改信基督教，犹太会堂被改为基督教堂。这场暴力活动的中心是塞维利亚。此后，塞维利亚成了许多为了生存而改信基督教的犹太人的家园。其他一些犹太人家族，如阿布拉瓦内尔家族，为了逃避迫害，迁往葡萄牙。[7]也有一些人迁往格拉纳达或北非。许多家庭因此妻离子散：有的人接受了洗礼，有的人勇敢地坚持自己的犹太教信仰。1411 年，又一轮猛烈的传教运动迫使大批犹太人改宗。

反犹的狂热活动发生的时期，一般是中央政府虚弱的时期。例如，1391 年的反犹迫害运动，发生在十一岁的恩里克三世国王①（绰号"病恹恹的恩里克"或"软弱的恩里克"）登基之后的那一年。他尝试惩罚那些迫害犹太人的凶手，但不得不屈服于政治压力，允许对犹太人施加新的限制。伊莎贝拉登基的时候，在西班牙的犹太人总数已经下降到约 8 万人，而基督徒人口为约 600 万。

于 1391 年和 1411 年被强迫改信基督教的犹太人被允许摈弃被强迫许下的誓言。危险消散之后，他们可以恢复犹太教信仰，而不必担心更多迫害。但出于种种原因，一些改宗犹太人选择继续信奉基督教。有的人是真心实意皈依的。有些人觉得，改宗之后，就能得到许多职业和机遇，而这些好处是非基督徒无法得到的。所以这些人是为了方便起见才皈依基督教的。结果就是，在伊莎贝拉在世期间，有很多老年人，孩提时代是犹太教徒，后来改信基督教。这些人，以及他们的孩子，

① 伊莎贝拉女王的祖父。

被称为改宗犹太人。这样的人有数万人，其中很多游走于两个世界之间。

1390 年之后，很多改宗犹太人在政府获得了报酬丰厚、影响力很强的职位。他们在经济上和职业上的成功，激起了许多基督徒的嫉妒。在过去，很多职位几乎可以自动地从基督徒父亲传给儿子，如今他们却要面对改宗犹太人的竞争。

改宗犹太人还进入了教会，成为神父和主教。不足为奇的是，人们担心有基督教信仰并不纯粹的人获得教职，去负责照管基督徒的灵魂。据研究异端裁判所的历史学家亨利·卡门说，在卡斯蒂利亚，在伊莎贝拉在世期间，至少有四名主教是改宗犹太人，在梵蒂冈代表西班牙人的红衣主教胡安·德·托尔克马达也是。[8]

异端裁判所的鼓吹者当中肯定有反犹主义的情绪。但西班牙的局势比北欧和东欧那种明目张胆的偏执更为微妙和复杂。一般来讲，在卡斯蒂利亚，基督徒和犹太人的关系比欧洲大陆其他地方要好。1296 年，犹太人被逐出英格兰；1394 年，被逐出法兰西。但伊比利亚半岛没有发生这样的事情，英格兰和法兰西的很多犹太人难民定居到了伊比利亚半岛。在那里，犹太人和基督徒之间存在亲近关系，数百年来世代为邻。

没有证据表明伊莎贝拉是个反犹主义者。她和一些犹太教徒有亲密和友好的关系。其中之一是卡斯蒂利亚最有名的拉比，来自塞哥维亚的亚伯拉罕·塞尼奥尔，他是女王的长期支持者。另外，以撒·阿布拉瓦内尔（他的家族在伊比利亚半岛生活了一千多年）担任女王和她的葡萄牙亲戚的财政顾问。他们的家族已经合作了多年。卡斯蒂利亚王位继承战争之后，葡萄牙国王若昂二世开始迫害在葡萄牙境内的伊莎贝拉的亲戚，阿布拉瓦内尔不得不逃离葡萄牙，随后返回卡斯蒂利亚，得到信任。由于同样的原因，伊莎贝拉的亲戚也在同一时期逃离葡萄牙，来到卡斯蒂利亚。到1491年，阿布拉瓦内尔已经成为女王的私人财政代表。[9]

女王还很依赖一些犹太血统人士的辅佐。她身边有很多改宗犹太人。她的忏悔神父埃尔南·德·塔拉韦拉就是改宗犹太人。她雇来记载她的朝代历史的人编年史家埃尔南多·德尔·普尔加尔，也是改宗犹太人。塞哥维亚的司库安德烈斯·德·卡布雷拉也是改宗犹太人，他对女王的极大贡献被刻画在石刻雕塑上，永垂青史。

而且她的亲人可能也有犹太血统。西班牙犹太人相信，伊莎贝拉的丈夫斐迪南的母亲是改宗犹太人的后代。据拉比埃利亚胡·卡普萨利记载，他与多位塞法迪犹太人①交流过，他们都相信斐迪南的卡斯蒂利亚外曾祖父阿隆索·恩里克斯②曾爱上一位美丽的犹太少妇，名叫帕洛玛。两人有了私情，生了个儿子。这孩子很可爱，于是恩里克斯将他带到自己家中，和自己的其他儿女一起抚养长大。这个孩子就是后来的卡斯蒂利亚海军司令，地位最高的贵族之一，他的女儿胡安娜·恩里克斯嫁给了阿拉贡国王胡安二世。[10]

但伊莎贝拉成为女王的时候，改宗犹太人已经变得不得民心，他们和基督徒之间酝酿许久的敌意正在开始涌现。近几十年来，一直有人敦促开展某种形式的教会调查，看一些改宗犹

---

① 塞法迪犹太人即西班牙—葡萄牙系犹太人。"塞法迪"是《圣经》中对伊比利亚半岛的称呼。犹太人的另一个重要分支是"阿什肯纳兹犹太人"，即德意志系犹太人。

② 这个阿隆索·恩里克斯的父亲是卡斯蒂利亚国王阿方索十一世的私生子。

太人是真的基督徒，还是仅仅假装皈依，以获取历史上由基督徒专享的油水足的职位。伊莎贝拉的哥哥恩里克四世曾请求教皇批准他进行这样的调查，但后来不了了之。后来，伊莎贝拉竭尽全力构建统一战线以对付格拉纳达的时候，这件事又沸腾了起来。

大多数学者认为，是一个名叫阿隆索·德·奥赫达的神父怂恿伊莎贝拉女王建立异端裁判所。他是塞维利亚多明我会的修道院长，享有圣洁的声誉。他相信，很多改宗犹太人是假装信奉基督教。伊莎贝拉于 1477～1478 年居住在塞维利亚时，阿隆索·德·奥赫达给她送去了当地改宗犹太人假装皈依基督教的报告，强烈地敦促她采取行动。她不是塞维利亚人，所以可能会倾向于听信他，因为他比她更熟悉当地民情。

并非所有人都相信有必要组建异端裁判所。事实上，伊莎贝拉的忏悔神父和最亲近的宗教顾问埃尔南·德·塔拉韦拉"反对建立异端裁判所"[11]。她的改宗犹太人编年史家普尔加尔也反对，说这会让安达卢西亚的人民受到不公正的惩罚，而他们唯一的过错就是没有接受过很好的基督教神学教育。"大人，我相信"，普尔加尔在 1481 年给红衣主教门多萨的公开抗议信中写道：

> 有的人有罪，是因为他们邪恶；而其他人，也是大多数人，之所以有罪，是因为他们效仿那些恶人；如果有好的基督徒给他们做榜样的话，他们是能够洗心革面的。但那里的老基督徒是恶人，而新基督徒是善良的犹太人。大人，我能确定，在安达卢西亚有 1 万名十岁至二十岁的少女，她们从出生起就足不出户，她们知道的宗教教义完全

来自她们的父母，除此之外不曾听说过或学过任何教义。把这样的人全都烧死，是一件非常残酷的事情。[12]

但很快有匿名报告，质疑普尔加尔自己是否为一名虔诚的基督徒，以及是否忠于王室。他不得不退出对这个话题的公开讨论。但他相信，伊莎贝拉在组建异端裁判所的时候，她的意图是可以理解的。至少他在当时说自己相信这一点。[13]

毫无疑问，伊莎贝拉本人是个热忱的信徒，花了大量时间在私人祭坛前祈祷，并努力揣测上帝对她人生的安排；她着迷于参加弥撒，甚至在访问卡斯蒂利亚的宗教中心时，居住在托莱多大教堂唱诗堂之上的一套房间内。她在不做礼拜的时候，最喜欢的消遣是制作祭坛的刺绣装饰品，悬挂在她的王国和耶路撒冷的各个教堂内。她逃避令人疲惫的宫廷生活时，会退隐到瓜达卢佩的一座修道院，并称其为她的"天堂"。

她的虔诚有黑暗的一面。在精神世界里，她害怕未知的、危险的东西。她雇人绘制的王室全家肖像中，她躲避在圣母玛丽亚的怀抱中，而他们的头顶上有咄咄逼人的恶魔在飞舞。这样的设计不是巧合。

改宗犹太人的问题爆发的时候，女王特别容易受到教士的影响。她的女儿伊莎贝拉七岁了，而伊莎贝拉女王无法再次生儿育女。她受到了极大的社会与政治压力，因为她必须生下一个男性继承人去继承卡斯蒂利亚和阿拉贡两国的王位，并永久性地将两国联合起来。她担心自己的不育是因为上帝对她不满，热切希望重新得到上帝的恩宠。

另外，关于奥斯曼土耳其人入侵的消息常常包含可信的、真实的报告，讲到土耳其人得到了一些伪基督徒的帮助，这些人为土耳其人提供物质援助，包括地图、建议和内部消息，帮助他们征服基督教社区。在征服格拉纳达的过程中，肯定发生过这样的事情。另外，基督教欧洲的一些犹太人在私下里为奥斯曼帝国的胜利喝彩，因为根据他们的弥赛亚信仰，基督教世界毁灭之后，"犹太人将得到救赎"，所以基督教世界的失败加快了"弥赛亚的降临"。[14]克里特岛的拉比卡普萨利在他的著作中清楚地表达了这种信念，将征服者穆罕默德二世描绘为仅仅对恶人残酷的大英雄。[15]

欧洲各地的人们越来越执拗地担心遭到宗教上的背叛。

* * *

15 世纪 70 年代末，伊莎贝拉在进行积极进取的维护治安行动时，关于改宗犹太人的争议令问题激化了。她正在奔向塞维利亚（可以说是王国最重要的城市，也是国际贸易的一个枢纽），这是她第一次去那里。塞维利亚发生了内乱，她要努力证明，中央政府的权威有能力消灭无政府状况。例如，在她南下的过程中，在中世纪风格的城镇卡塞雷斯，她停留了相当长时间，努力重建秩序与安宁，惩罚罪犯，伸张正义。据普尔加尔记载，当地恢复了法治，所有居民都"非常满意"。在整顿治安的同时，她还视察了王国边境的防御工事，去了葡萄牙边境上的巴达霍斯。

伊莎贝拉抵达塞维利亚后，发现当地乌烟瘴气。用普尔加尔的话说，当地"到处是丑闻、纷争和战争"，导致多人死伤。[16]她立刻开始重复自己在其他地方的行动（正是这样的行动为她赢得人民的支持与敬仰），即主持正义。

每个星期五，她在城堡公开接受请愿，人们可以向她陈情上诉。她端坐在一个大房间的高高椅子上（椅子上铺着金线织物），廷臣和法律顾问环绕在她四周，帮助她澄清每一个案子的真相。然后她会做出裁决。罪犯被判刑，其中很多被判死刑；受害者即刻得到赔偿。两个月内，她就颇有建树；街头犯罪和抢劫基本上销声匿迹。很多罪犯和被指控有不端行为的人看到她是动真格的，纷纷逃离塞维利亚。普尔加尔写道："因为她给人民带来正义，善良的人们非常爱戴她，恶人则畏惧她。"[17]

然而，她的手段虽然高效，并且或许是必需的，但也是专断的。最终塞维利亚居民噤若寒蝉。加的斯主教堂阿隆索·德·索利斯恳求她对坏人多一些仁慈，并表示，上帝珍视那些"内心谦卑"因而能够发慈悲的人。[18]

女王的立场有所缓和。"她看到不计其数的男女因为畏惧司法而饱受折磨，被他们的泪水和呻吟所感动"，决定对普通罪犯实施一次大赦。[19]消息传了出去，很快就有 4000 多人返回了塞维利亚地区。伊莎贝拉严苛的司法工作得到了大家的赞赏。

将类似的调查工作延伸到宗教领域，是很容易的事情。很快，奥赫达的主张——建立异端裁判所——就有了更多支持者。他的热情支持者之一是菲利波·德·巴尔贝里修士，近期抵达卡斯蒂利亚的宗教法官，原籍西西里。他在寻求对一道古老的法令（源于 1223 年）进行确认，这道法令允许在西西里岛进行异端裁判，以铲除异端；还规定异端分子财产的三分之一将被异端裁判所没收。教皇使节尼科洛·佛朗哥（特雷维索①主教）也同意。于是很快这三人都在怂恿伊莎贝拉采取行动了。[20]

---

① 特雷维索为意大利城镇，位于威尼斯城以北 16 英里处。

随后，他们发现斐迪南国王也赞同他们的观点。异端裁判所建立之后，就成为非常有用的铲除异己的工具，还能从被指控犯有异端罪的人那里收到金钱，这些钱可以用于其他用途。国王很快加入了这场"合唱"。他已经选择了主管异端裁判所的理想人选：他的长期忏悔神父，严峻顽固而清心寡欲的托马斯·德·托尔克马达，即红衣主教胡安·德·托尔克马达的侄子。

历史学家拉斐尔·萨巴蒂尼认为，"对斐迪南来说，这个建议或许是颇有诱惑力的"，因为这一方面能让他立刻满足自己虔诚的虚荣心；另一方面又能充实几乎已经枯竭的国库，因为被迫害的是社会上一个非常富裕的群体。既能良心坦荡，又能大发横财，何乐而不为呢。不过，虽然斐迪南是西班牙的君主之一，而且是阿拉贡的最高统治者，但他在卡斯蒂利亚没有伊莎贝拉那样的权力。卡斯蒂利亚毕竟是伊莎贝拉的王国，虽然斐迪南在卡斯蒂利亚的地位不是简单的君主配偶，但根据法律和政策，他必须服从于她的意志。所以他能够做的，仅仅是帮助三位教士游说。他们四人使尽浑身解数去敦促伊莎贝拉，于是她让步了。[21]

伊莎贝拉不情愿地同意开展初步调查，以确定新皈依的基督徒当中遵循犹太教习惯的程度。1477 年，她请求红衣主教佩德罗·门多萨开始向民众告知此事。红衣主教门多萨命令准备一份教导手册，向那些不熟悉基督教规则与仪式，或忘记了这些知识的人解释。这是一种教义问答手册，解释了洗礼、告解和基督教信仰的基本信条。门多萨命令在西班牙的所有教堂、布道坛和学校宣讲这份手册。其他人主张对不信基督的人施行更严厉的制裁，以净化教会。但伊莎贝拉和红衣主教门多萨起初不愿意使用过激手段。

但后来发生了一些事情，导致局势恶化。1478 年的圣周①，一个出身于著名的古斯曼家族的年轻卡斯蒂利亚人，在追求一个年轻的改宗犹太人姑娘。他说，他在她家的时候，偶然听到她父亲亵渎耶稣的名字，并侮辱基督教。他向一名多明我会神父告发了此事。奥赫达得知后立刻对被告的家庭进行了调查。被告及其五名朋友表示悔罪，得到了宽恕。但狂热的奥赫达认为这还不足以赎清这些人的罪孽，于是加倍努力，呼吁女王注意这些他认为的危险的叛教行为。据教会历史学家萨巴蒂尼说，女王又一次不同意，至少在一定时期内不同意施行严厉制裁。[22]

但主张建立异端裁判所的人此时得到了一个强大的盟友。托马斯·德·托尔克马达是塞哥维亚一座多明我会修道院的院长，也是几十年来德高望重的教士。他是看着伊莎贝拉长大的，还曾作为斐迪南的宗教顾问和忏悔神父，陪同他到各地旅行。此外，作为一位前任红衣主教的侄子，他的话很有分量。现在，他开始利用自己的影响力来反对改宗犹太人。

伊莎贝拉女王不情愿地同意向教皇申请一份诏书，即官方的法律文件，授权在西班牙组建异端裁判所。教皇西克斯图斯四世于 1478 年 11 月 7 日批准了建立异端裁判所的请求，允许两位君主挑选三位主教、大主教或神父，在两个王国内担任宗教法官。但伊莎贝拉仍然很犹豫，不愿意发动有些人在敦促她做的那种严厉的调查。她更加努力地开展教育工作，以确保人们受到关于可能的叛教行为的教育，而不是因为过失而受罚。同时她和斐迪南去了托莱多。卡斯蒂利亚国会在那里开会，向

---

① 复活节前一周。

他们尚在襁褓中的儿子和继承人胡安宣誓效忠。随后伊莎贝拉又生下了一个孩子，即胡安娜。两年过去了，她没有做任何努力推动异端裁判所的成立。

但关于组建异端裁判所的讨论很自然地让改宗犹太人惶惶不可终日。一位新皈依的基督徒写了一本小册子，批评两位君主竟然考虑这样的事情。[23]攻击王室始终是一件危险的事情。有些人认为这本批评君主的小册子恰恰证明王权受到了严重的、危险的冒犯。这本小册子流通的时间也很不凑巧，因为那时奥斯曼军队刚刚征服了奥特朗托。

1480 年 9 月，两位君主决定贯彻教皇诏书，任命了两位高级宗教法官去领导异端裁判所，即门多萨和托尔克马达。这两人任命了其他一些人启动工作，在塞维利亚建立了一个大本营，因为有人抱怨，塞维利亚的问题最严重。很快，就有一群身穿白袍、头戴黑帽的宗教法官开始在从卡斯蒂利亚北部到塞维利亚的游行队伍中行进。人们被告知，要么悔罪并接受宽恕，要么好自为之。

有些改宗犹太人大为惶恐，迅速逃离塞维利亚。他们的匆匆逃跑让宗教法官更觉得他们有罪。很快王室就发出通知，要求查明哪些人逃亡，以及逃往何处。异端裁判所的触手伸向全国各地。宗教法官宣布，他们将逮捕任何以这种方式逃离塞维利亚的人。国内各地的贵族协助教会追捕嫌疑人。改宗犹太人开始受到审判，有些人被定罪。

第一次公开处决，即信仰审判①，于 1481 年 2 月 6 日在塞

---

① 信仰审判（Auto-da-fé），字面意思是"信仰的行动"，是西班牙、葡萄牙和后来的墨西哥异端裁判所时期异端分子的仪式性公开忏悔，随后一般会被处以火刑。

维利亚举行，也就是异端裁判所建立的仅仅几个月之后。六人被处以火刑。教士阿隆索·德·奥赫达在这一天做了得意扬扬的布道，但几周后他就死于瘟疫。若在其他时期，异端裁判所声势最壮的支持者的死亡，或许会让整个异端裁判所事业画上句号。但奥赫达已经发动了一件非常宏大且丑恶的事情。数十人逃亡，意味着必须追踪并调查他们。塞维利亚有数百人悔罪，在等待更全面审判期间挤满了监狱。为了处理这些工作，需要更多教士。根据 1482 年 2 月的一份教皇法令，七位宗教法官获得任命。此事发生的时候，国内的宗教狂热正在高涨；就在同一个月，伊莎贝拉呼吁西班牙的所有骑士支持针对格拉纳达的战争。[24]

关于改宗犹太人问题的更多、更普遍的报告导致在科尔多瓦和哈恩（收复失地运动的另外两个军事基地）组建了类似的宗教法庭。1485 年，托莱多建立了宗教法庭。很快，在全国各地，在阿维拉、梅迪纳·德尔·坎波、塞哥维亚、西贡萨和巴利亚多利德，都组建了异端裁判所。斐迪南在巴塞罗那、萨拉戈萨和巴伦西亚启动了类似的行动。

斐迪南领地内的异端裁判所很快就变得比卡斯蒂利亚的异端裁判所更臭名昭著。在 1482 年的一份教皇诏书中，教皇西克斯图斯四世对阿拉贡王国发生的一些事情提出了严正抗议。

他指控道，斐迪南国内的异端裁判所的动机不是宗教热忱，也不是拯救灵魂，而是对财富的贪婪；很多真正的、虔诚的基督徒，由于敌人、竞争对手、奴隶和更加低贱和不恰当的人的证词，在没有任何合法证据的情况下，就被投入世俗监狱，遭到刑讯，被谴责为异端分子，剥夺财产，交给世俗当局处死；这些恶行危害人的灵魂，立下了有害的恶例，令人作呕。[25]

斐迪南迅速做出回应，说他对教皇竟然被"上述改宗犹太人的持续不断、奸诈狡猾的劝导"而蒙蔽感到"震惊"，并警告教皇"所以要多加小心，不要继续追究此事"。[26]

几周后，教皇就退缩了。但在斐迪南的王国，公民继续反对异端裁判所，很多人觉得它的程序不公正，违反了传统的法律。在萨拉戈萨附近的特鲁埃尔，发生了反对异端裁判所的起义，但被军队镇压下去。1485 年 9 月 15 日夜间，宗教法官佩德罗·阿韦斯在萨拉戈萨大教堂祭坛前祈祷时，被刺客戳死。刺客要么是改宗犹太人，要么是改宗犹太人雇用的。这起暗杀让改宗犹太人的命运更糟糕了，因为阿韦斯是在跪着祈祷时被杀的，因此很快就被视为一位圣徒。密谋者被处决，阿拉贡的民意转向支持异端裁判所。

每一个新的宗教法庭在启动的时候，会发布"恩典敕令"，呼吁信徒前来悔罪并得到宽恕。他们被告知，如果他们真诚地悔改，就会得到宽恕；但如果冥顽不灵，他们的罪孽迟早会被揭露，那时受到的惩罚会更严酷。梵蒂冈历史学家萨巴蒂尼相信，伊莎贝拉女王和红衣主教们多萨希望用这个程序来劝导人们回到教会的怀抱，而避免流血。

但"恩典敕令"的执行导致更多人受到指控。很多人主动来寻求赦免，忏悔自己的异端罪行。但要证明他们的真诚，悔罪的人必须告发其他仍然在遵循犹太教规矩的人。如果他们告发别人，就可能让别人受到恐怖的折磨，或许会死亡；如果他们不告发别人，他们的悔罪就被认为是不完整的、不真诚的。萨巴蒂尼写道："这些可怜的叛教者，发现自己腹背受敌。他们要么可耻地背叛那些他们知道还在信奉犹太教的同胞，要么不仅承受火刑的残酷死亡，而且还被没收财产，他们的儿女将沦为乞丐。"[27]

如果一个人犯了以下错误之一，就会被认为是伪基督徒：声称弥赛亚还没有降临；说摩西的律法和耶稣基督的一样好；遵守犹太教的安息日，在那一天穿干净衬衫，或者在星期五晚上避免劳动；遵循犹太教的饮食规矩；大斋节①期间吃肉；遵守以斯帖斋戒或犹太教要求的其他斋戒；背诵大卫王《诗篇》时不说"荣耀归于圣父、圣子与圣灵"这一句；在生孩子之后的四十天里不去教堂做礼拜；为自己的孩子行割礼或给他们取希伯来名字；按照犹太教的习俗结婚；在开始长途旅行之前举办告别晚宴；携带犹太教的宗教器具；临死前将脸转向墙壁；用温水清洗尸体；用犹太教的习俗哀悼死者；在犹太教墓地埋葬死者。[28]

当然，上述行为可能是改宗犹太人的家庭习惯，而没有刻意的宗教意义。其中有些在传统的基督徒家庭也很常见，这意味着，即便那些根本不是异端分子的人，即便那些最虔诚的天主教徒，也可能被判有罪。西班牙历史学家胡安·安东尼奥·略伦特研究了文献资料，认为上述法规在制定时就"带有刻意的恶毒"，是为了尽可能广地撒网，抓捕尽可能多的人。[29] 有些宗教法官的工作狂热非常惊人。

在有些案例中，为了给处决犯人的决定辩护，异端裁判所给出了滑稽可笑的说法。中世纪一个流传很久的民间传说是，犹太人会绑架并杀死基督徒婴儿，这是对耶稣基督之死的恐怖

---

① 大斋节是基督教徒为准备复活节而进行悔罪的一段时间，这是从使徒时期就有的传统节期。

重演。这时，西班牙出现了一个故事，主人公是一个被称为拉瓜尔迪亚圣婴的孩子，据说他在这样一起牺牲仪式中被犹太人杀害。这起所谓的人祭谋杀案受到调查，导致 1491 年有六名改宗犹太人和五名犹太人在阿维拉被判死刑。有些犯人在遭到刑讯后认罪；但并没有小孩失踪的报告，也始终没有找到小孩的尸体。[30]

异端裁判所的财政方面是它迅速发展壮大的重要促进因素，因为它为政府带来了大量金钱。如历史学家何塞·马丁内斯·米连所说，异端裁判所从建立之初就要自筹经费：宗教法官的薪水和监禁犯人的费用来自犯人的家产。[31] 这是一个历史悠久的传统。1477 年，教皇西克斯图斯四世批准伊莎贝拉将异端裁判所没收的所有货物或金钱纳入王室金库。这条规则被吸收进了 1484 年的塞维利亚法令。

异端裁判所的标准操作流程有三个步骤：扣押、没收和出售。犯人最初因异端罪被捕，就是扣押。犯人被传唤到听证会上，被命令公开自己的所有财产。异端裁判所会制作一份财产清单，并向犯人高声宣读，要求他签字。档案一式三份，法庭官员会注意犯人是否企图隐藏自己的财产。犯人被羁押候审。他的财产被没收，由国家控制。若犯人负有债务，会用他的财产向债权人还债。

然后，异端裁判所以犯人的名义代为保管他的财产和货物。若犯人被无罪开释，那么他的财产和货物将被归还。但如果他被判有罪，财产就被交给异端裁判所的金库。货物会被估价，然后法庭将其拍卖。犯人的亲属不被允许竞买。

很显然，异端裁判所受到经济上的刺激，会想方设法将嫌疑人判定有罪。有的时候，有权有势的人可以收买异端裁判所，保住自己的部分财产；但异端裁判所的很多牺牲者很穷，没有多少财产可以被扣押。于是，很多贫困家庭连自己最后一点点财产也丧失殆尽。

但由于很多被迫害的人很穷，所以异端裁判所的收入往往不足以覆盖羁押所有犯人并为其提供口粮的开销，所以有的时候王室会给异端裁判所一些经济补助。斐迪南努力想办法来弥补异端裁判所的财政亏空，但异端裁判所的官员常常无法按时领到薪水。因此教会官员常常被选来担任宗教法官，因为他们自己从教会得到的收入能够维持生活开销，无须依赖别人。

由于异端裁判所的迫害，许多曾经的犹太人家庭面对两难的选择。有些犹太人成了虔诚的基督徒。但正如普尔加尔所警示的，宗教教育一般发生在一个人的童年，所以很多皈依基督教的犹太人在基督徒生活的最基本圣礼和仪式方面受到的教育很差。也有的犹太人仅仅是名义上皈依基督教，内心实际上还忠于犹太教。几乎每个改宗犹太人家庭里，都有这些现象并存，每个家庭都有自己的困难。

例如，假如一个改宗犹太人家庭有亲戚来访，而这些亲戚仍然信奉犹太教，那么如何准备饮食？不管主人家是怎么吃饭的，他们肯定会为客人准备犹太人的食物。但如果这么做，那么改宗犹太人家的主妇就有犯下异端罪的危险，可能会被指控遵循犹太教习俗。如果一个心怀不满的仆人告发，那么主妇就可能遭到起诉。

类似地，如果改宗犹太人家庭接受犹太亲戚的款待，吃了按照犹太人的规矩准备的饭菜，那么他们就可能遭到起诉。如果家里生了孩子而按照犹太人的传统庆祝，即便这家人是定期听弥撒的天主教徒，也可能遭到起诉。

改宗犹太人如履薄冰，很难不犯错误。根据基督教律法，施舍犹太人乞丐，是罪孽。在犹太教的圣日拜访犹太会堂，是罪孽。不吃猪肉是很可疑的。

嫉妒和恶意很快发挥了作用，而且有很多基督徒相信犹太人的财富是通过不正当手段获得的。例如，据编年史家迭戈·德·巴莱拉记载，1473 年的科尔多瓦暴乱之所以发生，就是因为很多基督徒"看到科尔多瓦的改宗犹太人非常富裕，能够买官……因而大怒"。当官的改宗犹太人以"傲慢"的方式行使职权，这让基督徒非常恼怒。[32]有时犹太人也会作证指控已经改宗的其他犹太人，因为他们相信后者皈依基督教仅仅是为了得到金钱的好处。

改宗犹太人的另一个麻烦是，他们当中很多人从事的职业让他们不讨人喜欢。放债是一种风险很大的行当，高利贷有时会让债务人走投无路。基督徒不被允许放债，因为这是一种有罪的职业。但犹太人可以从事这种行业。税吏很少得到同胞的喜爱，而很多改宗犹太人做这方面的工作，在社会底层的财政困难越来越严重的时候，税吏却在寻求最大限度地搜刮民脂民膏。例如，1480 年，塞维利亚城有 21 名税吏和 2 名财政官，全都是改宗犹太人。[33]

犹太人和改宗犹太人还占据了卡斯蒂利亚王国的国库和税务部门的大多数高级职务。例如，改宗犹太人迭戈·阿里亚斯·达维拉是恩里克四世国王在位期间国内最高级的财政官员。改宗犹太人安德烈斯·德·卡布雷拉在塞哥维亚担任司库，先是为恩里克四世国王效力，后为伊莎贝拉服务。

托莱多城的异端裁判所档案表明，至少在异端裁判的早期，在当地遭到起诉的人是中产阶级，不属于精英阶层。被判死刑的人当中有鞋匠、屠夫、编织匠和商人，以及他们的妻子。但也有更富裕的人陷入罗网。

但遗憾的是，对于异端裁判所，我们知之甚少。被火刑处死的人真的是异端分子，还是皈依基督教但保留了一些犹太教习俗的人？研究了大量庭审证词和现存编年史的学者们没有一致的意见。以色列学者本齐恩·内塔尼亚胡相信，大多数被烧死的人其实是基督徒，因为虔诚的犹太人鄙视和憎恨他们，认为他们是机会主义的叛徒。他写道，当时的犹太作家看到这些新皈依的基督徒受到的苦难，起初表达了"公开的喜悦"。希伯来学者杰贝兹称改宗犹太人为"上帝的敌人"。伊本·舒艾卜说，改宗犹太人的"邪恶""在我们眼里比非犹太人更恶劣"。【34】

但也有历史学家相信被定罪的人是"秘密的犹太人"，即面对巨大压力但秘密保留犹太教信仰的人。勒妮·莱文·梅拉麦德研读了许多庭审记录，她相信很多犹太女人虽然表面上遵守基督教的要求，但私下里还是勇敢地在自己家庭维持一种犹太人的核心特性：

> 所有这些女性，母亲、姨母、姐妹和妻子，都遵守犹太教律法，教导或者被教导犹太教律法，都认同她们的犹太传统。她们全都受到教导，要把自己当作以色列的女儿。她们非常清楚自己这么做是在拿生命冒险。她们都愿意默默地颠覆天主教会的教导，无视落入异端裁判所监狱或者被绞死的风险。所有人都对自己的所作所为良心坦荡。【35】

如果梅拉麦德是正确的，的确有很多犹太人仅仅在假装基督徒，那么当时的很多基督徒怀疑他们，也不足为奇了。有些神父和修女是改宗犹太人，其中一些还在教会攀升到了高层。这意味着他们在宣讲自己并不相信的东西吗？庭审表明，有些人的确如此。在托莱多，在异端裁判所的最初十年里，两名神父和一名修女被指控犯有犹太异端罪；两名神父被无罪开释，但修女被判死刑。[36]

一个著名案例是塞哥维亚主教胡安·阿里亚斯·达维拉的案子，他是西班牙最重要教堂之一的领袖。1411 年，圣文森特·费雷尔在塞哥维亚的精彩宣讲说服了他的家庭从犹太教改信基督教。[37]

胡安的父亲迭戈·阿里亚斯·达维拉和母亲埃尔维拉由此发迹；迭戈成为恩里克四世国王的司库。但有传闻称，他们一家仅仅是假装皈依基督教，目的是获得财政的好处，他们私下里还是信奉犹太教，并嘲讽基督教。迭戈和埃尔维拉的儿子胡安在二十四岁时便成为神父，随后当上塞哥维亚主教，于是风言风语更厉害了。

胡安的父母去世多年后，宗教法官来了，问题变得更尖锐。塞哥维亚主教对异端裁判所发出抗议，然后直接向梵蒂冈的教皇提出申诉。他首先采取了预防措施，将自己已故亲属（包括父母）的遗骸从墓穴中挖出，亲自带到了罗马。有些人觉得他是在以恰当的方式抗议异端裁判所的心狠手辣，也有人相信他的行动恰恰证明他的家庭是伪基督徒。塞哥维亚主教再也没有返回西班牙，于 1497 年在罗马去世。

在卡斯蒂利亚，他的家庭的活动受到了长期调查。据历史学家戴维·马丁·吉特利茨的说法，"从 1486 年到 1490 年，数十名目击证人提供了关于这个家族的证词"，声称迭戈·阿里亚斯·达维拉的家族在假装基督徒的那些年里，实际上仍然遵守犹太教的安息日，过犹太教的主要节日，按照犹太教的规矩饮食，支持犹太会堂，并逃避去基督教堂做礼拜。另外，胡安的父亲曾"经常鄙夷基督教的标志，尤其是圣徒"。[38]这些证词很自然地让人对他的儿子——塞哥维亚主教的宗教信仰产生怀疑。

发生在西班牙天主教核心的一桩丑闻或许让人越来越感到教会本身遭到了异教徒的破坏。西班牙除了圣地亚哥·德·孔波斯特拉之外最重要的朝圣地点是瓜达卢佩的圣龛，这个地方也是伊莎贝拉女王心目中最神圣的地方，她几乎每年都访问该地。

瓜达卢佩圣龛的中心是一尊面色黧黑的圣母玛丽亚雕像，据传说，它是由圣路加雕刻的；711 年穆斯林入侵西班牙之后，这尊雕像被埋在地下，以免落入穆斯林手中。基督徒成功收复该地区之后，由于当地一名农民目睹的幻象，雕像被重新发掘出来。这名农民向神父指出了雕像埋藏的地点。这个地点演变为一个广受欢迎的圣龛。

信徒尊崇这尊雕像，将它与一些奇迹（包括基督徒奴隶逃脱穆斯林主人）联系起来。整个半岛的西班牙天主教徒艰难地跋山涉水，来到瓜达卢佩，向圣母像祷告，或者悔罪、告解，并从居住在此处的约 130 名修士那里获得赦罪。

瓜达卢佩是西班牙最神圣的主教管区的最神圣的圣龛，由托莱多的教会管辖。托莱多则是西班牙地位最高的教士——托莱多大主教和红衣主教佩德罗·门多萨，伊莎贝拉的密友和顾问——的领地。

上述的所有宝贵的记忆给圣龛带来了财富，让居住在那里的修士能够过得舒适，专注于学术和艺术，如为手稿绘制插图。他们的饮食条件很好，修道院里有热的和冷的流动水。

瓜达卢佩城也因为宗教旅游业繁荣起来，许多饭馆、客栈和商人靠向每年成群结队赶来的朝圣者出售货物和提供服务而发财致富。据学者格蕾琴·斯塔尔—勒博说，当地人口有约10%是改宗犹太人。[39]

异端裁判所建立之后，开始流传一些说法，称瓜达卢佩的改宗犹太人神父特别优待城里的改宗犹太人商人，给他们出谋划策，帮助他们保留犹太人习俗，鼓励他们遵守犹太人的饮食律法，并想方设法蒙蔽基督徒，让基督徒觉得这些改宗犹太人也信奉基督教。据斯塔尔—勒博的研究，斐迪南国王于1483年9月驾临瓜达卢佩。很快，当地居民和圣龛的修士都受到了调查。

一些改宗犹太人家庭逃离了瓜达卢佩。一个大家族逃往穆斯林控制下的马拉加（当时正与卡斯蒂利亚交战），公开以犹太人的方式生活。

斯塔尔—勒博写道，1485年，瓜达卢佩的一名市民被确认犯有遵循犹太教律法的异端罪，在信仰审判中被处以火刑。还有四十五人在死后或缺席被判有罪。[40]

据斯塔尔—勒博记载，随后，异端裁判所举行了一次绝密会议，以调查瓜达卢佩的神父是否也是异端分子。很快就有确凿证据表明，这些判断是正确的。例如，一名改宗犹太人忏悔神父，迭戈·德·马切纳修士，被多名证人指认，曾指导其他改宗犹太人逃避基督教仪式，如在大斋节期间不吃肉。他告诉其他修士，他们可以在耶稣受难节吃煮的鸡肉，而非烤鸡肉，这样别人就察觉不出。他还曾公开质疑圣母玛丽亚是否真的是处女（圣母玛丽亚是童真女，这是西班牙虔诚天主教徒的信条之一），并告诉别人，他从来没有接受过洗礼。

证人说，另一名改宗犹太人教士，修道院长贡萨洛·德·马德里临死前接受临终涂油礼时假装呕吐，以避免吃下圣饼。修士路易斯·德·马德里，改宗犹太人，曾在修道院公开表示，他认识两个改宗犹太人修士，他们在举行圣餐仪式时拒绝为圣饼祝圣；但他不肯说这两人是谁。有三名修士被发现行过割礼。还有几名修士装病，以逃避弥撒或唱圣诗。

最终，西班牙中心最神圣的圣地的 130 名修士中有 21 人因为所谓的犹太教活动而遭到谴责。据斯塔尔—勒博的说法，其中一人被终身监禁，迭戈·德·马切纳被处以火刑。[41]

西班牙的天主教会企图隐瞒这起丑闻，将他们收集到的关于这座修道院的改宗犹太人修士的活动的文献资料藏匿起来。但有些文献始终没有被销毁，斯塔尔—勒博对其作了详尽的研究，并写了一本书《在圣母的阴影下》。

但这桩丑闻在西班牙几乎人尽皆知，让人们更加猜疑，其他的宗教修会是否也包藏了异教徒。

在此期间，伊莎贝拉女王肯定知道瓜达卢佩的情况，因为她命令使用从该城的改宗犹太人那里没收的 100 万马拉维迪，为朝圣者建造一座医院。然后她自己出资 100 万马拉维迪，以承担此项工程的开支。

那些成为虔诚基督徒的西班牙改宗犹太人有时也加剧了紧张气氛。他们与其他人拉开距离，或者自觉高人一等。他们满脑子都是血统论。不过基督徒也是这样。在巴塞罗那和巴伦西亚，这些虔诚的犹太人基督徒抱成一团，在由犹太会堂改建的

基督教堂内做礼拜。有人声称自己是耶稣家族的直系后裔。布
尔戈斯主教阿隆索·德·卡塔赫纳是拉比希罗马赫·哈·利未
（皈依基督教后改名为布尔戈斯的保罗）的儿子，据说曾这样
吟诵圣母经："圣母玛丽亚，我的血亲，为我祈祷吧。"在阿
拉贡，这样的人自称"以色列的基督徒"。[42]

　　研究异端裁判所的著名历史学家亨利·卡门写道："这些
改宗犹太人的态度，或许是出于自卫，而不是傲慢。但他们加
剧了新老基督徒之间的互不信任。尤其是，一个改宗犹太人民
族的概念，植根于犹太人基督徒的心灵，让别人觉得他们是一
个单独的、外来的、敌对的团体。这造成了命运攸关的影
响。"[43]

　　最终，改宗犹太人发现自己无论在犹太人还是基督徒社
区，都找不到真诚的朋友，而此时卡斯蒂利亚和阿拉贡正在奔
向战争。到这时，几乎所有地方都对他们产生了猜忌。内塔尼
亚胡写道，在 15 世纪 40 年代末，只有"少数"改宗犹太人
被视为可能的异端分子，但在随后几十年里，老基督徒的民意
发生了重大变化，"绝大多数"改宗犹太人都被视为确凿无疑
的异端分子。[44]

＊　＊　＊

　　不管表象之下的现实如何，西班牙异端裁判所的所作所为
都是超乎寻常地违背基督教精神、凶残而可憎。它与西班牙思
想的另一项强大的原则（曾经由伊莎贝拉的兄长恩里克四世
表达出来）完全相反，即宽恕是基督教的一个根本特征。恩
里克四世曾受到压力，去惩罚一名多次背叛他的贵族，将此人
传唤到自己面前，然后将他释放，并说，宽恕是他的信仰的一

个关键支柱。"我宽恕你，"恩里克四世说，"以便我要离开人世的时候，上帝能够宽恕我的灵魂。"[45]

在这个案例里，恩里克四世国王宽恕的是实际上有罪的人。而如今伊莎贝拉残酷镇压的，却是没有任何罪过，或者危害极小的人。她自己内心一定很矛盾，因为她允许自己身边的人对异端裁判所的正义性和道德性提出严正的质疑，不过她自己没有表达过任何疑虑。她允许编年史家普尔加尔在王室赞助的著作中写道："宗教法官和世俗刽子手的行为残忍，表现出极大的敌意，不仅敌视那些被他们惩罚和折磨的人，还敌视所有的新基督徒。"[46]

斐迪南是个没有道德原则的人，他对异端裁判所应当不会感到任何道德顾虑。事实上，历史学家本齐恩·内塔尼亚胡相信，斐迪南是"异端裁判所的真正始作俑者"。[47]他写道，斐迪南

> 表现得守道德、虔诚信教；因为他对伦理与宗教在人的生活中发挥的关键作用，有准确的判断。他没有公开挑战道德，而是利用它达到自己的目的。他懂得如何拿捏群众的情绪，它是社会生活的一个因素；他也懂得利用群众的激情的力量……作为他统治国家的动力。因此，他利用群众对改宗犹太人的仇恨和关于异端罪的教会法律，去推动自己的政治利益，同时努力把自己打扮为神圣教会的真正儿子。他对捍卫宗教律法的热忱，甚至超过了他主持民事法律的热情……因此他没有正式地调查异端裁判所的司法程序，以避免承担它的裁决带来的责任；并防止别人反驳他的说法，即他对宗教法官的裁决完全信任。但他常常干预异端裁判所的战利品的收集与分配。[48]

　　那么，伊莎贝拉女王的立场是怎么样的呢？毕竟她在其他很多方面被描述为充满人道关怀，并且热忱地学习基督的生平和教诲。她如何能为异端裁判所的残忍和草菅人命辩护？

　　简而言之，伊莎贝拉的个性非常复杂，包含五花八门的元素。虽然她在很多方面显得仁慈宽大，但也有睚眦必报的一面，让她非常严酷、穷追不舍、不屈不挠地惩罚她眼中的恶人，并达到自己的目的。她或许是这样推断的：异端裁判所是达到有价值、正当合理的目的的手段；为了战胜格拉纳达，她需要得到安达卢西亚老基督徒（尤其是塞维利亚和科尔多瓦的老基督徒）全心全意的支持，而这些人非常敌视改宗犹太人。或许她相信自己的整个生活方式都受到了威胁，只有最残酷无情的策略才能帮助基督教西班牙在土耳其人的进攻下生存下来。或许，她当真是为自己臣民的精神福祉担忧，尽管这种担忧是受到误导而产生的。对每一种宗教信仰的狂热信徒来说，只有他们的信仰才是宇宙的关键。无论如何，伊莎贝拉完全能够把自己的举措——建立和支持异端裁判所——合理化。成功的统治者为了追寻自己眼中的更大福祉，往往甘愿牺牲其他人。按照内塔尼亚胡的说法，对伊莎贝拉来说，"要想安全地控制安达卢西亚，就必须想办法消除骚乱"。[49]

　　但在针对格拉纳达的战争结束后，她的立场也没有变化。她残酷镇压的打击面反而扩大了。1492 年 3 月，在秘密磋商之后，她和斐迪南命令犹太人（此前没有受到异端裁判所的大力迫害）立刻皈依基督教，否则将其驱逐出境。他们认为，犹太人在西班牙的存在会诱惑改宗犹太人，让后者抛弃基督教信仰，使其丧失救赎的机会。犹太人到她面前恳求时，她告诉他们，这个决定是斐迪南在梦中做出的，因此是上帝的意志。

"你们相信这是我们的决定吗？"她对前来恳求她收回成命的犹太人代表说道，"是上帝让国王心中产生了这想法。"在犹太人的恳求之下，她也不肯向丈夫表达抗议。她告诉他们："国王的心就像河流一样，都在天主的掌控之下。天主按照自己的意志，改变国王的心意。"【50】从此，伊莎贝拉的犹太人臣民知道，局面已经不可挽回了。

卡斯蒂利亚与穆斯林签订的条约的一个条款就预示了伊莎贝拉新的、更严苛的立场。这个条款说，被卡斯蒂利亚征服的地区的犹太人必须在三年内皈依基督教，否则必须迁往北非。但在结束漫长战争的激动中，人们忘记了这个条款。

所以伊莎贝拉的命令公布之后，大多数犹太人都感到震惊，甚至不知所措。此前，伊莎贝拉女王和斐迪南国王并没有以任何方式表达自己对犹太人不满。他们对犹太人一直表达尊敬和友谊。有人相信斐迪南有犹太血统。以撒·阿布拉瓦内尔的大部分成年时光里，都是伊莎贝拉及其家族的备受信赖的谋士和财政顾问。他后来说，他得知伊莎贝拉的命令时，简直不敢相信自己的耳朵。他回忆道："王室的命令颁布时，我正在宫里。我哀求国王，求他发慈悲，一直求到我自己累垮。我三次跪着恳求国王：'哦，国王陛下，看着我们，不要这样残酷地对待我们。为什么要这样对待您的仆人？只要允许我们留在陛下的国度，我们甘愿献出金银，献出我们拥有的一切。'"

不足为奇的是，犹太人提议的高额贿赂让斐迪南兴趣盎然，他显然犹豫了，在考虑此事。但他的忏悔神父托马斯·德·托尔克马达跳了起来，恼怒地比画着，指责斐迪南为了三十枚银钱，就要背叛自己的信仰。犹大将自己的朋友耶稣出卖给罗马人（目的是处死耶稣），得到的赏金就是三十枚银钱。

斐迪南决定坚持原先的决定。随后阿布拉瓦内尔恳求自己的朋友们采取措施，阻碍这道王室法令的实施，

> 但正如蝰蛇用灰尘堵住耳朵，不听耍蛇人的声音，国王也狠下心来，不理睬犹太人的苦苦哀求，而是宣布，就是把犹太人的全部财富都给他，他也不会撤销这道法令。坐在他右手边的女王也反对撤销法令，敦促他将已经开始的工作继续下去。为了求国王撤销法令，我们想尽了办法，耗尽了力气。但任何智慧都无益，任何人都帮不了我们。这邪恶的法令宣布的地方，或者它的消息传播到的地方，我们的民族号啕大哭，为自己的绝境哀哭；因为自从犹太民族被逐出圣地家园以来，还不曾有过这样的放逐。[51]

有些犹太人，如伊莎贝拉童年的盟友拉比亚伯拉罕·塞尼奥尔，不情愿地同意改宗。他在瓜达卢佩修道院接受了洗礼，女王就站在他身旁。"成千上万人"也带着悔恨接受了洗礼。[52]

其他的犹太人选择了背井离乡，他们知道路上的风险极大，他们的一些家人会丧生。堂以撒·阿布拉瓦内尔告诫和鼓励犹太人坚守犹太教信仰，即便失去自己的生命和财产。对他来说，信仰是至关重要的。他和家人逃到了那不勒斯，后来又去了威尼斯。其他的犹太人则逃往葡萄牙、奥斯曼帝国、北非或欧洲其他地区。

据编年史家记载，犹太人逃离西班牙，是一幅凄惨的景象。卡斯蒂利亚编年史家安德烈斯·贝纳尔德斯写道："在王

室法令规定的期限内，犹太人廉价出售和处理了自己的财产，所得甚微；他们到处哀求基督徒买下他们的财产，却找不到买家。豪门大宅被以微不足道的价钱出售；用一头驴就能换来一座房子。一小块布或亚麻就能换得一座葡萄园。"

虽然他们被禁止带走金银，还是秘密地在满载货物的牲口的鞍具、笼头和挽具里藏了大量金银。在边境城镇和海港，他们会受到专门官员的搜身。为了逃避搜查，有些人竟将多达30个杜卡特吞下肚。富裕的犹太人为穷人支付路费，互相慈善友爱，以便让除了极少数最穷苦的人之外，大多数人都不必改宗。在7月的第一周，他们踏上了离开故国的道路，男女老少都亡命天涯；有步行的，有骑马、骑驴的，有坐车的；每个人都走向自己选定的港口。在路上，在他们经过的国家，他们遇到极大的困难，蒙受了笔墨难以描摹的不幸。有的人倒下，有的人爬起；有人死去，有婴儿诞生；有的人晕倒，有的人患病；基督徒们看到他们的惨状，无不怜悯他们，劝说他们接受洗礼。有些人因为痛苦万分，皈依了基督教；但这样的人很少。拉比们鼓舞大家，让年轻人和女人唱歌，吹笛子，打鼓，给大家鼓劲，维持大家的精气神。[53]

塞哥维亚的犹太人在西班牙的最后三天是这样度过的：他们在墓地"用自己的泪水浇灌父辈的骨灰；他们的哀哭让所有听到的人心生怜悯"。[54] 很多人离开西班牙时，携带的只有从犹太会堂取走的珍贵的希伯来文手稿。

第一批离开的是一些居住在格拉纳达的犹太人家庭，不久之后其他犹太人也追随他们动身了。他们来到港口，斐迪南为他们安排了船只。有些人在海上溺死，或者侥幸从海难中逃生。有些人被冻死。许多人病倒。他们遭到强盗袭击，被抢走财物，甚至身上的衣服，被卖为奴隶。有些人被抛弃在遥远的海岸。一群人来到了非斯，那里正发生旱灾，于是他们被赶走。他们被迫在干旱平原搭起营帐，很快就开始有人饿死。关于犹太人吞下黄金、将其偷运出西班牙的故事流传甚广；非洲的穆斯林"谋杀了一些犹太人，然后剖开尸体，寻找黄金"。[55]

被放逐的犹太人在不同的基督徒国家受到的待遇是不同的。很多人去了葡萄牙，他们在那里只要缴纳沉重的赋税，就可以停留。在热那亚，一手拿面包、一手拿十字架的神父欢迎他们；他们若要填饱肚子，必须皈依基督教。[56]臭名昭著的教皇亚历山大六世受到其他很多人的谩骂，但他对犹太人比较友好，允许他们定居在教皇国，并保护他们。

西班牙异端裁判所既恶毒，又悲剧。但从伊莎贝拉的角度看，它将西班牙团结了起来，得以消灭内部的宗教纷争，让国民可以一致对外。这是西班牙历史上最大规模，从伊莎贝拉的角度看也是最成功的强迫异教徒皈依基督教的行动之一。消灭外来者的行动有其好处；宗教宽容并非普遍性的概念。现在，西班牙做好了准备，并且足够心狠手辣，即将成为到当时为止人类历史上最强大的世界霸权。

十五　在天堂登陆

伊莎贝拉女王在保障了自己王国的边界，并缓和了国内的紧张气氛之后，几乎不可避免地将注意力转向外界，甚至是欧洲之外。全球探索的新时代即将拉开大幕。西班牙和葡萄牙在狭小的伊比利亚半岛范围内是竞争对手，现在他们正在变成世界舞台上的较量对手，开始一场激烈的角逐，要争夺海外领地和贸易路线。发现新领土正在变成新的伟大事业，而只有少数国家，其中最重要的是葡萄牙和卡斯蒂利亚，认识到了未来的事业是多么宏大。能够抓住机遇的人就能获得丰厚利润，赢得无上光荣。没能抓住机会的人，就会落后。

航海探索事业的先驱是葡萄牙人，领导他们的探索活动的，是航海家恩里克，这位王子是葡萄牙向南和绕过非洲扩张的最大功臣。葡萄牙王室的"光辉一代"构建出一种新的世界观，看到了发现远方土地、绘制地图、殖民定居并占领的巨大潜力。因此，葡萄牙不断膨胀，倨傲不已，并获得大量新财富。

商业探索对伊莎贝拉女王来说也是家族的生意。她热爱的外祖母，葡萄牙贵妇巴塞卢什的伊莎贝拉，是航海家恩里克王子的侄女和弟媳①。所以恩里克王子是伊莎贝拉的太姥爷。伊莎贝拉年轻的时候，1462～1487年，卡斯蒂利亚深陷于内战而羸弱不堪的时期，葡萄牙向大西洋发动了八次独立的航海探

---

① 巴塞卢什的伊莎贝拉的父亲是航海家恩里克的哥哥。她的丈夫是航海家恩里克的弟弟。

险，获得越来越多的领土，年复一年地超过卡斯蒂利亚。[1]

伊莎贝拉登基的时候，非常了解海上的这些新进展，因为在 1475～1479 年与葡萄牙的战争结束后的和谈中，就涉及了这些探险。1479 年的《阿尔卡索瓦斯条约》让她控制了加那利群岛，但将非洲西海岸的所有新发现土地和佛得角群岛全部交给葡萄牙人。葡萄牙国王若昂二世立刻开始在这些地区扩张和巩固自己的势力，加强葡萄牙的贸易路线和商业帝国。他与卡斯蒂利亚的竞争很激烈，因此将他的探险家的发现作为国家机密来保守。葡萄牙探险家向东方越走越远：他们首先乘船南下，于 1484 年发现了刚果河，1488 年绕过好望角；然后他们从陆路深入印度和埃塞俄比亚。

在此期间，伊莎贝拉控制并巩固了加那利群岛，于 1480 年在大加那利岛建立了殖民地。这些亚热带岛屿位于非洲西海岸，当地土著被称为关契斯人。西欧人在古时曾到过此地，但西班牙和葡萄牙探险家直到 15 世纪初才开始比较频繁地造访加那利群岛。卡斯蒂利亚和葡萄牙曾为争夺加那利群岛而厮杀，但《阿尔卡索瓦斯条约》之后，卡斯蒂利亚得以启动更为系统性的殖民定居。关契斯人反抗卡斯蒂利亚的统治，但被击败，部分原因是比阿特丽斯·德·博瓦迪利亚那位性感的侄女及其新丈夫非常残酷无情地镇压了土著。于是加那利群岛成为卡斯蒂利亚王国的一部分。该群岛成了繁荣的殖民地，为进一步探险提供了前进基地。

15 世纪 80 年代中期，一位魅力十足而善于把握机会的航海家从葡萄牙来到伊莎贝拉的宫廷，献上了一份颇有诱惑力的探险计划，还声称自己与伊莎贝拉的葡萄牙外祖父母有联系。女王愿意倾听他。这位航海家是意大利人，之前住在里斯本，他的名字就是克里斯托弗·哥伦布。他的妻子是费莉帕·莫尼斯，她的父亲曾在伊莎贝拉的外祖父——葡萄牙的堂若昂王子①家中服务。[2]费莉帕·莫尼斯的家庭与航海家恩里克王子也有联系，曾参加葡萄牙人的一些早期探险。哥伦布与这个家庭结亲之后，他的岳母把自己丈夫的一些航海器具和地图给了女婿。据说哥伦布收到这些礼物时非常高兴。[3]后来哥伦布的妻子费莉帕去世了。丧妻的航海家制订了一项大胆的航海探险计划，热切希望将其付诸实施。单身爸爸哥伦布带着年幼的儿子迭戈，搬到卡斯蒂利亚，开始向女王提建议。

克里斯托弗·哥伦布相信，有可能向西航行，绕地球一周，抵达东印度群岛，这样就能绕过土耳其人对东方丝绸香料的垄断。当时很多人都知道地球是圆的，但没有人能够环球航行，因为大洋上距离极远，途中没有可供停留的地点。关于有人尝试环球航行的传闻很多，但都没有被证实。哥伦布相信自己有足够的勇气和毅力，以及航海技能，可以战胜这考验。他热情洋溢地告诉女王，这样一次远征的收益足以让两位君主充实因为格拉纳达战争而枯竭的国库，或许甚至能提供足够资金，发动一次新的十字军东征，从穆斯林手中征服耶路撒冷。女王听了这话自然大悦。

哥伦布对两位君主的推销非常浪漫，而不是很务实。从一开始，他就用甜美的"歌曲"诱惑他们，在信中称他们为"大洋诸岛的国王和女王"。[4]伊莎贝拉有相应的背景和知识，会倾向于聆听他的建议。但她忙于针对格拉纳达的战争，还在抚养五个孩子，所以无暇实践。而且宫廷的大部分人都对哥伦

---

① 即前文讲到的葡萄牙司厩长若昂。

布的建议存疑。他花了七年时间，坚持不懈地劝导，最后才得以率领三艘船的小船队起航离开卡斯蒂利亚。伊莎贝拉两次将哥伦布的建议交给学者委员会进一步研究（这是屡试不爽的推迟困难决定的一种行政技术），学者两次答复称，哥伦布的旅行风险太大，成功的可能性极小。

但伊莎贝拉还是决定为此次探险出资，并相信哥伦布是领导远航的上佳人选。他似乎完全有资格和能力从事此种探险，因为他是一个天才的航海家和领航员，而且他制作了精细而详尽的地图，呈送给宫廷，展现了自己的本领。但他对远航的具体路线语焉不详，甚至遮遮掩掩，这有些奇怪。从他的角度，他是在努力保守自己的创意的秘密，免得被人窃走，但有些观察者觉得他的想法本身就很模糊。另外，在当时，古典学术被认为是一切智慧的源泉，因此人们在激烈讨论他的设想时，援引了数千年前古人对这个话题的观点。

在恩里克四世国王驾崩后的内战期间，哥伦布首先将自己的建议呈送给葡萄牙国王若昂二世。哥伦布努力劝说葡萄牙人为他的远航出资，与若昂二世就赞助的条件谈判，但无功而返。哥伦布对自己一旦成功将获得的报偿的期望值非常高。巴尔托洛梅·德·拉斯·卡萨斯（《西印度史》的作者）记述道，哥伦布要求的赏赐是：被封为骑士，获得"堂"的头衔，并且从他发现的地区获取的黄金和其他可出售物资的十分之一要给他。若昂二世国王此时对这一类的探险的管理已经很有经验，嘲笑哥伦布为放肆的"幻想家"，提出的尽是没有根据的狂想。[5]

精明的国王不愿意提供哥伦布要求的资金，但利用哥伦布给他的信息，派遣了一支远征队，去往哥伦布描述的方向。然而水手们没有发现土地，回来之后愤恨地抱怨哥伦布是个犯了大错的傻瓜。哥伦布发现自己遭到背叛，大为光火，怀疑葡萄牙国王已经偷窃了他的秘密。他盛怒之下离开了葡萄牙，来到卡斯蒂利亚，向那里的君主提出同样的建议。他派遣自己忠实的兄弟巴尔托洛梅奥去英格兰，求助于英格兰国王，但据探险家和历史学家贡萨洛·费尔南德斯·德·奥维多·巴尔德斯①说，亨利七世国王"嘲笑哥伦布的话，认为他是胡说八道"。[6]

　　哥伦布亲自向卡斯蒂利亚女王提出建议，他说的故事将天文学、航海与神话历史和古人著作编织在一起。他家境普通，自学成才，所以宫廷学者很快发现，他对古典学术的掌握漏洞百出。两个奉命研究他的建议的专家委员会驳斥了他的论断，正确地指出，地球比哥伦布所说的大得多，并得出结论，他的旅行很可能消耗巨资，造成令人窘迫的失败，除了损失水手的生命之外，不会有任何结果。

　　但这个激情洋溢、神秘莫测的外国人让其他很多人为之着迷，包括女王本人。女王决定支持哥伦布的事业。他们开始了一种小步舞般若即若离的特殊关系。哥伦布在宫廷侍奉了多年，努力表现自己对卡斯蒂利亚利益的热情，甚至主动要求参加针对格拉纳达的战争。这些年里，他至少面见女王四次，有时是和国王和女王两人面谈。他曾在科尔多瓦城堡的觐见厅拜见君主，在两位君主位于巴萨和马拉加的战场军营拜见他们，

---

　　①　贡萨洛·费尔南德斯·德·奥维多·巴尔德斯（1478～1557），一般简称奥维多。他参加了西班牙对加勒比海地区的殖民，并写了一部很长的编年史记录此事，这是关于这段历史的极少数的第一手史料之一。他在伊莎贝拉女王的宫廷长大，曾是胡安王子的侍从。

在圣菲拜见他们（当时两位君主正在主持格拉纳达围城战）。其中一些会议后来成了传奇：有好几次，哥伦布遭到拒绝，闷闷不乐地离开宫廷，但有人报告女王他离开了，她又命人传他回来，继续商谈。他不在宫廷的时候，居住在韦尔瓦（在西班牙南方）的拉比达①修道院。所以王室的命令意味着他要离开修道院生活，返回到尘世，去讨论他的探险计划。当然，他住在修道院，也是为了吸引女王的注意力，赢得她的尊重。但这并不意味着哥伦布像教士一样过着贞洁的单身生活，因为他与塞维利亚的一个女人有了长期私情，生了第二个儿子，取名斐迪南。他现在有了两个孩子，需要养家糊口。

伊莎贝拉一直拖着哥伦布，鼓励他，只给他一点点钱，虽然数额不大，但让他心存希望，相信她有朝一日会支持他的计划。她实际上是一直让他保持待命状态，随时可以起航。1487年5月5日，卡斯蒂利亚国库支付哥伦布3000马拉维迪；7月3日，发放了同样数额；8月27日，他得到4000马拉维迪，并奉命去马拉加的王室营地；10月15日，同样数额；1488年6月16日，又是3000马拉维迪。换句话说，他得到了每年约1.2万马拉维迪的聘金，据航海历史学家塞缪尔·艾略特·莫里森说，这相当于"一个一等水兵"的薪水。[7]

这笔钱太少，不足以让他在宫廷维持体面生活，所以他有时也要依赖施舍。他的仪表越来越寒酸，这会损害他在高傲而浮夸的西班牙廷臣眼中的形象。

次年，伊莎贝拉将维持他生活的责任交给她的其他臣民，要求酒店和客栈老板们帮助供养他。1489年5月12日，两位

---

① "拉比达"在阿拉伯语中是"瞭望塔"的意思。

君主给他提供了一封写给所有市政和地区官员的公开信，命令官员们为"来到我们宫廷的""克里斯托弗·哥伦布"提供食宿。[8]

随着每一个新的事态发展，哥伦布的希望潮起潮落。女王的态度很暧昧，而其他方面也有人愿意为他提供资金。两位人脉很强的西班牙官员，梅迪纳塞利公爵和阿拉贡金融家路易斯·德·桑堂赫尔后来都说，他们当时愿意资助哥伦布的远航。梅迪纳塞利公爵说，哥伦布在等待卡斯蒂利亚王室的答复时，他支持哥伦布并为其提供住宿已达两年之久，他自己有三四艘船随时待命，可以立刻送哥伦布开始远航。梅迪纳塞利公爵向女王报告了自己的打算，但女王决定由卡斯蒂利亚王室独占这个机遇以及可能的收益。这让公爵颇为恼火，他后来相信自己是最早认识到哥伦布远航的潜力的人之一，但被排挤在外。

公爵后来给红衣主教门多萨的信中写道：

但由于我觉得这应当是女王陛下的事业，于是我从罗塔写信给陛下，她回信说，我应当把哥伦布送到她那里，于是我把哥伦布送到她那里，并请求女王陛下，因为我没有尝试资助哥伦布的远航，而是代表她安排此事，那么希望她允许我得到远航收益的一部分，并让远航船只在我的港口装载货物，返航时也在我的港口卸货。女王陛下接见了他，又把他交给阿隆索·德·金塔尼利亚，后者代表女王写信给我说，女王觉得此事不大可能成功；但如果成功了，她会让我分一杯羹。但在询问哥伦布之后，她决定自己资助他去印度。[9]

　　相当早的时期，观察者就注意到，伊莎贝拉和哥伦布之间有种亲切的关系；他们的谈话很轻松，以至于人们称其为"闲聊"。他们差不多同龄，就连外貌也有点像（微红发色、白皙皮肤，而西班牙的绝大多数人是黑发黑眼），而且他们对异国的土地、动物、植物和人都有浪漫的兴趣。他们都对周边的世界充满好奇。比较不明显，但通过直觉能察觉到的是，他俩都有一种弥赛亚的使命感，并且都非常虔诚。他们都想传播基督教信仰，都相信他们会因此得到世俗的回报。毫无疑问，他们的动机都是既有物质的，也有精神的。他们都追寻世俗的财富，但都不希望别人这样看他们。

　　哥伦布和伊莎贝拉一样，对世界历史的观念比较混杂，将古典学术与神话和近期历史中有文字记载的史实混为一谈。他提议的航行的基础是托勒密的《地理学》，这部书写于 2 世纪，在 15 世纪初被重新发现。读了威尼斯人马可·波罗的记述（波罗于 13 世纪去过亚洲）之后，哥伦布相信自己抵达东方后会遇见特定的人和地方。和女王一样，他相信祭司王约翰的传说，即神话中的那位基督徒国王，滞留在东亚某地的穆斯林或蒙古人当中。他向伊莎贝拉承诺要找到的那个世界，也就是伊莎贝拉命令迭戈·德·巴莱拉在《编年史》中描写的那个世界。

　　但哥伦布也有疯狂的一面，这或许就是他愿意承担这一艰险任务的原因，而几乎所有人都认为他若踏上这旅程，必死无疑。他拥有狂野的想象力。他签名时用的是自己设计的秘密签名，用字母和图像融合，难以解读。有些人相信，他用这种神秘的签名来秘密表达自己和孩子的犹太人血统。但在当时的知识分子当中，用某种密码来书写，是时髦的风尚。另一个意大利人列奥纳多·达·芬奇差不多与哥伦布同龄，曾写过一份只能通过镜子来阅读的手稿，闻名遐迩。哥伦布和达·芬奇一样，花了大量时间来发展自己的理论，疯狂地在笔记本、日记本和书籍的空白处写字。在他拥有的普鲁塔克的《希腊罗马名人传》中，他在第99页做了特别的笔记，提及"占卜、预兆和……预言的形式……（包括）召唤恶魔"。他对马尔库斯·凯基乌斯等人听到"虚空中有人说话"的记述特别兴趣盎然。[10]

后来他说自己也听到"虚空中有人说话"。中世纪的这种对天使与魔鬼的着迷和畏惧，在伊莎贝拉身上也有。

哥伦布的个性非常复杂，自相矛盾，非常有趣而难以捉摸。他对自己的出身语焉不详，但意大利人确信他出身于热那亚。他可能有犹太血统。有人认为他是为葡萄牙效力的间谍。他可能出生于贫民家庭。驱动他的力量无疑包括对金钱的渴望，以及让自己与后代跻身贵族的憧憬。这或许就是他为什么对自己的卑贱出身遮遮掩掩，也许还能解释他为什么始终没有迎娶他的儿子斐迪南的母亲，因为她极可能出身社会下层。

同时，我们可以肯定他是个虔诚的基督徒。他的儿子斐迪南后来说他"遵守宗教律法一丝不苟，斋戒和祈祷都非常严格，简直像某个宗教修会的成员"。[11]其他人也是这么看哥伦布的：他的领航员（也曾是竞争对手）胡安·德·拉·科萨描述哥伦布为圣克里斯托弗，要将基督教福音传给新大陆的人们。

对哥伦布的传记作者来说，厘清事实与虚构始终是一大挑战，因为他制造了许多关于他自己的神话。例如，飞黄腾达之后，他开始自视为殉道者，描述自己在卡斯蒂利亚宫廷曾经多么茕茕孑立、孤立无援。事实上，由于他拥有极强的个人魅力，而且他的想法引人入胜，从相当早的时期，他就吸引到了许多形形色色的支持者。红衣主教门多萨很敬佩他，而门多萨的建议得到伊莎贝拉女王的极大尊重。卡斯蒂利亚财政大臣阿隆索·德·金塔尼利亚在经济上支持哥伦布，还有一群热那亚商人为他出资，两位愿意庇荫他的人士——梅迪纳塞利公爵和阿拉贡金融家路易斯·德·桑堂赫尔也力挺他。好几位教士，包括伊莎贝拉的忏悔神父之一和胡安王子的教师之一，也支持哥伦布的事业。伊莎贝拉的莫逆之交比阿特丽斯·德·博瓦迪利亚也认为他的远征值得冒风险。

哥伦布的最主要、影响力也最强的支持者群体是胡安王子的宫廷。胡安王子在 1492 年夏季只有十四岁。他身边的人都是两位君主精心选拔的，任务是负责未来国王的成长、教育和道德指引。伊莎贝拉女王仔细地监督她心爱的儿子受到的抚育。王子的密友在她面前也有影响力。例如，王子宫廷的主管是古铁雷·德·卡德纳斯，也就是伊莎贝拉登基典礼上高举宝剑的那个人。此时，他作为女王备受信赖的谋臣，已经有二十多年了，担任过许多官职，权责越来越大。

女王的另一位亲密朋友是宫廷少年（包括王子）的人文主义教师彼得·马特。他成了哥伦布的朋友，后来成为研究新大陆发现的早期历史学家，著述颇丰。哥伦布的另一位有影响的支持者是王子的女教师胡安娜·德·托雷斯·阿维拉，她也是御前近臣。哥伦布给胡安娜写的一封信表明，他是她信任的密友之一。胡安娜的兄弟安东尼奥参加了哥伦布去往新大陆的第二次远航。后来哥伦布需要向卡斯蒂利亚宫廷发送消息，希望确保消息一定能送到女王手中，于是将书信托付给安东尼奥。

但据观察家的说法，哥伦布的头号支持者是女王本人。唯独她一人看到了哥伦布能够为卡斯蒂利亚带来的益处的宏观图景：一个或许能够在将来改变卡斯蒂利亚命运的机遇。她的丈夫对哥伦布远航几乎没有丝毫兴趣，因为他始终更专注于地中海世界，而不是大西洋。哥伦布的儿子后来写道："女王始终帮助和恩宠哥伦布，而国王对他的计划总是持保留态度，不是很热心。"[12]

到 1491 年夏季，与格拉纳达的战争还在持续的时候，哥伦布灰心丧气，觉得自己永远得不到女王的批准了。他去拉比达接自己的儿子迭戈，打算去法兰西寻求查理八世国王的支持。修道院长胡安·佩雷斯曾是女王的忏悔神父，表示愿意帮助哥伦布向女王说情。佩雷斯给女王写了封信，两周后得到答复。伊莎贝拉指示佩雷斯到宫廷来，于是佩雷斯修士骑着哥伦布帮他租来的一头骡子，去了格拉纳达。他抵达后，提醒伊莎贝拉不要忘了哥伦布的计划，并告诉他，哥伦布手头拮据。于是她再次传唤哥伦布，这一次还给了他 2 万马拉维迪，以便他到宫廷时能衣着得体。[13]

于是，哥伦布在伊莎贝拉资助下来到格拉纳达。这时，格拉纳达终于被基督徒占领。他觉得最后的障碍终于被克服了。但宫廷学者又一次反对哥伦布的计划，认为它不切实际。他大为沮丧，备好骡子，收拾行装，和佩雷斯一起返回科尔多瓦，准备北上。这是他受到的最后打击。"哥伦布对自己这次受到的待遇怨恨了一辈子。"莫里森写道。[14]

但哥伦布此时找到了一位新的支持者，终于交了好运。改宗犹太人路易斯·德·桑堂赫尔（国王的内廷财务总管）决定干预。桑堂赫尔去找到女王，一心要说服她，告诉她，他感到非常震惊，因为女王陛下在国家大事上素来坚决果敢，而如今对风险这么小却可能为上帝的事业做出极大贡献、极大地增进教会利益，更不要说为她王国和王室带来极大收益与荣耀的事情，居然优柔寡断起来。如果哥伦布把给她的建议奉献给其他任何一位君主，对卡斯蒂利亚王室将是极大损失，对她个人也是严厉的责备。[15]

桑堂赫尔还说，他会自掏腰包为船队出资。伊莎贝拉表示会重新考虑，或许还说要用自己的珠宝作为远航的费用。桑堂赫尔赶紧说，大可不必。女王给哥伦布送去消息，信使在皮诺斯蓬特村（距离格拉纳达约 10 英里处）追上了他。远航终于得到了批准。

* * *

哥伦布遇到的一连串漫长耽搁和大失所望，部分原因可能是他为自己提出的价码太高、太大胆。他的要求是，一旦成功，他要被任命为"大洋海军上将"，这在卡斯蒂利亚贵族当中会是非常高的衔级；他要求女王任命他为他发现的所有岛屿与大陆的总督；他要有权任命和罢免（他发现的地区的）官员；他要有权任命法官来监管（他发现的地区的）各港口的事务。他还要求，他即将发现的土地上所有出售、交换或生产的商品价值的十分之一要归他所有。[16] 他的要求超乎寻常，承担的风险也是非常大的。很多人觉得，从欧洲驶向未经勘测的海洋，很可能是死路一条。而葡萄牙人在探索时，总是沿着非洲海岸航行。

他的要求非常复杂，因此需要大量文书工作，而协议的条件后来受到了严格的审查。哥伦布和伊莎贝拉制定了一系列契约，以确认双方的协议安排，并准备文件来帮助他的工作。哥伦布获得了正式的王室许可，去开展远航；契约规定了如果他的航行成功，他将得到哪些头衔和补偿；他得到了通行证和官方介绍信，以便递送给他抵达亚洲后遇到的外国君主与权贵。

伊莎贝拉同意为他的远航出资。开销其实并不大，因为只有三艘船。女王还将承担约 90 名船员的薪水和补给。据历史学家费利佩·费尔南德斯—阿梅斯托的研究，远航的总开支为约 200 万马拉维迪[17]，大致相当于"一名中层外省贵族的年收入"，"但远航风险很大，专家学者对哥伦布的事业冷嘲热讽，而且战时现金短缺"。[18]

从一开始，伊莎贝拉就强调，此次远航纯粹是卡斯蒂利亚的事业。据探险家巴尔托洛梅·德·拉斯·卡萨斯和贡萨洛·费尔南德斯·德·奥维多·巴尔德斯说，哥伦布向伊莎贝拉做出的承诺包括，船员必须是卡斯蒂利亚人。在 90 名参加远航的男子和男孩当中，有 85 人是来自韦尔瓦和安达卢西亚的卡斯蒂利亚人，1 人是葡萄牙人，4 人（包括哥伦布自己）是意大利人。[19]没有一个阿拉贡人。

尽管女王声称整个远航是王室特权，但没有为其预支款项。她的现金总是很紧张，于是命令帕洛斯镇为哥伦布准备两艘船，以抵消王室此前要求该镇支付的一笔罚金。帕洛斯官员被命令"在收到我们的书信十天之内，无须我们的进一步指示，不得拖延耽搁"，提供两艘装配齐全的船。女王还发出警告，若他们未能执行命令，则将"丧失我们的恩宠"，并每人罚款 1 万马拉维迪。[20]官员们立刻开始行动，很快提供了两艘帆船:"尼尼亚"号①和"平塔"号。

路易斯·德·桑堂赫尔和一个名叫弗朗切斯科·皮内利的热那亚人提供了远航所需的其余资金,据说从神圣兄弟会的金库借了钱。据费尔南德斯—阿梅斯托说,他们后来从"赎罪券销售"中得到了补偿,并且全部款项"后来从埃斯特雷马杜拉的一个贫穷主教管区销售赎罪券的收益"中收回。埃斯特雷马杜拉是一个干旱而漫天尘土的省份,大多数居民只能勉强度日。[21]这样一个贫困地区为远航出资,的确很讽刺。同样讽刺并且或许并非完全偶然的是,在随后几百年里追随哥伦布脚步冒着生命危险远航的许多探险家也来自埃斯特雷马杜拉。

即便在女王的具体支持下,远航的组织工作也不轻松。很多水手觉得,向西驶入无边无际、残酷无情的大洋,是一趟毫无意义、极可能有生命危险的旅途。拉斯·卡萨斯后来写道:"很难找到愿意在看不到陆地的大洋上航行超过一天的水手,因为在那个时代,看不到陆地被认为是非常恐怖和可怕的事情,没有水手愿意冒这个险。"[22]

女王预想到了这个问题,为了鼓励志愿者报名,规定任何参加此次远航的罪犯都将被赦免。有四个人利用这个途径,逃脱了牢狱之灾。[23]

哥伦布交了好运,因为平松三兄弟(卡斯蒂利亚航海圈子里非常有名的卓越航海家)加入了他的队伍,成为远征队的领导者。长兄马丁·阿隆索·平松担任"平塔"号的船长,弗朗西斯科担任副船长;老三文森特·亚涅斯担任"尼尼亚"号的船长。有一些水手出于对平松三兄弟的尊敬,并认可他们

---

① "尼尼亚"的意思是"女孩"。

的本领和才干，也加入远征。另一个有名的航海家族，来自涅夫拉的尼尼奥家族，也加入进来，并鼓励更多人加入。

一位至关重要的志愿者是船主胡安·德·拉·科萨，他带来了自己的船，"圣玛丽亚"号（这是三艘当中最大的船），并担任副船长。哥伦布是整个远征队的总指挥，在"圣玛丽亚"号上与德·拉·科萨一同航行。

航海圈子里流传着一种说法，称古代文献或秘密文件证明了哥伦布的理论。这对招募水手的工作很有帮助。有一个流传很广的故事是，在哥伦布从岳母那里得到的"工具和地图"当中有一套包含航行指南的手册。这些文件非常珍贵，在葡萄牙被当作国家机密，泄露这些秘密是犯罪行为。尽管拥有一个精明强干的领导核心，但于 1492 年 8 月初集合起来的水手队伍还是有点像乌合之众。

远征队的每一名成员在离开帕洛斯之前都被要求做告解，并接受圣餐。他们于 1492 年 8 月 3 日黎明前半个小时扬帆起航。他们经过了拉比达的修道院（哥伦布曾在那里的朋友当中度过许多时光），在船上听得见修士们在吟唱、做晨祷的古老仪式。[24] 然后，他们向非洲以西的新近被殖民的加那利群岛的方向航行。

这三艘小小的帆船（船的长度不超过 60 英尺）在加那利群岛短暂停留，随后于 9 月 6 日继续航行。到落日时分，陆地已经被抛在脑后，再也看不见一丝踪迹。哥伦布及其船员驶入了不曾勘测的未知之海。一天天流逝，一个月过去了。在某个时间，哥伦布开始篡改航海日志，让水手们以为自己距离已知陆地并没有那么远。

参加哥伦布首次远航的水手们后来说，随着他们"穿越大洋",他们越来越恐惧,"每个钟头,他们心中的恐惧越发猛烈,而他们看到自己寻找的陆地的希望在逐渐消散"。水手们开始焦躁不安,有些人开始"窃窃私语"地质疑哥伦布的航海本领。他们害怕自己参加此次远航是上了当,会遭遇海难;他们开始怀疑,国王和女王为了不确定的收益,竟残酷地拿他们的生命冒险。"他们开始私下里商谈,要不要干脆把哥伦布扔进大海。"哥伦布用"甜蜜的话语"抚慰图谋哗变的水手,告诉他们,他们只要坚持不懈,必然赢得光荣和好运。"他承诺,再过几天,他们的辛劳和奔波就结束了,必将获得毋庸置疑的大量财富。"【25】

随后,官员们也开始质疑哥伦布的领导。10月第一周的某个时间,哥伦布和马丁·阿隆索·平松发生了一次"激烈争吵",为他们应当走什么方向大吵起来。哥伦布觉得平松是在挑战他的权威,是犯上作乱,因此很怨恨他。但大家同意继续按照哥伦布设定的方向航行。【26】

10月初,紧张情绪消退了一点,水手们看到海面上有一些漂浮的植物,说明他们已经接近海岸了。他们在大洋上航行了五个星期之后,在10月12日早晨,突然有人喊起来:"陆地!"

第一个看到陆地的水手是罗德里戈·德·特里亚纳,他在速度最快的"平塔"号上。这对他来说是了不起的成就,因为第一个发现陆地的人将从女王手中获得一件丝绸上衣和1万马拉维迪的奖赏。

"哥伦布看到陆地,跪了下来,喜极而泣",他开始唱《感恩赞》。【27】水手们喜悦地互相拥抱。但罗德里戈·德·特里亚纳没有收到女王承诺的奖赏。哥伦布很快就宣称自己才是第

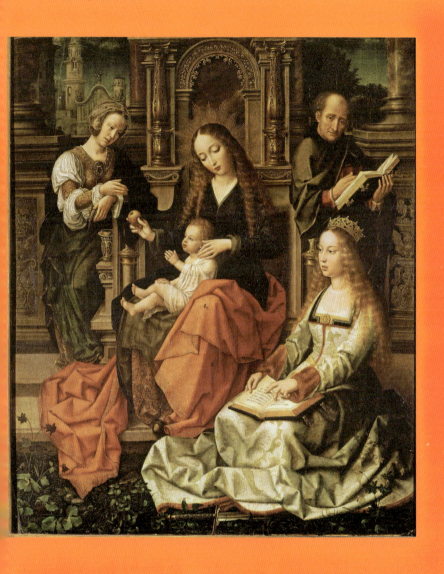

伊莎贝拉坐在圣母玛丽亚与圣婴脚下。我们相信这幅画创作于 1520 年,
作者是伊莎贝拉最宠爱的宫廷画家米歇尔·西托。

阿雷瓦洛城堡。伊莎贝拉和弟弟阿方索的童年大部分时间是在此处度过的，远离腐化的塞哥维亚宫廷。他们的同父异母兄长，"无能的"恩里克四世国王在塞哥维亚。

有城墙环绕的阿维拉城。贵族们在这里掀起了政变，推翻恩里克四世国王，以他的异母弟取而代之。（上图）

(Lukasz Janyst/ Shutterstock.com)

拉莫塔要塞巍峨庄严的城堡，位于梅迪纳·德尔·坎波。伊莎贝拉童年在此度过了一些愉快的时光。后来她把切萨雷·博吉亚囚禁于此，打算以谋杀罪审判他。（左图）

(Marques/ Shutterstock.com)

Dª BEATRIZ D. BOVADILLA
PRIM^a MARQVESA D. MOYA
Y CAMARERA MAYOR DE LA
REYNA DOÑA YSABEL.
Nacio Año de 1440 Murio Año de 1511

比阿特丽斯·德·博瓦迪利亚的雕版画像。她是伊莎贝拉最好的朋友。保存在马德里历史博物馆。

(Album/ Art Resource, NY)

恩里克四世国王，伊莎贝拉的异母兄。塞哥维亚城堡的彩绘玻璃窗。

(Roberaten/ Shutterstock.com)

贡萨洛·费尔南德斯·德·科尔多瓦，伊莎贝拉终生的盟友和保护者。雕刻师为 Salvador Amaya。

Parque histórico de Navalcarneo, Madrid. (Salvador Amaya)

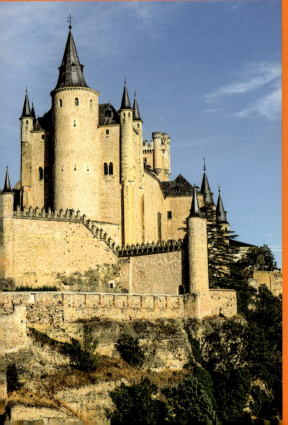

恩里克四世国王在塞哥维亚的宫殿和要塞。伊莎贝拉在此地精心筹划了一场政变，为自己登基做准备。

(matthi/ Shutterstock.com)

塞哥维亚城堡内的御座厅，伊莎贝拉的祖先（一直追溯到佩拉约，他被认为是8世纪开始了基督徒收复伊比利亚半岛的西哥特先驱者）的雕像。

(Anton Ivanov/ Shutterstock.com)

斐迪南和伊莎贝拉的结婚画像。Madrigal del las Altas Torres, Augustinian convent, vila。

(Album/ Art Resource, NY)

伊莎贝拉的女儿，阿拉贡的凯瑟琳画像，胡安·德·佛兰德作。Thyssen-Bornemisza Museum, Madrid.

(Museo Thyssen-Bornemisza/ Scala/ Art Resource, NY)

卡斯蒂利亚的胡安娜（伊莎贝拉的女儿）及其丈夫，美男子腓力。
Royal Chapel, Granada.

(Album/ Art Resource, NY)

伊莎贝拉请人绘制的四十七幅宗教画之一，取材基督生平。在《鱼和饼的奇迹》中，伊莎
贝拉被描绘为人群中的旁观者。

(Album/ Art Resource, NY)

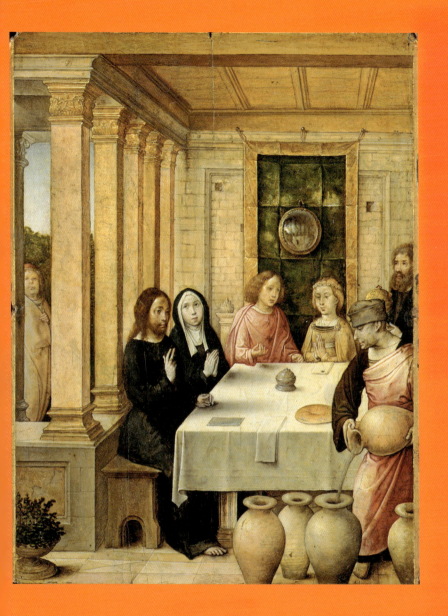

伊莎贝拉请人绘制的另一幅宗教画，描绘迦拿的婚礼。伊莎贝拉的儿子胡安王子被描绘位新郎，他的妻子奥地利的玛格丽特被描绘为新娘。Metropolitan Art Museum, New York.

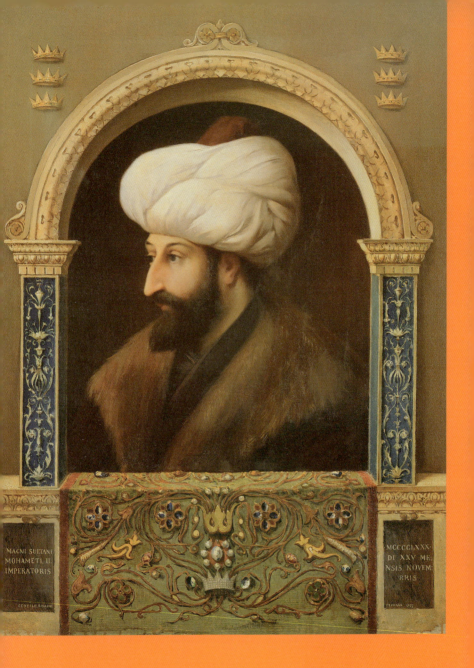

征服者穆罕默德二世，伊莎贝拉青年时代不断扩张的奥斯曼帝国的统治者。
Topkap Museum, Istanbul.

(Gianni Dagli Orti/ The Art Archive at Art Resource, NY)

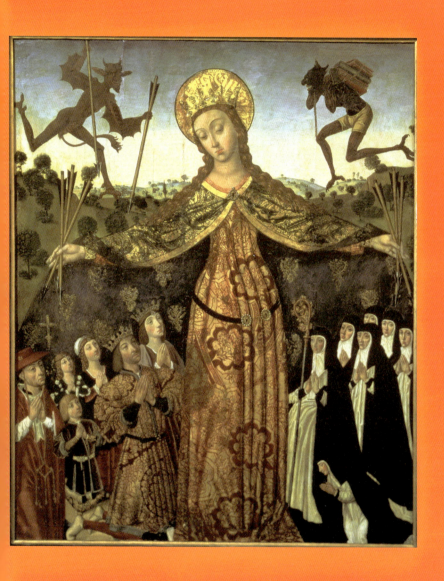

15 世纪画作，描绘圣母玛丽亚佑护斐迪南与伊莎贝拉、他们的三个最年长的孩子和一群修女，恶魔在他们头顶上飞舞。作者是 Diego de la Cruz。Monasterio de Las Huelgas, Burgos.

16 世纪画作，描绘土耳其人与基督徒之间的一次海战，作者是威尼斯画家雅各布 丁托列托。

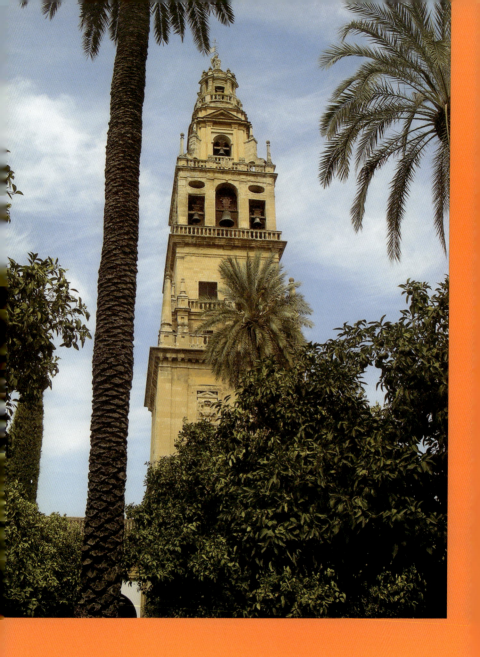

塞维利亚著名的吉拉达塔。

(Ethan Pilla)

科尔多瓦的大清真寺,在"收复失地"运动早期被改为基督教的大教堂,在伊莎贝拉时代也是教堂。(上图)

(Francesco R. Iacomino/ Shutterstock.com)

格拉纳达的阿尔卡萨瓦要塞。"收复失地"运动期间,此处是伊莎贝拉的军事大本营。这场战争持续了十年,给双方造成严重伤亡和损失。(下图)

(Anibal Trejo/ Shutterstock.com)

龙达位于山巅，由崇山峻岭环绕。卡斯蒂利亚军队攻克龙达，是伊莎贝拉的一大胜利，尤其是因为解放了约四百名被囚禁在那里的基督徒奴隶。（上图）

（ Cornfield/ Shutterstock.com ）

针对比阿特丽斯·德　博瓦迪利亚的自杀攻击。这是伊莎贝拉请人为托莱多大教堂合唱区制作的五十四幅木刻画之一。（下图）

（ Album/ Art Resource, NY ）

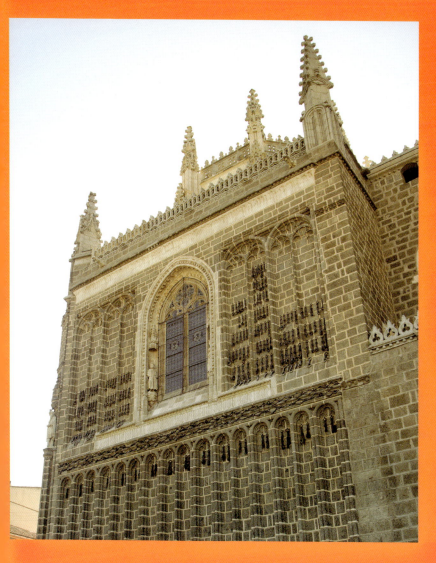

伊莎贝拉女王赞助的第一个大型建筑项目，托莱多的王家圣约翰教堂。女王命令将被解放的基督徒奴隶的镣铐悬挂在教堂外墙，以纪念他们遭到的磨难。

格拉纳达的阿兰布拉宫，纳斯尔王朝摩尔人建造的宫殿，墙上铭刻有阿拉伯文的诗歌与经文。（上图）

19 世纪画作，描绘格拉纳达投降时的伊莎贝拉、斐迪南和巴布狄尔。这是数百年来基督徒针对伊斯兰世界的第一次重大胜利。（下图）

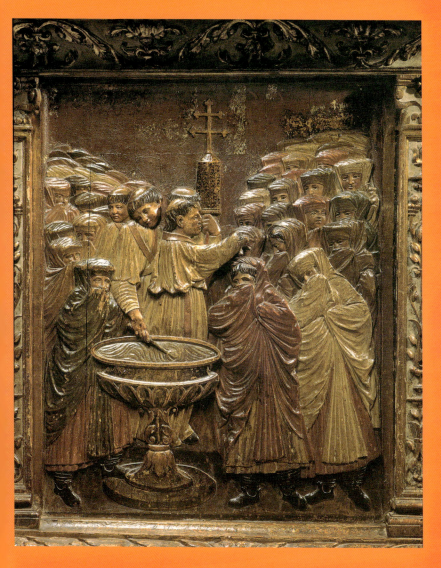

木刻画，描绘"收复失地"运动之后穆斯林妇女被强迫接受洗礼。

(bpk, Berlin/ Capilla Real de Granada/ Alfredo Dagli Orti/ Art Resource, NY)

弗朗西斯科·西门尼斯·德·西斯内罗斯，托莱多大主教，伊
莎贝拉的忏悔神父，后来是西班牙红衣主教和摄政。雕刻师
为 Salvador Amaya。Parque histórico de Navalcarneo,
Madrid.

(Salvador Amaya)

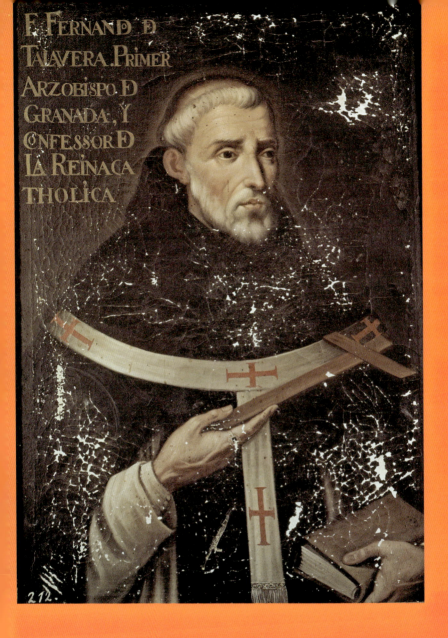

F. FERNAND D
TALAVERA. PRIMER
ARZOBISPO D
GRANADA. Y
CONFESSOR D
LA REINA CA
THOLICA

212.

修士埃尔南·德·塔拉韦拉，伊莎贝拉的长期忏悔神父和格拉纳
达大主教，出身改宗犹太人家庭，后被指控将其住宅当作犹太教
圣殿，遭到异端裁判所的迫害。San Lorenzo de El Escorial,
Spain.

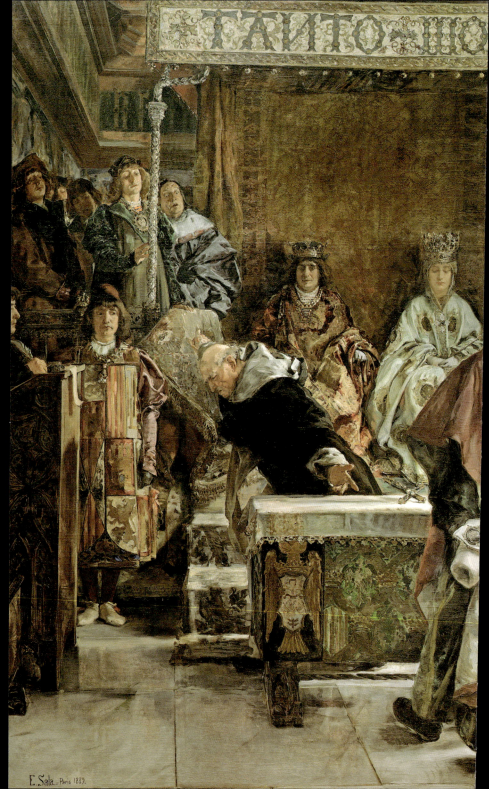

E. Sala. - Paris 1889.

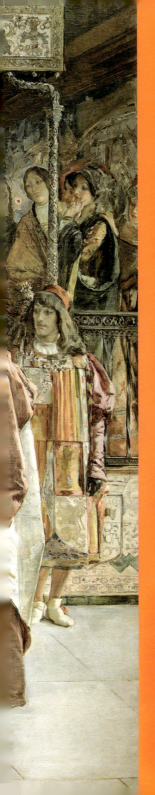

19 世纪画作，描绘 1492 年犹太人被驱逐出西班牙。主宗
教法官托马斯·德·托尔克马达愤怒地拒绝一名犹太人留在
家园的哀求。Prado Museum, Madrid.

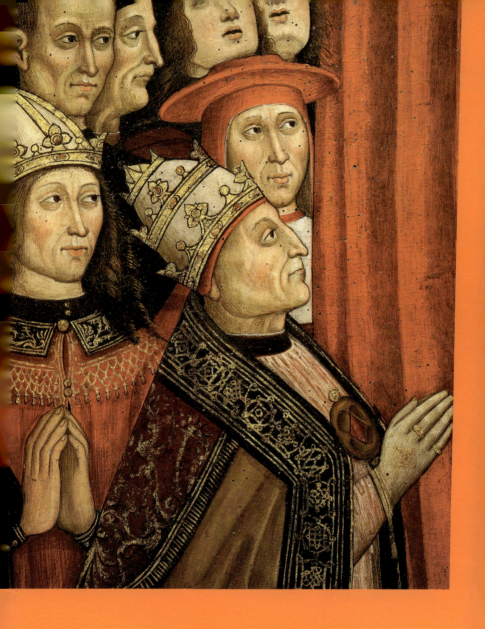

罗德里戈·博吉亚（臭名昭著的亚历山大六世教皇），沉溺肉
体享受，但也高度欣赏文化，与伊莎贝拉女王发生了激烈冲突。
Museo Diocesano A' Arte Sacro, Orte.

(Gianni Dagli Orti/ The Art Archive at Art Resource, NY)

切萨雷·博吉亚，亚历山大六世教皇的儿子，伊莎贝拉认为他是
社会公害。Palazzo Venezia, Rome.

(Scala/ Art Resource, NY)

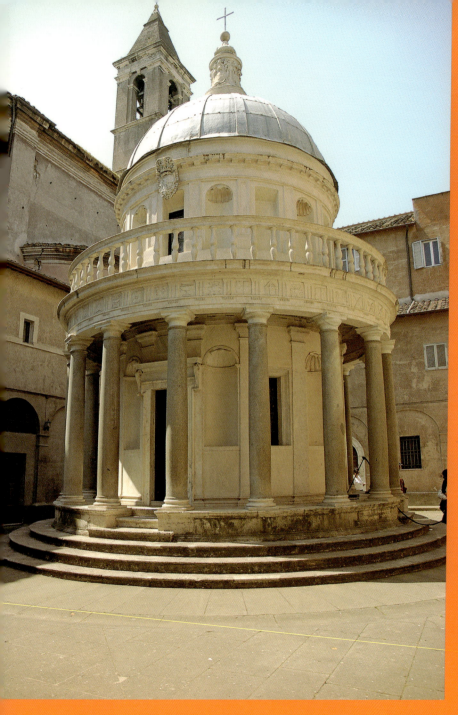

小圣殿，建筑师多纳托·布拉曼特的作品，文艺复兴全盛期艺术的杰作。由斐迪南和伊莎贝拉赞助，以纪念他们的儿子胡安。Vatican Hill, Rome.

(Daniele Silva/ Shutterstock.com)

探险家克里斯托弗·哥伦布，他认为伊莎贝拉是他最重要的恩主。雕刻师为 Salvador Amaya。Parque histórico de Navalcameo, Madrid.

(Salvador Amaya)

美洲国家组织华盛顿总部入口处的伊莎贝拉雕像。该组织有三十五个成员国，包括阿根廷、巴哈马、巴巴多斯、玻利维亚、巴西、加拿大、智利、哥伦比亚、哥斯达黎加、古巴、多米尼加共和国、厄瓜多尔、萨尔瓦多、危地马拉、海地、洪都拉斯、牙买加、墨西哥、尼加拉瓜、巴拿马、巴拉圭、秘鲁、美国、乌拉圭和委内瑞拉等。

(Rene and Peter van der Krogt, http://www.vanderkrogt.net/)

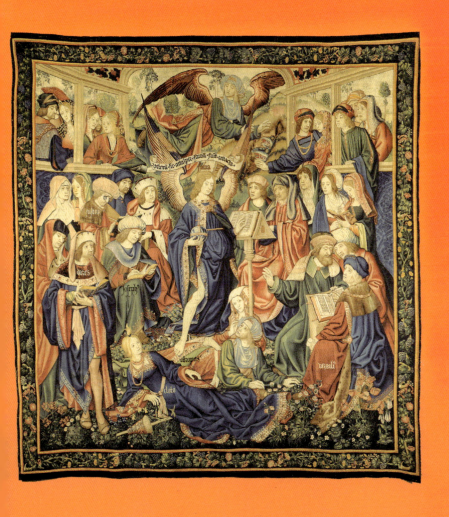

《名望的胜利》是伊莎贝拉女王拥有的约 370 幅美丽挂毯之一，描绘的是彼特拉克关于光荣与记忆的诗歌。Metropolitan Art Museum, New York.

一个看到陆地的人，因为他在前一夜就看到了天际线上的亮光，并向船上的官员们指出。水手们被要求拿自己的生命冒险，哥伦布却去与他们争夺奖品，这非常不利于维持良好的士气，对后来发生的事情也是个预兆。

三艘船在加勒比海某地（可能是巴哈马）的一个岛屿登陆，不过没有人知道究竟是哪一个岛。哥伦布在航行途中窜改航海日志，给后来的学者制造了麻烦，无法复原他的航线。另外，他的航海日志原件的抄本神秘失踪了。它们之所以被偷窃，或许是因为它们包含的信息很珍贵，是美洲的藏宝图。或者是哥伦布的儿子们死后，他们家族的书籍和文件被粗枝大叶地清洗和丢弃了，或者被卡斯蒂利亚廷臣丢掉了，因为国王和女王从一处宫殿迁往另一处，需要减轻行李的负担。但巴尔托洛梅·德·拉斯·卡萨斯与哥伦布的孩子们交好，得到了一个比较早期的抄本，抄录了它的大部分内容。他的记述是关于此次改变世界的航行的最重要史料。

水手们看到的是一座美丽的热带岛屿，棕榈树和鲜花芬芳的灌木迎风摇曳。在西班牙，此时天气已经在转冷，寒风劲吹。而在这个地方，和煦的微风让人觉得仿佛在永恒的春天。他们看到了一些从未见过的稀奇的动植物，包括令人赏心悦目、色泽鲜艳的鹦鹉。他们努力描绘自己看到的景象。和许多来到加勒比海的旅行者一样，他们将其比作天堂。

这里的色彩都比欧洲的更鲜亮和轻柔，令他们眼花缭乱。海滩上的沙子是珊瑚颗粒构成的，白得闪闪发光，与西班牙海边的黑石头迥然不同。岸边的海水与细沙海底的颜色相同，形成一种令人难以置信的浅蓝，几乎是青绿，简直一点也不蓝。就连天空的蓝色也比其他地方要清淡一些、明亮一些。

这个世界似乎温和而友善。犬牙交错的珊瑚礁或许很危险，但水手们安全登陆之后，岛上似乎没有什么威胁。珊瑚礁海湾内，岸边的海水十分宁静。欧洲的风常常裹挟乌云、苦雨和寒气，而此处的风温暖而稳健，爱抚和慰藉人的皮肤。

鹈鹕沿着海岸盘旋，不时猛地扎入水中，寻找下一顿餐食，很快就捕捉到了猎物。鲜亮的鱼儿在浅水中成群游动。树上的水果任人采撷。其中最美丽的树是棕榈，海岸上到处都有棕榈，有的成群，有的孤零零地伸出枝丫到海面上，风景如画，可为人们提供荫凉和建材。

哥伦布看到的第一样东西让他颇感惊讶：赤身露体的人。海滩上有一群岛民，几乎全是男人，全身一丝不挂。几天后，水手们也看到了女人，一些美丽的裸女，敏捷矫健，对自己强壮而窈窕的身躯十分自豪。

对生活在四季如春地方的人来说，不穿衣服是很有道理的事情。10 月，白天的平均气温为八十几华氏度，夜间是七十几华氏度①，因此无须穿衣服。这对欧洲人来说是新鲜事，因为他们一生的大部分时间都穿着笨重的羊毛衣服，以抵御恶劣天气，同时也将他们限制在出身的社会等级和阶层内。

生活在清冷而多风的欧洲的人们读到水手们对此地的描述，觉得这仿佛天堂。人们光着身子走来走去，是一个令人感到愉悦和刺激的细节。它也有一种在全欧洲引起回响的言外之意：这种简单的生活让人回想起更轻松、更简单而不是那么物质主义的时代；这种纯洁就像圣方济各，他摈弃华丽的衣服，抛弃物质财富；不受约束、自由奔放的性行为也与传统的欧洲

---

① 80 华氏度约合 26.7 摄氏度，70 华氏度约合 21.1 摄氏度。

道德观相抵触。但哥伦布不是唯一强调土著人裸体的人。在新大陆登陆的第一批欧洲人全都强调了这一点。

哥伦布描述岛民为"温和与宁静的人民，质朴无华"，更让欧洲人兴趣盎然。他送给土著一些小饰物，如小红帽和玻璃珠子，他们将珠子挂在自己脖子上。[28]他说，作为交换，他们给了他黄金。

欧洲人与印第安人的最初交往是礼尚往来的。印第安人很友善，似乎愿意与令他们惊讶的新客人合作。他们无疑厌恶欧洲人的体臭，并对他们毛茸茸的大胡子感兴趣，因为他们自己非常清洁，并剃去体毛。但他们非常礼貌，所以没有向欧洲人指出这些问题。他们对新来者非常好奇，有些人似乎在思考，这些新来者究竟来自大地还是天空。

根据哥伦布的航海日志（他计划返回卡斯蒂利亚之后将日志同伊莎贝拉和斐迪南分享），他立刻开始考虑如何最妥善地奴役他们。登陆后的第一天，即1492年10月12日，他写道，土著学习很快，"应当能成为很好的仆人"。10月13日，他开始催促他们帮他寻找黄金，但他们不是很愿意。第三天，他记录道，他们非常不擅武艺，所以"只要五十人，就能征服他们，迫使他们俯首帖耳"。很快，西班牙人将一些印第安人带到自己船上，却没有顾虑印第安人是否发出了抗议。[29]

哥伦布及其部下继续航行，穿过据信是巴哈马的地区，观察当地动植物。哥伦布相信自己来到了亚洲或印度沿海的岛屿，仔细地记载了这些岛屿的特征。他的文字描绘美丽的风景时越来越有诗意，因为他没有发现任何先进的商业文明。他也只搜罗到一点点黄金，主要是用一些小玩意儿换来的。土著把这些小玩意儿当作首饰，戴在身上，或者用来装饰鼻子。

他抵达每一座岛屿，都给它取名。为了感谢上帝，他把第一个岛屿命名为圣萨尔瓦多（意思是"神圣的救主"）。第二个岛屿则被命名为圣母玛丽亚岛。第三个是用国王的名字命名的，称为费尔南狄纳岛。第四个根据女王的名字，被取名为伊莎贝拉岛。

令人不安的是，11 月 20 日，"平塔"号船长马丁·阿隆索·平松没打招呼，就擅自驾船离开了。他可能与哥伦布发生了冲突，或许打算自己独立去寻找黄金，另外两艘船的官员和水手在离家千里的地方被丢下，感到恐惧。他们对离去的伙伴感到恼火，也为他们担心。他们只能继续前进。

12 月初，哥伦布抵达伊斯帕尼奥拉岛①（或者按照当地人的说法，叫作海地），并以斐迪南和伊莎贝拉的名义将其占领。他得知该岛内陆有黄金产地，而临近岛屿还有更多黄金。

12 月 20 日，哥伦布收到了一位部落酋长的邀请，前去拜访。此人控制着海地的很大一部分。这位名叫瓜卡纳加里克斯的酋长送给哥伦布一件欢迎礼物：一件用棉布和五颜六色鱼骨制成的美丽衣服，中间有一个装饰性的面具，是用一大块黄金锤击制成的。随后，土著又送来成篮的食物和礼品。会见的时间很吉利：1492 年圣诞夜。

但在这一晚，哥伦布一定是放松了警惕。凌晨，"圣玛丽亚"号上所有人都在熟睡。值班的哨兵也打盹了。这艘船是他们最大的一艘，也运载着数量最多的补给物资，竟滑到一座沙洲处，搁浅了。潮水将它推到岛屿边缘的珊瑚礁上，船底破

---

① 在西班牙语中的意思是"西班牙岛"。目前，该岛西部为海地共和国，东部为多米尼加共和国。

裂，船体进水。有些船员张皇失措，跳上划艇，逃到"尼尼亚"号上，抛弃了自己的船。

大家很快意识到，"圣玛丽亚"号无法挽救了。但他们也知道，必须竭尽全力地将"圣玛丽亚"号上的物资和装备全部卸下，因为他们要想在这陌生土地生存下去，非常需要它们。卡斯蒂利亚人最脆弱的时候，酋长瓜卡纳加里克斯恰好抵达了。他动员了自己的所有族民，帮助欧洲人将物资搬运到岸上，同情他们的损失，并确保物资被安全卸下和储存起来。瓜卡纳加里克斯劝他们不要担心，既然他们无处可去，他会给他们两座大房子居住。很快有更多印第安人赶来，送来了更多黄金作为礼物。当夜，酋长以盛宴款待基督徒，菜肴包括番薯和龙虾，以及用木薯粉制作的面包。

哥伦布相信自己与瓜卡纳加里克斯已经缔结真挚的友谊，于是做出了一个重大决定。"平塔"号还是踪迹全无，可能已经彻底离去了。剩下的人太多，"尼尼亚"号是三艘船里最小的，不够承载他们。于是他告诉自己，"圣玛丽亚"号搁浅是上帝的意志，因为他决心在此处建造一座要塞，使之成为一座欧洲殖民地。他要把一些人留在岛上。因为这一天是圣诞节，他将新的定居点命名为"圣诞节"。他们用从"圣玛丽亚"号拆卸的木板和木料建造了一座巩固的小要塞。他们拥有足够维持一年的面包和饼干、葡萄酒和弹药，而且岛上还有丰富的食物资源。哥伦布告诉自己，被留下的人一定不会有问题。他挑选了39人留下，包括一名木匠、一名有医疗技能的人、一名炮手兼工程师、一名裁缝和一些水手。他是如何挑选人的，没有资料保存下来。有些人可能自愿留下来。有些殖民者是上层阶级的人，其中一人曾是国王的幕僚人员，还有一人是一位有

权有势的教士的侄儿，所以留在岛上未必是一种惩罚。或许有
人希望得到机会，第一个去搜罗岛上的黄金。也有人或许被岛
上美丽而热情奔放的女人迷住了。不过哥伦布的一些部下得知
自己被选中留下，一定不高兴。

1493 年 1 月 2 日，也就是格拉纳达投降的整整一年后，
探险家们举行了一次告别宴会。哥伦布担心马丁·阿隆索·平
松抢在他前头返回西班牙、散播假消息以污蔑他，所以急于起
航。留下一群殖民者，似乎是理智的决定，因为印第安人与新
殖民者之间的关系非常融洽。据哥伦布自己的记载："酋长对
哥伦布表现出深深的爱意，对他离去感到非常悲伤，尤其是看
到他起航的时候。"【30】

哥伦布开始返航，穿过加勒比海诸岛。1 月 6 日，马丁·
阿隆索·平松和"平塔"号突然露面了。平松告诉哥伦布，
他之前离开大部队，不是有意为之。哥伦布怒气冲冲地与他对
质，斥责平松在撒谎，是由于"傲慢、放肆和贪婪"才离开
大部队。他指控平松犯上作乱，并愤恨地说他的行动是"撒
旦的恶行，因为他（平松）希望阻碍航行，就像他一直做的
那样"。【31】

哥伦布发出这些指控，是有根据的。据说平松为自己和他
的船员搜罗了很多黄金。但平松对哥伦布留下 39 人的做法也
感到不安。两人的矛盾越来越大，哥伦布似乎与平松三兄弟都
发生了冲突。

1 月 13 日，又发生了一件不愉快的事情。剩余两艘船在
返航途中，风却停了，他们来到一座无遮无挡的港湾。哥伦布
派遣一些水手上岸去收集番薯为食，遇见了一些印第安武士。
这些印第安人与他们见过的不同。他们外貌凶悍，脸上涂着木

炭，看上去凶神恶煞。哥伦布及其部下猜测，他们可能就是和顺的印第安人胆战心惊地提及的令人生畏的食人部落。双方交换了一些物品，但这些印第安人突然用弓箭攻击他们。西班牙人奋起自卫，打伤了两名印第安人，其余的印第安人迅速逃走了，消失在森林里。这是欧洲人和印第安人在新大陆的第一次暴力冲突。

此事让哥伦布更加急于回家。他们修理了船只，然后向东航行。他们带上了找到的食物的样品、鹦鹉、黄金物品和他们捕获的一小群土著。返程耗时约两个月。他们遭遇了恶劣天气，平松的船被暴风吹到西班牙北部的加利西亚，不得不随后折向南方。

但奇怪的是，哥伦布没有直接返回西班牙。他首先于1493年2月底在葡萄牙附近的岛屿登陆。这让怀疑他是葡萄牙间谍的人有了嚼舌根的材料。他说自己被无法抵挡的猛烈风暴吹到了里斯本港口。他从里斯本写信给伊莎贝拉女王，汇报自己的发现。但在里斯本的时候，他与若昂二世国王至少进行了三次单独的私人会谈。我们几乎可以肯定，哥伦布大肆吹嘘自己，因为他曾经向葡萄牙寻求经济援助，却被拒绝了。

若昂二世国王已经多次被伊莎贝拉女王抢占上风，得知哥伦布新发现的消息后非常恼火。据他的廷臣说，他考虑把哥伦布当作叛徒杀掉，因为他可能从葡萄牙窃取了航海机密。但他最后决定用外交手段来保护自己的利益。

哥伦布在里斯本受到热烈欢迎。人们在街头争先恐后地去看他带回来的稀奇东西和他随行队伍中的印第安人。这一天围观他的人当中，有很多人会牢记此事多年。伊比利亚半岛由此兴起了航海冒险的风潮。比如，当时葡萄牙宫廷雇用的人当中，有一个十四岁的少年侍从，名叫斐迪南·麦哲伦。

若昂二世国王选择放哥伦布离去，但发出了严正警告：根据《阿尔卡索瓦斯条约》，哥伦布主张的那些土地都属于葡萄牙人。他发誓要到卡斯蒂利亚与女王理论此事。

哥伦布获准离开。在帕洛斯，他追上了兴风作浪的平松船长，但没过多久，平松就染上了一种神秘的疾病，回家几天后就去世了。哥伦布的潜在竞争对手和眼中钉就这样消失了！但很快就开始流传一种说法，称平松兄弟是此次成功远航的主要功臣，而哥伦布曾想半途而废。后来，所有人都认识到他们抵达的土地的极大价值之后，此事成了漫长的法律纠纷的主题。

* * *

女王迅速理解了哥伦布的发现的重大意义。她敦促他尽快到巴塞罗那见她。两位君主正住在巴塞罗那，处理在格拉纳达战争期间搁置多年的内政事务。4 月 7 日，哥伦布收到了两位君主写给"堂克里斯托弗·哥伦布"的信（强调了他的新的荣誉头衔）。[32]伊莎贝拉显然希望立刻采取行动，开展更多的远征：

> 我们已经读了你的来信，对你写的东西非常高兴。我们欣喜地看到，上帝给了你的辛劳这么好的结果，并很好地引导你开始的工作。你的功绩对上帝，以及对我们和我们的国家，都是卓越的贡献。除了你为上帝效劳的事业之外，你将得到我们的许多恩宠，上帝一定会为此高兴……我们希望你已经开始的工作在上帝的佑助下继续进行并拓展，同时也希望你到我们身边来。因此，为了给我们效

力，请尽快前来，以便及时地获得你需要的一切；你看，夏季已经开始，返回你业已发现的土地的旅程不能耽搁，你看是否能在塞维利亚或其他地区找到你需要的物资，以便返回。请收到此信后立刻给我们回信，以便在你前来我们身边和返回的过程中，尽可能地做好准备工作。等你返回的时候，一切将准备就绪。[33]

哥伦布春风得意地穿过塞维利亚城的时候，有一个激动万分的小男孩，站在古老的圣尼古拉教堂旁，观看他的到来。这个孩子就是巴尔托洛梅·德·拉斯·卡萨斯，他将在未来的几十年里成为西印度群岛的探险家、殖民者、神父和印第安人权益的捍卫者。哥伦布带着美丽的绿鹦鹉、身穿稀奇古怪服装的印第安人、大块黄金和用宝石与鱼骨制成的面具，在大街小巷游行。他让西班牙国民对海外探索迸发出莫大的激情。拉斯·卡萨斯后来回忆道："发现了一片叫作'印度'的土地，那里满是形形色色、闻所未闻的人和东西，而发现者本人将在一些印第安人陪同下走这样或那样的路线！这消息如同野火，在卡斯蒂利亚不胫而走。人们从四面八方蜂拥而来看他；他经过的城镇，大街上挤满了人，摩肩接踵，都是来欢迎他的。"[34]

在巴塞罗那，他受到的欢迎甚至更加隆重热情。两位君主屏气凝神地听着他的故事。哥伦布的儿子回忆道：

这消息让两位君主非常欣喜；他们命令举行隆重的典礼来欢迎他，要配得上他这样的大功臣。整个宫廷和城市的人都出来迎接他；天主教双王公开欢迎他；他们威风凛凛、辉煌壮观地端坐在富丽堂皇的宝座上，头顶上有金线织就的华盖。他走上前来亲吻他们的手，他们从宝座上站起来，仿佛他是一位大贵族，不肯让他亲吻他们的手，而是让他在他们身旁落座。[35]

在巴塞罗那，人群中也有一个兴高采烈的男孩，那就是未来的探险家贡萨洛·费尔南德斯·德·奥维多·巴尔德斯，他当时是宫廷的一名侍从。他记得那激动人心的场面、黄金的礼物、稀奇古怪的食物和新物种、啼鸣婉转的鸟儿，以及服饰奇妙而怪异的印第安人。

"这时，堂克里斯托弗·哥伦布来了，带来了他的第一次发现之旅带回的第一批印第安人。"奥维多写道。[36]

国王和女王把哥伦布当作一位显赫的绅士，十分礼遇："国王和女王非常和蔼可亲，非常优雅地接见了他。"随后他详细介绍了他的经历和远方国度的财富。他们还讲到，那里有数百万人，若不接受洗礼和挽救，就要下地狱。因为，令人不安的是，此次远航发现了"偶像崇拜、恶魔献祭和崇拜撒旦的仪式"的迹象。[37]

两位君主"听得全神贯注，举起手来祷告，然后跪下，感谢上帝"。拉斯·卡萨斯写道：

> 王家小教堂的唱诗班唱起了《感恩赞》，而管乐器给出回应。的确，这一刻仿佛充溢着天堂的喜悦。谁能描摹国王、女王和贵族们洒下的热泪？所有人心中是怎么样的欢腾、喜悦和幸福！大家都互相鼓励，要在新的土地上定居，并让那里的人们皈依基督教。他们能看到，两位君主，尤其是伊莎贝拉女王，多么重视信仰的传播。两位君主用言语和行动表现出，他们如此大悦的主要原因是，他们得到了上帝的恩宠，因为上帝允许他们支持和资助此次远航（尽管出钱很少），找到了这么多等待皈依基督教的

异教徒。[38]

在此期间，红衣主教门多萨（他是地位极高的贵族，而且备受伊莎贝拉的景仰，因此被称为西班牙的第三位君主），设盛宴款待了哥伦布。这也是哥伦布极为得宠的又一个迹象。宴会上，航海家坐在红衣主教"身旁最尊贵的位置"上。哥伦布在富丽堂皇的节庆气氛下，"第一次享用了礼节隆重、有试吃者侍奉的盛大宴会"。"统治者赏赐给哥伦布雨点般的荣誉。"[39]

最大的荣誉就是，女王命令将航海家的两个儿子迭戈和斐迪南接到宫廷，担任王子的侍从，在宫中生活。他们将和宫廷的其他贵族子弟一样，受到最好的教育。哥伦布的儿子们实际上是在女王的孩子当中长大的，还成为胡安王子的好友，担任他的侍从。即便在王子长大成人之后，哥伦布的两个儿子也"深得恩宠，并住在王子宫中"。[40]

所以，在第二次远航时，哥伦布的排场就大多了。他奉命返回那些新岛屿。他此次的装备非常豪华，拥有 17 艘船和大量乘客。很多有权有势的人争先恐后地要参加远航，去往那神奇的土地、那遍地黄金的人间天堂。人们翘首以盼，期望那唾手可得的财富。六个月后，哥伦布再度出发。

在随后的岁月里，由于哥伦布的第二、三、四次远航的结果不同，他的命运也兴衰沉浮。他坚守自己的信念，即自己找到了通往印度的道路，尽管越来越多的如山铁证表明，他发现的其实是欧洲世界此前不知晓的一块新大陆。

哥伦布始终相信，他最坚定的支持者和最可靠的捍卫者，是女王。此时他俩的关系正处于巅峰。他用宫廷爱情的口吻向她说话。她的最高级廷臣被允许这样"放肆"。他在给女王的一封信中写道:"我的欲望的钥匙,已经在巴塞罗那给了陛下。如果您品尝我的善意的滋味,就会发现,自那时起,它的芬芳与甜美增加了许多……在巴塞罗那,我将自己全身心奉献给陛下,没有任何保留,包括我的心灵、我的荣誉和我的家财。"[41]

然而,就在哥伦布认可伊莎贝拉的赞助的重要性的同时,在欧洲其他地方,她发挥的作用却被人抹杀了。2 月 15 日,哥伦布在葡萄牙登陆之后,给路易斯·德·桑堂赫尔(曾支持他远航的那位阿拉贡金融家)写了一封信,记述自己的远航。这封信是和另外一封给王室的信一起发出的。哥伦布描绘了远方岛屿的美丽、丰富的自然资源、他看到的美丽的裸体土著——"男男女女,都一丝不挂,像刚从娘胎出来一样"、唾手可得的遍地黄金,以及"凶残"食人部落的存在。[42]他写道,这一切都是胜利地奉献给"最高贵的国王和女王"的,"并献给他们闻名遐迩的国度。为了这一切,整个基督教世界理应感到喜悦,举行庆祝,并庄重地向圣三位一体感恩,虔诚地祈祷,因为将有许多人皈依我们神圣的信仰,此后还能给我们带来物质利益"。[43]

哥伦布给路易斯·德·桑堂赫尔的信带来了这些激动人心的新闻,很快就广泛传播起来,成为一个出版现象,在新发明的印刷机帮助下,在全欧洲得到复制传播。在安特卫普、巴塞尔、巴黎、罗马、佛罗伦萨、斯特拉斯堡和巴利亚多利德,有多达十六种拉丁文版本得以出版。不过,发生了一件奇怪的事情。哥伦布的信里提及了女王和国王,并且此次远航纯粹是卡斯蒂利亚的事业,由伊莎贝拉赞助,但几乎所有印刷版本的信里都只说斐迪南是远航的恩主和赞助人。有些版本甚至附有披挂甲胄的斐迪南的木刻肖像。哥伦布传记作者莫里森注意到，没有人把功劳归于女王，这个疏漏"颇为奇怪"。[44] 而且，这些印刷版本在提到哥伦布发现的岛屿时，具体讲到了费尔南狄纳岛和其他岛屿，而哥伦布以女王的名字命名的岛屿——伊莎贝拉岛，却莫名其妙地变成了"美丽的岛"。

我们不知道伊莎贝拉对这些令人窘迫的轻慢是如何反应的，也不知道斐迪南是否曾寻求纠正这些错误。或许，如果新发现的赞助者是个男人，大家会觉得更容易接受。人们的这种观念使得伊莎贝拉可以集中注意力于手头的工作。任务是非常艰巨的：她必须找到办法，确保远航的收益只属于她的王国和她的人民。她必须确保，新发现的土地将属于卡斯蒂利亚，她必须寻求最高权威的终极裁决。

于是，她又一次寻求罗马和梵蒂冈的支持。她的盟友西班牙人罗德里戈·博吉亚刚刚成为教皇，称号为亚历山大六世。

十六　博吉亚把新大陆给了她

　　巧合的是，恰恰在哥伦布开始发现之旅的时候，也就是1492年8月，罗德里戈·博吉亚当选为教皇。这是历史上第二次有西班牙人成为教会的最高领袖，而他的精神统治将在很多方面令人难忘。

　　首先是梵蒂冈的资深观察家见过的最为奢华的就职庆典。游行队伍中有十三队身披甲胄的武士，由一名雇佣兵统领指挥。随后是诸位红衣主教的扈从随员，身穿五光十色的制服。红衣主教们骑马前进，头戴主教冠，身穿丝绸长袍。教皇前方走着十二匹白马，由十二名英俊少年牵着。游行路线两侧的商店和住宅都张挂着五颜六色的旗帜。礼炮齐鸣，如同雷霆；狂热的群众高呼"博吉亚！博吉亚！"以欢迎新任教皇。

　　博吉亚骑马（或骡子）从梵蒂冈宫来到圣彼得大教堂，在一张镀金椅子上坐下，而宫廷官员上前亲吻他的脚。然后他走上圣安得烈小教堂的阶梯，端坐在圣彼得大教堂的黄金圣座上。教皇的三重冕被戴在他头上。

　　博吉亚对自己的任职有极高期望。他选用的称号是伟大的希腊征服者的名字，自称亚历山大六世。他欣喜若狂。一位历史学家写道："据说他穿上教皇的法衣时，几乎像个孩子般喜气洋洋。"[1]

　　并非所有欧洲人都和他一样喜气洋洋。已经有传闻称，选举教皇的程序比较世俗化，而非严守教会规矩；博吉亚之所以当选，是因为肆无忌惮地贿赂其他红衣主教；礼物和教职易手，换取选票。据说，为了从博吉亚府向拥有关键一票的红衣主教阿斯卡尼奥·斯福尔扎家里运送金银财宝，竟动用了四头健壮的骡子。博吉亚当选之后，斯福尔扎迅速得到了威望极高的教廷副秘书长职位。

用金钱购买教皇三重冕，如果博吉亚真的这么干了的话，也不是他一个人的专利。在文艺复兴时期的梵蒂冈，用金钱换取高级职位的行为不受赞同，但仍然司空见惯。在这个世界里，壮观的排场和奢靡景观需要世俗的财富来买单，教士们疯狂搜罗教职，榨取金钱，那样才能放纵地夸耀自己的财富。

财富的一部分被投入颂扬上帝的伟大艺术品的创作。在教皇西克斯图斯四世雇用下，桑德罗·波提切利①和多梅尼科·吉兰达约②为西斯廷教堂创作了描绘摩西生平的壁画。红衣主教让·比约尔·德·拉格拉于拉聘请米开朗琪罗雕刻了耶稣和玛丽亚的大理石像，即令人心痛的《哀悼基督》。红衣主教斯福尔扎的家族聘请列奥纳多·达·芬奇创作了《最后的晚餐》。但是，似乎梵蒂冈山上的精神境界越高，那里的人们的道德水准就越低。

教会腐败不是新鲜事。几十年前的 1458 年，卡利克斯特三世（罗德里戈的舅舅阿方索·德·博吉亚）去世后，竞选的贿赂拉拢活动也非常猖獗。红衣主教恩尼亚·席维欧·皮可洛米尼于黎明时分在梵蒂冈的厕所与年轻的红衣主教罗德里

---

① 桑德罗·波提切利（约 1445～1510），文艺复兴早期的意大利画家，属于洛伦佐·德·美第奇赞助的佛罗伦萨画派。他的最著名作品包括《维纳斯的诞生》和《春》。

② 多梅尼科·吉兰达约（1449～1494），来自佛罗伦萨的文艺复兴时期画家，是一个大型绘画工坊的领导人，米开朗琪罗曾为他工作。

戈·博吉亚接头。博吉亚告诉他，自己已经答应投票支持法兰西红衣主教纪尧姆·德·埃斯图特维尔，以换取让他继续担任梵蒂冈的肥差——副秘书长的书面保证。皮可洛米尼对罗德里戈说，他是个"年轻傻瓜"，纪尧姆的承诺一钱不值。皮可洛米尼告诉博吉亚，纪尧姆会向着红衣主教团里的其他法兰西人；如果投票给纪尧姆，博吉亚就会失去副秘书长职位，并损害教会的利益。次日，博吉亚投票给皮可洛米尼，后者已经搞到了其他必需的票数。皮可洛米尼戴上了教皇三重冕，成为庇护二世教皇，而罗德里戈保住了副秘书长职位，成为庇护二世最宠爱的弟子。

在随后三十四年里，又有三位教皇戴上了渔人权戒①，罗德里戈则一路顺风，继续发达。庇护二世去世后，罗德里戈又一次交了好运：他的朋友彼得罗·巴尔博（卡利克斯特三世去世后发生了反对西班牙人的暴乱，巴尔博站在罗德里戈那边）成了教皇保罗二世。在彼得罗·巴尔博当选的那次秘密会议期间，罗德里戈患病，但他毕竟是巴尔博的长期盟友，因此仍然地位稳固。

下一位教皇是西克斯图斯四世，他派遣罗德里戈以教皇特使的身份去西班牙，给伊莎贝拉和斐迪南帮了大忙；然后是英诺森八世，他于 1484 ~ 1492 年担任教皇。英诺森八世临终前哀叹教会的糟糕状况，告诉围在他床前的红衣主教们，他非常懊悔，自己辜负了教会。大家注意到了他的虔诚表达，但他的

---

① 渔人权戒是一枚图章戒指，象征教皇的权力，因为教皇是圣彼得的继承人，而圣彼得曾是渔夫。另外，《新约·马可福音》1：17 写道："耶稣对他们说，来跟从我，我要叫你们得人如得鱼一样。"1842 年之前，教皇用渔人权戒作为图章，签署官方文件。

悔过来得太晚，已经无法逆转他造成的严重事态：他敦促在北欧调查巫术，向出价最高的人兜售圣职，还邀请法王查理八世入侵意大利并占领那不勒斯王国，并承诺教廷支持他。

红衣主教罗德里戈·博吉亚担任教廷高官的岁月里，始终是天主教会信任的官员，以聪慧、敏锐和勤于政事而闻名。他在梵蒂冈内部的活动也非常机敏，并持续地积累油水丰厚的教职和岗位。罗德里戈得到了阿尔巴诺、波尔图、巴伦西亚、卡塔赫纳和马略卡等主教管区。他在意大利也有领地，包括内皮、奇维塔卡斯泰拉纳和索里亚诺，这些城镇是控制卡西乌斯大道和弗拉米乌斯大道①的要塞，而这条大道是通往罗马以北的主动脉。1482 年，他获得了苏比亚科修道院的收益，而这座修道院控制着二十二个村庄。他还得到了福萨诺瓦修道院（在通往那不勒斯的道路上）的收入。这意味着，他控制了从罗马北上和南下的主干道上的关键地产。

他的日渐扩大的帝国的一部分来自阿拉贡国王斐迪南的恩赐。巴伦西亚、卡塔赫纳和马略卡都是斐迪南的领地。在斐迪南的默许下，罗德里戈还在巴伦西亚的宗教地位提高之后，成为首任巴伦西亚大主教。

罗德里戈在梵蒂冈的攀升，与他的同胞在西班牙故国的崛起交相辉映。西班牙人的威望越来越高。全欧洲都将征服格拉纳达视为数百年来基督教势力的最重要军事成就，甚至有人觉得这是伟大的基督教都城君士坦丁堡陷落的部分补偿。罗德里戈·博吉亚竭尽全力地宣扬西班牙的功绩。1492 年 1 月，伊

① 弗拉米乌斯大道是古罗马的一条大道，从罗马越过亚平宁山脉，通往里米尼，由盖乌斯·弗拉米乌斯（前 187 年执政官）主持建造。

莎贝拉和斐迪南终于完成长达七百年的"收复失地运动"之后，博吉亚在罗马街头举办了盛大的庆祝活动。"罗马装点城郭，灯火辉煌，篝火熊熊，以各种娱乐活动欢庆胜利。娱乐活动包括斗牛赛，其间有五头公牛被杀死，这是罗马举行过的第一次斗牛赛，是红衣主教罗德里戈·博吉亚特别举办的。"[2]

* * *

对红衣主教博吉亚来说，格拉纳达的辉煌胜利可不是小事，因为意大利人主宰了教会统治集团，一般对外国人十分鄙夷。罗德里戈地位崇高，但毕竟是个外来者，容易遭到批评。所以他非常珍视西班牙祖国与他的联系和对他的支持。西班牙国威大振，也提高了他自己的威望。

但罗德里戈·博吉亚与西班牙的两位君主之间的关系也发生了一些挫折。1492 年初秋，伊莎贝拉得知罗德里戈成为教皇后，心情很矛盾。博吉亚是她的臣民，他当上教皇，对斐迪南和伊莎贝拉肯定是好事，而且她与他有私人关系。他曾帮助她获得王位，她有理由对他感激。他新官上任三把火，承诺要改革教会，并消灭罗马严重的街头犯罪。他效仿伊莎贝拉的政策，仔细地搜寻匪帮头领和杀人犯。罪犯被捕之后，很快被处以绞刑，尸体被悬挂在台伯河沿岸的绞刑架上腐烂。[3]他还提议在已经黯然失色的曾经的罗马帝国都城开展一些重要的重建工程。从圣天使堡到圣彼得大教堂和梵蒂冈，他建造了一条宏伟大道，即亚历山大大道（后来被称为博吉亚新道）。[4]他还在罗马的一些最神圣的圣所启动了美化工程，伊莎贝拉对此大表赞扬。

但伊莎贝拉对教皇亚历山大六世的道德和是否配得上这样

重要的位置抱有疑虑。在公开场合，她和斐迪南对他当上教皇表示喜悦，但私下里他们表达了自己的保留意见。据意大利人文主义学者彼得·马特（他在加入伊莎贝拉的宫廷之前曾在梵蒂冈工作）说，两位君主担心，尽管罗德里戈绝顶聪明，并且有行善的潜力，他也表现出一些令人不安的人格缺陷，并且野心勃勃地推动他的众多私生子的利益。这些孩子正在长大成人，马特对他们的生身父亲是谁没有任何疑问。他在十多年的许多书信中多次具体提及博吉亚的儿子们。在梵蒂冈，教皇内层圈子里有很多人也对此心知肚明。

"由于这件事情，我的两位君主感受不到喜悦，而是愁眉不展，"彼得·马特在博吉亚被提名为教皇不久之后写道，"这似乎预示着基督教世界将掀起一场风暴，而不是风平浪静。两位君主因为他是他们的臣民而高兴，但更因为他低贱地吹嘘自己生了很多渎神的孩子而难过。他们怀疑，对于圣彼得的三重冕会出现纷争。"但他们会抱最好的希望，"如果基督徒的慈善心能够战胜作为父亲的天性，他或许能为所有基督徒建造一座通往天堂的、比石柱更坚强的桥梁……愿上帝保佑，我们能听到他运用自己的极大才华去行善"。[5]

彼得·马特向自己在罗马的朋友表达了担忧，因为据传说罗德里戈是通过行贿得到教皇位置的。马特担心如果此事大白于天下，会损害基督教信仰。"有人窃窃私语地告诉我……低贱、渎神和犯罪之事。据说你们的恩主攀登到这样的高峰，不是依靠文学才华、自制或慈善的热情，而是用黄金白银和诺言来为自己搭建梯子。"他在给教皇的朋友弗朗齐斯库斯·普拉坦西斯·格里奥拉努斯的信中写道，"如果这是真的，那么这梯子是靠在天堂围墙上，以便掀翻基督，去满足你们的恩主对荣耀的渴望。"另外，如果罗德里戈执着于"他那疯狂的欲望，即将他的儿子们提携到最高位置"，意大利和欧洲的权力平衡会被扰乱。[6]

彼得·马特做了一件非同寻常的事情。他向据说从博吉亚那里获益最多的人之一——红衣主教阿斯卡尼奥·斯福尔扎表达了自己的担忧。斯福尔扎是马特在米兰的儿时朋友，支持博吉亚参选教皇，并被博吉亚提升到副秘书长职位上。

> 最尊贵的阁下，我要告诉您，我的两位君主对英诺森八世的去世感到悲哀，对亚历山大六世成为教皇也不高兴，尽管他是他们的臣民。因为他们担心，他的贪婪、野心，以及更糟糕的——他对子女的软心肠会把基督教会拖垮。您也不是清清白白的，因为据说您曾帮助他登上高位……愿上帝保佑，让他对您和您的家族心存感激。[7]

欧洲各地的理想主义和虔诚的基督徒都表达了类似的担忧，他们相信教会深陷于极其危险的腐败，教廷的世俗权力正在增长。许多非常虔诚的西班牙人，包括伊莎贝拉，都对这种局面深感不安。她做了很多工作，努力提升西班牙天主教会的道德观和水准，所以罗马的教会最高层出现了严重的不端行为令她尤其沮丧。

1492 年 8 月 6 日，红衣主教们召开选举教皇的秘密会议时，伊莎贝拉派驻梵蒂冈的大使——卡斯蒂利亚人贝尔纳迪诺·洛佩斯·德·卡瓦哈尔受邀向聚集起来参加弥撒的红衣主教们讲话。他利用这机会，发表了一次言辞激烈的布道，抨击他眼中的教会的精神危机，以及选举一位正直人士接替教皇英诺森八世的必要性：

> 堕落了，堕落了，曾经多么高尚的罗马教会的荣光与威严啊！……现今，我们蒙受了更深的创伤。由于这些腐朽罪行，我们的下属抗命不尊，人民和君主蔑视我们，土耳其人嘲讽和掠夺我们；因为就在我们沉溺于享乐、野心和贪欲的时候，教会圣座的光辉消失了，教会照料信众的所有警觉都被搁置了。

他呼吁选出一位能够领导和激励民众的新教皇，并且要足够圣洁，能够"创造奇迹，将教会从这么深的毁灭之渊里挽救出来，简直是从粪坑里拉出来"。[8]

特别值得担忧的是，红衣主教职位和教会的其他高级职位几乎被显赫教士、贵族和国王的亲属垄断了，而不是真正诚心于教会事业的学识渊博的人。这些令人垂涎欲滴的职位能够带来大量收入，而无须代表教区人民从事任何具体工作。所以很多占据教会高位的人根本懒得踏足于被交给他们的主教管区。之前教会也曾努力制止此种瘟疫般的任人唯亲。例如，在1458年，红衣主教们召开了秘密会议，打算以教皇庇护二世的去世为契机，改良和清扫教会的行政系统。有人提出了呼吁梵蒂冈进行结构调整的请愿，得到了几乎所有红衣主教的支持。每一位红衣主教都承诺，假如他当选，会开展特定的改革。这份请愿承诺将神圣的红衣主教团的人数限定为二十四人，以便让每一位成员都拥有更大的影响力；还要求禁止将年龄在三十岁以下的人或未受教育的人任命为红衣主教；将每位教皇任命自己的侄子或外甥为红衣主教的数量限制为一人；要求教皇以更民主的方式统治，要求他在缔结政治盟约或处置教会财产之前，需寻求红衣主教团的批准；要求教皇承诺向土耳其人开战。大家同意，在选举不久之后，新教皇将宣布上述几条承诺的全部内容。

但这些承诺从未得到落实。罗德里戈的朋友彼得罗·巴尔博当选为教皇，即保罗二世，他就职后第一个举措就是静悄悄地摈弃了上述承诺。但为了保住自己的教皇权力，他提升了红衣主教的地位。他命令他们穿红色丝绸的袍服，因为红色染料最昂贵。他命令他们在外出时必须有大量扈从前呼后拥，他还确保那些收入有限的红衣主教从教会得到补助金，以增加收入。他实际上把红衣主教变成了教会的"君王"。新的收益让神圣的红衣主教团更愿意放弃之前的承诺，但也让世人更加看清教会的世俗和贪婪。随后保罗二世将他的三名侄子或外甥任命为红衣主教。侄儿、外甥们在梵蒂冈的角色特别烦人。当教皇是很困难的工作，而教皇一般都是上了年纪的人，他们自然希望身边有值得信赖、将他们的利益放在第一位的亲信。老年人一般会让成年的儿孙来辅佐自己。教皇理论上没有儿孙，所以侄儿外甥就是最好的选择。但以这种方式得到任命的许多侄儿外甥都仅仅是忠于教皇的亲信，在教会资金的支持下过着奢靡生活，而没有什么宗教上的使命感。

好几位教皇其实有自己的孩子，但这些孩子通常是在他们成为神父之前出生的，或者在他们攀登到高位之前去世了，所以不会扎眼。英诺森八世有两个私生子，是在他成为教士之前生的。其他教皇可能也有自己的儿子，但都小心地掩盖他们的身份，称其为自己的侄儿、外甥或堂表兄弟。

对教士来说，隐蔽自己孩子的存在是必要的，因为在基督教会领导层中晋身的一个关键条件就是守贞誓言。在早期教会，几乎所有教士都是有妇之夫。人们相信基督没有结过婚，但他的大多数使徒都有妻子。但随着罗马天主教会越来越富裕，教士被要求单身，因为大家相信，守贞代表着一种体制化的对尘世享乐的弃绝，也让教士更容易集中精力于手头工作；也能让教会更好地控制自己的经济资源，而不必担心教会公款被挪用，去抚养教会官员的儿女。

然而，罗德里戈·博吉亚当上教皇之后，大约六七个年轻人出现在他身边，与他关系密切。这些年轻人吸引了许多代历史学家的全副注意力。罗德里戈自己对这些年轻人的身份讳莫如深。有些学者倾向于相信，他们是他的子侄辈。但对西班牙人来说，这些年轻人的身份不是秘密。罗德里戈没有向西班牙人隐瞒自己越来越多的私生子的真实身份，因为他忙着为他们在西班牙置办有权有势的地位。没有人确定他究竟有多少私生子，也不知道他们的年龄，更不知道他们的母亲是谁，但肯定有一群年轻人得到罗德里戈的关心照顾，他关心他们的出人头地，简直如同关注自己。

这是一些非常俊秀而聪慧的孩子，或许罗德里戈完全做不到否认他们的存在。罗德里戈还是个红衣主教的时候，他们就开始在社会上抛头露面。

大家相信，他的长子是佩德罗·路易斯，罗德里戈特别热切地为他谋个好出路。1483 年 5 月，他给了佩德罗 5 万杜卡特，在西班牙买个采邑；这年 11 月，教皇西克斯图斯四世颁布了一道法令，宣布：尽管佩德罗的出身可能存在疑问，但他在教会眼里是个合法出生的孩子。佩德罗的财产和名字得到了保障，于是来到西班牙。此时他大约二十岁，加入了针对格拉纳达的战争。他在龙达围城战中表现非常英勇。1485 年年底，斐迪南国王授予这个年轻人威望很高的头衔——甘迪亚公爵，并规定该头衔可以世袭。公爵是最高级别的贵族，仅次于国王和亲王，所以这是一项珍贵的封赏。甘迪亚镇风光旖旎，布局整齐优美，靠近大海。佩德罗·路易斯很快就在阿拉贡建造了两座雄伟的宅邸，一座在甘迪亚，另一座在巴伦西亚城内。

斐迪南国王还欢迎年轻的博吉亚加入王族，批准博吉亚迎娶斐迪南的年轻亲戚玛丽亚·恩里克斯·德·卢纳。他们没有马上结婚，因为玛丽亚·恩里克斯尚未成年，但这次订婚让博吉亚家族与西班牙王室产生了直接的姻亲关系。

但不幸的是，这个前程大好的青年于 1488 年一次度假并探望在意大利的亲人时去世了。但罗德里戈在罗马还有其他的继承人。下一个继承佩德罗的产业与头衔的孩子的意大利语名字是乔万尼，西班牙语名字是胡安。佩德罗·路易斯在遗嘱中立弟弟乔万尼为受益人。这意味着，乔万尼将成为下一代甘迪亚公爵。

此外至少还有三个孩子。切萨雷英俊而机智，被安排当教士，这是贵族家庭中次子的一般命运。六岁时，他就已经是教廷书记；三个月后，他被任命为巴伦西亚大教堂的一名法政教士、哈蒂瓦的会吏长和甘迪亚的修道院院长。1480 年，教皇西克斯图斯四世将他合法化。他的父亲成为教皇后，大约十六岁的切萨雷成为巴伦西亚大主教。所以，从理论上讲，他对巴伦西亚省和地中海的巴利阿里群岛的所有居民负有宗教指导的义务。

同时，罗德里戈的女儿卢克雷齐娅因性情温柔可亲和惊人的美丽而闻名遐迩。她长发金黄，步伐优雅。此外罗德里戈至少还有一个儿子，名叫乔弗雷。

但伊莎贝拉对教士违逆性道德的行为深恶痛绝，视之为大逆不道。她孜孜不倦、穷追不舍地努力扫净西班牙天主教会内的贪污腐化和裙带关系。她为自己选择的宗教顾问都是拥有无可挑剔的道德权威、贞洁生活方式和禁欲苦行的人。她选择埃尔南·德·塔拉韦拉为自己的终身忏悔神父，是因为他严格奉行基督一般的简朴生活和慈悲心。彻底征服格拉纳达之后，她将塔拉韦拉（出身于改宗犹太人家庭）提升到重要的新岗位——格拉纳达大主教，将安达卢西亚人数大大增加的基督徒的宗教引导托付于他，并派遣他去格拉纳达，监督教会工作在那里的进展。

接替塔拉韦拉担任女王忏悔神父的，是一位隐居的前僧人西斯内罗斯，他曾徒步漫游各地，寻求面包的施舍。这是托钵僧传统早期就有的做法。西斯内罗斯身穿粗糙的内衣，即所谓刚毛衬衫，用来摩擦自己的皮肤，以提醒自己教会殉道者曾经受的苦难。他夜间睡在一块木板上，据说还会自我鞭笞，以惩罚自己的罪孽和缺陷。西斯内罗斯非常不情愿地来到了女王宫廷。伊莎贝拉请求他像管理自己的灵魂那样勤勉地管理她的灵魂。

伊莎贝拉与教皇亚历山大六世之间出现摩擦，是不足为奇的。起初，她向亚历山大六世派驻西班牙朝廷的大使弗朗西斯科·德普拉抱怨，教皇大张旗鼓地展示自己的私生子，是非常不道德的行为。弗朗西斯科是加泰罗尼亚人，他告诉她，在近期的几位教皇当中，亚历山大六世的活动不算稀奇。他将自己与伊莎贝拉的谈话汇报给教皇，告诉他，自己实际上是告诉女王，她太天真了。他在给亚历山大六世的信中写道："我还把教皇西克斯图斯四世与英诺森八世的一些事情告诉了她，证明您的行为比上述两位教皇体面得多。"[9]

为博吉亚的孩子们所做的婚姻安排很快产生了国际影响。卢克雷齐娅被许配给一名加泰罗尼亚贵族，后来被许给另外一人。第二门婚约于 1492 年 11 月被终止。[10]她父亲当上了教皇，自然要为卢克雷齐娅安排更好的前程。

她被安排了一门更显赫的婚事，丈夫是乔万尼·斯福尔扎，米兰的斯福尔扎家族的一位地位较低的贵族。他是亚得里亚海沿岸小镇佩萨罗的领主。联姻的谈判是秘密进行的，因为之前为卢克雷齐娅安排过其他婚约。西班牙贵族的婚姻需要得到两位君主的批准，斐迪南国王已经为卢克雷齐娅的上一门婚事做了正式祝福。随后，被摈弃的前任未婚夫令人窘迫地出现在罗马，要求教皇和米兰公爵给他金钱补偿，才肯离去。

此事摆平之后，新的婚事筹划继续进行。婚礼于梵蒂冈举行。美丽的新娘卢克雷齐娅身穿奢华的袍服，佩戴熠熠生辉的珠宝。陪伴她走进大厅的是十九岁的朱莉娅·法尔内塞，这是一位美艳不可方物的绝世佳人，许多观察者相信她是教皇的情妇。新郎穿着金线长袍。卢克雷齐娅的兄弟切萨雷和乔万尼在一旁见证。教皇和一位意大利贵族主持了婚礼。新婚夫妇出席了盛宴，许多教会官员和罗马贵族到场庆贺。伊莎贝拉对在神圣的梵蒂冈大厅举办婚礼的消息感到不悦，又一次将自己的担忧传达给教皇。

女王和教皇在异端和犹太人的问题上也有分歧。教皇觉得斐迪南和伊莎贝拉在主持异端裁判所和强迫犹太人皈依或离开西班牙的问题上过于严酷，丧失了理智。在罗马，犹太人被允许自由定居，并保留自己的信仰，只要不公开礼拜就可以。一群逃离西班牙的犹太人在切奇利亚马尔泰拉镇附近的一座营地住下，得到了教皇的庇护。

西班牙驻梵蒂冈大使迭戈·洛佩斯·德·阿罗得知教皇决定欢迎西班牙犹太人，大为恼火。他坚持说，亚历山大六世作为教会领袖，理应第一个驱逐犹太人才对。教皇不理睬他。斐迪南不相信教皇这么做是出于善心或怜悯。他说，亚历山大六世允许犹太人定居在教皇国，仅仅是因为可以向他们收取额外的税赋，以此榨取钱财。斐迪南冷哼道："但凡是能卖得出去的东西，教皇都能拿来挣钱！"[11]

* * *

虽然和教皇有很多分歧，但伊莎贝拉并不打算与他撕破脸皮。她有要务与教皇处理，于是姑且搁置争议。她得知哥伦布发现新土地的消息之后，立刻开始确保发现的一切东西都仅属于她一人。哥伦布还没有返回她的宫廷，她便将哥伦布的信转发给教皇，要求裁决这些岛屿的主权。伊莎贝拉一定是刚刚得到哥伦布的消息，就立刻派人快马加鞭地向教皇提出请求。

精明的教皇和伊莎贝拉一样，立刻理解了这些发现的重大意义，以及迅速采取行动的必要性。他也明白，自己欠西班牙人很多，尤其是欠斐迪南。斐迪南除了为教皇提供政治掩护与支持之外，在红衣主教博吉亚成为教皇之前还给了他同时拥有三个油水丰厚的阿拉贡主教管区的权力，提供了将教皇的儿子切萨雷合法化的文书，还提名年轻的切萨雷为潘普洛纳与巴伦西亚主教。后来，斐迪南又同意将这个少年提升为巴伦西亚大主教。

1493 年，就职不久的教皇亚历山大六世心甘情愿满足伊莎贝拉的要求，于是迅速发布了关于新大陆的四道诏书。诏书是用铅制印章封印的法律文书，拥有特殊的权威和重要性。这四道诏书给了伊莎贝拉想要的东西。据 20 世纪的历史学家塞缪尔·艾略特·莫里森说：

> 他急于和两位王室恩主扯平，因此等于是让他们自己开出条件。他就新发现的土地颁布了一系列诏书，而没有顾及葡萄牙的正当要求。这四道诏书不是专断草率的决定。它们是教皇给出的有利于卡斯蒂利亚的主权说明，根据则是教皇所谓的处置目前不受任何基督徒君主占有或统治的新发现土地与异教徒人民的权力。[12]

三道关于新发现的诏书于 1493 年 5 月 3 日和 4 日颁布。克里斯托弗·哥伦布抵达里斯本仅仅是两个月前的事情，再加上类似正式文书的处置程序烦琐，所以这个速度算非常惊人了。诏书被复制了多份，以便让未来的探险家将其展示给有可能提出异议的人。

在四道诏书的正式引文里，教皇都向斐迪南和伊莎贝拉致意。有意思的是，诏书将新发现的土地全部给了"卡斯蒂利亚与莱昂的统治者"，也就是只给了伊莎贝拉一个人。斐迪南一贯善于捕捉个人利益，一定是觉得新的土地的价值较低，因此不屑一顾。否则他一定会确保诏书也授予他具体的权益。

1493 年 5 月 4 日的诏书将半个地球赐给了伊莎贝拉女王。根据这份教皇的主权授予诏书，

> 在北极与南极之间划定一条子午线，该线距离一般所

称的亚速群岛与佛得角应有 100 里格①。在该子午线以西
和以南的已发现和即将发现的所有岛屿与大陆，无论是印
度还是其他地区，只要未被其他基督徒国王占据，均属于
卡斯蒂利亚与莱昂的统治者。[13]

但教皇亚历山大六世强调，他授予这些权力的条件是，传
播宗教福音应当是探索的主要目标。他期望斐迪南和伊莎贝拉
在西班牙扩张天主教势力的成绩之上再接再厉。教皇诏书强
调，传教是授予领土的理由：

> 在令上帝喜悦、令我满意的其他工作中，这一项
> （传福音）无疑是最重要的，即让天主教信仰和基督教，
> 尤其在我们的时代，得到提升，传扬四海，让被征服的野
> 蛮民族能够接受真正的信仰，灵魂得救。由于天主的怜悯
> 和恩宠，我被传唤到圣彼得的圣座上，尽管我没有圣彼得
> 的品质。我认可你们是真正的天主教国王与君主，因为你
> 们一贯如此，你们的著名功绩几乎已经驰名世界。你们不
> 满足于已有功绩，而是尽一切努力，刻苦钻研，勤奋工
> 作，不吝惜劳力和花费，不畏惧危险，甚至不怕自己流
> 血，以便完成上帝的事业，并长期以来一直致力于此目
> 标，投入你们的全副力量。你们从撒拉森人的暴政下收复
> 格拉纳达王国的功绩足以证明这一点。你们为天主的圣名
> 增添了荣耀。我们的动机正当光荣，我们应当自发地、慷

---

① 里格这个长度单位曾在英国和拉美等地流行，原意是一个人步行一小时
的距离。自中世纪以来，不同国家的里格的长度不一。西班牙古时的里
格也有浮动，曾被官方规定为合 4180 米。

慨地为你们提供手段，让你们能够为了如此神圣、如此值
得赞扬、如此令永生之上帝喜悦的目标而努力，每一天都
增添上帝的荣光，并拓展基督教的帝国。[14]

在同一份诏书里，教皇还写道，他"挚爱的儿子克里斯
托弗·哥伦布"在新大陆建立的殖民地，"建有一座拥有足够
防御工事的塔楼，他将随他前去的一些基督徒安置在那里"，
已经开始了建立新帝国的过程。[15]当然，他指的是"圣玛丽
亚"号搁浅后哥伦布留在当地的小群体。

教皇对谁有权控制未发现土地的裁决肯定让葡萄牙人不
悦。于是，伊莎贝拉和葡萄牙国王若昂二世进行了谈判，商定
如何瓜分全球。谈判在卡斯蒂利亚的托尔德西利亚斯镇举行。
1494 年 6 月，他们达成了协议，即《托尔德西利亚斯条约》，
将分割两国势力范围的南北子午线从佛得角群岛向西推了 370
里格，而不是教皇规定的佛得角群岛以西 100 里格，这就让葡
萄牙得以保留卡斯蒂利亚已经让出的非洲海岸的全部权益。葡
萄牙人很满意：他们可能在 1493 年哥伦布返航后立刻派遣远
征船队，发现了南美洲东部的一大片土地，即今天的巴西，那
属于他们的势力范围。争端的解决结果，至少在当时，并且从
伊莎贝拉和若昂二世的视角看，是西班牙现在占据了新土地的
西段，而葡萄牙控制南段，包括巴西和非洲沿海。两个亲戚平
分了蛋糕。

* * *

世界的其他部分也需要瓜分。斐迪南希望教皇支持他的那
不勒斯亲戚，去统治那不勒斯王国。罗德里戈成为教皇的时

候，斐迪南的妹妹胡安娜是那不勒斯王后，她嫁给了他们的堂兄——那不勒斯国王费兰特①。罗德里戈为他们主持了婚礼和加冕礼。[16]因此，阿拉贡和那不勒斯的王室是近亲，而且通常是盟友。

那不勒斯是个富裕的王国，人口稠密，山川壮美。该王国的领地囊括整个意大利半岛南半部分。所以，那不勒斯在地中海贸易中发挥了极其重要的作用，受到了其他一些欧洲强国（其中最重要的是法兰西）的垂涎。法兰西人相信他们对那不勒斯王国拥有合法的权力主张，因为他们曾经占据那不勒斯王位②，不过后来王位被斐迪南的伯父"宽宏的"阿方索夺走了。教皇被要求裁断谁才是那不勒斯的合法君主。前一任教皇英诺森八世与费兰特有宿仇，因此支持法兰西国王查理八世，这显然给未来制造了麻烦。

另外，统治米兰的斯福尔扎家族也与那不勒斯国王费兰特的家族有仇。卢多维科·斯福尔扎③鼓励查理八世，如果他入侵意大利和占领那不勒斯，斯福尔扎家族会出手相助。这意味

---

① 正式称号为斐迪南一世。

② 法兰西王室对那不勒斯王国的权力主张的由来：1266 年，安茹的查理（法王路易九世的弟弟）在教廷支持下，击败原先统治那不勒斯和西西里岛的霍亨施陶芬王朝，成为西西里与那不勒斯国王。1282 年，西西里岛人民发动起义，在阿拉贡国王佩德罗三世（他的妻子是霍亨施陶芬王朝的成员）支持下将法军从西西里岛驱逐出去。从此，阿拉贡王室占据西西里岛，安茹家族占据那不勒斯。1416 年，阿拉贡国王"宽宏的"阿方索五世驱逐安茹家族，将西西里与那不勒斯联合在阿拉贡王室统治之下。

③ 卢多维科·斯福尔扎（1452～1508），米兰公爵（1494～1499）。他是斯福尔扎家族在米兰统治的开创者弗朗切斯科一世·斯福尔扎（1401～1466）的次子。他是列奥纳多·达·芬奇等艺术家的赞助者。他统治米兰的时期，是米兰文艺复兴最后也最辉煌的阶段。达·芬奇的《最后晚餐》就是卢多维科·斯福尔扎出资创作的。

着，就在新教皇罗德里戈·博吉亚就职的时候，那不勒斯统治者受到了越来越大的压力。那不勒斯国王费兰特和阿拉贡国王斐迪南希望确保教皇支持费兰特继续统治该国。

为了帮助自己的亲戚，斐迪南向亚历山大六世提出了一项他不可能拒绝的建议。1493 年中，西班牙驻梵蒂冈大使迭戈·洛佩斯·德·阿罗来到教廷，向教皇宣誓效忠。为了换取教皇对阿拉贡人继续当那不勒斯国王的支持，德·阿罗得到授权，允许博吉亚的儿子乔万尼迎娶斐迪南的亲戚玛丽亚·恩里克斯·德·卢纳。这对热衷于向上爬的博吉亚家族来说，是千载难逢的机会。亚历山大六世告诉儿子胡安，他希望与西班牙王室攀亲，但也希望现在或者在不远的未来从伊莎贝拉女王手中获得一些位于格拉纳达的原属于摩尔人的地产。[17]

还有另外一项联姻计划。那不勒斯王室愿意将费兰特国王的私生孙女桑恰嫁给教皇的儿子乔弗雷，并奉上丰厚的嫁妆。于是教皇为自己的后代安排了又一场王家婚姻。桑恰和乔弗雷在 1494 年结婚了，此时他们都还是十几岁的孩子。

作为交换，教皇给了斐迪南和费兰特这两位国王想要的东西，也就是让特拉斯塔马拉家族继续控制那不勒斯。费兰特于 1494 年初去世，教皇宣布那不勒斯王位将传给费兰特的儿子阿方索，而非法兰西国王查理八世。这个决定当然让法兰西人和米兰人都很恼怒，他们开始一起筹划推翻教皇的决定，破坏他与阿拉贡王室的联盟。

乔万尼·博吉亚和斐迪南的亲戚玛丽亚·恩里克斯的婚礼非常奢靡，令人难忘。它代表着博吉亚家族的辉煌胜利，他们已经发迹了。乔万尼带着大量扈从和配得上王室婚礼的贵重礼品来到西班牙。他父亲为他准备了珍贵的商品，一同带去，包括"成箱成箱的富丽堂皇的天鹅绒、锦缎、织锦、银线布、缎子和皮毛……软垫、镶嵌黄金的床罩、镶金边和鲜红色缎子滚边的白色锦缎制成的帐子、绘制有亚历山大大帝和摩西历史图景的壁毯，以及大量银餐具"。还有许多珠宝首饰：一件带有巨大祖母绿和大钻石的挂件，供乔万尼戴在帽子上；给公爵夫人准备了嵌满珍珠和钻石的黄金十字架，其中包含真十字架的一个碎片，是教皇亲自放上去的。[18]

婚礼的穷奢极欲招致了许多非议。曼托瓦①使者报告称："这位公爵出发（去西班牙）的时候非常富有，满载珠宝、金钱和其他便携的贵重物品与白银。据说他一年后回来，把所有货物都留在西班牙，然后回意大利再收割一次。"[19]

1493 年 9 月，乔万尼娶了玛丽亚·恩里克斯之后，就成了斐迪南国王的姻亲，也是西班牙地位最高的精英家族之一的亲戚。但这个青年从抵达西班牙起，表现就很不像话。他疯狂酗酒，沉溺于逛妓院，用射击猫狗这样的活动自娱。他父亲甚至听到了令人不安的说法，称他未能圆房。这个报告很快被证明是假的。事实上，他的妻子很快连续两次怀孕，生了一儿一女。

乔万尼没有赢得西班牙人的好评。一位观察者称："他是一个非常卑鄙的青年，满脑子是虚妄的光辉灿烂的想法，愚蠢，傲慢，残酷，不讲道理。"[20]他的行为举止也没有为他赢得斐迪南和伊莎贝拉的好感。他被召回罗马，不知何时才能返回西班牙，两位君主并不因此感到遗憾。他的妻子玛丽亚·恩里克斯留在西班牙，自己抚养儿女。

---

①　曼托瓦是意大利北部伦巴底地区的一座城市，是重要的文化与艺术中心。

　　与此同时，教皇对梵蒂冈的管理招致人民的不满。亚历山大六世遭到了红衣主教团的公开反叛。为了加强对这个群体的控制，他史无前例地增加了十三名新的红衣主教人选。其中三人是他的秘书，第四个是亚历山德罗·法尔内塞（美艳动人的朱莉娅的兄弟），第五个是他自己的儿子切萨雷。原有的红衣主教们坚决反对，但教皇说他一定要做这个改变，不管他们喜不喜欢。他言出必行。在 9 月 20 日的一次秘密会议上，只有十一位红衣主教到场；七人投票赞同教皇的计划，四人弃权。还有十名红衣主教抵制此次会议。[21]

　　就这样，在有限的支持下，切萨雷·博吉亚于 1493 年 9 月 23 日成为红衣主教。大家都看得一清二楚，他没有任何宗教使命感。很快他就明确表示，希望从教士的誓言中得到解脱。

　　梵蒂冈的博吉亚争议发生的时候，整个意大利半岛也在酝酿紧张的气氛。意大利始终没有建立起任何中央政府，政局非常不稳定和危险，因为各个大城邦——威尼斯、米兰、罗马、佛罗伦萨和那不勒斯之间存在激烈竞争和持续不断的争斗。米兰、那不勒斯和罗马在争夺那不勒斯王位。威尼斯正在与土耳其人争夺它在巴尔干半岛的属地，连吃败仗。佛罗伦萨出现了权力真空。那里的政治家洛伦佐·德·美第奇于 1492 年去世，留下他那笨拙的儿子皮耶罗掌权。

　　米兰的人文主义学者彼得·马特相信意大利正处于战争边缘。1492 年 9 月，他写道："我相信，意大利君主们正在自我毁灭。"他描述了米兰和那不勒斯正在酝酿的互相仇恨和嫉妒，似乎要刺激法兰西发动暴力干预。"……就这样，意大利在慢慢锻造即将用来杀死它的那把剑。"[22]

　　法兰西人的确图谋入侵意大利。为了确保西班牙不会干预他们的南征，法兰西国王查理八世向斐迪南国王提议，归还鲁西永和佩皮尼昂，即斐迪南的父亲胡安二世在镇压阿拉贡内乱时丧失的土地。西班牙和法兰西开始了谈判。观察家注意到，西班牙和法兰西的条约实际上意味着，西班牙将不再寻求监管意大利局势。这是一个新的证据，表明意大利人和法兰西人之间即将爆发战争。

　　大家越来越清楚地看到，在这个作为天主教家园的国度，教皇亚历山大六世并没有足够的道德权威，去成为一种稳定局势的力量。1493 年 6 月 12 日，在教会的一次秘密会议上，西班牙大使洛佩斯·德·阿罗谴责了教皇的外交政策，说它使得意大利处于"永久战争的状态"。他还批评了"教廷的贪污腐化，以及买卖圣职的丑闻"。[23]

　　但这些分歧，至少在当前，被教皇亚历山大六世和他在西班牙的两位恩主共同的虔诚信仰所掩盖了。毋庸置疑，他们三人全都深沉地忠于天主教（如果不是忠于它暗含的价值观），并且都努力用能够增进教会威望的方式来表达自己的信仰。

　　就在这个时期，斐迪南、伊莎贝拉和教皇亚历山大六世赞助建筑师多纳托·布拉曼特在梵蒂冈山上设计和建造被称为小圣殿的纪念性陵墓。小圣殿是文艺复兴全盛期的一件艺术杰作，准确地追溯了古典世界的传统。它由伊莎贝拉和斐迪南出资建造，饰有象征圣地亚哥·德·孔波斯特拉和西班牙朝圣活动的扇贝壳主题图案。它的奠基石于 1502 年安放，上面用仿中世纪字体镌刻着斐迪南和伊莎贝拉的名字。伊莎贝拉和红衣主教贝尔纳迪诺·洛佩斯·德·卡瓦哈尔通力合作，为小圣殿搜集了超过五件圣物，包括真十字架的碎片和婴孩耶稣摇篮的碎片。在罗马的观察者看来，这座建筑令人耳目一新，有许多创新；它也是一个视觉象征。伊莎贝拉和斐迪南的联合统治代表着中世纪向近代过渡。

西班牙人合作的另一项工程是圣母大殿的精美装饰。这是罗马最大的教堂，献给圣母。教皇出钱建造了这座教堂的辉煌的镀金天花板，其中使用的黄金据说是第一批从新大陆运回的贵金属，是伊莎贝拉给教会的馈赠。[24]

女王和教皇都相信新大陆的发现具有重大意义，并感到，教会注定要在那里取得很大进展。亚历山大六世在自己位于梵蒂冈的私人住所展示了他请平图里基奥①创作的一幅杰作，于1492～1494年间完成。画中，教皇跪在复活的基督面前祈祷。这幅画的名字叫《复活》，背景中，就在基督空荡荡的墓穴上面不远处，描绘着美洲原住民的形象。他们被画得浑身赤裸、身强力壮、肌肉发达、头戴羽毛饰物。这是我们所知的欧洲艺术中第一次表现印第安人的形象。将他们包括在这幅杰作之内，凸显了教皇很早就对新大陆兴趣盎然，并认识到向新大陆传教的关键意义。

教皇很快就认识到新大陆的重要性，于是伊莎贝拉得以将她自己的宗教价值观（有好的方面，也有坏的方面）强加于一个崭新的半球。她给新大陆的数百万人送去了卡斯蒂利亚风格的教育、医疗和政治制度，以及宗教价值观。异端裁判所在西班牙扎根不久之后，也被传播到新大陆。这意味着，西班牙独特的混合思想———一方面是对知识的追求与开明思想，一方

---

① 平图里基奥，真名贝尔纳迪诺·迪·贝托（1454～1513），意大利文艺复兴时期画家。他因身材矮小，得到一个诨名"平图里基奥"，意思是"小画家"，他有时自己也签名为平图里基奥。

面是对宗教异己的不宽容——越过了大洋，影响拉丁美洲的文化与政治生活五百多年。

但教皇给伊莎贝拉和西班牙未来的最宝贵礼物是，他将世界一分为二，将如此重要的一部分给了伊莎贝拉。总的来讲，这是一笔非同小可的交易：首先，竟然有人胆敢切分地球；其次，天主教会如此强大，未来许多代的很多人从来没有想到要质疑教会的此项裁决。

但新大陆的美洲原住民很快就开始质疑教皇给伊莎贝拉的赠礼。他们后来得知，教皇将数百万土著居住的土地夺走，用笔墨和封印制作了一封文书，竟然就将他们的土地交给了欧洲人。他们难以理解这样的概念：一个人，即教皇，竟然被认为有权处置天与地。

1512 年，有人将这种概念解释给哥伦比亚的两名印第安西努部落酋长，他们惊诧地摇了摇头。其中一人说："教皇一定是醉了。"[25]

十七　虚妄与幻想之国

　　1492 年之后的数百年中，许多代学者曾激烈地争论，谁是第一批登上新大陆海岸的非美洲人。有人说，这项功绩应当属于北欧人，或威尔士人，或非洲人，或波利尼西亚人。最近还有人说，是中国人。上述的部分或全部民族，或许的确曾在哥伦布发现美洲之前，瞥见过美洲或多或少的一些土地。他们看了，又离去了。但有一件事情是确凿无疑的：历史上只有一个人立刻认识到这项发现的重大意义，并将其占为己有，然后迅速将冒险变成热火朝天的事业，引发了历史上最富戏剧性的人口流动之一。这个人就是伊莎贝拉女王。

　　在旧大陆的所有统治者当中，只有她从一开始就明确认识到此项发现的意义，并采取了有效措施，将未来的远征体制化，并向美洲殖民。英格兰人和法兰西人比她落后了一百年，最后才占据了西班牙人觉得没有价值的北美洲剩余土地。葡萄牙人起初集中力量于贸易交换，只建立了一个贸易站网络，以支撑他们的贸易路线。西班牙人则几乎立刻开始大量定居于美洲，将卡斯蒂利亚人和美洲人的血统融合，形成了一个新民族。

　　哥伦布于 1493 年返航不久之后，伊莎贝拉女王就得出结论：他的发现太重要，不能让任何单独一个人，哪怕是她的朋友，去垄断。她得到了教皇的祝福之后，立刻开始投入资源和力量，组织新的远征，有效地控制其财政，以便让她的臣民，即卡斯蒂利亚人，成为主要受益者。几个月后，她给了哥伦布更多人手和船只，让他返回美洲，但也赞助了其他探险家。很快，就有一艘又一艘船，在不同的卡斯蒂利亚船长和水手驾驶下，从塞维利亚起航西去，执行她赋予的使命。

哥伦布奉命又执行了三次远航，成绩不一。但在随后十年内，她还派出了至少六支探险队。阿隆索·德·奥赫达领导了其中一个探险队，由首次远航的领航员陪同：胡安·德·拉·科萨与佛罗伦萨人亚美利哥·韦斯普奇一同远航，亚美利哥借助花言巧语上了船，后来美洲就是根据他的名字命名的。这个命名很偶然，也有些难以解释。其他探险队的领导人包括文森特·亚涅斯·平松（平松兄弟中最年轻的一个）、迭戈·德·莱佩（一个能干的航海家，是平松家族的亲戚）、佩德罗·阿隆索·尼尼奥（来自尼尼奥航海世家）和罗德里戈·德·巴斯蒂达斯（一位来自塞维利亚的富商，他的探险队里有一个年轻人叫巴斯科·努涅斯·德·巴尔沃亚）。

在女王的许可下，在随后十年里，这些探险队抵达并勘察了美洲数千英里的海岸线。哥伦布查看了加勒比海的大多数主要岛屿，以及中美洲沿海。阿隆索·德·奥赫达抵达了今天的哥伦比亚和委内瑞拉。胡安·德·拉·科萨探索了哥伦比亚和巴拿马沿海的一些岛屿。文森特·亚涅斯·平松来到了巴西，他是第一个看到亚马孙河的欧洲人。巴斯蒂达斯在巴尔沃亚陪伴下，发现了巴拿马大陆。去往巴拿马的探险特别重要，因为那里的地峡很狭窄，让人有可能从大西洋进入太平洋。巴尔沃亚是第一个从美洲海岸看到太平洋的欧洲人。

每一次探险都引发了更多探险，就像瀑布一样，延续数十载。埃尔南·科尔特斯于1504年抵达加勒比海，征服了墨西哥，后来探索了下加利福尼亚①。胡安·庞塞·德·莱昂第一次到新大陆是 1493 年，他勘察了佛罗里达沿海，那里是未来的美利坚合众国的一部分。弗朗西斯科·皮萨罗于 1509 年与阿隆索·德·奥赫达一同去美洲，于 1533 年征服了秘鲁。这些探险让几代人为之奋斗不息。佩德罗·德·贝拉·门多萨参加了 15 世纪 80 年代对大加那利岛的征服；他的孙子阿尔瓦·努涅斯·卡韦萨·德·巴卡来到佛罗里达，不幸被困，遭到奴役，花了九年时间，徒步穿过今天的德克萨斯州南部和美国西南部，最后平安抵达墨西哥的安全地带。[1]

伊莎贝拉决定允许除了哥伦布之外的其他人参加探险，让哥伦布很痛苦，他相信他已经获得了探索他发现的土地并从中获得商业利益的专有权力。但他原先的推测——他抵达了印度——很快被证明是不准确的。尽管哥伦布是一位极其优秀的航海家，但也被证明是一个糟糕的行政管理者和眼光很差的人，很快几乎所有人都看清了他的这些缺点。

但在最初，伊莎贝拉对这位意大利航海家绝对信任。哥伦布返回巴塞罗那一个月内，她就准备了十六道王室命令，为他的下次远航做准备。伊莎贝拉照例用官样文章的说法（将她的名字和斐迪南的名字并置），给他下达了具体的指示。第一条，也是最重要的一条，也是她讲得最详细的，是要求对印第安人进行宗教的教诲。她命令，哥伦布应当"用一切手段和办法……努力赢得他们的心"，让他们皈依"我们的神圣的天主教信仰"，并教他们西班牙语，以便让他们理解即将展开的宗教教育。为了传教的目的，她派去了十二名神父。

---

① 下加利福尼亚是今天墨西哥最西北部的一个州。

伊莎贝拉女王明确指示了哥伦布及其部下，应当如何与美洲原住民相处。她命令他们"善待印第安人，不要伤害他们，与他们应当多多沟通和亲善，以诚相待，尽力帮助对方"。女王还指示，若任何人"以任何方式""虐待"印第安人，哥伦布应当凭借女王授予他的权威（他是海军上将、王室代表和总督）"对其严惩"。

她希望保障远征的财政管理得稳妥，既管理好起初的开支，也要妥善经营她期望最终获得的收益。为了更好地监督财务，她让哥伦布和堂胡安·德·丰塞卡联合负责船只的采购和物资补给。丰塞卡是来自科卡（距离伊莎贝拉家族的大本营塞哥维亚不远）的贵族出身的官僚，他的家族长久以来一直是王室的忠实仆人。丰塞卡不是航海家，但是一位后勤专家，伊莎贝拉曾让他负责其他的复杂任务。他与哥伦布共同承担雇用人手和金钱支出的责任。

女王颁布了新的法律法规，决定如何向新大陆殖民。所有参与新探险的人都需要登记在册，并向卡斯蒂利亚王室宣誓效忠。朝廷在塞维利亚建立了海关，以便记录和追踪从新大陆来的船只货物。以物易物的权利由卡斯蒂利亚王室独享。

* * *

1493 年 9 月 25 日，也就是哥伦布从西印度群岛胜利返航的仅仅六个月之后，他再次出发，开始了自己的第二次远航。这一次他的队伍比先前大得多。他热情洋溢地描述他发现的土地的种种奇观——那是一座天堂，黄金就在地面上唾手可得，仿佛树上悬挂的鲜美水果，伸手去摘就行——激发了群众山呼海啸般的激情，人们争先恐后地要参加远航。这一次有十七艘船出发，参与者约 1500 人。我们没有全部远航者的完整名单，但这一次有一些人脉很强的廷臣参加，其中很多人在未来的远航中将扮演重要角色，如胡安·庞塞·德·莱昂和阿隆索·德·奥赫达，他俩都因为在格拉纳达战争中表现英勇而闻名。还有一些阿拉贡贵族参加，包括一个叫莫森·佩德罗·马加里特的人，他与斐迪南国王有长期的亲密关系。

与女王及其内廷有直接关系的人则更多，包括女王的御医迭戈·阿尔瓦雷斯·昌卡；安东尼奥·德·托雷斯，王储的女教师的兄弟；梅尔希奥·马尔多纳多，他曾是派驻梵蒂冈的大使；还有弗朗西斯科·德·佩纳罗斯，女王身边的一位廷臣，以及他的兄弟佩德罗·德·拉斯·卡萨斯。最后这两人将自己的第一手故事告诉了佩德罗的儿子，即巴尔托洛梅·德·拉斯·卡萨斯，他后来成为研究西印度群岛的最早的历史学家之一。哥伦布被允许带上了一些意大利朋友，包括他的兄弟迭戈和一个叫米凯莱·德·库内奥的热那亚人。

关于第二次远航的资料比第一次多得多。哥伦布此次记了日记，他的日记虽然没有保存到今天，但描写新大陆的第一代历史学家能读到他的日记。另外至少有三位远航者，小巴尔托洛梅·德·拉斯·卡萨斯、迭戈·阿尔瓦雷斯·昌卡和米凯莱·德·库内奥都根据自己亲眼所见，或者是从可靠人士那里听来的情况，写了信或者著书立传。此外，同时代的历史学家贡萨洛·费尔南德斯·德·奥维多·巴尔德斯和彼得·马特也传播了相关记述，他们对这些事件有内部消息。

哥伦布得到了他索要的一切。他被授予"大洋与西印度群岛总督及海军上将"的崇高头衔，他的孩子们后来继承了这个头衔。两位君主指示他"善待印第安人"，但也授权他可以审判民事与刑事案件，并惩罚罪犯。他奉命为卡斯蒂利亚占据新的土地。

不足为奇的是，从准备工作的很早阶段，哥伦布和丰塞卡之间就发生了摩擦。哥伦布自认为是无可置疑的远征总司令，但堂胡安·德·丰塞卡认为自己有责任保护和促进两位君主的利益。两人为了一些鸡毛蒜皮的小事发生了矛盾：哥伦布的卫队人数、参加此次远航的马匹质量，等等。丰塞卡不是航海家，也不是探险家，这让哥伦布恼火，但丰塞卡是一位筹划和管理大型事业的大师。他的职能实际上就是王室的"殖民事务大臣"[2]，在随后几年里他的权力会水涨船高。

在丰塞卡的督导下，哥伦布舰队得到了足以维持六个月航行的物资，包括大量食物、装备、工具、家畜、种子和相当多的武器。这是一项独特而代价昂贵的事业。航海历史学家塞缪尔·艾略特·莫里森写道："不曾有一个欧洲国家开展过规模可与此相提并论的海外殖民远征。"[3]

这不过是许多后续航行中的第一次。没过多久，王室就会在欧洲和新大陆之间建立半定期的往返航班，向探险家和殖民者运送邮件、食物和给养，然后将王室攫取的新领土上获得的财富运回西班牙。

哥伦布及其庞大舰队就像上次那样，从西班牙航向加那利群岛。但这一次，这位意大利探险家已经是一位显赫的名人了，在加那利群岛得到了比阿特丽斯·德·博瓦迪利亚的热烈欢迎和款待与伴游。比阿特丽斯就是斐迪南国王曾经的情妇，伊莎贝拉最好朋友的侄女，现在还算年轻，在这些年里卖弄风骚的名声仍然炽烈。在节庆活动、岛屿漫游和礼炮齐鸣声中，哥伦布与比阿特丽斯发生了一场露水情缘，持续时间为漫长的三天。与此同时，1000 多名士兵在哥伦布背后闲逛、翻白眼，并嘲笑他的浪漫狂欢。[4] 对此次远航来说，这不是一个吉利的开端，而哥伦布与斐迪南老情人的嬉戏一定传到了女王耳边。

但哥伦布于 10 月 13 日离开加那利群岛之后，就弥补了之前浪费的时间。虽然遭遇了风暴，但他们在三周后便抵达了西印度群岛。和前一次远航一样，第一次目睹陆地让大家欢呼雀跃。拉斯·卡萨斯记载道："11 月 3 日，星期天，黎明时分，所有船上的人都看得见陆地，个个兴高采烈，仿佛天堂突然在他们面前敞开了……他们按照水手的规矩，在黎明时唱《又圣母经》，对海岸上吹来的花香感到惊奇；他们看到绿色鹦鹉像鸫一样成群飞舞，一直在尖叫。"[5]

但从此开始，坏运气就上门了。卡斯蒂利亚人抵达今天波多黎各以东的一串岛屿不久之后，就遭遇了一个凶悍的印第安人部落，称为加勒比人。加勒比人看到卡斯蒂利亚人，就逃进了山里。据库内奥说，一些西班牙人急于寻找财宝，脱离大部队，独自离开了。十几个人"为了抢劫"走进荒野，去寻找黄金。[6] 他们很快就失踪了，哥伦布不得不派遣数百人，分成四个队伍，去寻找他们。

西班牙人之前遇见的加勒比印第安人原来是食人族。走进他们营地的卡斯蒂利亚人惊恐地发现，加勒比人似乎在煮人肉。他们"看到横梁上挂着盐腌的人腿，就像我们的风干火腿一样。有一个刚刚被杀的年轻人的头，还带着血，他的部分身体和鹅肉与煮鹦鹉肉混在一处，随时可以下锅。篝火边还有其他的身体部分，随时可以在火坑上烤"。这是彼得·马特在给意大利的一位朋友信中写的。他是从此次远征的一位幸存者那里得知了此事。他们还发现加勒比人关押着一些俘虏，包括体态丰满的年轻女人和被阉割了的年轻男子，之所以阉割他们，可能是为了让肉更鲜嫩。[7]

所有保存至今的资料都讲到了这个故事，只是说法有出入。对此的解释也不尽相同。有些学者现在认为，这些活动是一种仪式，以纪念勇敢的敌人或去世的亲人。但探险家们的记载都说这是食人，他们都相信加勒比人把人肉当作食物。

这景象当然让探险家们魂飞魄散，他们认定失踪的伙伴或许已经在岛屿其他地方的菜单上了。但事实上西班牙土匪们爬到了一座山顶，点起了大火，以便同伴能找到他们的位置。大部队找到了他们，在一名热心的印第安老妇指引下将他们带回船上。西班牙人离开了这个岛，带走了三十名被加勒比人俘虏的印第安人，他们被关押的状况表明，加勒比人打算把他们奴役并吃掉。这些得到解救的美洲原住民至少在最初很愿意与西班牙人一同离开。

不久之后，卡斯蒂利亚人与加勒比人多次发生冲突，双方都有人死亡。奥维多在几年后到达此地，写了关于欧洲人与印第安人第一次接触的史书。他说，好战的印第安人，即武士们，配备了箭头涂毒的箭，这种毒药会攻击人的神经系统。没有办法解毒，所以中箭的人"会发疯至死……咬啮自己的手和肉，不管这多么疼痛"。[8]有些中了毒箭的西班牙人得以幸存，不过我们不清楚他们为什么能活下来，可能是他们饮食较好，或者得到了较好的医治。其他中箭的人死去了，没有人知道该怎么治疗，因为不同部落用的毒是不同的。这种情况令人精神高度紧张，也让大家对自己面对的未知危险更加焦虑。

此时哥伦布越来越担忧自己第一次远航时"圣玛丽亚"号搁浅导致他不得不留下的 39 名殖民者的命运。他将他们托付给一位貌似友善的部落酋长，但他现在有理由感到担心。西班牙舰队穿过群岛，奔向殖民者被留下的地方，途中建立了一个定居点，用女王的名字命名为伊莎贝拉。它所在的岛屿被称为伊斯帕尼奥拉岛或圣多明各岛，包括今天的海地和多米尼加共和国。这个岛屿成为卡斯蒂利亚的主要行动基地和随后历次远征的集结地。

哥伦布的旅伴很快发现，他大大夸张了这片新土地的良辰美景。的确，此地林木青翠，富有异国情调，气候温暖宜人，但在热带的潮湿环境里昆虫繁殖极快，人们被蚊子叮得简直要发疯。他们的腿上长出令人疼痛万分的脓肿，引发感染，淘空了人的体力；很多人患病死亡。从西班牙带来的给养不够了，在当地很难找到食物，就是找到了也难以下咽。"患病、垂死和饥肠辘辘的人极多，让大家士气低沉。据其中健康的人说，这是一幅催人泪下的惨景。"拉斯·卡萨斯写道：

> 局势改善的希望越来越渺茫，基督徒的日子一天比一天难过……雪上加霜的是，他们知道，自己要死在离家万里的地方，得不到垂死者通常能够得到的任何慰藉，就连给他们递杯水的人也没有……随后，很多从小养尊处优、从来不知道吃苦为何物的贵族觉得自己的状况无法忍受，有些人在极大的愤恨中死去；恐怕有些人是彻底绝望而死的。[9]

为了生存，西班牙人不得不吃狗肉和爬行动物，但对很多人来说，这还不够。大约有一半的西班牙人在慢慢饿死，因挨饿而奄奄一息的印第安人更多。他们因为感染了欧洲人传播来的传染病——包括天花、麻疹、霍乱、伤寒和淋巴结鼠疫——而死去。这是这些疾病第一次出现在美洲。遍地死尸。奥维多得知："臭气熏天，滋生疫病。"[10]

而与此同时，财富也不像哥伦布说的那样漫山遍野、唾手可得。只有通过艰苦的劳动——在炎炎赤日下，从地下或河床开采矿石，或者种庄稼——才能获得财富。

很快传来了更糟糕的消息。哥伦布最终到达"圣诞节"（即伊斯帕尼奥拉岛上，他留下 39 名定居者的地方）时，发现定居者已经全部死亡，可能是在前一个月被杀的。十几具尸体被丢在烈日下暴晒。米凯莱·德·库内奥说死者的眼睛都被挖掉了；他相信印第安人把他们的眼睛挖出来吃了。[11]村庄被付之一炬。

哥伦布一度觉得很友善的那个当地酋长对究竟发生了什么事情支支吾吾，并假装腿上有伤，企图逃避他们的询问。西班牙人轻松识破了他的骗局，就应当如何惩罚酋长发生了争吵。哥伦布主张，既然事实没有搞清楚，就不能惩罚他，因为那样必然使得他们遭到更不友好的土著的更多袭击。

印第安人和西班牙人互相之间能够交流和听懂得越来越多，于是真相被渐渐揭露。39 名定居者从居住在附近的印第安人那里抢劫食物和女人，招致了对方的敌意。哥伦布的儿子斐迪南说，哥伦布的大部队离开后，被留在当地的定居者很快发生内讧。他们"每人抢了四五个老婆"，即从印第安人那里掳来的女人，并搜寻黄金，还为了黄金而争吵。一个印第安部落进攻他们，杀死了一些定居者。其他人则是病死的。

毋庸置疑，不少定居者是被杀害的。第二次远航的有些成员得出的结论是，哥伦布竟然放任土著肆无忌惮地谋害西班牙人，这足以证明这位航海家软弱无能，或者对船员们不忠诚。就连一些传教士也希望哥伦布对印第安人采取强硬立场，处死可能的凶手。哥伦布发现，无论他从宽发落还是严惩凶手，都会遭到批评。

* * *

无论在大西洋东岸还是西岸，哥伦布都因为第一次远航时留下的定居者被杀而遭到批评。国内的西班牙人完全不理解新来者所处的环境。西班牙人在新大陆感受到的文化冲击，不是语言可以形容的。生活在这个陌生环境的西班牙人产生了奇怪的幻想和恐惧。伊莎贝拉镇很快就被抛弃，在口口相传之下成了闹鬼之地，据说被害的贵族的阴灵会于夜间在大街上行走，哀号并哭泣。

关于谋杀、死亡和食人行为的报告令西班牙人大感不安，有些人开始觉得印第安人不算是纯粹的人类。当然，许多代的探险家就是用这种说法来为自己的种种暴行辩护的。

哥伦布放任许多残酷暴行发生。在一次小规模战斗中，卡斯蒂利亚人俘获了一名加勒比人妇女，哥伦布的朋友米凯莱·德·库内奥索要她。库内奥将她带进自己的船舱，"心中产生了从她身上取乐的欲望"。[12] 她拼命抵抗，高呼救命。他残酷地用绳子抽打她。船上没有一个人来救助她，最后她屈服了。这是有史可查的第一次有印第安女性遭到强奸的案例，后来美洲将发生许多此类暴行。哥伦布没有阻止，也没有干预，这让我们不禁要问，他还放任不管了多少事情，以及他自己做过什么事情。

在第二次远航期间，西班牙人开始屠杀印第安人。巴尔托洛梅·德·拉斯·卡萨斯说，第一次严重的屠杀是哥伦布和卡斯蒂利亚人对印第安人小小的挑衅反应过激。五名印第安人被指示帮助三名殖民者渡过一条河，却将他们困在河边，偷走了西班牙人的一些衣服包裹。据信，这个部落的酋长将这些衣服占为己有了。哥伦布的仆人之一阿隆索·德·奥赫达对这起盗窃行为怒不可遏，囚禁了参与其中的一些印第安人，命令将其中一人的耳朵割掉。这是当时欧洲常见的对小偷的刑罚。哥伦布却命令将另外三名印第安人处死，以惩罚他们参与抢劫。他后来心软了，但消息传来，酋长的人为了这死刑的威胁而发起报复，攻击了其他一些基督徒。西班牙人对一起简单的盗窃行为做出了迅捷而残暴的反应，从此双方就陷入了暴行和报复的恶性循环。"这是西班牙人对印第安人犯下的第一桩罪行，"拉斯·卡萨斯写道，"流血开始了。后来，全岛都要血流成河。"[13]

拉斯·卡萨斯认为哥伦布残暴地对待印第安人，悍然违背了伊莎贝拉女王给他的关于如何与印第安人相处的命令。两位君主发布了具体的指示，要求西班牙人尊重印第安人，要派遣使者安排谈判，对方应邀而来的话，要送上礼物。据拉斯·卡萨斯记载，哥伦布做的恰恰相反，他擅自闯入了印第安人的土地，并且违逆了"基督徒的慈善、温和与爱好和平的精神"。[14]

哥伦布也很快被证明是一个无能的行政管理者，管束不住部下。他的船员几乎持续不断地掀起哗变，反对他的领导。这不完全是他的错。人们距离地位稳固的权威人物有千里之遥，并且遇到了前所未有的问题，所以领导者很难让他们接受上下级的指挥体系。恐惧、迷茫和怨恨的情绪搅和在一起，随时可以引发爆炸。

哥伦布还遭到了部下一定程度的鄙夷。水手中的很多卡斯蒂利亚人为自己的民族而骄傲，鄙视他这个外国人。他没有真正显赫的贵族家世，也让大家觉得他不值钱，毕竟他们生活的文化里最重视的就是血统和祖先。参加远航的很多人，如阿拉贡人莫森·佩德罗·马加里特，是贵族，所以自视甚高，很难放下身价来。很多人不愿意劳动，觉得哥伦布让他们干活是非常不成体统的，何况他们觉得哥伦布的身份比他们低。

斐迪南国王的朋友马加里特最终觉得受够了。他纠集了其他一些心怀不满的分子，夺取了三艘船，返回西班牙，跑到宫廷去向国王和女王汇报，称此次远征一败涂地，哥伦布在那里胡作非为。一同返回的少量阿拉贡人发现，他们可以直接向斐迪南报告哥伦布的情况，而斐迪南非常愿意聆听他们的抱怨。

毋庸置疑，哥伦布在管理部下时的确心狠手辣。"海军上将为了完成工作，不得不运用暴力、威胁和限制的手段，"拉斯·卡萨斯写道，"不足为奇的是，结果是大家痛恨海军上将。于是，他在西班牙的名声就变成了：他是一个令所有西班牙人憎恨的残酷暴徒，一个不配统治他人的家伙。"[15]

西班牙人（包括哥伦布）对其他人，尤其是印第安人遭受的痛苦与折磨熟视无睹，这倒是很奇怪。他们简直不能理解，印第安女人为什么甘愿从西班牙船上跳下，在惊涛骇浪中游泳很长时间以逃回家园。哥伦布和他的一些部下于1495年2月返回西班牙，留下大量人手作为殖民者。此时，印第安人已经非常不信任欧洲人，这也是情有可原。在第二次远航中，卡斯蒂利亚人俘虏了1600名美洲原住民。他们无法将所有俘虏都装上船，于是选择了其中最好的装船，而将约400人释放。

原住民被释放时的反应表明，卡斯蒂利亚人和美洲原住民之间的关系已经很坏了。库内奥忍俊不禁地注意到，那些被释放的人都疯狂地要离开西班牙人。俘虏中的许多妇女处于哺乳期，却匆匆逃走，丢下了自己的孩子。"她们害怕我们会再次捕捉她们，于是为了逃离我们，将自己的婴儿丢在地上，像绝望的人一样拼命逃跑"，遁入山中，一口气跑了几天，以便尽可能远离卡斯蒂利亚人。[16]

哥伦布把这些奴隶当作可以卖掉换钱的战利品。而西班牙人则在考虑如何搜集黄金和其他财宝。但伊莎贝拉女王得知探险家返航时满船载着数百奴隶，不禁大怒。她之前坚持要求礼遇印第安人，哥伦布却放肆地对她的明确命令置之不理。她命令将所有奴隶尽快运回新大陆。有些奴隶被送回了，但此时很多印第安人已经被冻死，或者患上新的疾病而死去。

年轻的巴尔托洛梅·德·拉斯·卡萨斯目睹了这一切，因为他的父亲和叔叔送给他一个年轻的印第安少年当作奴隶，巴尔托洛梅和这个男孩成了朋友。伊莎贝拉命令将所有幸存的奴隶送回新大陆时，巴尔托洛梅的朋友也被送回了。但这段友谊对巴尔托洛梅影响极大，开始塑造了他对印第安人的态度，让他后来成为当时最坚决的印第安人权益捍卫者。

掳掠人口作为奴隶不是哥伦布违抗女王命令的唯一方面。她在托尔德西利亚斯与葡萄牙人就新大陆的主权谈判的时候，曾要求哥伦布回西班牙帮忙，但他忙着加勒比海事务，没有回国。于是她不得不在没有他参与的情况下为自己的权益争斗，尽管他比其他任何人都更了解新大陆。

哥伦布终于结束了第二次远航、返回西班牙的时候，寻求以其他方法让女王相信他的发现的重要性。他开始穿圣方济各会教士的服装，或许是为了向伊莎贝拉女王展现自己的虔诚。但除了带回奴隶之外，他还带回了比前一次更为贵重的礼物和稀奇物件。

编年史家安德烈斯·贝纳尔德斯记载道，据目击者称，这些稀罕东西包括"一个金项圈……重达 600 卡斯特亚诺"，还有：

> 冠冕、面具、腰带、衣领和许多用棉布制成的纺织品。在所有这些东西里，魔鬼都以猫、猫头鹰脸或其他木制的更恐怖的形象出现……他携带着一些长翅膀的冠冕，它们侧面有黄金的眼睛……尤其是一项据说曾属于酋长卡奥纳沃的王冠，非常大，很高，眼睛上有翅膀，就像盾牌；黄金眼睛有银杯那么大，重量相当于面具的一半，每个眼睛都像是用某种非常奇怪和巧妙的手法上釉的。这顶王冠上也有魔鬼的形象；我相信在他们眼里，魔鬼就是这样的，他们都是些偶像崇拜者，把魔鬼当成自己的主子。[17]

在卡斯蒂利亚人看来，这些东西突出体现了居住在那些岛屿上的人的灵魂受到了致命危险，所以新的传教工作是非常紧迫的。

但到此时，新发现的新奇劲儿已经磨灭了不少，对哥伦布及其对伊斯帕尼奥拉岛管理的批评开始激烈起来。"人们对他怨声载道，因为他没有找到黄金，"贝纳尔德斯写道。人们听到传说，之前的殖民者是被活活饿死的："有消息表明，那里的人们生活极其匮乏。"[18]

伊莎贝拉仍然对哥伦布很友好，但此时她对这个热那亚探险家的管理才能和本领越来越怀疑。从此时起，他的权力逐渐减小，伊莎贝拉开始将卡斯蒂利亚海外扩张事业的责任交给其他人。哥伦布曾经的幸运开始黯淡。

但她仍然很欣赏他的勇敢，仍然是他最重要的恩主。现在他留在宫廷，为女王效力。例如，1497 年初，女王居住在布尔戈斯，等待一支舰队从佛兰德将她的儿媳送到西班牙，但由于天气恶劣，舰队迟迟不来。等待期间，她按计划要去一趟索里亚，已经准备动身了，但就在出发的前夜，哥伦布给她写了封短信，告诉她风向已经转变，舰队很快将抵达卡斯蒂利亚北部。果然，次日，第一批船只就进入了港口，伊莎贝拉得以到场欢迎贵宾。

她很感谢哥伦布的专业技能，并又一次想起了他的航海知识。后来她给他写了一封信：

> 身边有你这样一位对海洋经验丰富的博学之士，真是幸运。我很感谢你，感谢你的特殊贡献和服务，既感谢你及时来信（你的警示和建议对我帮助极大），也感谢你一贯表现出的对我的真正善意和爱戴；你是我的一位特殊而忠实的仆人。[19]

1498 年 2 月，她进一步提升了哥伦布家族的地位，任命他的两个儿子为她本人的侍从，这是皇恩浩荡的表现。[20]

但哥伦布在宫廷的其他地方越来越不得人心，旁人也越来越难为他辩护。他已经麻烦缠身，却死不承认。他曾向两位君主承诺，要寻得一条通往东方的道路。他无意中跌跌撞撞找到了非常重要的新大陆，但它不是印度。中国和印度拥有非常先进和发达的文化，他们的统治者居住在大都市的宫殿里。而到目前为止，哥伦布遇到的印第安人居住在小岛上的草棚子里。他拒绝接受现实——不管他多么希望自己找到了东方，但那既不是中国也不是印度——所以说得好听些，他不够诚实；若说得难听些，他就是个骗子。

有些人认为，他们在新大陆遇到的灾祸全都是哥伦布的错。他舌灿莲花的承诺现在看来是一场空。与他一同去美洲的人当中有很多，可能有一半，已经丧命。还有很多人财政破产。其他的人则在美洲染上了梅毒，这是一种痛苦而有时会致命的疾病。梅毒病状的发展分好几期，而且在那个年代欧洲人对它的抵抗力较弱，所以它的破坏性比今天要猛烈得多。在与染有梅毒的人发生性关系两周到四周后，患者身体会出现下疳肿块，不过患者起初在其他方面可能貌似健康。他们的下肢会出现形态恐怖的溃烂。第二期症状于约三个月后发生，患者开始身体不适、虚弱、恶心呕吐、发热、身体疼痛。然后，这些症状可能会消失。最后一期症状包括失明、绝育和死亡。所以，有的人可能在 12 月感染，但一直到次年 3 月回国时才出现症状，然后又将这种传染病传播给其他人。

贡萨洛·费尔南德斯·德·奥维多·巴尔德斯、斐迪南·哥伦布和巴尔托洛梅·德·拉斯·卡萨斯都坚持认为，梅毒是从美洲传播到欧洲的，当时的其他一些医学论著也这么认为。"有些与哥伦布一同踏上发现之旅的基督徒，以及参加第二次远航的某些人，将这种疫病带到了西班牙，"奥维多写道，"于是其他人也染上了这种疾病。"[21]

拉斯·卡萨斯的意见也是如此。"证据确凿，所有那些荒淫无度、在这个岛上没有保守贞洁的西班牙人，都染了病。一百个人当中未必有一个逃脱，除非性伴侣从来没有得过这种病，"他写道，"印第安人，无论男女，即便有这种病，也几乎不受影响，简直就像得了天花一样；但西班牙人患病后痛苦不堪，尤其是下疳肿块没有出现的时候。"[22]

据拉蒙·帕内修士（他参加了哥伦布的第二次远航，并收集了台诺①部落的民间传说）记载，印第安人熟悉梅毒，不同部落的语言对它的称呼不同。根据台诺人的一个传说，有一位神话英雄曾到过一个遥远国度，从一个外国女人那里染上了这种疾病。或许，梅毒是从其他地方起源的，可能最初的形态不同，来自地球的另一个地方，或许来自欧洲、亚洲或非洲，后来渐渐发生了五花八门的变异。梅毒来自外国和异邦的概念在欧洲也很盛行，西班牙人称它为"法兰西病"，法兰西人说它是"那不勒斯病"。教廷的西班牙籍医生卡斯帕里·托雷利亚写道："据报道，此种恶症于 1493 年在法兰西开始蔓延，一直传染到西班牙、地中海各岛屿和意大利，最后传遍了欧洲。"[23]

但一位名叫鲁伊·迪亚斯·德·伊斯拉的西班牙外科医生说，梅毒在欧洲的最早出现是在西班牙，"时间是 1493 年，地点是巴塞罗那城，后来又传染到全欧洲和世界各地"。[24]他还补充说，梅毒是从伊斯帕尼奥拉岛传来的。哥伦布及其部下返回西班牙时肯定在巴塞罗那受到了热烈欢迎。

---

① 台诺人是多米尼加和海地所在的伊斯帕尼奥拉岛的原住民，后被西班牙殖民者奴役和迫害，且因无法抵御欧洲人带来的天花等疾病，现已完全灭绝。今天的多米尼加人主要是西班牙人与非洲人的混血后裔。

谁是第一批被感染者？据鲁伊·迪亚斯·德·伊斯拉说，航海家马丁·阿隆索·平松是最早的患者之一，从第一次远航返回西班牙后，他没多久就去世了。另一个早期患者是莫森·佩德罗·马加里特，奥维多说他"受到极大痛苦，唉声叹气，我觉得他的症状和那些患有此种痛苦疾病的人相同"。[25] 据卡斯帕里·托雷利亚说，切萨雷·博吉亚很快也染上了梅毒。根据近期的考古证据，那不勒斯王族的多名女性也很早就成为梅毒的牺牲品。[26] 哥伦布自己可能也患上了梅毒，因为在莫森·佩德罗·马加里特领导的那一半水手患上梅毒的同一时间，哥伦布也病倒了五个月。

据奥维多说，这种疾病很快传遍欧洲：

在上述的 1496 年，有些廷臣开始感受到这种痛苦，但起初梅毒是一种贫贱之人的疾病，所以据信这些贱民是从娼妓身上，通过邪恶和淫荡行为染病的。但后来有身份、有地位的人也开始患病……所有看到这种疾病症状的人都大感惊异，既是因为这种疫病传染性强且恐怖，也是因为死掉的人太多。因为这是一种新的疾病，医生对其不太了解，也不知道如何治疗，其他人也无法根据经验给出意见。

但他说，在伊斯帕尼奥拉岛，"这种病很常见，当地人懂得如何治疗"。[27]

这对哥伦布的儿子们来说是另一桩不幸，因为患者和死者家属高声辱骂他们。斐迪南和迭戈在格拉纳达外出的时候，成群结队的愤怒群众围堵他们（尽管他们是女王的亲信），并喊道："蚊子海军上将的儿子们来了！就是他发现了虚妄与幻想之国，毁掉了卡斯蒂利亚绅士们的性命！"[28]

哥伦布的声誉受损，伊莎贝拉不太愿意再给他一次机会。但他不断恳求，于是两年多后，她终于让步，批准了第三次远航。

* * *

1498 年 5 月 30 日，哥伦布率领六艘船只出发，这与第二次航行的盛况相比黯然失色。这一次，堂胡安·德·丰塞卡以铁腕筹划了远航。女王又一次给哥伦布下达了具体的指示。最要紧的是他必须冷静而优雅地对待印第安人，引领他们走向"和平安宁"，并让他们皈依天主教信仰。[29]

但哥伦布到达圣多明各岛后得到了坏消息，发现"全岛处于动荡和骚乱中，因为他之前留在那里的人大多已经死亡，剩余的人中有 160 多人染上了梅毒"。[30]

虽然抵达后遇到了糟糕的混乱状况，但哥伦布很快驾船离开了，因为他更感兴趣的是发现新土地，而非统治已经发现的地方。他这一次在南美洲沿海有了一些新发现。但他返回伊斯帕尼奥拉岛的时候，那里的局势已经完全失控。他的部下在过去常常被逼到哗变的边缘。在第三次远航时，水手们当真造反了。哥伦布花了很大力气，企图恢复控制。哗变的消息传到了卡斯蒂利亚宫廷，那里的人们坚决反对哥伦布。用彼得·马特的话说，他们开始将这个意大利航海家及其兄弟视为"不公正的奸贼、残酷的敌人和让西班牙人流血的恶棍"，"喜好"杀戮反对自己的人。[31]

哥伦布即将被撤职并替换。在卡斯蒂利亚，有三支远征队正在筹备中，得到女王的支持，并由丰塞卡组织。哥伦布不会有机会指挥这三支远征队。

第一支远征队由阿隆索·德·奥赫达领导，他曾参加格拉纳达战争，并参加了哥伦布的第二次远航。他得到批准，向南方探索。他于 1499 年 5 月出发，很快抵达了南美洲海岸，发现了一个地方，他称之为小威尼斯，即今天的委内瑞拉。

领航员阿隆索·尼尼奥于 1499 年稍晚时候起航，也探索了南美洲，回来时满载金银财宝。这一年秋季，文森特·亚涅斯·平松抵达巴西海岸。当年晚些时候，另外一位探险家迭戈·德·莱佩沿着巴西海岸继续南下。

一个更大的步伐，对西班牙和世界的未来有重大影响，发生在 1500 年。来自塞维利亚的富裕公证人罗德里戈·德·巴斯蒂达斯探索了巴拿马，于 1502 年返回西班牙，但不知道他距离广袤的太平洋已经只有几十英里。这个发现属于巴斯蒂达斯的同船水手巴斯科·努涅斯·德·巴尔沃亚。

当然，这些船队来来去去都没有得到哥伦布的同意，这直接违反了哥伦布于 1492 年开始探险时与王室达成的协议。他看到自己的特权遭到侵犯，越来越觉得自己是一个被轻视、遭排挤的殉道者，受到恶毒闯入者的侵害。他越来越虔诚信教，迫害妄想狂也越来越厉害。

但有的时候，迫害妄想狂的人也是正确的。伊莎贝拉确实在找人取代哥伦布，成为新的探险家和管理者。1499 年春季，西印度群岛传来坏消息，于是她派遣弗朗西斯科·德·博瓦迪利亚（一个享有美誉、人脉很广的人）去调查，授权他逮捕反叛者并从哥伦布手中接管各港口。他也是伊莎贝拉的好友比阿特丽斯·德·博瓦迪利亚的亲戚，可能是她的兄弟，所以他是伊莎贝拉内层亲信圈子的成员。博瓦迪利亚于 1500 年 8 月抵达伊斯帕尼奥拉岛，入港时就看到一幅恐怖景象：绞刑架上挂着五具西班牙人的尸体。他得知，第二天还要绞死五人。哥伦布和帮助他管理岛屿的兄弟正在对违抗他们的人施行越来越严酷的惩罚。

博瓦迪利亚抵达的时候，哥伦布在外探险，所以博瓦迪利亚调查案件的时候，哥伦布不能在现场为自己辩护。博瓦迪利亚的调查发现，哥伦布犯下了累累暴行。他曾命令将一名女子的舌头割掉，因为她诽谤他和他的兄弟。他曾命令将一名同性恋者的喉管割断。他命令将因为挨饿而偷面包的人绞死。他对其他类似的犯人施以残酷且有可能致命的鞭刑。

听到这些令人毛骨悚然的故事，博瓦迪利亚立刻控制了城市，搬进哥伦布宅邸，扣押了他的财产。哥伦布对新大陆土地的统治结束了。

哥伦布返回伊斯帕尼奥拉岛之后，博瓦迪利亚对他表现出极大蔑视，甚至不准他为自己辩护。他将哥伦布戴上手铐脚镣，押回西班牙。他们入港之后，船长同意摘去哥伦布的手铐脚镣，但航海家骄傲地拒绝了。他说，除非女王命令摘掉手铐脚镣，否则他要一直戴着。

但他回国后，伊莎贝拉女王并不很想见他。到此时，他已经连续多次违抗了她的具体指示。他在西班牙的一座监狱消沉了漫长的六周，才被女王传唤到格拉纳达的阿兰布拉宫。她对他说话很亲切，让他感到鼓舞。但他的命运已经被裁定了。

1501 年，女王将博瓦迪利亚召回西班牙，但没有让哥伦布回到伊斯帕尼奥拉岛总督的旧职上去。她派遣了另一名官僚尼古拉斯·德·奥万多修士去主持新大陆的司法。奥万多也是卡斯蒂利亚人，来自埃斯特雷马杜拉，与伊莎贝拉的家族有历史悠久的关系。他的母亲曾是伊莎贝拉母亲的侍女，而奥万多自己曾在胡安王子（伊莎贝拉的儿子）的宫廷效力。他于1501 年 9 月 3 日被任命为总督。博瓦迪利亚和奥万多都是很能干的行政管理者。在他们治理下，殖民者的死亡率和哥伦布统治时期相比没有降低，仍然是惊人得高，但此时大家已经觉得这是正常现象，所以没有人像责怪哥伦布那样怪罪他们。

　　动身前往新大陆之际，奥万多收到了一些具体的新规矩。只有卡斯蒂利亚人被允许在美洲居留；他要将在美洲发现的其他国家的人都送回西班牙。未得卡斯蒂利亚王室的明确批准，不得进行任何探索。他还要善待印第安人，"用爱，而不是武力"，使其皈依基督教。[32]

　　对哥伦布来说火上浇油的是，女王还给奥万多配备了一支多达 29 艘船的舰队，而且物资配备齐全，"这是前往新大陆的规模最大的舰队"，还有约 2500 名定居者，男女都有，包括农夫和工匠。[33]小巴尔托洛梅·德·拉斯·卡萨斯第一次去美洲就是在这次远航中。

　　但这还不是哥伦布的末日。伊莎贝拉于 1502 年派遣他做了最后一次探险，那是他的第四次远航，有 4 艘船参加。他被要求远离伊斯帕尼奥拉岛，但他还是决定去那里一趟。博瓦迪利亚的二十几艘船正在准备回国，奥万多刚刚接过指挥权。哥伦布向奥万多发出警示，称海上正在酝酿一场大风暴，博瓦迪利亚的舰队应当在港里等待一段时间再出航。但哥伦布的公信力极差，奥万多辱骂他，嘲弄他的警示。博瓦迪利亚的舰队满载西班牙人从加勒比海诸岛搜刮的 20 万比索①黄金出发了。

―――――――――

　　①　当时 1 比索的法定重量为 27.468 克。

哥伦布预测的风暴果然狠狠打击了博瓦迪利亚。他的舰队几乎全军覆没。只有3艘船踉跄着回到圣多明各岛。在此期间，哥伦布的船只紧靠岸边，毫发未伤。

哥伦布最艰险也最成功的一次航行就这样开始了。在他的第四次新大陆之旅期间，他沿着拉丁美洲的加勒比海沿岸航行，抵达巴拿马和一个他称为波托韦洛的美丽港口。那里的港湾很狭窄，三面有群山，得以避开风暴，并且岸边满是葱翠的雨林，鸟儿在树间啼鸣。

哥伦布觉得，这是装卸货物的一个理想场所。或许这是建立海关的不错地点。后来，这里果然建起了一座海关。

在巴拿马，哥伦布听说当地的地下埋藏着大量黄金，因为印第安人的一个葬仪习俗是将财宝与亲人遗体一起下葬。他预测，将来能够在这里挖掘出大量金银财宝。后来果然如此。

在巴拿马，他还得知不远处有大片水域。事实上，太平洋就在距离他50英里的地方，隔着一条地峡，地峡上有一条称为查格雷斯的大河，适合航行，可以走到巴拿马地峡的中点。这就是后来的两大洋的连接纽带——巴拿马运河的所在地，它是将欧洲与亚洲联系起来的水道。一些年后，巴斯科·努涅斯·德·巴尔沃亚发现了这个秘密，成功穿过巴拿马地峡。他是第一个从美洲看到太平洋的欧洲人，那是欧洲绕过奥斯曼土耳其人的封锁去往印度与中国的航道的第二部分。这条路线原来一直存在。

此时已经有消息传来，哥伦布承诺的黄金的确存在，不过是在美洲大陆，不是在岛屿上。很快，黄金就被开采出来，用巨轮运回卡斯蒂利亚供其支配使用。国家中央海关在塞维利亚建立起来。任何人若想去西印度群岛，必须得到海关官员的批准。在波托韦洛建起了另一座海关，大量黄金白银从那里出发，从新大陆运往旧大陆。波托韦洛成为巴拿马地峡上最重要的港口，以及一个大型年度市场的地点。巨大的西班牙盖伦帆船①可以安全地集合在那里，将美洲的财富运往西班牙。蔗糖、烟草、奎宁、玻璃和葡萄酒也通过这些港口流通。作为这些货物的交换，据说世界上现存黄金的三分之一曾经过波托韦洛，流入王室国库，为伊莎贝拉的儿女和孙辈提供了稳定的资金来源，帮助他们持续地保卫欧洲和天主教信仰。

* * *

伊莎贝拉对新大陆的影响不管说到底是积极的还是消极的，都难以估量。新大陆的发现和殖民使得西班牙在随后两个世纪里稳居世界第一富国和强国的地位，尽管这让很多人付出了沉重代价。去往新大陆的殖民者和探险家有大约一半英年早逝；土著居民的死亡率，主要是由于此前未知疾病的打击，要高得多。在哥伦布最早发现的岛群，整个美洲原住民人口遭到沉重打击。杀死他们的微生物不能说是欧洲人恶意造成的，从美洲传播到欧洲的病菌也不能责怪欧洲人，但数百万人受到了不可逆转的影响。

新大陆土著中幸存的人绝大多数都与西班牙人通婚，于是形成了一个新的种族。在伊莎贝拉女王统治下，这个新种族被

---

① 盖伦帆船是至少有两层甲板的大型帆船，在 16 ~ 18 世纪被欧洲多国采用。它可以说是卡拉维尔帆船及克拉克帆船的改良版本，船身坚固，可用作远洋航行。最重要的是，它的生产成本比克拉克帆船便宜，生产三艘克拉克帆船的成本可以生产五艘盖伦帆船。盖伦帆船被制造出来的年代，正好是西欧各国争相建立海上强权的大航海时代。所以，盖伦帆船的面世对欧洲局势的发展亦有一定影响。

称为西班牙裔人。她确立西班牙语为官方语言；萨拉曼卡大学的教授们对西班牙语的语法规则作了标准化，并将其广泛传播。伊莎贝拉将卡斯蒂利亚文化输出到全球。

她确立基督教为美洲的正式宗教。人祭和食人行为被禁止。到1542年，奴隶制也被禁止。天主教的力量拓展到整个美洲大陆。它的价值观——支持家庭、尊重教育、教会组织慈善活动，以及通过自省劝人向善、捍卫弱者（如巴尔托洛梅·德·拉斯·卡萨斯）的传统，都传遍了美洲。

伊莎贝拉将卡斯蒂利亚的强项出口到新大陆，但也输出了卡斯蒂利亚坏的一面，包括异端裁判所。在新大陆，错误的思想也不会得到宽容。另外，卡斯蒂利亚犯下的政治和经济错误被复制到了拉丁美洲。

这一切的发生，都是由于一位勇敢的探险家克里斯托弗·哥伦布和他的目光长远的赞助者伊莎贝拉女王的通力合作。因为她愿意探索新世界，因为她认识到世界可能比她出生时的人们相信的更大，她被誉为西班牙历史上最重要的人物。

而对西班牙扩张领土贡献最大的人，莫过于哥伦布。"他将基督教信仰传播到了遥远的陌生国度，"奥维多写道。由于哥伦布，"如此之多的黄金白银、珍珠和其他财宝与货物流入西班牙。其他任何一位西班牙人都没有为祖国带来这么多财富"。[34]

十八 信仰与家庭

伊莎贝拉的孩子们长大了，成为青少年，她的生活因此发生了变化。她有五个孩子——继承人胡安和他的四个姐妹。她要做很多工作，去监督孩子们的教育，教导他们治国理政之道。她为他们与欧洲各地的王室缔结婚姻，每一次谈判都是独立而复杂的，需要高超的政治和外交本领。同时，每个孩子都需要得到培养，为将来当国王或王后做准备。

伊莎贝拉女王是一位慈母，但对孩子的要求也很严格。她生性严肃、坚定顽强而非常虔诚，也希望孩子们有同样的品格。任何人都不可以逃避责任或质疑自己的义务。孩子们的行为必须是无可指摘的，不仅在出席重大场合时，在宫廷内与其他人交往时也必须如此。伊莎贝拉的是非观极强。她的世界几乎是黑白分明的。自制不是一种选择，而是必需的。

她对仪表和姿态的标准也是非常高的。一方面，她需要在公共场合成功地活动，就需要奢华的排场以展示王国的财富与力量；但另一方面，她内心里又信奉基督教的传统价值观，即服饰和外表应当简朴谦卑。富丽堂皇的外表是一种极其关键的工具，可以吸引公众、震慑竞争对手和让外国使臣肃然起敬。这样的辉煌仪表非常有价值，外国使节回国后讲到正在崛起的超级大国，会表达出敬畏。另外，征服格拉纳达让斐迪南和伊莎贝拉成了驰名欧洲的名人，所以他们比以往更需要维持盛大的排场。

所以，在公共场合，伊莎贝拉及其家人都穿戴得珠光宝气，这成了全欧洲津津乐道的话题。她也确保自己的孩子们得到警示，这种奢靡服饰代表着道德上的风险和虚伪。她对服装的选择在政治和社会层面上是很精明的，但她也知道，这实质上是一种错误的价值观。

如果宫廷的华丽服饰只是一种虚荣，那么也是一种恢宏的虚荣。一位陪同英格兰使臣去西班牙商谈凯瑟琳公主与亚瑟王子婚约的军人看到西班牙王室的服装和珠宝，大吃一惊。斐迪南"穿着精美紫貂皮镶边的金线华服"，而伊莎贝拉穿着黄金镶边、饰有珍贵宝石的黑色天鹅绒斗篷。[1]次日，斐迪南换上了深红色天鹅绒衣服，而伊莎贝拉穿着金线华服。年纪最大的孩子，胡安和伊莎贝拉短暂地在父母身边亮相。胡安像父亲一样穿着深红色天鹅绒衣服；伊莎贝拉像母亲一样穿着金线华服，裙裾很大，是绿色天鹅绒的，还披着"金黑两色的网状斗篷，饰有珍珠和宝石"。[2]王室以宴会、舞会、斗牛赛和比武大会招待英格兰使者，一连数日。每一次露面，王室成员的衣服都不一样，但都富丽堂皇。

* * *

但伊莎贝拉的忏悔神父埃尔南·德·塔拉韦拉一直告诫信众不要屈服于炫耀性消费的诱惑，而要避免"奢华的服饰"。他写了一本论著，论述好基督徒应当如何穿着打扮，如何饮食，以免养成恶习，导致罪孽和饕餮的罪过。例如，过于裸露身体的衣服违背了自然法则，因为人类理应用衣服遮盖自己的躯体，以防严寒或炽日的伤害。他补充说，裸体是被严格禁止的，从亚当、夏娃以来一贯如此。他还建议女性遮盖自己的头发，以表达端庄。他敦促大家以"必需和理智"的方式饮食，杜绝"昂贵或奢侈"。[3]每个人要根据自己的地位，有恰当的穿着打扮。

不足为奇的是，伊莎贝拉为自己和家人选择的服饰令教会圈子里的一些人感到不满。塔拉韦拉多次当面质疑她的服饰和行为，让她颇为窘迫。有一次，他告诉她，虚荣会"令上帝发怒"。[4]她答道，在正式场合，她必须那样穿着打扮，以塑造西班牙富裕和强大的形象。但这些问题让她花了很多时间来焦灼地思考，审视自己是否符合自己的精神理想。

她请人绘制的一套虽小但精致的画作体现了她内心的纠葛。这是一系列描绘基督生平场景的画，大多是根据《圣经》文本，供伊莎贝拉本人礼拜上帝之用。它们可能是被当作祭坛装饰的一部分。在该系列的四十七幅油画中，有二十几幅留存至今。作为一个整体，它们是展现伊莎贝拉思维与宗教哲学，以及她灌输给孩子们的理念的窗口。这些油画揭示了她的生活是艺术史学家石川千代所说的"极其保守的事业"，并且表现了她对"朴素严峻而低调"的宫廷的深切渴望。[5]

这套油画是由伊莎贝拉女王供养的两名宫廷画家胡安·德·佛兰德和米歇尔·西托（都在佛兰德学艺）创作的，描绘的是《新约》人物。画中人物的服饰是创作这些画时的风格，所以比更准确地描绘上古服饰的图像更能激起观者的共鸣。画中的许多东西——凸面镜、布谷鸟钟、古典式柱顶盘、哥特式拱形结构、一种称为小灵狗的小型猎犬，都是 15 世纪80 年代富人家中时髦的东西。据信，塔拉韦拉大主教也参与了这些画作的构思。

伊莎贝拉和她的孩子们是这套油画的重要组成部分。她的家庭成员被描绘为基督生平场景的旁观者和参与者。将自己的家庭成员画在这样的油画里，在当时不算特别稀罕；很多贵族家庭请人将他们画在图里，身穿华丽长袍，跪在理想化的神圣家庭面前祈祷。但伊莎贝拉的艺术品没有把她和家人置于光辉的前景中。他们是油画中的配角，穿着普通公民的衣服，出现在戏剧场景中。在一幅描绘基督的神迹之一（用几片面包和一点鱼喂饱成千上万人）①的油画当中，伊莎贝拉的形象是一个谦卑而虔诚的旁观者，身穿朴素的袍子和斗篷，坐在人群中。[6]

她的儿子胡安及其未婚妻可能也以类似的方式被描绘为迦拿的婚礼②的主角。胡安满头金发，容貌秀气，向一个合掌祈祷的金发少女说话，打着手势。基督深色头发，作沉思状，坐在桌前，在自己母亲旁边、年轻夫妇附近。一面凸面镜（当时流行的家用设备）挂在墙上。桌上铺着白色桌布，看上去有点像祭坛，可以清楚地看到面包与酒，象征圣餐。在这幅画里，婚礼变成了一种宗教礼拜，一种弥撒。[7]

在其他油画里，时髦和暴露肌肤的服装被等同于罪孽。在一个场景里，一个被蒙住眼睛的人，可能是耶稣，遭到嘲笑。折磨他的人仿佛是装腔作势、傲慢自负的年轻卡斯蒂利亚廷臣，身穿非常时髦的衣服。他们的紧身裤露出下肢修长、优美而结实的肌肉；有一个嘲笑耶稣的男子穿着鲜红色的紧身裤，股囊③特别鼓胀。[8]

---

① 《新约·马太福音》，14：13～21。

② "迦拿的婚礼"是《新约·约翰福音》中耶稣行的第一个神迹，在一次婚宴上将水变成酒。

③ 股囊（codpiece）为欧洲古时男子裤子的一部分，是档部的一个布盖或囊，以保护阳具。

伊莎贝拉在内心里将朴素、自然而不具有性意味的服装视为理想，尽管她自己的宫廷服饰越来越繁复华丽，以便追逐新的文艺复兴精神的时髦。在随后的岁月里，如何平衡世俗与精神世界的难题将以多种不同方式表现出来，困扰她和她的孩子们。她的所有孩子都被灌输了驱动伊莎贝拉的那种宗教热忱，并表现出同样的执着，而同时他们必须与自己执掌的世俗权力做斗争。

这些油画也清楚地表明了她对欧洲三大宗教之间矛盾的看法。例如，在上述的描绘被蒙眼的人遭到嘲弄的油画里，一名头戴宽檐帽的犹太人大祭司匆匆离去，他意识到了那举动的残酷，但没有做任何事情去阻止。在另一幅描绘耶稣被嘲弄地带上荆棘冠冕的画作中，一个戴头巾、看上去像土耳其人的人在一旁观看，却没有干预。但犹太人大祭司和这个土耳其人似乎都对自己看到的事情不满而感到痛苦。作为个人的犹太人和土耳其人并没有被描绘成本质上就是恶人，而是放任痛苦的事件发生。

伊莎贝拉请人创作的油画也表现了她将自己和自己的家族视为基督及其利益的捍卫者。例如，在描绘衣着简朴的基督令加利利海波涛平静的画面中，耶稣的船上飘扬的旗帜上带有卡斯蒂利亚与莱昂的纹章。在另一个发生在耶稣受难之后的场景里，耶稣出现在母亲面前，而玛丽亚家的房顶上有卡斯蒂利亚的纹章盾。

有意思的是，根据《新约》，基督死后并没有出现在母亲面前过，尽管据说他在五百多人面前出现了至少六七次。伊莎贝拉女王描绘这个非正典的故事，说明她着意于在基督教故事里给耶稣母亲一个更重要的地位，要么是出于她自己的原因，要么是她觉得玛丽亚的作用被教会低估了。与此同时，她也在积极推动一个修女会（圣母无染原罪会），该组织推崇圣母玛丽亚为神圣，仅仅由于玛丽亚自己，而不是因为她是耶稣的母亲。[9] 当然，母亲感到自己为儿女所做的努力没有得到充分的认可，是很自然的。伊莎贝拉或许相信玛丽亚应当得到更多的荣耀。

孩子们逐渐长成少男少女，伊莎贝拉女王将他们留在身边。15 世纪 80 年代和 90 年代的动荡岁月里，他们与她一同前往战区。孩子们的童年可没有在乡村胡乱嬉戏。伊莎贝拉的孩子的童年是在针对他们通常所称的"异教徒"的战争中度过的。他们居住在战区边界的戒备森严的城堡里，随军转移时则居住在军营中。这些旅行非常辛苦，要翻越崇山峻岭，穿过干旱平原，顶着炎炎赤日或刺骨寒风。他们有时住在帐篷里，夏天酷热难当，冬天则挤在火盆旁取暖。他们旅行时带着便携式祭坛，以便祈祷；一群教士，包括国王和女王的忏悔神父，以及王室的神父，陪伴他们，前进时高举着大十字架。他们的生活就是持续不断的、军事化的朝圣。

王室如此深入地参与战事，是很不寻常的。大多数统治者不会让自己的家庭成员蒙受风险，肯定不会让妻子和小孩身临战区。在大多数战争里，统治者都将他们几乎完全不认识的人送到遥远地方，去冒生命危险。例如当时奥斯曼军队的核心是奴隶兵。类似地，同一时期的意大利统治者依赖雇佣兵为他们打仗。在中世纪近期，贵族出征的时候，倾向于把自己的出征当作体育运动一般，仅限于温暖宜人的夏季几个月进行。他们仪式化的战争游戏，如比武大会，一直延续到伊莎贝拉时代，是节庆期间广受欢迎的观赏性娱乐。

　　但对伊莎贝拉、斐迪南及其孩子们来说，战争是真实的、触手可及的、个人化的。针对格拉纳达的战争延续了十年。伊莎贝拉的第一个孩子，与母亲同名的伊莎贝拉的几乎整个童年是在与父母一同转战各地的过程中度过的，先是与葡萄牙人作战，然后是讨伐格拉纳达。1492 年穆斯林都城投降时，她二十一岁，最小的孩子凯瑟琳七岁。伊莎贝拉生女儿玛丽亚不久前还在参加作战会议，突然感受到阵痛，才离开了会议。

　　王室全副心思投入收复西班牙失地的努力。他们的日常生活中，身边环绕着军人，这些军人是他们的亲属或朋友，或朋友的亲属。一支部队出征时（往往由斐迪南国王率领），王室成员目送他们离去，并等待看谁能回来，回来时是何种状态。阵亡的战士往往比伊莎贝拉的孩子们只大几岁，可能几年前还是他们的玩伴。伊莎贝拉女王认识指挥各部队的贵族及其父母，并视察过他们居住的城市。有人阵亡时，她往往知道谁受到的打击最大。

　　伊莎贝拉及其家人的生活随时受到战争的威胁。例如，一天夜间，在格拉纳达城外的军营，斐迪南入睡之后，她在帐篷中祈祷。她不小心丢下了一支火炬，将床单点着了。大火在她的临时住所迅速蔓延。在警报的呼喊声中，所有人都被叫醒。士兵们相信自己遭到了敌人攻击，匆忙去拿剑。火苗越蹿越高，女王迅速收好自己的地图和作战计划，走出帐篷去找自己的丈夫和十三岁儿子，发现他们都很安全。但营地被烧毁了。他们在营地的所有财产毁于一旦。王室成员继续作战时，不得不穿借来的衣服。

　　女王的孩子们有时与敌人发生紧张、恐怖或悲伤的遭遇。军队攻打一座城市时，孩子们有时会听见城内居民的喊叫和哀哭。他们看到了敌人，但也看到了战争的无辜牺牲品。

就连接受一座城市投降的过程也未必一帆风顺，假如双方发起脾气的话。西班牙人接受城镇投降时，一般是斐迪南国王率军去接受当地显贵的效忠誓言。投降的决定在城内往往是有争议的。城镇居民有时会觉得自己遭到了出卖，他们的猜疑有时是正确的。

并非只有斐迪南一个人直接以身涉险。伊莎贝拉至少四次进入敌城接受投降，包括阿尔梅里亚和巴萨。在巴萨，十几岁的伊莎贝拉公主陪伴女王进城。莫克林投降后，胡安娜公主也来到伊莎贝拉女王身边。胡安王子和女王一起在哈恩城下的军中。巴布狄尔在格拉纳达投降的时候，城门钥匙被先呈给斐迪南国王，然后交给伊莎贝拉女王，最后交给十三岁的胡安王子。全部五个孩子都在前沿大本营——科尔多瓦的阿尔卡萨瓦待了很长时间。

至少有两次，伊莎贝拉公主陷入了特别危险的境地。她的父母与葡萄牙人交战时，她被留在塞哥维亚，由比阿特丽斯·德·博瓦迪利亚的父亲佩德罗照料。伊莎贝拉女王将这座城市的管辖权交给了比阿特丽斯及其丈夫安德烈斯·德·卡布雷拉，塞哥维亚的许多居民对这次权力与财富转移心怀不满。市民掀起暴动，反对新的市政府，占领了城市，控制了公主所在的城堡。大约七岁的伊莎贝拉公主一连几天被困在城堡的一座塔楼内，而城堡内熙熙攘攘的人群大呼小叫，表达自己的愤怒。伊莎贝拉女王得知消息后，立刻去援救自己的女儿，只带了少量随从，火速赶往塞哥维亚。塞哥维亚市民企图阻拦女王进城，抱怨说他们对安德烈斯·德·卡布雷拉的治理不满，他不得民心，因为他是改宗犹太人。女王傲慢地命令市民让路，并承诺调查此事。女王径直进城，接回了自己的女儿。她兑现了诺言，调查了当地局势，但坚持让德·卡布雷拉管辖该城。对她的女儿，这一定是一段恐怖的经历。

另一次，伊莎贝拉公主作为人质被交给葡萄牙人，以保证她的父母会遵守条约。那时她年仅八岁。她离开家庭，在葡萄牙生活了三年。但不管发生了什么事情，伊莎贝拉公主都被期望继续前进、丝毫不流露出软弱或犹豫。

自杀攻击的威胁让西班牙人始终感到胆寒。例如，西班牙人攻打马拉加的时候，一名穆斯林进入西班牙军营，自称是线人，被允许在等待觐见女王的时候在营内各地行动。他看到一对衣着优雅的男女在一座帐篷里下棋，猜测他们就是斐迪南和伊莎贝拉，凶狠地拔刀攻击他们。那女人其实是比阿特丽斯·德·博瓦迪利亚，而男人是伊莎贝拉的亲戚，一名葡萄牙贵族。他们幸运地逃过了这轮攻击。凶手被擒获处决。但发生在军营内部的这次攻击凸显了这样一个令人不安的事实：在战时自称为盟友的人其实可能是威胁，危险无处不在。

王室无人遭刺杀，倒令人惊讶。除了与穆斯林的战争之外，还有很多人对王室恨之入骨。在格拉纳达和其他地方，犹太人、摇摆不定的改宗犹太人、异端裁判所的批评者、穆斯林，都有充足的理由去想要伤害王室成员。与此同时，阿拉贡和加泰罗尼亚的一些人始终没有原谅斐迪南的家族，因为他父亲在 14 世纪 60 年代开展了残暴的内战。

国王和女王知道自己受到威胁，所以始终保持警惕。由于这个原因，1493 年 12 月斐迪南国王在巴塞罗那遭到一个手舞刀子的疯子攻击时，他们的第一个推断是，这是蓄谋已久的行刺。国王脖子后面被刺中，仅仅因为他脖子上一般都戴有沉甸甸的金项链，使得刀子不能刺得更深，他才幸存。伊莎贝拉女王的第一个想法是，斐迪南遭到的攻击是加泰罗尼亚贵族发动叛乱的第一个迹象。于是她首先确保两个王国的继承人——年轻的胡安的安全，命令他快速赶往一艘停泊在岸边的船上躲避，然后才去找自己的丈夫。

他们得知斐迪南还活着，伊莎贝拉就发送消息给在法兰西、西班牙和意大利的盟友，让他们放心。然后她和女儿们来到斐迪南身边。大约五十天里，他发着高烧，勉强支撑，状况时好时坏。他们找来了最好的医生。"一群内科和外科医生被唤来，"彼得·马特焦急地告诉滕迪利亚伯爵和格拉纳达大主教，"……我们拼命努力，心里既有恐惧也有希望。"[10]

伊莎贝拉女王和女儿们用尽了能想到的一切宗教手段，为国王的生命祈祷。在他恢复期间的每一天，她都祈祷"苦路"，即想象自己走在基督身后，看着他被判死刑，一直到他被下葬。每一步都需要特别的祷告和安静的冥思，然后才能进行下一步。孩子们作了自己的牺牲，赤足到附近一座山上朝圣。如彼得·马特在几周后的说法，有的孩子是跪在地上爬行的，"为了国王的安全向上帝起誓"。[11]

另外，女王还发誓，她，她的侍女们以及女儿们都不穿"锦缎或丝绸"制成的圈环裙，这是女王最喜欢的一种风格，但教会不赞成，因为它是一种非常麻烦而浮夸的新发明，并且不庄重。[12]

由于所有这些精神和医疗的帮助，也要感谢斐迪南的强健体魄，他渐渐康复了。伊莎贝拉女王一定觉得，既然战争已经结束，他们显然得到了上帝的恩宠，所以她不穿锦缎或丝绸裙子的誓言没有必要坚守下去了。于是很快她就开始为女儿的婚礼做准备，为大家都准备了华丽的服饰。

15 世纪 90 年代，所有五个孩子都接近成年，女王为他们安排了合适的婚姻，将要借此提高西班牙在世界舞台的地位，保障西班牙的边境和西班牙社会的宗教。毕竟，西班牙人需要帮助：他们统治着西西里岛和西班牙，容易遭到奥斯曼人的攻击；而他们的亲戚统治着那不勒斯王国，该国的奥特朗托已经遭到了土耳其人的一次攻击。斐迪南的妹妹胡安娜是那不勒斯王后，不断向他们报告意大利南部和地中海东部令人担忧的局势。

要不了多久，他们就需要集中兵力保护意大利南部，抵御奥斯曼人的攻击。奥特朗托海峡是基督教意大利和穆斯林占据的阿尔巴尼亚之间的狭窄水道，连接着亚得里亚海和地中海，宽度仅有 45 英里，帆船或用奴隶作桨手的桨帆船一天不到就可以横跨海峡。那不勒斯王国需要盟友，以降低穆斯林再次入侵的可能性。

为了保障自己的王国，伊莎贝拉运用自己的亲人，就像她运用她的臣民、武器装备和城堡一样，将西班牙打造成坚不可摧的要塞，在欧洲各地缔结婚约，以巩固国防。这些联姻将会加强西欧各基督教国家的关系和盟约。

每一桩婚事都具有战略意义。长女伊莎贝拉可靠而值得信赖，她将嫁给葡萄牙王储，以保护西班牙的后院、促进西班牙的利益。幼女凯瑟琳将嫁给英格兰王储，让那个岛国更紧密地与西班牙人的需求和基督徒控制的地中海地区联系起来。这是桩门当户对的绝佳婚姻，因为年轻的亚瑟王子生于 1486 年，比凯瑟琳只小一岁。第四个孩子玛丽亚的未来还是考虑与谈判的主题。伊莎贝拉看中的是苏格兰前程远大的王储詹姆斯①。

---

① 后来的苏格兰国王詹姆斯四世（1473～1513，在位：1488～1513）。

伊莎贝拉相信，如果她的两个女儿分别嫁给英格兰和苏格兰国王，就能为英伦三岛带来和平，这两个国家将成为基督教世界更可靠的支持者。

但重中之重是她第二和第三个孩子的未来，即王储胡安和他的妹妹胡安娜。胡安和胡安娜分别与神圣罗马皇帝①的孙女玛格丽特和孙子腓力订婚，这是为了在西班牙与德意志和奥地利诸侯国邦联之间缔结钢铁般的共同防御与合作关系。这两门婚事意味着，中欧最大的国家将与西班牙合作，成为抵御奥斯曼土耳其人入侵的壁垒。另外，神圣罗马帝国也有保卫天主教会的历史性角色要扮演，伊莎贝拉也有这样的雄心壮志。锦上添花的是，腓力和玛格丽特还分别是富饶的勃艮第公国和低地国家的继承人。

但伊莎贝拉并非冷酷无情的实用主义者。她也努力为孩子们谋得尽可能幸福的婚姻。在这个时代，富裕的老男人垂涎年轻貌美的少女，而将自己最美丽女儿献给年迈国王的家庭往往能够得到金钱、土地和为亲戚谋得油水丰厚的宫廷职位的回报。伊莎贝拉肯定在为她的女儿们寻找有利的婚姻，他们的家族里不会有仅仅为了爱情的婚姻。但她还是希望为所有孩子找到合适的对象，最好是相貌好、年龄相仿，并且拥有能够促进婚姻幸福的特质，或者至少能让人比较满意。她无疑回想起了自己的少女时代，一个又一个男人被提议为她的未来夫君。伊莎贝拉为自己的孩子挑选配偶时，绝不会接受泪汪汪的眼睛或瘦长的双腿。

不过，这些婚姻安排还是很像买卖牲口。英国国家档案馆

---

① 指弗里德里希三世。他的儿子是马克西米利安一世。

里有一份保存至今的文献，详细记载了凯瑟琳与威尔士亲王亚瑟之间婚姻谈判的过程。西班牙和英格兰大使面谈以敲定这笔交易的条件，其中包括凯瑟琳的父母应当提供多少嫁妆，而新郎的父亲——英格兰都铎王朝的亨利七世国王应当出多少礼金。亨利七世希望婚礼尽快举行，以便凯瑟琳的高贵血统巩固他的家族对英格兰王位的并非很稳固的权力主张。但他是个臭名昭著的吝啬鬼。谈判的记载被送回了西班牙：

> 英格兰使者称，关于此项联盟，没有什么好谈的，于是开门见山地谈及婚约。他们非常客气礼貌，对斐迪南和伊莎贝拉颇有美誉。随后，他们请西班牙人提出婚约的金额。
>
> 西班牙大使答道，应当由英格兰提出婚约的金额，因为是他们先提议此门婚事，并且他们那边是儿子。
>
> 英格兰使者索要的嫁妆数额是他们之前在西班牙索要的五倍。
>
> 西班牙大使提议将此事呈请斐迪南和伊莎贝拉裁决，他们会按照对方的诚意作慷慨的答复。
>
> 英格兰使者说，这样对双方都不方便，而且斐迪南和伊莎贝拉不会同意的。
>
> 西班牙大使抱怨道，英格兰人的要求不合理。考虑到英格兰国王每天经历的事情，斐迪南和伊莎贝拉竟然敢将女儿交给他，令人惊讶。西班牙大使说这话时非常客气，以免对方不悦或发怒。
>
> 英格兰使者把嫁妆数额减少了三分之一。
>
> 西班牙人提议，因为时间充裕，应当选择两人或四人

作为仲裁人。

英格兰使者不同意，并给出了理由。

西班牙人希望英格兰人给出最低的价码。

英格兰人把嫁妆数额减少了一半。

西班牙人说，这门婚事对英格兰国王会非常有利，所以他应当满足于西班牙公主的通常嫁妆。

英格兰人希望将所有条件言明，以防止婚约缔结之后发生争端。他们索要的嫁妆是他们之前在西班牙索要的两倍。

西班牙大使提议的数字是之前的四分之一。

英格兰人问为什么，因为这钱不是从国王和女王自己的保险箱里拿出来的，而是来自他们臣民的口袋，那么国王和女王何不大方些？他们谈及了与法兰西、勃艮第和苏格兰的旧条约，以此为证据，说这些国家给的嫁妆都更多。

他们还说，英格兰的物价很高，面值最小的硬币也值八个西班牙马拉维迪，而且英格兰的达官贵人开销非常大。克拉伦斯、兰开斯特、白金汉、萨默塞特、诺福克和约克等公爵领地，沃里克、索尔兹伯里和林肯伯爵领地以及多塞特侯爵领地的英格兰王公贵族很富有。所以，英格兰并不存在什么危险，英格兰人觉得没有理由降低自己的要求。【13】

讨价还价就这样继续下去。虽然双方都希望这门婚事谈成，但都在拼命占便宜。亨利七世非常节俭和精打细算，所以他的儿子和继承人非常富有，而伊莎贝拉有四个女儿要出嫁妆。双方对各自出的金钱数额和婚姻安排讨价还价,从 1488 年一直谈到 1509 年,从凯瑟琳三岁的时候一直谈到她二十四岁。

根据英国国家档案馆保存的书信和文献,伊莎贝拉决定了嫁妆谈判的很多条件,具体给出了嫁妆的细节,并选择了陪同凯瑟琳去英格兰的卡斯蒂利亚官员的人选。

这套文献表明,伊莎贝拉是西班牙处理国际事务(包括缔结军事联盟、谈判贸易协定和安排婚姻)的幕后推动力量。19 世纪 50 年代,有一位居住在英国的德意志学者古斯塔夫·贝尔根罗特花了多年时间研究西班牙与英格兰之间的来往书信。他必须破解伊莎贝拉与她在英格兰的使者通信时所用的密码和暗语。她处处施加影响,而斐迪南的影响无处可见,除了书信抬头的称呼部分。这些书信一般都写成仿佛来自国王和女王两人,但在一些比较长的信里,伊莎贝拉忘记了自己制造的神话,仅提到自己,“我,女王”。至少有两次出现了这种疏忽,分别是 1497 年 1 月和 1502 年 12 月的信中。[14]

伊莎贝拉在国际谈判中和处理内政时一样,恭维奉承和用计操纵双管齐下。例如,1496 年 9 月,在给西班牙驻英格兰大使的信中,她称亨利七世国王为“拥有崇高美德和坚忍不拔的君王”,她显然认定这些话会被重复给英格兰国王听,而他在自己篡夺来的王位上坐得并不安稳。[15]她在信中说,她期望,他们的孩子结婚之后,英格兰与西班牙的关系会更加紧密。她深知亨利七世急于和历史悠久而受到尊重的豪门贵族结成联盟。

她还在尝试改善亨利七世与苏格兰的关系,如果成功,就会大大打击法兰西的力量,加强北欧对南欧的问题(尤其是土耳其人构成的威胁）的支持。伊莎贝拉女王用亚瑟与凯瑟琳的婚姻前景作为诱饵，向亨利七世施加压力，要他改善与苏格兰国王詹姆士四世的关系。伊莎贝拉的所有女儿都结婚之后，她对冈萨雷斯·德·普埃夫拉说："亨利七世必须把自己的一个女儿嫁给苏格兰国王。"果然，英格兰的玛格丽特公主于1503年嫁给了詹姆士四世。[16]

虽然谈判过程非常复杂，但无论是从西班牙在欧洲的地位的角度看，还是对这几对年轻人来说，几桩婚事似乎都很值得憧憬。但所有的婚姻，即便是最幸福的，也会带来挑战。他们的婚姻也不例外。

年纪最长的伊莎贝拉第一个结婚，那是在1490年。她二十岁的时候嫁给了若昂二世国王的儿子，十五岁的阿方索王子。葡萄牙和卡斯蒂利亚交换人质以确保和约执行的三年里，这对少年住在莫拉，由伊莎贝拉女王的葡萄牙姨母比阿特丽斯照料。阿方索与伊莎贝拉从她八岁、他三岁的时候就朝夕相伴，互相非常喜爱。为了确保比阿特丽斯尽心尽责地照料这两个孩子，她的儿子堂曼努埃尔被送到卡斯蒂利亚生活，见到了伊莎贝拉女王，很信任她。[17]堂曼努埃尔是个讨人喜欢、谦恭有礼的男孩，伊莎贝拉女王或许把他看做保障未来的"保险单"。在外国宫廷有一个盟友总归是好事。而且假如葡萄牙的阿方索王子有什么不测，那么曼努埃尔就有一天可能成为国王。

伊比利亚半岛的这两个王族之间有纠纷，甚至曾兵戎相见。但若昂二世国王已经得出结论：葡萄牙和卡斯蒂利亚联姻是非常理想的。阿方索是个服服帖帖的孩子，年轻的伊莎贝拉很快也变成这样。葡萄牙的新领地为王国带来了前所未有的财富，而关于阿方索的报告（尽管肯定被奴颜婢膝的廷臣夸大了）称这位年轻王子为"世上有过的最英俊、最帅气的男子"[18]。

1488 年 8 月，葡萄牙贵族和编年史家鲁伊·德·桑德来到卡斯蒂利亚，送来了讨论阿方索与伊莎贝拉婚姻的书信。伊莎贝拉和斐迪南热情欢迎他，尽管女王对这孩子父亲的人品持保留意见。宫廷举办了兴高采烈的庆祝活动。人们在塞维利亚纵情狂欢。大家在宫里跳舞到深夜。伊莎贝拉及其女儿们的舞姿非常优雅，闻名遐迩。最后伊莎贝拉对葡萄牙大使说："天色已晚。"以宣布聚会结束。他答道："不晚，陛下，而是很早！"因为第一缕曙光正在射入窗户。[19]

据法兰西廷臣菲利普·德·科米纳说，伊莎贝拉和斐迪南同意这桩婚事，以改善伊比利亚半岛的安全："他们把自己的长女嫁给了葡萄牙国王的儿子，好让整个西班牙安定和平，因为他们除了纳瓦拉王国之外，已经完全控制了所有省份。"[20]对双方家族来说，这都是数十年来以来第一次王室婚姻。两个王国都筹划和协调了一系列激动人心的庆祝活动。首先在塞维利亚举行了连续几周的庆祝，年轻的伊莎贝拉的父母和姐妹都参加了。然后，一群西班牙和葡萄牙权贵将新娘从卡斯蒂利亚送往葡萄牙的埃武拉城。伊莎贝拉公主的随行队伍由托莱多大主教、红衣主教佩德罗·门多萨领导。自从恩里克四世国王驾崩和伊莎贝拉女王登上卡斯蒂利亚王位以来，他始终是伊莎贝拉女王的重要盟友。

伊莎贝拉公主由她的葡萄牙亲戚堂曼努埃尔（他在交换人质期间住在卡斯蒂利亚）护送去见婆家人。现在堂曼努埃尔是维塞乌公爵和贝雅公爵，本来这些头衔属于他的哥哥迭戈，但迭戈被若昂二世杀了，后来若昂二世将这些头衔给了曼努埃尔。曼努埃尔与伊莎贝拉同龄，在与她一同在两个王国旅行途中，变得特别仰慕她。

年轻的伊莎贝拉抵达葡萄牙之后，受到热情洋溢的欢迎。据一位葡萄牙编年史家记载，她经过街巷时，受到了喧天鼓乐和欢呼的欢迎，"似乎大地都在震颤"。[21]年轻夫妻的寓所装饰着"富丽堂皇的锦缎和精美壁毯"，公主获赠许多礼物。[22]

伊莎贝拉和阿方索于1490年11月25日在埃武拉举行婚礼。随后几周举行了许多"盛大节庆"、宴会、舞会和其他庆祝活动。[23]编年史家回忆道，在一次称为"哑剧"的庆祝活动中，若昂二世国王举办了一次比武，"巧妙地打扮成天鹅国王，非常富丽堂皇、魅力无穷和温文尔雅"。

他走进大厅时，身边有一大群雄伟"巨舰"，"巨舰"下是用成卷布匹绘制成的大洋的惊涛骇浪，同时有雷霆般的炮响，喇叭与号角齐鸣，吟游诗人在演奏乐器。人们扮演的大副、领航员与水手发出狂野的呼喊和混乱的口哨声，他们穿着锦缎和丝绸衣服……国王大踏步走出来，穿着非常奢华的假面舞会戏服，与公主翩翩起舞，其他人也携手自己的女伴，这样走进来……当夜他们纵情歌舞，上演了许多笑剧，举办了许多庆祝活动。[24]

对这两个越来越富饶的国家的两位宠儿来说，这是一场壮美的婚礼。阿方索年仅十五岁，伊莎贝拉二十岁，尽管有年龄差距，他们孩提时代缔结的友谊很快演化成炽热的爱情。他们的婚姻起步非常顺利，据编年史家记载，婚礼结束后，"所有人都心满意足、十分开心"。[25]

这桩婚姻对西班牙来说至关重要，因为人们对西班牙与葡萄牙的战争还记忆犹新，而葡萄牙与卡斯蒂利亚的和平条约让一些人仍然心怀怨恨。若昂二世的父亲在葡萄牙做的一些事情，就像恩里克四世国王在卡斯蒂利亚做的一样：漫不经心地将土地、产业和教职封赏给高级贵族，以赢得他们的支持和忠诚，在这过程中却削弱了自己。据历史学家安东尼奥·恩里克·德·奥利韦拉·马克斯记载，在若昂二世的祖父在位期间，只有两位公爵和六位伯爵。但在阿方索五世国王驾崩时，已经增长到四位公爵、三位侯爵、二十五位伯爵、一位子爵和一位男爵，而且全都得到了大量土地与收入的封赏。若昂二世国王终于继承王位的时候愤恨地说，他父亲给他留下的土地只剩下道路所占的范围。[26]

1481 年，父王驾崩，若昂二世成为国王，立即开始了加强中央集权的工作。这一套工作与欧洲其他的成功国家，如西班牙、法兰西和英格兰所做的相同，即稳定王室的统治，遏制在朝纲紊乱、内乱频仍期间变得傲慢而无法无天的贵族。他开始管束贵族，但在这一过程中与自己的亲戚伊莎贝拉女王又发生了冲突。伊莎贝拉母亲的家族包括布拉干萨公爵和维塞乌公爵，他们是葡萄牙最富裕和强大的家族，类似西班牙的门多萨家族。若昂二世国王得知，他们与伊莎贝拉通风报信，他相信他们是在叛国。在查获了一些可疑文件之后，他囚禁了布拉干萨公爵，对其加以审判，将其定罪并处决。后来，在一次大发雷霆时，他打死了堂曼努埃尔的兄长，后者可能参与了反对国王的一起阴谋。没有人说得清，这位公爵是如何被戳死的。有人说是国王亲自动手，也有人说是廷臣帮忙的，但此事在整个西欧引发了惊恐。例如，法兰西廷臣科米纳斥责若昂二世"野蛮"。科米纳和其他很多人一样，相信若昂二世亲手杀害了自己的亲戚。[27]

伊莎贝拉女王对这些杀戮深感不安，在卡斯蒂利亚庇护逃亡者，向遭到若昂二世迫害的许多权贵提供土地和产业。此后她很少提及若昂二世的名字。此后她只称他为"那个人"，这是非常严厉的鄙夷。

年轻的伊莎贝拉虽然是父母的宠儿，但显然不得不肩负起恢复睦邻友好的艰巨任务。对一个年轻女子来说，这肯定不轻松。但伊莎贝拉拥有一些有利条件。她在葡萄牙度过了童年的许多岁月，所以会说葡萄牙语，而且熟悉该国的风俗习惯；她跳葡萄牙舞时非常优美，令家人倍感骄傲，以至于宫廷正式场合与外交宴会上也会请她一展舞姿。但她继承了母亲的个性，有本领让自己的婚姻非常成功。她甚至成功赢得了公公——坚忍而冷血的若昂二世国王的好感。

* * *

这对年轻夫妇婚姻生活的最初几个月简直是田园诗。在一个明媚的日子，他们乘坐一艘张挂彩旗的游船在河上泛游，在乡间愉快地野餐。1491 年 7 月的一天，若昂二世国王提议在下午晚些时候骑马出游，王子在最后关头决定与父亲一起纵马奔驰。在出游途中，他的马绊倒在地，王子摔落马背，被马压在下面。他母亲得到王子负伤的消息，于是和伊莎贝拉一起奔到他身旁。他们哀求上帝挽救他，但他再也没能说话，三个小时后便去世了。[28]

阿方索王子深得葡萄牙人民爱戴，整个王国为他的死哀悼。男人们拔下自己的头发与胡须，女人们用指甲猛抓自己的脸庞，留下一道道血印子，以示哀痛。国内到处传来"悲痛万分的哭喊与极其响亮的哀悼声"。[29]

阿方索的父母十分悲痛，但最痛苦的是还是他的妻子伊莎贝拉。她的悲恸感人至深，后来王室的许多代人讲到此事，还会赞美她。她抽泣着割掉了自己的金发，戴上面纱，不让任何人看到她的面庞。她换上丧服，一连四十天不肯换衣服，以惩罚自己的身体。她几乎完全禁食，变得非常消瘦，最后才同意喝一点肉汤。她病倒了，发高烧。她躲在一间黑洞洞的房间里，只点一根蜡烛照明，阅读宗教著作和祈祷文。她每天听弥撒，一次又一次领圣餐。她执迷于胡思乱想，琢磨是什么导致她和葡萄牙遭到这样的灾祸。她深刻自省，探察自己是否做了让上帝不满的事。

这样深切的哀恸在当时不算稀罕。葡萄牙人表达哀恸的习俗就是剪掉头发、忽视个人卫生、长时间穿脏衣服，以及类似的事情。例如，在这期间，若昂二世国王及其妻子不再坐在桌前用膳，而是"坐在地上，用陶土餐具吃饭，取消了一切体面的排场"。[30]

成为寡妇的儿媳的悲恸有助于排解她的公婆的痛苦。他们为她的安康，甚至是性命担忧，于是将她的床搬进他们自己的寝室。她只同意接受最低限度的舒适条件，包括仅仅用一条非常单薄的印度床单御寒。

伊莎贝拉和斐迪南听到阿方索的死讯，也十分悲伤。根据伊莎贝拉女王的外孙女在五十年后请人编纂的一本关于基督徒女性恰当行为的书里的相关记载，伊莎贝拉给女儿写了充满温情而真挚的慰问信，塔拉韦拉大主教也写了信安慰她。据记载，这些信本身也催人泪下："除非是铁石心肠的人，没有人在听到这些话时会不流眼泪！"[31]

伊莎贝拉公主为阿方索哀悼的时候，越来越执着于他们可能犯有的罪行，正是这样的罪行激怒了上帝，所以他才夺走了这个年轻人的生命。她越来越坚信，阿方索的死是因为葡萄牙纵容异端思想蔓延。[32]没有人知道这种想法是谁最先有的，但人们越来越怀疑，上帝在惩罚葡萄牙包庇异教徒，这对随后的一些年产生了深远影响。

伊莎贝拉的父母派人接公主回家，希望她赶紧回来，以帮助她恢复元气。她回来之后，已经变得极其虔诚，继续用饥饿和肉体痛苦来折磨自己。她说自己绝不再嫁。她恢复了原先的让她感到舒服的角色，即陪伴和辅佐母亲。此时伊莎贝拉女王已经四十岁，不得不同时应对国内外的难题。

阿方索的死在葡萄牙造成了政治动荡。王位继承出现了争议。若昂二世希望指定自己的私生子若热为继承人，但很多人显然不认可若热的继承权。胡安娜·贝尔特兰尼娅①，也就是恩里克四世国王相信是自己女儿的那个女子，居住在葡萄牙的一座修道院。所以即便是对合法性的一丁点怀疑，也足以摧毁一个君主国。但这不再是伊莎贝拉公主的问题了，她已经把自己在葡萄牙的生活抛在脑后。

但在 1495 年，若昂二世国王驾崩了。他生前不情愿地决定将王位传给自己的堂弟曼努埃尔。曼努埃尔在自己的兄长被杀之后获得了维塞乌公爵的头衔。对他来说，这是难以置信的好运气。他兄弟姐妹一共九人，他排行第八，所以在他一生的绝大部分时间里，他都极不可能继承王位。但他的哥哥们都已经一个一个撒手人寰。曼努埃尔性情温和，懂得策略，所以在若昂二世国王充满风波的统治期间生存下来。另外，葡萄牙新

---

① 这个绰号是因为有些人认为她实际上是恩里克四世之妻与贝尔特兰·德·拉·奎瓦私通所生。

近获得的繁荣意味着，虽然它是个小国，却发展出了一个宝贵的全球贸易帝国。很快，这个年轻人就被称为"幸运的曼努埃尔"，这是个很恰当的名号。[①]

曼努埃尔一世还有一个幸运的打算。他想娶阿方索的遗孀——伊莎贝拉公主。他最初喜欢上她，是他护送她去葡萄牙的时候。让他着迷的，或许是她的魅力，或许是她充满魔力的舞姿。锦上添花的是，她是卡斯蒂利亚和阿拉贡王位的第二顺序继承人，排在弟弟胡安之后。有些人在窃窃私语，说胡安王子看上去不是很健壮。曼努埃尔一世说不定能成为葡萄牙和西班牙，以及这两国所有领土的国王。

伊莎贝拉女王和斐迪南国王向曼努埃尔一世国王建议，把他们较小的女儿玛丽亚嫁给他，但他固执己见。他说自己要么娶伊莎贝拉，要么到伊比利亚半岛之外找一位新娘。于是伊莎贝拉和斐迪南开始向年轻的寡妇施加压力，让她停止服丧和夸张的宗教仪式，嫁给曼努埃尔一世。伊莎贝拉坚决拒绝。据彼得·马特记载，她是个非常坚定的年轻女子，一口咬定自己绝不会"再与另一个男人婚配"，"到这一天为止，任何手段都说服不了她"。[33]

这事就只能这样了。卡斯蒂利亚在发生许多事情，战争和探索航行正在进行，于是伊莎贝拉的再婚就被暂时搁置。

* * *

王室的注意力转向胡安，母亲的"天使"，他继续享受当时所有家庭的长子得到的优待。到 1496 年，他十八岁的时候，

---

① 自此我们称他为"曼努埃尔一世"。

已经有了自己的前呼后拥的内廷人员，每天的活动遵循极其细致的日程安排。十几名侍从前后侍奉他，在专门官员的配合下，确保他穿上身的每一件衣服都臻至完美，让他的仪表无懈可击。他的全套服装配备极其奢华，包括不计其数的锦缎、金线织物和天鹅绒服装。有专人负责王子的银夜壶，随时供他方便地使用。

胡安还有自己的谋士与盟友。他们主要是富户和贵族家庭的子弟，但他的圈子成员也有其他一些人，如克里斯托弗·哥伦布的两个儿子。

宫廷的男孩们继续接受意大利学者彼得·马特的最新潮的人文主义教育。他对自己培养未来西班牙国王的工作非常自豪。他开玩笑地说，自己主持着一个角力学校，即古希腊训练年轻人摔跤的学校。"我的房子里整天挤满了活泼欢快的贵族子弟，"他在给布拉加大主教（葡萄牙的最高级教士之一）的信中夸耀道：

> 他们现在开始渐渐摈弃空虚的爱情（你非常清楚，他们从很小的年纪就开始在这方面轻车熟路），转向文学。他们现在开始认识到，与祖辈灌输他们的错误观念相反，文学并不是军事生涯的障碍。他们承认，学习文学对军事帮助极大。我努力说服他们，若没有文学的帮助，任何人都不能在和平或战争时期扬名。我们的角力学校让女王非常满意，她就是君主所有崇高美德的活生生的例子。她命令……她的子侄经常到我这里来，还命令比亚埃尔莫萨公爵（国王的侄子）也跟我学习，除非有急事，不准离开我家。西班牙所有权贵的年轻继承人都跟我学艺。他

们每人带两名教师来旁听，以便按照我的安排，回家之后
与他们一起复习语法规则，并重复在我这里听到的课。[34]

按照马特和其他人的说法，王子是个敏感而热爱学术的青
年，潜力巨大，但不是很健壮。马特谈到了王子的"娇嫩的
颚部"，注意到王子的饮食是经过细致监控的，以帮助他维持
体力。他的一封信体现了一种不祥预感：只要这个年轻人能活
下去，"西班牙定会让世界愉悦"。[35]

似乎有很多美好的事情在等待胡安王子和他的妹妹胡安
娜。由于王室的王朝联姻安排，胡安将迎娶神圣罗马皇帝的孙
女，美丽的玛格丽特，她和哥哥腓力一起，是极其富饶的勃艮
第与佛兰德领地的继承人；而胡安的妹妹胡安娜将嫁给腓力。

尤其对伊莎贝拉女王及其孩子们这样酷爱文艺复兴早期艺
术与文化的人来说，这的确是激动人心的婚姻安排。玛格丽特
和腓力的世界在社会和艺术上非常前卫和高端成熟。他们统治
的土地是欧洲最富裕的地区，也是北欧早期文艺复兴许多伟大
作品的故乡。根特祭坛装饰上令人着迷的亚当夏娃图由大师
扬·范·艾克创作，在国际上引起轰动，推动了绘画艺术一个
新时代的诞生。这幅画是由好人腓力聘请范·艾克绘制的。好
人腓力是玛格丽特和腓力的曾外祖父。这种艺术在西班牙特别
受到仰慕，因为伊莎贝拉的父亲曾聘请扬·范·艾克的同时代
人罗希尔·范·德·魏登创作米拉弗洛雷斯祭坛装饰画。

腓力和玛格丽特兄妹自身也是条件非常好的婚姻对象。他
们家族有不计其数的画像被创作出来，用来公开展出，或者送
到欧洲各地用来"相亲"。一套创作于约 1495 年的双联画包
含兄妹两人的肖像，头顶上还画着他们的纹章，以宣扬他们注

定要继承的广阔的领地。此时腓力约十六岁，玛格丽特约十四岁，画中分别有十八个单独的纹章围绕他们。

从画中看，两人都皮肤白皙，赤褐色头发，容貌精细，红唇饱满，这些体征在当时是很受仰慕的。肖像也体现了他们的极其富有：腓力戴着很宽的金项链，或者更准确的说法是金项圈，身穿白色貂皮镶边的长袍；玛格丽特戴的金项链比较长，喉部悬挂着很大的红色宝石垂饰；她的裙子是用富丽堂皇的锦缎织物制成的。腓力头戴可能是黑天鹅绒的帽子，玛格丽特戴红帽，遮盖了自己的头发，黑纱如瀑布般滚下，从后脖颈垂到肩膀。[36]

玛格丽特受到普遍赞誉，但最引人爱慕的是腓力。他因为英俊而获得了"美男子腓力"的绰号。不过他受到的慷慨赞誉并没有冲昏他的头脑，因为大家都说他风度翩翩、具有丰富的个人魅力。

尽管他们拥有财富和地位，但童年却很悲惨和艰难。他们的母亲玛丽（富饶的勃艮第公国的继承人、好人腓力的孙女）嫁给了神圣罗马皇帝的儿子马克西米利安，很快生了两个孩子。1482 年，玛丽和马克西米利安在布鲁日附近的草地狩猎。玛丽的马在跳过一条水道时突然转向，二十五岁的玛丽从马背摔下，而马则倒下来，压在她身上。她内脏受损，三周后去世。和通常情况一样，她的死亡引发了继承的问题。他们伤心欲绝的父亲在处理这些问题的时候，腓力和玛格丽特被交给他们的外祖母照料。此时腓力年仅四岁，玛格丽特还是个蹒跚学步的婴儿。随后几年，他是在欧洲北部的佛兰德领地与外祖母一同度过的。

玛格丽特很快被许配给未来的法兰西国王查理八世，三岁时被送到昂布瓦斯宫，交给法兰西宫廷抚育。但查理八世看到一个更富有的女继承人——布列塔尼的安妮在婚姻市场待价而沽的时候，就抛弃了玛格丽特。年仅十一岁的玛格丽特被送回家，去面对不同的命运。这对玛格丽特及其父亲来说是双重羞辱，因为丧偶的马克西米利安原本打算娶布列塔尼的安妮。而在此期间，勃艮第公国的孩童继承人腓力落入一连串自私自利的廷臣手中，与伊莎贝拉女王的父亲和兄弟们的经历类似。玛格丽特和腓力与胡安和胡安娜订婚的时候，他们的前史应当给伊莎贝拉女王敲响警钟。

婚礼需要大量的后勤筹备工作。1496 年，十七岁的胡安娜要先嫁给腓力。将有一支舰队送她北上去佛兰德，然后带玛格丽特回到卡斯蒂利亚，以便举行她与胡安的婚礼。

胡安娜启程的日子快到了，女王表示对此次旅途有些担忧，或许还担心胡安娜不能很好地胜任她未来的新责任。由于法兰西入侵意大利以便夺取那不勒斯，欧洲各地燃起了战火，所以海路漫长而充满风险。而且从卡斯蒂利亚到佛兰德的路途要经过法兰西沿海。伊莎贝拉担心胡安娜被法兰西人拦截并俘虏。女王组织了 110 艘船的舰队以及约 1 万士兵和水手，去护送她的女儿。如果遭遇恶劣天气，他们不能在法兰西寻求庇护，而只能向更西方航行，深入大西洋，然后努力去往英格兰。伊莎贝拉满腹忧愁，陪胡安娜到了她启程的地点，西班牙北岸的港口城市拉雷多，在船上与女儿待了两晚。她看到女儿要离开，十分悲伤。据彼得·马特记载，胡安娜最终离去的时候，伊莎贝拉留在岸边目送舰队驶出，"并为自己的女儿哀哭"，随后才返回布尔戈斯。

伊莎贝拉女王给英格兰朝廷写了至少四封信，恳求亨利七世国王，假如命运作怪，胡安娜的船被吹到了英格兰海岸，一定要照顾她。在其中一封信里，她要求自己的驻英大使确保，如果胡安娜在英格兰登陆，一定会得到"热烈欢迎"。在另一封信里，她请求亨利七世国王把胡安娜当作自己的女儿来看待。

伊莎贝拉女王"对自己的女儿忧心忡忡，"彼得·马特写道，

> 因为没人能说得准，狂风、波涛汹涌大海的巨岩礁石和海上形形色色的危险，会给她的孩子，一个羸弱的小姑娘，带来什么……她脑子里不仅思索着在西班牙海航行的人们常常遭遇的各种灾祸，还唉声叹气地担忧可能发生的事情。她身边日夜有本领高强的水手陪伴，她不断询问他们，现在是什么风向，他们觉得舰队耽搁的原因是什么；她哀叹自己的命运，因为她不得不将自己的女儿送到最遥远的比利时，而且恰恰是这个时节，由于凛冬将至，海上几乎无法航行，何况法兰西对我们抱有敌意，所以不可能有许多信使来往传送消息。[38]

胡安娜是伊莎贝拉第一个离家远行的孩子，但她母亲的担忧似乎超出了正常范围。胡安娜似乎已经做好了离家远嫁的准备，并且满心欢喜，热切希望出发。她自己不会成为君主或统治者，所以受到的教育与哥哥不同，但也受到了良好教育，做了充分准备。胡安娜及其姐妹曾与母亲一同学习拉丁文，她们的教师是一位叫比阿特丽斯·加林多的年轻女子，曾是萨拉曼卡大学的学者。加林多精通拉丁文，而胡安娜对这门外交语言

掌握得也很不错，大家对此肃然起敬。胡安娜甚至能用拉丁文写诗，得到了一些赞扬。

在治国理政方面，胡安娜受到的教育也不如哥哥胡安和姐姐伊莎贝拉。因为胡安和伊莎贝拉年纪较大，常常陪同父母参与重大场合，很小的时候就耳濡目染地学习如何掌控必需的程序和宫廷礼节，而胡安娜、凯瑟琳和玛丽亚常常被留在后面，没有机会抛头露面。现在，伊莎贝拉女王似乎不愿意胡安娜离开自己的视线范围。她似乎在这个女儿，自己的第三个孩子身上发现了某种弱点。

伊莎贝拉女王之所以特别忧愁，另一个原因是，她收到了一些噩耗。她的母亲之前许多年一直居住在阿雷瓦洛，她在这年 8 月中旬去世了。这消息对女王的打击很大。用马特的话说，她母亲多年来一直隐居不出，"因为年高而疲惫不堪且衰弱"；[39]但伊莎贝拉每年拜访母亲一两次，为了看望母亲，她要骑马横穿整个王国，并花时间陪伴她。在这些拜访期间，她通常会亲自侍奉母亲。母亲的死让她震惊，因为她是伊莎贝拉自己原先家庭的最后一位成员。伊莎贝拉终于离开沿海地区，去布尔戈斯的时候，就是为了去主持母亲的葬礼。

胡安娜启程几天之后，伊莎贝拉还在与目睹女儿离去造成的忧郁做斗争的时候，伊莎贝拉就开始尽职尽责地安排母亲的送葬和下葬仪式。马特写道，虽然自己的母亲在公共生活中被遗忘了那么久，她要确保她"一定要以适合王后的身份，风光体面地上路"。伊莎贝拉女王命令将她母亲的遗体运往布尔戈斯附近一座加尔都西会修道院，"在那里将其安葬在她父亲胡安二世国王和英年早逝的弟弟阿方索身旁"。[40]

他们三人长眠的地点是米拉弗洛雷斯的一座哥特式修道

院，在圣地亚哥·德·孔波斯特拉朝圣之路沿途，邻近卡斯蒂利亚多位国王和王后的埋葬地。这座修道院是她父亲出资建造的，他把自己心爱的罗希尔·范·德·魏登祭坛装饰画就安放在那里。他们的雪花石膏墓穴是佛兰芒雕塑家吉尔·德·西洛埃设计的。墓穴的基座是八角星形，这对基督徒、犹太人和穆斯林都是神圣的符号。墓穴非常精美，纹理稠密，立体感强，十分华丽，有大量独立的圣徒与使徒塑像守卫他们的安息。伊莎贝拉确保父母一同长眠于他们喜爱的地方，并且邻近他们仰慕的艺术品。

* * *

与此同时，胡安娜在长达十七天令人胆寒的艰难航行后，于 1496 年 9 月 8 日安全抵达佛兰德。如她母亲所预测的，航船曾被迫在英格兰短暂躲避，随后才继续前进。舰队中一艘船在风暴中沉没，胡安娜失去了许多侍从人员和大部分结婚礼物。最后，腓力也没有到场迎接她。他正在奥地利的蒂罗尔，与父亲待在一起。一个多月后，他才赶来与胡安娜相见。胡安娜抵达佛兰德时，迎接她的是腓力的十六岁妹妹玛格丽特，后者代表整个家族来欢迎胡安娜。

胡安娜暂时投宿于一家修道院，"十六位贵族小姐和一名妇人，个个身穿金线华服"，在她身边侍奉。[41] 她和玛格丽特一同前往里尔，等待腓力。10 月 12 日，腓力终于来到她身边。漫长而令人窘迫的等待无疑让胡安娜十分沮丧。在长达五周的时间里，她一直在纠结自己是不是被未婚夫抛弃了。这种事情曾经发生在她的新小姑子玛格丽特身上。

但腓力来了之后，她的疑虑全都烟消云散。胡安娜和腓力一见钟情。所有关于他如何英俊和魅力十足的传闻原来都是真的，她很快就深深爱上了自己的夫君。六天后，他们接受了胡安娜的神父的婚姻祝福，立即圆房。他们的正式婚礼仪式于10 月 20 日举行。他们两人可谓金童玉女，令人倾慕。腓力的父亲马克西米利安沉浸在人父的自豪中，说："上帝让他俩结为连理，真是了不起的媒人。"[42]

婚礼结束后，胡安娜便成了勃艮第公爵夫人，因为她丈夫腓力是勃艮第公爵。他在勃艮第其实就是君主，不过头衔是公爵，因为勃艮第是一个诸侯国邦联，由某位法兰西国王封给他的儿子，头衔就是公爵。勃艮第公国由若干省份组成，版图形似新月，包括今日的荷兰、比利时和法国北部，尤其是今天的勃艮第地区。勃艮第公国的东面是神圣罗马帝国，由腓力的父亲和祖父统治，但西面和南面是法兰西，它是一个强大而危险的盟友。法兰西对勃艮第的财富与文化繁荣十分垂涎。

腓力和胡安娜前呼后拥地一同巡视他们的领地，察访了布鲁塞尔、根特、里尔、安特卫普和布鲁日等重要城市。作为公国的新统治者，他们沿途受到了热烈欢迎。从佛兰德很少有消息传到西班牙，毕竟路途遥远，而且风暴肆虐。不过最终喜讯还是传到了卡斯蒂利亚：胡安娜得到了臣民的热情欢迎。伊莎贝拉女王悬着的心终于可以放下了。

一位编年史家喜出望外地描写了胡安娜胜利进入安特卫普的盛大场面，只见喇叭手和其他乐师为她的抵达奏乐助兴：

> 这位非常尊贵和有德的女士……仪态健美而端庄，风度优雅，是公爵的国度里有史以来穿着打扮最富丽堂皇的一位。她遵照西班牙风俗，骑着一头骡子，没有戴帽子或

面纱，后面跟着十六位年轻的贵族小姐和一位贵妇，都身穿金线华服，同样骑骡子，身边还有衣着华丽的侍从。[43]

在后来被称为"喜悦入城"的典礼中，公爵夫人在一座又一座城市受到了华丽排场的盛大欢迎。当地官员向她献上城门钥匙。到处为她举办宴会、舞会和比武大赛，每座城市争奇斗艳，想方设法用新颖的庆祝活动来欢迎她。

例如，在布鲁塞尔的大广场，人们为了给胡安娜提供教益和娱乐，表演了一系列场景，有虚构、神话和历史人物。有一个场景把胡安娜描绘为《圣经》中的犹滴，她杀死荷罗浮尼，以解放自己的人民。还有类似的表现挑战男权的女性英雄人物的场景。胡安娜的母亲伊莎贝拉女王似乎在各地都特别引起关注，被视为一种新的女武士的榜样。显然胡安娜的新臣民期望她在佛兰德能效仿自己的母亲，有所建树。

这些场景、表演和娱乐被认为非常了不起，值得铭记。有人在一份特别的插图版手稿中重现了这些景象，称为《阿拉贡—卡斯蒂利亚的胡安娜的喜悦入城》，后来成为此类艺术品的模板。宫廷的奢靡是毋庸置疑的。

这份插图版手稿明确表明，天真而缄默的年轻公主是在简朴而贞洁的环境里长大成人的，如今到了沉溺享乐的勃艮第宫廷，不免飘飘然起来。法兰西国王常常以金钱收买勃艮第廷臣，所以他们更忠于浮夸奢靡的法兰西王族，而不是腓力和胡安娜。例如，有些场景表演，要么是隐晦地，要么是公开地对胡安娜及其家族表示敌意。

在一个场景中，一位衣着华美的公主被描绘为黑皮肤的埃塞俄比亚人，跨骑着马，身边环绕着服饰怪异的随从，那些人都穿着毛茸茸的紧身衣，手里拿着棍棒。[44]有种族主义思想的北欧人常说西班牙人是非洲人的近亲，这个稀奇古怪的场景是刻意侮辱胡安娜的。在另一幅场景画中，胡安娜的母亲伊莎贝拉取走了格拉纳达的巴布狄尔的王冠，后者跪拜在她面前。这幅画是双刃剑，一方面认可伊莎贝拉在收复格拉纳达战争中的领导角色；另一方面，男人向女人跪拜，不是为了追求女性而是屈服于她，这让人对性别关系问题感到很不舒服。

其他场景则有伤风化。在题为《帕里斯的评判》的图中，三位女神裸体跳舞，这在保守的西班牙艺术中是很少出现的。而一幅描绘佛兰芒宫廷的画则表现了男女公开交媾，而狂欢场所边缘的一个男性角色，可能是公爵本人，似乎醉得不省人事。

在此期间，卡斯蒂利亚与佛兰德之间的通信似乎出了问题。胡安娜很少写信回娘家，并为自己不回信百般搪塞。伊莎贝拉和斐迪南得知她怀孕了，这对外祖父母来说是一大喜讯。1498年8月，一名作为使者出访佛兰德的西班牙教士报告称自己在7月见到了胡安娜，情况很乐观。"她非常美丽和健壮，"教士写道，"怀孕的月份已经大了。"[45]

胡安娜抵达佛兰德几个月后，胡安的新娘玛格丽特被送往西班牙。海上又是惊涛骇浪，胡安娜舰队的船只损失让大家都有点害怕坐船，但玛格丽特最终动身前往西班牙了。她经历了胡安娜遇到过的同样艰险难受的旅途；有一次，船上险象环生，勇气十足的公主用法语写了一首诗描绘自己的险境："这是玛格丽特，一位高贵的小姐；结过两次婚，仍然是处女。"

舰队安全抵达了桑坦德港，胡安王子及其父亲匆匆赶去迎接她。她想按照传统习俗吻他们的手以示尊敬。他们热情而亲切地欢迎她，护送她到布尔戈斯。在那里，她见到了女王。伊莎贝拉衣着华美，一见到玛格丽特就亲热地拥抱她。

所有人都被玛格丽特的魅力吸引，无论她走到何处，都有人群围观。彼得·马特在给一位身在罗马的西班牙红衣主教的信中热情洋溢地写道："如果你见到她，会以为自己看到的是维纳斯本人。"[46]西班牙及其属地的未来王后得到了人们兴高采烈的欢迎；婚礼于1497年4月3日（棕枝主日①）举行。她获赠了不计其数的贵重礼物。

这桩婚姻极其幸运，家庭的每一位成员都立刻能够融洽相处。即便他们之间没有婚姻纽带的联系，似乎也都能成为朋友。斐迪南赞美玛格丽特"优雅、快乐"和"温柔"的性情。[47]玛格丽特与伊莎贝拉有许多共同的兴趣爱好。她和伊莎贝拉一样虔诚，也会花很多时间根据《时间祈祷书》来祈祷敬神。她在文化上也非常活跃，并且和伊莎贝拉一样酷爱艺术。

她们都喜爱精美挂毯，这在当时是非常昂贵的奢侈品。特别贵重的挂毯，如用丝绸或羊毛制成的，有时缀以金银线，价格可以抵得上一艘战舰，需要大量织工耗费多年方可完成。伊莎贝拉拥有欧洲第一流的壁毯收藏，数量最终多达约370件；玛格丽特到西班牙的时候带来了17件挂毯，很快伊莎贝拉赠给她更多。[48]

---

① 棕枝主日又称受难主日，是基督教节日，圣周的第一天，也就是复活节前的星期日，纪念当年耶稣在众人欢呼簇拥下进入耶路撒冷。该节日的游行队伍通常由教友组成，他们手执棕榈枝，代表耶稣入城时人们撒在他面前的圣枝。其礼拜仪式包括对基督受难和死亡情景的描述。早在公元4世纪，耶路撒冷就开始庆祝圣枝主日，而西欧则始于8世纪。

　　她俩也都喜欢以女性角色为中心的绘画。《圣经》中女性角色的场景是伊莎贝拉最钟爱的主题，后来玛格丽特收藏画作时也以此为重心。其中一幅这样的画是伊莎贝拉在玛格丽特抵达西班牙时期请人绘制的，即 1496 ～ 1499 年，表现的是莎乐美镇静自若地将施洗约翰的首级展示给希律二世和她母亲希罗底看①。这幅画的作者是伊莎贝拉最喜爱的艺术家之一，胡安·德·佛兰德，玛格丽特也很仰慕这位画家。[49]伊莎贝拉把胡安·德·佛兰德从佛兰德盛情邀请到卡斯蒂利亚，让他担任宫廷画师，并给他定期的薪水。

　　这些年里，伊莎贝拉还集齐了一套描绘基督生平的画作，由胡安·德·佛兰德在玛格丽特留在西班牙宫廷期间创作。其中一幅画描绘玛格丽特为迦拿的婚礼中的新娘。玛格丽特非常欣赏这套画作，理解其价值。

　　伊莎贝拉很喜欢向玛格丽特赠送礼物。玛格丽特爱花，于是伊莎贝拉送给她许多植物图案的珠宝。有些图案是雏菊，这是个文字游戏，因为她的名字在法语中就是雏菊的意思。伊莎贝拉赠给玛格丽特一件珠宝，也用这个花卉主题，它看上去像一枝白玫瑰，是用黄金覆盖白色珐琅制成的。[50]

　　唯一的问题是，佛兰芒人和西班牙人之间的关系有一点尴尬。佛兰芒人不喜欢西班牙人的拘谨严峻和复杂烦琐的宫廷礼节与习俗。他们觉得西班牙人是自命不凡的道学先生，太自我压抑。西班牙人觉得佛兰芒人懒散、粗心、缺乏纪律。但这对幸福的夫妻关系似乎非常融洽。

---

① 莎乐美，犹太国王希律二世和希罗底的女儿，擅长舞蹈。据说她一次舞蹈表演令父王大悦，允许她索要奖赏。在母亲怂恿下，她要求将施洗约翰杀死。

胡安王子坦诚地表达对妻子的崇拜和挚爱。事实上，御医们开始担心，他太爱妻子，沉溺于床笫之欢，影响睡眠，消耗体力过多。据彼得·马特说，御医敦促女王让胡安和玛格丽特分开一段时间，以便王子从"过于频繁的交媾"中得到休息，但伊莎贝拉看到儿子如此沐浴爱河，很开心，没有干预他们，并说她相信，"神配合的，人不可分开"①。[51]

胡安和妻子住在大学城萨拉曼卡，那里的教授和学生们期望自己的学术与艺术活动得到更多赞助，为此欢呼雀跃。萨拉曼卡大学是欧洲最大也是最古老的大学之一，伊莎贝拉女王对那里的学术活动很支持。她鼓励高等教育的手段之一是雇用数十名毕业于那里的大学生，在日渐壮大的政府机关中担任官员。她还雇人建造类似于她父母陵墓的新建筑，并遵循她的标志性的建筑风格，即所谓伊莎贝拉风格。该风格包含富丽的哥特元素，但也受到佛兰芒和伊斯兰世界的影响，有大量的表面装饰。萨拉曼卡大学主楼的外立面就是这种风格，饰有花卉图案、神奇生物和纹章，都突出体现了西班牙正在演化成的伟大帝国的恢宏气度。王储定居于萨拉曼卡，更是增添了这座城市的光辉。令众人喜上眉梢的是，玛格丽特怀孕了。

1497 年春夏是伊莎贝拉个人生活的一个巅峰。她打败了格拉纳达的穆斯林，恢复了卡斯蒂利亚的和平。哥伦布带回了在大西洋彼岸发现新土地的激动人心的喜讯，西班牙未来的繁荣越来越有保障。胡安的婚姻很幸福。佛兰德传来的消息并非全是悦耳之音，但胡安娜的婚姻无疑是一桩绝佳的婚事。伊莎贝拉公主回到了家，这对女王来说是一大慰藉。玛丽亚和凯瑟

---

① 典出《新约·马太福音》，19：6。

琳成长为可亲可敬的少女，令父母欣喜。凯瑟琳正在为远嫁英格兰做准备。

一切顺风顺水。现在需要做的就只剩下在卡斯蒂利亚和葡萄牙王族之间缔结一桩新婚姻，以保障卡斯蒂利亚的边境。伊莎贝拉女王不断与葡萄牙国王曼努埃尔一世谈判，敦促他接受玛丽亚。但他依旧坚持非伊莎贝拉公主不娶。他又一次拒绝了玛丽亚。伊莎贝拉公主仍然不同意。曼努埃尔一世坚持向伊莎贝拉求婚。伊莎贝拉公主和母亲之间展开了一场考验意志力的拉锯战。

当然，结果是不可避免的。在比拼意志力的斗争中，伊莎贝拉女王从来没有输过。伊莎贝拉公主终于同意，这令曼努埃尔一世国王大喜过望。伊莎贝拉女王和斐迪南国王一起在梅迪纳·德尔·坎波度夏，去萨拉曼卡拜访了胡安和玛格丽特，然后去往西面的巴伦西亚·德·亚尔坎塔拉。伊莎贝拉公主和曼努埃尔一世国王的婚礼将在那里举行。不情愿的新娘要求婚礼一切从简，所以仪式非常简朴。

但曼努埃尔一世和伊莎贝拉公主的大喜之日接近之时，却有人快马加鞭送来消息，称胡安王子突患重病。萨拉曼卡主教迭戈·德·德萨写信称，胡安在几天前还春风得意，现在却日渐衰弱，丧失了胃口。"本地所有人都在恳求陛下前来，希望王子的身体好转；因为病情急迫，我们没有等待陛下的命令，便传唤了女王御医和其他医生。"他在给斐迪南和伊莎贝拉的信中写道。[52]

斐迪南奔到胡安病榻前。伊莎贝拉不能去，因为她需要准备伊莎贝拉公主的婚礼。随后几天内，国王给妻子送去的消息自相矛盾，是为了掩饰致命的预后。他悲痛得疯疯癫癫，甚至发去了一封含混不清的信，暗示他自己已经死了。他或许是觉得，如果她最终发现，尽管儿子死了，但丈夫活了下来，就不会那么痛苦。

曼努埃尔一世国王也想封锁消息。他得知胡安奄奄一息后，要求不要传播消息，等他与伊莎贝拉公主完婚后再说，以防止她在婚礼期间遭受痛苦。他可能也是担心公主在服丧期间会企图推迟婚礼。

在此期间，胡安王子已经平静地接受了自己的命运，努力安慰父亲。斐迪南哀求他振作精神，加强生存意志。胡安说自己对即将到上帝身边感到知足。他之所以能够如此平静地接受自己的急促死亡，说明他过去曾经患病或身体虚弱。世人皆知他易患病，肠胃弱，最后他可能是死于结核病。

胡安的最后举动，除了请求父母照顾他年轻的妻子（而且正在怀孕）外，还要求用他的家产赎买被穆斯林扣押的基督徒奴隶的自由。在他的遗嘱里，这是最重要的一条，甚至比为他的遗腹子提供生计更重要。他于1497年10月4日去世。伊莎贝拉女王得知噩耗时，悲痛但听天由命："上帝把他给我，又把他带走了。"[53]

胡安王子被安葬在萨拉曼卡，后来遗骸被迁往阿维拉，那是他自己想要的埋葬地。玛格丽特因悲恸而病倒，病情严重。伊莎贝拉奔到她身边，慈爱而无微不至地照顾她，帮助她恢复了元气。玛格丽特后来告诉自己的父亲，她相信伊莎贝拉的照料救了她的命。但她的孩子是早产儿，夭折了。玛格丽特的父亲马克西米利安私下里对素来健康的女儿早产感到怀疑。他猜测是法兰西人在她的食物里下了导致堕胎的药，以致她流产。这绝非异想天开：法兰西人肯定会视这个婴儿为极其严重的地缘政治意义上的威胁，因为他若长大成人，将成为卡斯蒂利亚和阿拉贡的继承人，还会与勃艮第和德意志有紧密联系，使其受到西班牙主宰。

不管流产原因是什么，事实依然是，胡安的孩子也离世了。苏里塔写道，"这新的损失"打破了伊莎贝拉和斐迪南的希望，"他们的哀痛越发加深"。[54]

悲剧性的消息——先是胡安去世，然后他的继承人死亡——传遍了欧洲。西班牙陷入悲痛。"整个西班牙的唯一明光熄灭了，"彼得·马特在给埃尔南·德·塔拉韦拉（此时是格拉纳达大主教）的信中写道，"……两位君主努力掩饰他们的莫大伤痛，但我们察觉得到，他们的心灵萎靡不振。他们在公开场合时常常垂眼看着对方，那时隐藏在内心的伤痛就流露出来。"[55]

就连他们的敌人也对这个家族的不幸感到同情。法兰西大使菲利普·德·科米纳称，胡安的死"给国王和女王带来了难以言说的伤痛，女王的悲痛尤其深切。她看上去了无生气。我从未听说过欧洲有哪位君王死后得到这样深切而普遍的哀悼。"[56]科米纳说，他得知，西班牙的所有商店业主都穿上了粗布黑色丧服，一连停业四十天。人们还让动物披麻戴孝。贵族和士绅给他们的骡子披上黑布，一直遮盖到膝盖，全身也都盖上黑布，只露出耳朵。各城市的大门上方悬挂黑旗。[57]

> 这个家族此前尽享幸福与美名，领土（我指的是通过继承关系）超过基督教世界的任何其他家族，而今遭到这样的打击，多么凄惨！……这事故是多么意外而惨痛！而且恰恰发生在他们已经征服了全国、规划了律法、

确立了司法行政机构并且他们本人幸福安康的时候，仿佛上帝与人类合谋将其权力与荣耀提升到超过欧洲其他所有君王的时候。[58]

不过，这个事件虽然对卡斯蒂利亚及其王室来说是大悲剧，但对葡萄牙国王"幸运的"曼努埃尔一世来说，却是超乎寻常的好运。一夜之间，他娶到了自己想要的女人，还成了一个真正庞大的帝国的继承人。他和年轻的伊莎贝拉公主现在是卡斯蒂利亚和阿拉贡的当然继承人，将主宰整个伊比利亚半岛，以及葡萄牙和西班牙的所有海外领地。到 1497 年，大家已经清楚地看到，这些海外领地的范围可能极其广袤。

伊莎贝拉女王在签订《托尔德西利亚斯条约》以便与葡萄牙瓜分新大陆的时候，就已经预想到这些。她把世界的一半分给若昂二世国王的时候，是不是已经知道，另外一半可能会归属她的女儿伊莎贝拉（作为卡斯蒂利亚女王和继承人）？她谈判的时候是不是已经知道曼努埃尔可能继承葡萄牙王位，并且他会爱慕伊莎贝拉公主，而伊莎贝拉公主也可能成为女王的继承人？换句话说，她将世界一分为二的时候，是不是已经有意识地将一半留给自己，将另一半留给即将成为葡萄牙王后的心爱女儿，而这两半将在下一代人的时候重归一体？

这些问题，我们当然是不可能知道真相的，但伊莎贝拉素来对葡萄牙与西班牙政治和家族关系有敏锐的把握，所以上述推测有相当大的可能性。1494 年 6 月签订《托尔德西利亚斯条约》之际，若昂二世国王没有合法的男性继承人，正在努力让教皇亚历山大六世将他的私生子若热合法化，以便由他继承王位。但教皇拒绝了，所以在若昂二世生命的最后一年里，曼努埃尔有朝一日会当上葡萄牙国王就是很明显的事情了。

胡安王子的去世意味着伊莎贝拉和曼努埃尔一世必须返回西班牙,以便宣誓成为王国继承人。令继承问题越发复杂的是,伊莎贝拉公主是个女人。这在卡斯蒂利亚不是问题,伊莎贝拉女王的成功统治已经让这个问题变得不重要,但阿拉贡的国会不愿意接受女性君主。就是由于这个原因,伊莎贝拉公主被发现怀孕的时候,大家非常激动。如果她生了个儿子,那么这男孩将继承一切。在这件事情上,伊莎贝拉公主又一次达成了大家的期望。她嫁给曼努埃尔一世几个月后就怀孕了,于1498 年 8 月 23 日在萨拉戈萨诞下麟儿。

但伊莎贝拉公主的勤于斋戒和克己终于造成了恶果。她分娩时身体非常消瘦,生孩子一小时后就去世了。她要求将她的遗体穿上修女服装,安葬在卡斯蒂利亚托莱多的圣伊莎贝拉修道院。她希望死了之后能回家。伊莎贝拉女王抱着临终的女儿,直到她咽气。[59]

就在胡安王子去世一年后,新的悲剧降临到伊莎贝拉和斐迪南身上。他们当时还在为儿子服丧。但这一次,他们得到了安慰,因为伊莎贝拉公主生了个儿子,他是葡萄牙、卡斯蒂利亚和阿拉贡王位,以及两国所有海外领地的继承人。阿拉贡人迅速将继承权授予这个婴儿。他被取名为米格尔·德·拉·帕斯①,但人们很快发现他身体羸弱,需要特别仔细的照料才能生存。曼努埃尔一世国王成了鳏夫,需要回葡萄牙理政,于是回国了,将儿子托付给岳母。伊莎贝拉女王无微不至地照料孩子,但观察家们说,这个男孩长大成人的希望不大。

———————

① "帕斯"是和平、安宁的意思。

＊　＊　＊

这些悲伤的事件发生的时候，太子妃玛格丽特一直待在婆家，爱护和支持他们。她与婆婆很亲近，从她那里学到许多治国之术。但现在她需要决定自己的未来生活。她的佛兰芒侍从们一直不喜欢西班牙，她觉得现在是回家的时候了。她的离去让伊莎贝拉女王很伤心，因为她曾对玛格丽特与胡安的婚姻寄予厚望，并希望这个聪明多思的儿媳能成为她的孙辈和继承人的母亲。胡安的死亡让这美梦破灭了，或者至少当时大家是这么想的。

玛格丽特返回了佛兰德，住在哥哥腓力的宫廷，与嫂子胡安娜友好相处。她与胡安娜第一次相见是三年前胡安娜作为新娘抵达佛兰德的时候。玛格丽特对西班牙依旧很忠诚，穿着西班牙服饰，以彰显自己的忠心。但她家族的男人们几乎马上就开始为她考虑新的联姻。没过多久她就被送到萨伏依公爵那里，他统治着今天法国东南部与意大利和瑞士接壤的一片地区。她像以往一样，尽可能利用局势。几年后，她的第二任丈夫去世，她回到家，再也没有结婚。

但 16 世纪初她在根特见证了一件大喜事。那就是腓力和胡安娜的头生子查理的诞生。他生于 2 月 24 日，根据罗马天主教历法，是圣马提亚的瞻礼日，伊莎贝拉觉得这一点非常重要。这是个幸运和负有责任的日子，因为根据基督教信仰，在耶稣受难并升天堂之后，剩余的十一名使徒商议选择一人来接替已经自杀的叛徒犹大，成为他们群体的第十二名成员。他们考虑了两个人选。在祈祷之后，使徒们抽签决定谁是新使徒。圣马提亚赢得了这项荣誉，但也获得了责任，因为很多信徒都知道他们可能会殉道牺牲。伊莎贝拉得知查理诞生的消息后告诉国王："相信我，陛下，正如圣马提亚抽中了签，这孩子也是被命运选中的，要成为我们国度的继承人。"[60]

伊莎贝拉女王又一次猜中了。1500 年夏季，查理出生仅仅几个月后，小米格尔·德·拉·帕斯（曼努埃尔一世和伊莎贝拉的儿子）在外祖母怀中死去。居住在遥远佛兰德的查理如今是王国的继承人，不过他长大成人的地方离伊莎贝拉花费毕生精力保卫的土地太遥远。米格尔的死是最后的打击，给伊莎贝拉造成极大伤痛。从此刻起，她的精力、健康和干劲就开始走下坡路了。

但寡居的玛格丽特参加了小查理的洗礼。她被指定为孩子的教母，被选定在根特祭坛画（也称《羔羊的颂赞》）前的洗礼池旁抱着婴儿。玛格丽特又一次穿着西班牙服装以表忠心，并且仍然在为自己丈夫的死哀悼。她怀里抱着胡安的小外甥。她请求给这孩子取名为胡安，这既是为了她自己，也是为了让孩子的母亲胡安娜能够接受，因为这个名字在他们家族里有悠久历史。但胡安娜的丈夫腓力大公坚持给孩子取名为查理。[61]

不过，玛格丽特还是在现场打点。如果她自己的孩子还活着，她一定也会这样关怀。

十九　土耳其人兵临城下

伊莎贝拉人到中年了。四十多岁的时候，她意识到，自她少女时代就困扰她的难题——奥斯曼土耳其人咄咄逼人的扩张——不会消失，而且似乎正在加剧。对南欧的基督徒来说，这是个令人胆寒的前景。他们看到，土耳其人正在向他们杀来。

这意味着，统治国家二十年之后，伊莎贝拉女王仍然得不到休息。她统治的最初四年用于对抗葡萄牙，以便恢复卡斯蒂利亚西翼的和平。随后三年，她在卡斯蒂利亚全境纵横奔波，医治被内战和猖獗犯罪撕裂的国土；随后十二年，她与纳斯尔王朝交战，以收复格拉纳达、稳固伊比利亚半岛。随后的九年，即 1494～1503 年，她将全身心投入保卫和巩固南欧的战斗，抵御似乎战无不胜、攻无不克的奥斯曼土耳其人。

奥斯曼帝国是一台永不停歇的战争机器。军事行动是它生存的核心。从战争中夺得的战利品的流通，是它经济的基石。大规模的人口掳掠给了帝国源源不断的人力，将其作为炮灰不断送往战场。"圣战的理念是奥斯曼国家的建立与发展的一个重要因素，"土耳其历史学家哈利勒·伊纳尔哲克写道，"边疆领地的社会服从于一种特定的文化模式，浸润在持续不断的圣战和伊斯兰教不断扩张直到覆盖全世界的理念中。圣战是一种宗教义务，激励了各式各样的事业与牺牲。"[1]

这也是"无止境的掠夺"的体制。[2]据历史学家杰森·古德温说："奥斯曼帝国是为了战争而生存的。这个帝国的每一位总督都是将领；每一个警察都是近卫军士兵；每一座隘道都有守卫；每一条道路都有军事用途的目的地……每一个疯子都有自己的团体，那些不惜拿自己性命冒险的狂徒，他们心甘情愿地当人肉攻城槌，或者人肉桥梁。"[3]

土耳其帝国向基督徒发出了令人生畏的意识形态的挑战，以及军事威胁。土耳其人有很多方面值得钦佩：在国内，他们秩序井然，乐善好施，喜好清洁，往往非常虔诚，这种虔诚精神有时会让人善良而耐心，并且内部安定团结。对他们统治下的异族，土耳其人在那个时代算得上非常宽容了：很多逃离西班牙的犹太人在土耳其人的土地找到了避风港；在当时的西欧，同性恋是一桩罪行，在土耳其却能得到接受，不受指摘。伊莎贝拉坚持要求天主教士过简朴的生活并守贞。有些教士反对她的要求，觉得穆斯林世界的生活更惬意。于是他们带着自己的小妾去了奥斯曼帝国，过上了开心的婚姻生活。伊斯兰教本身也是一种很有吸引力的宗教，奥斯曼帝国治下的大多数人民最终都皈依了伊斯兰教，有的是出于真诚信仰，有的是因为那样的话生活会更轻松一些。对很多男人来说，皈依是相当容易的，只要他们不是非常虔诚的基督徒或犹太教徒。希望保留自己宗教信仰的人只需要缴一点额外的税并忍耐被当作异教徒而受鄙夷的尴尬，就可以了，不会受到迫害。但皈依伊斯兰教会更为有利。由于上述这些原因，生活在穆斯林土地的异教徒一般都选择了皈依。

但其他国家的人，若是出于宗教原因或更愿意自治，或害怕被土耳其人统治，而选择反抗土耳其人的主宰，就将面对截然不同的前景：奴役、娈童、儿童被拐卖、劫掠、死亡和毁灭。女人还要受到强奸、性虐待以及屈服于越来越保守的关于女性行为的规矩等额外威胁。对伊莎贝拉女王来说，别无选择，只能奋起反抗。

土耳其人的挑战越来越严重。土耳其强大的陆军早就令人生畏，如今也开始建立自己的海军。他们聚集了数量惊人的船只，以准备进攻西欧，逐渐成为地中海的主人。同时，土耳其人支持的海盗在南欧沿海肆虐，导致当地人逃离沿海地区。

而西欧的基督徒统治者之间幼稚的争斗打破了力量平衡，使得意大利半岛尤其脆弱，似乎唾手可得。1494 年，法兰西国王查理八世执行了占领那不勒斯的疯狂计划。令人震惊的是，他率军横穿意大利，几乎没有受到任何阻拦，在半岛一路烧杀抢掠地南下。查理八世大军杀到时，统治意大利各城邦的乳臭未干而腐化堕落的暴君们一个个举手投降，任由他通过。查理八世驾临那不勒斯的时候，他的士兵纵酒淫乐，而此时梅毒刚刚从新大陆传播到欧洲。他的军队只有不到十分之一的人得以蹒跚回国；其他人都死于作战、饥饿或疾病。事实证明，意大利面对外敌入侵是非常脆弱的，而斐迪南的那些统治那不勒斯的阿拉贡亲戚庸碌无能，不得民心，竟然自己逃命，不顾百姓死活。

但自从 1480 年土耳其人占领奥特朗托以来，奥斯曼帝国经历了一些变化，有了一位新领袖。当年，趁着奥斯曼帝国短暂的虚弱，那不勒斯人在西班牙、葡萄牙和匈牙利援助下收复了奥特朗托。1481 年 5 月，苏丹"征服者"穆罕默德二世突然驾崩。很多人怀疑他是被毒死的。他的死亡引发了一场激烈的皇位争夺战。穆罕默德二世原打算传位于儿子杰姆，但另一个儿子巴耶济德也想要皇位。根据穆罕默德二世颁布的法律①，皇位争夺一般会导致兄弟相残。

兄弟俩各自纠结力量，展开了武装冲突，巴耶济德得胜，史称巴耶济德二世。但随后杰姆做了一件出人意料的事情：他逃到了基督教欧洲寻求庇护，在博德鲁姆投降。博德鲁姆是位于土耳其沿海的一座强大要塞，是基督教势力在该地区少数硕果仅存的前哨之一。博德鲁姆也是哈利卡纳苏斯的古老王陵②的所在地。当地的基督徒指挥官接受了杰姆，将他送往戒备更加森严的罗得岛基地，那里是医院骑士团（或称圣约翰骑士团，原本是第一次十字军东征时期在耶路撒冷救助穷人的团体）的大本营。从罗得岛，杰姆被送往欧洲大陆，最后辗转到了罗马，成为英诺森八世的座上宾，其实也是人质。

苏丹巴耶济德二世很高兴让杰姆离开他的帝国，以便安心建立和巩固自己的统治。他开始向教皇支付每年 400 金杜卡特的费用，让杰姆留在梵蒂冈，当教皇的客人和囚徒。在随后十年内，杰姆成为互相争斗的欧洲列强的一个重要棋子，因为他是奥斯曼皇位的一个潜在的竞争者，因此对巴耶济德二世来说是个潜在威胁。所以土耳其苏丹不愿意与欧洲人直接对抗。杰姆生活在罗马，直到法兰西国王查理八世入侵意大利。查理八世离开罗马的时候，把杰姆带走，当作政治上讨价还价的工具。1495 年，

---

① 穆罕默德二世澄清了奥斯曼帝国皇位继承的规则，后来还把这个兄弟相残的手段写进了法律："我的儿子中不论谁继承了苏丹皇位，为了世界秩序的利益考虑，他都应将他的兄弟处死。大多数法学家都对此表示认可。今后将按此执行。"此后，每位新苏丹登基都将大开杀戒。这种残酷手段在 1595 年穆罕默德三世登基时达到了顶峰，他的十九位兄弟全部被处死。

② 卡里亚国王摩索拉斯（Mausolus）的著名陵墓，建于前 4 世纪中叶，是古典世界的七大奇迹之一。后来英语中"陵墓"（Mausoleum）一词即源自他的名字。

在去往那不勒斯途中，这位土耳其皇子神秘地死去了。他可能是被巴耶济德二世派人毒死的，或许是因为纵欲和饮食无节制而死。不管他的死因如何，他的死使得奥斯曼人的扩张不再受到约束。

这些事件发生在伊莎贝拉征服格拉纳达的十二年里。当时的奥斯曼军队是欧洲最强悍的陆军，在决定发动攻势时能够集结数十万大军。如果奥斯曼人选择支援格拉纳达的穆斯林，就可以通过格拉纳达的地中海港口输送军队上陆，阻止西班牙人的"收复失地运动"完成。他们甚至可以继续北上，入侵西班牙本土，重演711年的事件。

格拉纳达的穆斯林的确曾向土耳其人求援，但据一位名叫海雷丁的土耳其—希腊海盗（被西方人称为"巴巴罗萨"，即红胡子）① 的说法，土耳其人认为安达卢西亚的穆斯林必败无疑，因此没有干预。

但土耳其人计划最终要攻打西欧。首先他们需要对付埃及的马木留克王朝②，很多马木留克都信仰一种称为苏非派的神

① 这位著名的海盗头子和海军将领的原名是赫兹尔。他的哥哥奥鲁奇是传奇式的海盗，头发和胡须都是红色的，被西方人称为"巴巴罗萨"，后被神圣罗马皇帝查理五世（伊莎贝拉女王的外孙，详见下文）剿灭。原本是黑发的赫兹尔将自己的胡须染成了红色，成为新的巴巴罗萨，后归顺奥斯曼帝国苏丹苏莱曼大帝。苏莱曼给这位年轻的海盗授予了一个新的荣誉称号海雷丁，意思是"信仰之善"。

② 马木留克王朝在1250～1517年统治埃及和叙利亚。"马木留克"是阿拉伯语，意为"奴隶"。自9世纪起，伊斯兰世界就已开始起用奴隶军人。奴隶军人往往利用军队篡夺统治权。马木留克将领在阿尤布王朝苏丹萨利赫·阿尤布（1240～1249年在位）去世后夺取王位。1258年，马木留克王朝恢复哈里发的地位，并保护麦加和麦地那的统治者。在马木留克王朝统治下，残余的十字军被赶出地中海东部沿岸，而蒙古人也被赶出巴勒斯坦和叙利亚。文化上，他们在史书撰写及建筑方面成就辉煌。最后他们被奥斯曼帝国打败。

秘教派。奥斯曼帝国的逊尼派穆斯林认为苏非派是异常危险的异端。奥斯曼人控制了埃及和邻近的北非之后,去往南欧就只需要跨越地中海的短短一跳。

但奥斯曼人当下对西欧还没有什么作为,巴耶济德二世对此十分恼火,因为他领导的主战派既得利益集团不断催促他立刻向基督教西欧发动进攻。一年又一年,越来越严重的事态报告传到西班牙,有的是使者发回的书信,有的是逃往西欧的绝望的东欧难民亲自带来的。这些报告发出警示:巴耶济德二世正在集结一支庞大舰队,目标是由基督徒统治者控制的地中海岛屿。教皇英诺森八世和后来的亚历山大六世也发出了潮水般的警示。巴耶济德二世的动向也是伊莎贝拉和斐迪南持续关注的问题,因为他们的岛屿,如西西里岛和马略卡岛,可能成为敌人进攻的目标。

1488 年,威尼斯人得知,巴耶济德二世正在集结一支包含"各式各样战舰"的"庞大舰队",打算攻击爱琴海上的威尼斯属地,并且苏丹"已经将目标定为塞浦路斯",这是靠近土耳其海岸的一个威尼斯前哨。[4]威尼斯人派遣了一支舰队迎战,巴耶济德二世撤军了。1490 年,土耳其人又一次进攻,威尼斯人又一次匆匆准备应战,但随后发生的冲突未能决出胜负。

在勇猛的战士——匈牙利国王马加什一世①驾崩后,奥斯曼人终于找到了从陆路攻入欧洲的途径,于 1492 年向丧失了领袖的匈牙利王国发动大规模袭击。奥斯曼历史专家 V. J. 帕

---

① 匈牙利摄政王匈雅提·亚诺什(传奇的英雄)的次子。他接替前文讲到的"遗腹子"拉斯洛,成为匈牙利国王(在位 1458～1490)。另外他还是波西米亚国王(在位 1469～1490)和奥地利公爵(1487～1490)。

里写道："1492 年的大入侵给基督徒造成了迅速而恐怖的毁灭。"奥斯曼人于次年再度进攻："1493 年，入侵再度展开，比以往更凶猛，克罗地亚和下施泰尔马克①再次遭到蹂躏。9 月 9 日在阿德比纳战役中，克罗地亚贵族几乎被消灭殆尽。"[5]

* * *

这一年，在所谓的克尔包沃原野战役中，基督教势力蒙受了恐怖的损失。克尔包沃原野在克罗地亚南部的内陆小镇阿德比纳附近，与意大利隔着亚得里亚海相望。一天之内，有约 7000 名克罗地亚士兵丧命，该国的大多数贵族要么死亡，要么被奴役。此役导致大量人口迁徙，一波波克罗地亚难民逃往奥地利和意大利沿海，以躲避土耳其人。

在西欧，每年都要上演一场阴森可怕的猜测游戏，揣摩土耳其人的下一个攻击目标是什么。会是西西里岛吗？塞浦路斯？罗得岛？罗马？那不勒斯？土耳其人成功征服的地方传来的消息令西欧人越发心惊胆战。

逃离奥斯曼兵锋的难民饱受摧残。从斯库塔里战役幸存的阿尔巴尼亚人马林·贝西凯米十一岁时曾目睹自己全家三十人中有二十六人惨遭屠戮。他告诉威尼斯元老院，他相信巴耶济德二世是"世界上有过的最嗜血的人"。多年后，他回忆道：

> 我亲眼看到威尼斯人血流成河。我看到不计其数出身最高贵的公民被迫逃亡。我看到有多少高贵的将领阵亡！

---

① 今天斯洛文尼亚东北部一地区。

我看到多少港口和海岸堆满了声名显赫、出身高贵的人的尸体！有多少船只被击沉！我看到多少被打败的城市销声匿迹！回忆起我们时代的恐怖危险，简直让所有人的心为之战栗。[6]

奥斯曼和阿拉伯史料保存至今的文献表明，基督徒的恐惧不是空穴来风。波斯学者伊德尔斯·比特里西讲到奥斯曼军队攻击黑山的扎布利亚克城堡和阿尔巴尼亚的德利希特城堡时，说有一次穆斯林武士看到一群基督徒正在企图坐船逃走，船上还载着他们的家财细软。

那些勇敢的英雄从未见过这样的船只，上面装满无法用语言描述的珍贵战利品，更不要说漂亮的男孩，以及如同天堂处女一般美丽的女人。对战利品和奖赏的贪欲驱使士兵们潮水般涌向河岸。一大群受过训练、精通游泳的人脱下衣服，跳入水中，牙齿咬着剑。他们拼命地游，让他们的勇气之剑大显神威。一眨眼工夫，他们就用利剑砍倒了异教徒，俘获了所有亲眷和美女。他们还缴获了大量战利品、金钱和数不胜数的财物。[7]

奥斯曼土耳其人对他们所谓"异教徒"的死是麻木不仁的。一份记载斯库塔里（或称斯库台，在阿尔巴尼亚的科索沃附近）围城战的奥斯曼史料对顽强抵抗土耳其人进攻直至饿死的居民表达了鄙夷。奥斯曼编年史家凯末尔·帕夏扎德写道："那些肮脏的猪，找到什么就吃什么，什么都吞得下去，也不管干净还是脏。"[8]

这已经很糟糕了。但奥斯曼帝国对社会各阶层女性的压迫越来越严重，原教旨主义的正统思想对女性行为举止的管制越来越严格。像伊莎贝拉女王那样意志坚强、思想独立的女性（她非常活跃，常常骑马巡视王国各地，治国理政，在公共广场主持司法）一定会极其憎恶关于土耳其人统治下女性生活的报告。作为四个女儿的母亲，这些报告一定会让她尤其感到不寒而栗。

奥斯曼统治者不仅宽恕强奸被俘基督徒女性的行为，甚至大加鼓励。海盗巴巴罗萨和他的编年史家撰写他的回忆录（《海雷丁帕夏①的圣战》）时，巴巴罗萨描述他的父亲于1462年在土耳其人征服米蒂利尼（希腊的莱斯博斯岛的一座城市）时俘虏了他母亲：

> 苏丹穆罕默德二世从基督徒手中夺取米蒂利尼之后，在当地留下了一队士兵。他们没有带女眷前来，当地也没有可供他们迎娶的摩尔女人，因为岛上所有女人都是基督徒，于是他们请求苏丹给他们一些女人，以便继续为他效力。伟大的苏丹觉得他们的请求有道理，命令他们从基督徒的女儿们当中娶妻。因为基督徒不愿意将女儿给他们，于是他们用武力抢夺女人，娶了她们。就这样，他们得到了奖赏，这片土地得到了守卫。士兵们得到女人之后，心满意足。[9]

---

① 帕夏（Pasha）源自土耳其语或波斯语，是奥斯曼帝国军政高官的头衔。它也可作为敬语，类似英语的 Iord 或 Sir。帕夏一词也广泛应用于阿拉伯语。行省总督一般享有帕夏的头衔。

巴巴罗萨的母亲原是个寡妇，后来与新丈夫生了四个儿子和两个女儿。儿子们成了海盗，袭击基督徒船只，以俘获基督徒和犹太人并将其奴役为业。

新苏丹巴耶济德二世比他父亲穆罕默德二世更为保守和正统。14世纪，西欧商人说奥斯曼帝国的大街上到处是女人。到16世纪，商人们报告称，街上很少看到女人。随着时光流逝，女人们被要求用宽大的长袍遮蔽自己的身体，最终有些女人不仅盖住了头部，还遮挡了脸和眼睛，被允许出门上街的时候，就只能跌跌撞撞地走路。

根据许多年后土耳其内政部发布的报告，这些年里，女性的处境越来越差，而西方访客根本看不到奥斯曼女人。女人越来越多地被圈禁家中，生活在高墙环绕之中，只能通过网格窗看到阳光，常常受到宦官的守卫。她们被禁止与男人一起到公共场所，甚至与丈夫一起上街也不行。对女性的教育被认为是有问题的，甚至接近土耳其政府所说的"罪孽"。女性必须与外界隔绝。一份政府报告写道："就连她的手指尖也不可以被看到。"【10】

奥斯曼人非常鄙视基督徒的做法，即允许女性与男人生活，并在无人陪护的情况下抛头露面。奥斯曼人艾弗里雅·切莱比出身于一个和宫廷有关的富户，在17世纪初撰写了他的《游记》。他参观了维也纳附近的一座度假城镇：

> 城墙环绕的维也纳城的所有异教徒贵族和显要人士，都在这座城市及其花园和果园休闲娱乐，达数周数月之久……因为气候宜人，所以这座城市的漂亮少男少女是有名的。男男女女都厮混一处，不知道授受不亲。女人们和

我们奥斯曼人坐在一起饮酒聊天，她们的丈夫也不加置评，而是走到外面。他们不觉得这可耻。原因是，在整个基督教世界，女人占上风。自从圣母玛丽亚的时代，他们的行为就是这样没羞没臊。[11]

基督徒或犹太女性若是被土耳其人俘虏，就等于被宣判了社交死刑，因为即便她们能够逃回家，在自己的文化里也会受到鄙视。奥斯曼帝国的女奴被要求为主人提供性服务。奥斯曼人奉行一夫多妻制，这是对女性的歧视和践踏，基督徒和犹太人的习俗都是禁止一夫多妻制的。所以，如果基督徒或犹太人女性在土耳其人统治下结婚，然后逃回家，也仍然算是犯了罪孽且违反法律，因为她们参与了一夫多妻的婚姻。

当然，奴隶制不是奥斯曼帝国独有的现象。1500 年，奴隶制在全世界都很普遍。在卡斯蒂利亚和阿拉贡，大多数战俘（尤其是加那利群岛人和非洲黑人）被当作家奴。在格拉纳达战争中被俘的一些穆斯林，如马拉加围城战中被俘的穆斯林，也被奴役。伊莎贝拉的每个女儿结婚并离开西班牙的时候，随行队伍中都有两到三名奴隶。

但在奥斯曼土耳其，奴役基督徒是帝国最重要、利润最丰厚的产业。袭掠行动和不断的军事扩张为其源源不断地提供奴隶。基督徒无论贵族或农奴，都面对同样的被奥斯曼人奴役的威胁。每年有数万基督徒遭奴役；据巴巴罗萨自己的记录，他毕其一生拐卖了至少 4 万人。16 世纪初的十年，每年俄国和波兰有约 17500 人被掳走为奴。[12] 东欧奴隶贸易规模如此宏大，以至于"奴隶"（slave）和"斯拉夫人"（slav）这两个词产生了关联。

土耳其人征战时有专业的奴隶贩子随军，负责聚集俘虏，并为其估值。奴隶披枷戴锁，被分为十人一组，被驱赶着行进。年纪小的俘虏，包括儿童和婴儿，被放在篮子和袋子里，装在大车或骡背上搬运。有时儿童被认为很有价值，因为他们可以被收养，被训练成劳工或者性奴。但有时，成年人和年纪较大的孩子被掳走的时候，小孩会被当作无用的负担而留下。1499 年 6 月，奥斯曼人进攻达尔马提亚的扎德尔之后，威尼斯人在一处田野里发现了约五十名被抛弃的婴儿。[13]

伊斯兰教律法允许将生为奴隶的人或战俘奴役。自由穆斯林不可以被奴役，但可以奴役基督徒、犹太人和异教徒。据土耳其历史学家哈利勒·伊纳尔哲克说，整个经济"依赖于奴隶制"。历史学家帕尔·福多尔写道："无休止的战争提供了源源不断的奴隶。"[14]

根据供需情况，奴隶的市场价也会波动。伊纳尔哲克分析了奥斯曼帝国的财产文献，写道，奴隶是仅次于现金和地产的第三重要的遗产。例如，丝绸行业依赖训练有素的奴隶劳工来生产商品。但有时奴隶数量太多，会使得奴隶价格下降：有一次，奴隶的价格低至"一顶毡帽"。[15]据伊纳尔哲克说，销售奴隶的劳动力也是一门产业："很多人靠出租奴隶为生，租金为每天 7 或 12 阿克切。"[16]（阿克切是一种小铜币，价值很低。）

被土耳其人奴役的基督徒往往如石沉大海，杳无音讯。土耳其人斩断俘虏与其故乡的纽带的手段是，将大批俘虏迁往遥远的地区。有的时候，在奥斯曼军队发动袭击之后的短期内，如果有幸存者，他们可以赎回自己的亲属；但很少有家庭有足够的现金支付高额赎金。企图逃跑的奴隶遭到残酷的惩罚，被毒打、挨饿或披枷戴锁。奴隶被迁往离家数千英里之外，逃亡的机会便很渺茫了。逃跑是极不可能的事情，只有超自然的力量才能佑助奴隶逃跑。匈牙利的圣龛内保存着奇迹般从土耳其人手中逃跑的故事，他们通常是得到了天神的帮助。成功逃回的人将自己身上的枷锁存放在教堂。伊莎贝拉女王也做过这种事情，将得到解放的基督徒奴隶的枷锁悬挂在她于托莱多建立的王家圣约翰教堂墙上。

那个时代能识文断字的人不多，所以关于囚徒生活的第一人称叙述极其罕见、扣人心弦而流传广泛。有一位基督徒曾是罗马尼亚的一名学生，后来被奥斯曼人掳走，过了二十年的奴隶生活，被转卖七次，最后逃脱。匈牙利的乔治的回忆录在当时的欧洲大陆是畅销书，于1480年至约1550年间多次印刷。他后来在罗马成为教士，描述了奥斯曼帝国的奴隶产业是如何运作的：

> 在所有行省，正如其他类型的贸易一样，也有特别的公共场所，专供买卖奴隶之用，是法律规定的奴隶市场。可怜的俘虏被带到这个公开的市场，被绳子和铁链束缚，仿佛是等候屠宰的羊。在那里，他们接受检查，被剥光衣服。照着上帝的形象创造出来的有理性的生物就这样像无智的牲畜一样被评头论足，以最低价格出售。令人羞耻的是，无论男女，生殖器都被所有人公开地摆弄。他们被强迫在大家面前光着身子走来走去、跑步、慢行、跳跃，以便清清楚楚地展示，他们是强壮还是虚弱，是男是女，是老是少，（女人）是处女还是妇人。如果他们看到有奴隶害羞脸红，就围过去催促他们，用棍

子殴打他们，戳他们，强迫他们在公众眼前做那些自己羞于做的事情。

在哀哭的母亲眼皮底下，儿子被出售。当着沮丧的儿子的面，母亲被卖走。妻子被当作娼妓一般耍弄，丈夫只能羞惭地目睹她被卖给别的男人。一个小男孩被从母亲怀里夺走……母子分离……人没有任何尊严，没有任何阶级的区分。圣人和平民的价钱是一样的。士兵和乡巴佬受到同样的衡量。另外，这还只是他们痛苦的开端……

唉，有多少人因为不愿承受这样的危机，陷入绝望的深渊！有多少人，逃进了深山老林，死法千奇百怪，有的因为饥饿干渴而死。还有这最后的罪恶：他们自行了断，要么上吊，要么跳河，一瞬间失去了生命，也毁掉了自己的灵魂。[17]

乔治写道，逃跑未遂而被抓回的奴隶遭到"鞭笞、毒打和痛殴"，肢体被烧因而残废，或者耳朵或鼻子被割掉。[18]

他也证实了奥斯曼帝国女性的生活方式。他写道，女人被禁止买卖任何东西。她们不可以骑马。即便在自己家里，她们也要戴面纱。在他曾生活的一户人家，儿媳在公公面前从来没有吃过任何东西、说过一个字，或者露出面庞来，尽管他们在同一座房屋已经生活了二十年。而且"公共场合男女之间极少交谈，如果你在他们那里生活一年，恐怕也不会听到一次男女之间的公开谈话"。[19]

还不只这些。在土耳其人已经牢牢控制的地区，政府强制执行一种叫"德夫希尔梅"的儿童奴隶制。此制度的起源约在 1432 年[①]，但在穆罕默德二世与巴耶济德二世时期大大扩展，也就是伊莎贝拉的孩子们出生和成长期间。1451～1481年，通过此项制度，每年约有 1.5 万～2 万基督徒儿童被强征。[20] 德夫希尔梅有特定的规矩。每三至五年，土耳其官员会在基督教地区的各城镇巡视。八岁到十八岁的儿童被带到公共广场，供他们检视。土耳其官员会挑选最聪明和美貌的，将其带走。他们喜欢挑选贵族和教士的孩子。只有基督徒的孩子被强征，犹太人的孩子被认为更适合从事商业。特别漂亮的小孩会被送进宫；强壮而健康的将成为工人或士兵。所有小孩都被从其家人身边带走，接受割礼，带到土耳其人的家庭，得到抚养，直到能够从事某种服务。[21] 很多人被训练成近卫军战士，毕生以杀戮为业。他们被禁止结婚，这使得他们特别凶悍。

研究奥斯曼历史的一些学者认为，对农村孩子来说，被选中其实是好事，因为这给了他们在军队或政府机关向上攀升的流动性。但大多数家庭不愿意失去自己最有前途的孩子，从此阴阳两隔。我们知道，有些父母为了避免自己的孩子被选中，故意将其弄成残疾。

与此同时，在西欧，就像 1453 年君士坦丁堡陷落之前和之后一样，一连串的教皇在恳求基督徒君主们关注东方局势，解决他们之间的分歧，团结起来，共同保卫基督教世界、抵抗土耳其人。

---

① 德夫希尔梅制度是由奥斯曼帝国早年的古兰（kul）制度发展来的，这一发展在巴耶济德一世在位（1389～1403）时完成。原先的"古兰"源于战俘和国家购买的奴隶。穆拉德一世（在位 1359～1389）为了遏制逐渐增长和蠢蠢欲动的土耳其贵族势力，开始用德夫希尔梅的手段培植只忠于自己、独立于正规军的力量。

土耳其人进攻路线上的土地——匈牙利、威尼斯、地中海沿岸和西班牙——的统治者们敏锐地认识到局势的严重性，尽其所能地处置。但英格兰和苏格兰的统治者觉得这不干他们的事，在收到求援时，多次借口自己无钱征战。例如，1490 年，教皇英诺森八世请求苏格兰国王詹姆士四世出资以帮助抵御正在威胁意大利的土耳其人，国王反驳道："我的王国位于西方和北方，距离罗马非常遥远，虽然有丰富的商品财货，却并非遍地黄金白银。"[22]

类似地，1493 年末，教皇亚历山大六世写信给英格兰国王亨利七世，讲到土耳其人的威胁，描述了达尔马提亚和克罗地亚发生的大屠杀。亨利七世像北欧的大多数君主一样，对"大规模屠杀"表达了热切的同情，但没有实质性的行动。1月 12 日，他从温莎城堡写信给教皇称，尽管他觉得这些消息"极其令人不安"，但"遥远的距离和诸事纠扰"使得他无力提供更具体的帮助。[23]

这就是伊莎贝拉女王坚持要将自己的女儿嫁给英格兰和苏格兰国王的原因之一。她努力希望这两位君主能够对共同对抗奥斯曼人的事业更感兴趣。

但伊莎贝拉并非基督教世界希望打退土耳其人的唯一君王。具有讽刺意味的是，法兰西国王查理八世率军入侵意大利的借口之一就是，他是一名基督徒武士，打算去击退土耳其人。他或许自己也相信这套说辞，或至少在某种程度上相信。但据他的大使菲利普·德·科米纳说，查理八世从来不打算做那么困难的事情：国王"在第一次入侵意大利时，大谈"他"对土耳其的意图……宣称自己这么做没有别的意思，就是为了更接近土耳其，更容易入侵它；但这话全是巧言令色，是骗人的"。[24]

　　有些人希望查理八世的这话是真诚的。法兰西国王是西欧最强大的君主，最有实力与奥斯曼帝国对抗。1494 年 3 月，教皇亚历山大六世写信给斐迪南和伊莎贝拉，请求他们敦促查理八世搁置自己在那不勒斯的利益，集中力量对付东方的威胁。[25]随后的 4 月 6 日，教皇亲自写信给查理八世，赞扬他攻击土耳其人的意图。[26]

　　但在法兰西国内，国王的计划被视为发疯。"因为，在所有经验丰富、聪明睿智的人看来，这是一桩非常危险的事业。"科米纳写道。另外，远征虽然受到溢美之词的赞誉，但其实装备和物资都很差劲："国王年轻无知、顽固不化，既没有金钱、军官，也没有士兵。"他的远征资金是从热那亚银行以高利贷借来的，出征时没有"帐篷或营帐，尽管军队开入伦巴底时已是隆冬"。[27]

　　意大利人没有把法兰西国王当真，认为他愚蠢而容易上当。另外，他的脑袋特别大，与身体的比例不协调，所以有人称他为"胖头查理"。据历史学家约翰·阿丁顿·西蒙兹说，欧洲的大多数统治者似乎都认为他计划的远征是"愚蠢青年的假日郊游"。[28]但查理八世的天真和为自己争得荣耀的渴望使得他容易受到他人的阴谋操纵。那不勒斯的王族在意大利不得民心；有人告诉查理八世，那不勒斯人民会把他当作解放者来欢迎。

　　这倒是真的：那不勒斯国王费兰特（斐迪南的堂兄，也是妹夫）颇不得人心。他是私生子（这给王位传承造成了疑难），而且运用形形色色的残暴手段来建立和维护自己的统治，包括囚禁和杀戮那不勒斯古老贵族豪门的许多成员。他把一些贵族监禁了多年；他命令将一些贵族处死，然后将其尸体制成标本，当作战利品摆放在宴会桌前。他特别喜欢设宴招待某人后将其杀死。他的残暴让那不勒斯的很多反对派噤若寒蝉，但没有为自己赢得许多朋友。

所以，查理八世最初进军意大利的时候，无人反对他。例如，威尼斯在静观其变。威尼斯不希望"招致国王的敌意"，威尼斯编年史家彼得罗·本博回忆道：

> 尤其是因为查理八世可能自行放弃自己的此次远征，因为大多数人往往会心血来潮地改变主意。或者，因为他年轻而不谙兵法，会因为即将开展的战争的困难和规模宏大而丧气；或许，如果出现了其他什么耽搁，或者其他统治者给他的前进制造了困难，他可能没有办法脱身。[29]

与此同时，佛罗伦萨政府在摇摇欲坠。伟大的领袖洛伦佐·德·美第奇于1492年年初去世，将统治权传给儿子皮耶罗，但这个年轻人令佛罗伦萨人大失所望。而且佛罗伦萨人已经在进行深刻的自省，思考自己在人世间的地位，并被吉罗拉莫·萨伏那洛拉修士火药味十足的讲道所感染。萨伏那洛拉劝诫群众摈弃世俗的物质主义和现代世界的腐化，以及教会本身的腐化。罗德里戈·博吉亚成为教皇，令萨伏那洛拉更加激烈地抨击罗马教廷，也使得佛罗伦萨比以往更加孤立。

但很多基督徒，包括教皇亚历山大六世，都在某些程度上希望查理八世能够成功地利用意大利为基地对抗土耳其人。自1453年君士坦丁堡陷落以来，基督徒几乎持续不断地在穆斯林手下遭受失望、惨败和挫折。消息传到东欧，称查理八世将率领一支大军来主持正义。土耳其人听说了他的进军，向他们在阿尔巴尼亚、克罗地亚和马其顿占领区的盟友发出警示，要他们撤入山区。这些国家的基督徒望眼欲穿地注视海岸线，祈祷得到拯救。

伊莎贝拉和斐迪南显然至少在一定程度上也相信查理八世要去攻打奥斯曼人。在 1495 年 7 月从布尔戈斯发送给英格兰朝廷的一份备忘录中，他们说，他们向查理八世提议援助他，承诺允许法兰西军队利用他们在北非占领的一处基地，以攻入圣地。他们告诉查理八世，这是发动攻势的大好时机，"为了上帝的荣耀，为了镇压异教徒"，因为摩尔人"被饥饿和瘟疫折磨得十分羸弱"。但他们说，查理八世对他们的建议很冷淡。[30]

西班牙的两位君主也努力利用局势。查理八世提议，免费将佩皮尼昂和鲁西永（斐迪南的父亲胡安二世国王在加泰罗尼亚内战中丧失了这些地区）归还斐迪南。这个提议太好，岂容错过？斐迪南和伊莎贝拉迅速与法兰西签订了一项和约。此项和约将西班牙置于场外，使其无法干预法兰西在其他地区的活动，至少在一段时间内如此。

很快，查理八世的真实意图就昭然若揭。斐迪南和伊莎贝拉判断，法兰西国王的真正目标是颠覆费兰特国王，而费兰特是他们的血亲。他们派遣安东尼奥·德·丰塞卡（影响力很大的丰塞卡家族的另一名成员）作为大使，去拦截查理八世并警告他，那不勒斯王位的传承应当通过法律程序来解决。西班牙的两位君主告诉丰塞卡，假如查理八世不同意停止进军，就"当着他的面撕毁旧条约，对其宣战"。[31]丰塞卡后来果然这么做了。斐迪南和伊莎贝拉不光是摆姿态，还当真集结了一

支军队，并派遣一支舰队到那不勒斯，由伊莎贝拉的童年好友
贡萨洛·费尔南德斯·德·科尔多瓦指挥。舰队很快从卡斯蒂
利亚的马拉加港启程了。

但查理八世无所畏惧，继续进军。几周后，他就率军抵达
罗马，未受任何抵抗便入城，羞辱了教皇，所到之处无不烧杀
抢掠。就是在这个关头，他们带走了土耳其皇子杰姆，然后挥
师南下，开往那不勒斯。查理八世说他打算推翻巴耶济德二
世，以杰姆取而代之，作为受基督徒操控的傀儡苏丹。这个想
法只是空中楼阁，因杰姆的死亡而烟消云散了。

大约在同一时间，那不勒斯的暴君费兰特突然因心脏感染
而暴毙。他的儿子阿方索二世继位了。但阿方索二世意识到，
查理八世正在率军南下，就一下子对当国王不感兴趣了。他怯
懦地逃离了自己的王国，留下二十四岁的儿子费兰迪诺①代为
统治。阿方索二世渡海到了西西里岛（由他的西班牙亲戚斐
迪南国王统治），温顺地宣布自己只是一名普通公民。年轻的
费兰迪诺努力组织防御，但看到法兰西军队的凶悍不禁面如土
色，敦促自己的公民投降以保住性命。他的臣民立刻表示同
意，拦住了费兰迪诺再次进入那不勒斯城的道路。他带着亲眷
离开城市，将剩余军队带到了海外。

于是，1495 年 2 月 22 日，查理八世在市民邀请下进入那
不勒斯城，但市民很快就后悔不迭。他的军队开始洗劫城市，
从历史悠久的豪门望族那里抢劫贵重财产。

仿佛这还不算够糟，城里突然爆发了一种怪异、神秘而令
人不安的新疾病，酿成大祸。那就是烈性的梅毒，当时在欧洲

---

① 正式称号是那不勒斯国王斐迪南二世。

还很新鲜，还没有名字。根据它最初引起公众注意的地点，它被称为"法兰西病"或"西班牙病"。梅毒很快从意大利南部向北传播，然后传到了奥斯曼帝国。土耳其政治家伊德尔斯·比特里西也染上了梅毒，称其为一种前所未知的疾病。[32]威尼斯编年史家彼得罗·本博是最早描绘梅毒病状的欧洲人之一：

> 一般最先受影响的是生殖器，身体疼痛不堪，然后出现下疳肿块，主要是出现在头部、面部，四肢也会有。身体长出瘤子和肿块，起初比较硬，之后肿块里满是血和脓。就这样，很多人在几乎所有肢体上都受到漫长折磨之后，悲惨死去，而且因为肿胀和溃烂，几乎认不出本来面目。完全不知道用何种药物可以治疗这种新的、前所未有的疫病。[33]

就这样，梅毒在欧洲、北非和中东蔓延肆虐，杀死很多人，而让其他患者毁容、失明或者不育。

* * *

不足为奇的是，苏丹巴耶济德二世在兴致盎然地关注查理八世的进军。起初，他对查理八世国王军队的实力，以及他自己的兄弟杰姆皇子构成的威胁感到担忧。但随后的事件表明，意大利十分虚弱、一盘散沙，面对协调一致的攻击完全无力抵抗。突然间，欧洲显得比以往脆弱得多。土耳其人准备利用这个好机会。"实际上，苏丹巴耶济德二世得知查理八世进入佛罗伦萨的时候，就已经开始装配旧的桨帆船，并建造新船。他还命令步兵与骑兵部队备战，随时待命。"本博写道。[34]

但法兰西入侵意大利的残暴真正震惊了欧洲其他国家。斐迪南和伊莎贝拉派出的军队抵达意大利半岛，以抵抗法兰西人。现在，西班牙两位君主动员了其他一些统治者，包括威尼斯共和国的领导人、神圣罗马皇帝马克西米利安一世和教皇。他们组成了所谓神圣联盟。马克西米利安一世当然倾向于立刻加入，因为他憎恶查理八世，原因是年轻的法兰西国王抛弃了他的女儿，又夺走了他自己的未婚妻布列塔尼的安妮。威尼斯人则判定，局势已然失控。英格兰很快也被说服，加入神圣联盟，因为亨利七世国王急于讨好血统高贵的伊莎贝拉女王。

斐迪南和伊莎贝拉用凯瑟琳和亚瑟的婚约（亨利七世急于促成这门婚事）作为条件，向亨利七世施压，要求他支持在意大利反对法兰西的战争，并且越快越好。斐迪南和伊莎贝拉在给西班牙驻英大使的信中多次强调这一点。"如今战争已经爆发，一天的价值就超过西班牙和法兰西开战之前的一年。"他们在 1496 年 3 月的信中写道，"这是为了教皇和教会而战的战争。"[35]

1496 年 3 月，凯瑟琳和亚瑟的婚约最终敲定的时候，威尼斯、西班牙、教皇亚历山大六世和神圣罗马帝国签署了为期二十五年的条约，以保护和捍卫教皇。亨利七世国王很快也加入进来。

签署条约的每一位统治者都承诺出兵，以集结 3.4 万骑兵和 2 万步兵的大军；若有需要，还要提供资金来派遣一支舰队去保卫意大利。这个联盟的组建非常迅速而悄无声息，以至于法兰西驻威尼斯大使菲利普·德·科米纳完全被蒙在鼓里，尽管他与其他国家的大使保持着不间断的通信。据本博回忆，科米纳得知此事时"目瞪口呆"，从威尼斯执政官宫殿跌跌撞撞地出来，要求伙伴们重新讲一下他刚才听到的消息，因为他完全无法理解。[36]

伊莎贝拉为联盟提供的军队"纯粹是卡斯蒂利亚官兵，由一名卡斯蒂利亚统帅指挥"，这位统帅就是她的毕生好友和坚定支持者贡萨洛·费尔南德斯·德·科尔多瓦。六名负责领兵的军官中，有四人曾于格拉纳达战争期间在神圣兄弟会服役。有些军官自从争夺卡斯蒂利亚继承权的、对抗葡萄牙的战争以来，就为伊莎贝拉效力。弗朗西斯科·德·博瓦迪利亚原定也要去意大利，但被改为派往伊斯帕尼奥拉岛，以处置克里斯托弗·哥伦布遭遇的反叛。第一批出征意大利的军队有约5000人，后来有更多援兵。这些久经沙场的老兵将他们打赢格拉纳达战争期间运用的技术——攻城、轻炮和出其不意——带到了意大利战役，取得了惊人的胜利。

最重要的是，意大利战争原本由为了个人私利而厮杀的雇佣兵所主宰，雇佣兵不是为了自己信仰的伟大事业而战，而西班牙军队带来了一种独特的团队精神。[37]

这支约有四十艘船的西班牙舰队与那不勒斯国王费兰迪诺会合了。费兰迪诺还有十二艘仍然忠于他的战船。他们抵达那不勒斯后发现，很多居民重新向费兰迪诺效忠，各地的人们都在开始反击法兰西人。

尽管缺少粮食和给养，贡萨洛·费尔南德斯·德·科尔多瓦还是很快在意大利战场扬名立威，赢得了"大元帅"的绰号。例如，克罗托内镇从效忠费兰迪诺改为投奔法兰西，然后回到费兰迪诺怀抱，最后又转到法兰西阵营。贡萨洛在卡拉布里亚登陆，猛攻克罗托内，将其占领，结束了它的朝三暮四。本博称贡萨洛为"非常英勇无畏的壮士"。威尼斯人敬佩地看着他在一场"正面交锋"中击溃法兰西军队及其支持者，杀死一些军官和两百名步兵与骑兵，并俘获二十多名贵族。[38] 贡萨洛在特拉战役里也扭转了战局。

到 1496 年 7 月，费兰迪诺国王重返那不勒斯的宝座，主要是得益于西班牙的支持，尤其是贡萨洛·费尔南德斯·德·科尔多瓦的援助。费兰迪诺不久之后去世了，王位传给了他的叔叔费德里科。三年时间里，那不勒斯连续有了四个国王，其中没有一个是像样的统治者。那不勒斯王国是意大利最大的统一领地，也是最容易遭到侵略的，继续像往常那样，如同无舵之船，摇摆不定。

教皇亚历山大六世对从西班牙的两位君主那里得到的帮助非常感激。1496 年 12 月，他授予他们一个新的崇高头衔——天主教国王，以嘉奖他们帮忙将法兰西人逐出那不勒斯，以及成功征服格拉纳达的功绩。[39] 两位君主对这个新头衔感到非常自豪，开始用它作为自己的个人称号。他们的臣民也开始这样称呼他们。在宣布授予此头衔的书信中，教皇写道：

> 你们是基督徒君王的榜样和楷模，因你们没有为了贪图土地和主宰权而用自己的力量和武力去毁坏和杀戮其他基督徒，而是为了基督徒的福祉而战，为了保卫教会与信仰而战……你们对教廷的尊重和虔敬已经多次表现出来了，在近期的那不勒斯战争中又一次展现无遗。你们一直努力捍卫和扩展天主教信仰与天主教会。那么，还有谁比二位陛下更配得上天主教国王的头衔？[40]

近期屡战屡胜的头号功臣贡萨洛·费尔南德斯·德·科尔

多瓦在意大利又待了两年，扫荡残敌，包括帮助教皇收复罗马的港口城市奥斯提亚。大元帅最终于 1498 年夏季返回西班牙。他立刻赶往宫廷所在的萨拉戈萨。斐迪南国王拥抱并亲吻他，以示欢迎，将他引导到女王面前。她端坐在宝座上，周围环绕着侍女，但看到贡萨洛走来，就起身走到他面前的台阶上。"他单膝跪下，亲吻她的手；但她扶他起来，拥抱他，并说：'大元帅，我们非常欢迎你。'"[41]

伊莎贝拉为了嘉奖他的功业，慷慨地封授他城镇、城堡和在格拉纳达与伊略拉的地租。他此前在洛哈已经拥有一些地产。贡萨洛本是次子，如今自己也成了一个富人。

不过，在扶植费兰迪诺重登王位的胜利之后，斐迪南和伊莎贝拉感到那不勒斯没有对他们的贡献表达出充分的认可，因此感到恼火。他们对那不勒斯的忘恩负义十分不悦。

在此期间，查理八世国王逃离了意大利，丢下了自己的士兵，也没有采取措施将军队幸存者接回国。几年后，他一头撞上门楣，伤重不治身亡。他可能也染上了梅毒，并可能因此不育，没有留下子嗣。他的亲戚奥尔良公爵继承了王位，史称路易十二。

具有讽刺意味的是，按照科米纳的说法，查理八世若是当真去攻击巴耶济德二世，而不是企图吞并那不勒斯，是有可能取胜的。科米纳在威尼斯得知，东欧有"数百万基督徒"对查理八世充满信心，在准备发动起义来支持他。例如，在色萨利，有五千多人聚集起来，准备作战。"所有这些国家，阿尔巴尼亚、斯拉沃尼亚①和希腊，全都人口稠密，都通过与威尼

---

① 斯洛沃尼亚是历史上的一个地区，位于今天克罗地亚的东部，其北面是德拉瓦河，南面是萨瓦河，东面是多瑙河。

斯和阿普利亚①的居民频繁通信而熟知我们国王的名望与个性，无比热切盼望国王指示他们发动起义"，但都只能徒劳地等待。大使悲哀地总结道，假如查理八世进军奥斯曼帝国，说不定已经建立奇功。[42]

但土耳其仍然是一个与欧洲势不两立的敌人。杰姆死了，巴耶济德二世判定攻打欧洲的时机到了。这一次他的目标是威尼斯。1496 年，他禁止威尼斯粮商进入奥斯曼港口，切断了他们的贸易关系。他囚禁了居住在奥斯曼帝国境内的威尼斯商人。1497 年，一艘运载基督徒朝圣者去耶路撒冷的威尼斯船只被俘，乘客被杀死或奴役。[43]

彼得·马特写道，到了 1499 年中期，卡斯蒂利亚宫廷流传着一种说法，称土耳其人正在伊斯坦布尔集结一支"庞大的舰队"，并且"在全希腊征募陆军"。[44]几个月后传来了更多细节：舰队有超过 300 艘船，这在当时是极其庞大的数字了，其中包括一些马特称为"海上塔楼"的船只，即浮动的要塞，能够与敌船平行行驶并接近，让塔楼上的士兵向敌船水手射击。

让西班牙人长舒一口气的是，这支奥斯曼舰队遭遇了风暴，损失了一些船只，但西班牙人失望地发现，这些损失在土耳其人看来仅仅是短期的挫折。据说巴耶济德二世统领着 12 万大军。[45]

1499 年 8 月，巴耶济德二世攻打并占领了勒班陀，这是威

---

① 阿普利亚（拉丁文古名），或称普利亚（现代意大利语的名字），是意大利南部的一个大区，东邻亚得里亚海，东南面临伊奥尼亚海，南面则邻近奥特朗托海峡与塔兰托湾。该区南部知名的萨伦托半岛，组成了意大利"靴跟"的一部分。

尼斯在希腊西海岸维持的几个贸易据点之一，这些据点是威尼斯的亚得里亚海贸易帝国的关键部分。到此时，威尼斯人差不多已经放弃了从西欧得到增援的希望；他们之前向西欧求援而失望，已经不是一次两次了。威尼斯财力枯竭，而且遭到土耳其人的痛打已经超过六十年，于是几乎未加抵抗就放弃了勒班陀。

这年冬天，威尼斯人恢复了一点胆量，派遣使者去伊斯坦布尔，要求归还勒班陀并释放被囚的威尼斯商人。苏丹巴耶济德二世则要求他们将莫东和科罗尼这两座城市交出，并年年纳贡。[46] 他的意图显然是消灭威尼斯人在希腊大陆的贸易据点，并巩固自己对整个希腊的控制。得知此事后，教皇亚历山大六世向西欧各国发出呼吁，恳求他们支援威尼斯。

伊莎贝拉和斐迪南决定采取行动。女王派了一支舰队去支援威尼斯人，仍由她的挚友贡萨洛·费尔南德斯·德·科尔多瓦统领。她请求其他国家也加入。1500 年 1 月 20 日，她和斐迪南指示他们的大使冈萨雷斯·德·普埃夫拉，恳求英格兰国王出兵。

> 我们从意大利得到消息，土耳其人重创了威尼斯人的舰队和土地，已经占领勒班陀城，因为威尼斯人抵抗甚微。你可以想象，我们对此感到多么忧伤。基督教受到了威胁，所以我们决定派遣我们的舰队……请告诉我们的兄弟英格兰国王，我们恳求他帮助抵御土耳其人，他们是神圣的天主教信仰之敌。请尽快回信，告诉我们他说了什么么，以及他能提供什么。[47]

但英格兰国王亨利七世不愿出手相助。6 月，冈萨雷斯·德·普埃夫拉向女王报告称："亨利七世大力赞扬了两位陛下派遣舰队抗击土耳其人的打算，但补充说，尽管他与威尼斯关系非常密切，但威尼斯人没有告诉他，他们的处境如此危急。亨利七世似乎不愿意参加针对土耳其人的远征。"[48]

法兰西人派了一些部队去支援威尼斯人，但很快撤离前线，随后在海上失事了。

但贡萨洛·费尔南德斯·德·科尔多瓦的舰队已经在路上了。他率领 600 名久经战阵的骑士和约 8000 步兵，从马拉加起航。他们驶向西西里岛，于 1500 年 7 月 19 日抵达，在那里停留了约一个月。贡萨洛的再次启程遇到了一些延误，因为天气酷热，而且为他的军队搜寻粮草很困难。斐迪南是西西里的统治者，但当地官员似乎并不热心于帮助卡斯蒂利亚军队，尽管卡斯蒂利亚女王和西西里国王是夫妻。

所以贡萨洛前往地中海东部的旅途十分缓慢。他还受到误导，误以为威尼斯人已经控制住了局势。8 月 13 日，他得知，事实并非如此。他收到了教皇的一封十万火急的信，敦促他尽快去援救莫东城。但他抵达该地区时，莫东和科罗尼均已被土耳其人攻克。

莫东于 8 月 9 日陷落，原因之一是一个不幸的错误。土耳其人封锁了这个港口，守军粮草和火药短缺。威尼斯人和土耳其人双方都知道，新的补给物资对这座要塞的防御至关重要。土耳其指挥官命令部下，任何允许物资通过封锁线的人，格杀勿论。但威尼斯人还是成功地将补给船送过了封锁线，驶入港口，令守军欢欣鼓舞。要塞司令官急于将火药运进要塞，他宣布，第一个运送一桶火药入城的人将得到一个金德拉克马①的

---

① 德拉克马原为古希腊的货币和重量单位。后来亚美尼亚、奥斯曼帝国等国家也用过这个单位。1 德拉克马大约有 3~4 克。

赏金，于是一些士兵抛下了自己的岗位，跑去运送弹药。

但要塞内有阿尔巴尼亚间谍或内奸，他们挥动双手或斗篷，向土耳其人发讯号，告诉他们城墙无人把守。土耳其人在无人防守的那段城墙下架起云梯，1万多土耳其人潮水般涌入。"发生了一场凄惨的大屠杀；所有人都被杀或被俘并变卖为奴，无人得以幸免。"马特写道，"土耳其人的君主为胜利而欣喜，扬扬得意、狂妄自大地返回了拜占庭①。"【49】

很快土耳其人再次得胜，不禁踌躇满志。在返回伊斯坦布尔途中，土耳其军队途经科罗尼港，那里的人们已经得知了莫东的悲惨结局。科罗尼守军"被邻居的灾祸和土耳其人的威胁吓得战战兢兢，举手投降了"，马特总结道，"就这样，由于我们的怠惰，敌人的力量大增，而我们被削弱了。"【50】

远离卡斯蒂利亚家园和基地的大元帅终于抵达东方，奉命阻挡住土耳其人的怒潮。他面临的局面很不乐观。10月2日，贡萨洛及其部下加入了位于科孚岛（希腊西海岸的一个岛屿，在亚得里亚海以南）的威尼斯舰队。到11月7日，他在考虑攻打凯法利尼亚港，土耳其人曾将那里作为进攻勒班陀的集结地。在给两位君主的信中，他写道，他觉得这个港口"是世界第一良港，而且是一个属于土耳其人的岛屿"。【51】另外，那里只有约300土耳其士兵，另有基督徒平民约3500人。这个岛屿的历史很有意思：它曾属于莱奥纳尔多·托科，君士坦丁堡的拜占庭皇帝的近亲。为了报复凯法利尼亚支援基督徒将领斯坎德培（他自15世纪60年代就一直在抵抗土耳其人的侵略），土耳其人占领了这个岛。

---

① 此处拜占庭指的是伊斯坦布尔城。

贡萨洛·费尔南德斯·德·科尔多瓦作战时总是携带一个婴孩耶稣像。他带着圣像，率军来到凯法利尼亚城堡前，宣称自己是"西班牙摩尔人的征服者"，勒令守军投降。土耳其士兵被上级禁止投降，说他们不会放弃，但给他送去了礼物——一支黄金弓和一个装满箭的黄金箭筒，以示尊重。随后爆发了争夺城堡的激战，基督徒把这座城堡称为圣乔治堡。西班牙人和威尼斯人的粮食濒临告罄，"饥肠辘辘"，找到什么就吃什么。[52]

有一次，土耳其人企图从要塞城墙下挖地道出去，但西班牙人发现了，炸毁了地道，将被困在地下的人炸死。贡萨洛想出了一个计划。他命令对城墙连续炮击数日，让守军精疲力竭。随后他下令发动全面进攻。他们于 1500 年 12 月 24 日取得了胜利。

此次征服虽然规模相对较小，但给西班牙赢得了莫大光荣。阿拉贡历史学家赫罗尼莫·苏里塔写道，收复凯法利尼亚是"众口传颂的伟大胜利"，因为这是自差不多五十年前君士坦丁堡陷落以来基督徒从土耳其人手中收复的唯一一座要塞。[53]这将是随后一百多年里基督徒的最后一次胜利，也是最后一次从土耳其人手中收复失地。但它成了一个象征，告诉大家，有效地抵抗土耳其人是完全能做到的。土耳其人始终未能夺回这个岛屿，许多年后，哈布斯堡家族以其为基地，在决定性的勒班陀大海战中打败了土耳其人。

约翰·朱利叶斯·诺里奇在《威尼斯史》中写道，收复凯法利尼亚的独特胜利，"只有在西班牙帮助下才得以成功"。[54]威尼斯人认识到，贡萨洛是此次胜利的大功臣。他们把他请到他们的城市，授予他威尼斯荣誉公民的头衔，并慷慨赏赐和嘉奖他。拜占庭帝国皇族的最后一位年迈的后人赞誉贡萨洛为拜占庭皇位的继承者。

　　此次胜利的成果当然是非常有限的。1502 年 12 月，威尼斯人与奥斯曼人达成了协议，把奥斯曼人在大陆上索要的一切都拱手奉上。这标志着奥斯曼—威尼斯关系的一个重要转折。"从军事角度看，1499~1502 年的战争是地中海上基督教与伊斯兰教世界之间鸿沟构建的一个关键时刻，"历史学家丹尼尔·戈夫曼写道，"这场战争的结果是，奥斯曼人与威尼斯人之间的边界几乎完全依托海岸线，因此泾渭分明。"[55]但凯法利尼亚大捷和随后的停战帮助基督教西方在土耳其的节节进攻之下赢得了二十年的喘息之机，得以择日再战。历史学家科林·因贝尔写道，"奥斯曼人暂不攻击欧洲的时期一直延续到 1521 年"，在此期间土耳其人将注意力转向伊斯兰世界内部，凶残地镇压宗教异端和分离运动。[56]

　　地中海东部的这些事件对大元帅来说亦悲亦喜，因为贡萨洛很快得知，他在希腊与土耳其人作战的同时，西班牙的被征服穆斯林发动叛乱，杀死了他的兄长。趁着西班牙的大部分军队在海外征战，安达卢西亚的穆斯林发动了一场叛乱，杀死了一些卡斯蒂利亚军人，包括贡萨洛的兄长堂阿隆索·德·阿吉拉尔。穆斯林仍然对西班牙基督徒的"收复失地"愤愤不平，对自己被强迫皈依基督教也十分恼火。阿隆索的尸体被切成碎片，几乎无法认清身份。

　　但贡萨洛不能回家，也不能继续在东欧讨伐土耳其人。他被召回西西里岛，去处置意大利境内发生的新战事。路易十二国王统治下的法兰西再次决定夺回那不勒斯。斐迪南和伊莎贝拉不得不一而再，再而三地赶来营救他们那些不得民心的亲戚（那不勒斯王室得不到自己人民的支持，并且持续受到法兰西的压力），他们已经感到身心俱疲。那不勒斯王室的忘恩负义也让两位君主痛苦。西班牙的两位君主在给他们驻英大使的信中写道："费德里科国王从未对我们为他做的事情表示过一丝一毫的感激，对我们也没有一点和善或兄弟情谊，却恰恰相反。即便如此，我们从未停止为他奔波劳碌，尽我们所能帮助他与法兰西国王和解，以便他能稳坐王位，让法兰西国王停止手头的事业。"[57]

看到卡斯蒂利亚的支持减弱，法兰西又发出新的威胁，那不勒斯王室决定从一个令人吃惊的方面寻求军事援助。他们请求土耳其人出兵支援，或者至少他们是这样告诉斐迪南和伊莎贝拉的。这一步实在太过分了。两位君主告诉他们的大使：

> 费德里科国王寻求土耳其人的帮助，一年多前通过他的大使向我们通知了此事，并表明了他的决心，尽管我们反对他这么做，批评他，努力劝他回头是岸。最后我们告诉他，如果他敢这么做，我们将是他的头号敌人。但我们还是不能劝服他罢手……土耳其人参与了此事，光是因为这个，我们就应当不仅拒绝支持费德里科国王，还要反对他……看到费德里科国王仍然坚决要寻求土耳其人的支援，我们为了基督教信仰，必须与基督教君主们团结一心。[58]

于是，斐迪南和伊莎贝拉决定与他们的宿敌法兰西结盟，在西班牙与法兰西两国之间瓜分那不勒斯。他们很快这样办了。那不勒斯王族飘零到五湖四海。费德里科国王去法兰西居住；其他人，包括斐迪南的妹妹和王储（费德里科的儿子斐迪南，卡拉布里亚公爵）去了西班牙。

伊莎贝拉和斐迪南对他们自己在那不勒斯的行动极力辩

解，毕竟他们实际上是攫取了自己亲戚的王国。但他们当时说，他们这么做，完全是出于务实的考虑。他们告诉宫廷的人们，他们是两害相权取其轻。正如彼得·马特解释的，他们选择夺取"那不勒斯王国的一半，以免它整个儿落入法兰西手中"，他们希望将来能够控制整个那不勒斯王国。但马特记载道，两位君主的话引起了震惊，因为费德里科国王"其实是个非常好的人"。[59]

不足为奇的是，瓜分那不勒斯的两个盟友——西班牙和法兰西毕竟芥蒂太深，没有办法和和气气地瓜分战利品。他们在边境发生冲突，最终引发了战争。遵照西班牙两位君主的新命令，贡萨洛又一次与法兰西人正面对垒。1503 年 4 月 28 日发生在切里尼奥拉的战役被军事史学家认为是近代战争的一个转折点。贡萨洛·费尔南德斯·德·科尔多瓦的战术是使用小型火器，从堑壕里射击，这设立了一个榜样，全世界的西班牙人纷纷效仿，使得随后两百年间伊比利亚人在军事上保持着优势。他还创立了一项习惯，即在战役结束后为敌方的阵亡者祈祷。

最后，在对法战争中，西班牙成为无可争议的胜利者，控制了整个那不勒斯。这意味着，西班牙帝国如今囊括了意大利半岛的整个南半部分。贡萨洛·费尔南德斯·德·科尔多瓦成为那不勒斯总督，深得民心，在那里稳固地确立了西班牙的统治。西班牙在随后三百年里一直掌控着这座城市及其周边的各省份。

在西班牙哈布斯堡家族的治理下，那不勒斯人不会享有自治权，还受到宗教不宽容的影响。此时，宗教不宽容已经成为西班牙文化根深蒂固的一部分。但是，那不勒斯人得到了一定程度的保护，不必过于害怕土耳其人支持的海盗，也基本上不必担心法兰西的继续侵犯。

更重要的是，在土耳其人在地中海的扩张接近巅峰的时期，西班牙帝国对那不勒斯的控制，减弱了奥斯曼军队入侵意大利半岛的威胁，并最终彻底消除了此威胁。历史学家托马索·阿斯塔里塔写道："在 1571 年的勒班陀海战之前，那不勒斯一直是基督教世界抵抗土耳其人的壁垒。"[60]

二十 流亡的以色列人

在 1492 年格拉纳达陷落、犹太人被迫离开之后，犹太人和穆斯林仍然受到西班牙两位君主坚定不移推行天主教的措施的伤害。

伊莎贝拉女王的目标其实并非驱逐人口，而是迫使所有人都皈依基督教。这既是为了国家安全考虑，也是为了保护他们的不朽灵魂。当然这是她的看法。但对那些坚决要保留自己信仰的穆斯林和犹太人来说，皈依基督教是不可接受的，甚至是无法想象的。宗教仇恨的腐蚀性极强，而且能够永久性地自我维系下去。在这些年里发生的事情，将影响后来的许多个世纪。

伊莎贝拉女王并不否认自己的所作所为。她从未质疑过自己的行为。事实上，随着时光流逝，她的信念越来越坚决。她相信自己所做的是必需之事，尽管她也承认她的行动给人们造成了痛苦。例如，在 15 世纪 80 年代，一些西班牙人，包括塞哥维亚主教，对她的作为提出了批评，并请求教皇英诺森八世加以干预、叫停西班牙异端裁判所。她对自己的驻罗马大使承认："我造成了极大的灾祸，让许多城镇、省份和王国十室九空。"[1]但她对教皇辩解说，她这么做是为了捍卫基督教信仰。

在那个时代和那个世界，并非只有伊莎贝拉女王一个人在做自认为符合人民利益的事情。那是一个残酷无情的时代。在那些岁月里，穆斯林为自己残酷伤害基督徒而辩护，基督徒认为迫害穆斯林是正当的，基督徒和穆斯林都理直气壮地折磨犹太人。一些犹太人为自己在基督徒手中受到的不公而愤怒，转而热情洋溢地支持奥斯曼政权。威尼斯控制的克里特岛上的拉比埃利亚胡·卡普萨利在著作中赞扬土耳其人对基督徒国家的侵略，认为这表明即将发生一场精神的大灾变，导致弥赛亚降临。[2] 欧洲各地和奥斯曼帝国境内的许多犹太人都同意他的看法。

另外，三种信仰的教徒都大肆宣扬自己受到的伤害，却对其他人的痛苦毫无恻隐之心。基督徒主要哀叹基督徒受到的不公，穆斯林为穆斯林哀哭，犹太人为犹太人悲痛。留存至今的文献里很少有人同情不同信仰的人。西班牙基督徒注意到了逃离西班牙的犹太人的伤心欲绝，但对此做了合理化的解释。在奥斯曼帝国旅行的商人注意到奴隶市场挤满了可怜兮兮的基督徒奴隶，但很少质疑奴隶制度本身是否公正。这只不过是一个艰难世界里的又一种残酷事实。

"收复失地"运动完成不久之后，安达卢西亚的穆斯林遭遇了新麻烦。格拉纳达投降的时候，伊莎贝拉女王和斐迪南国王曾向穆斯林做过好几项具体的承诺。穆斯林被允许保留自己的财产和房屋，在清真寺内自由礼拜，不受骚扰，并维持自己的风俗、语言和服饰。简而言之，他们可以继续遵守自己的信仰，不受阻挠。根据阿拉伯人的记载，投降的时候，"所有人泪流满面"，但穆斯林同意投降，因为他们的生命和宗教信仰将得到保护。他们相信伊莎贝拉和斐迪南会信守承诺。他们的史料还提及，代表两位君主谈判的不是别人，正是大元帅贡萨洛·费尔南德斯·德·科尔多瓦，他的阿拉伯语说得很流利，受到尊重。[3]

在 1492 年达成和平投降，当然挽救了双方很多人的生命，因为伊莎贝拉女王决心要占领西班牙南部。从她的角度看，没有别的选择。

但受降不久之后，伊莎贝拉就开始向先前埃米尔国境内的穆斯林施压，勒令他们皈依基督教。不到十年时间，她和丈夫就完全违背了曾向穆斯林做出的承诺。这并不让人感到意外，因为这与她的根本信念相符。她相信自己无论是作为个人，还是女王，都有精神上的义务，必须传播基督教信仰，扩大基督徒人数。她可以这样解释：让大量穆斯林人口留在西班牙南部是很危险的事情，因为他们可能会欢迎奥斯曼土耳其人的入侵。但格拉纳达的穆斯林不足为奇地感到自己上当受骗了。

起初，改宗的过程依赖温和但坚持不懈的劝导。伊莎贝拉女王的忏悔神父，改宗犹太人埃尔南·德·塔拉韦拉，被任命为格拉纳达大主教。他立刻着手，通过循序渐进的关于基督教信仰的教育，吸引尽可能多的穆斯林皈依。他学习了阿拉伯语，阅读《古兰经》，以寻找相通的元素，来阐释两种信仰的相似之处。这对塔拉韦拉来说是一个重要岗位，但他离开宫廷对伊莎贝拉来说是个损失，因为她依赖他的判断力和明智已经十多年了。例如，她的女儿伊莎贝拉八岁时作为人质被送到葡萄牙之后，是塔拉韦拉负责监督和教育这个小姑娘。[4]

塔拉韦拉的好友滕迪利亚伯爵被任命为在安达卢西亚的最高级卡斯蒂利亚行政长官。这位伯爵就是伊尼戈·洛佩斯·德·门多萨，红衣主教门多萨的侄子，他们家族出了很多思想深邃而开明的知识分子，因而闻名。就是滕迪利亚伯爵劝意大利人文学者彼得·马特搬到卡斯蒂利亚，将古典学术和文艺复兴思潮引入那里。滕迪利亚伯爵很尊重伊斯兰教信仰和当地人的风俗习惯，但他也致力于让所有人皈依基督教的事业。

塔拉韦拉和滕迪利亚伯爵静悄悄地开始打入穆斯林人群，将不少人拉到基督教这边，并结交了许多安达卢西亚穆斯林，因为后者相信他俩值得信赖。但他们的传教工作让很多穆斯林如坐针毡，很多人开始不情愿地考虑迁往北非，以逃避皈依的压力。

塔拉韦拉去了格拉纳达之后，女王忏悔神父的岗位就空缺了。她选择的新人是弗朗西斯科·西门尼斯·德·西斯内罗斯，这是一位修身苦行的凶悍的宗教战士，出身托雷拉古纳（马德里附近一座小镇）贫民家庭。伊莎贝拉赞同西斯内罗斯严格的宗教和道德规矩，他的克己节欲说明他的生命比那些耽于享乐的人有更崇高的使命。多种宗教都有一种历史悠久的传统，即认为清心寡欲是一种神圣的表现。伊莎贝拉认为苦修者比普通人更神圣，她这么想或许是有理由的。如果一个人摈弃了尘世的野心，那么他肯定往集中思绪于精神世界前进了一步，尽管他随后做出的判断未必是理智的。另外，由于他的克己节欲，西斯内罗斯肯定比其他人较不容易腐化堕落；她不用担心他为自己搜罗世俗的财富。她选择了西斯内罗斯，也就是选择了与罗德里戈·博吉亚截然相反的人。博吉亚沉溺于享乐，但更宽容。

红衣主教佩德罗·门多萨于 1494 年末去世，于是卡斯蒂利亚最高级的教会职位——托莱多大主教，就空缺了。门多萨是在卡里略大主教死后得到这个位置的。伊莎贝拉做了安排，把这个职位给了西斯内罗斯。因此他将成为西班牙最重要和最有权势的教士。西斯内罗斯起初拒绝，因为他更希望过僧人的孤寂生活，但在女王的压力下最终接受了。这让斐迪南国王非常恼火，因为他打算让自己的私生子阿隆索（萨拉戈萨大主教，此时也生养了一大群儿女，数量还在增加）得到卡斯蒂利亚最高的教会职位，以获得更多财富和威望。但伊莎贝拉坚持要把托莱多大主教职位交给西斯内罗斯。国王的私生子已经在很多方面表现出不适合履行宗教使命，而西斯内罗斯与他截然相反。伊莎贝拉选择了一个宗教狂热分子，这就让她的王国走上了更僵化、更缺乏宽容的宗教道路。这显然是她有意为之，是在刻意转变路线。战争让她变得冷酷，生活让她悲伤，她自己也变得更加僵化、更缺乏宽容。

* * *

到15世纪90年代末，西斯内罗斯判定，塔拉韦拉以温和劝导让穆斯林皈依基督教的做法见效太慢。他请求女王允许他访问安达卢西亚，获准后率领一群言辞激烈的讲道者去了那里。他们开始采纳强硬过激的手段，包括激烈的宣讲、贿赂和威胁，迫使穆斯林改宗。他尤其下了大力气去对付那些出身穆斯林、已经皈依基督教但在他看来不够真诚的人，招致了人们的恐惧和愤怒。一些前穆斯林无疑有理由担心自己落入异端裁判所手中，因为他们内心里还是穆斯林，或者可能被指控仍然抱有伊斯兰信念。但当局允许匿名举报，所以任何人都可能被判定犯有异端罪。很多皈依了基督教的犹太人已经发现，皈依并不意味着他们能够免于迫害。

但这一时期的一些穆斯林为了方便起见，还是皈依了。有一天，约有4000人受了洗礼。这是一个了不起的事件。为什么有这么多人同意改宗？有些人可能很容易改宗，因为他们原本对宗教就比较淡泊。有些人第一次接触基督教，可能是真诚地皈依了，或许被塔拉韦拉说服了，或许是因为害怕下地狱。

其他人可能看到山雨欲来，基督徒现在统治了国家，如果他们改信基督教，生活会容易一些。有些人可能是被西斯内罗斯的贿赂收买了。西斯内罗斯赠送每一个愿意受洗的人一件衬衫。

传教的成功让西斯内罗斯热情洋溢，促使他再接再厉。对他来讲，攻击伊斯兰教信仰已经不够了。他还开始攻击伊斯兰文化与文学。1499 年，在格拉纳达，他主持了大规模焚书活动，烧毁了大量珍稀罕见的装饰黄金的阿拉伯文手抄本。只有约 300 份医学论著得以幸免。西斯内罗斯自己是个饱学之士，所以他毁坏安达卢西亚伊斯兰文化残存瑰宝的行动，是有意为之，表明了他对伊斯兰学术和知识的明目张胆的鄙视。这让人想起 1453 年土耳其人恣意损毁君士坦丁堡的手稿与书籍。正如土耳其人的焚书让基督徒愤怒，西斯内罗斯的焚书也让穆斯林怒不可遏。

很多虔诚的穆斯林对大规模皈依感到不安，而西斯内罗斯的恣意破坏让他们怒火中烧。他们相信，他的行动违背了西班牙两位君主在接受格拉纳达投降时做出的承诺。城内发生了暴力活动。一群暴民冲到西斯内罗斯的住地。他不得不躲在房内。他的一名雇员被杀。似乎一场普遍的叛乱就要爆发了。

塔拉韦拉大主教和滕迪利亚伯爵一同来到风暴的中央，倡导和平。他们走到一大群愤怒的穆斯林当中，这对他们自己来说是相当危险的。这被认为是善意的姿态。塔拉韦拉的和善是世人皆知的。有些市民甚至请求允许亲吻他的衣襟。为了担保摩尔人的忧虑能够得到充分表达，滕迪利亚伯爵主动将妻儿作为人质交给他们，同时与他们商谈导致此次暴动的那些问题。但就在格拉纳达城内紧张情绪消失的时候，叛乱在城外山区蔓延，内战风波再起，像上次内战一样凶险。

斐迪南国王得知红衣主教西斯内罗斯①的所作所为后，嘲笑女王愚蠢地将这个人选到这个岗位上。有人听到他对女王说："所以，为了你的大主教，我们可能要付出惨重代价。我们花了许多年才得到的，这莽汉在几个钟头内就丢光了。"[5]伊莎贝拉命令西斯内罗斯到宫廷来，然后"以最严厉的言辞"质问他。[6]她对他的策略的态度可能是模棱两可的。他取得的成绩——大量穆斯林皈依——一定会让她高兴。而且此次叛乱可能给了斐迪南和伊莎贝拉需要的借口，让他们可以辩解说，投降条约的条件已经被穆斯林破坏了。1500 年 1 月末，斐迪南国王告诉格拉纳达的穆斯林，所有人都必须皈依基督教。他提议，任何人只要在 2 月 25 日前受洗，就既往不咎。

在这巨大压力下，很多穆斯林同意受洗。这种值得商榷的传教手段似乎取得了一些成果。在期限之前，有约 5 万人皈依。[7]但那些不愿意皈依也不愿意离开的穆斯林发动了叛乱，抵抗王室敕令，并向北非和奥斯曼帝国的穆斯林求援。这促使西班牙王室进一步镇压穆斯林，因为他们害怕伊斯兰世界向安达卢西亚发动新的入侵。不同时期，在不同地点，发生了一系列新的暴力冲突。斐迪南国王残酷无情地镇压穆斯林反对派。发生了一些暴行：在阿普哈拉斯（格拉纳达城附近的一个山区）的一座城镇，穆斯林妇孺躲进一座清真寺，西班牙士兵将清真寺炸毁了。

贡萨洛·费尔南德斯·德·科尔多瓦的哥哥阿隆索·德·阿吉拉尔就是在这样一起地区性叛乱中被杀的。穆斯林引诱一

_____

① 此时西斯内罗斯还不是红衣主教。1507 年，在斐迪南支持下，他成为红衣主教。

支卡斯蒂利亚军队进入一座山涧，将其尽数屠戮。穆斯林在西班牙南部横冲直撞，见到基督徒就杀。"死者甚多。他们不饶恕自己遇到的任何人，也绝不留活口或抓俘虏。"彼得·马特写道。[8]在卡斯蒂利亚人和穆斯林的一次紧张的谈判中，斐迪南和伊莎贝拉不愿意做任何让步。他们给叛军两个选择，要么皈依基督教，要么离开西班牙。国王和女王表示，如果他们愿意离开，政府可以出钱把他们送往北非。从此刻起，任何形式的宗教宽容都不可能存在了。

许多穆斯林决定离开。彼得·马特写道，为了避免放弃伊斯兰教，他们"选择离开故土和家园"。"他们的离去让两位君主颇为满意。他们说，就这样，土地中的坏种子会被渐渐清洗干净。"[9]

但后来，即便那些皈依了的人，也发现自己受到猜忌。异端裁判所开始迫害他们。过去是前犹太人因为所谓的信仰不真诚而遭到审讯、迫害而处决，如今同样的事情发生在皈依基督教或者宣称皈依的穆斯林身上。按照巴巴利①海盗海雷丁帕夏的说法，事实上，有些人的确是假装皈依，在自己家里挖掘地下室，秘密向孩子传授《古兰经》知识。海雷丁将这样一些穆斯林运送到了安全的北非。[10]在西班牙的假基督徒若是不悔改，就被异端裁判所烧死。伊莎贝拉女王支持这样的调查，就像过去支持对改宗犹太人的调查一样。她相信必须除掉国内所有的假基督徒，因为穆斯林会破坏那些已经受洗的人的信念。

于是，更多穆斯林离开了安达卢西亚，渡过狭窄的海峡，

---

① 欧洲人称为巴巴利而阿拉伯人称为马格里布的地区，也就是今天的摩洛哥、阿尔及利亚和突尼斯一带。

前往北非或奥斯曼帝国。他们为自己被迫背井离乡而愤怒。有些人开始从事海盗活动，认为这是对西班牙基督徒虐待他们所做出的正当的、值得赞扬的报复。

土耳其人利用了北非穆斯林对海盗活动的新兴趣，开始向其提供支援，并鼓励他们从事海盗活动。地中海的海盗问题越来越严重。据海雷丁帕夏回忆，以北非为基地的海盗袭击西班牙目标，掳掠财产，奴役基督徒，并高呼："安拉！安拉！"仅在一个月内，海雷丁就俘虏并奴役了3800名基督徒。[11]他的活动对奥斯曼人的价值很大，后来他们封他为海军司令。

与此同时，1492年被逐出西班牙的犹太人在其他国家过得也很凄惨。很多人逃到了葡萄牙。冷酷无情而秉承机会主义的若昂二世国王允许他们入境，只要他们缴纳高额入境税。但葡萄牙对犹太人的欢迎是很短暂的；他告诉他们，如果他们在葡萄牙停留的时间超过了规定，就将成为奴隶。

但很多犹太人接受了若昂二世国王的条件，往西前往葡萄牙，但几乎随即遭受了新的灾祸。很多人刚过边境，就遭到抢劫。没有人知道有多少犹太人去了葡萄牙，但基督教和犹太人的编年史说数量很大。难民被塞进距离卡斯蒂利亚边境不远的一连串营地。[12]很快这些临时定居点就蔓延疾病，许多家庭死绝，这让居住在附近城镇的葡萄牙人大为恐慌。他们要求将犹太人再次强行迁走。

现在犹太人意识到自己落入了陷阱，因为若昂二世国王向他们征收高额离境税，所以已经抵达葡萄牙的犹太人要想合法地离开葡萄牙，又得大放血。另外，那些愿意离开的人被强迫乘坐国王名下的船只，于是国王再次从这些陷入绝境的犹太人身上榨取利润。非国王所属的船只的船长若帮助犹太人，会被处决。[13]

　　若昂二世国王虽然急于对犹太人趁火打劫，但也想强迫他们皈依基督教。在 1492 年 10 月 19 日的敕令中，他下令，任何接受洗礼的犹太人可以免缴入境税和离境税。期限到了之后，他宣布，任何无钱离开葡萄牙的犹太人都将成为奴隶。于是，1000～1500 犹太人成了国王的奴隶。

　　随后国王宣布，犹太人若不缴税，他将夺走他们的孩子。数百名，或许多达两千名犹太儿童被运往非洲西海岸的荒岛圣多美，在那里因饥馑和日晒雨淋而死。当时的卡斯蒂利亚编年史里几乎没有对此事的记载。或许人们觉得这事太让人毛骨悚然，因此不能记载。弗朗索瓦·苏瓦耶说，卡斯蒂利亚编年史未记载抛弃儿童于荒岛的丑事，是"无法解释的过错"。[14]

　　但是，这些事件发生的先后顺序表明，若昂二世国王做出如此残酷之事的动机可能是什么。阿拉贡历史学家赫罗尼莫·苏里塔能够接触到原始的档案文献，他写道，若昂的儿媳伊莎贝拉公主在丈夫阿方索死后悲痛欲绝，坚信是葡萄牙的罪恶导致了这个年轻人的死。据苏里塔说，她对葡萄牙愿意接受逃离西班牙异端裁判所迫害的犹太人和改宗犹太人尤其担忧，因为这些人是激怒了上帝的异端分子。她变得对此事如癫似狂。苏里塔写道："她的第一任丈夫堂阿方索王子遭遇的灾祸，被她理解为，是因为葡萄牙人接纳逃离卡斯蒂利亚的异端分子和叛教者。""她对此有极大的顾虑，非常害怕冒犯了上帝，以至于相信她的丈夫就是因为受上帝的惩罚而死的。"[15]

　　年轻的阿方索死后，葡萄牙王室失去了儿子和合法继承人，于是在很多讨论中进行了这样阴郁的思考。所以，若昂二世国王对犹太儿童的虐待，可能是为了自己儿子的死而向上帝和犹太人报复。

伊莎贝拉女王肯定得知了这些事情，不过没有史料记载她对若昂二世凶恶地害死犹太儿童的反应。不过大约在这个时期，她向已经逃往葡萄牙并想要回家的犹太人发放通行证，但条件是，他们必须宣誓皈依基督教。于是很多人辗转回到卡斯蒂利亚，不情愿地接受了洗礼和皈依。

若昂二世国王最终于1495年驾崩，葡萄牙境内幸存的犹太人（数量在减少）无疑松了一口气。但这个喘息之机很短暂。曼努埃尔一世国王于1495年登基，起初对被奴役的犹太人表现出怜悯，命令将其释放。但不到一年的时间，他又决定将他们逐出葡萄牙，除非他们同意皈依基督教。伊莎贝拉公主（曼努埃尔一世追求的年轻寡妇）让他承诺，一定要强迫犹太人接受洗礼，才会同意嫁给他；他必须驱逐任何曾在西班牙被判异端罪的人。起初曼努埃尔一世国王担心这是伊莎贝拉不肯嫁给他的又一个借口。所以，据苏里塔说，伊莎贝拉公主亲笔写了一封信给他，承诺自己宣誓，"同意结婚，并到他的国家，与他一起生活"，条件是他必须确保驱逐异端分子。[16]

但按照葡萄牙历史学家安东尼奥·恩里克·德·奥利韦拉·马克斯的说法，曼努埃尔一世其实自己原本就打算镇压犹太人，伊莎贝拉公主的"苦苦相逼"只是他的一个借口而已。[17]他驱逐犹太人的举动和欧洲其他统治者如出一辙，这种做法被认为能够减少内部紧张和宗教间矛盾。

但曼努埃尔一世国王自己也非常虔诚，想出了一种新的强迫犹太人皈依的严苛手段：他命令，犹太人可以离开，但必须留下不满十四岁的孩子，这些孩子将被分配给葡萄牙基督徒家庭抚养。这种做法和土耳其人的德夫希尔梅概念很相似，令人不寒而栗。为了保住自己的孩子，葡萄牙有数千名犹太人终于妥协，皈依了基督教。人们熟知的事情又发生了：有些人是真诚皈依，有些人只是假装。

即便皈依了基督教，犹太人仍然受到基督徒的敌视。1506年，基督徒暴民在里斯本兴风作浪，屠杀了两千名前犹太人。曼努埃尔一世国王处决了暴民首领，但犹太人清楚地看到，即便皈依基督教，自己的安全仍然没有保障。

很快，犹太人不仅逃离西班牙，也开始逃离葡萄牙，前往阿姆斯特丹、北非，最好的目的地则是奥斯曼帝国。与流传甚广的神话相反的是，巴耶济德二世并没有明确地欢迎犹太人到奥斯曼领土。[18]但他确实允许他们入境，但他们必须遵守主宰着奥斯曼文化的伊斯兰教法：犹太人必须接受二等公民的地位，缴纳特别税，并以多种方式向伊斯兰信仰表达尊重。

在经历了千难万险之后，许多犹太人觉得奥斯曼国家是安全的避风港。那里的限制是可以接受的。很快，许多犹太人在精神和心理上恢复了元气，开始繁荣昌盛。

但他们没有遗忘曾经的苦难。例如，居住在克里特岛的拉比埃利亚胡·卡普萨利一家认为奥斯曼帝国的每一次胜利都表明神战胜了邪恶的基督徒。很多犹太人秘密地支持土耳其人。一些塞法迪犹太人成了伊斯坦布尔的奴隶贩子，将基督徒俘虏卖给后宫或当作桨帆船奴隶。卡普萨利说，西班牙犹太人带来了关于"火器发展"的珍贵的技术信息，这帮助土耳其人在针对基督徒的战争中赢得了更多胜利。[19]

有些人开始觉得，基督徒被土耳其人打败，是因为他们的罪孽受到上帝的惩罚。据马丁·雅各布斯说，当时居住在热那亚的犹太历史学家约瑟·哈—科恩认为，"奥斯曼人的崛起是上帝的神圣安排的一部分，宗旨是惩罚基督教对犹太人的持续迫害"。哈—科恩说，圣索菲亚大教堂被洗劫，是基督教的"图像"和"偶像"被扫地出门，这是"上帝的预言得到实现"，就像先知耶利米说的那样。[20]

　　在随后五百年里，来自西班牙的犹太人（称为塞法迪犹太人）和穆斯林将对在西班牙的生活保留苦乐参半的回忆，后来他们把西班牙视为失落了的天堂。历史学家简·格伯写道："消失了的塞法迪土地成为犹太人历史的一个伟大主题，有点像圣殿被毁和巴比伦之囚。"[21]另一位历史学家萨勒马·卡德拉·贾乌西则说："观光安达卢西亚、目睹其伟大的伊斯兰纪念建筑的阿拉伯人或穆斯林，无不感到自豪和遗憾。"[22]

　　伊莎贝拉成功地将西班牙变成几乎纯粹的天主教国家，但她也丧失了在西班牙生活数百年甚至数千年的犹太人与穆斯林的勤奋和技艺。为了达成自己的目标，她在国内树敌颇多。异端裁判所及其代表的宗教不宽容，成为她的遗产的一个无法磨灭的污点，在许多世代里困扰着西班牙。

二十一　三个女儿

1500 年之后的岁月，伊莎贝拉女王步入知天命之年，但她勤政依旧，不曾松懈。她继续处置海外战争和国内动荡时，还有两个孩子（她的女儿玛丽亚和凯瑟琳）即将成年，她还打算将胡安娜（此时成了卡斯蒂利亚和阿拉贡的王位继承人）召回西班牙，使其宣誓成为下一位女王。她必须对胡安娜加以培养，帮助她未来执政。与三个女儿的关系都有问题，作为母亲的伊莎贝拉还有很多工作要做。

但女王身体欠佳。她通常拥有无所畏惧的意志力、干劲和充沛精力，现在开始感到一阵阵的衰弱疲劳。她时常感冒发烧。那些在过去让她非常成功的工作，她现在开始延缓、耽搁，甚至放弃。

胡安娜于 1502 年回国，与丈夫一同骑马来到托莱多，以便接受册封为卡斯蒂利亚和阿拉贡王位继承人。伊莎贝拉身体有恙，不能骑马迎接，而是在宫中等待女儿回家。斐迪南国王和腓力大公骑马走在胡安娜前面，先行入城。这对未来的西班牙女王来说，是失了礼数。这个错误表明，曾经精心策划自己登基典礼的伊莎贝拉，已经开始犯错误。她素来运用自己不可战胜的意志力来塑造事件以及人们对它的感受，如今她却没有力量像过去那样掌控方方面面了。

她的问题既有身体上的，也有心理的。伊莎贝拉患有具体情况不明的内脏疾病，可能是癌症，也可能是其他疾病。她还遭受了三次严重的个人打击：她最宠爱的两个孩子，胡安和伊莎贝拉（他们本来是要接替她的位置的）的死亡，以及她的小外孙米格尔·德·拉·帕斯（他若长大成人，将继承卡斯蒂利亚、阿拉贡和葡萄牙）的夭折。伊莎贝拉的希望和对未来的安排全成了泡影，所以她很难恢复元气。米格尔于1500年7月夭折的几个月里，她心烦意乱，几乎无法与人交流。

很多活动不得不推迟。人文学者卢乔·马里内奥·西库罗（西西里人，生活在卡斯蒂利亚宫廷）告诉一位朋友，宫廷的生活几乎完全停顿了。"我们最虔诚的两位君主和整个宫廷被巨大的悲恸席卷，无人敢于接近女王，也不敢和她说话。"他告诉自己的笔友费德里科·马内尔，"因为国王和女王被沉痛的心情折弯了腰，这也不奇怪，因为在很短时间内，他们失去了三位声名显赫的王子公主，全都是合法的继承人。"[1]

问题还不只这些最近发生的悲剧。在公共场合，伊莎贝拉女王维持着坚韧的仪态，但痛苦和疾病摧毁了她的外貌。她青春年少时的美貌淡去了。她变得肥胖。她用一顶不好看的帽子盖着头，可能是出于宗教原因，也可能是因为她的头发在稀疏或变灰白。有些肖像捕捉到了她越来越满腹惆怅的表情。

在私人场合，她积极的人生态度也消失了。一位生活在宫廷的年轻贵族对彼得·马特说，伊莎贝拉女王"十分悲戚"，他感到这很难理解。他告诉马特，女王受到臣民的仰慕和敬畏，但政治权力和地位并不能让她开心。马特表示同意。[2]

很快，西班牙人民就觉察到，女王遇到了某种严重的问题，而整个国家也出了问题。随着她的精力衰弱，很多其他东西也开始土崩瓦解。

例如，曾参加格拉纳达战争并与哥伦布一同远航的阿隆索·德·奥赫达返回伊斯帕尼奥拉岛时，带来了消息。他告诉卡斯蒂利亚殖民者们，伊莎贝拉女王身患重病，据说已经时日无多。所有人都知道伊莎贝拉因为亲人的死亡而深受打击，但大家简直无法想象，这样坚强而不屈不挠的人竟然也会倒下。哥伦布认为这消息是恶毒的谣言，他的儿子斐迪南后来回忆说，这是奥赫达的诡计，目的是破坏哥伦布对那些岛屿的治理和监督。[3]

但随着这消息在群岛流传，人们的行为发生了明显的微妙变化。伊莎贝拉曾明确表示，她是印第安人的保护者，伤害印第安人的人将遭到严惩。但随着她的健康状况恶化，殖民者渐渐胆子大了起来，对美洲原住民更加咄咄逼人。

后来成为殖民者的巴尔托洛梅·德·拉斯·卡萨斯当时还很年轻，在美洲寻求发财。他于1502年抵达伊斯帕尼奥拉岛，目睹了殖民者立场的变化。他是从一开始就知道美洲大发现的宫廷内层圈子的成员。他出身来自塞哥维亚、后迁往塞维利亚的一个改宗犹太人家庭[4]，他的父亲和三个叔伯曾参加哥伦布的第二次美洲远航。拉斯·卡萨斯决定自己也去美洲，后来回忆说自己起初受到了美洲原住民的热情欢迎。这时西班牙人在岛上已经居住了十年，很多印第安人还视其为友好的势力。

拉斯·卡萨斯注意到，殖民者得知伊莎贝拉病重的消息后，对印第安人的态度就变得严酷得多了。西班牙人要求印第安人为他们服务和劳作。如果印第安人拒绝或者反抗，西班牙人有时会报之以令人发指的残忍暴行，驱使猎狗将其撕成碎片，或者砍断男女与婴儿的肢体。

雪上加霜的是，如今去往新大陆的定居者的素质也在急剧下降。最早的一批是普通水手。前途大好的青年成群结队加入了哥伦布的第二次远航。但第一批探索者中有很多人已经死于梅毒或其他疾病，或被杀，因此要吸引探索者和殖民者已经不是那么容易。王室吸引新殖民者的手段是，赦免死刑犯或徒刑很长的犯人，条件是他们必须移民到美洲。社会渣滓作为旧大陆派往新大陆的使者，开始横渡大西洋。哥伦布说如今居住在伊斯帕尼奥拉岛的西班牙人"尽是些流浪汉"。[5]

拉斯·卡萨斯说，发生了这些暴行，是因为现在向女王隐瞒真相比较容易。他对自己目睹的惨状大感不安，成了一位人权捍卫者，在美洲与欧洲之间来回穿梭，努力劝说卡斯蒂利亚政府阻止新大陆发生的恶行。

但在那些年里，为了健康考虑，伊莎贝拉的精力仅限于保障卡斯蒂利亚本身。大统传承的问题很紧迫，而且伊莎贝拉公主的死使得王国的左翼（与葡萄牙的边境）又一次变得脆弱。

伊莎贝拉公主死后，三十一岁的葡萄牙国王曼努埃尔一世又一次成了单身汉。伊莎贝拉女王曾努力劝他娶玛丽亚，而不是伊莎贝拉公主，因为伊莎贝拉公主不愿意再嫁，但曼努埃尔一世非常坚决地要伊莎贝拉公主，拒绝玛丽亚。现在，伊莎贝拉女王不得不又一次向他提议，将玛丽亚嫁给他（此时玛丽亚十五岁），希望他这一次能够接受。他接受了，最终娶了玛丽亚。

这对玛丽亚当然是非常尴尬的。但她排行第四，原本是双胞胎之一，但在娘胎里只存活了她一个。作为家中的第三个小妹，她已经习惯于在别人有了自己的选择之后，接受别人挑剩下的。关于为玛丽亚置办服装和珠宝首饰的记载比她的哥哥姐姐少得多。衣服是很贵的，玛丽亚得到的可能是修剪过的二手衣服，而不是像哥哥姐姐那样得到大量新衣服。

所以她也可能会接受二手的丈夫。她一定感到痛苦，因为曼努埃尔一世多次拒绝她。最后，他才不情愿地同意。1500年 4 月，葡萄牙和西班牙王室签订了婚约。她的父母给了曼努埃尔一世不少油水。他将得到 20 万金多乌拉①的嫁妆，分三期支付。玛丽亚将得到 450 万马拉维迪的年金（来自塞维利亚的地租），可以财务独立，过得舒舒服服。[6] 玛丽亚还将受到很好的侍奉，让国王的宫廷排场更辉煌。5 月，大家决定，玛丽亚的内廷将有四十七人，其中有六名侍女、一名幕僚长、一名大管家、文书、会计、男仆和四名侍从。另外，她还有"两到三名白奴"陪伴。[7] 这些白奴可能是在战争中从穆斯林那里俘虏的俄罗斯或希腊奴隶，但仍然被西班牙人当作奴隶来使唤。

但有一个小问题。曼努埃尔一世要娶的是亡妻的妹妹，这违反了《利未记》禁止与前任配偶的兄弟姐妹结婚的规定。当然，曼努埃尔一世是鳏夫，所以禁令可能并不适用。不过为了安全起见，他们还是决定从教皇那里获得批准（即正式的宗教上的豁免）。教皇亚历山大六世不像过去那样好说话了。他开始觉得自己对西班牙成功的贡献没有得到充分认可，这在梵蒂冈导致了一些大发脾气的场面。这一次，他要求斐迪南封他的亲戚路易斯·博吉亚为巴伦西亚大主教，作为回报。这曾是切萨雷的教会职位，但他此时已经脱离了教会。罗德里戈觉得，他在当上教皇之前就是巴伦西亚大主教，这个位子属于他的家族，应当是世袭的。教皇于 8 月 24 日签署了批准曼努埃尔一世与玛丽亚结婚的文书。[8]

---

① 多乌拉是 11～16 世纪伊比利亚半岛的多种金币，币值在不同世代和地区差别很大。"多乌拉"原先的意思是"两个马拉维迪"。

曼努埃尔一世与玛丽亚的婚礼于 1500 年 10 月举行。编年史家埃尔南多·德尔·普尔加尔说，葡萄牙的国王和贵族们"以盛大的仪式"欢迎了公主。[9]伊莎贝拉女王的葡萄牙姨母和亲戚们对玛丽亚百般追捧，帮助她适应葡萄牙的生活。

从一开始，这桩婚姻就传来好消息。1500 年 11 月 24 日，葡萄牙一位廷臣给伊莎贝拉和斐迪南的信中写道："感谢上帝，王后陛下总是衣着贵气，非常丰满、温和。国王对她表现出极大的爱意，对她十分依恋，宫廷的所有绅士和贵妇都很爱她。"[10]

玛丽亚性情柔顺而随和，愿意既往不咎，也得到了夫君的热烈欢迎。次年夏季她怀孕了，于 1502 年 6 月 6 日生下了一个儿子，即未来的若昂三世国王。再下一年，她又生了个可爱的女儿，取名为伊莎贝拉。随后十年里，她几乎每年都生一个孩子。一共八个孩子长大成人，葡萄牙王位传承安全无虞。编年史家普鲁登西奥·德·桑多瓦尔修士写道："上帝给他们的果实非常丰饶。"[11]

有了玛丽亚王后的陪伴，曼努埃尔一世国王的生活平稳有序而成果丰硕。葡萄牙历史学家安东尼奥·恩里克·德·奥利韦拉·马克斯写道："从 16 世纪初开始，在他一生中，葡萄牙人无论在阿拉伯半岛还是马来西亚，捷报频传，完全控制了印度洋。"[12]伊莎贝拉的女儿就是不断扩张的葡萄牙帝国的王后，而她在卡斯蒂利亚故国的亲人则统治着幅员辽阔且持续扩张的西班牙帝国。探险家瓦斯科·达伽马绕过了好望角，于 1498 年从海路抵达印度，并带着满船香料返回葡萄牙。如今葡萄牙人找到了绕过奥斯曼瓶颈去亚洲的道路，绕过非洲海岸，直接获取亚洲的丝绸、香料和其他商品。葡萄牙人还扩大了在南美洲的巴西的领地。根据 1494 年瓜分全球的《托尔德西利亚斯条约》,巴西是属于他们的。

现在,大家清楚地看到,《托尔德西利亚斯条约》正中伊莎贝拉的下怀,因为现在她是西班牙女王,而她女儿是葡萄牙王后。母女俩统治着世界的很大一部分,财富泉涌般输入她们的国家,给了她们充足的财力去做很多事情。历史学家爱德华·麦克默多写道:"堂曼努埃尔此时处于王室辉煌的巅峰。荣誉、财富,一切似乎都争先恐后地将自己奉献在他脚下。"他们生活在"真正东方式的奢华与美丽排场中。欧洲各地的歌手和演员争相献艺,取悦国王,在他卧室为他奏乐,催他入眠。赛马、塔霍河畔的骑行、山珍海味的宴席、斗牛赛、比武大会,都是宫廷的娱乐"。[13]

玛丽亚王后和曼努埃尔一世国王像伊莎贝拉女王一样,在新大陆也致力于传教和基督教信仰的灌输。葡萄牙人派遣了很多传教士到非洲、南美洲和亚洲,扩大了基督徒的数量。里斯本城门处的贝伦修道院,就像塞维利亚的大教堂一样,是所有远航的葡萄牙水手出发和归来时必去的地方。探险家们在起航前要在这里听弥撒。卡斯蒂利亚人当然也是一边探索,一边传教。对伊莎贝拉女王及其女儿玛丽亚来说,西班牙与葡萄牙的联盟在方方面面都很成功,她们认为这是因为上帝恩宠她们。

玛丽亚曾明确地这么说过。修士埃尔南多·涅托曾问她,她是否因为一生中得到的馈赠——她的幸福婚姻、孩子们和享受的财富——而感激上帝。玛丽亚王后当场跪下,举手祷告,说:"我感谢你,伟大的真正的上帝,感谢你给我所有这些馈赠和利益。"[14]

但伊莎贝拉女王的工作还没有结束。家里还有一个孩子,也是她最小的孩子卡塔利娜，一般被称为"阿拉贡的凯瑟琳"。在商谈婚姻和嫁妆的这么多年里，她已经长大了，一直被称为威尔士王妃。她终于可以前往英格兰了。伊莎贝拉不愿意失去她，用了一个又一个借口延缓凯瑟琳的启程。1499年5月19日，为凯瑟琳和亚瑟举行了代理婚礼①。10月，亚瑟王子写信给凯瑟琳，问她何时亲身到英格兰。1500年1月，英格兰王室再次询问。4月，西班牙人解释说，凯瑟琳之所以耽搁，是因为国内发生了穆斯林叛乱，后来又因为天气恶劣而未能起航。10月，英格兰人再次询问，凯瑟琳何时前往。1501年1月，伊莎贝拉女王告诉他们，凯瑟琳暂时还不能出发，因为临行前要见父亲一面。5月21日，他们说，她身体染病，不能动身。7月，他们说，西班牙天气炎热，所以她动身很慢。

事实是，到1501年，旅行计划敲定的时候，伊莎贝拉女王已经被普遍认为"健康状况很差"，所以不愿意让自己伶俐体贴的女儿离开。[15]母女俩的性情和仪态很相似，都知道一旦凯瑟琳离开西班牙，可能就永远见不到彼此了。

凯瑟琳最终于1501年夏季出发，也就是代理婚礼的两年后。她母亲身体虚弱，未能送她到海边道别，就像她当年为胡安娜送行去佛兰德那样。她们在格拉纳达辞别了。凯瑟琳于4月15日从北方的拉科鲁尼亚②起航时，只有十五岁。女王亲笔给船上的水手写了好几封焦虑的书信，确保他们尽力保护凯瑟琳。

---

① 即本人未到场，由他人代行仪式。
② 拉科鲁尼亚为西班牙西北部港口城市。

　　旅途险象环生，和胡安娜与玛格丽特出嫁时的旅途一样。航海危险是因为当时的造船技术还很原始，船只很小，即便在风平浪静时也只能勉强算安全。凯瑟琳及其随行人员从西班牙到英格兰的旅途花了六周时间，首先越过比斯开湾，然后跨越英吉利海峡。在旅途初期，他们遭遇了从大西洋刮来的猛烈风暴。舰队中有一艘船失踪，他们不得不匆匆返回港口以修理船只，然后再度出发。这是煎熬人的磨难，但凯瑟琳一直保持镇静自若。

　　她的船只于 1501 年 10 月 2 日在普利茅斯下锚。欢呼的人群热烈欢迎这位公主。亨利七世国王筹划了盛大的欢迎仪式。他坚持要在婚礼举行之前，亲自去见公主。她揭开自己的新娘面纱，给他过目。他宣布自己非常高兴，并与她的父母分享自己的喜悦。"我们非常仰慕她的美丽，以及她宜人和尊贵的仪态。"亨利七世国王于 1501 年 11 月 28 日给斐迪南和伊莎贝拉的信中写道："……我们欢欣鼓舞，由衷地喜悦……两个王室和两个王国之间的联合，如今已经圆满完成，所以英格兰和西班牙的利益浑然一体，密不可分。"

　　凯瑟琳和亚瑟于 11 月 14 日在老圣保罗大教堂举行婚礼。关于他们有无圆房，有些争议。据说皮肤苍白而身材苗条的王子"大摇大摆地从洞房出来，要喝啤酒"。[17] 但凯瑟琳的家庭教师埃尔维拉·曼努埃尔说凯瑟琳还是个"清清白白的处女"。[18] 但凯瑟琳和亚瑟都还年轻，所以就算有问题，将来也必然能解决。

　　最后伊莎贝拉将注意力转向最困难的问题。排行第三的胡安娜从没有接受过治国理政的教育，如今成了卡斯蒂利亚和阿拉贡（还有那不勒斯与西西里岛，此外他们也渐渐意识到，还包括大西洋彼岸的广袤土地）的王位继承人。她聪明伶俐，受过良好教育，但没有受过统治国家的训练，所以必须将她召回西班牙，开始帮助她准备迎接未来的艰巨使命。所以，她必须和丈夫腓力大公一同回到卡斯蒂利亚。

但胡安娜那里出了些问题。或许伊莎贝拉在胡安娜前往佛兰德之前与她一起待在拉雷多的时候，就预感到了灾难。胡安娜抵达佛兰德的时候，腓力大公没有亲自迎接，这就不是一个好兆头。事实上，腓力身边的佛兰芒廷臣都被法兰西国王收买了，从一开始就努力破坏夫妻俩的关系。

腓力冷淡地将胡安娜抛在一边，自己慢吞吞地去迎接她，这预示着更糟糕的事情。他们不太般配，这很快就很明显了。胡安娜很美丽，腓力迅速与她圆房。胡安娜很快就怀孕了。但英俊而虚荣的年轻大公惯于从佛兰德和法兰西挑选最美丽的女人来享用，所以在他眼里，胡安娜并不算什么。另外，她的严肃性情和对他的炽热的爱，也让他感到腻烦和恼火。传记作者克里斯托弗·黑尔写道："他唯一关心的，就是在布鲁塞尔的热闹宫廷寻欢作乐。"而胡安娜"泪流满面地抱怨"他对自己的冷淡，只会让他更不耐烦。[19]

胡安娜是在一个充满使命感、气氛融洽的宫廷长大的。她一直是受爱慕和宠爱的宝贝。而在佛兰德，她发现自己难以应付险恶的宫廷政治，那里的人面和心不和，一边假装亲近，一边却在暗地里坑害对方。腓力年纪很小的时候就死了母亲，所以他特别容易受到廷臣们的操纵，而这些廷臣也学会了利用他的兴趣、口味和欲望。

腓力的喜好非常前卫，近似奢靡。例如，他是佛兰芒画家耶罗尼米斯·博斯的赞助者，而博斯最有名的作品是《人间乐园》。博斯的作品表面上是宗教题材，但描绘的却是神奇而淫荡的人兽在梦幻般的田园风光中嬉戏。画作中常常出现色情的和性虐待的意象，让观看者不确定这究竟是在传达宗教教训，还是在鄙夷地嘲弄传统的道德观。

卡斯蒂利亚和佛兰德（后者由勃艮第人主宰）这两个国家的文化鸿沟是非常明显的，玛格丽特公主和胡安王子的随从们也是性情大异的。卡斯蒂利亚人宁静、庄重、严峻而虔诚，勃艮第人无拘无束、耽于享乐而愤世嫉俗。伊莎贝拉派到女儿身边的随从们震惊地发现，勃艮第宫廷"道德腐化"；勃艮第人觉得西班牙人老派而严峻乏味。[20]那些希望腓力抛弃胡安娜的佛兰芒和法兰西廷臣迅速找到很多办法来攻击她，让她显得愚蠢，甚至精神有问题。

遵照廷臣的建议，腓力控制了胡安娜的内廷，从佛兰芒贵族当中挑选新的侍从给她，并决定给他们付多少薪水。这在宫廷内造成了紧张气氛。有些佛兰芒人的薪水被降低了，因为宫廷的人数越来越多，需要领薪水的人比过去多了很多。有些跟随胡安娜前来的西班牙人得不到任何薪水。另外，胡安娜也得不到任何金钱来支付给他们。西班牙人被强迫遵守勃艮第人的风俗与生活标准，还被当作不受欢迎的外来者。

气候的变化也让西班牙人大吃一惊。胡安娜的西班牙随从们被北欧阴郁的严冬冻得瑟瑟发抖、垂头丧气，很多有办法的人就回国了，于是她身边的支持少了许多。取而代之的是佛兰芒廷臣，他们听从腓力的命令，或者更准确地说，是听从控制腓力的谋士们的命令。

不得不留在佛兰德过冬以等待玛格丽特前往西班牙的水手们的条件特别艰苦。胡安娜希望让玛格丽特早日启程，但没有成功。腓力对西班牙水手和士兵不闻不问，让他们在苦寒的北欧沿海自行解决过冬的难题。他不曾为他们的到来或住宿做任何准备工作。在随后几个月里，有多达 9000 西班牙水手和士兵因饥寒而死。

这样明目张胆的麻木不仁让卡斯蒂利亚人目瞪口呆。胡安娜身边剩余的卡斯蒂利亚侍从大为惊恐。佛兰芒人也从中看出，他们完全可以这样虐待西班牙人，而不必忌惮后果。

胡安娜没有钱给她的侍女们当嫁妆，这给她们中的一些人造成了危机。至少有一名卡斯蒂利亚侍女，出身地位很高的博瓦迪利亚家族，因此被召回国，嫁给西班牙人。但这个年轻女子忠于胡安娜，决定留在她身边。此外还有八名侍女留下。但胡安娜囊中羞涩，维持不了这些侍女的生活，于是她们一个个离开了胡安娜。最终她几乎完全被佛兰芒廷臣包围，其中很多人在拼命损害她的利益。陪同她远嫁佛兰德的西班牙人当中，只有两三名奴隶仍然在她身边。他们可能是没有别的选择。

这种局面是对胡安娜的背叛，也违背了她的婚姻契约。据历史学家贝瑟尼·阿拉姆说，1495 年的条约规定，胡安娜和玛格丽特都将得到 2 万埃斯库多①的岁入，以维持她们自己及其内廷的生活。[21] 在西班牙，玛格丽特得到的岁入不只这么多，还收到了其他许多贵重礼物。但在佛兰德，朝廷通过里尔的财政官衙发放给胡安娜的钱被截留，或者被佛兰芒廷臣贪污。

伊莎贝拉得知胡安娜在佛兰德的糟糕处境之后，促使她的驻佛兰德大使确保胡安娜得到应得的钱。他们尝试贿赂佛兰芒

---

① 西班牙、葡萄牙的古货币，不同时期的币值差别很大。

高官，以确保这些钱被支付给胡安娜，但其他人给这些高官的贿赂更多，以达到他们的目的。西班牙人的努力没有成功。就连胡安娜获赠的礼物也被夺走，分发给其他人。

腓力似乎刻意让局势恶化。他不给妻子任何钱，哪怕是零用钱也不给。在她的仆人和西班牙使者看来，她没有为他们去努力抗争，或者抗争得远远不够。她很快就似乎屈服于这难以容忍的条件，听天由命了。

一位到访佛兰德宫廷的西班牙大使写道，胡安娜"生活拮据"，以至于她的仆人"快要饿死"。[22]他说，胡安娜急需从父母那里得到经济支持。事实上，大使说，腓力不给他安排饮食，所以他也恳求卡斯蒂利亚给他送点现金。

腓力不定期给胡安娜金钱，而是大肆赏赐礼物，不过什么时候给，以及给什么，都由他决定。他赠给她一些属于他家族的贵重珠宝，有时也给她的仆人礼物和现金，所以他们更忠于腓力，而不忠于她。事实上，他们很快发现，只要不理睬、不尊重胡安娜的权威，他们就更容易得到腓力的恩宠。

这是典型的家庭暴力，让被征服的一方稀里糊涂、手足无措。腓力让胡安娜害怕、恐惧，并公开受辱。他不给她生活必需品，限制她获得金钱、朋友和与家人的联系。历史学家南希·鲁宾写道："腓力……虐待胡安娜的手段简直成了一门精细的艺术，用性、温柔和恐吓来主宰她。"[23]

腓力自己则被一名官员弗朗索瓦·德·布斯莱登控制，此人是贝桑松大主教，把大公掌握在自己手掌心，就像阿尔瓦罗·德·卢纳牢牢控制伊莎贝拉的父亲、胡安·帕切科主宰伊莎贝拉的哥哥恩里克四世一样。就连描述其关系的措辞也很像。派驻佛兰芒宫廷的西班牙大使古铁雷·戈麦斯·德·富恩萨利达写道，"大主教若是不发话，腓力都不知道怎么吃饭。"[24]

腓力的谋臣们纵容和怂恿他的恶习，以此控制他，就像阿尔瓦罗·德·卢纳操纵伊莎贝拉的父亲——卡斯蒂利亚国王胡安二世一样。胡安娜的处境和自己的外祖母伊莎贝拉类似，都被夹在丈夫及其宠臣之间，也同样不知道如何解决问题。

有一次，西班牙大使富恩萨利达敦促胡安娜强硬起来，与腓力独处的时候提出自己的要求。胡安娜摇摇头，悲伤地说，无论她私下里和腓力说什么，他都会告诉大主教。她告诉富恩萨利达，大主教是"腓力灵魂的绝对主人"。[25]

很快就有迹象表明，腓力脑子里在盘算对胡安娜不利。胡安娜的哥哥胡安王子于 1497 年去世后，她为他服丧，腓力很快开始自称阿斯图里亚斯亲王，但这个头衔应当属于胡安娜的姐姐伊莎贝拉，即葡萄牙王后。腓力还开始努力想办法拉拢法兰西支持他对卡斯蒂利亚王位的权力主张，以取代他的大姨子伊莎贝拉，尽管她才是王位的合法继承人。伊莎贝拉及其儿子米格尔的死为腓力控制整个西班牙扫清了道路。他似乎觉得胡安娜的存在很讨厌。1502 年他抢在胡安娜前头进入托莱多，不是偶然。他决心取代她的位置。

腓力对自己儿女的态度也非常冷酷。在生孩子这个问题上，他对胡安娜控制欲极强，常虐待她。他们的孩子如期而至。1498 年年末，大家都在屏住呼吸等待一个男孩的诞生，但这年 11 月 15 日，胡安娜生了个女儿埃莉诺。胡安娜身体健壮，生产非常顺利。

腓力在妻子分娩后大肆夸耀自己，他身穿富丽堂皇的锦缎和绿色丝绸衣服参加比武大会，以庆祝孩子的安全降生，赢得了群众的掌声。但他私下里告诉胡安娜，他觉得生了个女儿是令人沮丧的失败，他不会为供养这孩子出一分钱。据西班牙大使的说法，大公说："因为这是个女孩，让大公夫人自己承担孩子的抚养。如果上帝给我们一个儿子，我会出钱抚养。"[26]

但胡安娜很快又怀孕了，这一次，1500 年 2 月 24 日，在根特生下了万众期待的男孩，取名为查理。这就是伊莎贝拉女王在卡斯蒂利亚预言的那个孩子，因为他出生于圣马提亚的瞻礼日，他最终将成为西班牙国王。

第三个孩子伊莎贝拉出生于 1501 年，得名自胡安娜的母亲。小伊莎贝拉出生不久后，腓力把孩子们从胡安娜身边带走，安排由其他人抚养。这对她是新的打击。

我们不清楚伊莎贝拉女王对这些事态了解多少，也很难说，假如她知道，能够做些什么。她只能从大使那里了解到一鳞半爪的情况，似乎没有人能够认清胡安娜身边发生的怪事，尽管大家都同意，存在严重的问题。西班牙大使们敦促胡安娜写信给母亲，但她没有解释自己为什么不多给母亲写信。在大使的一再问询下，她承认自己非常想念母亲，若是写信，伤痛太大。她告诉一名到访的教士，她"一想到自己的母亲，以及与她分隔多么遥远，就忍不住落泪"。[27]

由于多方面原因，伊莎贝拉女王希望胡安娜回国。她和斐迪南国王敦促年轻夫妇尽快到西班牙来，并带上孩子，以确保他们的遗产。由于西班牙与法兰西的关系持续紧张，西班牙的两位君主告诉年轻夫妇，要坐船来。此时，因为法兰西入侵意大利，西班牙与法兰西已经陷入了多年争端，斐迪南还因为法兰西仍然占据鲁西永和佩皮尼昂这两座边境城市而愤愤不平。如果法兰西俘获了卡斯蒂利亚和阿拉贡的王位继承人，西班牙就将丧失一切砝码，胡安娜还可能会受到伤害。

但腓力坚持走陆路，穿过法兰西。他同意向路易十二国王宣誓效忠，以换取两国边境上三座城镇的控制权。胡安娜拒绝臣服于法兰西，刻意穿着西班牙服饰，并在舞会上跳了一支西班牙舞，令法兰西东道主恼火，让她丈夫窘迫。此时他似乎已经到了完全无法容忍看到她的地步。

这对年轻夫妇于 1502 年抵达西班牙时的情况就是这样。伊莎贝拉女王派遣她高度信赖的好友古铁雷·德·卡德纳斯（三十年前她登基的时候，就是他在庆典上高举宝剑）去边境迎接并护送他们到宫廷。德·卡德纳斯自女王的少女时代就是她力量的源泉和可信赖的盟友，她在处置新的家庭关系时，寻求他的辅佐。

伊莎贝拉没有安排好胡安娜和腓力进入托莱多的仪式，但其他方面的很多事情都按照计划顺利进行了。他们来到这座古老的西哥特城市，因为国会在那里召集。伊莎贝拉安排国会向胡安娜宣誓效忠，尊她为母亲的当然继承人，而腓力获得的是较低的君主配偶的身份。然后夫妻俩前往萨拉戈萨，阿拉贡国会同样向胡安娜宣誓效忠，这是他们有史以来第一次指定女性为王位继承人。腓力意识到自己的继承权下降了一位，很不高兴。他不愿意仅仅当女王的配偶。勃艮第曾经有过女性统治者，所以他对女性掌权的概念并不陌生，但他不希望这种事情发生在自己身上。他大发雷霆。

伊莎贝拉和斐迪南尽其所能地平息紧张气氛。他们努力去更加了解腓力，对其施加影响，但他显然更关心娱乐，而不是教导。他的粗野举止与他的青春帅气形成对照，使得所有人都感到不舒服。在布尔戈斯的一次比武大会上，他向人群抛掷吃剩的糖果，看着穷人争抢，哈哈大笑。他喜欢在化装舞会上穿土耳其服饰，并假装自己是摩尔人。但伊莎贝拉和斐迪南还是安排了聚会、宴席和比武大会，为腓力提供消遣。胡安娜又一次怀孕之后，讨好腓力变得更重要。伊莎贝拉和斐迪南希望腓力和胡安娜永久性留在卡斯蒂利亚。

但腓力越来越急切地要离开。他的亲密伙伴布斯莱登大主教和他一起到了西班牙，在短暂患病后暴毙。腓力厌恶卡斯蒂利亚的生活，简直恐慌起来。他似乎觉得，大主教是被毒死的，他自己也会遭到同样命运。他急于尽快离开卡斯蒂利亚。他宣布自己立刻就要动身。

伊莎贝拉和斐迪南恳求他留下。圣诞节到了。他们又一次与法兰西交战，争议话题仍然是那不勒斯和鲁西永。胡安娜怀孕的月份已经大了，让她走远路很危险。

但腓力坚持要走，说他已经答应自己的臣民，要在一年内返回佛兰德。让胡安娜公主在圣诞节期间被丈夫抛下，是很尴尬的事情。她还爱他，至少在某些层面上是爱的，但他对她毫无兴趣，所以她在这段关系中无计可施。她哭泣，抽噎，哀求他留下。他粗暴地拒绝，这在卡斯蒂利亚宫廷人尽皆知。彼得·马特对他的顽固感到震惊。他在给一位朋友的信中写道："这些事情也没有让腓力软下心肠，他无比坚决，准备出发了。"[28]

圣诞节期间，腓力起航前往佛兰德。他跨越边境进入法兰西之后，找到了许多新的娱乐。法兰西人是寻找愉快消遣的大师。他在那里逗留了数月，明确表示他离开卡斯蒂利亚的理由都只是借口。胡安娜的父母正在与法兰西争夺那不勒斯，对他的不忠和软弱性格感到震惊。他完全被法兰西人主宰，受制于他们，这对他自己和对西班牙的利益都是威胁。彼得·马特写道："他的谋臣都被法兰西的贿赂收买了。他们对他的影响力极大，以至于他似乎不是自己的主人。"[29]

腓力继续在法兰西停留，让胡安娜越发感到自己被抛弃了，她对他在夫妻分离期间的拈花惹草十分吃醋，甚至到了执迷的地步。她的担忧不是没有根据的。西班牙驻佛兰德大使古铁雷·戈麦斯·德·富恩萨利达写道："他特别容易受到谋臣的影响，那些人让他过着放荡的生活，执迷不悟，带他从一个宴会去另一个宴会，从一个女人身边到另一个女人身边，直到他的身体和灵魂都被法兰西人控制，他们把他变成了自己的卫星。"[30]

胡安娜备受羞辱和伤害，竟将怒火转向自己的母亲，因为母亲坚持要她留在西班牙。斐迪南又一次上战场，在佩皮尼昂与法兰西人交战，所以伊莎贝拉承受了胡安娜的大部分的怒火。公主"终日愁眉苦脸，日日夜夜地胡思乱想，若没有人催她，她就一言不发；一旦说话，都是令人不快的话"。彼得·马特写道。[31]

3月，胡安娜几乎无法抑制的怒火还在燃烧的时候，在埃纳雷斯堡生下了自己的第四个孩子，也是她的第二个儿子。他被取名为斐迪南，以纪念他的外祖父。这次分娩仍然很顺利。胡安娜的身体还没有完全恢复，就开始坚持要求到自己丈夫身边。她发了疯似的要重新夺回他的爱和关注。为了尽快动身，她愿意把婴儿留在她父母身边。伊莎贝拉想尽办法延缓她的动身，因为要去佛兰德，就需要从陆路经过法兰西，此时西班牙与法兰西激战正酣；若走海路，就要承受极大风险。

伊莎贝拉劝服胡安娜，她们应当去家乡，即塞哥维亚的宫殿，因为塞哥维亚在去往布尔戈斯的路上，因此也在去佛兰德的路上。到了那里之后，她派遣胡安·德·丰塞卡护送胡安娜继续前进，去梅迪纳·德尔·坎波。伊莎贝拉一定是觉得此事十分微妙，才挑选胡安·德·丰塞卡，因为他原本已经在忙于监管前往新大陆的远航，她一定是觉得可以完全信赖他。

胡安娜抵达梅迪纳·德尔·坎波的拉莫塔城堡之后，收到了腓力的一封信，要求她到他身边。她大吵大闹地要立刻出发。她命令仆人开始收拾行装，准备动身。这让胡安·德·丰塞卡陷入了两难境地，因为如果他阻拦她，就会招致她的愤怒；如果他不阻拦，就等于是违背了女王的命令。最后丰塞卡命令将要塞大门紧闭，不准胡安娜离开。她大发脾气，威胁等她当了女王之后要处死他。的确，伊莎贝拉的身体状况越来越差，胡安娜很快就会有权力惩罚让她不悦的人。

丰塞卡向伊莎贝拉发去十万火急的消息，告诉她发生了什么事情，然后努力劝说胡安娜等待她母亲抵达来商讨此事。胡安娜怒气冲冲，企图冲出要塞，仿佛要孤身一人去佛兰德。丰塞卡坚持自己的立场，不准开门。胡安娜大声叫骂哭喊，拒绝回房，于寒风中在要塞城墙上待了一夜。她飘忽不定和歇斯底里的行为引起了全城人的注意。

伊莎贝拉女王的身体很差，但她是个护犊心极强的母亲，立刻上路去照顾自己的女儿。就像当年与葡萄牙人发生战争、国内爆发叛乱、她的长女伊莎贝拉还是个孩子的时候被困在塞哥维亚城堡蒙受风险，她急匆匆奔去营救女儿一样。伊莎贝拉和胡安娜的对质让双方都很痛苦。带有虐待性质的关系里，执迷不悟的爱是可怜兮兮的景观，而这一旦发生在王室，立刻就成了令人窘迫的公共丑闻。

最后胡安娜冷静下来，离去了。伊莎贝拉精疲力竭，再也不能前进，于是在梅迪纳·德尔·坎波家中住下。这是她童年很熟悉的地方。这不幸的事件让她越发衰弱。她的一位秘书写道，伊莎贝拉女王"被公主殿下搞得悲恸而疲惫"。[32]

与此同时，伊莎贝拉对卡斯蒂利亚的梦想似乎要化为泡影了。胡安娜的行为明确表明，她缺乏稳固确立自己为女王而必需的冷静和稳重。而且她和一个轻浮而堕落的男人捆绑在一起，这男人更关心自己享乐，而非西班牙的利益。

胡安娜返回佛兰德之后，发生了更多戏剧性事件。腓力与宫廷的一位女士发生了炽热的婚外情。胡安娜大吃其醋，向竞争对手猛扑过去，命令将那女人的长长金发剪掉。腓力暴跳如雷。"他对她的言辞非常残酷，对她伤害很大。他们说他还动手打她。"编年史家阿隆索·德·圣克鲁斯写道，"因为胡安娜公主是个娇弱的年轻女子，而且自幼娇生惯养，受到母亲的教导，所以对自己受到的虐待非常悲愤，病倒在床。"[33]

为了让胡安娜闭嘴，腓力命令将她关在卧室内。她猛烈捶打地板和天花板，要求与丈夫说话。他置之不理，她开始绝食。西班牙大使的报告让伊莎贝拉更悲伤，她敦促使者们想办法促进互相争斗的夫妻间"互爱和谐"。[34]

伊莎贝拉的御医担心，女王因为胡安娜而产生的感情波动会促使她的健康恶化。她的病情的确从那时起持续恶化，几乎一直高烧不退。"女王忧心忡忡，对腓力王子非常恼火。"圣克鲁斯写道，"她也为自己安排了他们的婚姻而感到痛苦。"[35]

但伊莎贝拉还有另外一件棘手的家事要解决：又有一位年轻的亲戚英年早逝。凯瑟琳的丈夫威尔士亲王亚瑟于1502年4月2日因瘟疫去世。凯瑟琳也染上了瘟疫，但活了下来。又有一个宫廷陷入深切的哀恸。他们又需要解决这样的问题：如何安排寡居的公主。

伊莎贝拉女王向英格兰国王提了两个建议：要么把凯瑟琳送回西班牙，要么把他嫁给亚瑟的弟弟亨利。两国宫廷都在考虑第二个选择，以及如何顺畅地处理财政上的安排。当然，这立刻引发了新问题，因为当初凯瑟琳和亚瑟结婚时为了金钱的争执还没有平息，嫁妆的一部分还没有支付。

亨利七世国王一边为自己儿子哀悼，一边紧紧抓住自己的保险箱。他要求西班牙朝廷支付剩余的嫁妆。他让年轻公主的生活很困难，拒绝给她现金以支付她自己和侍从的生活开销。凯瑟琳成了寡妇，就已经够糟糕的了，现在她还成了一个穷困的寡妇。她不得不从娘家和亨利七世国王那里哀求施舍。唯一安慰她的，是婆婆约克的伊丽莎白的善意。

但这唯一的支持也消失了。亚瑟王子去世大约十个月之后，约克的伊丽莎白因难产而去世。亨利七世为自己温柔而长期受苦的妻子的死流了几滴眼泪，然后开始寻求续弦。他觊觎凯瑟琳青春年少的面庞和身体。或许当初她抵达英格兰时，他急于看她，不仅仅是为了儿子的利益。他写信给卡斯蒂利亚，建议把凯瑟琳嫁给他。

这建议让伊莎贝拉女王大为震惊。她明确无误地拒绝了。"那将是史无前例的非常糟糕的事情，仅仅提及，就冒犯人的耳朵。"她告诉自己的驻英大使。[36] 她坚持说，英格兰的唯一选择是年轻的亨利。要么让凯瑟琳嫁给亨利王子，要么让她回家。

但要安排这桩婚事，又需要教皇亚历山大六世批准亨利娶自己兄长亚瑟的遗孀。但她真的算是遗孀吗？有一个尴尬的问题是，凯瑟琳与亚瑟是否已经圆房。有人说有，有人说没有。

斐迪南国王被要求向教皇提出这个请求。教皇是国王的毕生盟友，不过他们的关系也有过起伏。这些关于教皇特许的长距离讨论非常耗时和复杂，有时要花费昂贵的代价，所以伊莎贝拉开始寻求所有人的帮助，以确保教皇的官方文书尽快送抵西班牙和英格兰宫廷。

1504 年，让人等待许久的文书终于到了。伊莎贝拉长舒了一口气。她知道自己已经时日无多，看到凯瑟琳终于顺利地成为未来亨利八世国王的王后，或许能够缔结一段美满婚姻，她感到满意。

毕竟，已经有了教皇的许可和祝福，能出什么差错呢?①

---

① 后来的故事非常有名。亨利八世因凯瑟琳没有生下男性继承人而厌弃她，为了与她离婚并娶安妮·博林，与天主教会发生冲突，后来英格兰脱离了天主教会。

二十二 失去牧者的教会

在生命的最后两年，伊莎贝拉女王的全副精力集中于对她来说最重要的事情：她的宗教信仰、儿女的福祉，以及西班牙的安全。

对法战争仍在进行，一年年拖下去，令人疲惫。法兰西开始命途多舛的入侵意大利半岛的行动，已经差不多过去十年了。1499 年，贡萨洛·费尔南德斯·德·科尔多瓦离开西班牙，去希腊和意大利作战。1503 年，他又参加了那不勒斯的扫荡残敌的行动。他和他的部下为西班牙的两位君主效力，勇猛无畏而不知疲倦地奋斗，抵挡着严酷天气、疲劳，甚至饥馑。随着战争继续，女王一直是他最坚持不懈的支持者。1503 年 5 月，她亲笔写信给他，敦促他在那不勒斯赢得彻底胜利。"所有基督徒和异教徒的眼睛都在注视你的事业。"她这样告诉他，恳求他尽快前进，取得尽可能大的战果。[1]

尽管女王对贡萨洛很忠诚，但西班牙有人在大力诋毁攻击他，领头并煽风点火的就是斐迪南，他从远距离批评贡萨洛的所谓错误或过失。那些斥责贡萨洛的战役花费过大、耗时过久的人，都会得到国王恩宠。传记作家玛丽·珀塞尔写道："所有人都窃窃私语，贵族们，甚至国王本人都说大元帅的好运气用完了。……伊莎贝拉女王是唯一支持他的人，说他们不应当在亲眼看到战况之前就评判他。"[2]

但所有目睹贡萨洛作战的人，都认可他的英勇。一位法兰西编年史家写道："西班牙人打起仗来像魔鬼，大元帅在进攻的第一线冲锋陷阵，直呼自己的武士们的姓名，鼓舞他们。"[3]1503 年 12 月，在加里尼奥拉，通过一次经典的奇袭，他赢得了一场压倒性胜利。他在冬季寒风刺骨、大雨瓢泼的恶劣天气中攻击法兰西军队。敌人的一些关键的防御阵地无人防守。西班牙人建造了一座隐蔽的桥，部队借此猛然冲入法军营地，"一举全歼在意大利的法兰西军队"。军事史学家查尔斯·奥曼写道。[4]

西班牙人大获全胜。彼得·马特写道："参战的法兰西人中，绝大多数都死于刀剑、饥馑、疾病，逃脱的人极少。"[5]在卡斯蒂利亚，伊莎贝拉女王对自己的长期好友取得的伟大胜利禁不住扬扬得意。"我坚信不疑，他必然胜利，"她告诉廷臣们，"大元帅办不到的，我们国内无人能办得到。那些诋毁他的人纯粹是出于嫉妒。"[6]

对法兰西人来说雪上加霜的是，大元帅在取胜之后，对落败的敌人大发慈悲。他收拢了法兰西残兵败将（他们被其领袖抛弃在意大利），免费提供交通工具，送他们回家。这对法兰西国王路易十二来说是又一剂苦药，于是他决定夺回鲁西永和佩皮尼昂，作为报复。为了这两个城镇，法兰西和斐迪南及其父亲已经争斗了五十年。斐迪南国王率军迅速北上，企图驱逐法军。在那不勒斯战争期间，大元帅赢得了所有的荣誉，国王置身于局外，现在他大放光彩的机会来了。

在卡斯蒂利亚，伊莎贝拉女王又一次开始了行动。她继续做自己最擅长的事情——动员军队、准备战争。她把战争后勤发挥到完美的程度，高效地聚集部队、给养、甲胄、马匹、大车、粮草和医疗物资，并准备好运输。用西班牙历史学家塔西西奥·德·阿斯科纳的话说，她成了军需后勤艺术的"完美专家"。[7]

但伊莎贝拉对此次军事行动并不感到高兴,因为她执着于讨伐穆斯林,而不是其他基督徒。据彼得·马特记载:

> 我们的天主教女王似乎从来不会因为这种成功而感到喜悦。每当她得知不管什么地方有基督徒流血死亡,就愁云满面。这是故作姿态还是发自内心,唯有上帝知道,因为他居住在人的内心。她叹息道,她更希望这些鲜血没有流,让这些人去对抗我们律法的敌人。但国王镇静自若,平静地说,不管敌人是什么人,都应当被消灭。[8]

彼得·马特说不准伊莎贝拉的悲伤是真是假。尽管他在她的宫廷生活了超过十五年,并在她身边待过很长时间,仍然很难把握她的真实感受。她掩饰自己真实思绪和情感的本领纯熟得惊人。

斐迪南率军奔向西班牙北部的战场之时,尽管胡安娜问题缠身,伊莎贝拉还是确保国王得到所需的给养和军械。全国各地派来装备精良的辅助部队。她定期了解部队的运动情况,每天有多名信使快马加鞭地送来战区的最新消息。但她对这次新战役并不热情。她担心法兰西人会愚蠢地尝试猛攻固若金汤的萨尔萨斯城堡,那样他们会伤亡惨重。到此时,西班牙已经连续征战三十年,西班牙军队已经成为一台极其高效的杀戮机器,伊莎贝拉可以预见法兰西必然再次遭到惨败。

事实上,在部队前进之时,伊莎贝拉女王给塞哥维亚的所有男女修道院发去书信,命令他们为法兰西士兵祈祷。在他们估计战役开始的那天,她率领宫廷作了一天的祈祷和斋戒。她为法兰西的安全祈祷。女王的祷告生效了：法兰西人决定在夜间，趁斐迪南及其士兵睡觉时，放弃自己的阵地。斐迪南发现法军撤退，于是追击，但法军已经安全逃脱了。伊莎贝拉得知丧命的基督徒极少，长舒了一口气。彼得·马特在 1503 年 11 月写道："就这样，上帝听到了神圣女王和宫廷的教士与贵妇们的祈祷。他给了法兰西人一条出路，让他们安全撤退。那么，请感谢上帝。因为你赢得了一场流血极少的胜利，所以上帝亲近你。"[9]

当然，这样的结局没有给斐迪南希冀的那种光荣胜利，于是他继续批评贡萨洛·费尔南德斯·德·科尔多瓦。

伊莎贝拉还有一个任务要交给斐迪南：获取教皇的批准，好让凯瑟琳与亨利结婚。她自己不能直接向教皇请求许可，因为她此时正在与教皇公开冲突，通过信使给他送去了书信，批评他的行为和领导教会的方式。她相信，教会未能自我改良，使得教会陷入了危机。她表达这些担忧的时候，新教运动还没有开始，此时马丁·路德是埃尔富特的一名十九岁大学生；而反宗教改革运动，即天主教会对路德的批评做的回应，还是四十年之后的事情。

伊莎贝拉女王知道，在意大利，教皇亚历山大六世身边环绕着丑闻和批评。目光炯炯、长着鹰钩鼻的意大利讲道者吉罗拉莫·萨伏那洛拉发表了言辞激烈的布道，攻击教会和公共生活的腐败。他警告大家提防坏神父与坏僧人、鸡奸、色情作品、赌博、卖淫、酗酒和放荡服装。他告诉群众，上帝会降下灾祸，以惩罚人们的罪孽。1492 年年末，他在夜间得到了一个幻象，看见天上一只手挥舞着剑。他警示说，上帝在发怒，将要复仇。此时奥斯曼土耳其人占据上风，在各地击溃基督徒军队，所以全欧洲人都愿意听信他的这番推论。萨伏那洛拉告诉他的追随者："天主的剑要来了，很快就要来。"1495 年，法兰西军队野蛮入侵意大利，很快让佛罗伦萨群众相信，他预见了未来。

他关于教会腐化堕落的讲道引起了很多人的共鸣，包括伊莎贝拉。她正在努力涤荡西班牙教会的腐败。萨伏那洛拉的传记作者戴斯蒙德·苏厄德写道："他的首要目标是改革和复苏天主教世界。"伊莎贝拉也在同样的动机驱使下努力，尽管她不愿意如此公开地挑战教会。

萨伏那洛拉获得了更多追随者，教皇亚历山大六世开始感到不安，因为萨伏那洛拉谴责的很多罪恶，亚历山大六世自己都犯过。教皇打算收买萨伏那洛拉，于是提议封他为红衣主教，但这名修士公开拒绝了这诱惑，并称戴上这主教冠的人会遗忘基督生活的关键教义。

"虚荣的篝火"事件令萨伏那洛拉声名鹊起，这一事件发生在 1497 年和 1498 年的大斋节。商业银行家和佛罗伦萨实际统治者洛伦佐·德·美第奇死后，城里出现了权力真空。1496 年和 1497 年，佛罗伦萨发生了旱灾和饥荒。儿童倒毙在街头；人们蜂拥而去，抢夺施舍的免费粮食，导致有人被踩踏而死。萨伏那洛拉劝服群众，他们的淫荡享乐招致了上帝的怒火。他呼吁他们搭建一个木头平台，在上面烧毁代表人类罪恶的东西和并非生活必需的奢侈品。被投入篝火的东西包括华丽服装、纸牌、画作和书籍，其中有的是色情作品，但也有伟大的艺术作品，它们歌颂作为意大利文艺复兴核心的感官享受。

很快萨伏那洛拉开始公开谴责教皇，亚历山大六世起初对此不予理睬。随着支持者越来越多，佛罗伦萨的修士对教皇的詈骂也越来越刺耳。他把亚历山大六世比作奴役以色列人的埃及法老，将自己比作解放人民的摩西。最后教皇受够了，决定永久性除掉萨伏那洛拉。他对萨伏那洛拉施以绝罚。但萨伏那洛拉反驳说，教皇的行动无效。亚历山大六世在一封信里称萨伏那洛拉为"小虫子"，他很快决定将这个讨厌的神父处死。[10]

萨伏那洛拉意识到自己的末日快到了。他停止讲道，决定向欧洲各国君主求救。他请求神圣罗马皇帝和法兰西、西班牙、英格兰与匈牙利国王召开一次会议，推翻教皇：

> 复仇的时刻到了。天主命令我揭示新的秘密，向世界明确宣示，由于你们的疏忽，圣彼得之船受到了怎样的威胁。教会从头到脚满是罪恶，但你们不仅没有设法医治它，还向污染教会的邪恶之源俯首称臣。因此，天主大为震怒，长期以来已经让教会没有了牧者。

然后他继续具体地攻击教皇，提及亚历山大六世"所有那些昭然若揭的罪恶——我宣布他不是基督徒，也不相信上帝的存在"。[11]

在给伊莎贝拉和斐迪南的信中，他补充了一些特别有针对性和攻击性的句子："你们打败异教徒的胜利有什么益处？你们建造的是空中楼阁，因为教会的地基在崩坍，整个建筑就要毁灭。"[12]

萨伏那洛拉的盟友将书信送给各位统治者，包括西班牙的两位君主。但信的一个副本落入了教皇手中，这对他来说是压断骆驼脊背的最后一根稻草。很快，宗教法官就质疑萨伏那洛拉的正统性，希望证明他是个奸诈的异端分子。他遭到毒刑拷打，最终承认，他的讲道全都是"骄傲"的行动，是"为了个人出风头"。[13]他签署了认罪书。教会已经从他身上得到需要的东西，于是将他绞死，并焚毁尸体。那时他已经丧失了群众的拥护。他受火刑时，群众中的佛罗伦萨人往火里投掷火药，让火烧得更热。

但萨伏那洛拉的行动给了马丁·路德一些灵感。他仰慕萨伏那洛拉的言辞和挑战教廷权力的勇气。1524 年，路德出版了一本书，记载萨伏那洛拉的冥思，并对其加以赞誉。

马丁·路德不是萨伏那洛拉的唯一仰慕者。在遥远的卡斯蒂利亚，伊莎贝拉女王收藏了萨伏那洛拉写的一份评论著作，还有一部手写稿，是宗教冥思的书，翻译成了西班牙文，称为《论诗篇第 51 篇》。[14]

伊莎贝拉私下里通过自己的大使向教皇施压，希望他能像萨伏那洛拉公开宣传的那样有所改良。她支持组建一个议事会，对罗马天主教会进行研究，并执行必需的改革。教皇亚历山大六世反对她的做法。他是在现存制度下攀升到教会权力巅峰的，改革议事会可能会威胁他为自己和家人获得的一切。

因此，伊莎贝拉和教皇发生了一系列冲突。有时她发现与自己对抗的有西班牙教士，因为他们不支持她进行的教会改革；还有梵蒂冈，因为它抱怨她过于严苛。她任命西斯内罗斯为托莱多大主教，就象征着她在西班牙塑造的教会机构与罗马惯常的情况之间的差别。

许多西班牙教士已经惯于在教会拥有的大量地产上过轻松舒适的生活，由敬畏上帝的教民供养。这些教民通过向教会赠送货物与财产，来保障自己的灵魂得救。但卡斯蒂利亚的最高级教士托莱多大主教西斯内罗斯遵循的是基督本人的榜样，回避富丽堂皇的排场。他穿着粗布袍子，赤脚从一家修道院走到另一家，并寻求人们施舍饭菜。这是罗马与西班牙的天主教会之间早期争议的话题之一。教皇抗议说，西斯内罗斯没有维持教会的尊严，命令他穿得更尊贵些。

但西斯内罗斯固执己见，并得到伊莎贝拉的大力支持。他到了每一家修道院，都认真查账，寻找奢侈生活的迹象。他命令各家修道院取消所有的奢侈排场，只提供朴素和便宜的饭食，并放弃贵重服装。教士的小妾被从修道院赶走。他强调教士应当为信众服务。发出抗议的教士被赶出他们居住的修道院。有些教士举行了示威游行，在托莱多高举十字架，高唱"以色列人在流亡"，以强调自己的苦楚。[15]

教皇派遣葡萄牙红衣主教若热·达·科斯塔来调查。他与卡斯蒂利亚教士们达成一致意见，认为西斯内罗斯的节俭苦行措施太过分了。达·科斯塔求见女王，并告诉她，他认为西斯内罗斯的改革损害了修道院的利益，他的道貌岸然只不过是实现自己野心的借口。他坚持要求伊莎贝拉迫使西斯内罗斯辞职。[16]

女王面无表情地听他说话。他说完之后，她答道："你疯了吗？你知道自己在和谁说话吗？"

红衣主教达·科斯塔冷淡地答道，伊莎贝拉和他一样，只不过是"一捧尘土"而已。换句话说，她的圣洁和西斯内罗斯一样，只是虚荣而已。[17]

但伊莎贝拉坚定不移地支持西斯内罗斯及其改革，她相信教会需要改革。教皇亚历山大六世最终不得不在这个问题上妥协，允许西斯内罗斯继续开展改革。

但教皇战胜了另一个狂热的教士，臭名昭著的托马斯·德·托尔克马达，即斐迪南的前任忏悔神父，后成为卡斯蒂利亚和阿拉贡的首席宗教法官。托尔克马达变成了一个危险的狂热分子，于是教皇决定在 1494 年静悄悄地将他罢免，说这是为了照顾他的健康，因为他患了痛风。[18]

但几年后，伊莎贝拉和斐迪南突出地表达了对托尔克马达及其在异端裁判所工作的感激。1497 年他们的儿子胡安王子去世后，遗体被安放在托尔克马达的宗教家园，即阿维拉的王家圣多马修道院，并特地要求拨出专款，在那里举行数千次弥撒，以抚慰胡安的灵魂。将胡安埋葬在那里，使得这座教堂成了一个朝圣地，增进了它在信徒当中的声望，也纪念了托尔克马达及其手段。

伊莎贝拉女王与教皇的分歧导致他们各自的最亲密盟友在罗马发生了多次激烈冲突。第一次这样的冲突让教皇措手不及。

在法兰西于 1494 年第一次入侵意大利之后，女王派遣贡萨洛·费尔南德斯·德·科尔多瓦去保卫教皇，他成功地帮助教皇国收复了港口城市奥斯提亚。1497 年，教皇邀请大元帅去罗马，以便褒奖他。他以为这个虔诚的卡斯蒂利亚军人会受宠若惊；不料贡萨洛利用这次机会，表达了自己对梵蒂冈道德败坏的严重担忧，还说教皇没有给基督徒立下好榜样。据阿拉贡编年史家苏里塔记载，贡萨洛告诉教皇，他为教会制造了"丑闻和危险"。他要求教皇改过自新，并说他必须要这么做。教皇被贡萨洛的口若悬河震惊了，一时间说不出话来，被大元帅直言不讳的批评弄得"怯懦而羞愧"。[19]

两年后，伊莎贝拉及其盟友对教皇发出了新的批评。1499

年年末，西班牙的两位君主命令他们的大使加尔西拉索·德·拉·维加向教皇大声宣读他俩写的对教皇的斥责，抨击他道德堕落、为自己孩子谋取私利，以及他的儿子切萨雷惊世骇俗的丑行。教皇大发雷霆，企图夺走这封信并将其撕成两半，高声辱骂伊莎贝拉和斐迪南。德·拉·维加在一封信里向伊莎贝拉汇报了此事，并说教皇"极度虚伪"，令人无法忍受。[20]

在 1498 年的另一次类似冲突中，教皇亚历山大六世威胁要命人将加尔西拉索·德·拉·维加扔进台伯河。这话有点怪异，因为亚历山大六世自己儿子的死尸是从同一条河里打捞上来的。[21]听到这些话的大使们说，西班牙人告诉教皇，他的儿子的死是上帝在惩罚教皇的罪孽；教皇反驳说，卡斯蒂利亚的胡安王子和伊莎贝拉公主的死是因为伊莎贝拉女王篡夺恩里克四世国王之女的王位，因此犯下大罪，并高呼，伊莎贝拉和斐迪南是"侵略者和篡位者"。[22]

教皇生气的另一个原因是，他觉得伊莎贝拉在收复格拉纳达之后，应当给他的家族一些格拉纳达的土地。他让自己的儿子甘迪亚公爵乔万尼（他已经去了西班牙）向女王索要这样的土地，并以为女王一定会满口答应。但乔万尼后来被刺死并被扔进台伯河，他的遗孀（也是斐迪南的亲戚）顽固地大吵大闹，并开始一口咬定，她相信是乔万尼的哥哥切萨雷杀害了乔万尼。她要求以谋杀罪审判切萨雷。斐迪南的家族不仅没有慷慨地封赏土地，还要起诉教皇家。

乔万尼被谋杀的动机非常模糊。有些人相信，切萨雷怨恨自己被迫成为教士，嫉妒弟弟纵情享乐的世俗生活。也有可能是因为非常棘手的三角恋，因为切萨雷和乔万尼都与阿拉贡的桑恰有私情，而桑恰嫁给了他们的弟弟乔弗雷。但桑恰也是斐迪南的亲戚。这真是一团乱麻。

人们普遍怀疑切萨雷下令谋杀了斐迪南的另一个亲戚，那不勒斯国王阿方索二世的私生子——比谢列的阿方索。不幸的阿方索是切萨雷的妹妹——美丽的卢克雷齐娅的丈夫。令事情越发复杂的是，被谋杀的阿方索是切萨雷的情妇桑恰的兄弟。又是一团乱麻。

伊莎贝拉女王也非常不赞成切萨雷辞去红衣主教职位的动机和手段。切萨雷从来不想当教士。现在他的弟弟死了，他希望离开教会，娶一位公主，以便自己成为一位亲王。他看中了那不勒斯国王费德里科的女儿卡洛塔。卡洛塔不想嫁给切萨雷，因为大家都知道切萨雷患有梅毒，而且她父亲也不曾尝试强迫她嫁给切萨雷。斐迪南和伊莎贝拉也不这么打算。此时，他们全都开始觉得，与切萨雷扯上家庭关系，对自己的生命是威胁。

于是，切萨雷和他的教皇父亲与法兰西结盟了。这个举动出人意料，也与之前的事态很不协调，因为仅仅在两年前，亚历山大六世还呼吁全欧洲的统治者与他联合，对抗入侵意大利、控制教皇国土地和占领那不勒斯的法兰西人。现在教皇却化敌为友，而且法兰西国王路易十二向他提出了慷慨的提议。教皇批准路易十二与相貌普通而虔诚的瓦卢瓦的让娜离婚，以便他能娶富有的寡妇布列塔尼的安妮①。作为交换，路易十二允许切萨雷在法兰西随意挑选一位女继承人当老婆。他选择了阿尔布雷的夏洛特，她是一位法兰西贵族，也是纳瓦拉王室成员。切萨雷辞去红衣主教职位的当天，路易十二封他为

_____

① 即前文讲到的法王查理八世之妻。

瓦伦蒂努瓦公爵，这是一个有意思的文字游戏，因为切萨雷曾经是巴伦西亚大主教①。于是切萨雷获得了一个新绰号"瓦伦蒂诺"。

教皇亚历山大六世热衷于建立一个军事扩张的家族产业，以扩张自己的领土，于是任命切萨雷为教皇国军队总司令。切萨雷开始率军在意大利横冲直撞，控制了伊莫拉和弗利城。切萨雷还指挥法兰西军队攻打那不勒斯与卡普阿，防守这两座城市的是意大利雇佣兵统领普罗斯佩罗·科隆纳。所以，他最后参加了彻底消灭那不勒斯的阿拉贡王族的行动。就在这个时候，斐迪南和伊莎贝拉看到他们亲戚的统治已经垮台，于是与法兰西联手，瓜分了那不勒斯。

切萨雷之所以成功，是因为他父亲作为教皇发挥的作用，也是因为他的确是欺骗和奸诈的天才，而且他拥有个人魅力，能够让阻挡他的人放松警惕，并使得他在一些出乎意料的地方获得民众支持。不知出于什么原因，他的同时代人马基雅弗利非常崇拜和仰慕他，到了着迷的程度。但切萨雷的胜利始终不能带来永久性的机制，他身后留下的只有死亡和毁灭。

由于上述这些原因，伊莎贝拉女王得知教皇亚历山大六世于 1503 年 8 月去世的消息时，并不很悲伤。当时她没有流露出任何感情。但她得知一个虔诚的人（庇护三世）接替他成为教皇后，不禁喜笑颜开。

伊莎贝拉得知罗德里戈·博吉亚去世时似乎并不"悲痛"，马特小心翼翼地写道，"但她得知锡耶纳的红衣主教、

---

① 瓦伦蒂努瓦（Valentinois）、巴伦西亚（Valencia）和瓦伦蒂诺（Valentino）拼写与发音相近。

庇护二世的外甥成为教皇，并选择了庇护三世的称号后，表现出非常喜悦。"她命令城内的神父作特别的祷告，并召唤市民到教堂为新教皇的健康和教会的优秀领导祈祷。"然后她指示用圣歌和赞美诗，《感恩赞》向全能的上帝感恩，因为他为教会提供了这样一位牧者，因为女王素来对此人评价很高。"[23]但庇护三世没过多久就去世了，接替他的是尤利乌斯二世教皇。尤利乌斯二世发布了凯瑟琳婚姻所需的批准文书，但谨慎地说，凯瑟琳之前与亚瑟的婚姻"或许"已经圆过房。[24]

与博吉亚家族生活的其他许多方面一样，亚历山大六世的死亡也神秘莫测、充满矛盾和极端复杂。据说教皇和切萨雷一同用餐，后来两人都突然病倒，情况非常严重。彼得·马特在意大利和梵蒂冈拥有广泛的通信网络，他坚信教皇父子偶然喝了他们为一位客人准备的毒酒，弄巧成拙，把自己毒倒了。教皇已经七十岁了，他死后，尸体迅速开始腐烂，变得肿胀和臭气熏天。切萨雷只有二十七岁，得以幸存，因为他被包裹在一张暖和的骡皮内，得以维持体温，同时为自己的生命而搏斗。

切萨雷恢复之后，寻求到西班牙朋友那里躲避。那不勒斯有很多与他家族友好的西班牙人，他认为那不勒斯的主人贡萨洛·费尔南德斯·德·科尔多瓦也是朋友。但切萨雷抵达那不勒斯后，贡萨洛就遵照伊莎贝拉和斐迪南的命令，将切萨雷逮捕，押往西班牙的一座监狱。

伊莎贝拉希望以谋杀罪审判切萨雷·博吉亚。就这样，切萨雷·博吉亚这个玩世不恭、被马基雅弗利称为政治天才的人，被正义感极强的伊莎贝拉打垮了。伊莎贝拉决定，是时候永久性地消灭切萨雷了。他被押往巴伦西亚的钦奇利亚要塞，但他企图将狱长勒死并将其从城墙上推下去，后来被转移到梅迪纳·德尔·坎波戒备森严的拉莫塔要塞，受到伊莎贝拉的密切监视，行动自由受到极大限制。他唯一的伙伴是他的猎鹰。

伊莎贝拉无声无息、不引人注意地成了切萨雷"最无情的敌人"。大家都看不到这一点，就连敏锐的政治观察家马基雅弗利也从来没有注意到，他崇拜的英雄最厉害的敌人是一个他在自己的著作《君主论》中从来没有提及的人。完全错判形势的马基雅弗利不知道的是，欧洲这一代君主中最有战略眼光、最高效的君主，其实是个女人。因为恰恰是伊莎贝拉女王拥有马基雅弗利最为推崇的许多品质。

普罗斯佩罗·科隆纳（在那不勒斯，他是贡萨洛·费尔南德斯·德·科尔多瓦的关键盟友）将切萨雷·博吉亚押送到拉莫塔要塞，交给伊莎贝拉管辖。科隆纳抵达梅迪纳·德尔·坎波后求见女王，此时女王始终待在城镇中心广场边缘的宫殿内室，深居简出。

"我想见那个坐在床上统治世界的女人。"科隆纳告诉斐迪南。[26]于是他被带进去，与女王见面。

二十三　伊莎贝拉女王之死

1502～1504年，伊莎贝拉的健康状况显然越来越糟糕。因此她能取得的成绩也有限。她的身体时好时坏，但无法预测何时能好一点。她在1502年11月21日给女婿曼努埃尔一世国王的信中解释道：

> 我收到了你的大使胡安·德·费雷拉捎来的信。我很想早点给你回信，但做不到，因为我身体很差。后来我觉得有所好转，但又病倒两次，因此无法亲笔写信……感谢上帝，我现在好了点，但还是没办法写信……尊贵的、伟大的国王，我最亲爱的儿子，愿上帝好好保佑捍卫你。[1]

但在1504年10月，伊莎贝拉的身体状况突然恶化。她患有水肿，身体肿胀，高烧不退，喘气困难，口渴难耐但无法进食。她的皮肤下有明显的瘤子和肿块。御医已经放弃了治愈女王的希望。伊莎贝拉女王几乎完全卧床不起，用自己最后的力量写下了自己的最终遗嘱。

卡斯蒂利亚宫廷变得鸦雀无声、心惊肉跳，为她担忧，但也越来越为自己担心。胡安娜和腓力远在佛兰德，斐迪南国王的地位不明确，王位传承悬而未决，令人忧心忡忡。所有人都因为必须在即将展开的冲突中选择站队而挣扎。"西班牙的灾祸到了！"彼得·马特在给自己的朋友埃尔南·德·塔拉韦拉和滕迪利亚伯爵的信中写道，并描写了女王逐渐恶化的症状。

"……我们看到国王和内侍满面乌云。大家已经在窃窃私语，如果她走了，将发生什么情况。"[2]

他们为西班牙的未来担忧，因为伊莎贝拉平息了过去的混乱，而如今没有人说得准，权力交接将和平进行，还是会发生暴力冲突。很多西班牙人渐渐相信，伊莎贝拉是阻止混乱的唯一屏障，是她给这样一个饱受摧残的国度带来了和平。马特给另一位廷臣的信中写道：

> 昨天我们悲戚地在宫中坐下的时候，你问我，我对渐渐衰弱的女王怎么看。我担心，如果她辞世，那么美德和宗教也要摈弃我们而去。我希望，我们被上帝招走的时候，能够去她将要去的那个地方。在她一生中，她超越了人类的巅峰，所以她不可能死，她必将青史留名，永不磨灭。所以我们必须为她哀悼，但我们也要羡慕她，因为她将享受双重的生命。因为她留下的世界将被她的永恒名望所装点，而她自己将在天堂，与上帝一起永生。[3]

在西班牙全境，人们纷纷去教堂，为伊莎贝拉女王的生命祈祷，表示如果上帝让她活下去，他们自己愿意赎罪或朝圣。他们发现了凶险的预兆，从中解读恶事。春季发生地震，导致城墙与塔楼坍塌，将一些人活活压死在废墟中；安达卢西亚出人意料地出现了特别恶劣的天气，导致饥荒和疫病。西班牙人有时间斟酌所有这些预兆，因为伊莎贝拉自从1502年就一直患病，但在1504年秋季的三个月里越来越羸弱。

在英格兰，凯瑟琳心急火燎地等待关于母亲健康状况的消息，写信询问母亲的状况。凯瑟琳说，她从姐姐胡安娜那里得知，母亲的症状发热在缓解，因此感到欣慰；她希望母亲的身体在好转。她请求伊莎贝拉尽快回信，因为她在收到母亲的信、得知母亲已经康复之前，无法"满足或快乐"。[4]她急于得到信息，在11月26日发出了同一封信的多个副本，以确保至少有一份抵达母亲手中。

与此同时，伊莎贝拉女王在苦苦支撑，等待批准凯瑟琳与亨利王子结婚的教皇文书送抵。英格兰的伍斯特主教告诉亨利七世国王，教皇文书的一个副本在正式发布之前被"秘密地"先行发给伊莎贝拉，"以便安慰已经临终的她"。[5]

文书抵达后，她的工作也完成了。女王终于看到，她的日子已经不多了，她请求为她举行临终涂油礼。仪式举行了，神父在她的眼睛、耳朵、鼻子、嘴唇和手上涂了经过祝圣的圣油。御医、亲人和挚友聚集在病榻前祷告。

在现场的有斐迪南、伊莎贝拉的儿时好友比阿特丽斯·德·博瓦迪利亚，以及她的忏悔神父——托莱多大主教西斯内罗斯。

她要求斐迪南国王承诺不续弦。这可能出于对未来新娘的嫉妒，也可能是因为她希望保护他们的儿女的遗产，所以不愿意看到斐迪南再娶。据苏里塔说，斐迪南宣誓不会再娶，"好几个人证实"国王发出了这样的誓言。[6]

一般情况下，临终涂油礼要在临终的人的脚上也涂油，但伊莎贝拉女王不准房间内除了神父之外的任何人看到她的脚。这有点奇怪，编年史家的解释是，这是由于她羞怯和贞洁。

有史料记载的伊莎贝拉的最后一个举动是，神父们结束祷告时，她用手在自己胸前画了十字。她于1504年11月26日去世。同一天，凯瑟琳给她写下了心急火燎的信。伊莎贝拉享年五十三岁。

"就这样，最尊贵的伊莎贝拉女王、西班牙人的荣誉和所有女性的楷模，在梅迪纳·德尔·坎波与世长辞。"圣克鲁斯写道。"宫廷和所有城市的人们自发地表达悲痛，他们的悲伤有充分的理由，因为他们失去的是一位最卓越的女王，历史上从来不曾有过这样优秀的人统治一个民族。"[7]

当世人们记忆中最猛烈的暴风骤雨降临了，仿佛天空也在哭泣。斐迪南国王向欧洲各国统治者通知女王驾崩，命令将其遗体运到格拉纳达，不过他自己没有陪同灵柩。于是，女王的送葬队伍，包括忠诚的彼得·马特，动身前往安达卢西亚。

消息传到各地，许多地方的人都为伊莎贝拉的去世而悲恸。历史学家赫罗尼莫·苏里塔写道：

> 在所有国度，不仅她的臣民和同胞，所有人都普遍表达了深切的哀恸和悲伤。最低的评价也是，她不仅是她的时代，也是许多世纪以来最卓越和勇敢的女性。这位高度虔诚的女王非常重视圣事和扩展我们神圣的天主教信仰，而且她非常审慎和认真地行事，让居住在整个基督教世界的所有人都从中受益。[8]

意大利人巴尔达萨雷·卡斯蒂廖内曾在西班牙生活。在他的著作《廷臣之书》中，他赞颂伊莎贝拉为欧洲近期历史上最伟大的统治者之一。

> 除非全体西班牙人，不管贵族还是平民，不分男女贫

富，全都串通好了，虚伪地赞颂她，那么在我们的时代，不管在何地，都不曾有过比伊莎贝拉女王更光辉的榜样。她的真挚的善良、精神的伟大、审慎、虔诚、贞洁、彬彬有礼、慷慨大方——简而言之，所有类型的美德——都超越世人。这位女士的名望极高，传扬四海，各国无人不知，而那些生活在她身边的人、目睹她举止的人，全都证实，这名望源自她的美德与功绩。不管是谁，只要看看她的行为，就会发现这是事实。她留下了不计其数的东西可以为此证明，如果我们愿意，可以一一列举。但所有人都知道，她登基的时候，卡斯蒂利亚的大部分被权贵主宰。但她以绝对的公正收复了整个国土，以至于那些被剥夺土地的人也对她忠心不贰，心甘情愿地交出霸占的财产。另外一件值得注意的事情是，她在保卫自己的国家、抵抗强大敌人的时候，总是表现出莫大勇气与智慧。在这样一场漫长而艰难的战争中，敌人在为自己的财产、生命、宗教（按照他们的想法）和真主而战斗。而她无论在作战会议中还是亲临前线时，总是表现出高超的才干，我们时代的君王几乎难以望其项背，不要说没有本事效仿她，甚至没有资格嫉妒她。[9]

卡斯蒂廖内说，她为西班牙人的行为举止设立了一套新标准：

因此，人民对她非常尊崇，既有爱戴，也有畏惧。他们的心中仍然饱含这种尊崇，仿佛他们觉得，她还在从天堂注视他们，或许会从那里嘉许或批评他们。因此，这些国度仍然被她的名望和她设立的手段所统治，所以，尽管她的生命结束了，她的权威仍然延续，就像一个轮子在外力驱动下滚了一段时间之后，若撤去外力，仍然能够自行前进好一段距离。[10]

就连外国的敌人也认可她的功业。法兰西人菲利普·德·科米纳写道，伊莎贝拉"据说是世界上最睿智和高尚的人之一"。[11]

她在临终前的最后两个月写了遗嘱，又多次修改，将自己的遗嘱当作一份蓝图，希望她死后的西班牙能够按照这蓝图发展。她高屋建瓴地预测了可能出现的问题。

她命令传位给她的女儿胡安娜公主，她将成为"上述属于我的各国、土地与领地的女王，上帝允许我指定她为王国的君主"。[12]也就是说，王位将直接传给胡安娜。但伊莎贝拉增加了一个限制性条款：如果胡安娜不在国内，或者"被证明不愿意统治，或没有能力统治"，斐迪南将担任摄政王，直到胡安娜的长子查理王子二十岁，能够继承王位。伊莎贝拉特别敦促胡安娜和腓力"顺从于"斐迪南，因为他"拥有突出的美德"。她刻意将腓力大公排除在西班牙统治者的角色之外，这是她有意为之。

伊莎贝拉确保斐迪南能够得到舒适的生活，把三个教会骑士团的大团长头衔都给了他，这样他就能得到一笔丰厚的收入；另外王室从美洲获得的年收入的一半也归属斐迪南。她在遗嘱里对他不吝溢美之词。她说，她给他留下的巨大财富"比我希望给他的要少，比他理应享有的少得多，因为他为国家做出了卓越贡献"。[13]

她对丈夫表达的深切挚爱远远超过了法律文书一般的客套话。她要把自己的珠宝首饰都留给他，"让他睹物思人，回想起我在世的时候对他始终抱有的热爱，并且让他知晓，我在一个更美好的世界等待他前来团聚；希望这份记忆能鼓舞他生活得更公正和圣洁"。[14]

她要求将凯瑟琳和玛丽亚的嫁妆按照婚约全数支付。这就能让她们在各自的婚姻生活中继续下去，不必担心因为金钱纠纷而发生争吵。

她要求将自己埋葬在标志着她最伟大胜利的地方，即格拉纳达。具体地点是阿兰布拉宫的圣弗朗西斯科教堂。她要求大家不要为她服丧，而是把用来置办丧服的金钱捐献给穷人。她要求偿清她的债务。

她命令捐献巨款（包括 200 万马拉维迪）给慈善事业，为贫家女子置办嫁妆，帮助她们结婚，或者从事宗教事业。她要求为 200 名被她所谓的异教徒控制的俘虏赎买自由。上述慈善活动所需的资金来自变卖她的私产所得。

她请求王国感谢安德烈斯·德·卡布雷拉及其妻子比阿特丽斯·德·博瓦迪利亚的贡献，让他们保有莫亚侯爵和侯爵夫人的头衔，世袭罔替。她还特别赞扬了贡萨洛·查孔，她儿时的教师，以及加尔西拉索·德·拉·维加（曾任西班牙驻梵蒂冈大使）。许多年前，在阿雷瓦洛，查孔是教导她学习圣女贞德这样一位女性榜样的人之一。加尔西拉索·德·拉·维加是曾代表她与教皇亚历山大六世斗争、谴责这位教皇腐化的廷臣。

她思绪里最重要的事情，仍然是她的宗教原则。伊莎贝拉女王希望她的儿孙辈都能认识到自己保卫和推进基督教信仰的义务，指导他们遵循教会的训诫，并将异端裁判所维持下去。她告诉他们永远不要放弃直布罗陀（711 年，北非人就是从这块巨岩出发，入侵西班牙），说那座城市和地区应当永远是西班牙王室的领地和财产。

她最耐人寻味的姿态之一与她的兄长恩里克四世有关。当年她嫁给斐迪南，与兄长发生了戏剧性冲突，后来又夺取了王位。仿佛是为了补偿兄长，伊莎贝拉将自己最珍贵的财产——一件圣物，她相信它曾属于耶稣基督，并且拥有医治疾病的奇效——赠给兄长最心爱的安东尼奥教堂（位于塞哥维亚城郊）。这件圣物是一小块血染的布头，据说是基督的无缝上衣的一块，在他受难的日子被撕了下来。

圣安东尼奥是恩里克四世幼时的家，后来被改为修道院，在伊莎贝拉在位期间又改为克拉利萨女修会的女修院。那里的修女们为劳工提供精神慰藉和社区服务。这些劳工在塞哥维亚的古罗马高架渠下，以擦洗羊皮为业，艰难度日。在女修院内，修女们照料弃婴，这些婴儿被母亲抛弃，要么是因为贫困，要么因为是私生子。

修女们生活在远离尘嚣的修道院，将这一小块布当作圣物小心保管，相信它具有医治妇科疾病的奇效。布上还连着一只智齿。修女们相信，这只智齿属于伊莎贝拉，她把自己的智齿留在女修院，是为了让自己的一样东西始终留在塞哥维亚，并且与曾属于耶稣基督的圣物一起安息。

另外，伊莎贝拉下令，如果无法将她的遗体运往她希望的位于格拉纳达的埋葬地，就将她安葬在这家女修院，或者是她在托莱多建造的圣约翰王家修道院与教堂。

她要求自己下葬时穿一件圣方济各会的修女服，并将自己心爱的女儿伊莎贝拉公主的遗体迁来，母女一同长眠。她希望用一块简朴的石碑标示她的坟墓，坟墓应当与地面齐平，不要建造高高的墓葬堆。

她后来给遗嘱增加了一些补充条款，包括她之前忽略了的一些小事，并发布了另外两项指令。这两项要求都表明，她深刻认识到，她的民族即将在宗教和帝国霸业上遇到巨大挑战。她要求将修道院的改革继续进行，"以避免伤害和丑闻"。她还明确规定，发现大西洋彼岸新大陆的"主要目的"是"向土著传播天主教信仰"，不得伤害新大陆的土著居民，而是要"公正地"对待他们。[15]

伊莎贝拉驾崩后，斐迪南国王向公众宣布了噩耗，并派遣信使到西班牙各地发布消息。他宣布，胡安娜成为女王，他将辅佐她统治。由于胡安娜不在国内，他先承担起治国重担。她要过一段时间才能返回西班牙。

斐迪南命令送葬队伍立刻出发，前往格拉纳达。大雨瓢泼，人们考虑是否等天气好转再行动，但斐迪南坚持立刻启程，无人敢于质疑国王。他派遣送葬队伍运送灵柩出发了，但没有亲自陪同。彼得·马特是送葬队伍成员，他后来回忆说这趟旅程是可怕的磨难："似乎大海的惊涛骇浪在驱赶我们……我们穿过山谷和平原，简直是在游泳，道路化为水塘和湖泊。到处是烂泥，举步维艰。"[16]

他们经过了伊莎贝拉的幼时家园阿雷瓦洛，然后继续南下。领导人经常聚起来商议，讨论是否应当在如此恶劣的条件下继续前进。在托莱多，他们认真考虑停下，等候天气好转，但他们害怕激怒斐迪南，于是继续跌跌撞撞地艰难前进，在疾风苦雨和烂泥中挪动。路上有人死去，被暴涨的河水卷走，也有牲口溺死。"我从来没有经历过比这更恐怖的事情，"马特写道，"我们这一程，没有一里路不是在死亡危险中走过的。"[17]

最终，在数周的旅行之后，他们抵达了格拉纳达，将伊莎贝拉的遗体停放在阿兰布拉宫的一座教堂，等待找到一个更合适的安息之地。

仿佛上苍不愿意让她被安葬在格拉纳达，大自然的力量联合起来阻挠她的灵柩被运往那里。将她安葬在塞哥维亚（她和兄长恩里克四世钟爱的美丽城市）就简单多了，但人们害怕斐迪南发怒，于是他们在泥潭中挣扎前进数周，终于抵达了曾经的纳斯尔王朝国都。前往格拉纳达的旅程总是会变成恐怖而难忘的磨难。

首先，根据她的指示，人们将她安葬在纳斯尔王朝一座旧宫殿（被改为一座圣方济各会修道院）的庄严小教堂内。[18]

后来，1521 年，伊莎贝拉的遗骸被转移到格拉纳达市中心一座豪华大教堂内，墓穴上方设有威风凛凛的大理石雕像。她想要的是一座简朴的坟墓，只要有与地面齐平的石碑就可以了。她希望自己长眠在伊莎贝拉公主身侧，但她女儿的遗体始终没有被迁往那里。伊莎贝拉女王的长眠之所被宗教符号所环绕，就像穆斯林在阿兰布拉宫的墙壁上一遍又一遍地书写"唯有真主是胜利者"一样。

二十四 伊莎贝拉之后的世界

正如朝廷所畏惧的，伊莎贝拉驾崩后，西班牙迅速失控。但二十年后，在她奠定的基础之上，西班牙崛起成为世界上第一个真正的全球超级大国，受到羡慕、敬仰，也被所有人畏惧。西班牙艺术、文学和建筑的黄金时代即将降临，各领域的天才们创作出不朽杰作。其中有作家米格尔·德·塞万提斯、画家格列柯①和委拉斯开兹②。正如伊莎贝拉女王所希望的，她的孙辈和曾孙辈继续了她未竟的事业，投入了自己的心血，既产生了正面的影响，也有负面的后果。

但这一切，从一个混乱的时期发轫。

伊莎贝拉尸骨未寒，斐迪南的缺陷就暴露无遗。她去世的那天，他给其他王国的君主写信，宣布她的死讯。例如，他告诉英格兰国王亨利七世，伊莎贝拉的死是"他经历的最严重的灾难"。[1]他告诉亨利七世，他的女儿胡安娜是新的女王。但他立刻补充说，国家的实际控制者是他。

他没有护送伊莎贝拉灵柩去往格拉纳达，没有参与那场沉闷的长途旅行。在正常情况下，即便是感情最疏远的夫妻，也会护送配偶的遗体去下葬。他闭门不出，与谋臣商议了一周，

---

① 格列柯原名多米尼柯·狄奥托科普洛（1541~1614），西班牙绘画艺术的第一位大师。"格列柯"在西班牙语中意为"希腊人"，因为他出生于克里特岛。他的画作数量惊人，最著名的有《奥尔加斯伯爵下葬》等。

② 迭戈·委拉斯开兹（1599~1660），西班牙黄金时代最重要的画家之一，擅长肖像画，创作了许多王室成员和显贵的画像，最著名的杰作为《宫女》。

然后开始胡作非为。

他做的第一件事情，是以最漫不经心、麻木不仁的方式，处理掉了她的财产。她要求变卖她的财产以赈济穷人和清偿债务。他觉得这样做没有什么好处，于是以最快的速度将她的财产变现，并且办得非常不得体，"混乱、贪婪而缺乏透明度"。[2]廷臣和教士们争相廉价买下这些财产，日后高价出手。金银器皿被熔化，以获取贵金属。其他物品都被草草地低价出售。

不到两个月时间，斐迪南就廉价处理掉了伊莎贝拉精心收藏的基督生平画像，甚至包括那些有她家人肖像的作品，每幅画只卖2~6杜卡多。他似乎没有请人给画作估价；包含黄金的画像的价钱和没有黄金的一样。[3]书籍、壁毯、乐谱和祈祷书都被抛撒一空。文艺复兴时期最伟大的艺术收藏品被随随便便地拆散。用历史学家塔西西奥·德·阿斯科纳的话来说，这仿佛"明媚的白昼之后紧跟的是阴暗和凄苦的黑夜"。[4]

然后斐迪南集中注意力，想办法把女儿和女婿排挤到权力之外。他很快提出要续弦，起初追求的对象是胡安娜·贝尔特兰尼娅。她就是恩里克四世国王的妻子的孩子，可能是王位的合法继承人（如果她真的是国王的女儿的话），如今已经人到中年。当然，当年斐迪南和伊莎贝拉与葡萄牙交战，主张伊莎贝拉才是合法继承人。在随后发生的战争中，成千上万人丧命。

但是，如果斐迪南现在可以让人们相信，胡安娜才是合法继承人，而当初与葡萄牙的战争是一个不幸的错误，那么他就可以重新获得伊莎贝拉还在世时他在伊比利亚半岛享有的权利。这意味着他必须把胡安娜·贝尔特兰尼娅从她生活的修道院拉出来，他可能觉得，当初她是被强迫才当修女的。如果他娶了胡安娜·贝尔特兰尼娅，那么他与伊莎贝拉生的孩子就丧失了继承权，伊莎贝拉整个统治的合法性也将受到质疑。

他的这个主意让所有人都震惊而噤声。西班牙各地很快涌现了反对派。很显然，斐迪南非常不得民心。之前人民表现出的对君主的爱戴，对象是伊莎贝拉，不是他。

与此同时，在佛兰德，按照彼得·马特的说法，腓力大公"对权力垂涎欲滴"。他一直在密切关注伊莎贝拉越来越糟糕的健康，并寻求进一步孤立胡安娜，以控制局势。[5]1504年11月初，他辞退了她从卡斯蒂利亚带来的十二名侍从，给了她的多明我会忏悔神父40里弗，让他自己返回西班牙。[6]他恩威并用，确保胡安娜周围的人对他言听计从，而不忠于胡安娜。卡斯蒂利亚大使富恩萨利达说，剩余的西班牙侍从"都是叛徒犹大的亲戚，他们没有一个保持忠诚，全都竭尽全力为腓力效劳"。[7]

就连富恩萨利达也被宫廷的态度吓倒了。他也得知伊莎贝拉时日无多了，但没有告诉胡安娜。他可能是在见风使舵，等待看清在业已发动的权力斗争中谁是最后赢家。

腓力得知伊莎贝拉死讯后，决定向妻子——卡斯蒂利亚的新女王——隐瞒消息。他把妻子牢牢控制，使其几乎处于软禁状态。在一段时间内，或许有一周或更久，他在筹划阴谋，把妻子蒙在鼓里。斐迪南国王派遣了一位官方信使胡安·罗德里格斯·德·丰塞卡，于12月12日正式向腓力夫妇宣布消息。

胡安娜终于得知了真相，一定倍感痛苦。她与母亲在梅迪纳·德尔·坎波的最后一次会面非常不幸，双方大吵特吵，而她自己在卡斯蒂利亚家中的时候很少考虑伊莎贝拉越来越衰弱的健康。现在母亲去世的消息对她造成了沉重打击，她开始效仿姐姐伊莎贝拉公主哀悼丈夫阿方索的那种夸张的哀恸，因为那种姿态得到了人们的赞扬。胡安娜要求别人不要烦扰她的哀悼，避免与其他人接触，独自静修。在追求享乐的佛兰德，葬礼习俗没有那么戏剧性。胡安娜的行为只是让佛兰芒人越发觉得她古怪或者滑稽。

在此期间，腓力忙着安排自己加冕成为卡斯蒂利亚、莱昂和格拉纳达国王的典礼，在其中只给了胡安娜很小的角色。1月中旬，他在布鲁塞尔的圣米迦勒与圣古都勒教堂（一座巍峨的哥特式建筑）加冕为国王①，胡安娜立在他身侧。曾经在伊莎贝拉面前高举的正义之剑，如今被交给了腓力，而不是胡安娜。

与正在宫廷的西班牙大使商谈之后，胡安娜给父亲写了一封信，并将信托付给一名仆人去递交。这个仆人是阿拉贡人，是斐迪南的臣民，却将其交给了腓力。腓力读了信，大为不悦。他命令将使者之一，斐迪南的私人秘书洛佩·德·孔奇略斯逮捕、投入监狱并毒刑拷打。腓力如此激烈的反应说明，胡安娜的信是告诉她父亲，应当阻止腓力将卡斯蒂利亚王位占为己有。使者"被投入肮脏的地牢，仿佛他犯下了弥天大罪"，彼得·马特告诉他的朋友塔拉韦拉，并补充说，后来洛佩·德·孔奇略斯终于获释，跌跌撞撞地走入阳光下时，一时间昏厥了，头发也掉光了。[8]

腓力在胡安娜周围建造的隔离墙出现了这个裂缝之后，他命令佛兰德的任何人不经他的允许，不准与西班牙的任何人

---

① 正式称号为卡斯蒂利亚与莱昂国王腓力一世。

交流。

腓力的谋臣们准备了一封假称由胡安娜写下的信，信中将统治权转交给腓力，并说这是由于她对他的"爱"。据传记作者贝瑟尼·阿拉姆说，她不肯用"爱"这个词，拒绝在信上签名，于是他们伪造了她的签名，将信发出。[9]

然后腓力开始收买人心。他用油水丰厚的地产、权益和特权笼络西班牙贵族，要求他们支持他当卡斯蒂利亚国王、摈弃斐迪南。他开始与法兰西谈判，寻求他们的支持，以便从岳父手中攫取权力。对西班牙人来说，这是一个切实的威胁，因他们曾与法兰西争夺鲁西永和那不勒斯，视法兰西为不共戴天之敌。

腓力和斐迪南开展了一场激烈的宣传战，以争夺统治权。他们都企图夺取王位，但首先必须把胡安娜排挤掉。腓力和斐迪南起初各自宣称胡安娜有精神病，后来联合起来这么宣传，说她的疯病太厉害，无法统治。将她除掉之后，就只剩下了两个竞争者。胡安娜的父亲和丈夫都大肆散播关于她所谓疯狂举止的谣言。在梅迪纳·德尔·坎波的争吵、胡安娜的自我隔绝、她对丈夫的情人的吃醋和攻击（她割掉了"小三"的头发），都成了流传甚广的故事，被认为是她发疯的证据。如果女人对男性的权力构成挑战，或者以其他方式构成麻烦，那么宣称她们是疯子，是一种久经考验、屡试不爽的手段，能够有效打击她们的公信力。

据阿拉姆记载，1505 年年初，斐迪南召开国会，要求指定他为胡安娜的摄政。他提及了伊莎贝拉女王的遗嘱，并说女王因为"羞耻和悲痛"，没有明说胡安娜为什么不适合统治——因为胡安娜的"激情"使得她没有治国理政的能力。[10]

造谣攻势就这样开始了，很快就有很多人相信，胡安娜"疯了"。

而在佛兰德，公正的观察者说，她看上去很正常，行为举止也没问题。威尼斯大使维琴佐·奎里尼记述了他与胡安娜一起度过的一个盛宴晚会，她"穿着黑色天鹅绒，看上去非常健康"；他觉得她"非常端庄美丽，仪态完全是一个理智而谨慎的女人"。他代表威尼斯政府向她问候，她做了"温和可亲的答复"；然后他俩一同散步，走到一场比武大会，地点是宫殿底层的一个宽敞的大厅，灯火通明。[11]

大约六个月后的 1506 年年初，据奎里尼记载，腓力派遣他宫中的一名使者，德·拉·肖先生去卡斯蒂利亚，与斐迪南会谈，以确保他们双方口径一致，即胡安娜"没有能力，也不适合统治"。奎里尼说，很多佛兰芒廷臣希望腓力这么做，因为他们已经从卡斯蒂利亚领到了"补助金"，数额在每年 500～3000 杜卡特不等。他们害怕，假如胡安娜执政，会砍掉这些补助金。他们还希望从卡斯蒂利亚君主指挥的三个宗教骑士团那里，为自己的"孩子、孙辈和关系最远的亲朋好友"搞到油水丰厚的闲职。[12] "大臣们也希望避免发生叛乱。"奎里尼写道。

　　他们担心天性热血沸腾的西班牙人，尤其是喜好变动、互相争斗的权贵们会起来反抗，要求由他们的合法君主——新女王来统治。大臣们现在的目标是，在腓力国王抵达西班牙之前，他的岳父应当传播胡安娜女王不适合统治的消息（这里的人普遍相信）；他们还希望，斐迪南国王会服从他们的意愿，既是因为这样符合他的利益，也是因为，在伊莎贝拉女王驾崩时，他不肯交出卡斯蒂利亚政权的理由之一就是，他声称自己的女儿没有能力、不适合治国；从腓力国王的大使的最后几封信来看，斐迪南国王似乎仍然抱有这种意见。腓力国王的大使们正在竭尽全力地安排此事，因为事关他们自身利益：德·韦尔先生从卡斯蒂利亚得到 3000 杜卡特的年金，而且还得到承诺，第一个出现空缺的主教职位将被送给他的兄弟之一；德·拉·肖先生领取 1000 杜卡特年金；所有人都希望，腓力国王将为他们的孩子、孙辈和关系最遥远的亲朋好友搞到圣雅各、卡拉特拉瓦或阿尔坎塔拉骑士团的指挥职位。尽管斐迪南国王是这三个骑士团的主人，并且控制其全部收入，但空缺的指挥职位分别由两位君主轮流分配，所以轮到腓力国王的时候，斐迪南国王必须接受他建议的人选。[13]

佛兰芒廷臣使出浑身解数，在胡安娜和她的父亲之间挑拨离间。西班牙大使阿罗伯爵曾获准短暂地觐见胡安娜，但腓力的盟友警告他不要久留，并要"好好效劳"腓力。据奎里尼记载，胡安娜热情地接见了阿罗伯爵，并非常温柔可亲地询问她父亲的身体如何，因为她上一次得到他的消息还是六个月以前的事情了；他是否真的像传闻那样，一心要伤害她……大使答道，这些传闻全都是子虚乌有；她的父王爱她，也爱她的丈夫，就像爱自己的孩子……随后大使按照自己接到的警告，迅速离开了。他告诉奎里尼，他明确地知道，腓力国王的谋臣告诉女王，她父亲对她满怀恶意，不愿意看到她出现在西班牙。这是为了让她下一次与父亲见面时，以不妥当的方式对待他。

而斐迪南听信谗言，认为女儿不爱他，于是更加愿意剥夺她的统治权。[14]

不管斐迪南究竟知道什么情况，又不知道什么，他都在4月中旬给了腓力答复，让腓力放心，他会把事情安排好，"让各方面都满意"。[15]斐迪南甜言蜜语地敦促腓力到卡斯蒂利亚来，以便安排好方方面面的事情。

腓力犹豫不决，不敢去卡斯蒂利亚。他对自己的好友贝桑松大主教的暴毙仍然满腹狐疑，因此害怕假如自己踏入西班牙，斐迪南会杀害他。这么害怕的不只他一个人。1506年6月，一位生活在罗马的贵族写信给腓力，敦促他在与斐迪南打交道时必须高度谨慎，以免成为下毒或其他暴力袭击的牺牲品。他还特别敦促腓力始终避免与斐迪南一同用膳。[16]

但要想赢得西班牙及其领地的丰厚奖品，腓力和胡安娜必须亲自到场掌控。他们从海路去了卡斯蒂利亚，把孩子们留在佛兰德，由腓力聪明和善的妹妹玛格丽特（卡斯蒂利亚王子胡安的年轻寡妇）照料。玛格丽特和留在家中的四个孩子——埃莉诺、查理、伊莎贝拉和玛丽（胡安娜最小的孩子，还是婴儿）住在美丽的小镇梅赫伦，与位于根特的佛兰芒大王宫及满肚子阴谋诡计的廷臣们拉开距离。

胡安娜和腓力的这次航海旅途惊心动魄。途中风暴把他们吹到了英格兰，亨利七世国王与他们会面，待了一段时间。腓力及其侍从想尽办法证明胡安娜的精神有问题，拼命努力让英格兰朝廷相信她是个疯子。亨利七世私下里告诉自己的廷臣，他觉得胡安娜完全正常。与舰队一起旅行的其他国家的人也说，胡安娜举止可亲而得体，其他人在风暴中张皇失措的时候，她却沉着冷静。

腓力和胡安娜抵达卡斯蒂利亚的时候，斐迪南已经再婚了，不过不是像他希望的那样娶到胡安娜·贝尔特兰尼娅。他狡猾地绕开了自己的女儿和女婿，迅速与西班牙的宿敌法兰西结盟。他娶了一位十八岁的泼辣的法兰西公主，也是他的甥孙女热尔梅娜·德·富瓦，即他的同父异母姐姐①的孙女。作为交换，他承诺要把那不勒斯留给他和热尔梅娜生的孩子。[17] 这对路易十二国王很有吸引力，因为热尔梅娜是他的外甥女②，而且这项协议将会把那不勒斯重新纳入法兰西的势力范围。斐迪南还同意为路易十二的军事行动买单。

斐迪南国王告诉他的臣民，他需要娶这位年轻的法兰西公主，以便为阿拉贡王位生出一个男性继承人。事实上，他这么做就是为了威胁胡安娜的孩子们的继承权，从而激怒腓力。需要一个继承人的辩解很荒唐：此时斐迪南有三个年轻而有生育能力的女儿、三个外孙和四个外孙女，都可以继承王位（胡安娜最终一共生了六个孩子。玛丽亚已经生了三个。凯瑟琳在未来也可能有自己的孩子）。这意味着，斐迪南打算生出更多孩子，让他们与已经有的孩子们竞争。

他的宣言对胡安娜打击最深。因为如果斐迪南生了新的孩子，胡安娜对阿拉贡的王位继承权将受到威胁。凯瑟琳也感到痛苦。她此时二十岁，在英格兰茕茕孑立，失去了丈夫，正在期望与年轻的亨利王子结婚。若失去在卡斯蒂利亚王位继承体系中的位置，将会让她的日子更难过。

虽然斐迪南曾向伊莎贝拉承诺不续弦，他的火速再婚尽管

----

① 即前文讲到的富瓦伯爵夫人，阿拉贡的埃莉诺（1426～1479）。
② 热尔梅娜的母亲是路易十二的姐姐。

不体面，但并不让人觉得意外。他或许已经厌倦了当一个疾病缠身的女人的丈夫。到 1505 年 7 月，他已经成为英格兰朝廷窃笑的闲言碎语的主题。使者们告诉亨利七世，斐迪南"在他这个年纪还非常好色"，此时他五十三岁。另外，他仍然被认为"外貌英俊"，尽管他失去了一颗牙之后有点口齿不清，而且"左眼有点斜"。何况斐迪南"据说富得流油，因为在他的女王在世时，他从阿拉贡和西西里岛获得的收入一分钱都没有花"。[18]

神圣罗马皇帝马克西米利安一世（腓力的父亲、婴儿查理的祖父）认为，可以用女色来操控这个局势。他尝试引诱斐迪南缔结另一门在政治上更安全的婚姻，让他在"德意志能找得到的最高贵的处女公主……脸蛋最美丽、身材最窈窕的佳丽"当中随意挑选。[19]

但斐迪南匆匆奔向了热尔梅娜·德·富瓦的婚床。他们的结婚契约于 1505 年 9 月缔结，此时伊莎贝拉的一周年忌日还没有到。[20]斐迪南解释说，他之所以娶了一位法兰西新娘，是为了让法兰西支持他，而不是支持腓力。但很多西班牙家庭在历次对法战争中失去了许多亲人，他们一定很难接受。

而且他根本没有办法向那些曾爱戴和尊重伊莎贝拉女王的人民解释。人民无法理解，斐迪南为什么能够这么迅速地找到新人来替换她。人们觉得斐迪南对热尔梅娜的追求不堪入目，尤其是因为人们对伊莎贝拉的感激和理解是在她去世后才增长起来的。彼得·马特告诉塔拉韦拉，"所有人都觉得，很难接受如此仓促的新婚姻"，特别是因为国民"尊崇"去世了的伊莎贝拉，如同"膜拜"活着的她。[21]

斐迪南与热尔梅娜度蜜月的地点就是当初他与伊莎贝拉新

婚伊始的那个地方——杜埃尼亚斯小镇。很多人觉得这是非常不尊重亡妻的行为。不久之后，喜欢穿法兰西风格服饰的热尔梅娜开始扮演起卡斯蒂利亚代理女王的角色。

斐迪南在卡斯蒂利亚的支持度骤降。1506 年 4 月，腓力和胡安娜抵达国内后，整个西班牙联合一心，支持他们。几乎所有贵族都抛弃了斐迪南，一小群死硬分子除外。伊莎贝拉的忠诚谋臣，包括加尔西拉索·德·拉·维加（伊莎贝拉在遗嘱里提及了他），都坚决反对她的丈夫。只有少数人，包括大主教西斯内罗斯与阿尔瓦公爵，仍然忠于斐迪南。女儿回国不到两个月后，斐迪南宣布他要回到自己的家乡阿拉贡，于是离开了卡斯蒂利亚。跟随他的人很少，几乎和 1469 年他第一次来卡斯蒂利亚与伊莎贝拉结婚时一样少。彼得·马特在给塔拉韦拉的信中写道，"他的血亲"几乎全都"摈弃他……部分是因为害怕，部分是因为贪婪"。[22]

斐迪南离开之前有没有与胡安娜见面，很难说得清；如果他们见面了，也只是短暂的拜访。不管怎么样，肯定不是非常愉快的道别。卡斯蒂利亚毫不客气地把斐迪南扫地出门了。斐迪南携夫人离开了卡斯蒂利亚，去往阿拉贡，然后去了他的富饶的新王国那不勒斯，在那里受到了英雄征服者一般的欢迎。自决定性击败法兰西之后担任那不勒斯总督的贡萨洛·费尔南德斯·德·科尔多瓦举办了盛大的欢迎庆典，迎接斐迪南。但斐迪南看到一些显赫的意大利人，甚至一些法兰西人不吝溢美之词地赞扬贡萨洛，十分恼火。贡萨洛是极少数既能得到部下的爱戴，也能赢得被他打败的敌人尊重的将领之一。斐迪南对贡萨洛的嫉妒越来越厉害。

与此同时，在卡斯蒂利亚，腓力寻求国会批准将胡安娜监禁起来。但卡斯蒂利亚官员们不同意。他们与胡安娜见了面，表达他们对她的支持。胡安娜说她希望斐迪南回来，但腓力为他俩在 1506 年 7 月安排了联合加冕典礼，他成为国王，胡安娜成为女王。

这就是腓力需要的开端。他开始在卡斯蒂利亚随心所欲。他罢免了伊莎贝拉任命的一些官员，用自己来自佛兰德的朋友取而代之。他剥夺了比阿特丽斯·德·博瓦迪利亚对塞哥维亚城的统治权，尽管伊莎贝拉在遗嘱里明确表示将塞哥维亚封给比阿特丽斯，终生享有，并子孙世袭。腓力把这个城市交给了他的新宠臣堂胡安·曼努埃尔。

1506 年 9 月，腓力出人意料地去世了。他正在布尔戈斯参加堂胡安·曼努埃尔为他举办的一次聚会，感到口渴。他喝了一大口凉水，就生病了。他死于胃病，就像所有曾阻碍斐迪南的人都突然死亡一样。腓力享年只有二十八岁。

斐迪南派人谋杀了腓力吗？可能性很大。到此时，斐迪南的异母兄卡洛斯、姐姐布兰卡和伊莎贝拉的哥哥恩里克四世都已经神秘地死去了，每一次的受益者都是斐迪南。不过，在没有抗生素和验尸的时代，没有办法确定死因是否为毒杀。

胡安娜女王在腓力的病床前守夜，但他咽气时，她没有流眼泪。他对她一直很残酷，她对他的死很可能抱有复杂的感情。但她为他哀悼和举行葬礼的方式很怪异，更让人觉得她的精神有问题。

她想把他埋葬在格拉纳达，这符合他的地位，因为他是她的丈夫，也是未来的西班牙国王——年轻的查理（此时仍在佛兰德）的父亲。但她对如何将丈夫的遗体（做了防腐处理）运到格拉纳达感到踌躇，尤其是因为此时她的卡斯蒂利亚臣民越来越多地呼吁她开始主持朝政。而她从来没有学习过治国之术，也从来没有表现出这方面的兴趣。她面对的挑战越来越严重，因为自两年前伊莎贝拉驾崩以来，王国一直在忍受权力真空。于是胡安娜女王推迟了葬礼，将丈夫的灵柩从一家修道院移到另一家，同时她在考虑如何处置当前局势。在卡斯蒂利亚，没有一位近亲能够帮助她做出决策。

另外，她又一次怀孕了，在丈夫去世约五个月之后生下了她的最后一个孩子，是个女儿，取名为凯瑟琳。我们几乎可以肯定，这增加了她的压力。

胡安娜女王尝试通过夸张的服丧和闭门哀悼来推迟做出决策。这对一个普通女人来说不算失常，但作为一位女王，终日闭门不出，而她必须应对一系列紧迫的国家大事和国际事务，就造成了复杂而棘手的问题。不过她采取了一项措施：1506年12月18日，她签署了一项法令，取消了腓力向其朋友封赏的在卡斯蒂利亚的所有权益和土地。[23]她命令恢复到伊莎贝拉分封的那种状态。

但她似乎不喜欢自己必须承担的责任。一个女人需要很大的勇气，才能做出在社会上不寻常的事情，并且这让所有人都不舒服。伊莎贝拉曾受到赞扬，但她的统治也被认为是怪异的反常现象。尽管伊莎贝拉作为统治者取得了成功，女性仍然被认为低于男性一等，不大可能发挥重要作用。就在这一年，胡安娜的妹夫葡萄牙国王曼努埃尔一世向斐迪南宣布自己第四个孩子（也是第二个儿子）路易斯诞生时，非常明确地表达了这种观点：

　　　　如果我的王后，我挚爱和宝贵的妻子，生的是女儿，我们向您通知时就会更谦卑一些，因为那样才符合一个女儿的身份，但今天凌晨 2 到 3 点之间，天主施恩于她，她生下了一个儿子，所以我们给您写信，希望您知晓此事。您也会了解，我们原本担心这会像其他孩子一样是个女儿，会让我俩感到羞愧，所以生了儿子之后，我们感到加倍地开心和满意！[24]

在这样的环境里，胡安娜不愿意努力去控制她那动荡不安的王国，也是情有可原了。大多数人都希望自己被视为其主流文化的一部分，而不是陌生的局外人，所以胡安娜决定，她的统治手段就是根本不统治。

女人在丧夫之后闭门不出是非常流行的做法，甚至受到鼓励。伊莎贝拉女王的母亲就是这么做的，伊莎贝拉女王的长女在丈夫阿方索（葡萄牙王储）去世后也想这么做。历史学家贝瑟尼·阿拉姆写道，这种"虔诚的隐居"，在 16 世纪变得非常流行，胡安娜处于这种时尚的最前沿。"胡安娜女王在其母于 1504 年驾崩后的许多举措——斋戒、朴素服装、静默、独处和守夜，可能与这种或自愿或强迫的隐居有关联。"[25]

但胡安娜对自己的女儿凯瑟琳非常疼爱，这也是她的六个孩子当中被允许留在她身边的唯一一个。其他五个孩子都被从她身边夺走了。腓力坚持把四个较大的孩子，包括继承人查理，留在佛兰德，由胡安娜的小姑子玛格丽特（腓力的妹妹）照料。胡安娜在西班牙的另一个孩子，儿子斐迪南，是胡安娜 1503 年回家的那段不幸时期生下的，一直由伊莎贝拉和斐迪南国王照料，后来斐迪南国王把这孩子留在自己身边。

胡安娜为凯瑟琳安排了水平极高的教育，就像她母亲为其女儿们做的那样。凯瑟琳长大之后精通拉丁文和希腊文，擅长舞蹈，人们称她优雅而彬彬有礼。年轻的凯瑟琳是她的外祖母伊莎贝拉女王制定的女性教育高标准的另一个例证。她后来成为葡萄牙王后，是她那个时代最重要的艺术品收藏家之一，她收藏的非欧洲艺术品的数量在欧洲大陆排名第一。[26]

简而言之，胡安娜王后的生活是卡斯蒂利亚上层妇女的传统生活。她是一位虔诚而慈爱的母亲，就是虔敬的天主教家庭倾向于喜爱的那种女性。如果一个普通女人选择这样的生活，会被认为值得尊敬，甚至圣洁。但如果一位女王这么做，而不是像男人一样行使权威以便统治男人们，那么她或许真算得上是疯子。关于胡安娜发疯的传闻被认定是事实，她也没有足够努力在公共生活中确立自己的地位并捍卫自己的声誉。

很快，胡安娜就有了自己的绰号。她的丈夫被称为"美男子腓力"。她在历史中留下的名字则是"疯女胡安娜"。一代又一代男性历史学家谈到这个荒唐的年轻女子，禁不住捧腹大笑。他们觉得"精神有问题"这个说法还不够，有些人甚至说她是"疯子"。

很多人对女性统治国家的事实感到不舒服，而胡安娜缓慢地开始控制朝政时，她显得非常软弱，甚至太软弱了，没有能力治理。她没有母亲的坚毅和勇气，不敢走出女性行为的既定边界，在执政之后也没有采取决定性行动，因此很快就丧失了所有权力。

在此期间，王国的实际摄政者是西班牙地位最高的教士，即伊莎贝拉曾经的忏悔神父西斯内罗斯，她把他提携到托莱多大主教的高位。在观察了政治局势之后，西斯内罗斯决定把斐迪南请回到卡斯蒂利亚。

* * *

此时，斐迪南和热尔梅娜王后正在慢悠悠地巡视他们的领地，包括他的新的那不勒斯王国，但很快开始返程。他回国后，胡安娜对父亲毕恭毕敬，或许是为了服从母亲的遗嘱，即她应当"顺从于"斐迪南。胡安娜继续留在宫中，闭门不出，斋戒祈祷。后来斐迪南及其朋友决定对她实施武装护卫。她有时被软禁起来，并且人们向她谎称爆发了瘟疫或其他危险，让她不敢离开。她的余生就这样作为囚徒待在托尔德西利亚斯，亲人会来拜访她，但她与外界几乎完全隔绝。

斐迪南终于可以独自统治了。他发现自己比过去更喜欢西斯内罗斯。西斯内罗斯是一个久经考验的盟友，愿意帮助他从胡安娜女王手中夺权。斐迪南从那不勒斯回国不久之后，西斯内罗斯从尤利乌斯二世教皇那里收到了红衣主教的冠冕，于是成为红衣主教西斯内罗斯。他和斐迪南一起向世人宣传，胡安娜女王情感脆弱，无法统治西班牙。

但其他一些曾经是伊莎贝拉女王忠实盟友的人对斐迪南的统治感到不舒服。埃尔南·德·塔拉韦拉发现他作为格拉纳达大主教的工作没有得到足够的资金支持，于是请求彼得·马特调查是怎么回事。马特查不到真相。后来，塔拉韦拉自己也落入了异端裁判所的魔爪。

一位魔鬼般的新任宗教法官迭戈·罗德里格斯·卢塞拉于1499年被任命为科尔多瓦宗教法庭的领导人。他的前任因诈骗和敲诈勒索而被定罪。卢塞拉开始对城内的富人进行新一轮的疯狂迫害，称那里有一大群亲犹太分子。很多被他指控的人说，他其实是以起诉为借口，掠夺他们的财产。根据历史学家亨利·卡门的研究，一些改宗犹太人后来作证称，他们被囚禁在监狱里，狱卒强迫他们向基督徒教授犹太教的祈祷，好让卢塞拉指控富裕的基督徒秘密皈依了犹太教。发出抗议的人们也被异端裁判所盯上。

一项调查对卢塞拉的手段提出了质疑，被处决的人数突然大大增加，以便杀人灭口。1504 年和 1505 年，多达 147 人被处以火刑。这正是伊莎贝拉卧病在床、奄奄一息的时期。我们不知道伊莎贝拉是否了解发生了这些迫害事件，但斐迪南肯定是知情的。

渐渐地，就连伊莎贝拉女王的近臣也受到了异端裁判所的威胁。塔拉韦拉就是这样一个牺牲品。他是改宗犹太人出身。卢塞拉找到一些人，让他们作证，塔拉韦拉将其在格拉纳达的大主教宅邸作为秘密的犹太教圣殿。塔拉韦拉的女性亲属被指控在厨房内执行犹太教仪式。塔拉韦拉遭到监禁、殴打，被强迫赤足游街，以证明自己的悔罪。这位八十岁的老教士受到普遍尊重，被认为是一位善良的伟人。很多人看到他受到这样的虐待，发出了义愤填膺的抗议。最终塔拉韦拉得到释放。但他的健康严重受损，没过多久就去世了。

此后，人们高声疾呼，要求惩治卢塞拉，但斐迪南庇护他，为他辩解。卢塞拉最终被罢免，但斐迪南在此案中的角色清楚地表明，对他来讲，异端裁判所是个纯粹的政治工具，用来恐吓他人，以敲诈钱财。他愿意让清白无辜的人受到迫害，即便许多证人能够证明这些指控是子虚乌有。

塔拉韦拉的命运清楚地表明，异端裁判所运作的最初三十年里，很大一部分受害者的死亡应当由斐迪南负责。伊莎贝拉女王肯定不是完全无辜的，并且她相信异端裁判所有必要存在，以铲除异端，但在她的孩子和孙辈眼里，异端裁判所之所以能够发展壮大，主要是斐迪南在幕后发力。多年后，他的后代在塞哥维亚王宫的大厅（从佩拉约开始，历代西班牙君王的雕像都在那里陈列）树立了他的雕像，把在西班牙设立异端裁判所的全部功绩（或者说罪责）都给了斐迪南。

斐迪南完全掌权之后，还可以自由地发泄对贡萨洛·费尔南德斯·德·科尔多瓦的嫉妒了。斐迪南和伊莎贝拉年轻和脆弱的时候，是贡萨洛站在他们身边；他曾帮助他们抗击土耳其人，赢得了五十年里第一次打败土耳其人的真正胜利。他为西班牙获得了令人垂涎欲滴的那不勒斯，法兰西也一心想得到那不勒斯，为此不惜牺牲数万名法兰西士兵的生命。自他们的孩提时代（伊莎贝拉的弟弟阿方索王子在卡尔德尼奥萨吃了鳟鱼馅饼之后死亡的时期）以来，贡萨洛始终对伊莎贝拉忠心耿耿。贡萨洛曾说，最让他感到骄傲的，就是他知道女王完全信任和支持他。

女王的去世对他打击很大。有两位编年史家称，贡萨洛悲痛欲绝。一位史家写到他的"极度悲伤和流泪"，另一位则说，所有西班牙人都为她的死而悲痛，但"最痛苦的是贡萨洛·费尔南德斯，他自从十四岁担任女王侍从以来，就是在她的宫廷长大成人的"。[27]

所有接触过大元帅的人，都继续对他赞誉有加。据编年史家埃尔南多·德尔·普尔加尔记载：

他领兵作战的时候，无论是熬夜还是饥饿都影响不了他。若有需要，他主动承担最艰难的任务，去面对最大的风险。他天性严肃，不喜欢开玩笑，但在危险的时刻，常常和部下打趣逗乐，以此鼓舞他们的斗志。他曾说，将军的善意言辞能赢得士兵的爱戴。他擅长改良各项事务，也勤于将事情圆满解决。他既有才干，也刻苦勤奋，不仅凭借智慧和努力战胜敌人，还在聪明才智方面远远超过他们。[28]

斐迪南妒火中烧，对贡萨洛在那不勒斯的治理工作吹毛求疵，并确信大元帅破坏了他的权威，是一个潜在的叛徒。斐迪南将他召回西班牙，说打算任命他为圣地亚哥骑士团团长，以此尊崇他。但贡萨洛回国后，这个提议就被抛在脑后。贡萨洛得到的任务是在热尔梅娜王后骑马时拉着她的缰绳。贡萨洛很快就在洛哈隐居，不再得到军事任务。他的侄子参加了对宗教法官卢塞拉不端行为的抗议，斐迪南说这个年轻人是叛贼，命令将他们家族的蒙蒂利亚城堡摧毁。这个年轻人是贡萨洛的哥哥阿隆索·德·阿吉拉尔的儿子，而阿隆索在镇压阿普哈拉斯叛乱时为了保卫卡斯蒂利亚而牺牲了生命。阿隆索和贡萨洛的祖先留下的家园就这样被摧毁了，斐迪南以此展示了自己的主宰地位。

斐迪南也不是很热衷于将切萨雷·博吉亚绳之以法。博吉亚目前仍被关押在梅迪纳·德尔·坎波的拉莫塔要塞，伊莎贝拉曾打算以谋杀罪审判他。胡安娜女王和母亲一样，相信切萨雷·博吉亚是个危险分子，于是继续监禁他。但在 1507 年，博吉亚成功逃离城堡，逃往纳瓦拉，在那里找到了雇佣兵的工作。但他的日子已经不多了：在一次小规模战斗中，他被杀死，尸体后来才被发现，身上有多处伤，并且被剥光，衣服和甲胄都被抢走。这就是切萨雷·博吉亚的悲惨结局，尽管他的父亲——教皇亚历山大六世曾给他那么多荣誉和奖赏。

斐迪南国王在处理美洲事务时也表现出了自己的漫不经心和麻木不仁。1506 年，哥伦布结束了第四次，也是最后一次远航，返回西班牙。此时他早衰得很严重。他经历了恐怖的磨难，遭遇海难，被抛弃在牙买加，过了几个月才得到营救。他抵达卡斯蒂利亚的时候，大约就是伊莎贝拉去世的时间，他也非常深切地为她哀悼。哥伦布的朋友们后来回忆，他当时就知道，斐迪南永远不会像伊莎贝拉那样认可他的功劳。

哥伦布得知女王的死讯时，就知道自己的职业生涯结束了。"在塞维利亚，哥伦布得知伊莎贝拉女王驾崩，万分哀痛"，人权捍卫者巴尔托洛梅·德·拉斯·卡萨斯后来写道：

> 对他来讲，她代表着庇护和希望。不管多少痛苦、艰难或损失（即便失去他自己的生命），都不如这噩耗对他的打击更沉重，让他更悲哀……她谦逊而感激地接受了他的服务。至于天主教国王斐迪南，我不知道为什么，他不仅在言辞和行动上对哥伦布忘恩负义，还想方设法地去伤害他。斐迪南口蜜腹剑。我们相信，如果他有办法取消他和女王公正地授予哥伦布的特权，而不至于良心不安和丢脸，他一定已经这么做了。我始终不能明白，为什么斐迪南这样讨厌哥伦布，对他如此不公正，毕竟哥伦布为王室做出了极大贡献，其他任何君主都不曾得到这样的贡献。[29]

　　哥伦布于 1506 年在巴利亚多利德去世。他假装自己晚年受到种种摧残虐待，但其实过得还挺舒服。他喜欢让世人觉得他是某种殉道者，但事实上他给两个儿子留下大宗遗产，他的后代也如他所愿，成为高级贵族。

　　新大陆不再像伊莎贝拉在位时那样得到密切关注，那里的局势开始变得非常狂野和不堪。斐迪南对探索不感兴趣，除非能找到新的财源。他独自统治时期的第一阶段，探索远航衰落了。伊莎贝拉最初病倒的时候，探险就已经放缓。学者们对探险活动的减少感到困惑。"哥伦布于 1502 年开始他最后一次远航之后的六年里，西班牙的探险活动沉寂下来，这很奇怪，"罗杰·梅里曼写道，"这期间只开展了两次零散的远航，而且没有什么特别的成绩。"[30]

　　不幸的是，由于西班牙政府的忽视、贪婪、残暴和管理不善，美洲原住民遭到了越来越严重的虐待。拉斯·卡萨斯相信，如果伊莎贝拉还在，印第安人的死亡会少得多："伊莎贝拉女王的神圣热情、悉心照料、不知疲倦的努力和挽救印第安人的一丝不苟的意志，从她在发现西印度群岛之后几年里发布的王室法令中可以看得清清楚楚。我们考虑到，在一段时间内，关于西印度群岛的信息只是猜测和道听途说，所以她关注西印度群岛的事件还不到十年。"[31]

　　母亲辞世，父亲自私自利、麻木不仁地胡作非为，居住在遥远英格兰的阿拉贡的凯瑟琳公主也受了不少罪。1509 年，她终于嫁给了年轻的亨利八世国王。她父亲让她在英格兰宫廷逗留了多年，有时几乎身无分文，同时他与亨利七世为了未交付的部分嫁妆而讨价还价。亨利七世国王在临终时认可了凯瑟琳的优点，敦促儿子娶她，随后没过多久就去世了。凯瑟琳和亨利八世结婚不久之后，斐迪南与亨利八世缔结了一项条约，共同对抗法兰西，然后背叛和羞辱了亨利八世，自己在纳瓦拉占据了一些土地。这让亨利八世勃然大怒。他是一个雄心勃勃的年轻人，正在努力为自己在世界舞台赢得一个地位。此事让年轻夫妇的婚姻产生了裂痕。

这额外的压力给凯瑟琳造成了更大的负担。她一直为自己无法为丈夫生下一个男性继承人而忧心忡忡。亨利八世和斐迪南的争吵让她压力很大，是她于1514年流产的原因之一。"由于两位国王，以及她的丈夫和父亲之间的矛盾，英格兰王后承受很大的精神压力，导致流产。据说，由于她无法忍受悲哀，生下了一个死亡的早产儿。"彼得·马特向路易斯·乌尔塔多·德·门多萨透露消息，"她丈夫因为遭到她父亲的背叛而责怪无辜的王后，不断向她抱怨。"[32]

伊莎贝拉驾崩后，斐迪南的心胸狭隘、目光短浅就昭然若揭。在他统治的剩余时间里，他为了边境的领土得失与邻国争吵不休，与一个又一个欧洲大国交战。他嫉妒西斯内罗斯，害怕他比自己更得到公众敬仰，于是让他率军远征北非。他以为这个七十三岁的老教士太衰弱，没有本事赢得军事荣耀。但西斯内罗斯毫无畏惧、意气风发地出征了，征服了奥兰城，解救了被囚禁在那里的约1.5万基督徒奴隶。[33]

但此次征服，再加上大约同一时期在北非的其他几次进攻，使得基督徒与北非穆斯林的紧张关系进一步恶化，促使穆斯林海盗加紧袭击地中海沿海地区。海盗首领海雷丁向毫无防备的城镇发动进攻，有时得到曾经居住在西班牙的人的帮助。他取得了很大成功，以至于巴耶济德二世的儿子"残酷的"塞利姆一世任命海雷丁为土耳其舰队司令。1517年，土耳其人征服了埃及的马木留克王朝。正如伊莎贝拉曾担心的那样，他们开始对西班牙步步紧逼。

斐迪南在卡斯蒂利亚摄政的岁月里，基督徒得到了一个出乎意料的帮助。伊斯兰世界爆发了一种异端运动，使得土耳其人的注意力暂时离开了在欧洲的征服，转向离自己更近的矛盾。这种异端运动由谢赫①萨非·丁领导的神秘主义集团发起，他自称是穆罕默德的一个女婿的后代。他的集团被称为萨法维耶教团。"奥斯曼人是严谨的正统穆斯林，憎恶萨法维耶教团的异端教导，"历史学家 V. J. 帕里写道，"但他们正确地判断，这绝不仅仅是一个宗教上的危险；对他们来讲，这也是严重的政治威胁。"【34】

在这期间，西班牙得到一个喘息之机，就像巴耶济德二世和杰姆争斗期间一样。这些年里，在佛兰德的梅赫伦，年轻的查理（卡斯蒂利王位的继承人）在玛格丽特（伊莎贝拉女王心爱的儿媳，最终按照伊莎贝拉的希望，抚养了伊莎贝拉的继承人们）照料下，逐渐长大成人。玛格丽特将伊莎贝拉的遗产承袭下去。她甚至在伊莎贝拉的财产被匆匆拍卖的时候，从中带走了许多以基督生平为主题的画作，将其留在自己手边。在梅赫伦，艺术家阿尔布雷希特·丢勒看到了这些画作，赞扬它们的"纯净和卓越"。这话后来成了一句名言。【35】

玛格丽特确保这些画作始终作为一套，不被拆散，并将其作为成人礼，赠给伊莎贝拉的外孙们。今天这些画作大部分保存在马德里的王宫，其余的则成为各大艺术博物馆的珍

---

① 谢赫（Sheikh）是阿拉伯语中常见的尊称，指"部落长老""伊斯兰教教长""智慧的男子"等，通常是超过四十岁且博学的人。在阿拉伯半岛，谢赫是部落首领的头衔之一。

贵藏品，包括纽约的大都会艺术博物馆和华盛顿的国家艺术画廊。

玛格丽特对艺术的浓厚兴趣使得她在梅赫伦的宅邸成为欧洲第一个拉美艺术的伟大中心。埃尔南·科尔特斯征服墨西哥时收集的黄金面具、黑曜石仪式用具和羽毛头饰被送给了查理王子，但由玛格丽特保管。这是欧洲人第一次瞥见美洲丰富而形式多样的艺术传统。

贡萨洛·费尔南德斯·德·科尔多瓦的余生是在隐居中度过的，国王再也没有派遣他出征。但他的军事领导已经变革了西班牙军队，他的影响持续了好几代人。1515 年 12 月，他在发高烧之后去世，受到全国人民的哀悼。在临终告解时，他说自己只有三个遗憾，一是背叛了那不勒斯国王①；二是背叛切萨雷·博吉亚，这两人都是因为信任他才来找他的；至于第三件遗憾的事情，他说只有上帝知道。他曾再婚，但被安葬在格拉纳达的圣哲罗姆修道院，距离伊莎贝拉女王最后的长眠之地很近。他的墓地上方悬挂着他为卡斯蒂利亚王室浴血奋战一百场战役的纪念垂饰。

彼得·马特小心翼翼地见风使舵，保住了自己在宫廷的位置。他说，贡萨洛的死讯传来，西班牙举国哀悼。"呜呼哀哉，西班牙！"马特用他典型的华丽辞藻写道，在一封信里记述了贡萨洛的所有伟大胜利，并提及，他的"大元帅"称号实至名归。斐迪南国王得知贡萨洛去世后，似乎也有些懊悔。"国王得知这消息，颇为烦恼，或者说似乎是这样。只有上帝知道人的内心。"马特写道，"因为斐迪南的宽宏有

---

① 可能指的是西班牙与法兰西瓜分那不勒斯王国。

时受到怀疑，所以他允许贡萨洛在一个偏僻的地方舒适地生活。"【36】

* * *

斐迪南国王于 1516 年去世，也就是贡萨洛辞世几个月之后。斐迪南曾在妻子的要求下服用一种用公牛睾丸制成的药剂，以增强性功能，但这种药剂的副作用损害了他的健康。斐迪南始终没有和年轻热情的妻子生出健康的孩子，这有点奇怪。此前他一直是以特别多产而闻名的。斐迪南和热尔梅娜只生了一个孩子，而那个婴儿出生之后很快就夭折了。当然，因为斐迪南特别风流，所以他可能是最早患上梅毒的欧洲人之一，当时梅毒在他的王国大肆传染，而且可能是从巴塞罗那开始传播的，当时他就居住在那里。近期的法医学证据表明，阿拉贡王族的多名成员曾患有梅毒。当时梅毒是无法治愈的，而且会导致不育。

据说在 1494 年，梅毒从巴塞罗那传播到那不勒斯，在那里形成大爆发。斐迪南所在的阿拉贡王族有许多成员要么成为梅毒的牺牲品，要么曾受到其威胁，不管有没有感染上。他的亲戚们常在那不勒斯和巴塞罗那之间来回穿梭，并在意大利全境活动，常常带着大量阿谀奉承、品行风骚的廷臣。

研究那不勒斯王族的考古病理学家发现，斐迪南的堂兄费兰特国王（生于 1423 年，卒于 1494 年，享年 71 岁）死于结肠癌，似乎没有感染过梅毒。但他的较年轻的亲戚们几乎肯定得过梅毒。费兰特的孙女，美丽的阿拉贡的伊莎贝拉①（生于

---

① 那不勒斯国王阿方索二世的女儿。

1470 年，嫁给米兰公爵）有梅毒的生物标志。我们相信她曾尝试用水银治疗自己的疾病，导致她的牙齿变黑。她尝试刮去自己变黑牙齿的珐琅质，以消灭证据。她的同父异母妹妹的下肢有梅毒造成的溃烂。在当时，腿部和身体其他部位的溃烂是梅毒的一个常见标志。[37]

斐迪南去世的地点是一个叫马德里加莱霍的小村庄的一座小屋，当时他正在旅行。但与伊莎贝拉的驾崩不同，他的去世没有引起西班牙人的举国哀恸。他被葬在格拉纳达，在伊莎贝拉身旁，位于一座与伊莎贝拉的要求相抵触的雄伟陵墓内。伊莎贝拉曾要求将女儿伊莎贝拉埋葬在她身边，但她女儿的遗体被留在托莱多。最后，斐迪南、伊莎贝拉女王、胡安娜女王和腓力国王永久安息于一处，这是公共宣传的胜利，也是玩世不恭地宣示了王室的所谓和睦。

在随后几个世纪里，斐迪南声名鹊起，伊莎贝拉的很多成就都被认为是他的功劳。在官方文件中，他的名字被写在伊莎贝拉前面（有的时候是因为她特地要求把他的名字加上去），所以未来的历史学家们有时会被自己的性别歧视思想所蒙蔽，把他当作事件的主要推动者，尽管他扮演的角色是很次要的。

许多年里，一代代学者审视了斐迪南和伊莎贝拉的二十五年婚姻，努力推断出他们各自做出了多少贡献，哪些决定是他的，哪些是她的。要回答这些问题，一个很简单的办法是，看看伊莎贝拉女王去世后，斐迪南独自执政时干得怎么样。她去世后，他还活了十二年，一直到 1516 年。他与伊莎贝拉共同执政的时候，他可以算得上欧洲最伟大的君主之一，被认为是一个有影响力的人。没了伊莎贝拉，他几乎没有做出一点点有意义的成绩，把时间浪费在毫无意义的国际阴谋上。

意大利人巴尔达萨雷·卡斯蒂廖内在伊莎贝拉去世后的西班牙生活过一些年。在他的著作《廷臣之书》中，他斟酌了这对夫妻的相对重要性。这部书记载了在乌尔比诺公爵的宫殿内进行的一系列长谈。有一次，卡斯蒂廖内的伙伴问他，伊莎贝拉是否真的做了他所称的那些事情。真正建功立业的难道不是斐迪南吗？他问道。

卡斯蒂廖内答道，斐迪南有资格与伊莎贝拉相提并论，但仅仅因为她选择了爱他。"因为女王认为他配得上做她的丈夫，并且非常爱他、尊敬他，我们不能说他没有资格与她相提并论，"卡斯蒂廖内写道，"但我相信，恰恰是由于她，他才获得了巨大的声望，这声望才是最贵重的嫁妆，其价值不亚于卡斯蒂利亚王国。"

爱的确是难以解释的。

* * *

伊莎贝拉的哈布斯堡血统的外孙和外孙女们，受到玛格丽特的悉心照料，受益良多，承担起他们家族庞大领地的沉重责任。他们的领地环绕整个世界。查理于1516年成为西班牙国王，1519年成为神圣罗马皇帝，当时他只有十九岁。在他统治下，西班牙人征服了墨西哥和秘鲁，这是两个拥有无穷财富的神话般的帝国。

胡安娜的次子斐迪南出生于西班牙（当时胡安娜与腓力访问卡斯蒂利亚），在西班牙长大，后来获得了家族在奥地利的领地。他肩负起监视与奥斯曼土耳其人边界的责任。1529年，他成功抵挡住土耳其人对维也纳的围攻，遏制住他们在陆地的进攻。1558年，他的兄长查理五世退隐到西班牙的一家修道院，于是斐迪南成为神圣罗马皇帝。几十年后的 1571 年，查理五世的儿子堂胡安指挥一支海军，在勒班陀港口附近击败奥斯曼人，这是基督教西方对土耳其人取得的第一次大规模海战胜利。维也纳之战和勒班陀海战的胜利并非如某些人所称是决定性的，但仍然都是世界历史上的分水岭。它们标志着一个关键的转折点，并清楚地表明，西方将会坚持下去，并高效地战斗，最终遏制住土耳其人的扩张。

指挥棒传到了伊莎贝拉的外孙查理五世和他的弟弟斐迪南一世手里，然后传给腓力二世和堂胡安。他们是抵抗奥斯曼帝国的唯一一支强大力量，组织自己的防御，将人们团结在宗教大旗下，致力于捍卫宗教正统，从而与声势浩大的敌人对抗。他们仍然自视为基督教的捍卫者，将从新大陆获取的全部资源投入这场斗争。他们也四面树敌，包括一个新的敌人——在他们看来属于异端的基督教分支，即新教运动。正如他们的外祖父母镇压异端，他们也运用异端裁判所的机制来镇压这些思想犯——新教徒。但新教在西班牙始终没有构成像在欧洲其他地方那样的威胁。在伊莎贝拉治下开展的教会改革运动已经在反宗教改革运动开动之前许久就铲除了天主教会的许多最严重的弊端。

在这支新的基督教军队中与哈布斯堡家族并肩作战的，有来自新大陆的印第安人的后裔，包括阿兹特克领袖蒙特祖玛和埃斯特雷马杜拉的探险家埃尔南·科尔特斯的孙辈，他们互相通婚，繁衍子嗣。在新大陆，在随后的一百二十年里，西班牙人将建造 7 万座教堂、500 座修道院和 30 万座教会赞助的学校与医院。他们还将兴建至少 4 座大学，分别在哥伦比亚、秘鲁和墨西哥。他们还从新大陆获取了价值约 15 亿美元的黄金白银，将其用于欧洲的事业。[38]

伊莎贝拉出生的时候，基督教是一种奄奄一息的宗教，因为内部纷争、外部攻击而羸弱不堪。她去世五百年后的今天，基督教是世界上最大的宗教，信徒包括两百多个国家的约20亿人。其中有一个人出生于拉丁美洲的阿根廷，在2013年成为教皇后自称方济各一世。第一批被他封为圣徒的人，就是1480年在奥特朗托被杀害的800人，他称他们为殉道者。

伊莎贝拉的直接后裔仍然在欧洲各地掌权。西班牙、比利时、卢森堡、荷兰、英国、丹麦、挪威、瑞典和摩纳哥的王族都尊伊莎贝拉女王和斐迪南国王为祖先。①

---

① 今天欧洲国家元首是伊莎贝拉后代的还有摩纳哥和列支敦士登。

后　记

　　每一个爱书人都有自己最喜爱的地方，可以躲在那里静静地读书，并梦想遥远的国度。我小的时候生活在美国控制的巴拿马运河区，当时我最喜欢的地方是我家附近的一座混凝土海堤，从那里可以远眺加勒比海。在我的幻想中，我无须游历很远，因为我坐的地方，双腿垂在海面的地方，就是探险家克里斯托弗·哥伦布于1502年最后一次远航期间拜访过的地方。当时他还在拼命努力给他的赞助人——严肃而活跃的卡斯蒂利亚女王伊莎贝拉带回喜讯。

　　巴拿马曾是西班牙殖民帝国的一个枢纽，此地随处可见伊莎贝拉的遗产。成吨的黄金白银从巴拿马运回欧洲，让女王的后代能够在旧大陆扩张自己的权力和领地。巴拿马有十几处遗迹，大多已经倾颓，被热带雨林的藤蔓覆盖。西班牙人统治全球的时候曾生活在那些地方，在那里工作。已成断壁残垣的圣洛伦佐堡和破破烂烂的巴拿马老城足以证明，即便最强盛的政治势力也是转瞬即逝的。这给我留下了生动的印象。那时的我是美国的海外帝国的孩子，而美国正处于力量的巅峰，在全世界既受仰慕，也遭痛恨。

　　在大学里，我继续追寻自己对西班牙历史、艺术和文学的兴趣。我在西班牙的萨拉曼卡大学（伊莎贝拉女王曾赞助这所大学，并对其十分钟爱）读书时，游览了西班牙，参观了许多宫殿、城堡和博物馆，它们都曾得到新大陆财富的赞助。当时弗朗西斯科·佛朗哥将军刚刚去世，西班牙在历史的一段黑暗时期之后又一次向全世界开放。

　　有一天，我在前往马德里旅行的时候，火车意外地在一个破落的小村马德里加尔·德·拉斯·阿尔塔斯·托雷斯停下了。我有的是时间，于是在这个村庄遍地尘埃的小巷漫步，突然一座砖石建筑映入我的眼帘。一个小小的标牌告诉我，伊莎贝拉就出生于此。这座中世纪建筑并不起眼，看上去根本不像一位君主的家。这景象让我认识到，伊莎贝拉的开端是多么卑微，她如同流星一般的崛起是多么出人意料。简直令人难以置信，在女性很少执掌权力的时代，一个出自这种背景的年轻女子，居然能够为她的孙辈称霸全球铺平道路。我为此着迷，我觉得，为伊莎贝拉写一本书的想法就在那时诞生在我脑子里。不过，做了几十年的新闻记者之后，我才重拾自己最初对历史的兴趣。我对伊莎贝拉女王兴趣盎然，对她的举动感到困惑不解，希望更好地了解她，了解她做了什么事情，又是为什么。最重要的是，必须从她所在时代的背景来理解她，我就是这样努力的。

　　对她的传记作者来说，伊莎贝拉女王的生平就是一场墨迹测验①。每位作者都对她的生平有自己的视角和内在的偏见。天主教徒以一种方式看待她；新教徒、穆斯林和犹太人对她的看法完全不同。关于她的一些虚假信息流传甚广。西班牙历史曾被宣传家系统性地扭曲抹黑，这种过程被称为"黑色传奇"②。穆斯林控制西班牙的时代被描绘得无比美好，这也是

---

①　也称罗夏测验，得名自瑞士心理分析学家赫尔曼·罗夏（1884～1922），是一种心理学测试，通过解读和分析人对墨迹的认知，来评估人的心理状态，如思维紊乱等。

②　1914年，西班牙历史学家胡利安·胡德利亚斯（Julián Juderías）在其著作《黑色传奇和历史真相》中提出，现代欧洲历史学对西班牙帝国及其人民和文化进行了妖魔化，忽视西班牙帝国的正面成就。

不准确的。另外，欧洲人、美洲原住民及其后代对西班牙征服新大陆的看法肯定也是大相径庭的。所以，伊莎贝拉是世界历史上最富争议的统治者之一，既受敬仰，也遭到妖魔化。

我在此应当揭示一下自己特别的偏见。首先，关于信仰。我在宗教方面并不活跃。我的祖先主要是来自欧洲的新教徒、天主教徒和犹太人。我努力对我描述的所有历史事件的参与者的情感保持开放的态度。我有一个特别的偏见是，我认为杀人和奴役人是邪恶的行为，不管受害者是什么人，也不管残酷的行为在当时为什么能够被合理化。

总的来讲，我觉得伊莎贝拉派遣克里斯托弗·哥伦布去新大陆是一件好事。为什么？因为我自己就是所谓"哥伦布大交换"的产物。

我年幼的时候，母亲常骄傲地告诉我，她的家族最初抵达新大陆，来到了詹姆斯镇。这意味着她拥有早期美国殖民者的血统。我父亲拥有部分美洲原住民血统，是伦尼莱纳佩部落的后代，他会笑着答道："是啊，你们来的时候，我们看到了你们的船，欢迎了你们。"

所以，我对丧失了土地的美洲原住民的权力主张非常同情。我对欧洲人抵达美洲时遇到的挑战也感到同情，因为他们也受尽了苦难，损失惨重。

同时我也非常赞赏早期新大陆探索者表现出的莫大勇气。我第一次看到新大陆的西班牙要塞是我六岁的时候，当时我参观了佛罗里达的圣奥古斯丁要塞。几年后，我们家从美国迁往巴拿马，途中要在通往新奥尔良的现代高速公路上行驶三天。然后，我们从新奥尔良出发，在海上航行四天。即便在 20 世纪 60 年代，这也算很长的旅途了。

有一天，我们开车穿过巴拿马的加勒比海沿海丛林，去往圣洛伦佐堡。我大感意外地认识到，它与我在圣奥古斯丁看到的要塞是姊妹。我很早就看到了西班牙帝国的庞大规模和尺度，它横跨大洋扩张到如此遥远的地方，以及它多么高效地将自己的文化、语言和宗教强加于数千英里之外的土地。不管你对该时期的西班牙的看法如何，它的成就是不可否认的。

我的视角的另一部分来自我作为新闻记者的人生经历。我曾报道过一些问题，而这些问题与 15 世纪的伊比利亚人面对的，是一模一样的。作为记者，我非常重视事件的第一手资料，所以在为本书所做的研究工作中，我始终首先去寻找亲身在场、亲眼见证历史事件的人们的说法。我注意到了后世学者对这些原始资料的批评，但一般来讲我倾向于更重视目击者记述，而不是后人（他们并不在事件现场）的阐释。幸运的是，在国会图书馆（驰名世界的优秀图书馆），我能找到大量这样的原始资料。那里的数十位图书馆员帮助我找到了我需要的书籍，或者帮助我读到古书和手稿，让我能够找到本书描述的许多事件的最早记载。

我特别努力地去寻找非传统的或者"外界"的记述，以尽可能清晰地把故事讲得更完整。关于异端裁判所及其影响的记述，我查阅了犹太人的史料，在哈佛大学霍顿图书馆的犹太学收藏品中找到了非常珍贵的材料。关于格拉纳达王国的史实和奥斯曼帝国进攻时期，我找到了阿拉伯史料和来自东欧的当时的第一人称记述。其中一些史料只是在前不久才被翻译成英文。某些资料还从来没有被译为英文过，于是我自费请人将其翻译成英文。为了追寻本书的故事，我旅行到西班牙、英格兰、法国、巴拿马和波多黎各，尽可能地使用当地许多图书馆和档案馆的资源。

　　我有时引用的是比较老的历史书，而不是历史事件当时的原始记载，仅仅因为这些历史书的语言太美。此处仅举两个例子，威廉·希克林·普雷斯科特和本齐恩·内塔尼亚胡的作品已经有些过时了，现在有更新的研究，但他们的成就非常伟大，在各自领域内是了不起的先驱者，为后来的学术研究奠定了基础。

　　这意味着，本书与今天大多数学术性很强的历史学家的作品都不同。在有些地方，这一点最明显，如关于加勒比海食人行为和梅毒可能起源于新大陆。许多现代历史学家对关于这些方面的记述表达了怀疑，可能是对某些早期欧洲编年史家根深蒂固的种族主义和欧洲中心主义矫枉过正了。这些早期欧洲编年史家毕竟是急于为欧洲人攫取美洲土地辩护。但是，不计其数的第一人称记述在一些基本的事实上意见一致，所以我把它们视为极有可能真实的资料，展现出来。

　　此外，食人行为有宗教仪式的元素，或者是人类绝望之下的疯狂之举。这在历史上发生过很多次。我不认为，提到这一点就是对任何族群的歧视。新的研究表明，詹姆士镇也曾发生过食人行为，所以在某些情况下吃人肉，并非某种文化所独有。

　　关于梅毒，这种疾病在特定的时间以特别凶猛的方式席卷欧洲，我不认为这是巧合。当时的许多第一手记述都讲到，出现了一种性传播的可怕的新疾病。另外，传染往往是双向的。梅毒可能是从西向东传播的，但天花、麻疹、流感和腺鼠疫同时从东向西传播，造成的死亡人数多得多。而且，是美国人和欧洲人在19世纪初首次将梅毒传播到夏威夷群岛。

关于伊莎贝拉家族中儿童可能遭受性虐待的讨论，源自我自己和我的同事的新闻工作，并咨询了相关领域的心理学专家。孤立的档案记载讨论了伊莎贝拉家族的事件。将其综合起来看，我们就看到了一种长期存在但直到今天才得到调查和揭露的性虐待。15世纪末卡斯蒂利亚宫廷内的模式很像近期曝光的一些关于教士和其他权威人物的丑闻。

我努力将伊莎贝拉置于她的时代背景下，置于她所生活的空间内。她是个热忱虔诚的天主教徒，生活在奥斯曼土耳其人似乎即将彻底消灭基督教的时代。我坚信，她做的很多事情都是为了应对这种威胁。从她的角度看，她受到了上帝召唤，要捍卫基督教信仰，去抵抗一个非常强大的敌人。

致　谢

　　要让我感谢所有对本书有贡献的人，是很困难的事情，因为从很多方面看，我这一生都在为这本书而工作，不管当时我是否认识到这一点。在这期间，许多人给了我指导、高明的视角和鼓舞。

　　我的母亲 Melinda Hoppe Young 嗜书如命，而且是个浪漫主义者，她激励我不管走到哪里，都寻找故事。而且，我和她一起去过很多美妙的地方！她热爱巴拿马的丛林、废墟和历史。她无所畏惧地带我们去各种各样的地方，去远行，去看我们能够找到什么。她驾驶一辆客货两用车，带着我们渡过河床、探索荒凉的热带海滩，远足到鲜有外邦人涉足的偏远内陆农村。

　　我童年的最好朋友 Laura Gregg Roa 与我同龄，和我们一样对巴拿马及其西班牙和印第安传统着迷。她常和我们一起探险。后来 Laura 比我先考到了驾照，于是我们俩独自驾车远行，这一次是 Laura 开车。有时我们骑摩托车，有时更安静地坐在她父母的旅行车里。

　　2000 年，美国将巴拿马运河区归还巴拿马人，Laura 留在当地，教授西班牙语和法语，后来搬到比利时，在那里的美国军事学校教书。她曾希望帮助我为本书做研究，但五十二岁时因癌症去世，留下一个女儿和两个儿子。我把本书献给她。

　　我离开巴拿马运河区，去上大学，在宾夕法尼亚州立大学读新闻专业，这是一个幸运的选择，最终让我进入媒体业。在大学的时候，我沉溺于西班牙和拉美艺术与历史，并修了几门这些方面的课。我在西班牙的萨拉曼卡大学待了一学期，就是那个时候，本书开始在我脑子里成形。宾夕法尼亚州立大学和萨拉曼卡大学的教授们给了我在该时期历史方面的基本功，这为我后来独立开展的研究工作奠定了基础。

我开始认真为本书做研究之后，多位德高望重的学者给了我宝贵的帮助，让我更好地理解那个时代，以及伊莎贝拉生活的环境。首先要感谢了不起的加州大学洛杉矶分校的历史教授Teofilo Ruiz。在我为本书做研究和写作期间，他多次与我谈话。他渊博的学术、慷慨的秉性和深刻的人道主义精神都给了我极大灵感。让我非常荣幸的是，他阅读了快完稿时的本书手稿，并提出了富于几十项修改和提高的建议。Ruiz教授，谢谢你。

霍夫斯特拉大学的历史教授Simon Doubleday在我的工作开始时与我促膝长谈。本书快结束时，尽管他正在西班牙旅行并做自己的研究，还是在百忙之中抽出时间，提出了好几项非常重要的修改意见。

西雅图大学的历史教授Theresa Earenfight和密歇根州立大学的西班牙语文学教授Nancy Marino给了我建议和鼓舞。我常常参考石川千代关于伊莎贝拉私人宗教艺术品的精彩而美丽的书，书里包含一些非常杰出的画作，通常情况下公众是看不到的，因为它们被收藏在马德里的王宫，而王宫不对外开放。在我写作的最后阶段，她也与我探讨了手稿的情况。David Hosaflook关于阿尔巴尼亚历史的开创性著作帮助我理解了伊莎贝拉文件中提到的正在东欧发生的可怕事件究竟指的是什么。

如果本书在史实或诠释上有任何错误，都由我本人负责。

我的优秀经纪人和朋友 Gail Ross 让这本书的诞生成为可能，她在 Ross Yoon 经纪公司的合伙人 Howard Yoon 准备了非常精彩的提案，吸引到了 Nan A. Talese/Doubleday 出版社的编辑 Ronit Feldman。Ronit 鼓励和引导我从事研究和写作，担任我的顾问。我们每年都了解到关于伊莎贝拉的新知识，思考其意义。Ronit 是一位有天赋的文字大师，非常擅长组织工作，她灵巧地引导本书的创作，直到问世。Nan A. Talese 是一位著名的天才编辑，对最终产品作了一些精巧的修改。我还要感谢 Doubleday 团队的其他人，包括装帧设计师 Pei Loi Koay、制作编辑 Nora Reichard 和校对编辑 Janet Biehl。我对他们所有人都很感激。

我从许多图书馆和艺术博物馆的渊博专家那里得到了很大帮助。要感谢的人太多，无法一一列举。我的大部分工作是在国会图书馆进行的，那里的西班牙语图书室的专家们帮助我走上正确道路，并指引我去阅读一般藏书、珍本书与手稿。我尤其要感谢 Juan Manuel Pérez、Everette E. Larson、Barbara A. Tenenbaum、Georgette M. Dorn、Katherine McCann、Tracy North、Eric Frazier、Betty Culpepper、Janice C. Ruth 和 Sheridan Harvey。

西班牙的人们始终优雅而慷慨，接受一轮又一轮去西班牙寻根的美国人的询问。西班牙驻美国大使馆的 Barbara Minguez Garcia 和 Jorge Sobredo 帮助我铺平道路，向我引荐一些关键的档案工作者，从而帮助我接触到罕见而珍贵的早期手稿。Severiano Hernandez Vicente、Gonzalo Anes Alvarez、CarlosMartinez Shaw、ManuelBarrios Aguilera 和 Gregorio Hernandez Sanchez 对我的帮助特别大。所有的档案馆都是非常美妙的地方，可以待一下午，也可以待一个月。但我要特别感谢马德里的王家历史学院和国家图书馆，塞哥维亚、塞维利亚、西曼卡斯、巴利亚多利德、格拉纳达和埃斯科里亚尔的公共图书馆和档案馆。本书提到的一些重要艺术品存放在马德里的普拉多博物馆、华盛顿特区的国家艺术画廊、大都会艺术博物馆以及布尔戈斯的拉斯维尔加斯修道院。为了寻找伊莎贝拉的足迹，我走遍了西班牙，途中享用了许多杯美酒和许多盘"塔帕斯"小食。

在法国，我在里尔的北方档案馆查阅了关于奥地利的玛格丽特的文献。在伦敦，我在大英博物馆和国家档案馆度过了许多时光。伦敦的韦尔科姆图书馆提供了彼得·马特《书信集》的英译本。

在巴拿马、波多黎各和墨西哥，我参观了与本书涉及新大陆各章相关的许多历史名胜。我感激那些拥有远见卓识、认识到我们自己的半球也有值得保存的历史的人们。

在美国，我参考了哈佛大学霍顿图书馆、加州圣马力诺亨廷顿图书馆与艺术馆、芝加哥艺术学院、克利夫兰艺术博物馆、纽约公共图书馆苏世民楼、华盛顿学院米勒图书馆、马里兰大学麦凯尔丁图书馆和乔治城大学劳因格图书馆的藏品。

弗吉尼亚州亚历山德里亚和阿灵顿的绝妙图书馆为我提供了近二十年出版的很大一部分材料。

塞哥维亚旅游局工作人员 Marta Rueda 和我一起度过了许多时光，带我在全城观光，与我分享她几十年来关于伊莎贝拉的思考和观点。她不仅是一位向导，还是一位真正的朋友。圣米迦勒酒店的所有者给了我一个俯瞰圣米迦勒教堂红瓦屋顶的房间，让我能够眺望伊莎贝拉登基的地点。他们对我始终热情而慷慨。

我还要感谢法国里尔的 Louisa Woodville、Alexis Simendinger、Kim Winfrey 和 Camille Brilloit；墨西哥圣米格尔德阿连德的 Jesus Ibarra；还有 Luis Chaffo、Holly Hall、Laura Evenson 和 Wendy Silverthorne。

若没有我之前的学者们的努力，本书是不可能写成的。其中一些人还健在，有些人已经与世长辞。此处的列举并没有任何顺序。我要特别感谢 María Isabel del Val Valdivieso、Juan de Mata Carriazo、Jerónimo Zurita、Luis Suárez、Tarsicio Azcona、Peggy Liss、Nancy Rubin 和 William Hickling Prescott。

在本书快结尾的时候，我的力量快要枯竭，此时我的妹妹 Elizabeth Gately 开启了参考文献的工作，慷慨地贡献了她的时间和爱。她是个非常棒的妹妹。我的婆婆 B. J. Averitt 与我分享了她对于伊斯兰艺术的知识和毕生兴趣。

我亲爱的丈夫 Neil Warner Averitt 协助了我的研究工作，他对世界历史的知识非常渊博，能够帮助我在相距甚远的事件之间建立联系。正如我们的孩子们喜欢说的，他就是一部大百科全书。他三次阅读了我的手稿，认真编辑了文字，并提出了富于真知灼见的建议。他近期对早期教会历史和耶稣基督生平产生的兴趣对我也有很大帮助。我对基督教的很多方面都不了解，是他教育了我。

我们的五个孩子——John、Elizabeth、Amelia、Alex 和 Rachel 都听我讲述伊莎贝拉的故事许多个钟头，并相信我一定能够把本书写完。我想再一次向他们表示感谢。

尤其是我的女儿 Rachel 和我一去西班牙，探索乡村，冒险进入橄榄树丛，远足穿过巨型向日葵的田地，以便寻找特殊的有利位置去观察在一般情况下很难看到的历史名胜。我们在古罗马大道上漫步，爬上倾颓的城堡遗迹。她那勇敢无畏的精神与我母亲相同。她愿意与我一同旅行，也让我的生活变得更富有冒险趣味。

译名对照表

A

Abraham 亚伯拉罕

Abravanel, Isaac 以撒·阿布拉瓦内尔

Abu Abd Allah, see Boabdil, Prince 阿布·阿卜杜勒王子，见巴布狄尔

Abu al – Hasan Ali 阿布·哈桑·阿里

Abu Zarah, Tarif 塔里夫·阿布·扎拉赫

Adon（lord；master）君主或主人

Aegean Sea 爱琴海

Aesop's fables《伊索寓言》

Africa 非洲

al – Andalus, see Andalusia 安达卢西亚

Alba, duke of 阿尔瓦公爵

Albania 阿尔巴尼亚

Alcáçovas, Treaty of《阿尔卡索瓦斯条约》

Alcalá de Henares 埃纳雷斯堡

Alcazaba fortress 阿尔卡萨瓦要塞

Alcázar palace 城堡宫殿

Alchemy 炼金术

Alemán, Melchior 梅尔希奥·阿莱曼

Alemán, Rodrigo 罗德里戈·阿莱曼

Alexander the Great 亚历山大大帝

Alexander Ⅵ, Pope 亚历山大六世，教皇

Alexandria 亚历山大港

Alfonso, prince of Castile and León 阿方索，卡斯蒂利亚与莱昂王子（伊莎贝拉女王之弟）

Alfonso, prince of Portugal 阿方索，葡萄牙王子（葡萄牙国王若昂二世之子）

Alfonso Ⅱ, king of Naples 阿方索二世，那不勒斯国王

Alfonso Ⅴ, king of Portugal 阿方索五世，葡萄牙国王

Alfonso Ⅴ "the Magnanimous," king ofAragon（Alfonso Ⅰ of Naples）"宽宏的" 阿方索五世，阿拉贡国王（作为那不勒斯国王，称

科梅纳雷斯

Colonna, Prospero 普罗斯佩罗·
科隆纳

Columbian Exchange 哥伦布大交换

Columbus, Bartholomew 巴尔托洛
梅奥·哥伦布

Columbus, Christopher（Cristóbal
Colon）克里斯托弗·哥伦布
（克里斯托瓦尔·科隆）

Columbus, Diego（Columbus's
brother）迭戈·哥伦布（哥伦
布的兄弟）

Columbus, Diego（Columbus's son）
迭戈·哥伦布（哥伦布的儿子）

Columbus, Ferdinand 斐迪南·哥
伦布（哥伦布的儿子）

Commynes, Philippe de 菲利普·
德·科米纳

Comnenus, David 大卫·科穆宁

Comnenus, George and Anna 乔治
和安娜·科穆宁

Concepcionistas（religious order）
圣母无染原罪会

Concordat of Segovia《塞哥维亚协
定》

Constance of Castile 卡斯蒂利亚的
康斯坦丝

Constantine, emperor of Rome 君士

坦丁，罗马皇帝

Constantine XI, Byzantine emperor
君士坦丁十一世，拜占庭皇帝

Constantinople 君士坦丁堡

Córdoba 科尔多瓦

Corfu 科孚岛

Coron 科罗尼

Cortes of Castile（administra-
tivecouncil）卡斯蒂利亚国会

Cortés, Hernán 埃尔南·科尔特斯

Costa, Jorge da 若热·达·科斯塔

Croatia 克罗地亚

Crotone 克罗托内

Cuéllar 库埃利亚尔

Cueva, Beltrán de la 贝尔特兰·
德·拉·奎瓦

Cuneo, Michele de 米凯莱·德·
库内奥

Cyprus 塞浦路斯

D

Dalmatia 达尔马提亚

de la Chau, Monsieur 德·拉·肖
先生

della Rovere, Francesco, see Sixtus
IV, Pope 弗朗切斯科·德拉·
罗韦雷，即西克斯图斯四世

De Puebla, Ambassador 德·普埃

F

Juan Ⅱ, king of Castile and León 胡安二世，卡斯蒂利亚与莱昂国王

Juan, prince (Ferdinand and Isabella's son) 胡安，王子（伊莎贝拉女王和斐迪南国王的儿子）

Juan, prince of Portugal 胡安，葡萄牙王子

Juan de Flandes (John of Flanders) 胡安·德·佛兰德

Juan de la Cosa 胡安·德·拉·科萨

Juan de Vivero 胡安·德·比韦罗

Juan of Aragon 阿拉贡的胡安

Juan of Granada 格拉纳达的胡安

Judas 犹大

Julius Ⅱ, Pope 尤利乌斯二世，教皇

Justinian, Roman emperor 查士丁尼，罗马皇帝

K

Kamen, Henry 亨利·卡门

Keen, Benjamin 本杰明·基恩

Kemal Pasha-zade 凯末尔·帕夏扎德

Khair ad – Din, see Barbarossa 海雷丁，即巴巴罗萨

Knights Hospitaller (Order of St. John) 医院骑士团（圣约翰骑士团）

Krbava Field, Battle of 克尔包沃原野战役

L

La Isabella Island (La Ysla Bella) 伊莎贝拉岛

Lamb, V. B. V. B. 兰姆

La Mota, fortress of 拉莫塔要塞

La Navidad settlement 圣诞节定居点

La Rabida, monastery of 拉比达修道院

Las Casas, Bartolomé de 巴尔托洛梅·德·拉斯·卡萨斯

Las Huelgas, Monastery of 拉斯维尔加斯修道院

lay investiture 俗人授职

Lenni Lenape tribe 伦尼莱纳佩部落

Leonardo da Vinci 列奥纳多·达·芬奇

Leonard of Chios 希俄斯岛的莱奥纳德

Leonor, queen of Portugal 埃莉诺，葡萄牙王后

托雷斯

Magellan, Ferdinand 斐迪南·麦哲伦

Málaga 马拉加

Maldonado, Melchior 梅尔希奥·马尔多纳多

mal usos (bad customs) policy 恶政

Mamluks 马木留克

Manel, Fadrique 费德里科·马内尔

Manrique, Gómez 戈麦斯·曼里克

Manrique, Inéz 伊内斯·曼里克

Manuel, Elvira 埃尔维拉·曼努埃尔

Manuel, Juan 胡安·曼努埃尔

Manuel I "the Fortunate", king of Portugal 曼努埃尔一世，葡萄牙国王，"幸运的"

Marbella 马贝拉

Margaret of Austria 奥地利的玛格丽特

Margaret of England 英格兰的玛格丽特

Margarit, Joan 若昂·马加里特

Margarit, Mosén Pedro 莫森·佩德罗·马加里特

María, queen of Aragon 玛丽亚，阿拉贡王后

María, queen of Portugal (Ferdinand and Isabella's daughter) 玛丽亚，葡萄牙王后（伊莎贝拉女王与斐迪南国王的女儿）

María "La Excelenta" (Ferdinand's illegitimate daughter) 玛丽亚，"绝妙女"（斐迪南国王的私生女）

María of Aragon 阿拉贡的玛丽亚

Marino, Nancy F. 南希·F. 马里诺

Martel, Charles 铁锤查理

Martin de Córdoba 马丁·德·科尔多瓦

Martyr D'Anghiera, Peter (Peter Martyr; Pedro Martír de Anglería): 安杰拉的彼得·马特（佩德罗·马蒂尔·德·安杰拉）

Mary of Burgundy 勃艮第的玛丽

Mata Carriazo y Arroquia, Juan de 胡安·德·马塔·卡利亚索·阿罗基亚

Matthias, Saint 圣马提亚

Matthias Corvinus, king of Hungary 马加什一世，匈牙利国王

Maximilian I, Holy Roman emperor 马克西米利安一世，神圣罗马皇帝

迪人（皈依伊斯兰教的人）

Muñiz, María Dolores Morales Carmen 玛丽亚·多洛雷丝·卡门·莫拉莱斯·穆尼斯

Münzer, Jerónimo 希罗尼穆斯·闵采尔

Murad Ⅱ 穆拉德二世

Murcia 穆尔西亚

Mytilene 米蒂利尼

N

Naples 那不勒斯

Nasrid dynasty 纳斯尔王朝

Navarre, Kingdom of 纳瓦拉王国

Negroponte（Egriboz）内格罗蓬特（埃格里博兹）

Nero, emperor of Rome 尼禄，罗马皇帝

Netanyahu, Benzio 本齐恩·内塔尼亚胡

Nicholas Ⅴ, Pope 尼古拉五世

Nicolau, Joana 华纳·尼古劳

Nieto, Hernando 埃尔南多·涅托

Niña "尼尼亚"号

Niño, Pedro Alonso 佩德罗·阿隆索·尼尼奥

Noah 挪亚

Norwich, John Julius 约翰·朱利叶斯·诺里奇

Nubdhat Al - Asr 努布达特·阿斯尔

O

Ocaña 奥卡尼亚

Oliveira Marques, Antonio Henrique 历史学家安东尼奥·恩里克·德·奥利韦拉·马克斯

Oliver - Copóns Don Eduardo de 堂爱德华多·德·奥利弗—果波恩斯

Oman, Charles 查尔斯·奥曼

Oran 奥兰

Order of St. John of Jerusalem 耶路撒冷圣约翰骑士团

Order of Santiago 圣地亚哥骑士团

Otranto 奥特朗托

Ovando, Nicholás de 尼古拉斯·德·奥万多

Oviedo y Valdés, Gonzalo Fernández 贡萨洛·费尔南德斯·德·奥维多·巴尔德斯

P

Pacheco, Juan 胡安·帕切科

Pacheco, Juan（son）胡安·帕切科（儿子）

S

Santa María de Concepción Island 圣
母玛丽亚岛

Santa Maria de Guadalupe, Church
of 瓜达卢佩圣母教堂

Santa Maria Maggiore, Church of 圣
母大殿

Santander 桑坦德

Santiago, Order of 圣地亚哥骑士团

Santiago de Compostela 圣地亚哥·
德·孔波斯特拉

Santo Domingo, see Hispaniola 圣
多明各岛, 即伊斯帕尼奥拉岛

Santo Tomás, Royal Monastery of 王
家圣多马修道院

São Tomé 圣多美

Savonarola, Girolamo 吉罗拉莫·
萨伏那洛拉

Savoy, duke of 萨伏依公爵

Scales, Lord 斯凯尔斯勋爵

Schott, Peter 彼得·肖特

Scotland 苏格兰

Scutari 斯库塔里

Second Temple 第二圣殿

Segovia 塞哥维亚

Selim the Grim 残酷的塞利姆

Senior, Abraham 亚伯拉罕·塞尼
奥尔

Sephardim 塞法迪犹太人

Seville 塞维利亚

Seward, Desmond 戴斯蒙德·苏厄
德

Sforza, Ascanio 阿斯卡尼奥·斯福
尔扎

Sforza, Giovanni 乔万尼·斯福尔
扎

Sforza, Ludovico 卢多维科·斯福
尔扎

Shadis, Mariam 米丽娅姆·沙迪
斯

Shakespeare, William 威廉·莎士
比亚

sharia law 伊斯兰教法

Shiites 什叶派

Shkodra, see Scutari 斯库台, 见:
斯库塔里

Sicily 西西里岛

Siculo, Lucio Marineo 卢乔·马里
内奥·西库罗

Silleras - Fernandez, Nuria 努莉
亚·西列拉斯—费尔南德斯

Sistine Chapel 西斯廷教堂

Sittow, Michael 米歇尔·西托

Sixtus Ⅳ 西克斯图斯四世, 教皇

Skanderbeg (John Castrioti) 斯坎
德培

Smith, Jane I. 简·I. 史密斯

注 释

PROLOGUE

1. J. H. Elliott, *Imperial Spain: 1469–1716* (London: Penguin, 1990), p. 103.

ONE: A BIRTH WITHOUT FANFARE

1. Nancy Rubin, *Isabella of Castile: The First Renaissance Queen* (New York: St. Martin's Press, 1991), p. 16.
2. King of Castile Don Juan II to the City of Segovia on the birth of his daughter Isabel, Madrid, April 23, 1451, Archivo Exmo, Ayuntamiento de Segovia.
3. Jerónimo Zurita, *Anales de Aragon* (Zaragoza: Instituto "Fernando el Católico" [C.S.I.C.] de le Exma Diputación Provincial, 1975), vol. 6, p. 33, "that they had been given herbs," poisonous herbs, by Luna.
4. Fernán Pérez de Guzmán, *Comienza la crónica del serenísimo príncipe Don Juan, segundo rey deste nombre* (Madrid: Librería y Casa Editorial Hernando, 1930), p. 633.
5. Peggy K. Liss, *Isabel the Queen: Life and Times* (New York: Oxford University Press, 1992), p. 17.
6. Rubin, *Isabella of Castile*, p. 19.
7. Ibid.
8. Didier T. Jaén, *John II of Castile and the Grand Master Álvaro de Luna* (Madrid: Editorial Castalia, 1978), pp. 189–90.
9. Nicholas Round, *The Greatest Man Uncrowned: A Study of the Fall of Don Álvaro de Luna* (London: Tamesis Books, 1986), p. 42.
10. Rubin, *Isabella of Castile*, p. 19.
11. Jean Descola, *A History of Spain* (New York: Alfred A. Knopf, 1963), pp. 40–42.
12. Townsend Miller, *The Castles and the Crown: Spain, 1451–1555* (New York: Coward-McCann, 1963), p. 17.
13. Descola, *History of Spain*, pp. 32 and 33.

14. *Isidore of Seville's History of the Kings of the Goths, Vandals and Suevi*, trans. Guido Donini and Gordon B. Ford (Leiden: Brill, 1966), p. 1.
15. John L. Esposito, *The Oxford History of Islam* (Oxford, U.K.: Oxford University Press, 1999), p. 13.
16. Bernard Lewis, *Islam: From the Prophet Muhammad to the Capture of Constantinople* (New York: Oxford University Press, 1987), p. 2:xvi.
17. Roger Collins, *The Arab Conquest of Spain: 710–797* (New York: Wiley-Blackwell, 1995), p. 63.
18. Ahmad ibn Muhammad Al-Maqqari, *The History of the Mohammedan Dynasties in Spain*, trans. Pascual de Gayangos, 2 vols. (London: Oriental Translation Fund, 1840–43), p. 1:250, referring to quote from Ayyeshah, widow of the Prophet.
19. Ibid., p. 1:18.
20. Ibid., pp. 1:264–65.
21. Ibid., p. 1:265.
22. Ibid.
23. Ibid., p. 1:267.
24. Lewis, *Islam from the Prophet Muhammad*, p. 2:111.
25. Collins, *Arab Conquest of Spain*, p. 97.
26. Ibid., p. 105.
27. Al-Maqqari, *Mohammedan Dynasties*, p. 1:272.
28. Ibid., p. 1:275.
29. Ibid.
30. Ibid., p. 1:276.
31. Ibid., p. 1:279.
32. Ibid., p. 1:280.
33. Ibid., pp. 1:280–81. Gayangos said he believes this pattern was so consistent because Jews in Iberia may have already been in communication with North Africans. Of the Berbers who came from North Africa, some were of Jewish descent, and allied themselves with the Jews in Spain upon their arrival. Others may have been only superficially Muslim, and retaining Jewish customs and beliefs "felt great sympathy for their former brethren" (pp. 511, 531).
34. Al-Maqqari, *Mohammedan Dynasties*, pp. 1:282–88.
35. Ibid., pp. 1:291, 2:20.
36. Ibid., p. 2:41.
37. Diego de Valera, *Crónica de España* (Salamanca, 1499). Only three copies of this book survive, including one at the Library of Congress in Washington, D.C.
38. Al-Maqqari, *Mohammedan Dynasties*, p. 2:34.
39. Descola, *History of Spain*, p. 82.
40. Jane I. Smith, "Islam and Christendom: Historical, Cultural, and Religious Interaction from the Seventh to the Fifteenth Centuries," in Esposito, ed., *The Oxford History of Islam*, pp. 318–19.
41. Ibid., p. 320.
42. Ibid.
43. Dario Fernández-Morera, "The Myth of the Andalucian Paradise," *Intercollegiate Review* 41, no. 2 (Fall 2006).
44. Smith, "Islam and Christendom," pp. 22, 23, 25, 29.
45. Al-Maqqari, *Mohammedan Dynasties*, p. 2:195.
46. Fernández-Morera, "Myth of Andalusian Paradise," p. 27.
47. Ibid., pp. 27–28.
48. Bradley Smith, *Spain: A History in Art* (Garden City, N.Y.: Doubleday, 1971), pp. 60–62, depicting works held at El Escorial.

49. Al-Maqqari, *Mohammedan Dynasties*, pp. 2:124–25.
50. Nancy Bisaha, *Creating East and West: Renaissance Humanists and the Ottoman Turks* (Philadelphia: University of Pennsylvania Press, 2004), p. 68.
51. Alonso Fernández de Palencia, *Crónica de Enrique IV*, ed. Antonio Paz y Meliá (Madrid: Ediciones Atlas, 1973–75), pp. 50–52.
52. George Sphrantzes, *The Fall of the Byzantine Empire: A Chronicle, 1401–1477*, trans. Marios Philippides (Amherst: University of Massachusetts Press, 1980), p. 70.
53. John McManners, *The Oxford Illustrated History of Christianity* (Oxford, U.K.: Oxford University Press, 1992), p. 166.

TWO: A CHILDHOOD IN THE SHADOWS

1. Ana Sánchez Prieto, *Enrique IV el Impotente* (Madrid: Alderabán Ediciones, 1999), p. 7.
2. Peggy K. Liss, *Isabel the Queen: Life and Times* (New York: Oxford University Press, 1992), p. 18.
3. Ibid., p. 20.
4. Diego de Valera, *Crónicas de los reyes de Castilla: Memorial de diversas hazañas. Crónica del rey Enrique IV*, ed. Juan de Mata Carriazo y Arroquia (Madrid: Espasa-Calpe, 1941), doc. 33, cited ibid., p. 14.
5. Condesa de Yebes, *La Marquesa de Moya: la dama del descubrimiento* (Madrid: Ediciones Cultura Hispánica, 1966), p. 13.
6. *La Poncella de Francia*, cited in Nancy Bradley Warren, *Women of God and Arms: Female Spirituality and Political Conflict, 1380–1600* (Philadelphia: University of Pennsylvania Press, 2005), p. 107.
7. Friar Martín de Córdoba, p. 94, cited ibid.
8. Antonio Blanco Sánchez, *Sobre Medina del Campo y la reina agraviada* (Medina del Campo: Caballeros de la Hispanidad, 1994), pp. 76–77 and 94–99.
9. Jaime Vicens Vives, "The Economies of Catalonia and Castile," in *Spain in the Fifteenth Century, 1369–1516: Essays and Extracts by Historians of Spain*, ed. J. R. L. Highfield, trans. Frances M. López-Morillas (New York: Harper & Row, 1972), p. 43.
10. *Memorias de Don Enrique IV de Castilla*. vol. 2, *La colección diplomática del mismo rey* (Madrid: Real Academia de Historia, 1835–1913), doc. 96, cited in Liss, *Isabel the Queen*, p. 17.
11. "Cierto es que el nuevo monarca, Enrique IV, que subió al trono en 1454, no respetó los deseos paternos y entregó el maestrazgo de Santiago a su favorite Beltra'n de la Cueva y el cargo de condestable a otro de sus fieles, Miguel Lucas de Iranzo."
12. María Isabel del Val Valdivieso, "Isabel, Infanta and Princess of Castile," in *Isabella la Católica, Queen of Castile: Critical Essays*, ed. by David A. Boruchoff (New York: Palgrave Macmillan, 2003), p. 42.
13. Liss, *Isabel the Queen*, p. 13.
14. Alonso Fernández de Palencia, *Crónica de Enrique IV*, ed. Antonio Paz y Meliá (Madrid: Ediciones Atlas, 1973–75), dec. 1, bk. 3, chap. 2, cited in Liss, *Isabel the Queen*, p. 14.
15. Diego Enríquez del Castillo, *Crónica de Enrique IV*, ed. Aureliano Sánchez Martín (Valladolid: Universidad de Valladolid, 1994), pp. 133–35.
16. Ibid., p. 134.
17. Ibid., pp. 138–39.
18. Malcolm Letts, ed. and trans., *The Travels of Leo of Rozmital Through Germany*,

Flanders, England, France, Spain, Portugal and Italy, 1465–1467. Hakluyt Society (Cambridge, U.K.: Cambridge University Press, 1957), p. 96.

19. Enríquez del Castillo, *Crónica de Enrique IV*, p. 248.
20. Ibid., p. 163.
21. Ibid., pp. 146–47.
22. Liss, *Isabel the Queen*, p. 48.
23. Mary Purcell, *The Great Captain: Gonzalo Fernández de Córdoba* (New York: Alvin Redman, 1963), p. 29.
24. Alonso de Palencia, "Fiesta," in *Crónica de Enrique IV*, ed. Antonio Paz y Meliá (Madrid: Atlas, 1973), p. 75.
25. *Crónica incompleta de los Reyes Católicos, 1469–1476*, ed. Julio Puyol (Madrid: Academia de la Historia, 1934), p. 55.
26. Emilio Calderón, "Maleficio," in *Usos y costumbres sexuales de los Reyes de España* (Madrid: Editorial Cirene, 1991), p. 70.
27. *Memorias de Don Enrique IV de Castilla*, vol. 2, p. 638.
28. Eduardo de Oliver-Copóns, *El Alcázar de Segovia* (Valladolid: Imprenta Castellana, 1916), pp. 99–105.
29. Purcell, *Great Captain*, p. 32.
30. Ibid., p. 31.
31. Nancy Rubin, *Isabella of Castile: The First Renaissance Queen* (New York: St. Martin's Press, 1991), p. 25.
32. Felix Grayeff, *Joan of Arc: Legends and Truth* (London: Philip Goodall, 1978).
33. Liss, *Isabel the Queen*, p. 18.
34. Warren, *Women of God and Arms*, pp. 89, 106–18.
35. Nancy Bradley Warren, "La Pucelle, the 'Puzzel,' and La Doncella: Joan of Arc in Early Modern England and Spain," presentation at the 46th International Congress on Medieval Studies, Kalamazoo, Mich., May 12–15, 2011.
36. Liss, *Isabel the Queen*, p. 52.
37. Enríquez del Castillo, *Crónica*, p. 183.
38. Purcell, *Great Captain*, p. 29.
39. Rubin, *Isabella of Castile*, p. 23.
40. Teofilo Ruiz, *The Other 1492: Ferdinand, Isabella and the Making of an Empire* (Teaching Co., 2002).
41. Liss, *Isabel the Queen*, p. 53.
42. *Memorias de Don Enrique IV de Castilla*, vol. 2, p. 638.
43. Isabel I of Castile, letter of March 1471, in *Memorias de Don Enrique IV de Castilla*, vol. 2, cited in Liss, *Isabel the Queen*, p. 60.
44. Liss, *Isabel the Queen*, p. 53.
45. Ibid., p. 47.
46. Nancy F. Marino, *Don Juan Pacheco: Wealth and Power in Late Medieval Spain* (Tempe: Arizona Center for Medieval and Renaissance Studies, 2006), p. 92.
47. Rubin, *Isabella of Castile*, pp. 31–32.
48. Charles Derek Ross, *Edward IV* (Berkeley and Los Angeles: University of California Press, 1974), p. 84.

THREE: FRIGHTENING YEARS

1. James Gairdner, ed., *Letters and Papers Illustrative of the Reigns of Richard III and Henry VII*, p. 1:31, cited in Charles Derek Ross, *Edward IV* (Berkeley and Los Ange-

les: University of California Press, 1974), p. 85; Cora Louise Scofield, *The Life and Reign of Edward the Fourth, King of England and of France and Lord of Ireland* (London: Frank Cass & Co., 1967), p. 1:320.

2. Ross, *Edward IV*, p. 10.
3. Scofield, *Life and Reign of Edward the Fourth*, p. 1:154.
4. Ross, *Edward IV*, p. 85.
5. Ibid., p. 90.
6. John Warkworth, *A Chronicle of the First Thirteen Years of the Reign of King Edward the Fourth*, ed. James Orchard Halliwell (London: Camden Society, 1839), p. 3.
7. Ross, *Edward IV*, p. 89.
8. Scofield, *Life and Reign of Edward the Fourth*, p. 1:320; Henry Ellis, ed., *Original Letters, Illustrative of English History, Including Numerous Royal Letters* (London: Richard Bentley, 1846), series 2, p. 1:152; Gairdner, *Letters and Papers Illustrative*, p. 1:31; Cora Louise Scofield, "The Movements of the Earl of Warwick in the Summer of 1464," *English Historical Review* (October 1906), pp. 732–33.
9. Alonso Fernández de Palencia, *Crónica de Enrique IV*, ed. Antonio Paz y Meliá (Madrid: Ediciones Atlas, 1975), dec. I, bk. 5, chap. 2, cited in Peggy K. Liss, *Isabel the Queen: Life and Times* (New York: Oxford University Press, 1992), p. 54.
10. Ibid., p. 56.
11. Townsend Miller, *The Castles and the Crown: Spain 1451–1555* (New York: Coward-McCann, 1963), pp. 40–41.
12. Ibid., p. 41.
13. Josef Miguel de Flores, *Crónica de Don Alvaro de Luna, condestable de los reynos de Castilla y de León* (Madrid: Imprenta de Antonio de Sancha, 1784), p. 15.
14. Teofilo F. Ruiz, *Spain's Centuries of Crisis: 1300–1474* (West Sussex, U.K.: Wiley-Blackwell, 2011), p. 89.
15. Ana Sánchez Prieto, *Enrique IV el Impotente* (Madrid: Alderaban Ediciones, 1999), p. 13.
16. Gregorio Marañón, *Ensayo biólogico sobre Enrique IV de Castilla y su tiempo* (Madrid: Colección Austral, 1997), pp. 30–31.
17. Ibid., p. 33.
18. Fray Gerónimo de la Cruz, an eighteenth-century historian who based his account on a fifteenth-century Castilian chronicle, cited in Nancy F. Marino, *Don Juan Pacheco: Wealth and Power in Late Medieval Spain* (Tempe: Arizona Center for Medieval and Renaissance Studies, 2006), p. 51.
19. Barbara Weissberger, "Alfonso de Palencia," in *Queer Iberia*, ed. Josiah Blackmore and Gregory S. Hutcheson (Durham, N.C.: Duke University Press, 1999), p. 315.
20. Miller, *Castles and Crown*, p. 42.
21. Ibid., p. 45.
22. William Prescott, *History of the Reign of Ferdinand and Isabella* (Philadelphia: J. B. Lippincott, 1873), p. 181–82.
23. Diego de Colmenares, *Historia de la insigne ciudad de Segovia*, revised by Gabriel María Vergara (Segovia: Imprenta de la Tierra de Segovia, 1931), p. 276.
24. Mary Purcell, *The Great Captain: Gonzalo Fernández de Córdoba* (New York: Alvin Redman, 1963), p. 35.
25. Ibid., p. 34.
26. Ibid., p. 42.
27. Ibid., p. 41.
28. Ibid., p. 42.
29. Ibid., pp. 42–43.

30. Liss, *Isabel the Queen*, p. 63.
31. María Dolores Cabanas González, Carmelo Luis López, and Gregorio del Ser Quijano, *Isabel de Castilla y su época: Estudios y selección de textos* (Alcalá de Henares: Universidad de Alcalá, 2007), pp. 22–23.
32. Purcell, *Great Captain*, p. 37.

FOUR: ISABELLA FACES THE FUTURE ALONE

1. Serita Deborah Stevens and Anne Klarner, *Deadly Doses: A Writer's Guide to Poisons* (Cincinnati: Writers Digest Books, 1990).
2. Charles Thompson, and John Samuel, *Poisons and Poisoners* (London: Harold Shaylor, 1931), p. 83.
3. María Dolores Carmen Morales Muñiz, *Alfonso de Ávila, Rey de Castilla* (Ávila: Diputación Provincial de Ávila, Institución Gran Duque de Alba, 1988), p. 363.
4. Nancy Rubin, *Isabella of Castile: The First Renaissance Queen* (New York: St. Martin's Press, 1991), p. 50.
5. Peggy K. Liss, *Isabel the Queen: Life and Times* (New York: Oxford University Press, 1992), p. 68.
6. John Edwards, *The Spain of the Catholic Monarchs, 1474–1520* (Oxford, U.K.: Blackwell, 2000), p. 8.
7. Rubin, *Isabella of Castile*, p. 50.
8. Townsend Miller, *The Castles and the Crown: Spain 1451–1555* (New York: Coward-McCann, 1963), p. 52.
9. Diego de Valera, *Memorial de diversas hazañas*, ed. Juan de Mata Carriazo (Madrid: 1941), p. 139, cited in Warren H. Carroll, *Isabel of Spain: The Catholic Queen* (Front Royal, Va.: Christendom Press, 1991), p. 35.
10. Miller, *Castles and Crown*, pp. 51 and 52.
11. Liss, *Isabel the Queen*, p. 68.
12. María Dolores Cabanas González, Carmelo Luis López, and Gregorio del Ser Quijano, *Isabel de Castilla y su época: Estudios y selección de textos* (Alcalá de Henares: Universidad de Alcalá, 2007), p. 27.
13. Edwards, *Spain of the Catholic Monarchs*, pp. 8, 9.
14. Archivo General de Simancas, Patrimonio Real, 7–112, leg. 738, cited in Rubin, *Isabella of Castile*, p. 57.
15. *Crónica incompleta de los Reyes Católicos, 1469–1476*, ed. Julio Puyol (Madrid: Academia de la Historia, 1934), p. 69.
16. Liss, *Isabel the Queen*, p. 69.
17. Rubin, *Isabella of Castile*, p. 59.
18. *Crónica incompleta*, p. 70.
19. Salvador de Madariaga, *Christopher Columbus: Being the Life of the Very Magnificent Lord Don Cristóbal Colón* (New York: Macmillan, 1940), p. 5.
20. Vivien B. Lamb, *The Betrayal of Richard III: An Introduction to the Controversy* (London: Mitre Press, 1968), p. 43.
21. María Isabel del Val Valdivieso, "Isabel, Infanta and Princess of Castile," in *Isabella la Católica, Queen of Castile: Critical Essays*, ed. David A. Boruchoff (New York: Palgrave Macmillan, 2003), p. 49.
22. Lamb, *Betrayal*, p. 43.
23. Ibid., p. 57.
24. Liss, *Isabel the Queen*, p. 73.
25. María Isabel del Val Valdivieso, ibid., p. 50.

26. *Crónica incompleta*, p. 70.
27. Edwards, *Spain of Catholic Monarchs*, p. 12.
28. Juan Ferrer to Juan II of Aragon, January 30, 1469, cited in Carroll, p. 47.

FIVE: MARRIAGE

1. Félix de Llanos e Torriglia, *Así llegó a reinar Isabel la Católica* (Madrid, 1927), p. 163, cited in Peggy K. Liss, *Isabel the Queen: Life and Times* (New York: Oxford University Press, 1992), p. 73.
2. John Edwards, *The Spain of the Catholic Monarchs, 1474–1520* (Oxford, U.K.: Blackwell, 2000), pp. 11, 13.
3. Liss, *Isabel the Queen*, p. 71.
4. Ibid., p. 75.
5. Ibid.
6. *Crónica incompleta de los Reyes Católicos, 1469–1476*, ed. Julio Puyol (Madrid: Academia de la Historia, 1934), p. 90.
7. Salvador de Madariaga, *Christopher Columbus: Being the Life of the Very Magnificent Lord Don Cristóbal Colón* (New York: Macmillan, 1940), p. 8.
8. J. H. Elliott, *Imperial Spain, 1469–1716* (London: Penguin, 1990), p. 15.
9. Liss, *Isabel the Queen*, p. 79.

SIX: FERDINAND AND HIS FAMILY

1. Alan Ryder, *The Wreck of Catalonia: Civil War in the Fifteenth Century* (New York: Oxford University Press, 2007), p. 77.
2. William Prescott, *History of the Reign of Ferdinand and Isabella* (Philadelphia: J. B. Lippincott, 1873), p. 63.
3. "El dicho Rey Don Juan . . . ," order granted by Blanca de Navarre, April 30, 1462, Real Academia de la Historia, p. 19, A-7, folio 16 to 20, cited in *Indice de la colección de don Luis Salazar y Castro, formado por Antonio de Vargas-Zúñiga y Montero de Espinosa y Baltasar Cuartero y Huerta*, vol. 1 (Madrid: Real Academia de la Historia: 1949).
4. Joan Margarit, bishop of Elna, addressing the Cortes of Barcelona, Oct. 6, 1454; published in R. Albert and J. Gassiot, *Parlaments a les corts catalanes* (Barcelona: Editorial Barcino, 1928), pp. 209–10; cited in Ryder, *Wreck of Catalonia*, p. 29.
5. Paul H. Freedman, *Origins of Peasant Servitude in Medieval Catalonia* (Cambridge, U.K.: Cambridge University Press, 1991), p. 46.
6. Ryder, *Wreck of Catalonia*, pp. 156, 163.
7. Ibid., p, 183.
8. Ibid., p. 193.
9. Ibid., p. 186.
10. Ibid.
11. Jerónimo Zurita, *Anales de Aragón* (Zaragoza: Instituto "Fernando el Católico" [C.S.I.C.] de le Excma Diputación Provincial, 1977), vol. 8, p. 242.
12. Ibid., p. 281.
13. Ryder, *Wreck of Catalonia*, p. 83.
14. Ibid., p. 87.
15. Ibid., pp. 88 and 89.
16. Ibid., p. 92.

17. Ibid., pp. 94-95.
18. Ibid., p. 104.
19. Ibid., p. 105.
20. Ibid., p. 124.
21. Henry John Chaytor, *A History of Aragon and Catalonia* (London: Methuen, 1933).

SEVEN: THE NEWLYWEDS

1. Townsend Miller, *The Castles and the Crown: Spain, 1451-1555* (New York: Coward-McCann, 1963), p. 69.
2. Jerónimo Zurita, *Anales de Aragón* (Zaragoza: Instituto "Fernando el Católico" [C.S.I.C.] de le Excma Diputación Provincial, 1975 and 1977), p. 7:620.
3. Miller, *Castles and Crown*, p. 69.
4. Aureliano Sánchez Martín, *Crónica de Enrique IV de Diego Enríquez del Castillo* (Valladolid: Secretariado de Publicaciones, Universidad de Valladolid, 1994), Chapter 137, p. 335.
5. Isabella to the Countess of Palencia, October 30, 1469, in María Isabel del Val Valdivieso, *Isabella la Católica, Princesa, 1468-1474* (Valladolid: Instituto Isabel la Católica de Historia Eclesiástica, 1974), citing Real Academia de la Historia, 9-30-7-6483, folios 485-486.
6. Peggy K. Liss, *Isabel the Queen: Life and Times* (New York: Oxford University Press, 1992), p. 40.
7. Ibid., p. 83.
8. Tarsicio de Azcona, *Isabella la Católica: Estudio crítico de su vida y su reinado* (Madrid: Biblioteca de Autores Cristianos, 1993), p. 162.
9. William Prescott, *History of the Reign of Ferdinand and Isabella* (London: Richard Bentley, 1838), p. 225.
10. William D. Phillips, Jr. *Enrique IV and the Crisis of Fifteenth-Century Castile, 1425-1480* (Cambridge, Mass.: Medieval Academy of America, 1978), p. 113.
11. Nancy Rubin, *Isabella of Castile: The First Renaissance Queen* (New York: St. Martin's Press, 1991), p. 92.
12. Jaime Vicens Vives, *Historia crítica de la vida y reinado de Ferdinand II de Aragón* (Zaragoza: Instituto Fernando el Católico, 1962), p. 279, no. 912.
13. Rubin, *Isabella of Castile*, p. 93.
14. Diego Clemencin, *Elogio de la reina Católica Doña Isabella* (Madrid: Imprenta de Sancha, 1820), p. 6:100.
15. Archivo General de Simancas, Diversos de Castilla, leg. 9, number 65, folio 2v, cited in María Isabel del Val Valdivieso, *Isabel la Católica, Princesa*, p. 497.
16. Vicens Vives, *Historia crítica*, p. 288.
17. Rubin, *Isabella of Castile*, p. 97.
18. Liss, *Isabel the Queen*, p. 85.
19. Fernando del Pulgar, *Crónica de los Señores Reyes Católicos*, ed. Juan de Mata Carriazo (Madrid: Espasa-Calpe, 1943), p. 75.
20. Peggy K. Liss, *Isabel the Queen: Life and Times* (Philadelphia: University of Pennsylvania Press, 2004), p. 74.
21. Isabella to Juan II of Aragon, April 29, 1473, in Antonio Paz y Meliá, *El cronista Alonso de Palencia, su vida y obras, sus decadas y las crónicas contemporáneas* (Madrid: Hispanic Society of America, 1914), p. 127, cited in Warren H. Carroll, *Isabel of Spain: The Catholic Queen* (Front Royal, Va.: Christendom Press, 1991), p. 65.

22. Vicente Rodríguez Valencia, *Isabella la Católica en la opinión de españoles y extranjeros, siglos XV al XX* (Valladolid: Instituto "Isabel la Católica" de Historia Eclesiástica, 1970), p. 3: 74, trans. Warren Carroll and Maria Barone, *Isabel of Spain*, p. 72.
23. Fusero Clemente, *The Borgias*, trans. by Peter Green (New York: G. P. Putnam's Sons, 1913), p. 16.
24. Mary Purcell, *The Great Captain: Gonzalo Fernández de Córdoba* (New York: Alvin Redman, 1963), p. 41.
25. Ibid., p. 43.
26. Ibid., pp. 46–47.
27. Ibid., p. 46.
28. Ibid., pp. 48–49.
29. Ibid., p. 49.

EIGHT: THE BORGIA CONNECTION

1. Marion Johnson, *The Borgias* (New York: Holt, Rinehart & Winston, 1981), p. 74.
2. Clemente Fusero, *The Borgias*, trans. Peter Green (New York: Praeger, 1972), p. 75.
3. Ibid., p. 77.
4. Ibid., p. 78.
5. Ibid., p. 79.
6. T. C. F. Hopkins, *Empires, Wars and Battles: The Middle East from Antiquity to the Rise of the New World* (New York: Forge Books, 2006), p. 213.
7. Fusero, *Borgias*, p. 119.
8. Ferdinand to Juan II, August 1472, Biblioteca Nacional, *Índice de la colección de don Luis Salazar y Castro, formado por Antonio de Vargas-Zúñiga y Montero de Espinosa y Baltasar Cuartero y Huerta*, vol.1 (Madrid: Real Academia de la Historia: 1949), appendix letter 55.
9. Ferdinand to Juan II, March 1473, ibid., appendix letter 65.
10. José Sanchis y Sivera, "El cardenal Rodrigo de Borgia en Valencia," *Boletín del Real Academia de Historia* 84 (1924), p. 149.
11. Peggy K. Liss, *Isabel the Queen: Life and Times* (New York: Oxford University Press, 1992),p. 91.
12. John Edwards, *The Spain of the Catholic Monarchs, 1474–1520* (Oxford, U.K.: Blackwell, 2000), p. 18.
13. William D. Phillips, Jr., *Enrique IV and the Crisis of Fifteenth-Century Castile, 1425–1480* (Cambridge, Mass.: Medieval Academy of America, 1978), p. 117.
14. Richard P. McBrien, *Lives of the Popes: The Pontiffs from St. Peter to John Paul II* (New York: HarperCollins, 1997), p. 182.
15. Tarcisio de Azcona, *Isabel la Católica: Estudio crítico de su vida y su reinado* (Madrid: Biblioteca de Autores Cristianos, 1993), p. 186, cited in Rubin, *Isabella of Castile: The First Renaissance Queen* (New York: St. Martin's Press, 1991), p. 108.

NINE: PREPARING TO RULE

1. María Isabel del Val Valdivieso, "Isabel, Infanta and Princess," in Boruchoff, 53.
2. Benzion Netanyahu, *The Origins of the Inquisition in Fifteenth-Century Spain* (New York: Random House, 1995), p. 804.

3. Conde Brotardi, in Trento, February 7, 1474, Real Academia de la Historia, A-7, folio 158, S&Z, p. 164, cited in Biblioteca Nacional, *Índice de la colección de don Luis Salazar y Castro, formado por Antonio de Vargas-Zúñiga y Montero de Espinosa y Baltasar Cuartero y Huerta*, vol. 1 (Madrid: Real Academia de la Historia: 1949), letter 632.

4. George Merula, "The Siege of Shkodra" (1474), trans. George Elsie, in *Texts and Documents of Albanian History*, http://www.albanianhistory.net/en/texts1000-1799/AH1474.html.

5. Karolus Vitalus Caurell to unknown person, "remitiendo el juramento que se menciona en la ficha siguiente y el gran temor que había sobre una invasion de los turcos en Ragusa y Venecia." Real Academia de la Historia, October 27, 1474. A-7, folio 158, p. 164, cited in *Indice de la colección de don Luis Salazar y Castro*, vol. 1, letter 631.

6. Gonzalo de Oviedo y Valdés, cited in Don Eduardo de Oliver-Copóns, *El Alcázar de Segovia* (Valladolid: Imprenta Castellana, 1916), p. 129.

7. Andrés de Cabrera, June 15, 1473, A-7, folio 89-91, in *Índice de la colección de don Luis Salazar y Castro*, vol. 1, letter 617.

8. *Crónica incompleta de los Reyes Católicos, 1469–1476, según un manuscript anónimo de la época*, ed. Julio Puyol (Madrid: Tipografía de Archivos, 1934), pp. 113–21.

9. Ibid.

10. Diego de Colmenares, *Historia de la insigne ciudad de Segovia*, revised by Gabriel María Vergara (Segovia: Imprenta de la Tierra de Segovia, 1931), p. 319.

11. Ibid., p. 320.

12. Ibid.

13. Peggy K. Liss, *Isabel the Queen: Life and Times* (New York: Oxford University Press, 1992), p. 93.

14. Ibid., p. 93.

15. Ibid., p. 94.

16. Ibid., p. 95.

17. Ibid.

18. Nancy F. Marino, *Don Juan Pacheco: Wealth and Power in Late Medieval Spain* (Tempe: Arizona Center for Medieval and Renaissance Studies, 2006), pp. 163–64.

19. Liss, *Isabel the Queen*, p. 95.

20. María Isabel del Val Valdivieso, *Isabel la Católica, Princesa*, pp. 506–8, Real Academia de la Historia, Colección Salazar, M-26, folio 92-92v.

21. Diego Enríquez del Castillo, *Crónica de Enrique IV*, ed. Aureliano Sánchez Martín (Valladolid: Universidad de Valladolid, 1994), p. 398.

22. Ibid., p. 96.

23. Townsend Miller, *The Castles and the Crown: Spain, 1451–1555* (New York: Coward-McCann, 1963), p. 79.

24. Liss, *Isabel the Queen*, p. 96.

TEN: ISABELLA TAKES THE THRONE

1. María Isabel del Val Valdivieso, "Isabel, Infanta and Princessa," in *Isabella la Católica, Queen of Castile: Critical Essays*, ed. David A. Boruchoff (New York: Palgrave Macmillan, 2003), p. 54.

2. Peggy K. Liss, *Isabel the Queen: Life and Times* (New York: Oxford University Press, 1992), p. 96.

3. Ibid., p. 97.

4. Liss, *Isabel the Queen,* pp. 97, 98.

5. Diego de Colmenares, *Historia de la insigne ciudad de Segovia,* revised by Gabriel María Vergara (Segovia: Imprenta de la Tierra de Segovia, 1931), p. 330.

6. John Edwards, *The Spain of the Catholic Monarchs, 1474–1520* (Oxford, U.K.: Blackwell, 2000), p. 21.

7. Ibid.

8. Ibid., pp. 21, 22.

9. Alonso Fernández de Palencia, *Crónica de Enrique IV,* ed. Antonio Paz y Meliá (Madrid: Ediciones Atlas, 1975), pp. 160–61.

10. *Crónica incompleta de los Reyes Católicos, 1469–1476,* ed. Julio Puyol (Madrid: Academia de la Historia, 1934), p. 145.

11. *Memorias de Don Enrique IV de Castilla,* vol. 2, *La colección diplomática del mismo rey* (Madrid: Real Academia de Historia, 1835–1913), doc. 206.

12. M. Grau Sanz, "Así fue coronado Isabel la Católica," *Estudios Segovianos* I (1949), pp. 24–39.

13. Nuria Silleras-Fernández, *Power, Piety and Patronage in Late Medieval Queenship* (New York: Palgrave Macmillan, 2008), p. 5.

14. Theresa Earenfight, ed., *Queenship and Political Power in Medieval and Early Modern Spain* (Hampshire, U.K.: Ashgate Publishing Limited, 2005), p. xiv.

15. Liss, *Isabel the Queen,* p. 105.

16. William Prescott, *History of the Reign of Ferdinand and Isabella* (Philadelphia: J. B. Lippincott, 1896), p. 118.

17. Janna Bianchini, *The Queens Hand, Power and Authority in the Reign of Berenguela of Castile* (Philadelphia: University of Pennsylvania Press, 2012), p. 21.

18. Miriam Shadis, *Berenguela of Castile (1180–1246) and Political Women in the High Middle Ages* (New York: Palgrave Macmillan, 2009), p. 23.

19. Edwards, *Spain of Catholic Monarchs,* p. 22.

20. Ibid., p. 22.

21. Peggy K. Liss, "Isabel, Myth and History," in Boruchoff, p. 60.

22. Barbara F. Weissberger, "Tanto monta: The Catholic Monarchs' Nuptial Fiction and the Power of Isabel I of Castile," *The Rule of Women in Early Modern Europe,* eds. Anne J. Cruz and Mihoko Suzuki (Urbana: University of Illinois Press, 2009), pp. 43, 46.

23. Ruy de Pina, 1902, ch. 165, cited in Miguel Ángel de Bunes Ibarra et al., *The Invention of Glory: Afonso V and the Pastrana Tapestries* (Madrid: Fundación Carlos de Amberes, 2011), p. 75.

24. Edwards, *Spain of the Catholic Monarchs,* p. 5.

25. Ibid., p. 1.

26. Andrés Bernáldez, *Historia de los Reyes Católicos Don Fernando y Doña Isabel: Crónica inedita del siglo XV* (Granada: Imprenta y Librería de Don José María Zamora, 1856), p. 51.

27. Queen Isabella, June 21, 1475, from Àvila, in *Documentos referentes a las relaciones con Portugal durante el reinado de los Reyes Católicos,* ed. Antonio de la Torre and Luis Suárez Fernández (1858; Valladolid: Consejo Superior de Investigaciones Científicas, Patronato Menéndez Pelayo, 1963), letter 524, pp. 1:85–87.

28. Fernando del Pulgar to Obispo de Osma, in *Letras: Glosa a las coplas de Mingo Revulgo* (Madrid: Ediciones de la Lectura, 1929), letter 5, pp. 27–29.

29. Luis Suárez Fernández, Juan de Mata Carriazo y Arroquia, and Manuel Fernández Álvarez, *La Espana de los Reyes Católicos, 1474–1516* (Madrid: Espasa-Calpe, 1969), p. 163.

30. Cora Louise Scofield, *The Life and Reign of Edward the Fourth, King of England and of France and Lord of Ireland* (London: Frank Cass & Co., 1967), p. 1:195.

31. Nancy F. Marino, *Don Juan Pacheco: Wealth and Power in Late Medieval Spain* (Tempe: Arizona Center for Medieval and Renaissance Studies, 2006), p. 172.

32. Fernando del Pulgar to Obsipo de Osma, in Fernando del Pulgar, *Letras: Glosa a las coplas de Mingo Revulgo* (Madrid: Ediciones de la Lectura, 1929), letter 5, pp. 27-29.

ELEVEN: THE TRIBE OF ISABEL

1. Tarsicio Azcona, cited in Peggy K. Liss, *Isabel the Queen: Life and Times* (New York: Oxford University Press, 1992), p. 153.

2. Andrés Bernáldez, *Historia de los Reyes Católicos Don Fernando y Doña Isabel: Crónica inedita del siglo XV* (Granada: Imprenta y Libreria de Don José Maria Zamora, 1856), p. 459.

3. Ibid., chap. 33, cited in María Isabel del Val Valdivieso, *Isabel I de Castilla, 1451-1504* (Madrid: Ediciones del Orto, 2004), p. 75.

4. Hernando del Pulgar, *Letras: Glosa a las coplas de Mingo Revulgo* (Madrid: Ediciones de La Lectura, 1929), letter 9, in Liss, *Isabel the Queen*, pp. 154-55.

5. Vicente Rodríguez Valencia, *Isabel la Católica en la opinión de españoles y extranjeros, siglos XV al XX* (Valladolid: Instituto "Isabel la Católica" de Historia Eclesiástica, 1970), vol. 3, pp. 75-79.

6. Giles Tremlett, *Catherine of Aragon: The Spanish Queen of Henry VIII* (New York: Walker & Co, 2010), p. 24.

7. *Crónica incompleta de los Reyes Católicos, 1469-1476*, ed. Julio Puyol (Madrid: Academia de la Historia, 1934), p. 239.

8. Ibid., pp. 243-45.

9. Baldesar Castiglione, *The Book of the Courtier*, trans. Charles S. Singleton (New York: Anchor Books, 1959), p. 191.

10. Don Ferdinand to King Juan II, November 23, 1475, Burgos: Biblioteca Nacional, cited in Biblioteca Nacional, *Índice de la colección de don Luis Salazar y Castro, formado por Antonio de Vargas-Zúñiga y Montero de Espinosa y Baltasar Cuartero y Huerta*, vol. 1 (Madrid: Real Academia de la Historia: 1949), letter 126.

11. Ludwig Pastor, *The History of the Popes from the Close of the Middle Ages*, trans. E. F. Peeler (St. Louis, Mo.: B. Herder, 1898), p. 4:397.

12. Sergio L. Sanabria, "A Late Gothic Drawing of San Juan de los Reyes in Toledo at the Prado Museum in Madrid," *Journal of the Society of Architectural Historians* 51, no. 2 (June 1992), pp. 161-73.

13. Jack Freiberg, *Bramante's Tempietto and the Spanish Crown* (Rome: American Academy in Rome, 2005), p. 1:154.

14. Ibid., p. 1:155.

15. John Julius Norwich, *The World Atlas of Architecture* (New York: Portland House, 1988), p. 276.

16. Bethany Aram, *Juana the Mad: Sovereignty and Destiny in Renaissance Europe* (Baltimore: Johns Hopkins University Press, 2005), p. 15.

17. Tremlett, *Catherine of Aragon*, pp. 26-27.

18. María del Cristo González Marrero, *La casa de Isabel la Católica: espacios domésticos y vida cotidiana* (Ávila: Diputación de Ávila, Institución Gran Duque de Alba, 2004), p. 40.

19. Ibid., pp. 42, 43.

20. Malcolm Letts, ed. and trans., *The Travels of Leo of Rozmital through Germany, Flanders, England, France, Spain, Portugal and Italy, 1465–1467* (Cambridge, U.K.: Cambridge University Press, 1957).
21. Erasmus, *Opus Epistolarum* (Oxford, U.K.: Oxford University Press).
22. Mark P. McDonald, *Ferdinand Columbus: Renaissance Collector* (London: British Museum Press, 2000), p. 35.
23. Ibid., p. 36.
24. Gonzalo Fernández de Oviedo y Valdés, *Historia general y natural de las Indias* (Madrid: Imprenta de la Real Academia de la Historia, 1851), part 1, p. 71.
25. McDonald, *Ferdinand Columbus*, p. 42.
26. Ferdinand Columbus, *The Life of the Admiral Christopher Columbus: By His Son Ferdinand*, trans. Benjamin Keen (New Brunswick, N.J.: Rutgers University Press, 1959), p. vii.
27. Antonia Fraser, *The Wives of Henry VIII* (New York: Alfred A. Knopf, 1992), p. 11.
28. Aram, *Juana the Mad*, p. 21.
29. Ibid., pp. 18–19.
30. Fraser, *Wives of Henry VIII*, p. 11.
31. Ibid., p. 16.
32. James Gairdner, ed., "Journals of Roger Machado," in *Historia Regis Henrici Septimi* (London: Longman, Brown, Green, Longmans, and Roberts, 1858), pp. 157–99.

TWELVE: THE WHOLE WORLD TREMBLED

1. John Freely, *The Grand Turk* (New York: Overlook Press, 2009).
2. Mark Mazower, *Salonica, City of Ghosts: Christians, Muslims, and Jews, 1430–1950* (New York: Alfred A. Knopf, 2005), p. 30.
3. Ibid.
4. Marios Philippides, *Emperors, Patriarchs and Sultans of Constantinople: A Short Chronicle of the Sixteenth Century* (Brookline, Mass.: Hellenic College Press, 1990), p. 31. Translation from an anonymous Greek chronicle of the sixteenth century.
5. Freely, *The Grand Turk*, p. 20.
6. Ibid., p. 12.
7. Ibid., p. 21.
8. Franz Babinger, *Mehmed the Conquerer and His Time* (Princeton, N.J.: Princeton University Press, 1992), p. 430.
9. Giacomo de Langushi, cited in Freely, *Grand Turk*, p. 59.
10. Halil Inalcik, *The Ottoman Empire: The Classical Age 1300–1600* (London: Phoenix Press, 2000), p. 26.
11. Marios Philippides, ed., *Mehmed II the Conquerer: And the Fall of the Franco-Byzantine Levant to the Ottoman Turks: Some Western Views and Testimonies* (Tempe: Arizona Center for Medieval and Renaissance Studies, 2007), p. 171.
12. Babinger, *Mehmed the Conqueror*, p. 93.
13. Ibid.
14. Kritoboulos quoted in Freely, *Grand Turk*, p. 43.
15. Evlyia Celebi quoted in Freely, *Grand Turk*, p. 46.
16. Philippides, *Mehmed II the Conquerer*, pp. 37–40.
17. Freely, *Grand Turk*, p. 48.
18. Ibid., p. 49.
19 Inalcik, *The Ottoman Empire*, p. 29.

20. Freely, *Grand Turk*, p. 60.
21. Ibid., p. 69.
22. Babinger, *Mehmed the Conqueror*, p. 280.
23. Marin Barleti, *The Siege of Shkodra: Albania's Courageous Stand Against the Ottoman Conquest 1478*, trans. David Hosaflook (Tirana, Albania: Onufri, 2012), p. 184.
24. Ibid., p. 51.
25. Freely, *Grand Turk*, p. 181.
26. Babinger, *Mehmed the Conqueror*, p. 390.
27. Ibid., pp. 390–92.
28. Carta de Reina de Sicilia al Conde de Cardona, Sitio de Otranto, 1481, in Antonio Paz y Meliá, *El cronista Alonso de Palencia, su vida y sus obras, sus decadas y las crónicas contemporáneas* (Madrid: Hispanic Society of America, 1914), pp. 310–11.
29. Freely, *Grand Turk*, p. 170.
30. Hernando del Pulgar, *Crónica de los Señores Reyes Católicos por su secretario Fernando del Pulgar*, ed. Juan de Mata Carriazo (Madrid: Espasa-Calpe, 1943), vol. 1, p. 435.
31. Ibid.

THIRTEEN: THE QUEEN'S WAR

1. Salma Khadra Jayyusi, ed., *The Legacy of Muslim Spain* (Leiden: Brill, 1994), p. 1:83.
2. José Antonio Conde, *Historia de la dominación de los Arabes en España, sacada de varios manuscritos y memorias arábigas* (Madrid: Biblioteca de Historiadores Españoles, Marín y Compañía, 1874), p. 309.
3. Ibid.
4. Ibid., p. 310.
5. Peter Martyr, *Opus Epistolarum: The Work of the Letters of Peter Martyr* (London: Wellcome Library), epistle 32, August 13, 1488.
6. L. P. Harvey, *Islamic Spain, 1250 to 1500* (Chicago: University of Chicago Press, 1992), p. 268.
7. Alonso Fernández de Palencia, *Guerra de Granada* (Barcelona: Linkgua Ediciones, 2009) bk. 1, pp. 13–14.
8. Don Jose Antonio Conde, *Historia de la dominación de los Arabes en Espana: sacada de varios manuscritos y memorias arábigas* (Madrid: Marin y Co., 1874), p. 310.
9. Ibid.
10. Ibid., p. 310.
11. Condesa de Yebes, *La marquesa de Moya: la dama del descubrimiento, 1440–1511* (Madrid: Ediciones Cultura Hispánica, 1966), p. 58.
12. Jerónimo Zurita, *Anales de Aragón*, vol. 8, p. 406.
13. Conde, p. 310.
14. Palencia, *Guerra de Granada*, p. 33.
15. Hernando del Pulgar, *Crónica de Los Señores Reyes Católicos, Don Fernando y Doña Isabel de Castilla y de Aragón* (Valencia: Imprenta de Benito Monfort, 1780), p. 173.
16. Zurita, *Anales de Aragón*, vol. 8, pp. 414–15.
17. Ibid., pp. 406–10.
18. Harvey, *Islamic Spain*, p. 268.
19. Juan Mata Carriazo y Arroquia, *Los relieves de la guerra de Granada en la sillería del coro de la Catedral de Toledo* (Granada: Universidad de Granada, 1985), p. 33.
20. Peggy Liss, *Isabel the Queen: Life and Times* (New York: Oxford University Press, 1992), p. 194.
21. Harvey, *Islamic Spain*, p. 273.

22. Ibid., p. 312.
23. Jerónimo Münzer, *Viaje por España y Portugal, 1494–1495* (Madrid: Ediciones Polifemo, 1991), pp. 117–19.
24. Harvey, *Islamic Spain*, p. 309.
25. Conde, *Historia de la dominación*, p. 310.
26. Ibid., p. 311.
27. Ibid., p. 274.
28. Ibid., p. 313.
29. Ibid., p. 312.
30. Ibid., p. 315.
31. Ibid., p. 288.
32. Isabella to Ferdinand, May 18, 1486, *Cartas autógrafas de los reyes católicos de Espana, Don Fernando and Doña Isabel que conservan en el archivo de Simancas, 1474–1502*, ed. Amalia Prieto Cantara (Valladolid: Instituto "Isabel la Católica" de Historia Eclesiástica, 1971), letter 9, p. 57.
33. Ibid.
34. Ibid.
35. Mata Carriazo y Arroquia, *Los relieves de la guerra de Granada*, p. 58.
36. Liss, *Isabel the Queen*, p. 216.
37. Harvey, *Islamic Spain*, p. 301.
38. Liss, *Isabel the Queen*, p. 218.
39. Ibid., pp. 219–20.
40. Peter Martyr to Sforza, August 14, 1489, in Martyr, *Opus Epistolarum*.
41. Ibid.
42. Ibid.
43. Harvey, *Islamic Spain*, p. 301.
44. Mata Carriazo y Arroquia, *Los relieves de la guerra de Granada*, p. 112.
45. Marilyn Yalom, *Birth of the Chess Queen* (New York: Harper Perennial, 2005), p. 195.
46. Harvey, *Islamic Spain*, p. 310.
47. Harvey, *Islamic Spain*, p. 312.
48. Ibid.
49. Ibid., p. 322.
50. Zurita, *Anales de Aragón*, vol. 8, p. 602.
51. Bernarndo Del Roi to Italy, January 7, 1492, cited in Arnold Harris Mathew, *The Diary of John Burchard of Strasburg* (London: Francis Griffiths, 1910), pp. 1:407–8.
52. Hieronymus Münzer, *Viaje por España y Portugal* (Granada: Asociación Cultural Hispano Alemana, 1981), pp. 19–20.
53. Mathew, *Diary of Burchard*, pp. 1:407–8.
54. Münzer, *Viaje por España y Portugal*, p. 95.
55. Zurita, *Anales de Aragón*, vol. 8, p. 603.
56. Mathew, *Diary of Burchard*, pp. 1:317–18.

FOURTEEN: ARCHITECTS OF THE INQUISITION

1. Henry Kamen, *The Spanish Inquisition: A Historical Revision* (London: Weidenfeld & Nicolson, 1997), p. 82.
2. Archivo Histórico Nacional, *Catálogo de las causas contra la fe seguidas ante el tribunal de Santo Oficio de la Inquisición de Toledo* (Madrid, 1903).
3. Lu Ann Homza, ed. and trans., *The Spanish Inquisition, 1478–1614: An Anthology of Sources* (Indianapolis: Hackett, 2006), p. xi.

4. Benzion Netanyahu, *Don Isaac Abravanel: Statesman and Philosopher* (Philadelphia: Jewish Publication Society of America, 1982), p. 3.

5. Elias Hiam Lindo, *The History of the Jews of Spain and Portugal* (1848; repr. New York: Burt Franklin, 1970), p. 6.

6. Ibid., p. 51.

7. Netanyahu, *Don Isaac Abravanel*, p. 6.

8. Kamen, *Spanish Inquisition*, p. 30.

9. Netanyahu, *Don Isaac Abravanel*, p. 52.

10. Yolanda Moreno Koch, *El judaísmo hispano, según la crónica hebrea de Rabi Eliyahu Capsali* (Granada: Universidad de Granada, 2005), pp. 133-35.

11. Jerónimo Zurita, *Crónica de los Reyes Católicos*, ed. Juan de Mata Carriazo y Arroquia (1927), p. 1:127, cited in Netanyahu, *Origins of the Inquisition*, p. 899.

12. Ian MacPherson and Angus MacKay, *Love, Religion and Politics in Fifteenth-Century Spain* (Leiden: Brill, 1998), p. 183.

13. Ibid., p. 184.

14. Charles Berlin, *Elijah Capsali's Seder Eliyyahu Zuta*, Ph.D. dissertation, Harvard University, September 1962, p. 82.

15. Charles Berlin, "A Sixteenth Century Hebrew Chronicle of the Ottoman Empire: The Seder Eliyahu Zuta of Elijah Capsali and Its Message," in *Studies in Jewish Bibliography, History, and Literature*, ed. Charles Berlin (New York: KTAV Publishing, 1971), pp. 23-31.

16. Hernando del Pulgar, *Crónica de los Reyes Católicos*, ed. Juan de Mata Carriazo y Arroquia (Madrid: Espasa-Calpe, 1943), p. 1:309.

17. Ibid., pp. 1:310-11.

18. Ibid., p. 1:314.

19. Ibid., p. 1:313.

20. Rafael Sabatini, *Torquemada and the Spanish Inquisition: A History* (London: Stanley Paul, 1924), p. 98.

21. Ibid., pp. 98-99.

22. Ibid., pp. 102-3.

23. Ibid., p. 108.

24. Peggy Liss, *Isabel the Queen: Life and Times* (New York: Oxford University Press, 1992), p. 196.

25. Henry Charles Lea, *History of the Inquisition in Spain* (London: Macmillan, 1906), p. 1:587.

26. Kamen, *Spanish Inquisition*, pp. 49-50.

27. Sabatini, *Torquemada*, pp. 120-21.

28. Ibid., pp. 121-24.

29. Ibid., p. 125.

30. Benzion Netanyahu, *The Origins of the Inquisition in Fifteenth-Century Spain* (New York: Random House, 1995), p. 1035.

31. José Martínez Millán, "Structures of Inquisitorial Finance," in *The Spanish Inquisition and the Inquisitorial Mind*, ed. Ángel Alcalá (New York: Columbia University Press, 1987).

32. Netanyahu, *Origins of Inquisition*, p. 898.

33. Ibid., p. 972.

34. Ibid., p. 930.

35. Renée Levine Melammed, *Heretics or Daughters of Israel? The Crypto-Jewish Women of Castile* (New York: Oxford University Press, 1999), p. 174.

36. Archivo Histórico Nacional, Catálogo, pp. 198, 228, 239.

37. David Martin Gitlitz, *Secrecy and Deceit: The Religion of the Crypto-Jews* (Albuquerque: University of New Mexico Press, 2002), p. 576.
38. Ibid.
39. Gretchen D. Starr-LeBeau, *In the Shadow of the Virgin: Inquisitors, Friars, and Conversos in Guadalupe, Spain* (Princeton, N.J.: Princeton University Press, 2003), p. 39.
40. Ibid., p. 172.
41. Ibid., p. 217.
42. Kamen, *Spanish Inquisition*, p. 42.
43. Ibid.
44. Netanyahu, *Origins of Inquisition*, p. 1010.
45. Ibid., p. 795.
46. Ibid., p. 903.
47. Ibid., p. 921.
48. Ibid., p. 1032.
49. Ibid., p. 918.
50. Netanyahu, *Don Isaac Abravanel*, p. 56.
51. Lindo, *History of Jews of Spain*, p. 284.
52. Charles Berlin, *Elijah Capsali's Seder Eliyyahu Zuta*, p. 154.
53. Andrés Bernáldez, *Historia de los Reyes Católicos Don Fernando y Doña Isabel: crónica inedita del siglo XV* (Granada: Imprenta y Librería de Don José María Zamora, 1856), quoted in Lindo, *History of Jews of Spain*, p. 285.
54. Ibid.
55. Ibid., p. 290.
56. Ibid., p. 291.

FIFTEEN: LANDING IN PARADISE

1. Felipe Fernández-Armesto, *Columbus* (Oxford, U.K.: Oxford University Press, 1991), p. 20.
2. Bartolomé de Las Casas, *History of the Indies*, trans. and ed. Andrée Collard (New York: Harper & Row, 1971), p. 19.
3. Ibid.
4. Fernández-Armesto, *Columbus*, p. 4.
5. Las Casas, *History of the Indies*, p. 22.
6. Capitan Gonzalo Fernández de Oviedo y Valdés, *Historia general y natural de las Indias* (Madrid: Imprenta de la Real Academia de la Historia, 1851), pt. 1, p. 19.
7. Samuel Eliot Morison, *Admiral of the Ocean Sea: A Life of Christopher Columbus*, vol. 1 (Boston: Little, Brown & Co., 1942), p. 118.
8. Ibid., p. 130.
9. Duke of Medina Celi to Grand Cardinal of Spain, March 19, 1493, in *Journals and Other Documents on the Life and Voyages of Christopher Columbus*, ed. and trans. Samuel Eliot Morison (New York: Limited Editions Club, 1963), p. 20.
10. Fernández-Armesto, *Columbus*, p. 41.
11. Ferdinand Columbus, *The Life of the Admiral Christopher Columbus: By His Son Ferdinand*, trans. Benjamin Keen (New Brunswick, N.J.: Rutgers University Press, 1959), p. 9.
12. Ibid., p. 284.
13. Morison, *Admiral of the Ocean Sea*, vol. 1, p. 133.
14. Ibid., p. 135.

15. Ibid., p. 136.
16. Columbus, *Life of Columbus*, p. 42.
17. Morison, *Admiral of the Ocean Sea*, vol. 1, p. 137. Morison calculated that 2 million maravedis would be $14,000 in 1942 dollars (when he performed the calculation); that would be $195,000 in 2012.
18. Fernández-Armesto, *Columbus*, p. 62.
19. Alice Bache Gould, cited in Samuel Eliot Morison, *Admiral of the Ocean Sea: A Life of Christopher Columbus* (Boston: Little, Brown & Co., 1949), pp. 141–42.
20. Royal decree requiring the people of Palos to provide Columbus with caravels *Pinta* and *Niña*, April 30, 1492, Archives of the Indies, in Samuel Eliot Morison, ed. and trans., *Journals and Other Documents*, pp. 31–32.
21. Fernández-Armesto, *Columbus*, p. 62.
22. Las Casas, *History of the Indies*, p. 23.
23. Alice Bache Gould, cited in Morison, *Journals and Other Documents*, pp. 33 and 34.
24. Morison, *Admiral of the Ocean Sea*, one-volume edition (Boston: Little, Brown & Co., 1949), pp. 158–59.
25. Oviedo, *Historia general y natural*, pp. 22, 23.
26. Fernández-Armesto, *Columbus*, p. 80.
27. Oviedo, *Historia general y natural*, p. 24.
28. Morison, *Admiral of the Ocean Sea*, one-volume edition, p. 229.
29. Morison, trans., *Journals and Other Documents*, pp. 65, 67, 68.
30. Ibid., p. 142.
31. Ibid., p. 146.
32. Morison, *Admiral of the Ocean Sea*, one-volume edition, p. 2:7.
33. Ibid., p. 2:8.
34. Las Casas, *History of the Indies*, p. 37.
35. Columbus, *Life of Columbus*, p. 100.
36. Oviedo, *Historia general y natural*, p. 29.
37. Ibid.
38. Las Casas, *History of the Indies*, p. 38–39 (book 1, chapter 78).
39. Ibid., p. 42 (book 1, chapter 80).
40. Oviedo, *Historia general y natural*, p. 71.
41. Fernández-Armesto, *Columbus*, p. 61.
42. Columbus's Letter to the Sovereigns on His First Voyage, February 15 to March 4, 1493, New York Public Library, in Morison, ed. and trans., *Journals and Other Documents*, pp. 180–86.
43. Ibid.
44. Morison, ed. and trans., *Journals and Other Documents*, p. 181.

SIXTEEN: BORGIA GIVES HER THE WORLD

1. Michael Mallett, *The Borgias: The Rise and Fall of a Renaissance Dynasty* (New York: Barnes & Noble, 1969), p. 120.
2. John Fyvie, *The Story of the Borgias* (New York: G.P. Putnam's Sons, 1913), p. 29.
3. Paul Strathern, *The Artist, the Philosopher and the Warrior: The Intersecting Lives of Da Vinci, Machiavelli, and Borgia and the World They Shaped* (New York: Bantam Books, 2009), p. 69.
4. Mary Hollingsworth, *The Cardinal's Hat: Money, Ambition and Everyday Life in the Court of a Borgia Prince* (Woodstock, N.Y.: Overlook Press, 2005), p. 230.

5. Peter Martyr to Count of Tendilla, September 23, 1492, in *Opus Epistolarum: The Work of the Letters of Peter Martyr* (London: Wellcome Library).
6. Peter Martyr to Franciscus Pratensis Griolanus, September 18, 1492, ibid.
7. Peter Martyr to Ascanio Sforza, September 27, 1492, ibid.
8. Peter de Roo, *Material for a History of Pope Alexander VI, His Relatives and His Time*, vol. 2 (New York: Universal Knowledge Foundation, 1924). pp. 308–14.
9. Vatican Secret Records, ASV, A.A. ARM I-XVIII, 5023, ff 61v–64r, cited in Sarah Bradford, *Lucrezia Borgia* (New York: Viking, 2004), pp. 22 and 23.
10. Ibid., p. 24.
11. Jean Lucas-Dubreton, *The Borgias* (New York: E. P. Dutton & Co., 1955), pp. 82–83.
12. Samuel Eliot Morison, *Admiral of the Ocean Sea: A Life of Christopher Columbus*, one-volume edition (Boston: Little, Brown, 1949), p. 2:22.
13. Paul Gottschalk, *The Earliest Diplomatic Documents on America: The Papal Bulls of 1493 and the Treaty of Tordesillas* (Berlin: Paul Gottschalk, 1927), p. 35.
14. Ibid., p. 21.
15. Ibid.
16. Mallett, p. 97.
17. Bradford, *Lucrezia Borgia*, p. 30.
18. Ibid., p. 31.
19. Miquel Batllori, *La Família Borja*, Luzio, p. 120, July 13, 1493, cited ibid., p. 31.
20. Marion Johnson, *The Borgias* (New York: Holt, Rinehart & Winston, 1981), p. 116.
21. Christopher Hibbert, *The Borgias and Their Enemies, 1439–1513* (New York: Harcourt, 2008), p. 51.
22. Peter Martyr to Count of Tendilla and Archbishop of Granada, September 28, 1492, in *Opus Epistolarum*.
23. Morison, *Admiral of the Ocean Sea*, p. 224.
24. Antonio de la Torre, *Documentos*, pp. 142–43; Jack Freiberg, *Bramante's Tempietto and the Spanish Crown*.
25. Hugh Thomas, *The Conquest of Mexico* (London: Pimlico, 1993), p. 72.

SEVENTEEN: LANDS OF VANITY AND ILLUSION

1. Andrés Reséndez, *A Land So Strange: The Epic Journey of Cabeza de Vaca* (New York: Basic Books, 2007).
2. Roger Bigelow Merriman, *The Rise of the Spanish Empire in the Old World and the New* (New York: Cooper Square, 1962), p. 2:205.
3. Samuel Eliot Morison, *Admiral of the Ocean Sea: A Life of Christopher Columbus* (Boston: Little, Brown, 1949), p. 390.
4. Laurence Bergreen, *Columbus: The Four Voyages, 1492–1504* (New York: Viking, 2011), pp. 129–30.
5. Bartolomé de Las Casas, *History of the Indies,* trans. and ed. Andrée Collard (1875; repr., New York: Harper & Row, 1971, originally circulated between 1560 and 1600), p. 43 (original chapter 84).
6. Samuel Eliot Morison, *Journals and Other Documents on the Life and Voyages of Christopher Columbus* (New York: Limited Editions Club, 1963), p. 211.
7. Peter Martyr to Pomponius Letus, December 5, 1494, in *The Discovery of the New World in the Writings of Peter Martyr of Anghiera,* ed. Ernest Lunardi, Elisa Magioncalda, and Rosanna Mazzacane (Rome: Istituto Poligrafico e Zecca dello Stato, 1992), p. 57.

8. Capitan Gonzalo Fernández de Oviedo y Valdés, *Historia general y natural de las Indias* (Madrid: Imprenta de la Real Academia de la Historia, 1851), pt. 1, pp. 30–35.
9. Las Casas, *History of the Indies*, pp. 48–50 (chaps. 88 and 92).
10. Oviedo, *Historia general y natural*, p. 49.
11. Morison, *Journals and Other Documents*, p. 213.
12. Ibid., p. 212.
13. Las Casas, *History of the Indies*, p. 52 (chapter 92).
14. Ibid., pp. 52–53 (chapter 92).
15. Ibid., p. 49.
16. Morison, *Journals and Other Documents*, p. 226.
17. Andrés Bernáldez, *Historia de los Reyes Católicos, Don Fernando y Doña Isabel: Crónica inedita del siglo XV* (Granada: Imprenta y Libreria de Don José María Zamora, 1856), pp. 1:331–32.
18. Andrés Bernáldez, *Historia de los Reyes Católicos*, Tomo I (Granada: Imprenta y Librería de José María Zamora, 1856).
19. Salvador de Madariaga, *Christopher Columbus: Being the Life of the Very Magnificent Lord Don Cristóbal Colón* (New York: Macmillan, 1940), p. 304.
20. Ibid., p. 306.
21. Oviedo, *Historia general y natural*, p. 88.
22. Bartolomé de Las Casas, *Apologética historia*, ch. 19, p. 44, ed. Serrano y Sanz (Madrid: Bailly y Baillière, 1909) [this citation is in the book, which is in the Hispanic Reading room], cited in Samuel Eliot Morison, *Admiral of the Ocean Sea: A Life of Christopher Columbus*, vol. 2 (Boston: Little, Brown & Co., 1942), p. 196.
23. Ibid., p. 2:204.
24. Karl Sudhoff, *Earliest Printed Literature on Syphilis*, p. xxxii, 190, cited ibid., p. 2:198.
25. Oviedo, cited ibid., pp. 201–2.
26. Tom Mueller, "CSI: Italian Renaissance," in *Smithsonian Magazine*, July–August 2013.
27. Morison, *Journals and Other Documents*, p. 202.
28. Ferdinand Columbus, *The Life of the Admiral Christopher Columbus: By His Son Ferdinand*, trans. Benjamin Keen (New Brunswick, N.J.: Rutgers University Press, 1959), pp. 221–22.
29. Madariaga, *Christopher Columbus*, p. 305.
30. Morison, *Journals and Other Documents*, p. 212.
31. Morison, *Admiral of the Ocean Sea*, p. 2:301.
32. Hugh Thomas, *Rivers of Gold: The Rise of the Spanish Empire from Columbus to Magellan* (New York: Random House, 2003), pp. 201–2.
33. Ibid., p. 205.
34. Oviedo, *Historia general y natural*, p. 84.

EIGHTEEN: FAITH AND FAMILY

1. Ruth Mathilda Anderson, *Hispanic Costume, 1480–1530* (New York: Hispanic Society of America, 1979), p. 135.
2. Ibid.
3. Teresa de Castro, ed., "El tratado sobre el vestir, calzar y comer del Arzobispo Hernando de Talavera," *Espacio, tiempo, forma*, Serie III, *Historia medieval*, no. 14 (2001), pp. 11–92.

4. Nancy Rubin, *Isabella of Castile: The First Renaissance Queen* (New York: St. Martin's Press, 1991), p. 261.
5. Chiyo Ishikawa, *The retablo of Isabel la Católica* (Brussels: Brepols, 2004), p. 1.
6. *Miracle of the Loaves and Fishes*, Patrimonio Nacional, Palacio Real, Madrid.
7. *Marriage of Cana*, Metropolitan Museum of Art, New York City.
8. *Mocking of Christ*, Palacio Real, Madrid.
9. Ignacio Omaechevarría, *Orígenes de La Concepción de Toledo* (Burgos: Aldecoa, 1976), pp. 8–10.
10. Peter Martyr to Count of Tendilla and Archbishop of Granada, November 8, 1492, in *Opus Epistolarum: The Work of the Letters of Peter Martyr* (London: Wellcome Library).
11. Peter Martyr to Count of Tendilla, December 23, 1492, ibid.
12. *Crónica de Felipe Primero, llamado El Hermoso*, Lorenzo de Padilla y Dirijida to Emperador Carlos V, in *Colección de documentos inéditos para la historia de España* ed. Miguel Salvá y Munar and Pedro Sainz de Baranda (Madrid: Imprenta de la Viuda de Calero, 1846), p. 8:20.
13. Rodrigo González de Puebla to Ferdinand and Isabella, July 15, 1488, *Calendar of Letters, Despatches, and State Papers, Relating to the Negotiations Between England and Spain, Preserved in the Archives of Simancas and Elsewhere*. vol. 1, *Henry VII: 1485–1509*, ed. Gustav Bergenroth (London: Lords Commissioners of Her Majesty's Treasury, 1862).
14. Letters of December 1497 and December 1502, ibid.
15. Isabella to De Puebla, September 12, 1496, ibid.
16. Ibid.
17. Ruy de Pina, *Crónica de el-rei D. Affonso V* (Lisbon: Escriptorio, 1901), pp. 1:147–48.
18. Elaine Sanceau, *The Perfect Prince: A Biography of the King Dom João II* (Porto and Lisbon: Livraria Civilizacão, 1959), p. 318.
19. Ibid., p. 377.
20. Philippe de Commynes, *The Memoirs of Philippe de Commynes, Lord of Argenton* (London: G. and W. B. Whittaker, 1823), p. 2:402.
21. Ruy de Pina, *Croniqua Delrey Dom Joham II* (Coimbra: Atlantida, 1950), p. 113.
22. Ibid., p. 123.
23. Ibid., p. 125.
24. Ruy de Pina, cited in Antonio Henrique de Oliveira Marques, *Daily Life in Portugal in the Late Middle Ages*, trans. S. S. Wyatt (Madison: University of Wisconsin Press, 1971), pp. 264–65.
25. Ruy de Pina, *Croniqua Delrey Dom Joham II*, p. 130.
26. Antonio Henrique de Oliveira Marques, *History of Portugal*, vol. 1, *From Lusitania to Empire* (New York: Columbia University Press, 1972), p. 1:179.
27. Commynes, *Memoirs of Comines*, p. 2:402.
28. Peter Martyr to Alfonso Carrillo, bishop of Pamplona, March 18, 1492, in *Opus Epistolarum*.
29. Ruy de Pina, cited in Oliveira Marques, *Daily Life in Portugal*, pp. 274–75.
30. Ibid., pp. 277–79.
31. José-Luis Martín, *Isabel la Católica: sus hijas y las damas de su corte, modelos de doncellas, casadas y viudas, en el Carro de Las Doñas. 1542* (Ávila: Diputación Provincial de Ávila, Institución "Gran Duque de Alba," 2001), pp. 102–5.
32. Jerónimo Zurita, *Historia del rey Don Hernando el Católica: De las empresas y ligas de Italia*, vol. 2 (Zaragoza: Diputación General de Aragón, 1989–1994), p. 26–29.
33. Peter Martyr to Pomponius Laetus, December 7, 1494, in *Opus Epistolarum*.
34. Peter Martyr to Archbishop of Braga, September 1, 1492, ibid.

35. Peter Martyr to Ludovidus Torres, March 30, 1492, ibid.
36. Dagmar Eichberger, *Women of Distinction: Margaret of York, Margaret of Austria* (Turnhout, Belgium: Brepols, 2005), pp. 139-40.
37. Peter Martyr to Cardinal Carvajal, October 3, 1496, in *Opus Epistolarum*.
38. Peter Martyr to Cardinal Santa Croce, December 10, 1496, ibid.
39. Ibid.
40. Ibid.
41. Christopher Hare, *The High and Puissant Princess Marguerite of Austria, Princess Dowager of Spain, Duchess Dowager of Savoy, Regent of the Netherlands* (New York: Charles Scribner & Sons, 1907), p. 66.
42. Jacobo Stuart Fitz-James and Falcó Alba, *Correspondencia de Gutierre Gómez de Fuensalida* (Madrid: Imprenta Alemana, 1907), p. xxii.
43. Bethany Aram, *Juana the Mad: Sovereignty and Dynasty in Renaissance Europe* (Baltimore: Johns Hopkins University Press, 2005), pp. 37-38.
44. Dagmar Eichberger, *Women at the Burgundian Court: Presence and Influence* (Turnhout, Belgium: Brepols, 2010), p. 46.
45. The Sub-prior of Santa Cruz to Ferdinand and Isabella, August 16, 1498, in *Calendar of Letters, Despatches, and State Papers, Relating to the Negotiations Between England and Spain, Preserved in the Archives of Simancas and Elsewhere*, vol. 1, *Henry VII: 1485-1509*, ed. Gustav Bergenroth (London: Lords Commissioners of Her Majesty's Treasury, 1862).
46. Peter Martyr to Cardinal Santa Croce, June 13, 1497, in *Opus Epistolarum*.
47. Fernando Díaz-Plaja, *Historia de España en sus documentos, siglo XV* (Madrid: Ediciones Catedra, 1984), p. 346.
48. Thomas P. Campbell, *Tapestry in the Renaissance: Art and Magnificence* (New York: Metropolitan Museum of Art, 2002), pp. 4, 138.
49. Eichberger, *Women of Distinction*, pp. 195-96.
50. Ibid., pp. 184-85.
51. Peter Martyr to Cardinal Santa Croce, June 13, 1497, in *Opus Epistolarum*.
52. Biblioteca de la Academia Real, Volumen ms. en folio, rotulado, "Varios de Historia y Marina," E 132, p. 89; Fray Diego de Deza to Ferdinand and Isabella, 1497, in Gonzalo Fernández de Oviedo y Valdés, *Libro de la Camara Real del principe Don Juan e officios de su casa e servicio ordinario* (Madrid: La Sociedad de Bibliofilos Españoles, 1870), pp. 232-33.
53. Peggy Liss, *Isabel the Queen: Life and Times* (New York: Oxford University Press, 1992), pp. 324-25.
54. Jerónimo Zurita, *Historia del rey Don Hernando el Católico: De las empresas y ligas de Italia*, ed. Angel Canellas López (Zaragoza: Diputación General de Aragón, 1989), p. 2:67.
55. Peter Martyr to Archbishop of Granada, October 30, 1497, in *Opus Epistolarum*.
56. Philippe de Commynes, *The Memoirs of Philip de Comines, Lord of Argenton* (London: G. and W. B. Whittaker, 1823), p. 2:400.
57. Ibid., p. 2:400-1.
58. Ibid., p. 2:401.
59. Zurita, *Historia del rey Don Hernando*, pp. 2:120-21.
60. Alonso de Santa Cruz, *Crónica de los Reyes Católicos*, ed. Juan de Mata Carriazo y Arroquia (Seville: Escuela de Estudios Hispano-Americanos de Sevilla, 1951), p. 2:215; a similar account appears in *La Crónica del emperador Carlos V*.
61. Bethany Aram, *Juana the Mad: Sovereignty and Dynasty in Renaissance Europe* (Baltimore: Johns Hopkins University Press, 2005), pp. 53-54.

NINETEEN: TURKS AT THE DOOR

1. Halil Inalcik, *The Ottoman Empire*, p. 6.
2. Jason Goodwin, *Lords of the Horizon: A History of the Ottoman Empire* (New York: Henry Holt, 1998), p. 69.
3. Ibid., p. 65.
4. Pietro Bembo, *History of Venice*, ed. and trans. Robert W. Ulery, Jr. (Cambridge, Mass.: Harvard University Press, 2007-9), p. 1:39.
5. V. J. Parry, *A History of the Ottoman Empire to 1730* (London: Cambridge University Press, 1976), pp. 57, 58.
6. Marin Barleti, *The Siege of Shkodra: Albania's Courageous Stand Against Ottoman Conquest 1478*, trans. David Hosaflook (Tirana, Albania: Onufri, 2012), p. 194.
7. Ibid., p. 233.
8. Ibid., p. 241.
9. Miguel A. de Bunes Ibarra and Emilio Sola, *La vida y historia de Hayradin, llamado Barbarroja* (Granada: Universidad de Granada, 1997), p. 33.
10. Press Department, Ministry of the Interior, *The Turkish Woman in History* (Ankara, Turkey, 1937), p. 10.
11. Robert Dankoff and Sooyoung Kim, *An Ottoman Traveler: Selections from the Book of Travels of Evliya Celebi* (London: Eland, 2010), p. 231.
12. Halil Inalcik, *Studies in Ottoman Social and Economic History* (London: Variorum Reprints, 1985), p. 39.
13. Klemen Pust, "Slavery, Childhood and the Border: The Ethics and Economics of Child Displacement Along the Triplex Confinium in the Sixteenth Century," presented at the 15th World Economic History Congress, Stellenbosch University, South Africa, July 9-13, 2012.
14. Halil Inalcik, *Studies in Ottoman Social and Economic History* (London: Variorum Imprints, 1985), p. 35.
15. Geza Palffy, "Ransom Slavery Along the Ottoman-Hungarian Frontier in the Sixteenth and Seventeenth Centuries," in Suraiya Faroqhi and Halil Inalcik, eds., *The Ottoman Empire and Its Heritage* (Leiden: Brill, 2007), p. 37.
16. Halil Inalcik, *Studies in Ottoman Social and Economic History*, p. 27.
17. Georgius de Hungaria, *Libellus de Ritu et Moribus Turcorum* (1530); digitized version provided by Göttingen State and University Library, Germany, translated by Paul A. Healy, ch. 6.
18. Ibid., chapter 7.
19. Ibid., chapter 12.
20. Inalcik, *Studies in Ottoman Social and Economic History*, p. 26.
21. Ekmeleddin Ihsanoglu, *The History of the Ottoman State, Society and Civilization* (Istanbul: Research Centre for Islamic History, Art and Culture, 2001), pp. 1:352-55.
22. King James IV, in Edinburgh, May 21, 1490, in "Venice 1486-1490," in *Calendar of State Papers Relating to English Affairs in the Archives of Venice*, ed. Rawdon Brown (Great Britain: National Archives, 1864).
23. Henry VII to Pope Alexander VI, January 12, 1493, ibid.
24. Philippe de Commynes, *The Memoirs of Philip de Comines, Lord of Argenton* (London: G. and W. B. Whittaker, 1823), pp. 2:363-64.
25. Pope Alexander VI to Isabella and Ferdinand, March 20, 1494, Archivo General de Simancas, Patronato Real, leg. 60, folio 34, cited in Luis Suárez Fernández, *Política internacional de Isabel la Católica, estudio y documentos* (Valladolid: Universidad de Valladolid, 1971), pp. 189-90.

26. Archivo General de Simancas, Patronato Real, leg. 60, fol. 35, cited in Suárez Fernández, *Política internacional de Isabel la Católica*, pp. 192-94.
27. Commynes, *Memoirs of Philip de Comines*, pp. 2:159-60.
28. John Addington Symonds, *A Short History of the Renaissance in Italy* (New York: Henry Holt & Co., 1894), p. 105.
29. Bembo, *History of Venice*, p. 1:79.
30. Memoir of what has taken place between Ferdinand and Isabella and the King of France, July 20, 1495, in *Calendar of Letters, Despatches, and State Papers, Relating to the Negotiations Between England and Spain, preserved in the Archives of Simancas and Elsewhere*, vol. 1, *Henry VII: 1485-1509*, ed. Gustav Bergenroth (London: Lords Commissioners of Her Majesty's Treasury, 1862).
31. Peter Martyr to archbishops of Braga and Pamplona, October 31, 1494, in *Opus Epistolarum: The Work of the Letters of Peter Martyr* (London: Wellcome Library).
32. Birsen Bulmus, *Plagues, Quarantines and Geopolitics in the Ottoman Empire* (Edinburgh: Edinburgh University Press, 2012), p. 45.
33. Bembo, *History of Venice*, p. 1:219.
34. Ibid., p. 1:115.
35. Ferdinand and Isabella to De Puebla, March 28, 1496, in Bergenroth, ed., *Calendar of Letters, Despatches, and State Papers*, vol. 1.
36. Bembo, *History of Venice*, p. 1:121.
37. Paul Stewart, "The Santa Hermandad and the First Italian Campaign of Gonzalo de Córdoba, 1495-1498," *Renaissance Quarterly* 28, no. 1 (Spring 1975), pp. 29-37.
38. Bembo, *History of Venice*, p. 1:203.
39. Miguel Ángel Ladero Quesada, *La España de los Reyes Católicos* (Madrid: Alianza Editorial, 1999), p. 276.
40. Alison Caplan, "The World of Isabel la Católica," in David Boruchoff, ed., *Isabel la Católica, Queen of Castile: Critical Essays* (New York: Palgrave Macmillan, 2003), p. 29.
41. Mary Purcell, *The Great Captain: Gonzalo Fernández de Córdoba* (New York: Alvin Redman, 1963), p. 124.
42. Commynes, *Memoirs of Philip de Comines*, p. 2:251.
43. Stanford Shaw, *History of the Ottoman Empire and Modern Turkey* (Cambridge, U.K.: Cambridge University Press, 1976), p. 1:75.
44. Peter Martyr to Count of Tendilla, April 26, 1499, in *Opus Epistolarum*.
45. Peter Martyr to Archbishop of Granada, September 3, 1499, ibid.
46. Daniel Goffman, *The Ottoman Empire and Early Modern Europe* (Cambridge, U.K.: Cambridge University Press, 2002), p. 143.
47. Archivo General de Simancas, Patronato Real, leg. 52, fol. 70, Bergenroth, cited in Luis Suárez Fernández, *Política internacional de Isabel la Católica: Estudios y documentos* (Valladolid: Universidad de Valladolid, 2002), pp. 6:88-90.
48. De Puebla to Ferdinand and Isabella, June 16, 1500, in Bergenroth, ed., *Calendar of Letters, Despatches, and State Papers*. vol. 1,
49. Peter Martyr to Peter Fagardius, September 2, 1500, in *Opus Epistolarum*.
50. Ibid.
51. Biblioteca Nacional, mss 20.211, folio 12, cited in Suárez Fernández, *Política internacional de Isabel la Católica*, p. 6:180-81.
52. Purcell, *Great Captain*, pp. 136-37.
53. Jerónimo Zurita, *Historia del rey Don Fernando el Católico: De las empresas y ligas de Italia*, ed. Ángel Canellas López (Zaragoza: Diputación General de Aragón, 1989), pp. 2:264-65.
54. John Julius Norwich, *A History of Venice* (New York: Vintage Books, 1988), p. 385.

55. Goffman, *Ottoman Empire*, p. 144.
56. Colin Imber, *The Ottoman Empire, 1300–1650: The Structure of Power* (London: Palgrave Macmillan, 2002), p. 41.
57. Ferdinand and Isabella to De Puebla, July 29, 1501, in Bergenroth, ed., *Calendar of Letters, Despatches, and State Papers*.
58. Ibid.
59. Peter Martyr to Cardinal Santa Croce, February 16, 1501, in *Opus Epistolarum*.
60. Tommaso Astarita, *The Continuity of Feudal Power: The Caracciolo di Brienza in Spanish Naples* (Cambridge, U.K.: Cambridge University Press, 1992), p. 13.

TWENTY: ISRAEL IN EXILE

1. David A. Boruchoff, "Introduction: Instructions for Sainthood and Other Feminine Wiles in the Historiography of Isabel I," in Boruchoff, *Isabel la Católica* (New York: Palgrave Macmillan, 2003), p. 4.
2. Charles Berlin, *Elijah Capsali's Seder Eliyyahu Zuta*, Ph.D. dissertation, Harvard University, September 1962.
3. Don José Antonio Conde, *Historia de la dominación de los Árabes en España, sacada de varios manuscritos y memorias arábigas* (Madrid: Biblioteca de Historiadores Españoles. Marín, y Compañía, 1874), p. 320.
4. Antonio de la Torre and Luis Suárez Fernández, *Documentos referentes a las relaciones con Portugal durante el reinado de los Reyes Católicos* (1858; Valladolid: Consejo Superior de Investigaciones Cientificas, Patronato Menéndez Pelayo, 1963), pp. 2:116–17.
5. William Prescott, *History of the Reign of Ferdinand and Isabella* (New York: Harper & Brothers, 1854), vol. 1, p. 420.
6. Ibid., p. 457.
7. Peggy Liss, *Isabel the Queen: Life and Times* (New York: Oxford University Press, 1992), p. 331.
8. Peter Martyr to Cardinal Santa Croce, June 9, 1501, in *Opus Epistolarum: The Work of the Letters of Peter Martyr* (London: Wellcome Library).
9. Ibid.
10. Miguel Ángel de Bunes Ibarra and Emilio Sola, *La vida, y historia de Hayradin, llamado Barbarroja* (Granada: Universidad de Granada, 1997), p. 43.
11. Ibid., p. 46.
12. François Soyer, "King João II of Portugal, 'O Principe Perfeito,' and the Jews (1481–1495)," *Sefarad* 69, no. 1 (2009).
13. Ibid., p. 91.
14. Ibid., p. 97.
15. Jerónimo Zurita, *Historia del rey Don Hernando el Católico: De las empresas y ligas de Italia*, ed. Angel Canellas López (Zaragoza: Diputación General de Aragón, 1989), pp. 2:26–29.
16. Ibid.
17. Antonio Henrique de Oliveira Marques, *History of Portugal* (New York: Columbia University Press, 1976), vol. I, p. 213.
18. Minna Rozen, *A History of the Jewish Community in Istanbul: The Formative Years, 1453–1566* (Leiden: Brill, 2010), p. 38.
19. Aryeh Shmuelevitz, "Capsali as a Source for Ottoman History, 1450–1523," *International Journal of Middle Eastern Studies* 9 (1978), p. 342.

20. Martin Jacobs, "Joseph ha-Kohen, Paolo Giovio and Sixteenth-Century Historiography," *Cultural Intermediaries, Jewish Intellectuals in Early Modern Italy,* ed. David B. Ruderman and Giuseppe Veltri (Philadelphia: University of Pennsylvania Press, 2004), p. 74.

21. Jane S. Gerber, *The Jews of Spain: A History of the Sephardic Experience* (New York: Free Press, 1994), p. xi.

22. Salma Khadra Jayyusi, ed., *The Legacy of Muslim Spain* (Leiden: Brill, 1994), p. xvii.

TWENTY-ONE: THREE DAUGHTERS

1. Caro Lynn, *A College Professor of the Renaissance: Lucio Marineo Sículo Among the Spanish Humanists* (Chicago: University of Chicago Press, 1937), p. 122.

2. Peter Martyr to Perdro Fagiardo, Lord of Cartagena, December 19, 1494, in *Opus Epistolarum: The Work of the Letters of Peter Martyr* (London: Wellcome Library).

3. Ferdinand Columbus, *The Life of the Admiral Christopher Columbus: By His Son Ferdinand* (New Brunswick, N.J.: Rutgers University Press, 1959), p. 215.

4. Bartolomé de Las Casas, *An Account, Much Abbreviated, of the Destruction of the Indies,* ed. Franklin W. Knight, trans. Andrew Hurley (Indianapolis: Hackett, 2003), p. xvi.

5. Bartolomé de Las Casas, *History of the Indies,* trans. Andrée Collard (New York: Harper & Row, 1971), p. 71.

6. Ruth Mathilda Anderson, *Hispanic Costume, 1480–1530* (New York: Hispanic Society of America, 1979), p. 142.

7. Document from Academia de la Historia Colección Salazar, A-11, fol. 288r-v, cited in Luis Suárez Fernández, *Política internacional de Isabel la Católica: Estudios y documentos* (Valladolid: Universidad de Valladolid, 2002), pp. 6:108–9.

8. Nancy Rubin, *Isabella of Castile: The First Renaissance Queen* (New York: St. Martin's Press, 1991), p. 378.

9. Hernando del Pulgar, *Crónica de los Señores Reyes Católicos Don Fernando y Doña Isabel de Castilla y de Aragón* (Madrid: Biblioteca de Autores Españoles, Librería de los Sucesores de Hernando, 1923), p. 3:65.

10. Ochoa de Isasaga to the Reyes Católicos, November 24, 1500, Estabdo Leg. 3678, fol. 17, cited in Antonio de la Torre, and Luis Suárez Fernández, *Documentos referentes a las relaciones con Portugal durante el reinado de los Reyes Católicos* (1858; Valladolid: Consejo Superior de Investigaciones Científicas, Patronato Menéndez Pelayo, 1963), pp. 66–69.

11. Fray Prudencio de Sandoval, *Historia de la vida y hechos del emperador Carlos V* (Madrid: Biblioteca de Autores Españoles, Atlas, 1955), p. 22.

12. Antonio Henrique de Oliveira Marques, *History of Portugal, vol. 1, From Lusitania to Empire* (New York: Columbia University Press, 1972), p. 2:214.

13. Edward McMurdo, *History of Portugal* (London: St. Dunstan's House, 1889), pp. 3:111–13.

14. José-Luis Martín, *Isabel la Católica: sus hijas y las damas de su corte, modelos de doncellas, casadas y viudas, en el Carro de las Doñas, 1542* (Ávila: Diputación Provincial de Ávila, Institución "Gran Duque de Alba," 2001), p. 109.

15. Sandoval, *Historia de la vida y hechos,* p. 20.

16. King Henry VII to Reyes, November 28, 1501, in *Calendar of Letters, Despatches, and State Papers, Relating to the Negotiations Between England and Spain, preserved in the*

Archives of Simancas and Elsewhere, vol. 1, *Henry VII: 1485–1509*, ed. Gustav Bergenroth (London: Lords Commissioners of Her Majesty's Treasury, 1862).

17. Giles Tremlett, *Catherine of Aragon: The Spanish Queen of Henry VIII* (New York: Walker & Co., 2010), p. 81.

18. Garrett Mattingly, *Catherine of Aragon* (New York: Quality Paperback Books, 1941), p. 55.

19. Christopher Hare, *The High and Puissant Princess Marguerite of Austria, Princess Dowager of Spain, Duchess Dowager of Savoy, Regent of the Netherlands* (New York: Charles Scribner & Sons, 1907), p. 79.

20. Bethany Aram, *Juana the Mad: Sovereignty and Dynasty in Renaissance Europe* (Baltimore: Johns Hopkins University Press, 2005), p. 35.

21. Ibid., p. 47.

22. Subprior of Santa Cruz to Fernando and Isabel, January 15, 1499, Archivo General de Simancas, Patronato Real 52-116, cited ibid., pp. 48, 49.

23. Rubin, *Isabella of Castile*, p. 377.

24. Jacobo Stuart Fitz-James and Falcó Alba, *Correspondencia de Gutierre Gómez de Fuensalida* (Madrid: Imprenta Alemana, 1907), p. xxvii.

25. Ibid., p. xxv.

26. Tomás de Matienzo to Fernando and Isabel, January 15, 1499, Archivo General de Simancas, Patronato Real 52-116, cited in Aram, *Juana the Mad*, p. 52.

27. Subprior of Santa Cruz to Isabella, January 15, 1499, in Bergenroth, ed., *Calendar of Letters, Despatches, and State Papers*.

28. Peter Martyr to Cardinal Santa Croce, September 20, 1502, in *Opus Epistolarum*.

29. Peter Martyr to Cardinal Santa Croce, December 19, 1503, ibid.

30. Stuart Fitz-James and Alba, *Correspondencia de Gómez de Fuensalida*, p. ix.

31. Peter Martyr to Cardinal Santa Croce, March 10, 1503, in *Opus Epistolarum*.

32. Vicente Rodríguez Valencia, *Isabel la Católica en la opinión de españoles y extranjeros, siglos XV al XX* (Valladolid: Instituto "Isabel la Católica" de Historia Eclesiástica, 1970), p. 1:278.

33. Alonso de Santa Cruz, *Crónica de los Reyes Católicos*, ed. Juan de Mata Carriazo y Arroquia (Seville: Escuela de Estudios Hispano-Americanos de Sevilla, 1951), p. 302.

34. Aram, *Juana the Mad*, p. 77.

35. Santa Cruz, *Crónica de los Reyes Católicos*, p. 302.

36. Tremlett, *Catherine of Aragon*, p. 99.

TWENTY-TWO: A CHURCH WITHOUT A SHEPHERD

1. Vicente Rodríguez Valencia, *Isabel la Católica en la opinión de españoles y extranjeros, siglos XV al XX* (Valladolid: Instituto "Isabel la Católica" de Historia Eclesiástica, 1970), p. 1:278.

2. Mary Purcell, *The Great Captain: Gonzalo Fernández de Córdoba* (New York: Alvin Redman, 1963), p. 155.

3. Ibid., p. 158.

4. Charles Oman, *A History of the Art of War in the Sixteenth Century* (New York: E. P. Dutton, 1937), p. 55.

5. Peter Martyr to archbishop and count, January 12, 1504, in *Opus Epistolarum: The Work of the Letters of Peter Martyr* (London: Wellcome Library).

6. Ibid., p. 178.

7. Tarsicio de Azcona, *Juana de Castilla, mal llamada La Beltraneja, 1462–1530* (Madrid: Fundación Universitaria Española, 1998), p. 65.
8. Peter Martyr to archbishop and count, January 12, 1504, in *Opus Epistolarum*.
9. Peter Martyr to archbishop of Granada, November 1, 1503, ibid.
10. Desmond Seward, *The Burning of the Vanities: Savonarola and the Borgia Pope* (Stroud, U.K.: Sutton, 2006), p. 221.
11. Ibid., p. 229.
12. Fray Prudencio de Sandoval, *Historia de la Vida y Hechos del Emperador Carlos V,* Biblioteca de Autores Españoles (Madrid: Atlas, 1955), p. 22.
13. Ibid., pp. 250–51.
14. Francisco Javier Sánchez Cantón, *Libros, tapices y cuadros que colleccionó Isabel la Católica* (Madrid: Consejo Superior de Investigaciones Científicas, 1950), p. 54.
15. Nancy Rubin, *Isabella of Castile: The First Renaissance Queen* (New York: St. Martin's Press, 1991), pp. 337–38.
16. Ibid., p. 367.
17. Ibid.
18. Ibid., p. 339.
19. Jerónimo Zurita, *Historia del rey Don Hernando el Católico: De las empresas y ligas de Italia* (Zaragoza: Diputacion General de Aragón, 1989), pp. 2:6–7.
20. William Prescott, *History of the Reign of Ferdinand and Isabella* (Philadelphia: J. B. Lippincott, p. 502.
21. Ibid.
22. Jean Lucas-Dubreton, *The Borgias* (New York: E. P. Dutton & Co., 1955), p. 159.
23. Peter Martyr to Count of Tendilla and Archbishop of Granada, November 10, 1503, in *Opus Epistolarum*.
24. Pope Julius II, December 26, 1503, Calendar of State Papers, Spain.
25. Fusero Clemente, *The Borgias,* trans. Peter Green (New York: Praeger Publishers, 1972), p. 278.
26. Prescott, *History of the Reign,* p. 585.

TWENTY-THREE: THE DEATH OF QUEEN ISABELLA

1. Isabel to King Manuel of Portugal, November 21, 1501, in *Documentos referentes a las relaciones con Portugal durante el reinado de los Reyes Católicos,* ed. Antonio de la Torre and Luis Suárez Fernández (1858; Valladolid: Consejo Superior de Investigaciones Científicas, Patronato Menéndez Pelayo, 1963), pp. 3:106–7.
2. Peter Martyr to Count of Tendilla and Archbishop Talavera, October 3, 1504, in *Opus Epistolarum: The Work of the Letters of Peter Martyr* (London: Wellcome Library).
3. Peter Martyr to Licenciate Polancus, Royal Counselor, October 15, 1504, ibid.
4. Catherine, Princess of Wales, to Queen Isabella, November 26, 1504, in *Calendar of Letters, Despatches, and State Papers, Relating to the Negotiations Between England and Spain, preserved in the Archives of Simancas and Elsewhere,* vol. 1, *Henry VII: 1485–1509,* ed. Gustav Bergenroth (London: Lords Commissioners of Her Majesty's Treasury, 1862).
5. Bishop of Worcester to Henry VII, March 15, 1505, ibid.
6. Jerónimo Zurita, *Historia del rey Don Hernando el Católico: De las empresas y ligas de Italia,* ed. Ángel Canellas López (Zaragoza: Diputación General de Aragón, 1989), p. 3:331.

7. Alonso de Santa Cruz, *Crónica de los Reyes Católicos*, ed. Juan de Mata Carriazo y Arroquia (Seville: Escuela de Estudios Hispano-Americanos de Sevilla, 1951), p. 2:303.
8. Zurita, *Historia del Rey*, pp. 328–29.
9. Baldesar Castiglione, *The Book of the Courtier*, trans. Charles S. Singleton (Garden City, N.Y.: Anchor Books, 1959), p. 237.
10. Ibid., p. 238.
11. Philippe de Commynes, *The Memoirs of Philip de Comines, Lord of Argenton* (London: G. and W. B. Whittaker, 1823), p. 2:402.
12. *Testamento de la Reina Isabel la Católica, Publicaciones del quinto centenario, 1504–2004*, Granada, p. 59.
13. Nancy Rubin, *Isabella of Castile: The First Renaissance Queen* (New York: St. Martin's Press, 1991), p. 414.
14. Ibid.
15. *Testamento de la Reina Isabel la Católica*, p. 59.
16. Peter Martyr to Ferdinand of Aragon, December 25, 1504, in *Opus Epistolarum*.
17. Ibid.
18. Juan Antonio Vilar Sánchez, *Los Reyes Católicos en la Alhambra* (Granada: Editorial COMARES, 2007), pp. 135–37; and Juan Manuel Barrios Rozva, *Guía de la Granada Desaparecida* (Granada: Editorial COMARES, 2006), pp. 131–33.

TWENTY-FOUR: THE WORLD AFTER ISABELLA

1. King Ferdinand to King Henry VII, November 26, 1504, in *Calendar of Letters, Despatches, and State Papers, Relating to the Negotiations Between England and Spain, Preserved in the Archives of Simancas and Elsewhere*, vol. 1, Henry VII: 1485–1509, ed. Gustav Bergenroth (London: Lords Commissioners of Her Majesty's Treasury, 1862).
2. Tarsicio de Azcona, *Isabel la Católica: Estudio crítico de su vida y su reinado* (Madrid: Biblioteca de Autores Cristianos, 1993), p. 951.
3. Chiyo Ishikawa, *The retablo of Isabel la Católica* (Turnhout, Belgium: Brepols, 2004), pp. 5–8.
4. Azcona, *Isabel la Católica*, p. 951.
5. Peter Martyr, *Opus Epistolarum: The Work of the Letters of Peter Martyr* (London: Wellcome Library), vol. 3, letter 285.
6. Bethany Aram, *Juana the Mad: Sovereignty and Dynasty in Renaissance Europe* (Baltimore: Johns Hopkins University Press, 2005), pp. 77–78.
7. Jacobo Stuart Fitz-James and Falcó Alba, *Correspondencia de Gutierre Gómez de Fuensalida* (Madrid: Imprenta Alemana, 1907), p. 389.
8. Peter Martyr to Archbishop of Granada, August 4, 1505, in *Opus Epistolarum*.
9. Aram, *Juana the Mad*, p. 82.
10. Ibid., p. 80.
11. Vincenzo Quirini to the Signory, September 1505, *Calendar of State Papers Relating to English Affairs in the Archives of Venice*, vol. 1, 1502–1509, ed. Rawdon Brown (Great Britain: National Archives, 1864), pp. 300–10.
12. Quirini to the Signory, April 4, 1506, ibid.
13. Ibid.
14. Ibid.
15. Quirini to the Sigorny, April 4, 1506, April 16, 1506, ibid.

16. Philibert Naturel to Philip le Beau, June 7, 1506, LM 24195, correspondence of Margaret of Austria, Archives du Nord, Lille, France.
17. King Ferdinand to De Puebla, December 1505, *Calendar of Letters, Despatches, and State Papers, Relating to the Negotiations Between England and Spain, Preserved in the Archives of Simancas and Elsewhere*, vol. 1, *Henry VII: 1485–1509*, ed. Gustav Bergenroth (London: Lords Commissioners of Her Majesty's Treasury, 1862).
18. James Braybroke to Henry VII, July 1505, ibid.
19. Maximilian de Austria, 1505, in Fernando Díaz-Plaja, *Historia de España en sus documentos, siglo XVI* (Madrid: Ediciones Catedra, 1988).
20. April 4, 1506, Brussels, September 9, 1505, in Brown, ed., *Calendar of State Papers Relating to English Affairs*, vol. 1.
21. Peter Martyr, in *Opus Epistolarum*, vol. 3, letter 300.
22. Ibid., letter 311.
23. Aram, *Juana the Mad*, p. 88.
24. Elaine Sanceau, *The Reign of the Fortunate King, 1495–1521* (New York: Archon Books, 1970), p. 140.
25. Aram, *Juana the Mad*, p. 10.
26. Annemarie Jordan, *The Development of Catherine of Austria's Collection in the Queen's Household: Its Character and Cost* (London: Simon & Schuster, 2010).
27. Mary Purcell, *The Great Captain: Gonzalo Fernández de Córdoba* (New York: Alvin Redman, 1963), p. 190.
28. Ibid., p. 159.
29. Bartolomé de Las Casas, *History of the Indies*, trans. and ed. Andrée Collard (New York: Harper & Row, 1971), pp. 138–39.
30. Roger Bigelow Merriman, *The Rise of the Spanish Empire in the Old World and the New* (New York: Cooper Square, 1962), vol. 1, p. 213.
31. Las Casas, *History of the Indies*, p. 35.
32. Peter Martyr to Luis Hurtado de Mendoza, December 31, 1514, in *Opus Epistolarum*, epistle 542.
33. Robert C. Davis, *Christian Slaves, Muslim Masters: White Slavery in the Mediterranean, the Barbary Coast, and Italy, 1500–1800* (New York: Palgrave Macmillan, 2003), p. xiv.
34. V. J. Parry, *A History of the Ottoman Empire to 1730* (Cambridge, U.K.: Cambridge University Press, 1976), p. 64.
35. Ishikawa, *The retablo of Isabel la Católica*, p. 1.
36. Peter Martyr to Marquess of Mondejar, December 5, 1515, in *Opus Epistolarum*.
37. Tom Mueller, "CSI: Italian Renaissance," *Smithsonian*, July–August 2013.
38. G. González Dávila, *Teatro de Las Grandeza de la Villa de Madrid* (Madrid, 1623), quoted in Clarence Henry Haring, *Trade and Navigation Between Spain and the Indies* (Cambridge, Mass.: Harvard University Press, 1964), pp. xii and xiii.

参考文献

Abenia, C., and R. Báguena. *Catálogo de una serie de cartas de los Reyes Católicos (1479–1502)*. Valencia: Universidad de Valencia, 1945.

Abulafia, David. *The Great Sea: A Human History of the Mediterranean*. London: Allen Lane, 2011.

Ady, Cecilia M. *A History of Milan Under the Sforza*. London: Methuen, 1907.

Ahmad, Jalal Al-E. *Plagued by the West*. Translated from the Persian by Paul Sprachman. Bibliotheca Persica, Center for Iranian Studies. New York: Columbia University, 1961.

Aksan, Virgina H., and Daniel Goffman. *The Early Modern Ottomans: Remapping the Empire*. Cambridge: Cambridge University Press, 2007.

Alcala, Angel. *The Spanish Inquisition and the Inquisitorial Mind*. Symposium internacional sobre la inquisición en Española. Newark, N.Y., 1983.

Allen, Peter Lewis. *The Wages of Sin: Sex and Disease, Past and Present*. Chicago: University of Chicago Press, 2000.

Al-Maqqari, Ahmad ibn Muhammad. *The History of the Mohammedan Dynasties in Spain*. Translated by Pascual de Gayangos. 2 vols. London: Oriental Translation Fund, 1840–43.

Álvarez Palenzuela, Vicente Ángel. "Relations Between Portugal and Castile in the Late Middle Ages—13th to 16th Centuries." *e-JPH* 1, no. 1 (Summer 2003).

Anderson, Ruth Mathilda. *Hispanic Costume, 1480–1530*. New York: Hispanic Society of America, 1979.

Andrés Díaz, Rosana de. *El último decenio del reinado de Isabel I, a través de la tesorería de Alonso de Morales (1495–1504)*. Valladolid: Universidad de Valladolid, Instituto de Historia Simancas, 2004.

Anes y Álvarez de Castrillón, Gonzalo. *Isabel la Católica y su tiempo*. Madrid: Real Academia de la Historia, 2005.

Aram, Bethany. *Juana the Mad: Sovereignty and Dynasty in Renaissance Europe*. Baltimore: Johns Hopkins University Press, 2005.

Archivo General de Simancas. *Catálogo V. Patronato Real, 834–1851*. Edited by Amalia

Prieto Cantero. Valladolid: Cuerpo Facultativo de Archiveros, Bibliotecarios y Arqueólogos, 1946–49.

Archivo Histórico Nacional. *Catálogo de las causas contra la fe seguidas ante el Tribunal del Santo Oficio de la Inquisición de Toledo.* Madrid, 1903.

Armas, Antonio Rumeu de. *Itinerario de los reyes católicos, 1474–1516.* Madrid: Raycar, 1974.

Astarita, Tommaso. *The Continuity of Feudal Power: The Caracciolo di Brienza in Spanish Naples.* Cambridge, U.K.: Cambridge University Press, 1992.

Azcona, Tarsicio de. *Isabela la Católica: Estudio crítico de su vida y su reinado.* Madrid: Biblioteca de Autores Cristianos, 1993.

——. *Juana de Castilla, mal llamada La Beltraneja, 1462–1530.* Madrid: Fundación Universitaria Española, 1998.

——. *Isabel la Católica, vida y reinado.* Madrid: La Esfera de los Libros, 2004.

Babinger, Franz. *Mehmed the Conquerer and His Time.* Princeton, N.J.: Princeton University Press, 1992.

Backhouse, Janet. *The Isabella Breviary.* London: British Library, 1993.

Barleti, Marin. *The Siege of Shkodra: Albania's Courageous Stand Against Ottoman Conquest 1478.* Translated by David Hosaflook. Tirana, Albania: Onufri, 2012.

Barrios Aguilera, Manuel. *La convivencia negada: Historia de los moriscos del Reino de Granada.* Granada: Editorial COMARES, 2007.

——. *La suerte de los vencidos.* Granada: Editorial Universidad de Granada, 2009.

Barrios Rozúa, Juan Manuel. *Guía de la Granada desaparecida.* Granada: Editorial COMARES, 2006.

Baumgartner, Frederic. *Louis XII.* New York: St. Martin's Press, 1994.

Beg, Tursun. *The History of Mehmed the Conqueror.* English translation by Halil Inalcik and Rhoads Murphey. Minneapolis: Bibliotheca Islamica, 1978.

Bembo, Pietro. *History of Venice.* Edited and translated by Robert W. Ulery, Jr. 3 vols. Cambridge, Mass.: Harvard University Press, 2007-9.

Benecke, Gerhard. *Maximilian I, 1459–1519: An Analytical Biography.* London: Routledge and Kegan Paul, 1982.

Benítez, Fray Jesús Miguel. *Madrigal de las Altas Torres: Monasterio de Nuestra Señora de Gracia.* León: Edilesa, undated.

Bergreen, Laurence. *Columbus: The Four Voyages, 1492–1504.* New York: Viking, 2011.

Berlin, Charles. *Elijah Capsali's Seder Eliyyahu Zuta.* Ph.D. dissertation, Harvard University, September 1962.

——. "A Sixteenth Century Hebrew Chronicle of the Ottoman Empire: The Seder Eliyahu Zuta of Elijah Capsali and Its Message." In Berlin, ed., *Studies in Jewish Bibliography History and Literature.* New York: KTAV Publishing, 1971.

Berlin, Charles, ed. *Studies in Jewish Bibliography, History, and Literature in Honor of I. Edward Kiev.* New York: KTAV Publishing, 1971.

Bernáldez, Andrés. *Historia de los Reyes Católicos Don Fernando y Doña Isabel: Crónica inédita del siglo XV.* 2 vols. Granada: Imprenta y Librería de Don José María Zamora, 1856.

——. *Memorias del reinado de los Reyes Católicas, que escriba el bachiller Andrés Bernáldez.* Edited by Manuel Gómez-Moreno and Juan de M. Carriazo. Madrid: Real Academia de la Historia, 1962.

Bianchini, Janna. *The Queens Hand, Power and Authority in the Reign of Berenguela of Castile.* Philadelphia: University of Pennsylvania Press, 2012.

Bisaha, Nancy. *Creating East and West: Renaissance Humanists and the Ottoman Turks.* Philadelphia: University of Pennsylvania Press, 2004.

Bisso, Don José. *Crónica de la Provincia de Sevilla*. In *Crónica general de España, historica illustrada y descriptiva de sus provincias, sus poblaciones más importantes de la peninsula y de ultramar*. Madrid: Rubio, Grilo y Vitturi, 1869.

Blackmore, Josiah, and Gregory S. Hutcheson. *Queer Iberia*. Durham, N.C.: Duke University Press, 1999.

Blanco Sánchez, Antonio. *Sobre Medina del Campo y la reina agraviada*. Medina del Campo: Caballeros de la Hispanidad, 1994.

Blázquez Hernández, Gregorio. "María Vela y Cueto, la mujer fuerte." *Diario de Ávila*, May 14, 2006.

Blumenthal, Debra. *Enemies and Familiars: Slavery and the Mastery in Fifteenth-Century Valencia*. Ithaca, N.Y.: Cornell University Press, 2009.

Boruchoff, David A., ed. *Isabel la Católica, Queen of Castile: Critical Essays*. New York: Palgrave Macmillan, 2003.

Bóscolo, Alberto, ed. *Fernando el Católico e Italia*. Zaragoza: Institución Fernando el Católico (C.S.I.C) de la Excma Diputación Provincial de Zaragoza, 1954.

Boswell, John. *Christianity, Social Tolerance and Homosexuality*. Chicago: University of Chicago Press, 1980.

Bown, Stephen R. *1494: How a Family Feud in Medieval Spain Divided the World in Half*. New York: St. Martin's Press, 2011.

Bradford, Ernie. *The Sultan's Admiral: Barbarossa—Pirate and Empire Builder*. London: Hodder & Stoughton, 1969.

——. *Gibraltar: The History of a Fortress*. New York: Harcourt Brace Jovanich, 1971.

Bradford, Sarah. *Cesare Borgia*. New York: MacMillan Publishing Co., 1976.

——. *Lucrezia Borgia*. New York: Viking, 2004.

Bulmus, Birsen. *Plagues, Quarantines and Geopolitics in the Ottoman Empire*. Edinburgh: Edinburgh University Press, 2012.

Bunes Ibarra, Miguel Ángel de, and Emilio Sola. *La vida, y historia de Hayradin, llamado Barbarroja*. Granada: Universidad de Granada, 1997.

Bunes Ibarra, Miguel Ángel, et al. *The Invention of Glory: Afonso V and the Pastrana Tapestries*. Madrid: Fundación Carlos de Amberes, 2011.

Burke, Ulick Ralph. *The Great Captain; An Eventful Chapter in Spanish History*. London: Society for Promoting Christian Knowledge, 1877.

Cabanas González, María Dolores, Carmelo Luis López, and Gregorio del Ser Quijano. *Isabel de Castilla y su época: Estudios y selección de textos*. Alcalá de Henares: Universidad de Alcalá, 2007.

Calderón, Emilio. *Usos y costumbres sexuales de los Reyes de España*. Madrid: Editorial Cirene, 1991.

Calendar of Letters, Despatches, and State Papers, Relating to the Negotiations Between England and Spain, Preserved in the Archives of Simancas and Elsewhere, vol. 1, *Henry VII: 1485–1509*. Edited by Gustav Bergenroth. London: Lords Commissioners of Her Majesty's Treasury, 1862.

Campbell, Thomas P. *Tapestry in the Renaissance: Art and Magnificence*. New York: Metropolitan Museum of Art, 2002.

Campo, Victoria, and Victor Infantes, eds. *La Poncella de Francia: La historia Castellana de Juana de Arco*. Madrid: Iberoamericana, 2006.

Capponi, Niccolò. *Victory of the West: The Great Christian-Muslim Clash at the Battle of Lepanto*. Cambridge, Mass.: Da Capo Press, 2007.

Caro Baroja. *Los Mariscos del Reino de Granada*. Madrid: Alianza Editorial, 2010.

Carroll, Warren H. *Isabel of Spain: The Catholic Queen*. Front Royal, Va.: Christendom Press, 1991.

Cartas Autógrafas de los Reyes Católicos de España, Don Fernando y Doña Isabel que conservan en el Archivo de Simancas, 1474–1502. Valladolid: Instituto "Isabel la Católica" de Historia Eclesiástica, 1971.

Castiglione, Baldesar. *The Book of the Courtier.* Translated by Charles S. Singleton. Garden City, N.Y.: Anchor Books, 1959.

Castro, Teresa de, ed. "El tratado sobre el vestir, calzar y comer del Arzobispo Hernando de Talavera." *Espacio, tiempo, y forma.* Serie III. *Historia Medieval,* no. 14 (2001), pp. 11–92.

Cervantes, Miguel de. *"The Bagnios of Algiers" and "The Great Sultana": Two Plays of Captivity.* Edited and translated by Barbara Fuchs and Aaron J. Ilika. Philadelphia: University of Pennsylvania Press, 2010.

Chaytor, Henry John. *A History of Aragon and Catalonia.* London: Methuen, 1933.

Cheetham, Anthony. *The Life and Times of Richard III.* London: Weidenfeld & Nicolson, 1972.

Chesterton, G. K. *Lepanto.* San Francisco: Ignatius Press, 2004.

Chipman, Donald E. *Montezuma's Children: Aztec Royalty Under Spanish Rule, 1520–1700.* Austin: University of Texas Press, 2005.

Chronicles and Memorials of Great Britain and Ireland During the Middle Ages. Oxford University, 1879.

Chueca Goitia, Fernando. *Historica de la arquitectura española: Edad antigua, edad media.* 2 vols. Ávila: Fundación Cultural Santa Teresa, 2001.

Classen, Albrecht. "The World of the Turks Described by an Eyewitness: Georgius de Hungaria's Dialectical Discourse on the Foreign World of the Ottoman Empire." *Journal of Early Modern History.* Leiden: Brill, 2003.

Clemencín, Diego. *Elogio de la Reina Católica Doña Isabella.* Madrid: Imprenta de Sancha, 1820.

Clemente, Fusero. *The Borgias.* Translated by Peter Green. New York: Praeger Publishers, 1966.

Collins, Roger. *The Arab Conquest of Spain: 710–797.* New York: Wiley-Blackwell, 1995.

Collison-Morley, Lacy. *Naples Through the Centuries.* New York: Frederick A. Stokes Co., 1925.

Colmenares, Diego de. *Historia de la insigne ciudad de Segovia.* Revised by Gabriel María Vergara. Segovia: Imprenta de la Tierra de Segovia, 1931.

Columbus, Ferdinand. *The Life of the Admiral Christopher Columbus: By His Son Ferdinand.* Translated and annotated by Benjamin Keen. New Brunswick, N.J.: Rutgers University Press, 1959.

Commynes, Philippe de. *The Memoirs of Philip de Comines, Lord of Argenton.* London: G. and W. B. Whittaker, 1823.

Conde, Don José Antonio. *Historia de la dominación de los Arabes en España, sacada de varios manuscritos y memorias arábigas.* Madrid: Biblioteca de Historiadores Españoles, Marín y Compañía, 1874.

Constable, Olivia Remie. *Medieval Iberia: Readings from Christian, Muslim and Jewish Sources.* Philadelphia: University of Pennsylvania Press, 2011.

Consuelo Díez Bedmar, María del. *Teresa de Torres, (ca. 1442–1521) Condesa de Castilla.* Madrid: Ediciones del Orto, 2004.

Cook, Weston F. "The Cannon Conquest of Nasrid Spain and the End of the Reconquista." *The Journal of Military History,* vol. 57, no. 1 (January 1993).

Cortés Timoner, María del Mar. *Sor María de Santo Domingo (1470/86–1524).* Madrid: Ediciones del Orto, 2004.

Costa-Gomes, Rita. *The Making of a Court Society: Kings and Nobles in Late Medieval Portugal.* Cambridge, U.K.: Cambridge University Press, 2003.

Craig, Leigh Ann. *Wandering Women and Holy Matrons: Women as Pilgrims in the Later Middle Ages.* Leiden: Brill, 2009.

Crónica incompleta de los Reyes Católicos, 1469–1476. Edited by Julio Puyol. Madrid: Academia de la Historia, 1934.

Csukovits, Eniko. "Miraculous Escapes from Ottoman Captivity." In Suraiya Faroqhi and Halil Inalcik, eds., *The Ottoman Empire and Its Heritage.* Leiden: E.J. Brill, 2007.

Da Costa, Isaac. *Noble Families Among the Sephardic Jews by Isaac da Costa (1798–1860). With Some Account of the Capadose Family (Including Their Conversion to Christianity), by Bertram Brewster, and an Excursus on Their Jewish History, by Cecil Roth.* Oxford, U.K.: Oxford University Press, 1936.

Dankoff, Robert, and Sooyoung Kim. *An Ottoman Traveler: Selections from the Book of Travels of Evilya Celebi.* London: Eland, 2010.

Dávid, Géza, and Pál Fodor, eds. *Ransom Slavery Along the Ottoman Borders: Early Fifteenth–Early Eighteenth Centuries.* Leiden: Brill, 2007.

Davis, Robert C. *Christian Slaves, Muslim Masters: White Slavery in the Mediterranean, the Barbary Coast, and Italy, 1500–1800.* New York: Palgrave Macmillan, 2003.

De la Torre, Antonio. *Documentos sobre relaciones internacionales de los Reyes Católicos,* vol. 2. Barcelona: Consejo Superior de Investigaciones Científicas, 1962.

De la Torre, Antonio, and Luis Suárez Fernández. *Documentos a las relaciones en Portugal durante el reinado de los Reyes Católicos,* vol. 3. Valladolid, 1963.

Descola, Jean. *A History of Spain.* New York: Alfred A. Knopf, 1963.

De Winter, Patrick M. "A Book of Hours of Queen Isabel la Católica." *The Bulletin of the Cleveland Museum of Art* 68, no. 10 (December 1981), pp. 342–427.

Díaz del Castillo, Bernal. *The Conquest of New Spain.* Translated by John M. Cohen. London: Penguin Classics, 1963.

Díaz-Plaja, Fernando. *Historia de España en sus documentos, siglo XV.* Madrid: Ediciones Catedra, 1984.

———. *Historia de España en sus documentos, siglo XVI.* Madrid: Ediciones Catedra, 1988.

Donini, Guido, and Gordon B. Ford, trans. *Isidore of Seville's History of the Kings of the Goths, Vandals and Suevi.* Leiden: Brill, 1966.

Doubleday, Simon, and David Coleman, eds. *In the Light of Medieval Spain: Islam, the West, and the Relevance of the Past.* New York: Palgrave Macmillan, 2008.

Drane, Augusta Theodosia. *The Knights of St. John: A History to the Siege of Vienna, 1688.* U.K.: Leonaur, 2009.

Duffy, Eamon. *Marking the Hours: English People and Their Prayers, 1240–1570.* New Haven, Conn.: Yale University Press, 2006.

Earenfight, Theresa. *The King's Other Body: María of Castile and the Crown of Aragon.* Philadelphia: University of Pennsylvania Press, 2010.

Edge, P. Granville. "Pre-Census Population Records of Spain." *Journal of the American Statistical Association* 26, no. 176 (December 1931), pp. 416–23.

Edward IV on May 26th, 1464 (A Contemporary Account Now First Set Forth from a 15th Century Manuscript). London, 1935.

Edwards, John. *The Spain of the Catholic Monarchs, 1474–1520.* Oxford, U.K.: Blackwell, 2000.

Eguílaz Yánguas, Leopoldo de. *Reseña histórica de la conquista del reino de Granada por los Reyes Católicos según las cronistas árabes.* Granada: Tip. Hospital de Santa Cruz, 1894.

Eichberger, Dagmar, ed. *Women of Distinction: Margaret of York, Margaret of Austria.* Turnhout, Belgium: Brepols, 2005.

———. *Women at the Burgundian Court: Presence and Influence.* Belgium: Brepols, 2010.

Eisenberg, Daniel. "Enrique IV and Greogrio Marañon." *Renaissance Quarterly* 29, no. 1 (Spring 1976).

Elbl, Ivana. "Man of His Time (and Peers): A New Look at Henry the Navigator." *Luso-Brazilian Review* 28, no. 2 (Winter 1991), pp. 73–89.

Elliott, J. H. *Spain and Its World, 1500–1700: Selected Essays*. New Haven, Conn.: Yale University, 1989.

———. *Imperial Spain, 1469–1716*. London: Penguin, 1990.

Ellis, Henry, ed. *Original Letters, Illustrative of English History, Including Numerous Royal Letters*. London: Richard Bentley, 1846.

Encinas, Alonso de. *Madrigal de las Altas Torres, cuna de Isabel la Católica*. Madrid: Revista geográfica española, 1955.

Enríquez del Castillo, Diego. *Crónica de Enrique IV*. Edited by Aureliano Sánchez Martín. Valladolid: Universidad de Valladolid, 1994.

Espejo, Cristóbal, and Julián Paz. *Las antiguas ferias de Medina Del Campo: Investigación histórica acerca de ellas*. Valladolid: Maxtor, 2003.

Esposito, John L. *The Oxford History of Islam*. Oxford, U.K.: Oxford University Press, 1999.

Faroqhi, Suraiya, and Halil Inalcik. *The Ottoman Empire and Its Heritage*. Leiden: Brill, 2007.

Faroqhi, Suraiya, and Kate Fleet. *The Cambridge History of Turkey, Volume 2: The Ottoman Empire as a World Power, 1453–1603*. Cambridge, U.K.: Cambridge University Press, 2013.

Fehrenbach, T. R. *Fire and Blood: A History of Mexico*. New York: Da Capo Press, 1995.

Fernández Álvarez, Manuel. *Juana la Loca: la cautiva de Tordesillas*. Spain: Espasa-Calpe, 2008.

———. *Isabel la Católica*. Madrid: Espasa Calpe, 2006.

Fernández Collado, Ángel, et al. *Cathedral of Toledo*. Translated by Surtees Robinson. Toledo: Cabildo Catedral Primada, 2009.

Fernández de Oviedo, Gonzalo. *Natural History of the West Indies*. Translated and edited by Sterling A. Stoudemire. Chapel Hill: University of North Carolina Press, 1959.

Fernández Gómez, Marcos. *El Alcazar y la Atarazanas de Sevilla en el reinado de los Reyes Católicos*. Seville: Patronato del Real Alcázar y de la Casa Consistorial de Sevilla, 2011.

Fernández-Armesto, Felipe. *Columbus*. Oxford, U.K.: Oxford University Press, 1991.

———. *Columbus on Himself*. Indianapolis: Hackett, 2009.

———. *1492: The Year the World Began*. New York: HarperCollins, 2009.

Fernández-Morera, Dario. "The Myth of the Andalusian Paradise." *Intercollegiate Review* 41, no. 2 (Fall 2006).

Fichtner, Paula S. *Ferdinand I of Austria: The Politics of Dynasticism in the Age of the Reformation*. Boulder, Colo.: East European Monographs, 1982.

Finlay, George. *The History of Greece: From Its Conquest by the Crusaders to Its Conquest by the Turks, and the Empire of Trebizond, 1204–1461*. Edinburgh and London: Blackwood, 1851.

———. *The History of Greece Under Othoman and Venetian Domination*. Edinburgh and London: Blackwood, 1861.

Fisher, Sydney Nettleton. "Sultan Bayezit and the Foreign Relations of Turkey." Ph.D. dissertation, University of Illinois, 1935.

———. *Foreign Relations of Turkey, 1481–1512*. Urbana, Ill.: University of Illinois Press, 1948.

Fletcher, Richard. *Moorish Spain*. Berkeley and Los Angeles: University of California Press, 1992.

Flores, Josef Miguel de. *Crónica de Don Alvaro de Luna, condestable de los reynos de Castilla y de León*. Madrid: Imprenta de Antonio de Sancha, 1784.

Francisco, Adam S. *Martin Luther and Islam: A Study in Sixteenth-Century Polemics and Apologetics*. Leiden: Brill, 2007.

Fraser, Antonia. *The Wives of Henry VIII*. New York: Alfred A. Knopf, 1992.

Freedman, Paul H. *Origins of Peasant Servitude in Medieval Catalonia*. Cambridge, U.K.: Cambridge University Press, 1991.

Freely, John. *Ionian Islands: Corfu, Cephalonia, Ithaka and Beyond*. London: I. B. Tauris, 2008.

———. *Aladdin's Lamp, How Greek Science Came to Europe Through the Islamic World*. New York: Alfred A. Knopf, 2009.

———. *The Grand Turk*. New York: Overlook Press, 2009.

———. *Jem Sultan: The Adventures of a Captive Turkish Prince in Renaissance Europe*. New York: HarperCollins, 2013.

Freeman, Charles. *Holy Bones, Holy Dust: How Relics Shaped the History of Medieval Europe*. New Haven: Yale University Press, 2012.

Freiberg, Jack. *Bramante's Tempietto and the Spanish Crown*. Rome: American Academy in Rome, 2005.

Frucht, Richard, ed. *Eastern Europe: An Introduction to the People, Lands and Culture*. Santa Barbara, Calif.: ABC-CLIO, 2004.

Fulin, Rinaldo. *I Diarii di Marino Sanuto*. Venice: M. Visentini, 1880.

Fusero, Clemente. *The Borgias*. Translated by Peter Green. New York: Praeger, 1972.

Fyvie, John. *The Story of the Borgias*. New York: G.P. Putnam's Sons, 1913.

Gairdner, James, ed. "Journals of Roger Machado," in *Historia Regis Henrici Septimi* (London: Longman, Brown, Green, Longmans, and Roberts, 1858), pp. 157–99.

———. *Letters and Papers Illustrative of the Reigns of Richard III and Henry VII*. London: Longman, Green, Longman and Roberts, 1861.

Galíndez Carvajal, Lorenzo. *Crónica de los Reyes de Castilla*. Madrid: Libraría de los sucesores de Hernando, 1923.

Garcés, María Antonia. *Cervantes in Algiers: A Captive's Tale*. Nashville, Tenn.: Vanderbilt University Press, 2002.

García Mercadel, José. *La segunda mujer del Rey Católico, doña Germana de Foix, última reina de Aragón*. Barcelona: Editorial Juventud, SA, 1942.

Gayangos, Pascual de. *The History of the Mohammedan Dynasties in Spain*. London: Oriental Translation Fund, 1843.

Georgius de Hungaria. *Libellus de Ritu et Moribus Turcorum* (1530); digitized version provided by Göttingen State and University Library, Germany.

Gerber, Jane S. *The Jews of Spain: A History of the Sephardic Experience*. New York: Free Press, 1994.

Gerli, E. Michael, "Social Crisis and Conversion: Apostasy and Inquisition in the Chronicles of Fernando del Pulgar and Andrés Bernáldez." *Hispanic Review* 70, no. 2 (Spring 2002), pp. 19–25.

Gitlitz, David Martin. *Secrecy and Deceit: The Religion of the Crypto-Jews*. Albuquerque: University of New Mexico Press, 2002.

Goffman, Daniel. *The Ottoman Empire and Early Modern Europe*. Cambridge, U.K.: Cambridge University Press, 2002.

Gómara, Francisco López de. *Los corsarios Barbarroja*. Madrid: Ediciones Polefemo, 1989.

Gomarez Marín, Antonio. *Documentos de los Reyes Católicos (1492–1504)*. Murcia: Academia Real Alfonso X el Sabio, 2000.

Gómez, María A., Santiago Juan-Navarro, and Phyllis Zatlin, eds. *Juana of Castile: History and Myth of the Mad Queen*. Lewisburg, Pa.: Bucknell University Press, 2008.

González Marrero, María del Cristo. *La casa de Isabel la Católica, espacios domesticos y vida cotidiana*. Ávila: Diputación de Ávila, Institución "Gran Duque de Alba," 2004.

Gonzálo Herrera, Manuel. *Castilla: Negro sobre rojo, de Enrique IV a Isabel la Católica*. Segovia: Ediciones Castellanas, 1993.

Goodwin, Jason. *Lords of the Horizon: A History of the Ottoman Empire*. New York: Henry Holt, 1998.

Gottschalk, Paul. *The Earliest Diplomatic Documents on America, the Papal Bulls of 1493 and the Treaty of Tordesillas*. Berlin: Paul Gottschalk, 1927.

Gould, Alicia Bache. *Nueva lista documentada de los tripulantes de Colón en 1492*. Madrid: Viuda de E. Maestre, 1942–44.

Goury, M. Jules, and Owen Jones. *Plans, Elevations, Sections and Details of the Alhambra: from Drawings Taken on the Spot in 1834*. London: Owen Jones, 1842.

Graña Cid, María del Mar. *Beatriz de Silva (ca. 1426–ca. 1491)*. Madrid: Ediciones del Orto, 2004.

Grayeff, Felix. *Joan of Arc: Legends and Truth*. London: Philip Goodall, 1978.

Green, Mary Anne Everett. *Letters of Royal and Illustrious Ladies of Great Britain, from the Commencement of the Twelfth Century to the Close of the Reign of Queen Mary*. London: Henry Colburn, 1846.

Green, Toby. *Inquisition: The Reign of Fear*. New York: St. Martin's Press, 2009.

Hach, W., J. Dissemod, and V. Hach-Wunderly. "The Long Road to Syphilitic Leg Ulcers." *Phlebogie* 2/2013. Schattauer 2013.

Hare, Christopher (pseudonym for Maria Andrews). *The High and Puissant Princess Marguerite of Austria, Princess Dowager of Spain, Duchess Dowager of Savoy, Regent of the Netherlands*. New York: Charles Scribner & Sons, 1907.

———. *Maximilian the Dreamer: Holy Roman Emperor, 1459–1519*. Germany: S. Paul & Co., 1913.

Haring, Clarence Henry. *Trade and Navigation Between Spain and the Indies*. Cambridge, Mass.: Harvard University Press, 1964.

Harvey, L. P. *Islamic Spain, 1250 to 1500*. Chicago: University of Chicago Press, 1992.

Hayden, Deborah. *Pox: Genius, Madness and the Mysteries of Syphilis*. New York: Basic Books, 2003.

Hefele, Karl Josephon von. *The Life of Cardinal Ximénez*. Translated by John Canon Dalton. London: Catholic Publishing & Bookselling Company, 1860.

Hess, Andrew C. *Forgotten Frontier: A History of the Sixteenth-Century Ibero-African Frontier*. Chicago: University of Chicago Press, 1978.

Heywood, Colin. *Writing Ottoman History: Documents and Interpretations*. Aldershot, Hampshire, U.K.: Ashgate Publishing, 2002.

Hicks, Michael. *Anne Neville, Queen to Richard III*. Gloucestershire, U.K.: Tempus, 2006.

Highfield, Roger, ed. *Spain in the Fifteenth Century, 1369–1516: Essays and Extracts by Historians of Spain*. Translated by Frances M. López-Morillas. New York: Harper & Row, 1972.

Hills, George. *Rock of Contention: A History of Gibraltar*. London: Robert Hale & Co., 1974.

Himmerich y Valencia, Robert. *The Encomenderos of New Spain, 1521–1555*. Austin: University of Texas Press, 1991.

Hollingsworth, Mary. *The Cardinal's Hat: Money, Ambition and Everyday Life in the Court of a Borgia Prince*. Woodstock, N.Y.: Overlook Press, 2005.

Homza, Lu Ann, ed. and trans. *The Spanish Inquisition, 1478–1614: An Anthology of Sources*. Indianapolis: Hackett, 2006.

Hopkins, T. C. F. *Empires, Wars, and Battles: The Middle East from Antiquity to the Rise of the New World*. New York: Forge Books, 2006.

Hutson, James. *Forgotten Features of the Founding: The Recovery of Religious Themes in the Early American Republic*. Lanham, Md: Lexington Books, 2003.

Ihsanoglu, Ekmeleddin. ed. *The History of the Ottoman State, Society, and Civilization*. 2 vols. Istanbul: Research Centre for Islamic History, Art and Culture, 2001.

Imber, Colin. *The Ottoman Empire, 1300–1650: The Structure of Power*. London: Palgrave Macmillan, 2002.

Inalcik, Halil. *Studies in Ottoman Social and Economic History*. London: Variorum Reprints, 1985.

——. *The Ottoman Empire: The Classical Age 1300–1600*. London: Phoenix Press, 2000.

Irizarry, Estelle. *Christopher Columbus's Love Letter to Queen Isabel*. San Juan, Puerto Rico: Ediciones Puerto, 2012.

Irving, Washington. *Chronicle of the Conquest of Granada*. Philadelphia: Carey, Lea & Carey, 1829.

Irwin, Robert. *The Alhambra*. Cambridge, Mass.: Harvard University Press, 2004.

Ishikawa, Chiyo. *The Retablo of Isabel la Católica*. Brussels: Brepols, 2004.

Izbicki, Thomas. *Protector of the Faith: Cardinal Johannes de Turrecremata and the Defense of the Institutional Church*. Washington, D.C.: Catholic University Press, 1981.

Jacobs, Martin. "Joseph ha-Kohen, Paolo Giovio and Sixteenth-Century Historiography." In *Cultural Intermediaries: Jewish Intellectuals in Early Modern Italy*. Edited by David B. Ruderman and Giuseppe Veltri. Philadelphia: University of Pennsylvania Press, 2004.

Jaén, Didier T. *John II of Castile and the Grand Master Álvaro de Luna*. Madrid: Editorial Castalia, 1978.

Jayyusi, Salma Khadra, ed. *The Legacy of Muslim Spain*. Leiden: Brill, 1994.

Jennings, Ronald C. *Studies on Ottoman Social History in the Sixteenth and Seventeenth Centuries: Women, Zimmis and Sharia Courts in Kayseri, Cyprus and Trabzon*. Istanbul: Isis Press, 1999.

Johnson, Marion. *The Borgias*. New York: Holt, Rinehart & Winston, 1981.

Jones, Jonathan. *The Lost Battles: Leonardo, Michelangelo, and the Artistic Duel That Defined the Renaissance*. London: Simon & Schuster, 2010.

Jordan, Annemarie. *The Development of Catherine of Austria's Collection in the Queen's Household: Its Character and Cost*. Providence, R.I.: Brown University, 1994.

Kagan, Richard L. "Prescott's Paradigm: American Historical Scholarship and the Decline of Spain." *The American Historical Review* 101, no. 2 (April 1996), pp. 423–46.

Kagan, Richard L., and Abigail Dyer. *Inquisitorial Inquiries: Brief Lives of Secret Jews and Other Heretics*. Baltimore: John Hopkins University Press, 2011.

Kamen, Henry. *The Spanish Inquisition: A Historical Revision*. London: Weidenfeld & Nicolson, 1997.

——. *Empire: How Spain Became a World Power 1492–1761*. New York: HarperCollins, 2004.

——. *Spain, 1469–1714: A Society of Conflict*. Harlow, U.K.: Pearson Education, 2005.

Kaplan, Gregory B. "In Search of Salvation: The Deification of Isabel la Católica in Converso Poetry." *Hispanic Review* 66, no. 3 (Summer 1998), pp. 289–308.

Kizilov, Mikhail. *Slave Trade in the Early Modern Crimea from the Perspective of Christian, Muslim and Jewish Sources*. Leiden: Koninkijke Brill NV, 2007.

Kleinschmidt, Harald. *Ruling the Waves: Emperor Maximilian I, the Search for Islands, and the Transformation of the European World Picture c. 1500*. Netherlands: Hes & De Graaf, 2008.

Koch, Yolanda Moreno. *El judaísmo hispano, según la crónica hebrea de Rabí Eliyahu Capsali*. Granada: Universidad de Granada, 2005.

Kraus, H. P. *Americana Vetustissima: Fifty Books, Manuscripts, and Maps Relating to America from the First Fifty Years After Its Discovery (1493-1592): In Celebration of the Columbus Quincentenary.* New York: H. P. Kraus, 1990.

Labalme, Patricia H., and Laura Sanguinetti White, eds. *Venice, Città Excelentissima: Selections from the Renaissance Diaries of Marin Sanudo.* Translated by Linda L. Carroll. Baltimore: Johns Hopkins University Press, 2008.

Ladero Quesada, Miguel Ángel. *Castilla y la conquista del reino de Granada.* Granada: Diputacion Provincial de Granada, 1993.

———. *La España de los Reyes Católicos.* Madrid: Alianza Editorial, 1999.

———. *La guerra de Granada, 1482-1491.* Granada: Los Libros de la Estrella, 2001.

———. *Los Reyes Católicos y su tiempo.* Madrid: Centro de Información y Documentación Científica, 2004.

Lamb, Vivien B. *The Betrayal of Richard III: An Introduction to the Controversy.* London: Mitre Press, 1968.

Lanyon, Anna. *The New World of Martin Cortes.* Cambridge, Mass.: Da Capo Press, 2004.

Las Casas, Bartolomé de. *An Account, Much Abbreviated, of the Destruction of the Indies.* Edited by Franklin W. Knight. Translated by Andrew Hurley. Indianapolis: Hackett, 2003.

———. *Apologética historia de las Indias.* Edited by Manuel Serrano y Sanz. Madrid: Bailly y Baillière, 1909.

———. *History of the Indies.* Translated and edited by Andrée Collard. New York: Harper & Row, 1971. Circulated between 1560 and 1600; first published in 1875.

Lea, Henry Charles. "Lucero the Inquisitor." *The American Historical Review* 2, no. 4 (July 1897).

———. *A History of the Inquisition in Spain.* London: Macmillan, 1906.

Letts, Malcolm, ed. and trans. *The Travels of Leo of Rozmital through Germany, Flanders, England, France, Spain, Portugal and Italy, 1465-1467.* Hakluyt Society. Cambridge, U.K.: Cambridge University Press, 1957.

Levack, Brian P. *The Witch-Hunt in Early Modern Europe.* London: Longman Group, 1987.

Levine Melammed, Renée. *Heretics or Daughters of Israel? The Crypto-Jewish Women of Castile.* New York: Oxford University Press, 1999.

Lewis, Bernard. *Islam: From the Prophet Muhammad to the Capture of Constantinople.* New York: Oxford University Press, 1987.

Lindo, Elias Hiam. *The History of the Jews of Spain and Portugal.* 1848. Reprint. New York: Burt Franklin, 1970.

Liss, Peggy K. *Isabel the Queen: Life and Times.* New York: Oxford University Press, 1992.

Liss, Peggy K. *Isabel the Queen: Life and Times.* Philadelphia: University of Pennsylvania Press, 2004.

———. "Isabel of Castille (1451-1504), Her Self-Representation and Its Context." In *Queenship and Political Power in Medieval and Early Modern Spain.* Edited by Theresa Earenfight. Hampshire, England: Ashgate Publishing, 2005.

Llorente, Juan Antonio. *A Critical History of the Inquisition of Spain.* Williamstown, Mass.: The John Lilburne Co., 1967.

Lojendio, Luis-María de. *Gonzalo de Córdoba, El Gran Capitán.* Madrid: Espasa-Calpe, 1942.

López de Coca Castañer, José Enrique. "La Conquista de Granada: El Testimonio de los Vencidos." *Norba: Revista de Historia* 18 (2005).

Lorenzo Arribas, Josemi. *Juana I de Castilla y Aragón, 1479-1555.* Madrid: Ediciones del Orto, 2004.

Lucas-Dubreton, Jean. *The Borgias.* New York: E. P. Dutton, 1955.

Luke, Mary M. *Catherine the Queen.* New York: Coward-McCann, Inc., 1967.

Lunenfeld, Marvin. *Keepers of the City: The Corregidores of Isabella I of Castile, 1474–1504.* Cambridge, U.K.: Cambridge University Press, 1987.

Lynn, Caro. *A College Professor of the Renaissance: Lucio Marineo Siculo Among the Spanish Humanists.* Chicago: University of Chicago Press, 1937.

Machiavelli, Niccolò. *The Prince and the Discourses.* New York: Modern Library, 1950.

MacKay, Angus. "Ritual and Propaganda in Fifteenth Century Spain." *Past & Present,* no. 107. Oxford: Oxford University Press, May 1985.

MacPherson, Ian, and Angus MacKay. *Love, Religion and Politics in Fifteenth Century Spain.* Leiden: Brill, 1998.

Madariaga, Salvador de. *Christopher Columbus: Being the Life of the Very Magnificent Lord Don Cristóbal Colón.* New York: Macmillan, 1940.

Major, Richard Henry. *The Life of Prince Henry of Portugal, Surnamed the Navigator.* London: A. Asher & Co., 1868.

Mallett, Michael. *The Borgias: The Rise and Fall of a Renaissance Dynasty.* New York: Barnes & Noble, 1969.

Mann, Charles C. *1491: New Revelations of the Americas Before Columbus.* New York: Alfred A. Knopf, 2005.

Mann, James. *1493: Uncovering the New World Columbus Created.* New York: Alfred A. Knopf, 2011.

——. "Exhibition of Portuguese Art at the Royal Academy." *Burlington Magazine* 97, no. 633 (December 1955), pp. 367–73.

Marañón, Gregorio. *Ensayo biológico sobre Enrique IV de Castilla y su tiempo.* Madrid: Colección Austral, 1997.

Marek, George R. *The Bed and the Throne: The Life of Isabella d'Este.* New York: Harper & Row, 1976.

Marino, Nancy F. *Don Juan Pacheco: Wealth and Power in Late Medieval Spain.* Tempe: Arizona Center for Medieval and Renaissance Studies, 2006.

Márquez de la Plata, Vicenta María. *Mujeres renacentistas en la corte de Isabela la Católica.* Madrid: Editorial Castalia, 2005.

Martín, José Luis. *Isabel la Católica: sus hijas y las damas de su corte, modelos de doncellas, casadas y viudas, en el Carro de las Doñas, 1542.* Ávila: Diputación Provincial de Ávila, Institución "Gran Duque de Alba," 2001.

Martínez Millán, José. "Structures of Inquisitorial Finance." In *The Spanish Inquisition and the Inquisitorial Mind.* Edited by Angel Alcalá. New York: Columbia University Press, 1987.

Martyr, Peter, of Anghiera. *Opus Epistolarum: The Work of the Letters of Peter Martyr.* Letters written between 1457 and 1526, translated into English ca. 1855. London: Wellcome Library.

——. *The Discovery of the New World in the Writings of Peter Martyr of Anghiera.* Edited by Ernest Lunardi, Elisa Magioncalda, and Rosanna Mazzacane. Translated by Felix Azzola. Rome: Istituto Poligráfico e Zecca dello Stato, Libreria dello Stato, 1992.

——. *De Orbo Novo: The Eight Decades of Peter Martyr D'Anghera.* Translated by Francis Augustus MacNutt. Project Gutenberg, 2004.

Mata Carriazo y Arroquia, Juan de. *Crónica de Juan II de Castilla.* Madrid: Real Academia de la Historia, 1982.

——. *Los relieves de la guerra de Granada en la sillería del coro de la Catedral de Toledo.* Granada: Universidad de Granada, 1985.

Mathew, Arnold Harris. *The Diary of John Burchard of Strasburg.* London: Francis Griffiths, 1910.

Mattingly, Garrett. *Catherine of Aragon.* New York: Quality Paperback Books, 1941.

Maxwell-Stuart, P. G. *Chronicles of the Popes.* New York: Thames & Huckon, 1997.

Mazower, Mark. *Salonica, City of Ghosts: Christians, Muslims, and Jews, 1430–1950*. New York: Alfred A. Knopf, 2005.

McBrien, Richard P. *Lives of the Popes: The Pontiffs from St. Peter to John Paul II*. New York: HarperCollins, 1997.

McDonald, Mark P. *Ferdinand Columbus: Renaissance Collector*. London: British Museum Press, 2000.

McManners, John. *The Oxford Illustrated History of Christianity*. Oxford, U.K.: Oxford University Press, 1992.

McMurdo, Edward. *History of Portugal*. London: St. Dunstan's House, 1889.

Memorial Histórico español: colección de documentos, opúsculos, y antigüedades que publica la Real Academia de la Historia, vol. 6. Madrid: Imprenta de la Real Academia de Historia, 1853.

Memorias de Don Enrique IV de Castilla, vol. 2, *La colección diplomática del mismo rey* Madrid: Real Academia de Historia, 1835-1913.

Menocal, María Rosa. *The Ornament of the World: How Muslims, Jews, and Christians Created a Culture of Tolerance in Medieval Spain*. Boston: Little, Brown, 2002.

Menzies, Gavin. *1421: The Year China Discovered America*. New York: HarperCollins, 2002.

Merriman, Roger Bigelow. *The Rise of the Spanish Empire in the Old World and the New*. New York: Cooper Square, 1962.

Merula, George. "The Siege of Shkodra" (1474). Translated by George Elsie. *Texts and Documents of Albanian History*, http://www.albanianhistory.net/en/texts1000-1799/AH1474.html.

Miller, Kathryn A. *Guardians of Islam*. New York: Columbia University Press, 2008.

Miller, Townsend. *The Castles and the Crown: Spain, 1451–1555*. New York: Coward-McCann, 1963.

Monasterio de San Antonio el Real, Segovia.

Morales Muñiz, María Dolores-Carmen. *Alfonso de Ávila, Rey de Castilla*. Ávila: Diputación Provincial de Ávila, Institución "Gran Duque de Alba," 1988.

Morales Muñiz, María Dolores-Carmen, and Luis Caro Dobón. "La muerte del rey Alfonso XII de Castilla." *Revista Hidalguía* 358-59 (2013), p. 293.

Morgan, David. *Medieval Persia, 1040–1797*. Singapore: Longman Singapore Publishers, 1988.

Morgenthau, Henry. *Ambassador Morgenthau's Story*. Detroit: Wayne State University Press, 1999.

Morison, Samuel Eliot. *Admiral of the Ocean Sea: A Life of Christopher Columbus*, vol. 1. Boston: Little, Brown, 1942.

———. *Admiral of the Ocean Sea: A Life of Christopher Columbus*. One-volume edition. Boston: Little, Brown, 1949.

Morison, Samuel Eliot, trans. and ed. *Journals and Other Documents on the Life and Voyages of Christopher Columbus*. New York: Limited Editions Club, 1963.

Mueller, Tom. "CSI: Italian Renaissance." *Smithsonian Magazine*. July-August 2013.

Münzer, Jerónimo. *Viaje por España y Portugal, 1494–1495*. Madrid: Ediciones Polifemo, 1991.

Murphy, Cullen. *God's Jury: The Inquisition and the Making of the Modern World*. Boston: Houghton Mifflin Harcourt, 2012.

Myers, Kathleen Ann. *Fernández de Oviedo's Chronicle of America: A New History for a New World*. Austin: University of Texas Press, 2007.

Nader, Helen. *Power and Gender in Renaissance Spain*. Urbana: University of Illinois Press, 2004.

Netanyahu, Benzion. *Don Isaac Abravanel: Statesman and Philosopher.* Philadelphia: Jewish Publication Society of America, 1982.

———. *The Origins of the Inquisition in Fifteenth Century Spain.* New York: Random House, 1995.

———. *The Marranos of Spain: From Late 14th to the Early 16th Century, According to Contemporary Hebrew Sources.* Ithaca, N.Y.: Cornell University Press, 1999.

Norwich, John Julius. *The World Atlas of Architecture.* New York: Portland House, 1988.

———. *A History of Venice.* New York: Vintage Books, 1989.

O'Callaghan, Joseph P. *A History of Medieval Spain.* Ithaca, N.Y.: Cornell University Press, 1975.

Oliveira Marques, Antonio Henrique de. *Daily Life in Portugal in the Late Middle Ages.* Translated by S. S. Wyatt. Madison: University of Wisconsin Press, 1971.

———. *History of Portugal*, vol. 1, *From Lusitania to Empire.* New York: Columbia University Press, 1976.

Oliver-Copóns, D. Eduardo de. *El Alcázar de Segovia.* Valladolid: Imprenta Castellana, 1916.

Omaechevarría, Ignacio. *Orígenes de La Concepción de Toledo.* Burgos: Aldecoa, 1976.

Oman, Charles. *A History of the Art of War in the Sixteenth Century.* New York: E. P. Dutton, 1937.

Önalp, Ertugrul. *Las Memorias de Barbarroja.* Ankara: Ankara Üniversitesi Basimevi, 1997.

Oviedo y Valdés, Gonzalo Fernández de. *Historia general y natural de las Indias.* Madrid: Imprenta de la Real Academia de la Historia, 1851.

———. *Libro de la Cámara Real del Príncipe Don Juan e officios de su casa e servicio ordinario.* Madrid: La Sociedad de Bibliofilos Españoles, 1870.

———. *Natural History of the West Indies.* Translated by Sterling A. Soutudemire. Chapel Hill: University of North Carolina Press, 1959.

———. *Batallas y quinquagenas.* 2 vols. Madrid: Real Academia de la Historia, 2000.

———. *Writing from the Edge of the World: The Memoirs of Darien, 1514–1527.* Translated by Glen F. Dille. Tuscaloosa: University of Alabama Press, 2006.

Padilla, Lorenzo de. *Crónica de Felipe Primero, llamado El Hermoso.* In *Colección de documentos inéditos para la historia de España.* Edited by Miguel Salvá and Pedro Sainz de Baranda. Madrid: Imprenta de la Viuda de Calero, 1846.

Paez Carrascosa, José. *Ronda and the Serranía.* Translated by Katie Boyle. Ronda, Spain: Publicaciones Ronda, 2000.

Palencia, Alonso Fernández de. *Crónica de Enrique IV.* Edited by Antonio Paz y Meliá. Reprint, Madrid: Ediciones Atlas, 1975.

———. *Guerra de Granada.* Reprint, Barcelona: Linkgua Ediciones, 2009.

Parker, Margaret R. *The Story of a Story Across Cultures: The Case of the Doncella Teodor.* London: Tamesis, 1996.

Parkes, Henry Bamford. *A History of Mexico.* Boston: Houghton Mifflin, 1969.

Parry, V. J. *A History of the Ottoman Empire to 1730.* London: Cambridge University Press, 1976.

Pastor, Ludwig von. *The History of the Popes from the Close of the Middle Ages.* Translated by E. F. Peeler. St. Louis: B. Herder, 1898.

Patterson, Jack E. *Fonseca: Building the New World: How a Controversial Spanish Bishop Helped Find and Settle an Empire in the Americas.* CreateSpace Independent Publishing Platform, 2010.

Paz, Julián. *Catálogo de la colección de documentos inéditos para la historia de España.* 2 vols. Madrid: Instituto de Valencia de Don Juan, 1930–31.

Paz y Meliá, Antonio. *El cronista Alonso de Palencia, su vida y sus obras, sus décadas y las crónicas contemporáneas*. Madrid: Hispanic Society of America, 1914.

Pearson, Andrea G. "Margaret of Austria's Devotional Portrait Diptychs." *Women's Art Journal* 22, no. 2 (Autumn 2001–Winter 2002), pp. 19–25.

Peirce, Leslie P. *The Imperial Harem: Women and Sovereignty in the Ottoman Empire*. New York City: Oxford University Press, 1993.

——. "In Search of the Harem: Sexual Crime and Social Space in Ottoman Royal Law of the 15th and 16th Centuries." *The Ottoman Empire: Myths, Realities and Black Holes*. Istanbul: The Isis Press, 2006.

Penzer, N. M. *The Harem: Inside the Seraglio of the Turkish Sultans*. Mineola, N.Y.: Dover Publications, Inc., 2005.

Pérez de Guzmán, Fernán. *Comienza la crónica del serenísimo Príncipe Don Juan, segundo rey deste nombre*. Madrid: Librería y Casa Editorial Hernando, 1930.

Pérez Samper, María Ángeles. *Isabel la Católica*. Barcelona: Random House Mondadori, 2004.

Peters, Edward. "Jewish History and Gentile Memory." *Jewish History* 9, no. 1 (Spring 1995).

Philippides, Marios. *Patriarchs, Emperors, and Sultans: A Short Chronicle of the Sixteenth Century*. Brookline, Mass.: Hellenic College Press, 1990.

Philippides, Marios, ed. *Mehmed II the Conquerer: And the Fall of the Franco-Byzantine Levant to the Ottoman Turks: Some Western Views and Testimonies*. Tempe: Arizona Center for Medieval and Renaissance Studies, 2007.

Phillips, Carla Rahn, and William D. Phillips. "Christopher Columbus in United States Historiography." *History Teacher* 25, no. 2 (February 1992), pp. 119–35.

Phillips, William D., Jr. *Enrique IV and the Crisis of Fifteenth-Century Castile, 1425–1480*. Cambridge, Mass.: Medieval Academy of America, 1978.

Pina, Ruy de. *Crónica de El-Rei D. Afonso V*, vol. 1. Lisbon: Escritorio, 1901.

——. *Croniqua delrey Dom Joham II*. Coimbra: Atlantida–Livraria Editora, 1950.

Pohl, John, and Charles M. Robinson III. *Aztecs and Conquistadores: The Spanish Invasion and the Collapse of the Aztec Empire*. New York: Osprey, 2005.

Pou, José. "Un monumento de los Reyes Católicos en Roma." *V Congreso de Historia de la Corona de Aragón*, Zaragoza, Oct. 4–11, 1952. Zaragoza: Instituto Fernando el Católico, 1954.

Pratt, Michael. *Britain's Greek Empire: Reflections on the History of the Ionian Islands from the Fall of Byzantium*. n.p.: Rex Collings, 1978.

Prescott, William. *History of the Reign of Ferdinand and Isabella*. London: Richard Bentley, 1838.

——. *History of the Reign of Ferdinand and Isabella*. Philadelphia: J. B. Lippincott, 1896.

Press Department, Ministry of the Interior. *The Turkish Woman in History*. Ankara, Turkey, 1937.

Prieto Cantero, Amalia. *Archivo general de Simancas, catálogo V, Patronato Real (834–1851), tomo II*. Valladolid: Cuerpo Facultativo de Archiveros, Bibliotecarios y Arqueológicos, 1949.

——. *Cartas autografas de los Reyes Católicos de España Don Fernando y Doña Isabel que conservan en el Archivo de Simancas, 1474–1502*. Vallodolid: Insituto Isabel la Católica de Historia Eclesiástica, 1971.

Pulgar, Hernando del. *Crónica de los Señores Reyes Católicos, Don Fernando y Doña Isabel de Castilla y de Aragón*. Valencia: Imprenta de Benito Monfort, 1780.

——. *Crónica de los Señores Reyes Católicos Don Fernando y Doña Isabel de Castilla y de Aragón*. Madrid: Biblioteca de Autores Españoles, Librería de los Sucesores de Hernando, 1923.

———. *Letras: Glosa a las coplas de Mingo Revulgo*. Madrid: Ediciones de la Lectura, 1929.

———. *Crónica de los Reyes Católicos*. Edited by Juan de Mata Carriazo y Arroquia. Madrid: Espasa-Calpe, S.A., 1943.

Purcell, Mary. *The Great Captain: Gonzalo Fernández de Córdoba*. New York: Alvin Redman, 1963.

Pust, Klemen. "Slavery, Childhood and the Border: The Ethics and Economics of Child Displacement Along the Triplex Confinium in the Sixteenth Century." Presented at the 15th World Economic History Congress, Stellenbosch University, South Africa, July 9–13, 2012.

Puyol, Julio. *Crónica incompleta de los Reyes Católicos, 1469–1476: Según un manuscrito anónimo de la época*. Madrid: Tipografía de Archivos, 1934.

Quintana, Manuel José. *Memoirs of Gonzalo Hernández, Styled the Great Captain*. Translated by Joseph Russell. London: Edward Churton, 1851.

Reilly, Bernard F. *The Kingdom of Leon-Castilla Under Queen Urraca, 1109–1125*. Princeton, N.J.: Princeton University Press, 1982.

Reséndez, Andrés. *A Land So Strange: The Epic Journey of Cabeza de Vaca*. New York: Basic Books, 2007.

Reston, James, Jr. *Dogs of God, Columbus, the Inquisition, and the Defeat of the Moors*. New York: Anchor, 2006.

Reyes Ruiz, Manuel. *The Royal Chapel of Granada: The Exchange ("Lonja"), the Church, the Museum: Visitor's Guide*. Translated by Neil McLaren. Granada: Fifth Centenary Publications, 2004.

———. *Testamento de la Reina Isabel la Católica: Testamento del Rey Fernando el Católico*. Granada: Capilla Real de Granada, 2004.

Ribot, Luis, Julio Valdeón, and Elena Maza. *Isabel la Católica y su época. Actas del congreso internacional 2004*. Valladodid: Instituto Universitario de Histórica Simancas, Universidad de Valladolid, 2004.

Rivera Garretas, María-Milagros. *Juana de Mendoza*. Madrid: Ediciones del Orto, 2004.

Rodríguez Valencia, Vicente. *Isabel la Católica en la opinión de españoles y extranjeros, siglos XV al XX*. 3 vols. Valladolid: Instituto "Isabel la Católica" de Historia Eclesiástica, 1970.

Roo, Peter de. *Material for a History of Pope Alexander VI, His Relatives and His Time*, vol. 5. New York: The Universal Knowledge Foundation, 1924.

Rosell, Cayetano, et al. *Crónicas de los Reyes de Castilla: Desde Don Alfonso el sabio hasta los católicos Don Fernando y Doña Isabel*. Madrid: Librería de los Sucesores de Hernando, 1923.

Ross, Charles Derek. *Edward IV*. Berkeley and Los Angeles: University of California Press, 1974.

Rothschild, Bruce M. "History of Syphilis." *Clinical Infectious Diseases*. Oxford Journals, 2005:40 (May 15), pp. 1454–63.

Round, Nicholas. *The Greatest Man Uncrowned: A Study of the Fall of Don Álvaro de Luna*. London: Tamesis Books, 1986.

Rowdon, Maurice. *The Spanish Terror: Spanish Imperialism in the Sixteenth Century*. London: Constable, 1974.

Rozen, Minna. *A History of the Jewish Community in Istanbul: The Formative Years, 1453–1566*. Leiden: Brill, 2010.

Rubin, Nancy. *Isabella of Castile: The First Renaissance Queen*. New York: St. Martin's Press, 1991.

Ruderman, David B., and Giuseppe Verdi, eds., *Cultural Intermediaries: Jewish Intellectuals in Early Modern Italy*. Philadelphia: University of Pennsylvania Press, 2004.

Ruiz, Teofilo. *Spanish Society, 1400–1600*. Essex, U.K.: Pearson Education, 2001.

——. *The Other 1492: Ferdinand, Isabella, and the Making of an Empire.* Chantilly, Va., Teaching Co., 2002.

——. *Spain's Centuries of Crisis: 1300–1474.* West Essex, U.K.: Wiley-Blackwell, 2011.

Ruiz-Domènec, José Enrique. *El Gran Capitán: Retrato de una época.* Barcelona: Ediciones Peninsula, 2002.

Ruy de Pina. *Chronica de el-rei D. Affonso V.* Lisboa: Escriptorio, 1901.

——. *Croniqua Delrey Dom Joham II.* Coimbra: Atlantida, 1950.

Ryder, Alan. *The Wreck of Catalonia: Civil War in the Fifteenth Century.* New York: Oxford University Press, 2007.

Sabatini, Rafael. *Torquemada and the Spanish Inquisition: A History.* London: Stanley Paul, 1924.

Sahagún, Fray Bernardino de. *Florentine Codex: General History of the Things of New Spain.* Translated by Arthur J. O. Anderson and Charles Dibble. Salt Lake City: University of Utah Press, 1982.

Salter, Anna. *Predators, Pedophiles, Rapists and Other Sex Offenders.* New York: Basic Books, 2004.

Sanceau, Elaine. *Henry the Navigator: The Story of a Great Prince and His Time.* New York: W. W. Norton, 1947.

——. *The Perfect Prince: A Biography of the King Dom João II.* Porto and Lisbon: Livraria Civilizacão, 1959.

——. *The Reign of the Fortunate King, 1495–1521.* New York: Archon Books, 1970.

Sánchez Cantón, Francisco Javier. *Libros, tapices y cuadros que colleccionó Isabel la Católica.* Madrid: Consejo Superior de Investigaciones Científicas, 1950.

Sanchez Martín, Aureliano. *Crónica de Enrique IV de Diego Enríquez del Castillo.* Valladolid: Secretariado de Publicaciones, Universidad de Valladolid, 1994.

Sánchez Prieto, Ana. *Enrique IV el Impotente.* Madrid: Alderaban Ediciones, 1999.

Sanchis y Sivera, José. "El Cardenal Rodrigo de Borgia en Valencia." *Boletín de la Real Academia de Historia* 84 (1924), p. 149.

Sandoval, Fray Prudencio de. *Historia de la vida y hechos del Emperador Carlos V.* Madrid: Biblioteca de Autores Españoles, Atlas, 1955.

Santa Cruz, Alonso de. *Crónica de los Reyes Católicos.* Edited by Juan de Mata Carriazo y Arroquia. 2 vols. Seville: Escuela de Estudios Hispano-Americanos de Sevilla, 1951.

Santa María de Miraflores. Burgos: Caja de Ahorros Municipal de Burgos, 1992.

Sanz, M. Grau. "Así fue coronada Isabel la Católica." *Estudios Segovianos* 1 (1949), pp. 24–36.

Saracheck, Joseph. *Don Isaac Abravanel.* New York: Bloch Publishing Co., 1938.

Sarwar, Ghulam. *History of Shah Ismail Safavi.* Aligarh: Muslim University, 1939.

Scofield, Cora Louise, "The Movements of the Earl of Warwick in the Summer of 1464." *English Historical Review* (October 1906).

——. *The Life and Reign of Edward the Fourth, King of England and of France and Lord of Ireland.* London: Frank Cass & Co., 1967.

Seton Watson, R. W. *Maximilian I: Holy Roman Emperor.* Westminster, U.K.: Archibald Constable & Co., 1902.

Seward, Desmond. *The Burning of the Vanities: Savonarola and the Borgia Pope.* Stroud, U.K.: Sutton, 2006.

Shadis, Miriam. *Berenguela of Castile (1180–1246) and Political Women in the High Middle Ages.* New York: Palgrave Macmillan, 2009.

Shaw, Stanford. *History of the Ottoman Empire and Modern Turkey.* Cambridge, U.K.: Cambridge University Press, 1976.

Shmuelevitz, Aryeh. "Capsali as a Source for Ottoman History, 1450–1523." *International Journal of Middle Eastern Studies* 9 (1978), pp. 339–44.

Simpson, Leonard Francis. *Autobiography of Charles V.* London: Longman, Green, Longman Roberts & Green, 1862.

Smith, Bradley. *Spain: A History in Art.* Garden City, N.Y.: Doubleday, 1971.

Smith, George. *The Coronation of Elizabeth Wydeville, Queen Consort of Edward IV, on May 26th, 1465: A Contemporary Account Set Forth from a XV Century Manuscript.* London: Ellis, 1935.

Solé, José María. *Los reyes infieles, amantes y bastardos: De los Reyes Católicos a Alfonso XIII.* Madrid: La Esfera de los Libros, 2005.

Soyer, François. *The Persecution of the Jews and Muslims of Portugal: King Manuel I and the End of Religious Tolerance, 1496–1497.* Leiden: Brill, 2007.

———. "King João II of Portugal, 'O Principe Perfeito,' and the Jews (1481–1495)." *Sefarad* 69, no. 1 (2009).

Sphrantzes, George. *The Fall of the Byzantine Empire: A Chronicle, 1401–1477.* Amherst: University of Massachusetts Press, 1980.

Starr-LeBeau, Gretchen. *In the Shadow of the Virgin: Inquisitors, Friars and Conversos in Guadalupe, Spain.* Princeton, N.J.: Princeton University Press, 2003.

Stevens, Serita Deborah, and Anne Klarner. *Deadly Doses: A Writer's Guide to Poisons.* Cincinnati: Writers Digest Books, 1990.

Stewart, Paul. "The Santa Hermandad and the First Italian Campaign of Gonzalo de Córdoba, 1495–1498." *Renaissance Quarterly* 28, no. 1 (Spring 1975), pp. 29–37.

Strathern, Paul. *The Artist, the Philosopher, and the Warrior: The Intersecting Lives of Da Vinci, Machiavelli, and Borgia and the World They Shaped.* New York: Bantam Books, 2009.

Stuart Fitz-James, Jacobo, and Falcó Alba, eds. *Correspondencia de Gutierre Gómez de Fuensalida.* Madrid: Imprenta Alemana, 1907.

Suárez Fernández, Luis. *Política Internacional de Isabel la Católica: Estudios y documentos.* Vallalodid: Universidad de Valladolid, 1971, 2002.

Suárez Fernández, Luis, Juan de Mata Carriazo y Arroquia, and Manuel Fernández Álvarez. *La España de los Reyes Católicos, 1474–1516.* Madrid: Espasa-Calpe, 1969.

Sudhoff, Karl. *The Earliest Printed Literature on Syphilis, Being Ten Tractates from the Years 1495–1498.* Adapted by Charles Singer. Florence: R. Lier & Co., 1925.

Symonds, John Addington. *A Short History of the Renaissance in Italy.* New York: Henry Holt, 1894.

Tagarelli, Antonio, Giuseppe Tagarelli, Paola Lagonia, and Ann Piro, "A Brief History of Syphilis by Its Symptoms." *History of Medicine* 19, no. 4. Acta Dermatovenerologica Croatia, 2011.

Tanner, Marie. *Jerusalem on the Hill: Rome and the Vision of St. Peter's in the Renaissance.* Belgium: Brepols, 2011.

Thomas, Hugh. *The Conquest of Mexico.* London: Pimlico, 1993.

———. *Rivers of Gold: The Rise of the Spanish Empire from Columbus to Magellan.* New York: Random House, 2003.

———. *The Golden Empire: Spain, Charles V, and the Creation of America.* New York: Random House, 2010.

Thompson, Charles, and John Samuel. *Poisons and Poisoners.* London: Harold Shaylor, 1931.

Thompson, E. A. *The Goths in Spain.* Oxford U.K.: Oxford University Press, 1969.

Tilly, Charles. "The Europe of Columbus and Bayazid." Middle East Research and Information Project, *Middle East Report*, no. 178 (September–October 1992).

Torre, Antonio de la. *Documentos sobre relaciones internacionales de los Reyes Católicas.* Barcelona: Atenas A.G., 1966.

Torre, Antonio de la, and Luis Suárez Fernández. *Documentos referentes a las relaciones* con Portugal durante el reinado de los Reyes Católicos. 1858. Valladolid: Consejo Superior de Investigaciones Cientificas, Patronato Menéndez Pelayo, 1963.

Trame, Richard H. *Rodrigo Sánchez de Arévalo, 1404–1470: Spanish Diplomat and Champion of the Papacy.* Washington, D.C.: Catholic University of America Press, 1958.

Tremayne, Eleanor E. *First Governess of the Netherlands: Margaret of Austria.* New York: G. P. Putnam's Sons, 1908.

Tremlett, Giles. *Catherine of Aragon, the Spanish Queen of Henry VIII.* New York: Walker & Co., 2010.

Val Valdivieso, María Isabel del. *Isabel la Católica, princesa (1468–1474).* Valladolid: Instituto "Isabel la Católica" de Historia Eclesiástica, 1974.

———. *Isabel I de Castilla, 1451–1504.* Madrid: Ediciones del Orto, 2004.

Val Valdivieso, María Isabel del, and Julio Valdeón Baruque. *Isabel la Católica, Reina de Castilla.* Valladolid: Ambito Ediciones, 2004.

Valdecasas, Guillermo G. *Fernando el Católico y el Gran Capitán.* Granada: Editorial COMARES, 1988.

Valdeón Baruque, Julio. *Judíos y conversos en la Castilla medieval.* Valladolid: Universidad de Vallodolid, 2000.

Valera, Diego de. *Historia de España.* Salamanca, 1499.

———. *Crónica de los Reyes Católicos.* Madrid: José Molina, 1927.

———. *Crónicas de los reyes de Castilla: Memorial de diversas hazañas. Crónica del Rey Enrique IV.* Edited by Juan de Mata Carriazo y Arroquia. Madrid: Espasa-Calpe, 1941.

Varela, Consuelo. *Cristóbal Colón: Textos y documentos completos.* Madrid: Alianza Editorial, 1992.

Varga, Domokos. *Hungary in Greatness and Decline: The 14th and 15th Centuries.* Translated by Martha Szacsvay Liptak. Atlanta: Hungarian Cultural Foundation, 1982.

Vargas-Zuñiga, Antonio, and Baltasar Cuartero. *Índice de la colección de Don Luis de Salazar y Castro.* Madrid: Imprenta y Editorial Maestre, 1949.

"Venice: 1486–1490." In *Calendar of State Papers Relating to English Affairs in the Archives of Venice,* ed. Rawdon Brown. London: National Archives, 1864.

Vicens Vives, Jaime. *El Príncipe Don Fernando (El Católico), Rey de Sicilia.* Zaragoza: Instituto "Fernando el Católico" (C.S.I.C.) de le Exma Diputación Provincial, 1949.

———. *An Economic History of Spain.* Translated by Frances M. López-Morillas. Princeton, N.J.: Princeton University Press, 1969.

———. *Spain in the Fifteenth Century, 1369–1516: Essays and Extracts by Historians of Spain.* Edited by J. R. L. Highfield and Frances M. López-Morillas. New York: Harper & Row, 1972.

———. *Historia crítica de la vida y reinado de Ferdinand de Aragón.* Zaragoza: Instituto Fernando el Católico, 1962, 2006.

Vickery, Paul S. *Bartolomé de Las Casas: Great Prophet of the Americas.* New York: Paulist Press, 2006.

Vinyoles y Vidal, Teresa-María, and Mireia Comas Vía. *Estefanía Carrós y de Mur, ca. 1455–1511.* Madrid: Ediciones del Orto, 2004.

Walpole, Horace. *Historic Doubts on the Life and Reign of Richard the Third.* Guernsey, U.K.: Guernsey Press Co., 1987.

Warkworth, John. *A Chronicle of the First Thirteen Years of the Reign of King Edward the Fourth.* Edited by James Orchard Halliwell. London: Camden Society, 1839.

Warren, Nancy Bradley. *Women of God and Arms: Female Spirituality and Political Conflict, 1380–1600.* Philadelphia: University of Pennsylvania Press, 2005.

Wass, Glenn Elwood. *The Legendary Character of Kaiser Maximilian.* New York: Columbia University Press, 1941.

Watt, William Montgomery. *A History of Islamic Spain.* Edinburgh: Edinburgh University Press, 1965.

Webb, Diana. *Medieval European Pilgrimage, c. 700 to c. 1500.* Hampshire, U.K.: Palgrave, 2002.

Weber, Alison. "Recent Studies on Women and Early Modern Religion in Spanish." *Renaissance Quarterly* 52 (1999).

Weiss, Jessica. *Inquisitive Objects: Material Culture and Conversos in Early Modern Ciudad Real.* LAII Research Paper Series, University of New Mexico, October 2011.

Weissberger, Barbara F. "Alfonso de Palencia," in *Queer Iberia,* ed. Josiah Blackmore and Gregory S. Hutcheson. Durham, N.C.: Duke University Press, 1999.

———. *Queen Isabel I of Castile: Power, Patronage, Persona.* Rochester, N.Y.: Tamesis, 2008.

———. "Tanto Monta: The Catholic Monarchs' Nuptial Fiction and the Power of Isabel of Castile," in *Rule of Women in Early Modern Europe.* Edited by Anne J. Cruz and Mihoko Suzuki. Urbana: University of Illinois Press, 2009.

Wolf, John B. *Barbary Coast: Algiers Under the Turks, 1500 to 1830.* New York: W.W. Norton, 1979.

Yebes, Condesa de. *La Marquesa de Moya: la dama del descubrimiento, 1440–1511.* Madrid: Ediciones Cultura Hispánica, 1966.

Zilfi, Madeline C. *Women in the Ottoman Empire: Middle Eastern Women in the Early Modern Era.* Leiden: Brill, 1997.

Zurita, Jerónimo. *Anales de Aragón.* Zaragoza: Instituto "Fernando el Católico" (C.S.I.C.) de la Excma Diputación Provincial, 1975 and 1977.

———. *Historia del Rey Don Hernando el Católico: De las empresas y ligas de Italia.* Edited by Ángel Canellas López. Zaragoza: Diputación General de Aragón, 1989.

图书在版编目（CIP）数据

伊莎贝拉：武士女王/（美）唐尼著；陆大鹏译. —— 北京：社会科学文献出版社，2016.5（2023.7重印）

ISBN 978 - 7 - 5097 - 8794 - 6

Ⅰ. ①伊… Ⅱ. ①唐… ②陆… Ⅲ. ①伊莎贝拉（1451 ~ 1504）-传记 Ⅳ. ①K835.517 = 32

中国版本图书馆 CIP 数据核字（2016）第 035006 号

伊莎贝拉：武士女王

著　　者 / 〔美〕克斯汀·唐尼
译　　者 / 陆大鹏

出 版 人 / 王利民
项目统筹 / 段其刚　董风云
责任编辑 / 冯立君
责任印制 / 王京美

出　　版 / 社会科学文献出版社·甲骨文工作室（分社）（010）59366527
　　　　　　地址：北京市北三环中路甲 29 号院华龙大厦　邮编：100029
　　　　　　网址：www.ssap.com.cn
发　　行 / 社会科学文献出版社（010）59367028
印　　装 / 北京盛通印刷股份有限公司

规　　格 / 开　本：889mm × 1194mm　1/32
　　　　　　印　张：20.875　插页：1　字　数：471 千字
版　　次 / 2016 年 5 月第 1 版　2023 年 7 月第 6 次印刷
书　　号 / ISBN 978 - 7 - 5097 - 8794 - 6
著作权合同
登 记 号 / 图字 01 - 2015 - 1769 号
定　　价 / 86.00 元

读者服务电话：4008918866